G. J. Whyte-Melville/K. von Keudell
Reit-Erinnerungen

Documenta Hippologica

Darstellungen und Quellen zur Geschichte des Pferdes

Begründet von
Oberst H. Handler, Oberst W. Seunig,
Dr. G. Wenzler

Herausgegeben von
Brigadier K. Albrecht, Spanische Reitschule, Wien
H.J. Köhler, Prof. Dr. E.-H. Lochmann,
E.v. Neindorff, Dr. B. Schirg,
Landstallmeister a.D. Dr. W. Uppenborn

1983
Olms Presse
Hildesheim · Zürich · New York

George John Whyte-Melville
und
Kurt von Keudell

Reit-Erinnerungen

1983
Olms Presse
Hildesheim · Zürich · New York

Das Exemplar stammt aus Privatbesitz.
Das Format des Nachdrucks ist kleiner als das der Vorlage.

Nachdruck der Ausgabe Berlin, Leipzig, Wien, Zürich 1922
Umschlagentwurf: Prof. Paul König, Hildesheim
unter Verwendung eines Aquarells von Heinz Dömken
Printed in Germany
Herstellung: Strauss & Cramer GmbH, 6945 Hirschberg 2
ISBN 3 487 08237 3

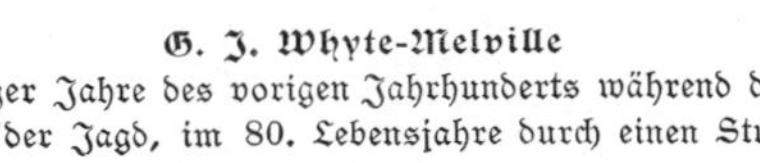

G. J. Whyte-Melville

starb Ende der achtziger Jahre des vorigen Jahrhunderts während der Ausübung seines größten Vergnügens, der Jagd, im 80. Lebensjahre durch einen Sturz mit dem Pferde.

Reit-Erinnerungen

von

G. J. Whyte-Melville
und Kurt von Keudell

Neu bearbeitet und ergänzt durch

Freiherr H. A. von Esebeck

zuletzt Major m. d. U. des 2. Pommerschen Ulanen-Regiments
Nr. 9

Elfte Auflage

Mit künstlerischen Vignetten von W. Prell
und 48 ganzseitigen Kunstdrucktafeln

1922

Verlag von W. Vobach & Co.
Berlin, Leipzig, Wien, Zürich

Druck von W. Vobach & Co., Leipzig

Aus dem Vorwort zur fünften Auflage.

Demmin, Sommer 1906.

„Der Kavallerist soll sich nie bei der Vorrede aufhalten," so begann das Vorwort zur ersten bis dritten Auflage dieses Buches; damit könnte auch ich mitten hineinspringen in die alten, ewigjugendfrischen Erinnerungen zweier Reiter von jener Art, von der Whyte-Melville selbst schreibt: „Solche Männer und solche Pferde dürften nie alt werden." Hier aber, wo es sich darum handelt, ein vor nunmehr fünfundzwanzig Jahren zum ersten Male erschienenes Werk wieder aufleben zu lassen, sind einige einleitende Worte wohl am Platze.

Habent sua fata libelli! Als ich vor fünfzehn Jahren in die Armee eintrat, erschien gerade die von dem damaligen Major von Braun*) herausgegebene vierte Auflage der Whyte-Melville—von Keudellschen Reit-Erinnerungen. Wie verschlangen wir damals auf der Kriegsschule jede Zeile des lieben „grünen Buches"; wehte uns doch aus seinen Blättern jene Lebensfreude, jener frische, fröhliche Wagemut entgegen, der uns selbst die jungen Reiterherzen erfüllte. Wohl jeder von uns gelobte sich damals im stillen, es den Reitergestalten Whyte-Melvilles und jenen, die Keudell in seinen Jagdberichten ehrend erwähnt, nachzutun. Wie viele haben dies gehalten? Mehr als einer hat in den kurzen anderthalb Jahrzehnten im Einerlei des Kommißdienstes oder in dumpfer Bureauluft die große Rosenbergsche Wahrheit längst vergessen, daß „eine Unze

*) Zuletzt Oberst und Kommandeur des 5. Dragoner-Regiments.

Querfeldein mehr wert als Tonnen Theorie". Von denen aber, die nach uns kamen, hat schon die Mehrzahl keine Ahnung von dem Schatz, den unsere hippologische Literatur einst in dem „grünen Buche" Keudells und Whyte-Melvilles besaß.

Im Winter 1881/82 wurden die „Reit-Erinnerungen" Whyte-Melvilles während eines gemeinsam an der Riviera verbrachten Urlaubs von den Rittmeistern von Keudell (2. Husaren) und von Braun (12. Dragoner) übersetzt und mit einem Anhang über Schleppjagden aus der Feder Keudells versehen. Den beiden ersten Auflagen, die bei Trowitzsch in Frankfurt a. O. erschienen, folgte bald eine dritte, die von Mauckisch in Freiberg verlegt wurde. Nachdem 1887 Kurt von Keudell heimgegangen war, entschloß sich Major von Braun, „um seinem verewigten Freunde ein Denkmal zu setzen, sowie um an die teils eingeschlafenen, teils noch nicht entwickelten Reiterherzen zu rütteln und zu pochen", das Buch nochmals herauszugeben und durch die im Sporn erschienenen Jagdberichte K. von Keudells zu erweitern. Der Verleger dieser vierten und letzten Auflage (L. Goldschiener in Lüben i. Schl.) geriet in Konkurs, und die Restbestände des prächtigen, einst so viel gelesenen Buches wurden als Makulatur an einen Tapezierer verkauft. — Bücher haben ihre Schicksale!

Im Verlaufe meiner in der Sportwelt erschienenen Jagdberichte*) erhielt ich durch Vermittlung der Redaktion wiederholt Anfragen nach dem Verbleib bzw. der Bezugsquelle des von mir oft zitierten Keudellschen Buches, und so erwachte in mir der Gedanke, das „immergrüne" Buch noch einmal zum Leben zu erwecken. Ein kühnes Beginnen, wagehalsig geradezu, nach dem Schicksal der letzten Auflage. „Wer reitet überhaupt in Deutschland heute noch Jagd?" erwiderte mir ein Verleger, „und wer reitet, der liest nicht!" — Da fügte es der Zufall, daß Herr O. de Liagre, Mit-Inhaber der Verlagsfirma W. Vobach & Co., selbst ein passionierter Jagdreiter und glühender Verehrer Keudells, durch die oben erwähnten Sportwelt-Artikel auf mich aufmerksam wurde. Sein Verdienst ist es, wenn das „grüne Buch" seine Mission wieder aufnimmt und den Keudellschen Geist, die Begeisterung der alten Generation für den Sport in Rot in die kavalleristische Jugend trägt.

*) Unter dem Pseudonym „Flying".

„Der Kavallerist soll sich nicht bei der Vorrede aufhalten"; — nur wenige Zeilen wurden zwischen uns gewechselt, eine kurze Besprechung, dann ging es, nachdem die Genehmigung des Herrn Oberst von Braun eingeholt war, frisch an das Werk.

— — — — — — — — — — — — —

Vorwort zur achten Auflage.

Es war ein Wagnis, daß mein opferfreudiger Verleger, Herr O. de Liagre, und ich mit der Wiederbelebung des „grünen Buches" vor die Oeffentlichkeit traten. Doch über Erwarten ist das Experiment geglückt; daß bereits wieder das Bedürfnis nach einer Neuauflage sich geltend macht, ist wohl der beste Beweis, daß Interesse und Passion für den Huntingsport seit dem Erscheinen der letzten Auflagen im Zunehmen sind. Vielleicht dürfen das „grüne Buch" und seine Herausgeber sich einen Teil dieses Verdienstes beimessen. Das wäre der schönste Lohn für unsere Arbeit und zugleich die beste Vorbedeutung für den Erfolg der neuen Auflage.

Nicht ohne Wehmut ging ich an die Bearbeitung des altvertrauten Werkes, denn mancher, der mit dessen Schicksal eng verknüpft, um seine Vervollkommnung ein Verdienst hat, ward inzwischen zu den ewigen Jagdgefilden abberufen: war doch die fünfte bis siebente Auflage dem damaligen Chef des Militärreitinstituts, Generalleutnant von Mitzlaff, gewidmet, dem unvergleichlichsten Jagdreiter, der je ein Feld hinter der Meute geführt hat. Unvergessen sei auch der allzufrüh heimgegangene Master der East-Sussex-Foxhounds, August Neven du Mont, der mir für die Neubearbeitung der Reit-Erinnerungen eine Reihe wertvoller Fingerzeige gab. Möge beiden das alte Buch im neuen Gewand ein ehrend Denkmal setzen in den Herzen aller, die sie kannten, wie auch bei der jungen Generation, die der Reitergeist und Sportsinn jener zum Nacheifern sporne.

Die Uebersetzung des Whyte-Melvilleschen Buches blieb im wesentlichen unverändert, dagegen wurde der zweite Teil von Grund aus neu bearbeitet: in diesem sind alle aus der Feder Keudells stammenden Kapitel vereinigt worden, so daß der ursprüngliche Charakter des alten Werkes noch ausgesprochener als in der vorigen Bearbeitung zur Geltung kommt. Mit Rücksicht auf den erweiterten Umfang der Neuauflage sind indessen im dritten Teile die Jagdberichte Keudells fortgelassen, soweit sie durch neuere Schilderungen des Herausgebers ersetzt werden konnten. Für die Freunde des alten Buches und seines Verfassers sei ausdrücklich gesagt, daß diese Aenderung nicht der Absicht entsprang, an dem Werke des Verewigten zu bessern, sondern lediglich dem Wunsch, dem Buch auch für den heutigen Leserkreis aktuelles Interesse zu verleihen.

Und nun, du liebes „grünes Buch", leb' wohl und „Weidmannsheil" auf deinen Weg! Zum achten Male ziehst du heut' hinaus, zum Kampf gegen Vorurteil und Theorie, gegen Stubenhocker und Philister, zum Kampf für frischen, fröhlichen Reitergeist, für schlichten und gesunden Sportsinn. In den Herzen der alten Generation ruf' du ein Klingen fröhlicher Erinnerung wach, in den jungen Reiterherzen weck' du die Lust am Wagen und Jagen!

Dir gehört die junge Generation: gehör' du ihr!

Demmin, Sommer 1912.

Frhr. v. Esebeck
Rittmeister im 2. Pommerschen
Ulanen-Regiment Nr. 9.

der Hand von Whyte-Melvilles klassischen Ausführungen in die Psyche des Huntingsportes vertiefen werden. Und — wie unser Esebeck im Vorwort zur achten Auflage sagt — „so wecke denn dieses Buch in den jungen Reiterherzen die Lust am Wagen und Jagen!“ In der alten Generation aber, die bei den heutigen schweren Zeitverhältnissen sich die Ausübung des Jagdreitsportes, sei es aus gesundheitlichen oder pekuniären Gründen, versagen muß, rufe es ein Klingen fröhlicher Erinnerung wach an vergangene, nie wiederkehrende Zeiten, als wir im Paradiese lebten, ohne es zu wissen, als der rote Rock zum Lieblingskleid des Reitersmannes gehörte, und als uns die gewandte Feder unseres längst verstummten Esebeck in beredten Worten die Schönheit des Sportes in Rot schilderte.

Darum „Weidmannsheil“ auf deinen Weg, du liebes „grünes Buch“, du wirst deine Anhänger auch heute noch finden, denn deutscher Sportsinn wird währen, solange es ein Deutschland gibt.

Leipzig, Sommer 1922.

**Die Verlagsbuchhandlung
W. Vobach & Co.**

Vorwort zur elften Auflage.

Rund zehn Jahre sind vergangen, seitdem der Herausgeber dieses Werkes, der damalige Rittmeister im 2. Pommerschen Ulanen-Regiment Nr. 9, Freiherr H. A. von Esebeck, zur achten bis zehnten Auflage dieses Buches seine Vorrede schrieb, und dies zu einer Zeit, da der Huntingsport in Deutschland wieder in schönster Blüte stand und der Sport in Rot ungezählte, ihn passioniert ausübende Verehrer hatte.

Der Weltkrieg, der inzwischen über Europas Fluren hinwegbrauste, hat dies alles geändert, die Besten uns genommen. Auch unser Esebeck, des Jagdreitsports glühendster Verehrer, der nimmer müde wurde, mit Wort und Feder für ihn zu werben, ist für sein Vaterland gefallen. Bei Cambrai traf ihn am 2. September 1918 die tödliche Kugel. Die große Sportsgemeinde seiner Leser wird ihm in ihrem Herzen ein Ehrenmal setzen. Er wird allen, die ihn kannten, allezeit der Typ des idealen, begeisterten Sportsmannes bleiben, der er mit vollstem Herzen war.

Wenn der Verlag, zu dessen beliebtesten Autoren Major Freiherr von Esebeck gehörte, es unternimmt, nunmehr die elfte Auflage der „Reit-Erinnerungen“ in unveränderter Form in einer solchen Zeit wie der jetzigen zu verlegen, so tut er es in der Ueberzeugung, daß auch in dem jetzt so schwer daniederliegenden Deutschland der alte Sportsinn und die altbewährte Sportpassion der Vorkriegszeit noch wach sind und daß es trotz des teuer und schwer zu beschaffenden Pferdematerials noch der echten Sportsleute genug gibt, die querfeldein über Hecke und Graben reiten und die sich an

Inhalt.

Verzeichnis der Tafeln.

I.

G. J. Whyte-Melville.

I.

Wohlwollen.

In dem Umgang mit den Tieren der Schöpfung kann nicht Wert genug darauf gelegt werden, daß gegenseitiges Vertrauen nur aus gegenseitigem Verständnis entspringen kann. Das Empfindungsvermögen des Tieres muß bis zum höchsten Grade ausgebildet werden, und man sollte eingedenk sein, daß dasselbe durch nichts mehr abgeschwächt wird, als durch die Furcht. Belohnung muß das tägliche Brot bedeuten, Strafe darf nur in den allerseltensten Fällen, gewissermaßen homöopathisch angewendet werden, jedoch ungern und nur, wenn sie unbedingt notwendig geworden ist. Das Pferd ist von allen Haustieren das empfindsamste für jede Art Unbehagen und schlechte Behandlung. Das Nervensystem desselben, im hohen Grade ausgebildet und empfindsam, ist in der Aufregung fähig zu allem; versagt aber oft gänzlich in neuen, ihm unbekannten Lagen, als wenn es plötzlich gelähmt wäre.

Gibt es ein unbehilflicheres Wesen, als ein junges Pferd, welches zum ersten Male auf der Jagd plötzlich in einen Sumpf gerät? Man vergleiche nur die unnützen Kraftanstrengungen und die darauffolgende Mutlosigkeit mit dem sicheren Auftreten eines Exmoor Pony in der gleichen Lage. Das eine, erschreckt durch die ungewohnte Gefahr, verläßt sich der Naturanlage nach auf seine Schnelligkeit, als das ihm natürlich erscheinende Rettungsmittel, stürzt unüberlegt vorwärts, sinkt dadurch immer tiefer, bis an die Gurten und Schultern hinein, um schließlich damit zu endigen, den

Reiter aus dem Sattel zu bringen und sich dann, ohne weitere Anstrengungen zu machen, einer vollständigen stumpfen Verzweiflung zu überlassen.

Das andere Tier, im wilden Westen Englands geboren und auferzogen, schon als Fohlen an Entbehrungen gewöhnt, da es gezwungen ist, sein kümmerliches Dasein auf den unsicheren Oberflächen der Devonshire-Moore zu fristen, verweigert das Betreten gefährlicher Stellen entweder ganz oder es verkürzt in solchen Augenblicken seine Gangart, sammelt seine Kräfte, sucht sich die festesten Stellen des Moores aus, um Fuß zu fassen und geht dies nicht, so sucht es sich am Rande einen Weg, um in Sicherheit zu kommen, ohne sich jedoch das geringste Zeichen von Aufregung dabei merken zu lassen. Das Geheimnis hierfür liegt also lediglich darin, daß das eine Pferd mit solchen Vorkommnissen vertraut geworden ist und solche Geländeschwierigkeiten schon kannte, die dem anderen neu waren. Eines Tages wird dein junges Pferd vielleicht ebenso ruhig und überlegt handeln, wahrscheinlich aber werden, wenn der Höhepunkt des Vertrautseins erreicht ist, die Beine bereits anfangen, ihren Dienst zu versagen.

Darum bilde man zuerst die Verstandeskräfte des Pferdes aus, ich gebrauche dies Wort absichtlich, und zwar vor Ausbildung seiner körperlichen Kräfte. Natur und gute Pflege werden für letztere sorgen; um es jedoch zum willigen Freund und Genossen des Menschen zu machen, muß man ihm erst den Vorzug der menschlichen Gesellschaft und Belehrung verschaffen. Vom ersten Tage an, wo ihm die Halfter über die Ohren gestreift wird, muß es ermutigt werden, daß es zu seinem Herrn wie ein Kind aufsieht, welches ihm allein nur alle seine kleinen Bedürfnisse und Freuden verdanken will. Wenn der Herr in des Jährlings paddock (Laufplatz) kommt, müßte er beim Hören seiner Stimme vom entferntesten Winkel desselben auf diesen zugaloppieren und dabei das Verlangen zeigen, daß man ihm die Nase und den Kopf streichelt, den Hals klopft und alle diese Liebkosungen sich unter vertrauenerweckenden und schmeichelnden Blicken, welche bei jedem Tiere so zu Herzen gehen, gefallen lassen. Bevor ein Gurt über den Rücken des jungen Pferdes und ein Gebiß in sein Maul gelegt wird, sollte es davon überzeugt sein, daß alles, was man mit ihm anstellt, lediglich nur zu seinem Nutzen dienen soll und daß es in seinem Herrn stets nur seinen besten Freund zu erblicken habe, welchem es unmöglich sein würde, ihm irgend ein Unbehagen oder etwas Schädliches zuzumuten.

Ich besaß einmal eine Stute, welche ihre Nase, um Brot und Zucker zu suchen, in meine Taschen steckte, mir Hände und Gesicht wie ein Hund leckte und es erlaubte, daß ich mich an irgend einem Teil ihres Körpers nach Belieben anlehnen durfte, ohne daß sie sich dabei im geringsten bewegte. Bei Gelegenheit einer Jagd, als ich durch einen Sturz im Steigbügel hängen blieb, verhielt sich die Stute nach dem Aufstehen vollständig ruhig, bis es mir nach mühevollen Anstrengungen endlich gelang, mich wieder in den Sattel zu schwingen, trotzdem die Hunde inzwischen in scharfem Tempo jagten und die Stute mit Leib und Seele Jagd ging, so daß ein Freund von mir später bemerkte: „Ihre kleine Stute muß Sie sehr lieb haben, sonst wäre Ihnen wohl ein Unglück zugestoßen." — Diese Liebe gründete sich aber nur auf gute Behandlung, Zucker, freundliche und aufmunternde Worte, besonders beim Springen, und die Vermeidung jeglicher strafenden Hilfen durch Zügel und Sporen.

Ich werde bald Gelegenheit haben, etwas mehr über Zügel und Sporen zu sagen, will es aber hier schon aussprechen, daß es bedeutend mehr Pferde gibt, welche imstande sind, querfeldein mit losem Zügel sicher zu gehen, als so manche glauben wollen. Den verstorbenen Oberst William Greenwood, einen der besten Jagdreiter, sah man im Felde stets nur mit einem einfachen Kandarengebiß erscheinen. Dem jetzigen Lord Spencer, von dem es hinreicht, zu sagen, daß er mit seiner eigenen Meute in Northamptonshire jagt und mit derselben auch stets im selben Felde ist*), sah man nie ein Pferd „pullen"**), sich ihm

*) Heißt soviel, als in unmittelbarer Nähe der Hunde bleiben.

**) Ich stoße hier zum erstenmal auf das englische Wort „pull", welches sich bei uns in der Reitersprache ganz eingebürgert hat, jedoch sehr oft falsch angewandt oder verstanden wird. Das Zeitwort „to pull", oder wie wir es im Deutschen nennen „pullen" bedeutet wörtlich übersetzt „ziehen", wird also richtig angewandt bei Pferden, die, um sich einen längeren Hals zu machen, dem Reiter die Zügel aus der Hand ziehen wollen oder sich, mehr als den Armkräften des Reiters angenehm ist, mit tiefer Nase auf die Hand legen. Ein anderes Wort „Aufpullen" aus dem Englischen „to pull up" heißt soviel, als Pferde aus irgend einer schnelleren Gangart in den Schritt zu setzen; dies darf aber nicht, wie man es häufig fälschlich hört, mit „Aufdrehen" beim finish (Ende) eines Rennens verwechselt werden. Einen Pull geben heißt sowohl im Rennen wie auf der Jagd die „pace", Gangart, für eine kürzere oder längere Zeit verkürzen, um das Pferd wieder etwas zu Atem kommen zu lassen. v. K.

höchstens auf die Hand legen, wenn es müde geworden war. Ich habe beide Herren aufmerksam beobachtet, um hinter ihr Geheimnis zu kommen, muß aber zu meinem Bedauern gestehen, daß dies ohne Ergebnis blieb; doch hierum handelt es sich augenblicklich nicht.

Lange bevor dem jungen Pferd ein Gebiß aufgelegt wird, sollte es bereits so gründlich das „Gehorchen" gelernt haben, daß ihm dies zur zweiten Natur geworden ist und ihm ebenso natürlich erscheint, als Fressen, Saufen und Schlafen.

Dies Ergebnis ist je nach dem Blute in einer längeren oder kürzeren Zeit zu erreichen. Der erste und wichtigste Schritt ist aber gewonnen, wenn es uns gelungen ist, ihm jene Anhänglichkeit anzuerziehen, welche Kinderfrauen und Kinder beseelt: „cupboard love", Kinderstubenliebe möchte ich es nennen.

Gleich vielen liebenswürdigen zweibeinigen Geschöpfen scheut sich das Pferd vor neuen Bekanntschaften, während es zutunlich mit seinen alten Bekannten bleibt. Ueberzeuge es jedoch davon, daß du sein bester und klügster Freund bist, daß alles, was du tust, nur zu seiner Annehmlichkeit und zu seinem Wohlbefinden beitragen soll, sei vorsichtig, dasselbe nicht zu täuschen oder zu enttäuschen, und du wirst finden, daß seine Verstandeskräfte stark genug sind, um zwischen Ursache und Wirkung zu unterscheiden. Bei derartiger Behandlung wird selbst ein ganz junges Pferd im Verlaufe eines Monats oder sogar von sechs Wochen bereits auf deine Stimme hören und dir nachlaufen wie ein Hund. Bald wird es dir auch erlauben, daß du ihm die Beine aufhebst, es überall anfassen, an seinem Schweif ziehen und dein Gewicht an jeden Teil seines Körpers anlehnen kannst, ohne dabei Aufregung oder gar üble Laune zu zeigen. Sobald das junge Pferd einmal vertraut mit deinem Gesicht, deiner Stimme und den Bewegungen deiner Glieder geworden ist, kannst du es schon mit vollständiger Sicherheit besteigen, um es ebenso ruhig, wie deine älteren Pferde, dorthin zu leiten, wo es bereits bekannt ist.

Vergiß aber nie, daß die Erziehung ebenso allmählich vor sich gehen muß, wie das Aufsteigen des Mondes, wo man auch nur das Ergebnis, aber nie die bewegende Ursache bemerkt.

Ich entsinne mich noch einer Unterhaltung mit einem Pächter aus Dorsetshire, welcher mich eines Morgens zur Jagd begleitete und nur auf selbstgezogenen Pferden ritt, welche den Ruf genossen, die sichersten timber jumpers*), festen Hochspringer, zu sein, und

*) Holzspringer.

zwar in jener Gegend, welche berühmt für ihre Hochsprünge war. Auf meine Frage, wie seine Pferde dies gelernt hätten, ohne je ihr Genick zu brechen, teilte er mir folgendes mit:

„Ich pflege meine Fohlen schon als Jährlinge in meinem Hofe frei herumlaufen und sie nur zum Füttern in den Fohlenstall zu lassen. Vor der Tür dieses Stalles liegt eine einfache, aber sehr starke Holzstange, welche unter keinen Umständen brechen würde. Anfänglich lege ich sie gegen den Torweg, so lange, bis sich die Pferde ganz daran gewöhnt haben; allmählich wird sie dann so hoch angebracht, daß es dem Pferde lieber ist, darüber zu springen, als zu klettern. Bei drei Fuß Höhe macht sich der Zweijährige schon ebensowenig daraus, als ein Mädchen beim Hüpfen über ihre Springleine. Im weiteren Verlaufe wird dann die Stange jede Woche um einen Zoll höher gelegt und es bedarf nur des einfachen Nachdenkens, um sich klar zu machen, was die Pferde alltäglich, nach Verlauf von sechs Monaten, für einen gewaltigen freiwilligen Sprung machen müssen." Auf meine Frage, ob er die Stange nie höher gelegt hätte, antwortete er nur: „Ich bin jetzt ein alter Mann und für mich scheint dies ausreichend zu sein," worauf ich ihm erwiderte, daß es mir auch hoch genug erschiene, denn ein Pferd, welches mit kaltem Blut fünf Fuß fest spränge, dürfte, insolange es nicht ausgepumpt ist, in keinem Teile Englands eine Niederlage erleiden.

Ich glaube, daß die Ausbildungsweise des Dorsetshire-Farmers vernünftig war und sich auf den gesunden Menschenverstand gründete. „Was ein Häkchen werden will, krümmt sich beizeiten," daher bereite deinen Schüler vom ersten Tage an auf jenen Zweck gut vor, zu dem du ihn später gebrauchen willst.

Das Fohlen des arabischen Pferdes, welches, wie wir wissen, im Zelt des Beduinen wie ein Kind mit seinen eigenen Kindern auferzogen wird, ist das gelehrigste seiner Art, und ich bilde mir ein, daß das Pferd bei gleicher Behandlung in unseren Wohnstätten ebenso scharfsinnig wie der Hund werden würde. Man vergesse aber nur nie, daß das Pferd gegen Härte und Einschüchterung sehr empfindlich ist und beim Begehen eines Fehlers mehr gewarnt, als gestraft sein will.

Ein Lot Erfahrung ist mehr wert, als ein Pfund Gelehrsamkeit, und das folgende Beispiel zeigt am besten, wie das edle und willige Pferd von seinem Herrn behandelt werden sollte.

Vor vielen Jahren, als Sir Richard Sutton mit seiner Meute die Cottesmore-Gegend bejagte, verloren die Hunde nach einer scharfen Jagd über dieses schöne, aber sehr schwierige Gelände die Fährte und kamen zu einem check*), wahrscheinlich infolge ihres übergroßen Eifers, der pace**) und der Hindernisse, aber nicht — durch Ueberreiten. „Hole sie herum, Ben!“ rief Sir Richard, mit einem schon ganz bespritzten Rock, auf seinem schäumenden „Hotspur“, trotzdem aber entschlossen, nicht einen Augenblick zu verlieren, um wieder auf die Spur des Fuchses zu kommen. „Ja, Sir Richard“, erwiderte der Huntsman, und setzte, ohne sich nur einen Augenblick zu besinnen, über ein doppeltes Rickwerk mit einem Graben in der Mitte, beiderseits ebenfalls mit Gräben versehen. Sein braver Schimmel, welcher vom Finden des Fuchses an immer dicht an den Hunden gewesen war, mochte etwas ausgepumpt sein und fiel daher mit seinen Hinterfüßen in den äußersten Graben, wodurch er auf das anstoßende Feld zu liegen kam. „Es ist nicht deine Schuld, alter Knabe,“ sagte Ben, indem er seinen Liebling auf den Hals klopfte, und als sie beide vergnügt aufstanden, setzte er beim Aufsteigen in den Sattel hinzu, während ein Hund schon wieder die Spur aufnahm: „Vorwärts, Sir Richard! Hoic! Hoic! Meine Hunde, gleich habt ihr ihn! Es ist ein Quorn-Fuchs und er wird euch gut tun!“ — Ich hatte Ben Morgan stets für einen guten Reiter gehalten, aber zum ersten Male sah ich jetzt ein, „warum“ sein Pferd ihm nie versagte und ihn so willig über jedes Hindernis hinwegtrug.

Geistesgegenwart unter Schwierigkeiten ist eine Eigenschaft im Reiten, welche den Unterschied macht, ob man auf Knien und Ellbogen landet oder gänzlich zu Fall kommt.

Wenn andauernde gute Behandlung das Pferd gelehrt hat, Vertrauen zu fassen, so wird es stets aufpassen und für die beiderseitige Sicherheit sorgen. Auch ein ungeschultes Jagdpferd wird, wenn es sich selbst überlassen und nicht aus Angst vor Strafe kopflos gemacht wird, überraschende Anstrengungen machen, um auf den Beinen zu bleiben, und von einem alten Jagdpferd sagt man nicht zuviel, wenn es heißt, daß es ebenso geschickt wie eine Katze ist. Ich habe Pferde ihre Hinterfüße auf Flächen aufsetzen sehen,

---

*) Halt.

**) Tempo.

welche kaum Raum für den Fuß einer Ziege boten; aber bei all solchen Gelegenheiten waren es Pferde, deren Reiter ein Herz für das Pferd hatten, ihm unbedingt vertrauten und dasselbe mehr durch Güte, als durch Furcht regierten.

Ich will aber nicht ableugnen, daß es auch Fälle gibt, in welchen das „suaviter in modo“ durch das „fortiter in re“ ersetzt werden muß. Die Widersetzlichkeit ist nie ganz zu entschuldigen, es muß aber, selbst bei Unterdrückung des stärksten Ausbruches von Widersetzlichkeit, große Vorsicht angewendet werden. Ist Strenge durchaus notwendig, so lasse man Gerechtigkeit sich mit Milde paaren, dabei stets eingedenk, daß besonders der allzu seltene Gebrauch der Peitsche Tiere weniger verdirbt, als das Gegenteil.

II.

Temperament.

Ich entsinne mich, daß ein alter Kamerad vor Jahren zu mir sagte, in Wut zu geraten, sei ebenso verächtlich, als Furcht zu zeigen. Zweifellos ist die Leidenschaft des Zornes, obgleich weniger verächtlich, als die Furcht, der Würde des Mannes nicht zuträglich, da sie ihn der Ueberlegung beraubt, welche notwendig ist, um dem Menschen die Oberherrschaft über das Tier zu sichern. Wenn ein Zauberkünstler seines Zauberstabes beraubt ist, so werden die Geister, welche gewohnt waren, ihm zu dienen, ihm den Gehorsam aufkündigen. Sagen wir von jemandem, daß er seinen Kopf verloren habe, so trauen wir ihm, gleichwie einem Schiff, welches sein Steuer verloren hat, auch nicht mehr zu, den richtigen Weg zu finden. Beide sind dann nur mehr dem blinden Zufall überlassen. Deshalb, so stark du auch immer zu strafen hast, bemühe dich, nicht aus der Fassung zu kommen. Strafe, ohne wütend zu werden, und haue auf den richtigen Fleck. Viele Menschen können keinen Widerspruch vertragen, ohne sich dabei zu ärgern. Selbst eine Meinungsverschiedenheit in der Unterhaltung läßt ihnen die Galle überlaufen; diese sind aber auch selten dazu berufen, im Wortgefecht oder im Kampfe zu siegen. Solche Naturen sollten sich auch nicht erzieherisch betätigen. Die Natur hat sie nicht dazu bestimmt, die Jugend Jagen und Schießen oder sonst eine edle Beschäftigung zu lehren.

Nur der kaltblütige und überlegte Kämpfer gewinnt den Preis, nur der ruhige Spieler das Spiel. In allen Kämpfen um die

Oberherrschaft erzeugt Aufregung nur Uebereilung, und Uebereilung bedeutet Niederlage.

Nicht jedem Menschen sind eiserne Nerven und ein kräftiger Körperbau gegeben; darum überlege man sich wohl, wer aller Wahrscheinlichkeit nach aus dem bevorstehenden Kampfe als Sieger hervorgehen wird; denn fängt man einmal einen Kampf an, so muß er auch durchgeführt werden, und man wird sich hierbei, wie in jedem anderen Kampfe, sagen müssen, daß der, welcher den ersten Schlag erteilt, auch halb gewonnen hat.

Bevor der Reiter straft, muß er sein Pferd erst fest beim Kopfe nehmen und ihm, ohne vorhergehende Warnung, zwei oder drei kräftige Hiebe mit der Peitsche, bei einem Vollblut nie mehr, kurz hinter den Gurten und so tief als möglich unter den Bauch in rascher Folge versetzen; ferner ordentlich festsitzen, um auf den Sprung vorwärts gefaßt zu sein, welcher unvermeidlich darauf folgen wird, ohne dabei den Kopf des Pferdes loszulassen, damit etwaigen Bocksprüngen vorgebeugt wird. — Hierauf müßte man sein Pferd ein halb dutzendmal um sich selber drehen, bis es taumlig wird und dann sofort in irgend einer Richtung, wo für einen Galopp halbwegs Platz ist, losreiten.*) Pariert der Reiter es dann nach einer Weile wieder aus, so wird das Pferd zwar außer Atem, erschrocken und eingeschüchtert, aber vollständig gefügig sein. Sobald der Gehorsam hergestellt ist, muß das Nervensystem aber wieder durch schmeichelnde und besänftigende Mittel in das frühere Gleichgewicht versetzt werden. Derartig darf man jedoch nur in außergewöhnlichen Fällen verfahren, man tut besser, die ultima ratio zu vermeiden.**) Im Reiten, wie im Ehestand, dürfte es nie zu einem ernsten Streit kommen, der Gehorsam muß aus der Gewohnheit hervorgehen und sich so unmerkbar entwickeln, daß die Angewöhnung desselben kaum einer Lehrstunde bedarf.

Aus diesem Grunde ist das Jagdfeld eine so gute Schule, da Pferde jeden Temperaments genötigt sind, durch einen unerklärbaren

*) Mit diesem hier angeführten Mittel kann ich mich nicht einverstanden erklären, da man Pferde zu leicht dabei lahm macht, oder sie veranlaßt, sich Ueberbeine anzuschlagen.

**) Ich würde hier bei Hengsten eine Ausnahme machen und irgend eine Gelegenheit ergreifen, sobald ich in der Dressur soweit bin, daß ich mich auf einen Kampf einlassen kann, diesen sogar herausfordern, vorausgesetzt natürlich, daß ich bestimmt glaube, als Sieger aus demselben hervorzugehen. Man täuscht sich bei Hengsten sehr oft über den Grad ihres Gehorsams. v. K.

Trieb der Meute zu folgen, und das angehende Jagdpferd wird auf diese Weise in die Lage versetzt, unfreiwillig kühne Taten in Uebereinstimmung mit dem Willen des Reiters auszuführen, zu welchem es kein Zwang des letzteren jemals gebracht hätte. Erregt durch den Erfolg und wenn es so glücklich ist, nicht zu Fall zu kommen, gewinnt es Vertrauen in seine plötzlich erwachten Kräfte, findet dadurch ein neues Vergnügen für die Ausübung derselben, so daß es schließlich eine der ersten Eigenschaften des Jagdpferdes: „das Gerne-Springen“ lernt.

Dasselbe Ergebnis würde man mit dem jungen Pferde auch zu Hause erreichen können, aber viel langsamer unter Anwendung größerer Sorgfalt, Ruhe und Ausdauer. In Anbetracht der Unannehmlichkeiten, welche durch die tollen Streiche eines jungen Pferdes auf der Jagd den Hunden, Reitern, Fußgängern und dem eigenen Reiter zustoßen können, würde ich jedoch das irische System als das bessere bezeichnen und sagen, daß dem Pferde, bevor von ihm verlangt würde, seinen Reiter gut auf der Jagd zu tragen, zu Hause erst die Anfangsgründe des Springens gelehrt werden müßten.

Es gibt zwei Sorten von Jagdpferden, welche hinter Hunden ganz verschiedener Einwirkungen bedürfen, und jener ist in der Tat der Meister in seiner Kunst, welcher sich auf beiden gleichmäßig zu Hause fühlt. Das eine Pferd (heftige) muß über die Gegend gesteuert, das andere (temperamentlose) durchgeschmuggelt werden und da das erstere immer gern vorne ist, so wollen wir auch mit diesem anfangen.

Das heftige Pferd. — Wir wollen annehmen, daß du vorher nie auf ihm gesessen hast, nur sein Aeußeres, seinen Gang und alle übrigen Eigenschaften, bis auf seinen unbegrenzten Ehrgeiz liebst. Ferner nehme ich an, daß du in einem Gelände zu reiten hast, welches man mit dem Namen „fair“*) bezeichnet und auf dem Wege zu einem „covert“ (Remise, Gehege) bist, welches einen guten run verspricht.

Bevor du deinen Fuß in den Steigbügel setzest, vergiß nicht, die Zäumung deines Pferdes nachzusehen, denn es gibt nicht einen Groom (Stallknecht) unter hundert, welcher es versteht, ein Pferd

*) Fair bedeutet in der Reitersprache soviel wie „annehmbar,“ ein faires Gelände ist daher ein solches, wo der Reiter nur auf Hindernisse trifft, die jagdgehende Pferde überwinden, beziehungsweise wo die Pferde die zu nehmenden Hindernisse sehen und abschätzen können. v. K.

richtig aufzuzäumen, und sei dessen eingedenk, daß auf diesem Pferde von dem richtigen Passen der Zäumung ein großer Teil deines Erfolges, deines Vergnügens und vielleicht auch deiner Sicherheit im Laufe des Tages abhängt. Pferde sowohl wie Diener werden ihre Herren niemals erfreuen, wenn sie sich selber ungemütlich fühlen. Sieh' also zu, daß das Hauptgestell lang genug ist, damit der Druck des Gebisses auf die Laden des Pferdemaules ausgeübt wird und seine Lefzen nicht wie mit einem Knebel in die Höhe gezogen werden. Die Kinnkette und der Kehlriemen pflegen gewöhnlich zu kurz zu sein. Ist dies der Fall, so mache sie beide länger und zwar mit deiner eigenen Hand. Dies ist schon eine gute Art, die Bekanntschaft des Pferdes zu machen und wird dies vielleicht schon dazu beitragen, es auch für dich einzunehmen. Hat es einen Nasenriemen und siehst du, daß er dein Pferd unruhig macht oder ihm Unbehagen verursacht, was sich oft durch unverständliches Nichtherangehen an den Zügel äußert, so wird es Zeit sein, ihn abzunehmen oder weiter zu schnallen. Ich habe ein Vorurteil gegen Nasenriemen, stehe aber allerdings hier in der Minderzahl, trotzdem muß ich gestehen, daß nach meinem Gefühl mir jedes Pferd besser ging, als ich ihn abnahm. — Ist man mit dem Nachsehen der Zäumung fertig, so untersuche man die Gurten. Bei Pferden mit lebhaftem Temperament ziehe die Gurten nicht zu stark an, denn bei gutem Bau und mit einem Vorderzeug ist wenig Gefahr vorhanden, falls sie zu lose sind. Hast du alle Voruntersuchungen hinter dir, dann steige gewandt in den Sattel und ergreife sofort die Gelegenheit, um deines Freundes Maul und seine Bewegungen im Trabe, Kanter (Mittelgalopp) und Galopp zu prüfen. Obschon man es aus landwirtschaftlichen und persönlichen Gründen vermeiden sollte, so wird es oft nicht unangebracht sein, bei diesen Proberitten vom Wege ab auf ein Feld zu reiten. Dies wird bereits viel dazu beitragen, eine gewisse Uebereinstimmung zwischen Reiter und Pferd herbeizuführen. Bei diesen Betrachtungen müssen wir auch nicht vergessen, daß angenommen wurde, daß die in Rede stehenden Pferde alle gern springen, und würde ich also vorschlagen, es vorher nicht in Gesellschaft von anderen Pferden, da es zu heftig ist, sondern allein über ein oder zwei fences (natürliche oder geflochtene Einfriedigungen) springen zu lassen, was bei dem Pferde den Glauben hervorrufen wird, daß du es liebst, etwas zu wagen und gerne im ersten Felde reitest. Laß es aber lieber so langsam als möglich springen, wenn es geht im

Trabe, und sollte dein Pferd dabei in einen Kanter fallen, zuletzt sogar stürmen, so gib ihm nicht früher als drei Sprünge vorher Luft. Hebt es sich zum Sprunge, so gib ihm seinen Kopf frei, da der Hals nicht lang genug werden kann zum Landen. Nach dem Sprunge setze das Pferd baldmöglichst wieder in Trab, streichle dasselbe und beruhige es durch die Stimme, kurz, sieh' das Ganze als selbstverständlich an. Springe dein Pferd niemals dasselbe Hindernis zurück, wende es lieber auf die Straße zurück und bleibe dann in der Nähe der Hunde. Verfährst du in dieser Weise, so wird bis zu dem Augenblick, wo die Hunde zur Fährte gebracht werden, sich ein gegenseitiges Verständnis herausgebildet und sich ergeben haben, inwieweit ihr euch beide leiden könnt. Von dem Augenblick ab, wo das Ansuchen beginnt, wirst du gut tun, dich nicht im großen Haufen aufzuhalten, sondern dir außerhalb desselben irgendwo einen Platz zu suchen, jedoch nicht auf einem Fuchswechsel, damit der Fuchs nicht wieder in das Holz zurückläuft. Niemand kann mit guter Laune reiten, wenn er sich einer Schuld bewußt ist, und auf einem Pferde, wie du heute unter dir hast, mußt du guter Laune bleiben. Erschöpfe daher hinsichtlich des besten Aufstellungspunktes alle deine Kenntnisse als Weidmann, um einen guten Start mit den Hunden zu erwischen.

Das heftigste Pferd wird oft beim Losgehen der Jagd vollständig ruhig und gefügig bleiben, wenn es zum „Führen" gezwungen ist. Solltest du aber das Unglück haben, dich hinter anderen Reitern zu befinden, so vermeide wenigstens, mit diesen zu springen, und suche dir einen anderen Fleck, selbst auf die Gefahr hin, daß er dir nicht ganz geheuer aussieht. Ein so heftiges Pferd wie das, auf dem du heute sitzest, wird vorsichtiger springen, wenn seine Aufmerksamkeit nicht durch ein führendes Pferd abgelenkt wird. Außerdem ist noch ein zweiter Punkt zu bedenken, welcher sich auf Nächstenliebe gründet. Der dich Führende könnte stürzen und es würde für dich vielleicht zu spät werden, um abzustoppen. Kein Mensch befindet sich in einer unangenehmeren Lage, als der, welcher einen Mitreiter im Jagdfeld überreitet, mit Ausnahme des Ueberrittenen. Darum wähle lieber deinen eigenen Strich, und wenn du keine Angst vor einer ordentlichen Fahrt hast und die Hunde gut laufen, so wirst du mit vollen Segeln dahinsteuern, bis du zum Stopp kommst. Solltest du unterwegs das Vergnügen haben, gegen einen Bach, von nicht zu unvernünftiger Breite, zu kommen, so kannst du ihn vertrauensvoll anreiten, denn ein heftiges Pferd springt gewöhnlich Weitsprünge gut, und bist du hinüber, dann hast du reichlich Platz zum Reiten, da komischerweise oft einige Fuß Wasser hinreichen, um ein großes Jagdfeld zu lichten. Hierbei will ich noch bemerken, daß, wenn du die Hunde über ein Wasser springen oder selbst zu kurz springen und hineinfallen siehst, der Abstand von Ufer zu Ufer noch im Bereiche des Sprunges eines Jagdpferdes liegt.

Bei Hochsprüngen würde ich mich mit einem heftigen Pferde nicht so sicher fühlen. So wie die Zäune in Leicestershire sind, welche meist einen guten Absprung haben, kannst du es auch ungestraft mit einem heftigen Pferde wagen; sollte aber der Boden aufgeweicht sein und beim Betreten nachgeben, so sei vorsichtig und gehe nicht so scharf dagegen. Sind Reiter und Pferd hinsichtlich des Tempos uneins geworden, so wird einer von beiden gewöhnlich im falschen Augenblick eingreifen und sich dies durch zu frühes oder zu spätes Abspringen rächen. Jedenfalls wird sich ein Pferd leichter dazu entschließen, über eine Hecke als über einen Balken zu setzen, denn kommt es nicht hinüber, so ist es weitaus angenehmer, an Geflecht, als an Holzplanken anzustoßen.

Lord Wilton scheint mir gegen Hochsprünge zu langsam anzureiten, während meiner Ansicht nach Lord Grey dies zu scharf tut; ob Vater und Sohn sich hierüber nicht einig sind, kann ich nicht genau sagen, wohl aber, daß beide unerreicht in der Ausübung des Springens dastehen. Mr. Fellowes aus Shottisham, vielleicht der beste, und Mr. Gilmour, **facile princeps**, stoppte bei solchen Sprüngen beinahe zum Schritt ab; General Pearson, früher der fliegende Kapitän genannt, geht wieder gegen, als ob er auf eine Eskadron Sikhs losritte; Kapitän Smith stoppt zum Trabe ab; Lord Carington wieder verkürzt seinen Galoppsprung fast gar nicht. Wessen Methode soll man nun unter all diesen Autoritäten für die richtigste halten? Meiner Ansicht nach hängt viel von Umständen und von der Natur des Pferdes ab. Assheton Smith pflegte seinem Jagdpferd die Zügel auf den Hals zu werfen, wenn er über Einfriedigungen sprang, dabei ausrufend: „Sieh' zu, wie du hinüber kommst", während Lord Jersey, welcher mir diese Springmethode seines alten Freundes erzählte, seine Zügel wie im Schraubstock eingespannt hält, und beide Reiter sollen stets glatt hinübergekommen sein. Die richtigste Schlußfolgerung aus diesen auseinandergehenden

Beispielen würde vielleicht sein, feste Hochsprünge überhaupt nicht zu springen; doch dies nur im Scherz!*)

Kehren wir nun zu unserm „heftigen" Pferde zurück, welches wohl allmählich müde geworden ist. Willst du bei dieser Verfassung desselben Unfälle vermeiden, so mußt du Herzhaftigkeit mit Umsicht verbinden und es möglichst geschickt gegen Hindernisse reiten.

Wir nehmen also an, daß es dich gut und angenehm bis zur angehenden Müdigkeit getragen hat, nun aber anfängt, sich wirklich auf das Gebiß zu legen. Es sammelt sich nicht mehr so zum Sprunge, als zu Anfang, und würde auch, falls du es ihm gestattetest, in schärferer pace gegen die Hindernisse gehen. Diese nachlässige und stürmende Art des Angehens kann leicht einen Fall herbeiführen, und um diesem vorzubeugen, mußt du so geschickt als möglich mit deinem Pferde umgehen. Trage ihm den Kopf von

*) Meiner Ansicht nach ist der allgemeine Grundsatz richtig, daß man gegen einen Hochsprung langsamer anreiten muß, als gegen einen Breitsprung; jedoch richtet sich das raschere oder langsamere Anreiten gegen einen Hochsprung mehr nach der Bauart des Pferdes, und würde ich nach meiner Erfahrung folgendes vorschlagen:

Pferden mit starkem Rücken und kräftiger Hinterhand, denen das Springen ihrem Gebäude nach sehr leicht werden müßte, wird es trotzdem oft schwer, am Zügel über einen Hochsprung hinwegzukommen, und würde ich solche stets, was sie oft schon von selber tun, schärfer gegen ein solches Hindernis anreiten. Wollte man dies jedoch bei Pferden mit schwachem Rücken tun, die meiner Ansicht nach immer besser weit als hoch springen, so kann es leicht geschehen, daß man auf der Nase liegt.

Außerdem glaube ich, daß der Sitz des Reiters hierbei sehr mitspricht.

Am leichtesten wird dem Pferde jeder Sprung, wenn der Reiter im Augenblick des Abspringens durch Anziehen seines Kreuzes sein Gewicht fast ganz auf den Punkt gleich hinter dem Widerrist, also ungefähr wo die Bügelriemen eingezogen sind, verlegt. Jede unnütze Belastung des Rückens stört die Spannkraft und den Schwung desselben, und muß ein gut springendes Pferd, wenn man so sagen darf, mehr aus dem Rücken, als aus den Beinen springen.

In der Muskulatur des Rückens liegt die Kraft, die Beine kräftig abzuschnellen und unter den Bauch zu ziehen. Man bilde sich daher die Pferde zu Rückengängern und nicht zu Schenkelgängern aus — **siehe Reitsystem von Plintzner.** Auch braucht man nicht besorgt zu sein, daß bei dem früher erwähnten Sitz das Pferd im Landen zuviel Vordergewicht bekommt und ins Fallen kommen könnte.

Ich möchte sogar behaupten, daß durch nicht zu schwere Belastung des Rückens den Hinterbeinen ein freierer Spielraum zum Wiederaufraffen bei etwaigem Stolpern gelassen wird; vorausgesetzt, daß der Reiter nicht so viel Vordergewicht nimmt, um dem Pferde beim Landen auf die Schultern zu fallen. v. K.

dem Moment an, wo es dies zu fordern beginnt, und bemühe dich, ihm, wenn notwendig, mit aller Kraft die Hinterfüße durch Einsitzen unterzubringen. Halbmüde Pferde messen sich ihren Sprung mit großer Genauigkeit ab und sind noch imstande, eine ganze Weile zu gehen, falls sie ordentlich geritten werden. Gibt dein Pferd, trotz aller Vorsichtsmaßregeln, das Rollen auf die Schultern nicht auf, stolpert es, anstatt zu springen, über die Hindernisse hinweg, arbeitet es sich nur mit Mühe durch tiefen und unebenen Boden, ungefähr wie ein Boot bei hoher See, dann wende es lieber auf den nächstbesten Weg und siehe dir die Jagd von dort aus an. Reite dasselbe Pferd aber, sobald du Gelegenheit findest, wieder, und ist es gesund geblieben, so werden dir sicher noch viele vergnügte Stunden blühen.

Das temperamentlose Pferd. — Ich gehe nun zu der zweiten Art Jagdpferde über, den temperamentlosen, welche auf ganz andere Weise behandelt werden müssen, und nehme folgendes Pferd an: Einen faulen Vollblüter mit schönen Nierenpartien, Bammelohren und laurigem Auge.

Bei diesem brauchst du nicht so genau mit der Zäumung zu sein, da hier das Temperament durch den Reiter eher unterstützt, als zurückgehalten werden muß. Ich möchte dir aber den guten Rat geben, dich mit einer starken Peitsche zu versehen, die steif genug ist, um einen Torweg aufzumachen. Jedoch nicht aus dem Grunde, damit du die Peitsche häufig gebrauchst, denn ein oder zwei Auffrischungen im richtigen Augenblick und ein gelegentliches Heben derselben müssen den Tag über genügen. Gebrauchst du die Peitsche, so siehe dich aber vor, daß du sie hinter deinem Rücken hebst, um nicht das Auge des Pferdes, durch Heben derselben, beim Springen vom Schätzen des Sprunges abzuleiten. Der bessere Reiter zieht dieses Werkzeug, als Aufmunterungsmittel, um die Gangart (pace) und die Anspannung zu erhöhen, den Sporen vor.

Mit dem temperamentlosen Pferde wirst du wenig Mühe haben, während die Hunde den Busch durchsuchen, da es froh sein wird, auf einem Fleck stehen zu können, und du kannst dir daher mit deinen Freunden, mitten im großen Haufen stehend, durch allerlei Kurzweil die Zeit vertreiben. Die Schwierigkeiten für dich werden sich erst, wie für den Fuchs, von dem Augenblick einstellen, wo der Ruf „Gone away“ *) — „Tally ho“ ertönt.

*) Bedeutet: „Der Fuchs hat sich auf die Reise gemacht.“

Auf einem temperamentlosen Pferde würde ich dir raten, anstatt den großen Haufen zu vermeiden, eher mitten in dem Strome zu bleiben und dessen Schicksal bis zum Erreichen des nächsten Feldes zu teilen. Der große Haufen wird sich hier ohnehin bald auflösen, und während die größere Anzahl der Reiter nach rechts und links auseinanderzieht, sich weniger um die Richtung der Jagd, als um die eigene Sicherheit bekümmernd, bleibt vielleicht ein Halbdutzend davon dicht hinter den Hunden. Wähle einen Reiter unter diesen aus, den du als einen Entschlossenen und gut Berittenen kennst. Gib ihm ungefähr 50 Ellen Vorsprung und reite dann in seinem Strich, ohne dich durch ein Hindernis stören zu lassen, bis sowohl dein Blut, als das des Pferdes in Wallung gerät. Dabei kann ich dich nicht genug warnen, auf die Sicherheit deines Führers Rücksicht zu nehmen und dich seinen Reiteigentümlichkeiten anzubequemen. Die kühnsten Reiter sind sehr empfindlich, was das Uebergerittensein anbetrifft, und nicht ohne Grund. Es gibt auch nichts Unangenehmeres, als einen Reiter hinter sich zu wissen, dessen Pferd nicht in der Hand ist. Es wäre weniger unverzeihlich, seinem Vordermann etwas aus der Tasche zu stehlen, als ihm in dieselbe hineinzuspringen. Es gibt auch keine Entschuldigung für solche Reiter, welche auf einen zu Fall gekommenen Reiter hinaufspringen. Bedenke auch, daß ein Jagdpferd oft nach der Anstrengung des Sprunges den Fuß verliert, besonders auf unebenem Boden, und zwar meist erst nach dem zweiten oder dritten Galoppsprunge, folglich in jenem Augenblick fällt, wenn der dahinter Reitende glaubt, daß der Führende schon glatt hinüber ist. Daher setze nicht zu früh zum Sprunge an, lasse deinem Führer einen Vorsprung von zwanzig Ellen, fasse dir dann ein Herz, spanne deine Muskeln an und gib deinem Pferde durch Sitz und Herz zu verstehen, daß es herein, durch oder hinüber muß. Siehe dich aber vor, es nicht zum zu frühen Abspringen zu verleiten, reite es entschlossen gegen, aber in einem kurzen und versammelten Galopp, je unwilliger es sich beim Springen zeigt, desto langsamer; gleichsam als ob du es im Schraubstock hättest, bis es Folge leistet, was es auch dann aus Selbsterhaltungstrieb tun wird, um dich auf irgend eine Weise hinüberzubringen. Unter hundert Jagdpferden vermag höchstens eins in vollster Fahrt noch in guter Form zu springen, da dies die höchste Geschicklichkeit, Behendigkeit und Routine bedingt. Ein richtiger Ausbrecher geht, wie ein ausgesprochen heftiges Pferd, von selber scharf gegen und dreht rechts und links mit einer Geschicklichkeit um, die, bei anderen Gelegenheiten angewendet, ganz am Platze wäre.*) Auch der Reiter hat mehr Gewalt über

*) Es wäre sehr lehrreich, hier die Frage aufzuwerfen: Warum drehen von hundert Pferden neunzig nach links um? Diese Tatsache wird wohl niemand bestreiten, der sich mit Pferden abgegeben hat.

Viele Leute werden antworten, weil die Pferde nicht am rechten, sondern nur am linken Zügel allein stehen. Dies ist auch ganz richtig, denn wenn sie an beiden Zügeln ständen, könnten sie überhaupt nicht umdrehen.

Dies bringt mich nun zu einer anderen Beobachtung und Frage.

Warum sind die meisten rohen Pferde, verrittene kommen hierbei nicht zur Sprache, auf der linken Seite härter, als auf der rechten, oder besser gesagt, warum nehmen sie nur den linken Zügel an und suchen dem rechten Zügel durch Verbiegungen im Halse auszuweichen?

Ich erkläre mir die Sache, ohne behaupten zu wollen, daß meine Ansicht unumstößlich richtig ist, auf folgende Weise:

Die meisten Fohlen sollen rechts gedreht im Mutterleibe liegen, das ganze Gebäude muß also eine Biegung nach rechts annehmen, die dann wohl am stärksten von der Schulter bis zur Nasenspitze und im rechten Hinterfuß sein wird. Hieraus entsteht auch, was man bei Pferden und Hunden so häufig sieht und mit dem Kunstausdruck „Falsch rechts Travers gehen" bezeichnet.

Ich meine, daß die Hinterfüße nicht genau den Vorderfüßen folgen und der rechte Hinterfuß einem scharf beobachtenden Auge mehr gebogen und, wenn man so sagen könnte, kürzer erscheint als der linke.

Ich habe mich ungern dazu entschlossen, diese Behauptung aufzustellen, da sie nun aber einmal heraus ist, will ich sie auch verfechten und angeben, wie dieser Schwierigkeit bei der Bearbeitung des Pferdes am besten und leichtesten zu begegnen ist.

Es würde mich zu weit führen, alle verschiedenen Arten der Reit-Systeme zu besprechen; ich möchte hier nur erwähnen, daß viele Reiter sich das Leben viel leichter machen könnten, wenn sie die Arbeit ihres Pferdes auf der richtigen Seite anfangen würden, und ist dies bei zwei Drittel der Pferde die linke Seite.

Wo ich anfassen kann, kann ich auch arbeiten, also auf der linken.

Meiner Ansicht nach wird mit jungen Pferden, es gilt dies besonders von der Remonteausbildung, in der ersten Zeit zu wenig auf der linken Hand geritten. Ich, für meine Person, gehe nicht eher auf die rechte Hand, als bis die Pferde anfangen, den rechten Zügel anzunehmen. Natürlich muß man vorsichtig und aufmerksam dabei zu Werke gehen, damit bei dem andauernden Reiten auf der linken Hand der rechte Vorderfuß nicht angegriffen wird.

Dies wird aber nicht eintreten, wenn durch richtigen Sitz des Reiters die Pferde rascher als sonst in Haltung gebracht werden. Man bedenke doch, daß die Pferde im Zirkus immer linksherum galoppieren, ohne großen Schaden zu nehmen. Warum werden sie hier nicht rechtsherum geritten? Dies ergibt sich wohl gleichfalls daraus, daß die Pferde den Zirkusreitern linksherum nicht so leicht ausweichen können.

das Pferd, wenn er es in einem langsamen Kanter*) gegenreitet, wobei ich stets nur Hochsprünge im Auge habe.

Namentlich haben Vollblutpferde die Eigenschaft, mit Ausnahme jener, welche schon vollständig zugeritten sind, daß sie sehr nahe an den Sprung herangehen, so daß man glaubt, sie möchten lieber in das Hindernis hineinspringen, als darüber hinweg. Es ist dies nicht gerade eine Angewohnheit, welche Vertrauen einflößt; jedoch sind diese geschickten, vorsichtigen Tiere sicherer, als man glaubt, und ziehen sich bei etwas Schulung durch ihr ballartiges, mit untergeschobenen Hinterfüßen abschnellendes Springen von selbst aus den schwierigsten Lagen. Sie haben weniger Angst vor Hochsprüngen und zeigen daher auch weniger Aufregung, als die heftigen Pferde, welche schon beim Anblick eines Hindernisses die Ruhe verlieren, sich in einer nervösen Aufgeregtheit verschätzen und dadurch den größten Fehler begehen, daß sie zu früh abspringen.

Ich will nun annehmen, daß es dir im Schlepptau deines Führers gelungen ist, zwei oder drei Hochsprünge zu machen, allerdings mit Aufbietung einiger körperlicher und geistiger Anstrengungen, ohne daß dein Pferd aber dabei versagt oder zu Fall gekommen wäre. Dein Pferd hat große Springgewandtheit entwickelt, insolange als die Gangart noch keine allzu starke war, und hat z. B. einen irischen Wall mit einem Satz genommen, wie ihn dein Führer nicht

---

Es ließe sich der rote Faden für die Dressur eines Pferdes, das, um zur weiteren Dressur geeignet zu sein, erst gerade gemacht und an beiden Zügeln herangebracht werden muß, in die wenigen Worte fassen: die linke Genickseite und den linken Hinterfuß solange biegend zu bearbeiten, bis das Pferd den rechten Zügel annimmt, um sich dann erst durch Schenkelweichen rechts auch in den Besitz des rechten Hinterfußes zu setzen. Man würde, wenn dieser Grundsatz häufiger befolgt würde, nicht so oft ratlosen Leuten begegnen, die nicht begreifen können, warum die Arbeit auf der rechten Seite ihres Pferdes so wenig Erfolg hat. Ich halte also als Gipfelpunkt in jeder Dressur und bei der Dressur der Jagdpferde in erster Linie am Gerademachen des Pferdes fest und teile nicht die Ausbildungsweise der Pferdejuden und vieler, die auf dem Spieß zureiten, welche die Schwächen des Pferdes zur schnelleren Dressur ausnützen wollen. Der beliebte schlechte Rechtsgalopp ist das Ergebnis letzterer Ausbildungsart. Ist das Pferd gerade, so ist es im Gehorsam und kann nicht mehr ausbrechen, es kann höchstens vor einem Hindernis aus Furcht oder Unkenntnis desselben stehen bleiben, und ist diesem Uebel bald durch eine gute Peitsche oder durch Zureden abzuhelfen. v. K.

*) Promenadengalopp, im Gegensatz zum Jagdgalopp.

besser machen konnte. Könnte dein Pferd im Jagdsprunge fliegend Hindernisse nehmen, so würdest du jetzt glauben, ein gutes Jagdpferd unter dir zu haben. Solltest du günstigen Boden unter dir haben, so wäre daher jetzt die geeignetste Zeit, dein Pferd im Springen zu vervollkommnen, da die Gelenke allmählich geschmeidig geworden sind und das Blut wohl mehr in Wallung geraten ist. Geht dein Pferd willig auf die Hindernisse los, so laß es dieselben ganz wie es will springen; zwinge es weder, noch übereile es dabei, sondern halte nur seinen Kopf fest, ohne den Druck deiner Beine oder Hände um eine Linie zu verändern, da die geringste Unsicherheit der Hand oder des Sitzes dasselbe im Sprunge stören würde. Ein breiter Graben kann möglicherweise die Veranlassung sein, daß dein Pferd mit einem Hinterfuß hineintritt oder gar zu Fall kommt, desto besser, keine Hilfe deinerseits würde für die Zukunft so gute Dienste geleistet haben und es wird sich das nächstemal befleißigen, einen stärkeren Absprung zu nehmen. Falls du nahe an den Hunden bist, schüttele jetzt deinen Führer ab, da dein Pferd mit jedem Sprunge mehr Vertrauen gewonnen haben wird. Dabei setze ich voraus, daß dein Pferd galoppieren kann, es gibt deren in einem Jagdfelde nicht viele; trägt es dich dann noch bis zum Halali, so wird es von heute ab auch ein Jagdpferd sein.

Nach ungefähr 25 Minuten wirst du finden, daß es mit mehr Schneid und Ruhe geht, während die Nachbarpferde bereits anfangen, müde zu werden. Du kannst es jetzt ohne Bedenken gegen feste Holzeinfriedigungen anreiten, falls sie nicht allzu hoch sind, vermeide aber Stangen, welche aussehen, als ob sie brechen könnten. Letzteres ist die schlechteste Erfahrung, welche ein Jagdpferd machen kann. Mußt du ein solches Hindernis springen, dann reite scharf gegen, damit es nicht zu nahe davor abspringt oder gar im letzten Augenblick den Sprung verweigert. Springt es auch nicht in guter Form, so ist es jetzt gleich, wenn es ihm glückt, ohne Stutzen zu springen oder in einem Bocksprung wie ein Reh oder sich schräge mit seitwärts geworfenen Hinterfüßen, mit seinem Schwanz deinen Hut berührend, hinüberzuwerfen; bei dieser Art Hindernis kommen solche Pferde fast nie zu Fall.

Kommst du gegen einen Bach und hat dein Pferd einen leidlichen guten Abstand von den Hunden, und du siehst aus dem Ohrenspiel und aus der Haltung des Kopfes, daß es die Meute scharf im Auge hat, so reite, wenn nötig, entschlossen gegen. Es kann leicht möglich sein, daß es dann, ohne sich zu besinnen, den Bach im Sprunge nimmt. Ebenso leicht kann es aber auch sein, daß dein Pferd am Uferrand plötzlich abstoppt, den Kopf senkt und sich auf den Hinterbeinen niederläßt, als ob es saufen, schwimmen oder umdrehen wolle. Es wird aber nichts von alledem machen, wenn du ruhig sitzest. Gib den Kopf frei, bleibe fest im Sattel sitzen, ohne dich zu rühren, und es wird wahrscheinlich den Graben aus dem Stand springen. Sollte es dabei mit den Hinterfüßen in das Wasser fallen, dann wirf dich rasch nach der Seite über die eine Schulter hinunter, halte aber die Zügel fest und halte gut gegen, selbst wenn du auch noch nicht wieder auf den Beinen bist. Eine ganz geringe Hilfe wird es deinem Pferde möglich machen, sich wieder herauszuarbeiten, während, wenn es darin liegen bleibt, man oft eines Vorspannes bedarf, um das Pferd wieder herauszuziehen.

Bist du wieder im Sattel, so laß dein Pferd erst wieder zu Puste kommen. Nach einem solchen Zwischenfall werdet ihr gegenseitig mehr voneinander halten und jede Aussicht haben, glücklich beim Ende zu sein.

Ich habe in dem Vorstehenden versucht, dem Anfänger auseinanderzusetzen, wie er es anstellen muß, um zwei Pferde mit verschiedenen Temperamentsanlagen seinem Willen insoweit zu unterwerfen, daß sie für die Jagd tauglich sind. Jedes Pferd neigt mehr oder weniger stark zu einer der hier besprochenen Arten. Ein gutes Jagdpferd besitzt die besten Eigenschaften beider Arten, jedoch ohne deren Mängel. Wie selten wird es uns aber in unserem Leben vergönnt, auf solchen Pferden zu sitzen. Wir können also nur durch vorwiegenden Gebrauch unserer geistigen Ueberlegenheit, welche zum verkörperten Verstand in der Ausübung werden muß, durch Anwendung der auf die Vernunft gegründeten Wissenschaft, Erfahrung und Vergleichung eine Art von Vollkommenheit im Pferde erzielen. Gesunder Menschenverstand wird schon viel leisten, Güte noch mehr, Zwang sehr wenig, und doch darf man nicht vergessen, daß wir Menschen die Herren sind, daß die Hand, wenn auch noch so nachgiebig, stark sein muß, daß der Hacken, wenn auch noch so beweglich, nötigenfalls auch strafen muß, und daß, wenn Ueberredung, das bessere Mittel, oft nichts nützt, man schließlich vor der zeitweisen Anwendung der Gewalt nicht zurückschrecken darf.

III.

Gebrauch der Zügel.

Der verstorbene Mr. Maxse war vor ungefähr 50 Jahren wegen seiner vorzüglichen Hand berühmt und hatte aus diesem Grunde auch weniger Unfälle beim Jagdreiten, als viele andere Herren in Leicestershire, welche mit 15 stones*) Gewicht und ebenso wie er ihren Strich ritten. Derselbe Herr zeigte auch eine merkwürdige, fast komische Ungeduld, wenn er bei seinen Leuten eine feine und gefühlvolle Hand vermißte.

Eines Tages erklärte er seinem Reitknecht mit einem seidenen Taschentuch, welches er um einen Pfahl band, seine Ansichten hierüber. „Zieh' mal dran," sagte er, „fühlst du, daß es wieder zieht?" „Ja, Herr," erwiderte der Diener grinsend. — „Gib nun mal nach; fühlst du noch, daß es zieht?" — „Nein, Herr!" — „Kannst du doppeltes Rindvieh es nun begreifen, daß deine Pferde Aehnlichkeit mit diesem Pfahl haben? Wenn du nicht an ihnen ziehst, so werden sie auch nicht an deiner Hand ziehen."

Ich glaube nun, daß wir es mit unseren Pferden beim Reiten und Fahren ebenso einrichten müßten. Wir sollten sie lehren, daß, selbst wenn sie einmal fest an den Kopf gefaßt werden, sie uns trotzdem nicht stark auf die Hand drücken dürfen. Dieses gegenseitige Verständnis ist aber nur zu erlangen durch ein gewisses feineres Gefühl, eine Uebereinstimmung in der Absicht und ein gegenseitiges

---

*) 1 stone = 14 Pfund.

Entgegenkommen im Annehmen und Nachgeben, welches Gefühl man, in Ermangelung eines besseren Ausdrucks, nur „Hand" nennen kann. Wie mit der Meisterschaft im Klavierspiel scheint mir, daß diese wünschenswerte Eigenschaft mehr angeboren ist, als gelernt werden kann, und da diese Eigenschaft so selten vorkommt, so hat sie eine Masse Erfindungen veranlaßt, welche bezwecken, den Mangel der menschlichen Geschicklichkeit durch künstliche Mittel zu ersetzen.

Es war die Theorie eines berühmten Yorkshire-Jagdreiters, des Mr. Fairfax, daß jedes Pferd ein gutes Jagdpferd sei, wenn es nicht durch den falschen Gebrauch der Zügel verdorben würde, und ich habe immer gesehen, daß hierin die große Ueberlegenheit dieses Herrn lag. Die Zügel jedoch, welche ohne Zweifel eher zehnmal zu Fall bringen und höchstens einmal vor dem Fallen bewahren, sind insofern ein notwendiges Uebel, als wir ohne sie hilflos sind und wieder, wenn sie geschickt in Verbindung mit Schenkel, Knie und Oberkörper eines vollendeten Reiters angewandt werden, sie doch, einem elektrischen Medium ähnlich, des Menschen Absicht dem Tiere mitteilen, also halb rätselhaft und beinahe so schnell wie der Gedanke. Es ist unmöglich, die Art und Weise dieser Uebereinstimmung, welche bei einem gut am Zügel stehenden Pferde mit seinem Reiter besteht, zu erklären. Sie scheinen durch den gleichen Antrieb zu handeln; um aber diese gegenseitige Uebereinstimmung herbeizuführen, hat man so viele, meistens schmerzhafte Hilfsmittel erfunden, welche man mit dem Namen „Zäumung" beehrt.

In der Sattelkammer eines jeden Jagdreiters kann man wenigstens ein Dutzend von diesen Werkzeugen sehen, und wenn man fragt, welche von ihnen am meisten gebraucht werden, so würde man höchstens drei oder vier von ihnen in stetem Gebrauch finden. Es müssen Pferde mit sonderbarem Maul und Temperament sein, die nicht mit einer Trense, einem Knebelgebiß, einem Pelham oder einer Kandare zu reiten wären. Nach den ältesten Abbildungen zu urteilen, scheint es, daß die Trense von jeher in Gebrauch war, und deshalb wollen wir diese zuerst besprechen.

Die Trense ist eine sehr vernünftige Erfindung, da sie unmittelbar aufs Ziel losgeht; sie liegt leicht auf der Zunge und den Laden eines Pferdes und übt die Herrschaft über dasselbe ohne Schmerz aus; man kann sie daher in ihrer Art vollkommen nennen. Sie verursacht dem ungerittenen Pferde keine Unbequemlichkeit und schafft infolgedessen keine Unruhe; sie veranlaßt dasselbe, an dem neuen

Spielzeug, welches auf seinen Laden liegt, zu kauen und zu knabbern. So gezäumt steht das fertig gerittene Reitpferd angenehm und leicht in der Hand und wird auf die leiseste Hilfe derselben den Galopp wechseln, Passage oder Schulterherein gehen. Während das Jagdpferd sich auf dieses Gebiß legt, um im tiefen Boden eine Stütze zu suchen, wird das Rennpferd wieder erlauben, daß man es mit diesem Werkzeug in der größten Schnelligkeit zusammenhält, ohne den Sprung zu verkürzen. Die Trense entspricht ihrem Zwecke bewunderungswürdig, solange sie auf der richtigen Stelle im Maule liegt. Wenn ein Pferd jedoch den durch das Gebiß verursachten Druck durch in die Höhe werfen des Kopfes von den Laden auf die Lefzen und Zähne bringen kann, so gewährt das Trensengebiß von diesem Augenblick ab nicht mehr Herrschaft über das Pferd, als ein Halfter. Mit hoher Nase und offenem Maule kann es hinlaufen, wohin es will, und nur in einer solchen Lage versteht es ein geschickter Reiter, ihm durch Nachgeben so viel Freiheit zu verschaffen, daß es mit der Nase herunterfällt und ihm nicht ganz aus der Hand kommt. Eine lange Zeit hindurch muß es ein sehr unangenehmes Reiten gewesen sein, als man den die Trense vervollständigenden Martingal noch nicht kannte. — Nach den besten griechischen Abbildungen zu schließen, scheint dieses nützliche Instrument den Alten vollständig unbekannt gewesen zu sein; obschon die Figuren der Reiter auf den Elgin Friesen, was Sitz und Haltung anbetrifft, im allgemeinen tadellos sind, so trägt doch keins von diesen Pferden den Kopf richtig. Die alten Griechen scheinen sich bei Behandlung dieses edlen Tieres mehr auf Kraft, als auf Geschicklichkeit verlassen zu haben und, obgleich sie auf demselben kunstgemäß sitzen, so werden sie dasselbe wohl oft nicht dort hingebracht haben, wohin sie gern gewollt hätten. Durch den Martingal jedoch entdeckt selbst das ungehorsamste Pferd, daß es gehorchen muß. Es bringt den Kopf so herunter, daß es dem Gebiß wieder die Wirkung auf die Laden verschafft, und drücken Pferde gegen, so zwingt sie der Martingal schließlich doch nur auf den feinfühlenden Punkt im Maule, welchen man die Laden nennt, zu drücken. Sie können nicht ausweichen, sie müssen im Genick nachgeben und — im Genick nachgeben heißt, seinen Herrn anerkennen und dem Willen des Reiters Folge leisten.*)

*) Ich kann mich hier mit dem Verfasser nicht recht einverstanden erklären, welcher den Martingal zur Beinahme des Genicks anwenden will. Der Martingal darf nur so kurz geschnallt werden, daß die Ringe beim Annehmen der

Es ist eine wohlbekannte Sache und ich kann dies aus eigener Erfahrung bezeugen, daß ein gewundenes Trensengebiß mit Martingal das einzige ist, welches in den meisten Fällen jeden Durchgänger bemeistert.

Es ist aber nicht reitermäßig, ein Pferd durch die rohe Kraft leiten oder es mittelst eines solchen Werkzeuges abstoppen zu wollen, und wer zu diesem Zweck in dem Pferdemaul herumsägt, wird nicht dazu beitragen, die gegenseitige Zuneigung zu erhöhen.

Sehen wir uns die Jagdbilder unserer Groß- und Urgroßväter an, so lernen wir daraus, daß unter zehn Jagdreitern neun auf einfacher Trense ritten, und möchte ich mir daher die Frage erlauben, ob unsere Vorfahren gelehrigere Tiere gezüchtet haben, oder ob diese Liebhaber von Portwein kühnere, stärkere und bessere Reiter als ihre Nachkommen waren. Ohne mich weiter in vergleichende Betrachtungen über die Vorzüge von Hunden, Pferden, Art des Reitens, Gegend und Sport während eines Zeitraumes von mehr als zwei Generationen einzulassen, glaube ich doch eine Ursache für obige Verschiedenheit gefunden zu haben, und scheint sie mir einfach folgende zu sein. — Der größte Teil unserer alten Jagdbilder stellt die Jagd in unseren mittleren Grafschaften, hauptsächlich in Leicestershire und Northamptonshire dar, und waren diese Grafschaften zu jener Zeit nur teilweise eingehegt. Grenzzäune zwischen großen Gütern gab es selten; die vorhandenen lagen weit auseinander, sehr zerstreut und waren schlecht unterhalten; die hohen Dornhecken, welche heutzutage die Veranlassung zu soviel kühnem, mitunter aber auch recht feigem Reiten geben, bestanden damals nicht oder waren noch zu jung, weshalb sie zu ihrem Schutz auf beiden Seiten mit niedrigen Latten eingefaßt waren. Die letzteren Hindernisse bildeten aber einen beliebten Vorwurf für die Künstler damaliger Zeit, und wir sehen die Reiter solch ein Hindernis mit fliegenden

---

Zügel mit dem Widerrist in gleicher Höhe stehen. — Der Martingal hat lediglich den Zweck, Pferdehälse, die am Widerrist sehr lose sind, stäter zu machen, um das Wenden zu erleichtern. Zum Jagdreiten halte ich den Martingal überhaupt für ein schlechtes Instrument, da er den Nachteil hat, daß man beim Fallen, wobei die Zügel doch in der Hand behalten werden sollen, öfter unter dem Pferde oder so dicht an demselben zu liegen kommt, daß man beim Aufstehen vom Pferde leicht verletzt werden kann. Ferner geschieht es häufig, daß das Pferd sich in die Martingalzügel oder in den Martingal selbst verwickelt und hierdurch mitunter nur aufkommen kann, wenn man die Zügel losläßt. v. K.

Rockschößen in einer beliebigen Geschwindigkeit springen. Gewöhnlich waren nur 20 bis 30 Pferde im Felde und hatten die Reiter daher viel Spielraum, sich in einer so freien Gegend zu tummeln. — Jeder hatte Platz genug zum Reiten; außerdem wissen wir alle, wie leicht es in einer moorigen und offenen Gegend dem Reiter wird, Herr seines Pferdes zu sein; der Grund und Boden war damals noch undrainiert, und einige wenige Furlongs (1/8 engl. Meile) in solchem Boden bringen selbst den stärksten puller zur Vernunft, da er bei jedem Galoppsprunge wahrscheinlich bis über die Fesseln eingesunken ist. Hand und Schenkel sind die stärksten Hilfsmittel des Reiters; ich glaube aber, daß unsere Großväter weniger Gebrauch vom Zügel, als vom Sporn machten. Mit der fortschreitenden Kultur und der daraus folgenden Leichtigkeit der Fortbewegung durch Verbesserung der Straßen und Verkehrsmittel wurde die Jagdreiterei, welche bis jetzt ein exklusiver Zeitvertreib des englischen Gentleman war, für einen jeden, der die Mittel besaß, ein Pferd zu halten, zur Modesache.

Früher machte man sich wenig daraus, zwölf Stunden in einer dunklen Winternacht mit der Post zu fahren, um am anderen Morgen zu rechter Zeit auf dem Meet zu erscheinen. Die Zahl der Reiter, welche an beliebten Jagdstelldichein-Plätzen zusammenkamen, mehrte sich, zwei Pferde wurden eingeführt, so daß schon lange, bevor man Eisenbahnen kannte, die roten Röcke nicht mehr nach zehn, sondern nach Dutzenden zählten, so wie man sie heute nach Hunderten rechnet, und das Gedränge im Jagdfelde ein bedeutendes Behinderungsmittel wurde.

Inzwischen nahmen aber die Hecken an Höhe und Dichtigkeit zu, die sich vervollkommnende Landwirtschaft zerlegte die großen Ländereien und bestimmte sie je nach ihrer Beschaffenheit zur Weide oder zum Ackerland; das Jagdpferd wurde hierdurch gezwungen, gesammelter zu gehen, ohne viel Umstände zu springen und so oft, daß der Nerv desselben bis auf das höchste gesteigert wurde. Dazu kommt noch, daß das Jagdpferd durch den größeren Haufen viel mehr unter dem Einflusse der neben ihm gehenden Pferde zu leiden anfing, welche es durch „an den Kopf gehen" aufregten, auch kam bei den öfteren Wendungen mehr Kreuzen vor.

Unter diesen Umständen wurde es durchaus notwendig, das Jagdpferd durch ein Werkzeug unter steter Aufsicht zu haben, und so kam schließlich die Kandare in allgemeine Anwendung.

Ich brauche wohl nicht auseinanderzusetzen, daß durch den Gebrauch dieses Gebisses nichts von den Vorteilen der Trense verloren geht, während es durch seinen mächtigen Hebelanzug einen Zwang ausübt, dem nur wenige Pferde zu widerstehen versuchen. Dieses Werkzeug ist so vielseitig, daß man imstande ist, einen fortwährenden Wechsel im Grade der Freiheit und des Verhaltens eintreten zu lassen, was man in der Reitersprache „Annehmen und Nachgeben" nennt, und worin das ganze Geheimnis des angenehmen Sichfortbewegens zu Pferde liegt. Während man den Trensenzügel annimmt, kann das Pferd doch seinen Hals bis zum äußersten ausstrecken, ohne das Vertrauen in die moralische Unterstützung der Hand des Reiters zu verlieren, falls letztere ihm nicht Schmerz verursacht. Wird hingegen die Kandare in Anwendung gebracht, so gibt das Pferd durch den Druck derselben im Genick derartig nach, daß die Hinterfüße unter seinen Leib treten und vom Gewicht des Reiters beherrscht werden können, und nur aus dieser gesammelten Form allein ist es imstande, den größten Anforderungen gerecht zu werden. Man sehe zu, daß die Kandare kräftig genug wirkt; falls sie nicht lang genug im Obergestell ist, lasse man wenigstens die unteren Anzüge lang sein; das Trensengebiß muß aber so dick als möglich sein. Mit der Kandare bringe man des Pferdes Kopf in die richtige Stellung; mit der Trense, wenn sie glatt und sehr dick ist, wird das Pferd in derselben erhalten, ohne daß man dem Pferde dadurch unangenehm wird.

Ein dünnes Trensengebiß, ich habe welche so dünn wie einen Draht gesehen, schneidet und scheuert nur, verursacht infolgedessen mehr Schmerz und Widerstand als das Kandarengebiß. Mr. Lovellt, bekannt wegen seiner feinen Hand, überredete mich eines Tages, eine Erfindung von ihm zu versuchen, welche er bei seiner weichen Führung stets mit Erfolg anwandte. Anstatt des gewöhnlichen Trensengebisses ritt er mit einem doppelt gelegten Riemen aus Leder, genau so breit wie ein Trensengebiß und zweimal so dick als dieses; dieser rund genähte Riemen lag da, wo die Trense gewöhnlich liegt, also auf der Zunge und den Laden des Pferdes.*) Ritt er mit diesem Riemen, so wurde der Zweck vorzüglich erfüllt, bei mir jedoch nicht, vielleicht auch, weil ich mir einbildete, der Riemen müsse

*) Heutzutage nichts Neues, da man ähnliche Gebisse, sowie Gummigebisse anwendet. v. K.

stärker als das Trensengebiß zur Einwirkung gebracht werden, so daß es mir den Eindruck machte, als ob er das schärfere von beiden sei. Ein schlecht gerittenes Pferd, und die Hälfte unserer Jagdpferde ist kaum über das Abc der Reiterei hinweggekommen, wird sich auf der Kandare des Zwanges derselben durch in die Höhe werfen des Kopfes, namentlich in entscheidenden Augenblicken, zu entziehen suchen. Hat man aber einen sicheren Sitz, der vollständig unabhängig von der Führung ist — man verlasse sich jedoch nicht früher darauf, als bis man sich durch Springen mit losgelassenen Zügeln vollständig davon überzeugt hat — so kann man den Martingal mit zu Hilfe nehmen, und die Kandarenzügel durch die Ringe desselben ziehen, die Zügel müssen aber dann zum Schnallen sein. Weshalb durch die Kandarenzügel, will ich in der Folge erklären.

Das Pferd ist von Natur so folgsam, daß es lieber das Richtige, als das Unrichtige tun wird, wenn ihm nur gehörig gelehrt wird, eins von dem anderen zu unterscheiden, deshalb würde ich dir auch raten, deine verhaltenden Hilfen nur auf ein Werkzeug auszudehnen (d. i. Kandare). Sobald das Pferd auf deine Anzüge nachgibt, so mußt du ebenfalls durch Nachgeben ihm zeigen, daß es dir entgegengekommen ist und das getan hat, was du von ihm verlangt hast. Hast du aber den Martingal auf dem Trensenzügel, so ist es dir unmöglich, ihm die Zustimmung zu zeigen. Denn um sich der Einwirkung des Martingals zu entziehen, muß es sich mit einem von Schmerz begleiteten Druck auf die Kandare legen; dies stört und entmutigt aber das Pferd schließlich, da es jede seiner Bemühungen, dir entgegenzukommen, schließlich vereitelt sieht. Soviel, was des Pferdes Bequemlichkeit in dieser Hinsicht anbetrifft; nun zu der deinigen.

Ich schicke voraus, daß du den gewöhnlichen Jagdmartingal gebrauchst, der am Vorderzeug deines Sattels und nicht an den Gurten angebracht ist. Siehe zu, daß die Ringe desselben nicht zu groß sind, um über die Schnallstücke der Kandarenzügel hinunterzurutschen; du kannst dich sonst in einer sehr unbequemen Lage befinden, falls du beim Springen von Hindernissen plötzlich merkst, daß dein Pferd wie mit angebundener Nase dasteht; denn jeder Sprung erfordert gleichzeitig ein gewisses Strecken des Pferdes, welches aber die festgehaltenen Ringe verhindern werden. Auch darfst du den Martingal von Haus aus nicht zu kurz schnallen, sondern deinen Schüler nur allmählich an diesen Zwang gewöhnen, und mußt dabei auch im Auge haben, daß nicht alle Pferde gleich gebaut sind Manche Pferde müssen ihre Köpfe höher tragen als andere, wenn es dir auch so erscheint, als ob sie ihn auf dem falschen Flecke trügen. — Belehrung in allen Zweigen kann nicht allmählich genug vorschreiten, und die Natur, sei sie die eines Menschen oder eines Tieres, läßt sich leichter leiten als treiben. — Die erste Bedingung beim Reiten besteht zweifellos darin, seinem Pferde verständlich zu machen, was wir von ihm wünschen; sobald aber dieses Verständnis hergestellt ist, so ist es für unsere Bequemlichkeit von großer Wichtigkeit, daß es unseren Willen als den seinigen betrachtet; vorausgesetzt, daß es sich willig unterordnet. Um dies zu erreichen, muß man sich eines Gebisses bedienen, vor welchem das Pferd keine Furcht hat und dem es sich willig unterordnet. Manche temperamentvolle Pferde mit empfindsamem Maule, etwas, was oft zusammentrifft, und mit kräftiger Hinterhand, welche von so großer Wichtigkeit beim Jagdpferd ist, kämpfen lebhaft gegen die Einwirkung der Kandare, während sie auf Trense allein schwer zu regieren sind. Für diese Art Pferde hat der Sprößling einer edlen Familie einen Zaum erfunden, welcher, wie die Gegner dieses Werkzeuges behaupten, die schlechten Seiten der Kandare und der Trense in sich vereinigen soll, nämlich den — Pelham.

In England herrscht ein allgemeines Vorurteil gegen den Pelham, während man ihn in Irland in stetem Gebrauch sieht; man muß denselben natürlich, wie alle anderen Gebisse, nur bei besonderen Pferden anwenden, und ich kann aus eigener Erfahrung sagen, daß ich drei oder vier hervorragende Jagdpferde besessen habe, welche auf keinem anderen, als auf diesem Gebiß angenehm gehen wollten. Ich brauche den Pelham wohl nicht zu erklären; er besteht aus einem einfachen Gebiß, das glatt und wie eine gewöhnliche Trense zusammengefügt ist, und bei welchem von den Ringen auf beiden Seiten zwei Anzüge heruntergehen, an denen zwei Zügel angebracht sind, welche durch eine Kinnkette in derselben Weise wie die Kandarenzügel, aber gemäßigter wirken.

Ich habe nie recht klug daraus werden können, ob ein junger, beherzter Jagdreiter sich auf meine Kosten lustig machen wollte, als er beim Anblick eines mit Pelham gezäumten Pferdes folgende Frage an mich richtete: „Halten Sie es für gut, Kandare und Trense in eins zu haben?“ Ich hielt es bei diesem besonderen Pferde für gut, und selbst auf die Gefahr hin, zuviel von meiner Person zu reden, will ich die Umstände erzählen, unter welchen ich die Vorteile des Pelhams entdeckte. *)

Das in Rede stehende, mit dem Pelham gezäumte Pferd war ein Vollblut und für ein Jagdpferd sehr schnell, außerdem hatte dasselbe, bevor ich es kaufte, nie vorher gesprungen, und mußte auch nach der lebhaften Freude, welche es bei Wahrnehmung der Hunde äußerte, vorher nie Hunde gesehen haben. Es war lebhaft und dabei herzhaft, und liebte es sehr, als erstes zu gehen, dabei hatte es bei seiner erregbaren Beanlagung und bei seiner Neigung, stark zu pullen, ein sehr gefühlvolles Maul. **) Die Kandare, auf welcher ich meine ersten Versuche mit ihm begann, schien demselben nicht zu behagen; es warf sich hin und her, und gebärdete sich unleidlich damit, so daß dieser erste Tag weder eine Freude für mich noch für das Pferd war. Das nächstemal versuchte ich es mit einem Pelham, und die größere Freiheit, welche ihm dieser gewährte, schien mir so wohltätig, daß ich, um die Freiheit zu vergrößern, auch die Kinnkette aushakte. Während ich gerade im Begriff war, dieselbe in die Tasche zu stecken, brach ein einen guten Galopp versprechender, sehr starker Fuchs aus der Dickung hervor und nahm die Richtung auf eine schöne Grasgegend; die Hunde hinter ihm auf warmer Fährte nicht weiter als 500 Ellen von seiner Rute ab. Ich sprang schnell in den Sattel; mein Vollblüter aber, welcher, wie man in der Rennsprache sagt, „rasch auf die Beine kam", erfaßte diesen Augenblick, und meine Füße waren kaum im Bügel, als er sich schon in seinem Sprunge zurechtlegte und vorwärtsflog, der Meute beinahe zu dicht auf. Zum Glück war hier Platz genug, und die Hunde liefen sehr rasch, denn strenggenommen ging mein Pferd eine Zeitlang mit mir

*) Auch ich halte den Pelham für ein sehr gutes Mundstück für solche Pferde, die in der ersten Zeit an kein anderes herangehen wollen, nur muß der Pelham richtig gebaut sein, d. h. ein sehr kurzes Obergestell haben, damit die Kinnkette nicht zu hoch zu liegen kommt, das Mundstück muß ein dickes Trensengebiß und außerdem mit einem Scheerriem oder einer Kette versehen sein, damit der Pelham besser liegt. Ich halte den Pelham jedenfalls für besser zur Genickarbeit, als jeden Hilfszügel, und bedaure nur, daß es auch in Deutschland so viele Feinde dieses Mundstücks gibt. Natürlich muß man zur Arbeit mit demselben die Zügel teilen. v. K.

**) Ich möchte sagen, daß der Ausdruck „gefühlvolles" oder empfindliches Maul kein ganz richtiger ist; da es meiner Ansicht nach weniger Empfindsamkeit des Maules, als des Genicks und der Ganaschen ist. Wenn auch einige Pferde weniger fleischige Laden haben als andere, so glaube ich doch nicht, daß dies die Empfindsamkeit im Maule so sehr beeinflußt. v. K.

durch, und obgleich es zwar nur durch Anwendung physischer Kraft gestattete, es vor den Sprüngen etwas zu sammeln, so wußte ich doch in den ersten zehn Minuten, daß ich eigentlich nicht der Herr war. Nach dem ersten Galopp jedoch, wobei die Jagd in einem vorzüglichen Tempo über ein leicht gangbares Gelände ging, beruhigte es sich, und als ich es um 2 Uhr nachmittags nach Hause schickte, war ich glücklich, ein derartig beherztes und gutes Pferd zu besitzen, welches ein vorzügliches Jagdpferd zu werden versprach.

Ich bin davon überzeugt, daß dieser kleine Zwischenfall von dem größten Nutzen gewesen ist; das Pferd erlangte dadurch Vertrauen zu der Hand seines Reiters, welche ihm durch das leichte Pelham-Gebiß keine Schmerzen verursachen konnte, und ihm nur den Weg zeigte, auf welchem es ja gern lief. Als ich es das nächstemal zur Jagd herausbrachte, nahm dasselbe es auch nicht übel, sich einem stärkeren Zwang zu unterwerfen, und so wurde es nach und nach (ich muß zwar gestehen, daß das Ganze mehr als eine Jagdzeit dauerte) ein ruhiges und sicheres Fortbewegungsmittel, welches schließlich der scharfen Einwirkung der Kandare mit derselben Gefügigkeit nachgab, wie jedes seiner ruhigsten Stallgenossen. Wir haben seitdem viele vergnügte Stunden zusammen verlebt, und uns auch nie wieder, sei es auch nur auf kurze Zeit, uneins gefühlt.*)

Warum sind so viele vorzügliche Pferde so schwer zu reiten? Es müßte dies eigentlich nicht der Fall sein. Das regelrechte Gebäude müßte auch am sichersten ins Gleichgewicht zu bringen sein, und müßte ein solches Pferd infolgedessen auch die weichsten Gänge und das beste Maul haben. Der Fehler liegt weder in der Form, noch in der Beanlagung, sondern entspringt, wenn man die Wahrheit sagen soll, aus den Vorurteilen der Bereiter, welche ihre Ausbildungsweise nicht nach der Verschiedenartigkeit ihrer Schüler (Pferde) einrichten können; denn gute Jagdpferde müssen notwendigerweise sehr

*) Es ist eine sehr beliebte Gewohnheit der Engländer und ich halte sie meiner Ansicht nach für die einzig richtige, daß Pferde, welche nicht gerne an den Zügel gehen wollen, erst in das Gegenteil, also zum pullen gebracht werden, um sie hernach, allerdings mit geschickter Hand, in das richtige Maß von Anlehnung zu bringen. Das pullen ist jedenfalls ein viel geringerer Fehler, als wenn das Pferd durch Gegensperren nach oben oder durch Kopfschlagen sich Luft zu machen sucht; denn im ersteren Falle hat das Pferd die Augen stets auf den Boden gerichtet, geht also sicherer, als der Sterngucker, und hat zu gleicher Zeit auch die Hinterfüße stets zur Hand, also unter sich. v. K.

stark hinter dem Sattel sein, um das weite Unterschieben der Hinterfüße zu ermöglichen, so daß sie es weder mögen noch versuchen, sich auf die Hand des Reiters zu legen. Diese Art Herangehen gegen das Gebiß nennt der Bereiter zwar „am Zügel stehen", und bei Pferden, welche sich scheuen, an das Gebiß heranzugehen, läßt er das Gebiß desto stärker wirken. Die Folge davon ist, daß die Pferde, um dem Schmerz zu entgehen, mit dem Kopf aus der Stellung herausschlagen und sich diese Unart als Befreiungsmittel so angewöhnen, daß man Wochen von ruhiger und feiner Arbeit benötigt, um die falsche Einwirkung einer Stunde wieder gutzumachen.

Die orientalischen Pferde, welche von Jugend auf mit den schärfsten Gebissen gezäumt werden, lernen zwar alle die Unart, mit der Nase herauszuschlagen, da ihnen jedoch niemals gelehrt wird, zu pullen, denn der Orientale rühmt sich, sein Pferd nur mit dem Finger zu reiten, so braucht man ihnen nur ein weiches Gebiß und einen Martingal aufzulegen, um sie durchfühlen zu lassen, daß sie zwar unter Aufsicht, jedoch unter keiner schmerzhaften stehen. Sie werden dann bald wieder ihre Köpfe auf dem richtigen Fleck tragen und dabei ruhig und angenehm gehen.

Letzteres ist in der Tat der Hauptgrund der vielfachen Erfindungen von Gebissen. Ein Pferd mit empfindlichem Maul, von einem guten Reiter gesteuert, wird mit einem Pelham und Martingal, der durch die Kandarenzügel gezogen ist, leicht und sicher querfeldein gehen.*) Beim Sprunge jedoch muß man dem Pferde seinen Kopf geben, das heißt, dasselbe in dem Augenblicke des Abspringens nicht im Maule stören. Daß der Reiter ein Pferd beim Landen halten könnte, glaube ich nicht, daß er hingegen dem Pferde in einer schwierigen Lage Unterstützung durch gutes Zurücksitzen und Stillesitzen geben muß, scheint mir ein notwendiges Erfordernis.

Der Reiter kann bis zum letzten Augenblick, selbst wenn sein eigenes Knie schon den Boden berührt, nicht still genug sitzen, dann aber tut er gut, sich so schnell als möglich von seinem Pferde zu trennen und sich im Fallen womöglich so zu drehen, daß er sein Gesicht nach dem Pferde gewendet hat, damit er die fallende Masse nicht aus dem Auge verliert, und vor allem aber muß er trachten, die Zügel in der Hand zu behalten.

---

*) Auf Pelham würde ich nicht dafür sein, die unteren Zügel durch den Martingal zu ziehen. v. K.

Diese letzte Vorsichtsmaßregel kann nicht genug betont werden. Abgesehen von der Peinlichkeit, in Reithosen und Reitstiefeln für die Dauer einer Jagd zu Fuß herumgehen zu müssen, und von der grausamen Notwendigkeit für die Mitreiter, welche vielleicht zu gutherzig sind, um einen Kameraden in der Patsche sitzen zu lassen, ihre eigenen Pferde auspumpen, um das weggelaufene zu greifen, würde doch die persönliche Sicherheit für Leben und Glieder auch ein gutes Teil mitsprechen. Schließlich ist es noch eine sehr mißliche Lage, wenn man, was ja auch vorkommt, seine Füße beim Aufstehen des Pferdes nicht aus den Bügeln bringen kann, weil die Zügel nicht in der Hand behalten wurden, um das Pferd festzuhalten.

Ich glaube außerdem, daß ein zähes Festhalten am Zügel manches Schlüsselbein retten würde, da es den Körper des Reiters beim Fallen mehr in jene Lage bringen wird, daß er auf die hinteren Schultermuskeln zu Falle kommt, und jeder Mensch weiß wohl, daß dieser Teil des Körpers schon einen tüchtigen Puff vertragen kann.

Doch wir entfernen uns zu weit von unserem Gegenstand, denn die Abhandlung, wie sich der Reiter beim Fallen zu benehmen hat, gehört wohl nicht in das Kapitel der Zäumung.

Um sich vom Zwang des Gebisses zu befreien, wirft das Pferd entweder seinen Kopf nach oben oder zwischen die Vorderbeine, das letztere ist mir das unangenehmere, und um dieses zu verhindern, hat man einen Zügel*) angebracht, welchen man mit in die Hand nimmt und beim Bohren in Wirkung treten läßt. Ein Pferd, welches dann mit einer Kandare und einer Aufrichtetrense zum Teufel rennt, muß allerdings ein toller Puller sein; mit einem solchen Werkzeug in der Hand, nimm aber auch Abschied von aller feinen Führung, welche ja das höchste Ziel in der Reiterei bildet und die Grundlinien der Kunst abgibt. Falls ich ein ganz unbändiges Pferd besäße, würde ich höchstens ein Kettengebiß nehmen, dabei jedoch immer hoffend, daß ich eines Tages auf dem seidenen Faden reiten kann.**)

---

*) Anscheinend eine „Aufrichtetrense". v. E.

**) Es ist eine ganz irrtümliche Ansicht, daß eine Kettengebißtrense scharf ist, ich halte sie sogar für ein recht weiches Gebiß, an welches jedes Pferd gern herangeht; scharf wird sie nur, wenn man damit zu riegeln anfängt. Ich würde ein solches Gebiß den Pferden stets in jener Periode der Dressur, ich spreche hier nur von Jagdpferden, auflegen, wenn sie sich vielleicht auf Pelham oder Kandare eine zu tiefe Haltung mit dem Kopfe angewöhnt haben und stark auf die Zügel pullen sollten. v. K.

Alle Zäumungen, wie sie auch heißen mögen, sind nur Mittel, um unsere Schwäche zu verbergen. Harte Hände werden immer starke Puller erzeugen; man muß aber bedenken, daß dem Verstande des Tieres gegenüber eine noch nicht auf die Probe gestellte Kraft noch immer eine Kraft bleibt, mit der es rechnen muß. — Der leicht anstehende Zügel beweist Vertrauen, und selbst das Tier versteht, daß Vertrauen nur eine Eigenschaft der Macht ist.

Wer keine gute Hand besitzt, tut gut, sein Gebiß häufig zu wechseln, bis er eins finden wird, welches seinem Pferde angenehm ist. Verlaß dich aber nicht auf den ersten Erfolg, da dein Pferd vielleicht heute auf diesem Gebiß vorzüglich geht, während es morgen bereits versagt. Immerhin aber hast du viel gewonnen, wenn es dich auf eine Stunde angenehm trägt. Sollte dir dies sogar hinter Hunden widerfahren, so kannst du dies einer Woche Dressur unter weniger aufregenden Bedingungen gleich rechnen. Am besten wird ein Pferd mit seinem Reiter in solchen Tagen bekannt, die von beiden Seiten Aufmerksamkeit und Umsicht erfordern.

Unebener Boden, Furten, Moräste, dunkle Nächte, alle diese Vorkommnisse eignen sich dazu, das gute Einvernehmen zu erhöhen; aber 40 Minuten Jagd über eine mit vielen Hindernissen versehene Gegend stellt ein solches Vertrauen zwischen Mann und Pferd her, daß es selbst durch spätere Mißverständnisse nicht mehr zu vernichten ist. Dieselbe Aufregung, welche des Pferdes Mut erhöht, scheint auch seine geistigen Fähigkeiten zu schärfen und den Verstand zu klären. Es ist wunderbar, wie rasch das Pferd die Absichten seines Reiters verstehen lernt, wie vorsichtig es die guten Stellen zwischen Baumstümpfen und Kaninchenlöchern aussucht, wenn der lose Zügel ihm anzeigt, daß es für seine eigene Sicherheit zu sorgen hat. Wie kühn es seinen Galoppsprung verschärft und seine Kräfte sammelt, um gegen einen Sprung anzugehen, sobald es das Einsitzen auf seinem Rücken und die Zügel fester anstehen fühlt, dabei bewußt, daß der Reiter ihm nur deshalb den Kopf festhält, um einen guten Sprung zu machen.

Und nun kommen wir zu einer Frage, die sehr polemisch ist, da gerade die Ausübenden, welche imstande wären, am besten ein Urteil darüber abzugeben, in dieser Frage meist uneins sind. Die Freunde des langen Zügels werden allerdings überstimmt, solange das Feld vor der Dickung hält; sobald aber die Hunde jagen, pflichten auch andere ihnen bei, daß ein Jagdpferd seine Schuldigkeit nie so gut tut, als wenn man es vollständig sich selber **überläßt**. Die Gegner dieser Ansicht behaupten, daß es der erste Grundsatz der Reiterei wäre, die Pferde unter allen Umständen fest am Kopfe zu halten. Der eine sagt: „Du wirfst ihn in die Hindernisse hinein“, während der andere behauptet: „Du wirst ihn aber auch nie wieder herausziehen.“ „Tritt in einen Eimer hinein und versuche, dich mit den Griffen hochzuheben,“ sagt wieder der erste, während der andere darauf erwidert: „Das Pferd ist kein Eimer; warum verhält es sich in seiner pace beim Rennen, oder verweigert den Sprung über einen Bach, oder stolpert auf dem Wege, wenn es müde ist, sobald du seinen Kopf losläßesest?“

Alles Disputieren ist hierbei Unsinn: man kann nicht sagen, welche Partei im Recht ist; nur die Erfahrung kann das entscheidende Urteil sprechen.

Wenn wir nur solche Meister in der Kunst besäßen, welche die Kunst des Jagdreitens mit der Kenntnis der hohen Schule vereinigen, so würden die Pferde so gehorsam auf die leiseste Einwirkung durch das Körpergewicht werden, daß die Reiter imstande wären, mit ganz losen Zügeln, oder wenn es möglich wäre, selbst ohne Zügel über die schwierigste Gegend von Leicestershire zu reiten.*) Aber die Pferdeerziehung wird gewöhnlich auf einer ganz anderen Grundlage, als auf jener des Systems Baucher oder derjenigen eines anderen Meisters, aufgebaut. — Von ihrer Jugend an, bei Erziehung als Jagd- oder Rennpferd, wird den Pferden komischerweise nur gelehrt, daß ein toter Anzug gegen die Kinnladen ihnen als Zeichen zum Vorwärtseilen dienen soll, während das Nachgeben ihnen als Zeichen zum Stehenbleiben dient.

Während es doch selbstverständlicher erscheint, daß, wenn wir an den Zügeln des Pferdes ziehen, es stehen bleiben müßte, so

*) Auch wir haben Herren in Deutschland, die Rennreiterei und Bahnarbeit, sowie Jagdreiterei mit hoher Schule zu vereinigen verstehen, und kann ich nicht genug Nachdruck darauf legen, daß die Grundideen beider Arten genau dieselben sind, man muß nur, wenn man beide vereinigen will, kleine Aenderungen eintreten lassen. Ich führe nur z. B. die eine an: Wer angenehm Jagdreiten will, darf in der Bahnarbeit den ersten Halswirbel nicht als höchsten Punkt annehmen, sondern den zweiten oder dritten Halswirbel. Der erste Halswirbel soll erst der höchste Punkt werden, wenn sich das Pferd im Jagdgalopp streckt, in dem Augenblick also, wo es am schönsten am Zügel stehen soll. Pferde, welche so gearbeitet werden, kommen auch nie aus der Hand, sondern sind um so angenehmer am Zügel, je schärfer die Gangart ist. v. K.

finden wir doch, daß gerade dieses Mittel, wenn es in seiner raschesten Gangart angewendet wird, die entgegengesetzte Wirkung hervorbringt; und da diese Gewohnheit vielen Pferden während der Bearbeitung zur zweiten Natur wird, so müssen wir ihnen dies auch nicht als besonderen Fehler anrechnen, namentlich wenn es in der Aufregung und Eile der Jagd querfeldein hinter Hunden geschieht.

Die meisten von uns haben wohl schon ein Lieblingspferd besessen, das ein so angenehmes Maul, ein so gutes Temperament, eine so zuverlässige Gehlust hatte, daß es eine ganz beliebige Gangart auf die leiseste Andeutung annahm; so daß wir auf diesem Pferd das Gefühl hatten, mit losen Zügeln, die Zehe im Bügel, derart querfeldein reiten zu können, als ob wir durch den Park galoppierten.*)

Reiten wir auf solch einem Pferde gegen den Hochsprung eher etwas langsamer als gewöhnlich, so erscheint jeder Galoppsprung wie ein Uhrwerk geregelt zu sein, und da wir diese vollkommene Uebereinstimmung nicht stören wollen, so lassen wir unsere Hand tief stehen und verlassen uns vollständig auf die Zuverlässigkeit unseres Pferdes. Aber es kann gerade bei einem solchen Pferde vorkommen, daß es im entscheidenden Augenblick den Gehorsam verliert, da es vielleicht auf eine falsche Art und Weise eingesprungen worden ist. Diese falsche Art und Weise besteht nämlich darin, Pferde nicht mit tiefer Hand und ruhigem Sitz gegen Hindernisse angehen zu lassen, sondern sie gewissermaßen mit Hurra gegenzureiten, und darum fallen so viele Reiter, weil sie das Pferd im letzten Augenblick beim Abmessen des Sprunges stören.

---

*) Ich brauche wohl nicht anzuführen, daß man zum Jagdreiten nicht den Bügel auf die Fußspitze, sondern auf den ganzen Fuß nimmt. Meiner Ansicht nach reitet es sich überhaupt besser, wenn man den Bügel auf dem ganzen Fuß hat, da das Bein eine bessere Lage und der Oberschenkel mehr Einwirkung hat. Beim Englisch-Traben wird das Kreuz dadurch weniger nach hinten hinausgedrückt, sondern kann mitwirken, was bei der Bügelhaltung auf der Fußspitze fast unmöglich ist. Der Reiter hat ferner den Vorteil, daß er sich nicht so hoch über das Pferd zu heben braucht, bei etwaigem Stolpern desselben also auch nicht so leicht das Gleichgewicht nach vorwärts oder rückwärts verliert. Ich möchte einen Reiter sehen, der in einem sehr unebenen Terrain, wie z. B. die Hannöversche Heide, mit dem Bügel auf der Fußspitze darüber hinwegtraben will, ohne dabei eine recht traurige Figur zu spielen. Außerdem kann man bei obiger Bügelhaltung nicht nur mit dem Knie, sondern auch mit dem ganzen Oberschenkel einwirken, so daß das Zusammenhalten des Pferdes erleichtert wird. v. K.

Schließlich sei noch gesagt, daß man trotzdem danach streben muß, ein Jagdpferd möglichst in der Hand zu haben, um mit demselben kurze Wendungen machen zu können, da es häufig darauf ankommt, Hindernisse an jenen Stellen zu springen, die einem am praktischsten erscheinen.

IV.

Der Mißbrauch der Sporen.

Es ließe sich wohl darüber streiten, ob der bespornte Hacken, mit all seinen Schrecken, auf der Rennbahn mehr Siege eingebüßt oder gewonnen hat. Der Jockei Fordham, welcher zu seiner Zeit am Richterstuhl häufiger denn andere Jockeis als erster vorbeikam, verwirft diese Quälmittel vollständig und behauptet, daß sie die Pferde in ihrem Sprung kürzer werden und zurückfallen lassen, anstatt, wie man glaubt, sie zum Hergeben ihres letzten zu veranlassen. Beim Nachdenken darüber ist es leicht zu begreifen, daß dies nicht so unrichtig ist, da z. B. der menschliche Körper auch mehr die Neigung hat, sich auf einen Stich mit einem scharfen Instrument zusammenzuziehen, als sich daraufhin auszudehnen. Bei Pferden, und insbesondere beim Vollblut, kommt es sehr oft vor, daß sie beim unzeitgemäßen Gebrauch der Sporen, selbst wenn sie in ihrer besten Fahrt sind, stehen bleiben. Ein entschlossener Reiter, der die Sporen seinem Pferde in die Flanken schraubt, wird vielleicht siegen, jedoch sollte solch ein grausamer und auf roher Kraft beruhender Versuch nur als letztes Mittel angewendet werden, um die Herrschaft zur Geltung zu bringen.

Es kann nicht in Abrede gestellt werden, daß es in der Welt viele beschränkte Köpfe gibt, doch pflegt bei Meinungsverschiedenheiten die Mehrheit ja stets im Rechte zu sein. Ein Stulpenstiefel ohne Sporen sieht allerdings so aus, als ob ihm etwas fehlte, obgleich viele Sportsmen behaupten, daß sie keine scharfen Räder in ihren Sporen hätten, so gibt es doch nur wenige, welche Stulpenstiefeln ohne Sporen tragen. Das Tragen der Sporen muß in den Zeiten der Ritter einen triftigen Grund gehabt haben, wahrscheinlich, um damit die Ueberlegenheit des Reiters über den Fußgänger zum Ausdruck zu bringen.

Bevor wir uns endgültig über den Wert des Sporens aussprechen, wollen wir die Gründe für und wider dieses Wahrzeichen der Ritterschaft kurz erwägen.

In Reitschulen, besonders in militärischen, wo der Reiter seine rechte Hand zum Tragen der Waffen braucht, scheinen die Sporen den Druck der Schenkel verstärken zu sollen, um in Gemeinschaft mit dem Zügel das ganze Pferd ins Gleichgewicht zu bringen. Vielleicht würde es ohne Sporen länger dauern, dem Pferde den Willen des Reiters deutlich zu machen, ich glaube aber, daß jeder, welcher ein gutgerittenes Pferd besessen, gefühlt haben wird, daß die Haupteinwirkung vom Schenkel und nicht vom Hacken ausgeht, und daß Pferde, welche gewohnt sind, mit einem scharfen Sporen bearbeitet zu werden, sich ziemlich ungeschickt benehmen. Sie gewöhnen sich durch den übermäßigen Gebrauch derselben das Schweifschlagen und Herumtreten auf der Stelle an, bleiben selten auf der geraden Linie, gleich wie ein Boot, welches zu rasch seinem Steuer gehorcht.

Geduld und eine leichte Gerte würden selbst in der Reitbahn den Sporn ersetzen; da Zeitverlust aber vom Uebel ist, so tut man jedoch am besten, immer den kürzesten Weg einzuschlagen, selbst wenn dieser nicht immer der glatteste sein sollte.

Es ist ganz unnötig und wohl nur ein Vorurteil, lange und scharfe Räder an den Sporen zu haben; nichts stört beim Unterricht mehr als Furcht, und in der Tierwelt ist Furcht das Kind des Schmerzes.

Gesetzt nun, der Sporn wäre bei der Schulreiterei mit Vorteil anzuwenden, so wollen wir jetzt untersuchen, inwieweit er beim Spazierenreiten und im Jagdfelde mit Nutzen anzuwenden ist. Wir wollen dabei von der Voraussetzung ausgehen, daß du kein vollständig ausgebildetes Reitpferd besäßest. Irgendwo soll es ja diese so gesuchten Tiere geben, im allgemeinen aber leben sie mehr in der Phantasie. Nehmen wir aber immerhin an, daß dein Fortbewegungsmittel dich anstandslos auf den Wegen trägt, kurz: ein gesundes, lebhaftes und nützliches Tier ist, mit sicheren, flotten Bewegungen, guten Schultern und infolgedessen auch willig, besonders aber, wenn es nach Hause geht. Wie oft in der Woche berührst du es mit deinen Sporen? Vielleicht nur ein einziges Mal und zwar höchstens beim Oeffnen eines geschlossenen Tores, welches so in den Angeln hängt, daß du nur dessen Klinke vom Pferde aus erreichen kannst; und was ist das Ergebnis dieser Belästigung mit den Sporen? Dein Pferd wird unruhig werden, mit der Nase in die Luft gehen, wird nicht rückwärts gehen wollen und zwingt dich zuletzt, die Klinke mit der falschen Hand zu öffnen, um dann mit Heftigkeit durch die kleine Oeffnung zu dringen, schon aus Angst, damit es einer weiteren Belästigung durch die Sporen entschlüpft, während du dir dabei das Knie an dem Türpfosten wund scheuerst. Bei anderen Gelegenheiten, z. B. um nicht zu spät zu Mittag zu kommen, oder um einem Regenschauer zu entgehen, gebrauchst du vielleicht auch deine Sporen und bildest dir dann ein, daß du durch deren Gebrauch das Naßwerden verhütet hast. Du wirst auch vielleicht später deine Abenteuer am Kamin erzählen und dabei erwähnen, wie stark du deine Sporen gebrauchen mußtest. Kommst du aber in den Stall und besiehst dein Pferd, so wirst du wahrscheinlicherweise finden, daß seine Flanken ganz unberührt sind, und dich über diese Entdeckung wohl mehr freuen, als ärgern. Glücklicherweise versteht unter zehn Menschen nur einer den Sporn richtig zu geben, und dieser eine ist gewöhnlich ein großer Feind von jedem Spornieren.

Damen hingegen sind nicht so barmherzig. Vielleicht weil sie nur einen Sporn haben, gebrauchen sie dieses Marterinstrument häufiger und ohne Maß und Ziel. Durch ihren Sitz und die Kürze des Steigbügels geht jeder Stich bis aufs Blut. Versteckt durch das Reitkleid, sieht der Zuschauer diese scharfe Waffe nicht, und der Uneingeweihte wundert sich, warum in den Straßen Londons oder im Hydepark die Pferde unter den Damen stets leichter und lebhafter zu gehen scheinen, als jene der sie begleitenden Herren.

„Liegt es in der Hand der Damen?“ fragt der erstaunte Zuschauer. „Keine Spur!“ antwortet der Eingeweihte, welcher weiß, daß dies Ergebnis nur im Hacken der Dame zu suchen ist.

Wie vorsichtig du auch auf den Straßen mit den Sporen umgehst, so bist du doch in der Angst und der Aufregung der Jagd geneigt, ihn oft zu gebrauchen. Hast du dir vielleicht gelegentlich einen Schimmel nach Schluß eines scharfen Galopps während einer Jagd angesehen? Seine Farbe erzählt am deutlichsten durch die roten Linien hinter den Gurten und in den Flanken eine recht traurige Geschichte von dem Mißbrauch der Sporen. Manche schlechten Reiter spornieren ihre Pferde, ohne es zu wollen, andere, noch schlechtere, glauben, ihre Pferde bei jedem Sprunge spornieren zu müssen.

Von allen Reitern ist der ängstliche der grausamste gegen sein Pferd. In jedem Augenblick gebraucht er seine Sporen, nicht aus Schneid, sondern aus Aengstlichkeit. Folgen wir einem solchen Menschen für eine kleine Weile, während er querfeldein reitet, und beobachten wir seine Gewohnheiten mehr zur Belehrung als zur Nacheiferung.

Unsicherheit und Hast sind seine Hauptfehler, die er abwechselnd ausübt. Wenn dieser Reiter schon halbwegs im Felde ist, so weiß er doch noch immer nicht, an welcher Stelle er wieder herauskommen wird. Dieses Hin- und Herschwanken teilt sich dem Pferde sofort mit und beide gehen unsicher gegen den Sprung, ohne die geringste Ahnung zu haben, was sie beim Herankommen tun werden.

Wenn er auch nur noch zehn Sprünge vom Hindernis entfernt ist, so wechselt ein solcher Reiter doch wieder seine Ansicht und wählt dann wahrscheinlich den schlechtesten Platz zum Springen; denn es gibt keinen so verzweifelten Mut, wie jenen, welcher auf Furcht fußt. Zum Mangel an Entschlossenheit kommt noch die furchtbare Hast, und unter fortwährendem Spornieren treibt er das arme Tier wild gegen den Sprung. Daß es denselben, ohne zu fallen, überwindet, was ja häufiger vorkommt, als man es glauben sollte, ist wohl mehr ein Verdienst der Geschicklichkeit des Pferdes, als in der Weisheit des Reiters und in einem von beiden Seiten stark entwickelten Gefühl der Selbsterhaltung zu suchen. Diese Art des Reitens, die sich während eines Galopps von 20 Minuten fortwährend wiederholt, wirkt nebenbei auch sehr schädlich auf den Atem und die Muskeln des Pferdes ein, und manche Jagdpferde haben nicht die genügende Kraft und Ausdauer, um solche Künstler lange ohne Schädigung derselben tragen zu können. Solche Helden brauchen allerdings den Sporn, während gute Reiter, wenn es sich nicht um das reitermäßige Aussehen handelte, meist ganz darauf verzichten könnten.

Viele Menschen reiten zur Jagd in der Erwartung, höchstens ein- oder zweimal zu Falle zu kommen, obgleich das Fallen bedenklich zunehmen kann, wenn das Pferd gegen Ende der Jagd müde zu werden anfängt. Zwanzig Kopfheister in der Jagdzeit zu haben, scheint mir für einen, der gut beritten und an das Fallen gewöhnt ist, schon viel, aber wen die Verhältnisse zwingen, alles zu reiten, was ihm unter die Finger kommt, muß lernen, wie er am geschicktesten zu fallen hat, und muß sich nicht viel daraus machen.

Für einen solchen beherzten Ritter scheinen mir auch die Sporen ganz am Platze zu sein; er muß sich aber doch immer sagen, daß, wenn ihn auch der Sporn gelegentlich rettet, derselbe auch viele Unannehmlichkeiten im Gefolge haben kann. Meiner Erfahrung nach blieben meist immer Leute, welche Sporen trugen, im Bügel hängen, und glaube ich darauf aufmerksam machen zu müssen, daß die Schnalle des Anschnallsporns, welche, wenn hübsch poliert, allerdings sehr schön aussieht, sich sehr leicht in dem oberen Teil des Steigbügels, da wo die Oese zum Durchziehen des Bügelriemens sitzt, festhaken kann.

Diesem Kapitel habe ich den Titel „Mißbrauch der Sporen" gegeben, weil ich dieses Hilfsmittel der Reitkunst im allgemeinen für überflüssig erachte, da es meist nur zum Mißhandeln des Pferdes gebraucht wird. Für die meisten Pferde und Reiter würde es daher wohl besser gewesen sein, daß es überhaupt nicht erfunden wäre. — Der vollkommene Reiter mag mit jeder Art Sporen reiten, um aber ein Recht darauf zu erlangen, müßten die Sporen, wie zu den Zeiten der Ritter erst durch Heldentaten, hier im Reiten, verdient werden. — Von zehn Menschen würden, glaube ich, neun besser und sicherer Jagd reiten, wenn sie ihre Sporen zu Hause ließen.*)

*) Ich betrachte den Sporn weniger als ein Strafmittel, sondern als ein Mittel, um Gehorsam auf den Schenkel zu erzielen; er ist daher auch bei dem Jagdpferde anwendbar. Man darf dann aber immer nur einen Sporn geben. Die beliebte Redensart „ein Paar Sporen" halte ich in der Ausübung für einen großen Fehler und ist meistens nur ein schlecht unterdrückter Ausbruch von Aerger oder Heftigkeit, den man vermeiden sollte, und worauf man gar keine zweckmäßige Wirkung oder Belehrung beim Pferde erzielt. Gibt man aber einen Sporn und vergißt dabei nicht, daß derselbe nur dann eine gute Wirkung hat, wenn man das Gesäß auf derselben Seite fest in den Sattel drückt, so wird man den Gehorsam auf dieser Seite bald erreichen. Zieht man das Gesäß beim Spornstechen heraus, so hat der Sporn gar keine Wirkung und werden die Pferde bald, anstatt gehorsam, widersetzlich gegen denselben werden und schließlich danach schlagen. v. K.

V.

Führung.

„Er spornte sein edles Roß und hielt es fest an den Zügeln,
Drauf mit gewaltigem Sprung überflog er des Burghofs Mauern —"

sagt Kingsley in seiner ergreifenden Ballade: „Des Ritters letzter Sprung zu Altenahr". Kingsley, der selber ein ausgezeichneter Reiter war, beschreibt hiermit genau die Art und Weise, wie das Pferd gegen diesen ungeheuren Sprung geritten werden mußte. Die meisten Poeten würden die Köpfe ihrer Pferde losgelassen haben, denn der „lose" oder, wie sie sich gewöhnlich ausdrücken, „verhängte" Zügel spielt eine große Rolle in der Literatur, und ein verhängnisvolles Kehrtmachen würde wohl zumeist das Ergebnis einer solchen Führung sein. Der deutsche Ritter dagegen, dessen Vergangenheit nicht weniger anfechtbar, als sein Ende tragisch gewesen zu sein scheint, und welcher wohl einige zwanzig Jahre im Sattel verbracht hatte, zeigte sein Geschick als Reiter auch bei seinem letzten Sprunge, welchen er ruhig, entschlossen, mit festem Sitz und steter Hand ausführte. Die stete Hand scheint mir jedoch noch seltener zu sein, als der feste Sitz. Denn unter zehn Reitern, die wie mit dem Pferd verwachsen im Sattel sitzen, findet man höchstens einen, der diese feine Gabe des Gefühls, welcher Pferde so willig gehorchen, besitzt, und glaube ich, daß dieselbe, wenn sie nicht angeboren, ebenso schwer durch Uebung zu erlangen ist, gleich wie das Augenmaß für den Zeichner und das Gehör für den Musiker. Nichtsdestoweniger können Aufmerksamkeit, Nachdenken, Fleiß und gesunder Menschenverstand viel hierbei tun; und wenn der Verstand sich nicht vor der Mühe scheut, zu denken, so wird man mit der Zeit imstande sein, selbst den ungeschicktesten Fingern, die jemals einen Zügel in der Hand hielten, zu lehren, wie sie denselben gleich einem seidenen Faden zu gebrauchen haben.

Ich habe gehört, obgleich ich es selber nie erprobt habe, daß man folgenden Versuch mit einem Hahn machen kann. Man drückt seinen Kopf auf einen Tisch und zieht beim Lampenlicht von der Schnabelspitze aus einen Kreidestrich in dessen Verlängerung; der geblendete Vogel soll dann keinen Versuch machen, sich aus dieser vermeintlichen Gefangenschaft zu befreien, da er sich einbildet, durch einen Strick festgehalten zu sein, den zu zerreißen er nicht die genügende Kraft besitzt. Man sollte nie zu Pferde steigen, ohne sich dieser Suggestion zu erinnern; unsere Gewalt durch die Zügel gleicht in Wirklichkeit dem Kreidestrich, welcher den Vogel vermeintlich im Zaume hält. Deshalb muß unser erster Gedanke der sein, die Zügel stets so zu handhaben, daß das Pferd nie Gelegenheit hat, unsere Schwäche und seine eigene Kraft kennen zu lernen.

Wie kann man dies nun am besten bewerkstelligen? Soll man es ganz ohne Zügel laufen lassen und dem Pferde erlauben, uns dahin zu tragen, wohin es ihm gefällt? Täten wir dies, so brauchten wir überhaupt keine Zügel. Oder sollen wir mit aller Kraft an demselben ziehen und die Muskelkraft unseres Armes gegen die seiner Schultern und seines Genickes erproben? Wenn wir die gegenseitigen Kräfte vergleichen, so müssen wir auch hier mit „Nein" antworten. Die Kunst der Herrschaft ist wesentlich auf einen gegenseitigen Vertrag gegründet. In der Reiterei, sowie in der Diplomatie muß man sich stets bemühen, für den gegebenen Zoll eine Elle zu empfangen.

Der erste Grundsatz in der Reitkunst muß der sein, das Tier glauben zu machen, man könne die stärksten Ausbrüche seiner Körperkräfte beherrschen; der zweite aber lautet: „Laß es nie zu einer solchen Probe kommen!" Wir wollen zu näherer Erklärung folgendes Beispiel annehmen. Du kommst zum erstenmal auf ein Pferd, das du nie in deinem Leben gesehen hast; dazu kommt noch, daß dasselbe, wie gewöhnlich, falsch gezäumt ist; denn die meisten Leute verschwenden weniger Sekunden auf die Zäumung ihrer Pferde, als sie Minuten zur Anprobe ihrer Stiefel und Reithosen gebrauchen. Aus des Pferdes unstetem Auge und fortwährendem Ohrenspiel kannst du schließen, daß es, was man sagt, ein „Biest" ist, und du bemerkst mit einiger Unruhe, wie Nebeneinflüsse, z. B. ein Rennen, eine Parade, ein Windhund-Rennen oder das sichere Finden des Fuchses oder sonst was immer, dazu beitragen, seine Heftigkeit zu erhöhen. Unter diesen Umständen würde es eine entschieden falsche Maßnahme sein, das kleinste Mißverständnis herauszufordern. Selbst der Stein des Sisyphus kam nicht schneller ins Rollen, wie ein Pferd, das seinem Reiter sich überlegen fühlt, und „John Gilpin“ war nicht der erste Reitersmann, bei dem trotz Kandare und Zügel aus dem Trab sehr bald ein unberechenbarer Galopp wurde.

Einer der besten Reiter in Europa schrieb einst an einen Bekannten: „Ich bin der Besitzer, ich wünschte auch sagen zu können, der Meister der vier besten Jagdpferde, die ich jemals in meinem Leben besaß“, und obgleich ein so offenes Geständnis weniger überraschend gewesen sein würde, wenn es aus dem Munde eines minder vollendeten Reiters geflossen wäre, so verstand sein Freund, der es auch liebte, jedes Pferd überallhin und über jedes Hindernis zu reiten, doch recht gut, was damit gesagt sein sollte.

In der Reitkunst gibt es keine geteilte Herrschaft, und ist der Mensch nicht der Herr, so ist es sicherlich das Pferd. Siehe dich daher in Anbetracht eines guten Einvernehmens vor, daß dir die Herrschaft, buchstäblich gesagt, nicht durch die Finger gleitet; denn ist sie einmal verloren, so ist sie nicht so leicht wieder zu erringen. Nimm also beim Besteigen deines Pferdes die Zügel gleich lang und leise an, überzeuge dich davon, welchen Druck das Pferdemaul vertragen kann, um jetzt, wo es noch im Schritt ist, seinen Gang zu regeln, ohne sein Empfindungsvermögen zu beleidigen. Dieses kann jedoch mit den Händen allein nicht ausgeführt werden, da dieselben, angenommen, sie wären die Hauptteile, doch ohne den Druck der Schenkel und Knie des Reiters, nur sehr wenig dazu beitragen können, das Pferd an die Zügel zu bringen und es sich vom Mundstücke abstoßen zu lassen.

Der Mangel an Einwirkung mit den Schenkeln ist ein unberechenbarer Nachteil für die Damen und muß man sie schon aus diesem Grunde nur mit ruhigen und vollständig zugerittenen Pferden beritten machen.

Wieviel öfter würden sie zu Falle kommen, wenn sie nicht infolge ihres Sitzes gezwungen wären, mit so langen Zügeln zu reiten*), welche ihnen gleichzeitig eine leichtere Hand sichern, und wenn es ferner nicht schiene, als ob ihr feineres Gefühl von dem hingebendsten Tiere der Schöpfung besser verstanden und dankbarer gewürdigt würde.

Die Art und Weise, wie gut reitende Damen querfeldein gehen, hat, wenngleich in seiner Art bewunderungswürdig, doch auch etwas Tadelns- und Beklagenswertes. Sie geben ihren Pferden völlige Freiheit und stören sie selbst unter den schwierigsten Umständen nur selten am Kopf; aber ihre Begriffe über das Tempo sind unglaublich frei, und bei den Hindernissen lassen sie es auf gut Glück ankommen und ermuntern die Gehlust ihrer Pferde noch in den letzten Sprüngen durch Stimme und Peitsche, was eher unterbleiben sollte. Ich glaube, daß Damen in einer Gegend mit irischen Wällen weniger gefährdet sind, als bei den großen Sprüngen in den Gras-Distrikten Englands, in welchen ein Pferd mehr gehoben und zusammengehalten werden muß, um zuerst höher in die Luft zu schießen und dann sich auszustrecken, damit im Sprunge noch alle die jenseits liegenden Hindernisse genommen werden können. Bei einem Wall sammelt sich das Pferd gewöhnlich von selber, ohne daß sein Reiter etwas dabei zu tun braucht, und wird dies wohl auch der Grund sein, warum Irländer ihre Pferde gewöhnlich mit so leichten Zügeln reiten.

Eine Dame kann unmöglich ihr Pferd mit derselben Kraft und derselben Entschlossenheit, wie ein Mann, aus tiefem Boden gegen einen hohen, geflochtenen Zaun bringen, da der Mann durch das feste Einsitzen im Sattel und Umfassen mit den Beinen dem Pferde die höchste Energie herauszudrücken scheint. Halbe Maßregeln sind in einer schwierigen Lage immer unheilbringend, und da eine Dame nicht mit dem nötigen Nachdruck einwirken kann, so tut sie klug daran, die Karre allein laufen zu lassen.

Wir können von Damen jedoch eins der wichtigsten Geheimnisse der Reitkunst, und zwar das Reiten mit langen Zügeln lernen.

---

*) Auch ich bin der Ansicht, daß Pferde bei langem anstehenden Zügel weniger leicht zu Fall kommen, als bei kurzem. Der lange Zügel erlaubt dem Pferde ein besseres Untergreifen der Hinterhand zum Aufrichten bei etwaigem Stolpern und zieht nicht den Reiter dem schon im Fallen begriffenen Pferde auf die Schultern, um es vollends zu Falle zu bringen. Behält der Reiter seinen Sitz senkrecht zur Erdoberfläche, so kommt das Pferd ohne Zügel auch leichter in die Höhe, da es sich so zur Not auf den Kopf stützen kann. v. K.

Der verstorbene Jem Mason pflegte beim Unterrichte seinen Schülern zu sagen: „Gebt ihnen immer viel Zügel“, und er führte, was er lehrte, auch beim Reiten aus. Ich habe ihn öfters mit den Händen in der Höhe der Ellbogen reiten sehen und doch hatten seine Pferde immer die Nase in der richtigen Stellung; darin lag es wohl auch, daß er, wenn er hinter Hunden ritt — und er blieb besser bei ihnen, als jeder andere — verhältnismäßig auch seltener fiel. Ein Reiter mit langen Zügeln gewährt seinem Pferde nicht nur größere Freiheit beim Sprunge, sondern erlaubt ihm auch jede Gelegenheit, auf die Beine zu kommen, wenn es beim Landen auf Schwierigkeiten stößt; weil er dann nicht durch einen Ruck dem Pferde auf den Hals und die Schultern geworfen wird und es hierdurch zu Boden wirft. Auf diese Weise kommt er oft, anstatt zu fallen, mit einem Rumpler davon.

Wir wollen nun wieder zu dem Pferde zurückkehren, das du bestiegen hattest und bei welchem du mit einiger Besorgnis bemerktest, daß es unter dem Einfluß von Lärm oder Ehrgeiz zu Ungehorsam neigt. Wenn du das Maß der Einwirkung mit den Zügeln, welches es sich ohne Empfindlichkeit gefallen läßt, im Schritt herausgefunden hast, so lege in deiner Gangart allmählich zu, vergiß jedoch nicht, es durch die Schenkel gehörig am Gebiß zu erhalten, stelle deine Fäuste tief auf den Widerrist und teile, wenn du meinen Rat befolgen willst, die Kandaren-Zügel. Bei dieser Methode der Zügelhaltung gewinnt man eine große Gewalt über den Kopf des Pferdes, und sollte es sich tot auf das Gebiß legen wollen, so hast du es leichter, ihm das Trensengebiß leise im Maule hin und her zu ziehen. Diese Art der Zügelhaltung ist besonders geeignet beim Springen, da du das Pferd stets gerade gegen den Sprung bringen kannst, und falls es nicht springen will, du nur die Wahl zwischen Stehenbleiben oder Springen hast. Junge, eigensinnige Pferde neigen sehr dazu, von dem Platze abzuweichen, den man zum Sprunge gewählt hat, und ziehen es vor, seitwärts an einer viel schwierigeren Stelle zu springen, was eine unangenehme Eigenschaft ist, da der Reiter hierbei am allergefährlichsten stürzen kann.*)

---

*) Dieses schiefe Springen, welches man so häufig findet, liegt nur in der mangelhaften Ausbildung. Solche Pferde stehen nicht fest an beiden Zügeln und können also auch nicht an beiden Zügeln springen. Bei richtiger Ausbildung verlernen sie dies bald. Ein derartiges Springen ist beinahe für die Mitreiter unangenehmer, als für den Reiter eines solchen Pferdes. v. K.

Reitest du mit geteilten Zügeln, so wirst du finden, daß dein Pferd im Kanter sogar besser im Genick nachgibt, als im Trabe, und ist dies der Fall, so kannst du dreist zulegen, siehe dich jedoch vor, daß es sich nicht zu stark streckt. Rollt das Pferd auf seinen Schultern fort, so kommt es dir schließlich aus der Hand, denn du beherrschest es nur solange, als du die Hinterfüße unter dir fühlst. Es ist viel Raum für Gedankenarbeit bei Ausübung der Geschicklichkeit der Hand, und willst du körperliche Arbeit sparen, so lasse deinen Verstand auch arbeiten. Strategie und Taktik müssen in der Reitkunst auch Hand in Hand gehen.

Kehren wir nun zu dem Pferde unseres Beispiels zurück, und nehmen wir an, daß du mit ihm zur Jagd hinausreitest, daß du bisher gut mit ihm ausgekommen bist und jetzt einen Sprung machen willst. Leider kann man sich die Hindernisse nicht so aussuchen, als man möchte, und es ist daher leicht möglich, daß der erste Sprung, den du zu machen hast, ein schwieriger sein wird, bei dem vielleicht viel Gelegenheit zum Fallen vorhanden ist. Gehe daher mit deinem Pferde ruhig, aber bestimmt im Kanter gegen, und berücksichtige, daß, je gesammelter der Galoppsprung ist, das Pferd auch desto mehr Kräfte zum Abspringen sammeln kann.

Miß deinen Sprung aber vorher mit dem Auge und bemühe dich durch Umfassen mit den Oberschenkeln und Einsitzen in dem Sattel dem Pferde den Augenblick des Abspringens anzuzeigen.*) Hiervon hängt in erster Linie der Erfolg deines Sprunges ab, einen halben Galoppsprung zu früh abspringen, bedeutet ein Mehr von 6 bis 7 Fuß, und diese mußt du dann gewissermaßen dem ganzen Sprung als Weitsprung hinzurechnen, und leistet das Pferd den Sprung nicht, so darfst du dich dann auch nicht darüber wundern. Das richtige Berechnen eines Sprunges ist nicht allen Leuten gegeben, und haben sich darin namentlich Lord Wilton, welchem der berühmte Huntsman Tom Furr nicht nachsteht, hervorgetan.

Wir haben uns aber schon zu lange bei unserem ersten Hindernis aufgehalten und wollen nun sehen, wie wir ohne Fall

*) Ich würde dieses Mittel nicht gerade empfehlen, da man Pferde meiner Ansicht nach dadurch zu sehr verwöhnt. Das Pferd muß berechnen lernen, wann der Zeitpunkt zum Abspringen da ist, und nicht der Reiter. Man muß nur wissen, daß es dem Pferde ebenso unangenehm ist, hinzufallen, wie uns selbst. Das einzige, was der Reiter bestimmen soll, ist das Tempo und die Stelle, wo das Hindernis gesprungen werden soll. v. K.

hinüberkommen. Schiebt ein Pferd beim Absprunge die Hinterfüße weit unter, so ist es imstande, jeder unvorhergesehenen Schwierigkeit auf der anderen Seite zu begegnen. Springt es z. B. über einen Wall, so werden viele Pferde dies benutzen, um von der Krone desselben sich mittelst eines kurzen Aufsetzens der Hinterfüße noch etwas weiter vorwärts zu schnellen. Vereinigen sich starke Sprunggelenke mit guten Hankengelenken, ist Vorliebe für die Jagd vorhanden und liegt zwischen den Sattelklappen ein ebenso kühnes Herz, wie unter der Weste des Reiters, treten schließlich noch ein Paar leichte Fäuste hinzu, so gibt es nach Weihnachten wenige Sprünge mehr, die man nicht überwinden könnte. Vergiß aber nie einen der hervorragendsten Grundsätze, welchen man „zu Wasser und zu Pferde" beachten muß: ist ein Schiff im richtigen Fahrwasser, so laß es sich allein steuern. Begnüge dich vorläufig damit, falls dein Pferd zu seiner eigenen Befriedigung geht, wenn auch du noch nicht ganz davon befriedigt bist, und solange es in der Hand bleibt, bemühe dich, dasselbe nicht zu stören, wenn es auch seinen Kopf etwas höher oder niedriger tragen will. Halte deine Fäuste still und nicht zu tief.*) Es ist eine wohlbekannte Sache, doch fehlen viele Pferdezeichner dagegen, daß sie bei dem Pferde im Gange die Vorderfüße über die Linie der Nase hinaus vorsetzen lassen; man braucht nur das Ende eines Rennens mit anzusehen, um sich vom Gegenteil zu überzeugen. Hinsichtlich der Stellung der Hände würde ich dir raten, dieselben nicht zu beiden Seiten des Widerristes zu tragen, da du sonst durch zu starkes Einstellen des Kopfes an Geschwindigkeit verlierst und die Aufmerksamkeit des Pferdes leicht ablenkst. Viele Jagdpferde finden z. B. ein großes Vergnügen darin, die Hunde zu beobachten, und lassen von denselben höchstens dann ihre Augen ab, wenn sie einen Sprung abzumessen haben.

Es würde endlos sein, alle verschiedenen Arten der Reiterei, in welchen die feine Hand von der größten Wichtigkeit ist, aufzuzählen. Auf der Rennbahn z. B. scheint es für den Zuschauer, als ob die ganze Leistung der Jockeis nur in einem toten Festhalten von Anfang bis zu Ende besteht. Beobachtet man aber, wie selbst der kleinste Stalljunge, der auf einen Zweijährigen gesetzt wird, um seine achthundert Meter so schnell er kann zu reiten, so wird man selbst bei dieser Leistung sehen, daß sie Spielraum für Urteil, Geduld und feine

*) Warum dies, kann ich nicht recht verstehen, meiner Ansicht nach kann die Hand nie tief genug stehen, insolange der Sitz darunter nicht leidet. v. K.

Führung bietet. Dieselbe feine Führung, die das scharf gezäumte Reitpferd in der Reitbahn zum Schweben und Uebertreten bringt, gelangt ebenso bei der in festgeschlossenen Fäusten liegenden einfachen Trense zur Anwendung. Der Unterschied beider liegt nur in der Art und Weise, wohin und wie stark diese Hilfen wirken sollen. Gleiches Geschick ist notwendig, um einem spielerigen Flieger, der erst kürzlich in Training gebracht worden ist, keine Ungezogenheiten durchgehen zu lassen, wenn er in der Arbeit auf seinem Platze bleiben soll, und muß ebenso dem Reitpferd zugewendet werden, damit es seinen Platz in oder vor der Front ausfüllen kann.

Chifney, der berühmteste Jockey seiner Zeit, schrieb eine Abhandlung über die Führung und stellte darin den nicht ganz stichhaltigen Grundsatz auf, daß selbst ein Rennpferd wie am seidenen Faden gehalten werden müßte.*)

Ich habe bemerkt, daß unsere besten Steeplechase-Reiter auch eine besonders gute Führung beim Jagdreiten haben, und daß ihr Beruf sie nicht verleitet, zu scharf gegen Hindernisse anzugehen, falls sie Zeit haben, dieselben in Muße zu springen. Ich bilde mir ein, daß eine Steeplechase über schwierige Bahn gut zu reiten, die höchste Leistung in der ganzen Reitkunst ist. — Meine eigene Erfahrung im Rennsattel ist nur eine geringe, jedoch muß ich gestehen, daß ich nie in meinem Leben rascher über Hindernisse weggetragen wurde. Eins der besten Reiterstücke sah ich in einer Steeplechase zu Melton lange vor dem Jahre 1864 ausführen: Ich stand an dem 18 Fuß breiten Wasserspiegel eines Baches und sah meinen Freund Kapitän Coventry gegenkommen. Dabei suchte er sich guten Boden und eine gute Stelle zum Springen aus, da sich der Bach bereits mit Mitreitern zu füllen begann. Als er ungefähr 100 Schritt vom Uferrand

*) „An einem seidenen Faden" ist vielleicht etwas zuviel gesagt; jedoch ist es eine ganz falsche Ansicht, wenn man glaubt, daß ein Renn- oder Jagdpferd immer so auf den Zügeln liegen muß, als ob es dem Reiter die Arme ausreißen möchte. Auch hier kann man die Pferde nicht alle über einen Kamm scheren; ein Pferd braucht mehr Anlehnung, eins weniger, was sich meistenteils nach seinem Gebäude richtet. Jedenfalls braucht aber kein Pferd so viel, daß dem Reiter nach einer Minute die Arme absterben. Auch hier wie beim Reiten in der Bahn wird man finden, daß das Pferd des Reiters mit leichter Hand angenehm am Zügel steht, während der Reiter mit harter Faust sein Pferd nie halten kann. Ein Steepler und ein Jagdpferd müssen, um angenehm und nicht zu ermüdend für den Reiter zu gehen, leicht in der Hand sein und an beiden Zügeln stehen. v. K.

ab war, brachte er sein Pferd in Schwung, und dies machte er in meisterhafter Weise, indem er das Tempo entschlossen, aber doch nur allmählich verstärkte, um sein Pferd nicht zu übereilen oder zum Wechseln zu bringen, so daß er beim Absprunge in voller Fahrt war. Ich hätte nie geglaubt, daß ein Pferd, derartig gesammelt, so rasch gehen könne, und brauche ich bei dieser Geschicklichkeit im Sattel und guter Hand wohl nicht erst zu sagen, daß der Kapitän fliegend hinüberkam.

Für den Zuschauer fallen die Ergebnisse einer feinen Hand beim Jagd- und Steeplechase-Reiten nicht so in die Augen, wie dieses in der Reitbahn und im Park der Fall ist. Man müßte glauben, daß z. B. im Hydepark die beste Gelegenheit wäre, damit zu glänzen, aber gerade hier sieht man wenig von feiner Führung. Ein gutes Reitpferd, das Schritt gehen oder fünf Meilen in der Stunde kantern kann, was ein guter Prüfstein für Gleichgewicht und Tritt ist, müßte auch so fein geritten sein, daß es, falls es verlangt wird, nach jedem Sprunge wechseln kann, wobei der Zuschauer nur den Eindruck gewinnen darf, daß dies durch die Neigung des Oberkörpers und Berührung, denn Druck kann man es nicht mehr nennen, des Knies und des Unterschenkels hervorgerufen wird. Wie selten sieht man ein Pferd gut um eine Ecke gehen. Gewöhnlich wirft es sich auf die Schultern und hat die Hinterfüße so weit weg, daß sie, wenn es ausgleitet oder stolpert, zum Stützen fehlen. Selbst im Schritt oder im kurzen Trabe sollte das Pferd in der Wendung so versammelt sein, also mit herangenommenem auswendigen Schenkel, daß die bewegende Kraft der Sprung- und Hankengelenke dazu beitragen, den Reiter über den Schwerpunkt des Pferdes zu bringen. Beim Galoppieren braucht wohl nicht erwähnt zu werden, daß man reitermäßig eigentlich nur auf dem inneren Fuß wenden kann, falls sich das Pferd nicht mit den Beinen verhaspeln, umfallen oder an denselben klopfen soll.

Ich habe den berühmten Lord Anglesey neunzehnmal hintereinander um die Ecke von Piccadilly nach Albemarle-Street reiten sehen, damit sein Pferd das richtige Wenden lerne, und erst beim zwanzigsten Male, als sich bereits eine große Zuschauermasse angesammelt hatte, schien er mit der Ausführung zufrieden zu sein, und ritt, unter dem Beifalle des Volkes, welches keine Gelegenheit vorübergehen ließ, um den Waterloo-Helden zu ehren, nach Hause.

Die schönste Führung im Park habe ich von einem früheren englischen Kavallerie-Offizier gesehen, der ein begeisterter Jagdreiter ist und alles liebt, was mit dem Pferde zusammenhängt, sich aber jetzt auf die hohe Schule geworfen hat. Diesen Herrn sich mitten durch einen großen Volkshaufen winden zu sehen, macht den Eindruck, als ob das Pferd ohne jedwede Einwirkung so gewandt wie ein Fisch dahinglitte.

General Laurenson, dessen Ausbildungsgrundsätze dem des Mr. Baucher sehr ähneln, reitet seine Pferde nach dieser Weise zu. Die Erläuterung der Baucherschen Ausbildungsweise würde mich jedoch zu weit führen, ich will nur den Hauptgrundsatz derselben erwähnen: „Laß dein Pferd stets am Zügel stehen."*)

Von zehn Reitern sagen neun: „Setze deine Hände tief auf, wenn dein Pferd aus der Stellung nach oben will"; Baucher dagegen sagt: „Verstärke oder verschärfe den Druck mit deinen Schenkeln, beziehentlich mit den Sporen, damit das Pferd an das Gebiß herangeht, und dann gib nach; erst dann darf der Reiter nachgeben, falls er erreichen will, daß sein Pferd an den Zügel kommen und daran stehen bleiben soll."

Ich selber habe diese Ausbildungsweise mehr als einmal versucht und glaube, daß sie auf richtigen Grundsätzen fußt.

Doch dürfen wir nie vergessen, daß von Natur aus das Pferdemaul zart und feinfühlend ist, wenn wir es auch oft durch Roheit und schlechte Behandlung verdorben finden. Die Zügel bezwecken, das Pferd zu führen und nicht den Reiter zu unterstützen, und wenn du dich, ohne dich an denselben festzuhalten, nicht sicher genug glaubst, so greife lieber in die Mähne, als dich am Maul festhalten zu wollen, selbst auf die Gefahr hin, daß es etwas lächerlich aussieht. Im Ernstfalle kann es ja vorkommen, wenn dein Gleichgewicht in Gefahr ist, daß du dich unbewußt solcher Mittel bedienen mußt. Halte dich aber namentlich nicht am Zügel fest, wenn dein Pferd beispielsweise in einen Sumpf gerät, oder mit seinen Hinterfüßen in einen Wassergraben geraten oder auf die Nase zu stehen kommen sollte, ohne jedoch zu fallen, denn nichts hindert es mehr am Aufstehen, als das Ziehen am Zügel im unrichtigen Augenblick. Die Zügel dürfen nur für den eigentlich gegebenen Zweck gebraucht werden, und die erste Bedingung für die leichte Hand ist ein guter Sitz.

*) Siehe „Plinzner, System der Pferde-Gymnastik"; oder die Ausbildung des Reitpferdes. Während Baucher den Grundsatz aufstellte, das Stehen am Zügel müsse den Pferden anfänglich durch Arbeit auf der Stelle beigebracht werden, schlug der Leibstallmeister Plinzner den richtigen Weg ein, dies lediglich im Vorwärtsreiten durch das Hineintreten in die Hand zu erreichen und hierdurch die Schiebkraft von rückwärts nach vorwärts unter Aufwölben des Rückens zu entwickeln und zu fördern. v. K.

VI.

Vom Sitz.

Manche Leute behaupten, daß sie nur durch das Gleichgewicht, andere wieder, daß sie nur mittelst des „Schlusses“ reiten. Man könnte dann mit derselben Berechtigung sagen: es spiele einer die Violine entweder mit den Fingern oder nur mit den Ohren. In beiden Fällen ist wohl eine Vereinigung beider Hilfsmittel notwendig, um die Ausführung übereinstimmend und erfolgreich zu betreiben.

Der Schluß des Reiters erhält das Gleichgewicht, welches wieder verhindert, daß der Reiter durch den andauernden Schluß auf die Dauer ermüdet. Sich nur auf das Gleichgewicht verlassen zu wollen, bedeutet soviel, als öfters mit einem beschmutzten roten Rock nach Hause kommen zu müssen, während nur mittelst des Schlusses zu reiten, dem Reiter in einem Tage so viel Anstrengung kostet, als für eine Woche ausreichen würde. Ich habe schon einmal das Reiten mit dem Schwimmen verglichen; es verlangt denselben ungetrübten Sinn, das gleiche Wagen, dieselbe glückliche Vereinigung von Vertrauen, Kraft und Verständnis.

Jener Sitz, welchen der Reiter am bequemsten für sich selbst findet, wird auch der bequemste für sein Pferd sein, sagt der unübertreffliche Mr. Jorrocks*), und in dieser sowie in vielen anderen Bemerkungen desselben liegt viel Wahrheit.

---

*) Der Held eines unübertrefflich humoristischen englischen Jagdbuches von Robert Surtees, betitelt: „Handley cross or Mr. Jorrocks hunt.“ London, Chatto & Windus. 1901.

„Geht es glatt, so werde ich oben bleiben, geht es unbequem, so werde ich herunterfallen," sagte ein Franzose, dem ein Freund von mir sein Pferd anbot. Jedenfalls war dies eine ganz richtige Voraussetzung, da man wohl stets mit der Absicht in den Sattel steigt, solange darin zu bleiben, als es die Umstände gestatten. — Was für verschiedene Haltungen nehmen aber die Menschen zu Pferde an, um recht lange im Sattel zu bleiben! Von der Form der Feuerzange an bis zur Figur des Schneiders hinter seinem Ladentische gibt es kaum drolligere Formen, welche die Menschen annehmen, um zu Pferde einen sicheren Sitz zu erlangen.

Der Kavallerist vor fünfzig Jahren wurde angewiesen, mit einem gerade ausgestreckten Beine zu reiten, und durfte der Fuß dabei kaum den Bügel berühren, während der orientalische Reiter, sei er als Reiter und mit der Waffe ausgebildet oder nicht, seine Bügel so kurz als möglich schnallt, damit er beim Aufstehen im Bügel sein Pferd überragt, so daß man glauben könnte, ihn auf demselben stehen zu sehen. Die Haltung, welche hierdurch angestrebt wird, ermöglicht es ihm allerdings, seine blanken Waffen vorteilhafter zu gebrauchen. Wenn wir nach den Bildern Froissarts urteilen, so macht es den Eindruck, als ob die alten Ritter sich ganz auf die Tiefe und Sicherheit ihrer Sättel verlassen hätten und mit so langen Bügeln ritten, daß ihnen dieselben kaum nützen konnten, vielleicht aus Furcht, der Spitze der feindlichen Lanze beim Anprall zuviel Widerstand zu bieten, da der Sattelkranz sechs Zoll hoch war.

Die Länge des Steigbügels, welche soviel zur Bequemlichkeit, zum Ansehen des Reiters und der Sicherheit im Sitze beiträgt, hängt ganz von der Beschaffenheit der unteren Gliedmaßen des Reiters ab. Sind die Beine im Verhältnis zum Oberkörper sehr lang, flach und etwas nach innen gekrümmt, so wird der Reiter auf den meisten Pferden bequem sitzen, falls die Bügel so lang geschnallt sind, daß beim Hochheben mit nach innen gedrehten Fußspitzen der Reiter mit seiner Spalte über den Widerrist des Pferdes zu stehen kommt. Sind aber die Beine kurz und fleischig, die Oberschenkel rund und fett, der Oberkörper untersetzt und breit, die ganze Figur mehr einem Kämpfer als einem Tänzer ähnlich — und viele Reiter haben diesen Bau — dann müssen die Bügel kürzer geschnallt und der Fuß etwas mehr nach vorn geschoben werden, um selbst auf Kosten des äußeren Bildes einen sicheren Sitz zu erhalten. So ansprechend als möglich auszusehen, ist eine Höflichkeitspflicht für die Menschheit, aber sich so sicher und so bequem als möglich zu fühlen, ist man sich selber zu Pferde schuldig.

Viel hängt auch von dem Pferde ab, welches wir besteigen. Pferde mit flachem Widerrist und strammem Buckel, namentlich wenn sie leicht fest werden, erfordern kürzere Bügel als die besser gebauten Pferde. Jeder wird wohl bemerkt haben, wie der verschiedene Umfang eines Pferdes, nach den Jahreszeiten wechselnd, die Haltung des Reiters beeinflußt, und die meisten werden wohl gefunden haben, um wieviel länger, sobald Pferd und Reiter beim herannahenden Frühjahr abzufallen beginnen, die Steigbügel, und um wieviel kürzer der Leibriemen und die Sattelgurte geschnallt werden müssen.*) Man ritt auch früher gut, immerhin sehe man sich aber an den Elgin-Ausgrabungen die Figuren der Reiter an, welche die Erfindung des Steigbügels noch nicht kannten; kein Reiter darf sich für vollendet halten, insolange er nicht auf einem blanken Pferde, welches steigt oder springt, seinen Sitz erhalten kann. Jeder Knabe müßte erst ohne Steigbügel reiten lernen, jedoch nicht bevor derselbe groß und stark genug ist, um seinen Pony fest mit den Knieen zu drücken. Ein Junge von 6 bis 7 Jahren kann sich hierbei noch Schaden zufügen, das Alter von 10 oder 11 Jahren ist reichlich früh genug, um unsere Jugend in dieser Kunst auszubilden.

Meiner Ansicht nach müßte dieser Unterricht mit dem Reiten ohne Zügel anfangen, so daß der junge Reiter einen Sitz erhält, welcher vollständig unabhängig von seiner Hand bleibt, und dürfte er erst dann die Zügel in die Hand bekommen, wenn man ihm im Sitz anmerkt, daß es ganz gleich wäre, ob er dieselben in der Hand hat oder nicht. Auch, nachdem ihm die Bügel weggenommen sind, darf er sie erst wieder erhalten, wenn er sich vollständig sicher im Sitze zeigte. Ist man im Unterricht des Knaben so weit gekommen, daß er ohne Zügel in der Bahn herumgaloppieren, eine Stange, ohne aus dem Sitz zu kommen, springen kann, seine Unterschenkel dabei lose hin- und herschwingend, die Hände vielleicht in der Tasche, so wird er ein besserer Reiter geworden sein, als neunundneunzig unter hundert, welche man auf den Jagden antrifft. Dann kann man ihn ruhig seinem Schicksal überlassen, er wird sich schon allein durchhelfen.

In jeder Kunst ist es angezeigt, von Hause aus mit der besten Unterrichtsmethode anzufangen, und ich kann es dem jungen Schüler

---

*) In England fällt der Schluß der Jagden in das Frühjahr.

nicht eindringlich genug sagen, daß, wenn auch die Schenkel und namentlich die Knie ihm einen sicheren Schluß verschaffen werden, die ganze Kunst, nicht herunterzufallen, dennoch lediglich in dem richtigen Gebrauche jener Gelenke, welche den Oberschenkel mit der Hüfte verbinden, zu suchen ist.*)

Viele von uns werden sich wohl noch des in Deutschland erfundenen mechanischen Pferdes erinnern, welches die für den Sitz des Reiters unangenehmsten Bewegungen eines Pferdes mittelst seiner mechanischen Kraft sehr richtig ausführte. Die besten Reiter versuchten sich erfolglos darauf, da die Kraft einer Maschine den Atem und die Muskeln eines Menschen wohl stets überdauern wird. Jene Reiter jedoch, welche sich am längsten darauf erhalten konnten, waren solche, die mit geschmeidigem Kreuz und Hüften zu reiten verstanden und sich nicht lediglich auf den Schluß ihrer Beine und Knie verließen.

Etwas, was ich beim künstlichen Pferde bemerkt habe, bringt mich noch auf eine Frage, die ich oft unter den besten Reitern erörtern gehört habe, über welche jedoch die verschiedensten Meinungen herrschen. Früher war jeder Sattel mit Pauschen versehen, um dem Reiter durch gelegentliches Gegenlegen seines Knies einen festeren Sitz zu geben. Seit 30 oder 40 Jahren aber ziehen einige bekannte Jagdreiter den Sattel ohne Pauschen dem alten vor, die Pauschen als unterstützende Hilfe verschmähend. Für das künstliche Pferd würde der Sattel ohne Pauschen auch der geeignetere gewesen sein, da beispielsweise bei der Stellung des Pferdeleibes senkrecht zur Erde, mit dem Kopf nach unten, der Fuß des Reiters gleichlaufend

*) Dies ist sehr richtig. Nur wenige Reiter umfassen ihre Pferde wirklich mit den Lenden; ich verstehe darunter, daß sie die Oberschenkel so breit machen, daß die Gesäßknochen die Rückenwirbelsäule des Pferdes gleichsam umfassen. Die Muskeln, die hierbei zur Sprache kommen, sind beinahe mehr die Muskeln des Kreuzes als die des Oberschenkels. Nur wenige Reiter haben stark ausgeprägte Muskeln an der Stelle, wo der Oberschenkel mit der Hüfte zusammenkommt; diese sind aber durchaus erforderlich. Wer den Druck der Beine aus dem Kreuz, ich möchte beinahe sagen, schon aus dem Genick, anfängt, wird sich bald überzeugen, daß derselbe eine ganz andere Wirkung hat. Viele Leute arbeiten fortwährend mit den Waden und wundern sich, daß dieselben keine Wirkung hervorbringen oder gar die Pferde hinter die Zügel bringen, weil sie dabei vergessen, Kreuz und Oberschenkel zu gleicher Zeit arbeiten zu lassen. Meiner Ansicht nach wird beim Reitunterricht meistenteils der große Fehler gemacht, daß fortwährend vom Schenkel gesprochen, jedoch selten gesagt, ob Ober- oder Unterschenkel gemeint wird. v. K.

mit der Schulterspitze des Pferdes zu stehen kam, und hierbei eine Unebenheit der Sattelklappen sehr störend gewesen wäre. Des Reiters Unterschenkel mußten sonst notwendigerweise über die Sattelpauschen gleiten, und war es ihm dann unmöglich, sein Bein bei einer neuen Bewegung des Pferdes rechtzeitig in die richtige Lage zurückzubringen. Ich für meinen Teil ziehe sowohl beim künstlichen als beim wirklichen Pferde einen Sattel ohne Pauschen dem anderen vor und will hier meine Gründe anführen.

Ich halte es für eine allgemeine und Grundregel, daß es keine bessere Haltung für einen Reiter gibt, als wenn seine Schultern, Hüften, Knie und Hacken in einer senkrechten Linie liegen. Ein Mann, der so auf ein Pferd gesetzt wird, muß mit einer kleinen Biegung seines Rückens gut hinten heruntersitzen, und diese Haltung, welche auch beim Reiten in der größten Geschwindigkeit die natürlichste ist, gewährt ihm nicht nur die größte Sicherheit des Sitzes, sondern auch die größte Gewalt über das Tier, welches er bestiegen hat. Nichtsdestoweniger wird man finden, daß beim Querfeldeinreiten oder bei anderen Reiterkunststücken, welche Kraft erfordern, das weite Vorschieben des Knies um 1 bis 2 Zoll über die vorgeschriebene Linie dem Körper gleich einem Hebelarm eine größere Unterstützung gewährt, deren er bei besonderen Fällen, wie z. B. einem Tiefsprung, bedarf. Der Sattel ohne Pauschen erlaubt dem Reiter, sein Bein so viel zu krümmen, als es ihm gefällt, und hinzulegen, wo es ihm gefällt.

Diese Leichtigkeit der Verschiebung des Beines ist auch sehr nützlich, wenn man sich durch eine Hecke und durch Bäume hindurchzuzwängen hat, da dies oft der bequemste Durchgang auf den Jagden ist. — Jedes Pferd sieht sich wohl mehr oder weniger vor, seine eigene Haut zu streifen, wodurch der Raum, der breit genug ist, um des Pferdes Hüften durchkommen zu lassen, auch für das Bein des Reiters ausreichend ist, falls er es nach der Schulter des Pferdes vorschiebt. Ich möchte aber den guten Rat geben, diese Haltung vorsichtig und vor allem rechtzeitig anzunehmen. Dabei muß außerdem der Fuß aus dem Bügel genommen und die Vorbereitungen schon wenigstens drei bis vier Sprünge vorher getroffen werden, um den neuen Sitz dem Galopp des Pferdes anzupassen. Hat man dann noch die Hand auf der Seite des Baumes zur Verfügung, um den Aesten abzuwehren, so wird man erstaunt sein, wie sicher und angenehm die Durchquerung mancher unangenehmen und gefährlichen Hecke zu bewerkstelligen ist.

Man hüte sich jedoch, diesen Sitzwechsel im letzten Augenblick, wenn das Pferd schon springen will, vorzunehmen, da man dann entweder aus seinem Sitz und Schluß gebracht werden würde, oder man, um das Bein zu schützen, es dann anstatt nach vorn nach hinten bringen müßte, und die natürliche Folge wohl nur Unheil, Schimpfen und vielleicht auch eine gebrochene Kniescheibe sein würde. — Außerdem hat der Sattel ohne Pauschen noch zwei andere Vorzüge, daß er nämlich 20 Schilling (Mark) billiger ist und die Vorhand des Pferdes viel mehr hervortreten läßt, wodurch jedes Jagdpferd um 20 Pfund Sterling im Werte steigt.

Trotz aller dieser Vorzüge wird dieser Sattel doch von einigen unserer besten Reiter verworfen, da sie behaupten, daß die Pauschen ihnen mehr Kraft und Sicherheit des Sitzes gewähren; und letzterer Bedingung sollte jedes Ausrüstungsstück, selbst Reithosen und Stiefel, unterworfen sein, da die Bewegungsfreiheit seiner Glieder für einen Menschen, der nicht nur mit Annehmlichkeit, sondern auch mit Sicherheit querfeldein reiten will, durchaus notwendig ist. Ich bin davon überzeugt, daß enge, schlecht passende Lederhosen häufig die Veranlassung von Knochenbrüchen sind. — Manch einer kommt zum Frühstück so steif, als wenn er in buckram (in Leim getauchte Leinwand) eingezwängt wäre, und wenn er steif und ungeschickt wie der Hanswurst im Kasperletheater fällt, kann es uns nicht wundern, daß er Schaden nimmt.*)

Ich habe schon einmal gewarnt, bei Unglücksfällen am Zügel Rettung zu suchen. Es ist immer besser, dem Beispiele von

---

*) Von den meisten Deutschen kann man nicht sagen, daß sie zuviel Zeit auf ihre Reithosen und Stiefel (ich spreche hier nur vom Jagdanzug) verschwenden. Im Gegenteil, dieser Teil der Bekleidung ist nicht nur mangelhaft, sondern auch meistenteils recht unzweckmäßig. Mangelhaft, was den Stoff anbetrifft, da er schlecht ist, und unzweckmäßig, was den Schnitt anlangt. Der englische Hosenschnitt, die Oberschenkel recht weit, das Gesäß so breit als möglich, und nur im Knie eng, unter dem Knie mit fünf Knöpfen an der äußeren Seite versehen, sieht zwar zu Fuß nicht schön aus, ist aber zu Pferde so praktisch, daß jeder, der einmal eine solche Hose besessen, sich nicht wieder von ihr trennt. Dazu kommt, daß alle englischen Kleider von einem guten Schneider, wie z. B. Hammond-London, wenn auch etwas teurer, doch dreimal solange halten, als die von unseren Schneidern angefertigten unzweckmäßigen Sachen. Eine ähnliche Erscheinung zeigt sich auch bei der Militär-Reithose, denn wie könnte es sonst vorkommen, daß sich auf der Reitschule in den ersten Monaten, beim Reiten ohne Bügel, so viele Herren Knieschmerzen zuziehen, so daß sie nur mit aufgeschnittenen Hosen oder gar nicht reiten können. v. K.

zwei oder drei bekannt guten Reitern zu folgen und den Sattelkranz zu erfassen, selbst auf die Gefahr hin, den Sattelbaum zu brechen. Meiner Meinung nach jedoch muß man solche Hilfsmittel, selbst wenn sie von hohen Gewährsleuten angewendet werden, und auch vielleicht gelegentlich ganz bequem sind, als Verirrungen in der Reitkunst betrachten. Dem guten Reiter muß der Sattel ein ebenso sicherer und bequemer Aufenthalt sein wie der Lehnstuhl.

Ich habe es öfters, besonders von Personen mit trockenem und sehnigem Körperbau, behaupten hören, daß es mit kurzen Beinen und runden Oberschenkeln unmöglich sei, einen festen Sitz zu erlangen; doch glaube ich, daß man hierin sowohl, wie in anderen Geschicklichkeitsanlagen, der Natur durch Schulung nachhelfen kann. Wenige Menschen sind so plump gebaut, daß sie nicht, wenn nach richtigen Grundsätzen ausgebildet, gute und geschickte Reiter werden könnten. Hierzu muß als erster Grundsatz hingestellt werden, stets auf dem richtigen Fleck im Sattel zu sitzen, und zwar in der Mitte des Sattels, damit das Gewicht des Körpers, wenn man den unteren Teil des Gesäßes etwas einzieht, auf jenen Teil des Rückgrates des Pferdes, welcher gleich hinter dem Widerrist liegt, zu ruhen kommt, da dieser Teil durch die Vorderfüße besonders gestützt wird und auch derjenige ist, auf welchem das Pferd das höchste Gewicht tragen kann.

Selbst der unerfahrenste Reiter scheint im Augenblicke des Stillstehens, oder während der Entwicklung der größten Geschwindigkeit des Pferdes, von selbst in diese Stellung zu fallen; um dieselbe jedoch während aller Uebungen der Bahnreiterei zu erhalten, wird es viel Mühe und Aufmerksamkeit erfordern. Die Rückenlehne ist meiner Meinung nach für den Anfänger von großer Hilfe, da sie den Reiter in eine Haltung zwingt, die ihn zum richtigen Sitzen auf dem Pferderücken veranlaßt. Außerdem zwingt sie ihn, seine Hände in gehöriger Entfernung vom Pferdekopf zu tragen, und hat die gewünschten langen Zügel zur Folge. Der kürzeste und sicherste Weg, einen festen Sitz zu bekommen, bleibt stets, bei jeder sich darbietenden Gelegenheit das Reiten ohne Bügel zu üben. Selbst ältere Reiter werden finden, wie sehr dies das tiefere Einsitzen in dem Sattel fördert.

Anmut ist im Grunde nichts, als das Ergebnis der beherrschten Kraft. Der lose und bequeme Sitz, der so nachlässig jeder Bewegung zu folgen scheint, kann, wenn nötig, den Druck eines Schraubstockes ausüben, und der „hübscheste Reiter“, wie man in

Irland sagt, ist gewöhnlich auch derjenige, den ein Schläger oder Bocker am wenigsten leicht aus dem Sitz bringt.

Ohne Zweifel ist bei allen Gelegenheiten, wie z. B. im Jagdfelde, beim Spazierritt, auf der Parade oder dem Poloplatze, ein fester Sitz die erste derjenigen Eigenschaften, die einen guten Reiter ausmachen. Der wahre Kunstverständige darf nur bei dem vollständigen Fall von Reiter und Pferd aus dem Sitz kommen, und selbst dann nicht den *Kopf* verlieren und die *Zügel* loslassen.

VII.

Herzhaftigkeit.

„Wer nichts aufs Spiel setzen will, darf auch nicht zu Pferde steigen," sagt ein spanisches Sprichwort, und dieselbe Voraussetzung gilt wohl bei den meisten männlichen Vergnügungen. Wir können nicht in ein Boot steigen, Schlittschuhe anschnallen, eine Flinte in die Hand nehmen oder die Treppe rasch herunterlaufen, ohne irgendeiner Gefahr ausgesetzt zu sein, aber der Grad von Gefahr, dem ein Reiter unterworfen ist, scheint nicht im Verhältnis zu dem unbewußten Zurschautragen der Ungefährlichkeit seines Berufes zu stehen. Wo keine Furcht, ist auch keine Gefahr — dieser, wenn auch leichtfertige Ausspruch ist jedoch mehr auf das Reiten, als auf irgendeinen anderen Sport anwendbar, bei dem man Hals oder Glieder auf das Spiel setzt. Das Pferd ist ein Tier, welches sehr feinfühlend ist. Die leichteste Schwankung in der Hand des Reiters fühlt es mit elektrischer Geschwindigkeit, von der Stetigkeit derselben jedoch borgt es mehr Mut und körperliche Unterstützung, und bei solchen seltenen Gelegenheiten, wo der eigene Mut des Pferdes nicht auszureichen scheint, entleiht es denselben von seinem Reiter.

Sitzt des Reiters Herz auf dem richtigen Fleck, so wird sein Pferd ihn selten im Stich lassen, und würden wir gefragt, welches das Hauptmittel ist, um vollkommene Fertigkeit im Sattel zu erreichen, so würde man es „Nerv" nennen müssen.

Nerv, ich wiederhole diese Bezeichnung im Gegensatz zu Mut. Der Mut bringt uns in schwierige Lagen, der Nerv bringt uns aus denselben heraus. Beide sind in der edlen Eigenschaft, welche ich mit Herzhaftigkeit bezeichne, mit einbegriffen, während jedoch die eine ein glänzendes Staatskleid ist, so will die andere nur ein Alltagskleid vorstellen, gleich gut für Sonnenschein, Regen oder Wind. „Sie zittern, Oberst — Sie haben Angst," sagte ein vorlauter Major, der ab und zu in Arrest gehört hätte, zu seinem Vorgesetzten bei einem Gefechte in Indien. „Ja, Herr," antwortete der Oberst, „hätten Sie aber soviel Angst wie ich, so wären Sie schon längst davongelaufen." Ich habe oft gedacht, daß diese unwahrscheinliche Anekdote so recht klar die Vorzüge des wahren Mutes, der uns die Herrschaft des Willens über unsere Sinne bewahrt, zum Ausdruck bringt. Die Antwort des Obersten zeigt, daß er voll von Herzhaftigkeit war. Er hatte viel Mut, ihm mangelte es aber, wie er ja selbst aufrichtig genug zugab, an Nerv. Glücklicherweise erfordert das Feld der Diana nur einen geringeren Teil von Waghalsigkeit und Entschlossenheit im Vergleich zu dem des Mars.

Ich hörte den verstorbenen Sir Francis Head, gleich berühmt als Soldat, Staatsmann, Autor und als Sportsmann, diese Ansicht mit einigen Worten sehr zutreffend ausdrücken: „Im Feuer ist für eine Guinee Gefahr, aber sie kommt zu dir. Im Jagdfeld ist sie nur einen Dreier wert, hier suchst du sie aber auf." In beiden Fällen hängt der erforderliche Mut von der Größe der Gefahr ab, und im Kriege wie auf der Jagd wird jener sich hauptsächlich auszeichnen, dessen unerschütterlicher Mut durch Kaltblütigkeit geregelt wird und dessen Herz so stark und hoffnungsvoll ist, nie den Kopf zu verlieren.

Ich verstehe die Ausdrücke „Mut" und „Nerv" dahin, daß der erste eine moralische Eigenschaft und mehr ein Ergebnis der Erziehung des Gefühls, der Selbstachtung und hoher geistiger Fähigkeiten ist, während der letztere, mehr eine Gabe der Natur, von dem Gesundheitszustande, dem Blutumlaufe und dem Zustande der Leber abhängt. Im selben Verhältnis, wie beim Studierenden das Gedächtnis zur Vorstellungsgabe steht, so verhalten sich beim Reiten Nerv und Mut zueinander. — Wir wollen nun an einem Beispiele diese Verhältnisse klarzumachen suchen, und nehmen an, daß zwei gleich gut berittene und gleich beherzte Jagdreiter querfeldein reiten. — A. hat einen „Teufelsmut", wie seine Freunde sagen, B. hat „gute Nerven", um einen reitermäßigen Ausdruck zu gebrauchen. Beiden ist es bestimmt, gegen einen Hochsprung zu kommen, welcher genommen werden muß, um hinter den Hunden zu bleiben, und beide gehen wie der unglückliche Lord Strathmore dagegen, als ihm Jem Mason bei einer ähnlichen Gelegenheit zurief: „Auf dieser Seite liegt ewige Schande, jenseits aber der sichere Tod.“ Sie fassen sich daher ein Herz, setzen sich ordentlich im Sattel zurecht und kommen zu folgenden Ergebnissen: A., der sein Pferd unüberlegt gegenreitet, weil das Hindernis eklig aussieht, bringt dadurch sein Pferd beim Absprung zum Ausgleiten, so daß sein Pferd die oberste Stange gleich unter dem Knie berührt, ohne daß dieselbe jedoch bricht oder nachgibt. Ein übereilter Ruck am Zügel bringt den Kopf des Pferdes in die Luft und wirft das Tier in dem Augenblick zu Boden, wo es am meisten Freiheit gebraucht hätte, um mit verzweifelter Anstrengung sich auf den Beinen zu erhalten. — Reiter und Pferd rollen dadurch in schönster Form übereinander und kommen, nachdem sie sich erstaunt umgesehen, auf fünf bis sechs Ellen gänzlich voneinander getrennt wieder auf die Beine.

Dieser Zwischenfall ist nun gerade nicht sehr ermutigend für B., der genötigt ist, zu folgen, da bei diesem Hindernis nur soviel Raum blieb, um hintereinander zu springen; trotzdem geht er, sobald sein Führer aus dem Wege ist, stet und ruhig gegen; auch sein Pferd gleitet aus, diesmal in den Hufspuren seines gefallenen Kameraden, da es aber mehr in einer gesammelten Form geht, so gelingt es ihm, die Vorderfüße seines Pferdes noch über das Hindernis zu bringen, dafür bleibt es aber mit den Hinterfüßen hängen und nun, einen Augenblick schwebend, kommt es schließlich auf die Nase zu fallen. In dieser Lage sitzt aber B. unbeweglich im Sattel und gibt dem Pferde vollständige Zügelfreiheit. Der Selbsterhaltungstrieb und ein Paar gute Schultern bringen es wieder auf die Beine, und obwohl man nicht leugnen kann, daß B. und sein Pferd nur mit genauer Not davonkamen, so spielte sich das Ganze ohne einen wirklichen Fall ab.

Mut war es, der beide Reiter in diese schwierige Lage brachte, „Nerv“ jedoch, der einen von beiden aus der voraussichtlichen Niederlage herauskommen ließ.

Ich bin nicht alt genug, um den berühmten Mr. Assheton Smith im Jagdfelde gesehen zu haben, aber viele meiner Leicestershire-Jagdfreunde können sich seiner noch gut erinnern, als er über diese schöne und schwierige Gegend mit dem festen Entschluß ritt, mit seinen Hunden auch in jedes Feld zu gehen, d. h. soviel, als sich kein Hindernis zu schenken. Der Aufwand von Herzhaftigkeit, denn diese Bezeichnung verdient eine solche Art zu reiten, kann nur von solchen Leuten gewürdigt werden, die es versucht haben, in den Quorn- und Cottesmore-Grafschaften auf sechs Meilen von Dillesdon, während einer Jagd von dreißig oder vierzig Minuten, sich einen guten Platz zu sichern. Wo würden die meisten von uns bleiben, wenn keine Torwege da wären; ich kann wohl darauf antworten: „Weder hier noch dort." Ich habe allen Grund, die vielen Anekdoten, welche von Mr. Smiths Geschicklichkeit erzählt wurden, für wenig oder gar nicht übertrieben zu halten. Er wird von allen älteren Jagdreitern als der kühnste und beste geschildert, der jemals mit einer Jagdpeitsche in den Sattel gestiegen ist.

Obgleich späterhin ein sehr reicher Mann, lebte er in der Blüte seiner Jahre doch nur von der ihm durch seinen Vater ausgesetzten Zulage und bezahlte keineswegs so hohe Preise für Pferde, wie es andere Sportsmen zu tun für nötig hielten, in dem Glauben, daß das Gehen der Pferde im Golde liegt. Er trieb keine Liebhabereien hinsichtlich Größe, Tritt, und gab nichts auf Eigentümlichkeiten im Maule oder im Temperament. Klein oder groß, ungezogen, heftig oder launig: konnte ein Pferd nur galoppieren oder springen, so war es von dem Augenblick ab ein Jagdpferd, sobald Tom Smith darauf saß.

Es gibt heutzutage einen Namensvetter in der Melton-Gegend, welcher etwas nach ihm schlägt. Dies ist der Kapitän Arthur Smith, in jeder Weise durch sein Gewicht, seinen Nerv, seine Geschicklichkeit und seine Hand bevorzugt. Dieser Herr liebt seine Pferde und scheint von denselben auch geliebt zu werden und ist außerdem mit einer unerschütterlichen Ruhe gesegnet.

Um das kühne Reiten des früher erwähnten Tom Smith zu beleuchten, gäbe es endlose Anekdoten. Wie bezeichnend war z. B. das Anliegen, welches er einem Farmer in der Nähe von Glengorse eines Tages stellte, er möchte einen solch hohen Zaun aufgestellt sehen, welcher es dem Jagdfelde unmöglich mache, den Hunden zu nahe aufzureiten. „Ich kann Ihnen gern einen solchen ‚Riegel' aufbauen," antwortete der gutmütige Farmer; „Was werden Sie aber machen, da ich weiß, daß Sie gern bei Ihren Hunden bleiben, wenn Sie jagen?", worauf Smith erwiderte: „Auf mich nehmen Sie keine Rücksicht; ich habe in der Grafschaft noch keinen Hochsprung gesehen, über den ich nicht wenigstens mittelst Fallens hinübergekommen wäre." Wie gesagt, so getan; am ersten Tage, als die

Hunde einen Fuchs im Dickicht des Farmers aufgestöbert hatten, sah man auch schon Tom Smith seinen Hunden folgen und den ihm aufgestellten Riesenzaun allerdings fallend nehmen, dabei doch in guter Laune bleiben und mit sehr zufriedenem Gesicht weiterreiten.

Wenn Herzhaftigkeit eine Verbindung von Mut und Nerv ist, so müßte man diesen Herrn wohl den herzhaftesten Reiter nennen, der je auf einem Pferde saß, und liefert er zugleich den Beweis, wie das Glück zumeist nur dem Kühnen lächelt; denn obwohl er in einer Jagdzeit zwischen achtzig- bis neunzigmal stürzte, so trug er, glaube ich, nur ein einziges Mal eine schwere Verletzung davon.

„Das ist ein braver Mann!“ hörte ich eines Tages Lord Gardner mit einem gutmütigen, aber etwas spöttischen Tone ausrufen, dabei auf einen etwas tollkühnen Reiter zeigend, dessen Waghalsigkeit seine Geschicklichkeit derart überragte, um Pferd und Reiter in eine recht üble Lage zu bringen; der Nerv des Lords war so unbestreitbar, daß er, wie viele andere Menschen, eine Eigenschaft unterschätzte, welche er als selbstverständlich voraussetzte.

Die meisten Jagdreiter werden wohl darin mit mir übereinstimmen, daß unter allen Hindernissen, welche man auf der Jagd antrifft, die festen Hochsprünge diejenigen sind, die die größten Ansprüche auf den Bestand von Mut erheben, welcher in manchem Herzen dem Munde am nächsten liegt. Die höchsten Planken sah ich vor einigen Jahren von Lord Gardner hinter Mr. Tailbys Hunden bei Rams Head springen. Mit guten scent liefen die Hunde über eine Grasgegend hinter ihrem Fuchs, und ich erinnere mich sehr wohl, da ich in demselben Feld fünfzig Ellen hinter dem Lord ritt, wie sich mein Hals nach einem auftauchenden Zaun reckte, der anscheinend nirgends zu springen war, so daß ich die vom Lord eingeschlagene Richtung für unmöglich hielt. „Es wird wohl besser sein, wenn wir umdrehen und nach Hause reiten,“ brummte ich in meiner Verzweiflung. Der Sprung bestand aus vier starken Latten über Widerristhöhe, dazu ein Anlauf bergab, ein durch das Vieh aufgeweichter Absprung und ein Landen in einen tiefen, lehmigen Weg. Ich kann mich noch erinnern, in welch vollendeter Weise mein Führer sein Pferd auf den Sprung vorbereitete. Tief im Sattel, mit der leichtesten Hand von der Welt, weit zurückgelehnt und gut hinten heruntersitzend, schien er die Kräfte seines Pferdes noch auf dem letzten halben

Galoppsprung zu wecken und zu sammeln, um dann mit beinahe senkrecht aufgerichtetem Pferde den Sprung auszuführen; es gelang dem Pferd hinüberzukommen, nur brach es dabei, mit einem Hinterfuße anschlagend, die oberste Latte durch. Dadurch muß der Sprung wenigstens um einen Fuß niedriger geworden sein, und als ich auf das nun allerdings leichtere Hindernis loskam, war ich doch froh, auf einem gut springenden Pferde zu sitzen, denn es blieb trotzdem ein gewaltiger Sprung.

Der verstorbene Lord Cardigan, der letzte Brudenell, zeigte vielleicht im Jagdfelde und bei allen anderen Gelegenheiten im Leben das beste Beispiel für eine Art Mut, welcher vollständig unabhängig von Jugend, Gesundheit, Kraft oder anderen Vorzügen ist. Die Herzhaftigkeit, welche ihm in vorgerückten Jahren die schneidige Leitung der Kavallerie-Uebungen bei Bulganak ermöglichte und ihm auf dem Todesritt bei Balaclava den Weg zeigte, leuchtete hierbei auf Schritt und Tritt durch. Sein vornehmer Sitz zu Pferde mag mit den Jahren vielleicht weniger sicher, die hohe soldatische Figur weniger gerade erschienen sein, trotzdem wurde mit siebzig Jahren „Mars", eines seiner letzten und besten Jagdpferde, noch immer mit demselben kühnen Herzen gegen Holz und Wasser angeritten, welches ihn einst, als er sechsundzwanzig Jahre alt war, auf dem Pferde „Langar" den höchsten Torweg in Leicestershire, wenn auch stürzend, springen ließ. Der Grundzug Lord Cardigans war Herzhaftigkeit. Er liebte diese Tugend, verehrte sie, bewunderte sie an anderen, er war sich des Besitzes derselben bewußt und stolz darauf. Auch war er so eifersüchtig auf diese ritterliche Eigenschaft, es selbst beim gewöhnlichen Querfeldeinreiten für eine Schande zu halten, einem Sprunge auszuweichen, wenn er auch noch so schwierig war, und die Kühnheit, mit welcher er in tiefe Gewässer sprang, ohne selbst schwimmen zu können, war bekannt. Letzteres halte ich für ein übertriebenes Herausfordern der Gefahr. Lord Wolverton, welcher ebenso beherzt ritt, sprang eines Tages, ohne schwimmen zu können, bei einer Jagd hinter der Königlichen Meute in die Themse, und als ich ihn ob dieser Waghalsigkeit zur Rede stellte, da er doch sein Leben dabei wagen konnte, sagte er: „Daran dachte ich erst, als ich hinüber war, und da war jedes weitere Nachdenken überflüssig." Lord Cardigan schien sich jedoch der Gefahr bei solchen Schwimmunternehmungen wohl bewußt zu sein, und ich erinnere mich auch, daß er zweimal nahe daran war, zu ertrinken.

Der Tod dieses beherzten alten Reiter-Offiziers entsprach seinem Leben. Als er das siebzigste Lebensjahr erreicht hatte, bestand er eines Tages darauf, ein sehr schwieriges Pferd zu besteigen, welches er nicht einmal einem Freunde zu reiten erlaubte. Was dabei geschehen ist, weiß niemand. Das Pferd kam ohne ihn nach Hause; und obwohl er noch bis zum folgenden Tage lebte, hörte man ihn nie wieder sprechen.

Dies sind jedoch traurige Betrachtungen. Unsere Farbe ist rot und nicht schwarz, und glücklicherweise liefert das Jagdvergnügen, dem wir mit so großer Liebe zugetan sind, bei aller Kühnheit doch meist nur Zwischenfälle, welche mit einer blutigen Nase, einem gebrochenen Schlüsselbein oder einer kleinen Taufe in einem Bache bezahlt werden. Bei alledem ist es sonderbar, daß so viele Jagdreiter auf guten Pferden bei einem Galopp hinter den Hunden, beim Auftauchen von Hindernissen mehr Niederlagen durch Unsicherheit und Unentschlossenheit, als durch Mangel an Mut erleiden.

Obwohl die Gefahr, nach dem Ausspruche des Sir F. Head, meist nur in der Vorstellung liegt oder vielleicht auf einen Heller zu berechnen ist, so scheut sich doch jeder einzugestehen, wie hoch er dieselbe veranschlagt. Deshalb sieht man auch die Reiter in den Midland-Grafschaften oft so entsetzte Gesichter machen, wenn der führende Reiter stürzt oder ganz verschwindet; ebenso kann man vor zwölf Fuß schmutzigen Wassers ein Jagdfeld wie eine Herde auseinanderstieben sehen, von dem jeder Reiter, ohne nur mit den Augen zu blinken, im feindlichen Feuer stehen würde. Mit Ausnahme von festen Hochsprüngen, wo die zu erwartende Gefahr durch die Beschaffenheit des Hindernisses klar zutage liegt, schüchtert den Halbbeherzten nichts so ein, wie ein Bach. Wie man sieht, sind solche Reiter schwer zufrieden zu stellen, da die Unsicherheit des flüssigen Hindernisses doch der Sicherheit des Sturzes bei ersterem Hindernis nichts nachgibt. Immerhin erfordert das vertrauensvolle Springen eines Baches, von dem wir nicht wissen, wie breit, wie tief, wie die Uferbeschaffenheit ist, eine gewisse Kühnheit und Ruhe, Mut und Nerv, den Zusatz eines gewissen Gewürzes, welches wir Herzhaftigkeit nennen wollen. Pferde sind sehr leicht geneigt, sich das Mißtrauen ihres Reiters anzueignen, deshalb muß man das Springen wie ein Geschenk, welches man einem armen Verwandten zuteil werden läßt, behandeln. Tut man es nicht gern, so sollte man es lieber unterlassen.

Der Fuchs und folglich auch die Hunde suchen sich bei Gräben stets die schmalste Stelle aus; hätten wir uns diese auch merken können, so würden uns irgendwelche anderen Hindernisse oder die Beschaffenheit des Bodens doch oft hindern, an derselben Stelle zu springen. Was sollen wir aber machen? Folgen wir einem führenden Reiter, und sein Pferd dreht um, so sitzen wir erst recht in der Patsche; suchen wir uns erst selbst eine Stelle, so werden wir meistens auf die breiteste kommen. „Reite dein Pferd dreist gegen und versuche dein Glück," sagt die Herzhaftigkeit, was wohl auch das beste sein wird. Es hängt hier ja viel vom Glück und von der Länge des Galoppsprunges eines Pferdes ab; und kommen wir hinüber, so können wir uns dann für die nächste Meile damit schmeicheln, uns dies selbst zu verdanken.

Beim Kapitel des waghalsigen Reitens nicht des Reitkleides und des Damensattels zu gedenken, wäre ein grober Verstoß gegen die Höflichkeit; obwohl die Damen ebenso dem Zauber der Gefahr untertan sind, als jenem der Bewunderung, so glaube ich doch, daß bei ihnen in der Allgemeinheit mehr der Mut als der Nerv vorwiegt. Ich erinnere mich, einen Fall erlebt zu haben, wo eine Dame ebensoviel Mut, Kaltblütigkeit und Geistesgegenwart wie ein Kriegsheld zeigte. Diese Dame, welcher es nicht vollständig gelungen war, einen hohen Zaun mit einem dahinter liegenden sumpfigen Graben glatt zu nehmen, kam beim Sturz unter ihr Pferd zu liegen. Das ganze Gewicht des Pferdes ruhte auf ihren Beinen und brachte sie in eine solche Lage, daß ihr Kopf zwischen den Vorder- und Hinterfüßen des Pferdes eingeklemmt war, so daß die geringste Bewegung der Pferdebeine ihren Kopf wohl zerdrückt hätte. Sie schien sich in dieser verzweifelten Lage aber wenig um ihre Schönheit oder ihr Leben zu kümmern, sondern gab nur vollständig kaltblütige Anordnungen, wie man sie aus derselben zu befreien habe, ganz so, als ob sie in ihrem Salon beim Tee-Einschenken wäre. Ihr Pferd, obwohl darin nichts Ungewöhnliches liegt, benahm sich wie ein Engel, und es gelang, die Dame ohne besondere Verletzungen wieder flott zu machen. Als ich aber wieder zu Pferde stieg, fiel mir dabei ein, wie schade es ist, daß einer Legion Amazonen nicht Disziplin beizubringen sei, da man wohl sonst die Welt mit ihnen erobern könnte.

Kein Mann, bevor er es nicht selbst versucht hat, kann ermessen, wie unbequem und machtlos man sich auf einem Damensattel vorkommt. Die Damen behaupten zwar, daß sie mit der zweiten Gabel sicherer als die Herren sitzen; wenn ich aber diese zarten und gebrechlichen Gestalten über Holz und Wasser springen, über hohe Wälle wegsetzen und namentlich durch starke bullfinches durchbrechen sehe, so erfaßt mich eine Bewunderung vor den Geheimnissen der Natur, unter welchen wohl eins der erstaunlichsten der weibliche Trieb „zum Hervortun" ist. Und sind sie einmal entschlossen dazu, so tun sie sich auch hervor, selbst bei solchen Vergnügungen, welche in das männliche Gebiet einschlagen. Ein Schiffer am Kanal sagte mir, daß er einst eine Dame ganz allein auf eine halbe Meile in die See hinein habe schwimmen sehen. Ein ähnliches Hervortun finden wir in den skating rinks, beim Lawn-Tennis, und wahrscheinlich werden wir auch bald Damen Kricket spielen sehen. Ja, dieses Geschlecht ist auf dem aufsteigenden Ast. Es angelt, geht auf die Jagd mit wirklichen Flinten bewaffnet, und schließlich sehen wir es auf irgendwelchen berühmten Pferden auf der Jagd dahinfliegen, oft zu nahe an den Hunden, dabei Brüder, Männer und selbst Anbeter hoffnungslos hinter sich lassend.

Ich bin weit entfernt davon, hiermit ein gewisses Vorurteil auszusprechen, welches das zarte Geschlecht beleidigen könnte und mich wohl der Gefahr aussetzen würde, ein alter Philister genannt zu werden, immerhin muß ich aber behaupten, daß die Damen, welche heutzutage die Jagd mitmachen, etwas zu schneidig reiten. Es fällt mir nicht ein, das Jagdfeld den Damen streitig zu machen, im Gegenteil, ihre Gegenwart erhöht nur die Reize desselben. Ebensowenig will ich sie vom Springen ausschließen. Nichts von alledem, ich wünsche nur, daß in erster Linie bei der Auswahl von Damenjagdpferden mit großer Sorgfalt verfahren werde, daß die Damen-Sättel und -Zäume stets so gewählt werden, daß sie wunde Rücken und Laden unmöglich machen, und daß ein verläßlicher Reitknecht den Damen während der Jagd folgt. Ist dies alles der Fall, warum sollten sie dann in einem günstigen Gelände mit fairen Sprüngen nicht auch ihr Vergnügen haben? Sollten sie es jedoch verschmähen, sich einem Führer auf der Jagd anzuvertrauen, was für den Führer kein ganz leichtes Geschäft ist, da sie beim Stürzen desselben meist bereit sind, auf demselben zu landen, so sollten die Damen es doch wenigstens vermeiden, als erste ein Hindernis zu nehmen, und diesen Vorzug den Herren überlassen. Was sagte doch gleich der weise König Salomo von einer

Frau, welche keine Selbstbeherrschung hat? — Wir brauchen jedoch den Ausspruch des weisen Königs nicht, um zu wissen, daß, wenn bei einer Frau einmal der Mut angefacht und der Ehrgeiz aufgestachelt worden ist, sie nirgends mehr „Umsicht“ als im Jagdfelde benötigt.*)

*) Vergl. Teil II, Kap. XII, Damen im Jagdfelde.

VIII.

Umsicht.

Umsicht wird nicht mit Unrecht die bessere Hälfte der Herzhaftigkeit genannt, da diese sonst wie ein Schiff ohne Steuer oder wie ein Pferd ohne Zügel unberechenbaren Gefahren ausgesetzt ist. Diese beiden Eigenschaften müßten wie Geschwister durchs Leben pilgern, mich dünkt es aber, daß wir der vorsichtigen Schwester weit öfter begegnen.

Auf der Jagd hingegen scheinen sie abwechselnd zu regieren. Da macht sich die Herzhaftigkeit in erster Linie vor Anfang der Jagd breit und ebenso nach dem Jagdessen, während die Umsicht hauptsächlich und überwiegend von dem Augenblicke ab regiert, in dem die Jagd beginnt, um nun in jedem Felde von uns in Anspruch genommen zu werden. Oefters, namentlich in der ersten Hälfte des November, wenn die Hindernisse verwachsen oder vom Laub verdeckt sind, verlassen wir uns ganz auf ihre Führung, so daß wir allmählich unser ganzes Selbstvertrauen verlieren und uns schließlich nur noch auf den Wegen gemütlich fühlen. Viele unter uns werden sich wohl eingestehen, daß es Fälle gegeben hat, wo wir lediglich aus Furcht ein Hindernis nicht sprangen, obwohl uns ein paar moralische Sporen sicher hinüber gebracht hätten.

Macht nichts. — Ein Franzose drückte mir eines Tages seine Abneigung gegen unsere Fuchsjagden mit den Worten aus: „Monsieur, je ne cherche pas mes émotions à me casser le cou!“

Beteiligen wir uns freiwillig an irgendeinem Vergnügen, so müssen wir es so betreiben, wie es uns am besten gefällt. Hinter den Hunden gibt es einen Anfang und ein Ende des Jagdfeldes.*) Umsicht herrscht unter den Reitern an beiden Enden vor, durchläuft aber alle Abstufungen, welche dazwischenliegen. An der Spitze reitet die Herzhaftigkeit im Vereine mit der Umsicht; am Ende die Umsicht ohne Herzhaftigkeit, in der Mitte finden wir jedoch nur einen lärmenden Haufen, dem man keine eigentlichen Eigenschaften zuerkennen kann. Da er zuwenig Herzhaftigkeit hat, um hinüberzufliegen, und nicht genug Umsicht, um durchzukriechen, so schwankt er vor den Sprüngen oder stürmt auf eine Oeffnung los, sich gegenseitig den Weg versperrend, um schließlich in Anbetracht der vielen Anstrengungen und der Aufregung wenig Raum nach vorwärts zu gewinnen.

Ich vergaß noch bei den Abstufungen im Felde zu erwähnen, daß die Herzhaftigkeit ohne Umsicht reitend gleich in den ersten schwierigen Lagen zu Falle kam, daher nicht mehr mitspielt. Wir wollen jedoch, um bei dem Beispiel zu bleiben, diesmal beim Ende anfangen, also den vorsichtigeren Teil des Jagdfeldes betrachten.

Hast du einen schlechten Platz bei dem Anlegen der Hunde gehabt, sitzt du nur auf einem Reitpferd, und hast weder die Kraft noch die Absicht, in vorderster Linie zu bleiben, dann mußt du, um der Jagd folgen und etwas davon sehen zu können, mit viel Zurückhaltung reiten. Beherzige daher folgende Ratschläge.

Ich nehme an, daß die Hunde einen guten Fuchs aufgestöbert haben, der in der Umgegend genau Bescheid weiß, und daß die Fährte steht. Gesetzt auch, dein Platz sei gut gewesen und meistens höhnt einen das Glück damit, wenn man schlecht beritten ist, als ob es uns zum Ausnutzen desselben verleiten wolle, so hüte dich ja, in der Nähe der Hunde bleiben zu wollen. Bleibst du eine Meile ab, so kannst du die Richtung der Hunde genau verfolgen und beiläufig vorausbestimmen, wohin sie dieselbe nehmen werden, während du, nur auf eine Viertelmeile abbleibend, jeden Richtungswechsel mitreiten mußt. Laß dich nicht dadurch außer Fassung bringen, daß das Jagdfeld ein besonders gutes Tempo reitet, weil der Fuchs zufällig gegen den Wind läuft. Bleibt derselbe noch fünf Minuten dabei, so steuert er sicherlich auf einen Bau zu, und in weiteren fünf Minuten wirst du dann sehr bald das „who-whoop"**)

*) Darunter ist die lange Linie der Reiter im Jagdfelde zu verstehen.

**) Ruf des Huntsman, der dem Felde das Zeichen zum Abstoppen gibt.

hören, welches so viel bedeutet, als daß er in der Erde verschwunden ist.

Diese Beobachtung ist unfehlbar richtig, die meisten aber beachten sie nicht, und gerade diejenigen am wenigsten, welche sonst viel Umsicht zeigen.

Die Aufregung der Jagd läßt uns allmählich auf solche Erscheinungen weniger achten, und selbst die Erfahrung macht uns nicht klüger; wir genießen die Aufregung und rufen: „Wie schade!“, wenn die Jagd durch solche Vorkommnisse plötzlich endet, als ob wir noch nie etwas Derartiges erlebt hätten. Es würde also töricht von dir sein, dein Pferd wegen einer solchen kurzen Jagd erst abzuhetzen, bleibe daher weit ab von der Jagdrichtung, stelle dich womöglich auf einen hohen Punkt, und leite dir lieber aus der Windrichtung, der Lage der Dickungen und der allgemeinen Beschaffenheit des Geländes die Richtung ab, wohin der Fuchs voraussichtlich seinen Lauf nehmen wird.

In den shires habe ich öfter gute Jagden gesehen, welche Damen aus ihrem Wagen von A bis Z verfolgen konnten. — Fängt die eigentliche Arbeit an, so kann man sehen, wie verschiedenartig die Jagdreiter ihre Absicht zu erkennen geben, daran teilzunehmen. Einige gebrauchen zunächst ihre Augen, andere ihre Hacken und andere wieder die Flasche. Gebrauche lieber deinen Verstand zuerst, er wird dir bessere Dienste leisten als Sporen, Brille oder der mit Curaçao gemischte Kognak. Verliere den Gang der Jagd nicht aus dem Auge, folge den Hunden solange als du kannst mit den Augen, und verschwinden diese weißen Punkte am Horizont, dann verlaß dich auf deine Kenntnisse als Jäger und im Gelände, damit du später wieder den Anschluß erreichst.*) Richte dich bei diesen Beobachtungen aber ja nicht nach den ab und zu auftauchenden Hüten und Flecken roten Tuches, welche du vielleicht hinter einer Hecke sich hin und her bewegen siehst. Es ist höchstens das Feld; das Feld aber, wenn wirklich die Jagd im Gange ist, wird sicher nicht mehr lange ein solches vorstellen.

Das erste Treffen wirst du schwer verfolgen und im Auge behalten können. Wenn es hoch kommt, siehst du sechs oder sieben

---

*) Hierauf nicht zum geringsten beruht der unvergleichliche Wert der Wildjagd für den Ordonnanzoffizier und Patrouillenführer, eine Schulung, die weder durch Hindernisrennen, noch durch Schleppjagden in gleicher Vollkommenheit erreicht wird. v. E.

Reiter auf fünfzig bis sechzig Ellen voneinander entfernt, und selbst die folgenden Reiter zerstreuen sich, namentlich in einer bedeckten Gegend, derartig, daß sie sich meist einer andauernden Beobachtung entziehen. Siehst du sie auf einen Augenblick, so scheint es dir, als ob sie nur sehr langsam vorwärts kämen, während du bei einer späteren Gelegenheit an den schlagenden Flanken der Pferde, den roten Gesichtern der Reiter und ihren aufgeregten Stimmen bemerken kannst, daß sie keine leichte Arbeit hatten.

Trabst du also auf deinem Tier ruhig, mit offenen Ohren und Augen unter Wind dahin, damit du die Hunde früher hörst und gleichzeitig in der Richtung bist, welche sie dem Winde nach einschlagen werden, so wird dir wohl nach wenigen Minuten das Vergnügen zuteil werden, die fröhliche Musik der Hunde oder wahrscheinlicher noch einen Stoß auf dem Horn zu hören. Die Fährte steht selten so gut, daß die Hunde anhaltend dreißig oder vierzig Minuten laufen können, ohne einen Stopp zu haben; im Gegenteil, an den meisten Jagdtagen werden sie mehr als einmal innerhalb einer halben Stunde auf falscher Fährte sein, wo der Huntsman sie dann wieder wenden und in einigen Fällen sogar von der Fährte abschlagen muß, um sie wieder auf die richtige Spur zu bringen. Nun wird es Zeit, rascher vorwärts zu kommen; hoffentlich bist du aber von Hause aus, so wie ich dir geraten habe, nur auf den Wegen geblieben. Du darfst auf solchem Pferde nur dann ein Feld betreten, wenn du darin einen Weg siehst, welcher dich sicher in das anstoßende führt.

Bei deiner Art, vorwärts zu kommen, kann es dir auch leicht zustoßen, dich plötzlich vor den Hunden, allen Reitern voraus zu sehen, während die Hunde mit der schönsten Musik, ihrem leisen Halsgeben, bei dir vorbei über den Weg laufen; dann kann dir vielleicht die Umsicht raten, einen Torweg für jene herzhaften Reiter, die den Hunden unmittelbar folgen, zu öffnen, diese aber werden dich dafür oft zu allen Teufeln wünschen, und sich wundern, was du überhaupt hier willst.

Die Eifersucht regiert auch im Jagdfelde, wir wollen es lieber nennen: die Vorliebe, seinen „eigenen Strich“ zu reiten, immerhin herrscht aber trotz des Vergnügens auch hier das „ego et praeterea nihil“.

„Was nützt es nun?“ hörte ich eines Tages eine klagende Stimme hinter einer Schwarzdornhecke ausrufen, während die Hunde Laut gebend an einer Drainleitung standen, nach einer scharfen Jagd über Gras von dreißig Minuten, „ich habe meinen Hut verdorben, meinen Rock zerrissen, mein Pferd lahm geritten, bin zweimal gestürzt, ich war von Anfang bis zu Ende der erste, und da ist der verdammte Kerl auf dem kaffeebraunen Pony schließlich vor mir da!"

Es gibt eben Zeiten, wo die Herzhaftigkeit der Umsicht die Siegespalme abtreten muß.

Wir wollen nun aber sehen, was uns die Umsicht auf dem anderen Ende des Jagdfeldes, bei den in vorderster Linie Reitenden helfen kann, denn dorthin ziehen uns ja doch unsere Wünsche und der Ehrgeiz.

„Sind Sie ein verwegener Reiter?"*) fragte eines Tages eine Dame den bekannten Mr. Jorrocks. „Der härteste in England," antwortete dieser schnurrige Kauz, während er für sich leise hinzufügte: „Dies kann ich wohl sagen, denn wenn es halbwegs geht, verlasse ich selten die harten Straßen."

Diesem vorsichtigen Manne wollen wir jedoch nicht folgen, sondern uns lieber eines Uebermaßes von Umsicht entledigen, da uns sonst nicht der Ehrenplatz winkt, auf den wir lossteuern; dabei müssen wir jedoch soviel Umsicht erübrigen, daß wir auf der goldenen Mittelstraße bleiben. Während die Hunde in voller Fahrt, mit gutem scent in einer offenen Gegend sind, lassen wir unserem Pferde freien Lauf, so daß es, durch die Herzhaftigkeit angeeifert, in die erste Linie kommt. Dabei muß die Umsicht es fest am Kopfe halten, um nicht durch zuviel Gehlust den Hals seines Reiters in Gefahr zu bringen.

Sitzt der Reiter auf einem Pferde, welches feste Hochsprünge sicher nimmt, so ist jetzt Gelegenheit, diese Eigenschaft auszunützen. Arbeitet man einem solchen Pferde nicht im Maule herum oder stört es beim Springen, so nehmen solche Jagdpferde, solange sie nicht müde sind, diese Art Hindernisse mit großer Leichtigkeit für sich und ebensoviel Sicherheit für ihre Reiter. Ein solches Pferd sieht genau, was es zu machen hat, hebt sich nicht einen Zoll höher und springt nicht einen Zoll weiter vorwärts, als es muß; während es bei einer Hecke viel mehr Kraftaufwand entwickeln wird, um auch jene Hindernisse mitzunehmen, welche jenseits liegen könnten. Vergiß aber nicht, daß sich mit der Hecke leichter spielen läßt, als mit

---

*) hard = verwegen. v. E.

festen Holzzäunen*), darum, wenn auch dein Mut und des Pferdes Springvermögen dich dazu treiben, ein Koppelrick oder selbst eine Gattertür zu springen, so warnt dich doch die Geistesgegenwart, dies nur in den ersten zehn oder fünfzehn Minuten einer Jagd zu tun, solche Sprünge aber entschieden zu unterlassen, wenn sich durch tiefen Boden und scharfes Tempo bereits Ermüdung bei deinem Pferde zeigt.

Der früher erwähnte Assheton Smith, welchem es nie beikam, einem Hindernis auszuweichen, folgte beim Springen, wenn er glaubte, daß sein Pferd dabei stürzen könnte, doch einem gewissen Trieb der Selbsterhaltung. In solchen Fällen ritt er sein Pferd etwas schräg gegen, damit das Tier wenigstens mit einem Vorderfuße hinüber und dadurch nur auf eine Seite zu liegen kam. Dieser vollendete Reiter stand dabei immer unverletzt mit den Zügeln in der Hand wieder auf.

Dieses schräge Springen, wenn überlegt angewendet, läßt sich auch auf andere Hindernisse, als feste Hochsprünge, übertragen. Beim Springen eines Walles erweitert es gewissermaßen die Krone desselben, dem Pferde dadurch mehr Raum zum Fußfassen gewährend; die Höhe und Stärke der Dornen wird bei einem derartigen Springen auch vermindert, wenn in der Richtung, wie sie wachsen, gesprungen wird, und kann diese Springweise gelegentlich einem guten Jagdpferde einen Kreuzbruch ersparen, falls es, zu kurz springend, mit beiden Hinterfüßen gleichzeitig in einen scharf abgestochenen, tiefen Graben fällt.

Wie man sieht, darf die Umsicht auch den kühnsten Reiter nicht verlassen, und darf selbst in der Bestürzung und Aufregung, welche ein Sturz verursacht, nicht außer acht gelassen werden. Auf das Stürzen muß selbst jeder gut berittene Reiter vorbereitet sein, falls die Hunde gut laufen und er bei ihnen bleiben will. Es klingt etwas widersprechend: je öfter man aber fällt, desto seltener beschädigt man sich. Die Uebung lehrt uns dann, die Geistesgegenwart zu bewahren, und hat man schließlich gelernt, wo sein Pferd hin zu liegen kommt, so hat man es stets in der Hand, der gefallenen Masse aus dem Wege zu gehen. Ein ausgestrecktes Bein oder eine Hand werden in solchen Augenblicken ausreichen, um das Tier abzuwehren, und der Reiter kommt selten mit solcher Gewalt zu Boden, daß ihm viel Schaden zugefügt werden könnte, namentlich wenn der Boden

*) Ich habe gefunden, daß die meisten Engländer lieber einen festen, aber klaren Zaun sprangen, als eine undurchsichtige Hecke. v. E.

tief ist. Ist letzteres nicht der Fall, so wird das Pferd wieder weniger ermüdet und wird dann auch seltener stürzen.*)

Ist es dir gelungen, ein junges, heftiges Pferd durch deine Umsicht zu beruhigen, so mußt du doch darauf gefaßt sein, seine alten Fehler gelegentlich wieder auftreten zu sehen; aber selbst dann bist du noch im Vorteile, da das junge Pferd mehr Gelenkigkeit entwickeln wird, als das verbrauchte, unedle oder müde Pferd, welches beim Stürzen wie ein Bleiklumpen zu Fall kommt, und dann nützen dir weder Herzhaftigkeit noch Umsicht viel.

In dem Tempo, in welchem die Hunde laufen, ist selten Zeit, ein Mittel, welches große Geistesgegenwart erfordert, auszuführen, nämlich das an der Hand-Springen, wenn ein Hindernis sehr halsbrecherisch aussieht, und doch habe ich viele behende Männer während der größten Aufregung der Jagd ab- und aufspringen sehen. Der verstorbene Oberst Windham, Kommandeur der Greys, in welchem Regiment er auch bei Waterloo diente, besaß neben der Figur eines Riesen die Beweglichkeit eines Harlekins. Er wog neunzehn stone**); ich sah ihn während des Anfanges einer Jagd in Leicestershire wohl zwanzig Minuten mit Reitern des leichtesten Gewichts anstandslos wetteifern und, um seinem Pferde Erleichterung zu verschaffen, von Zeit zu Zeit abspringen, einen Hochsprung neben dem Pferde nehmen und wieder in den Sattel voltigieren, ohne sein Pferd dabei im Sprunge zu verkürzen.

Der viel betrauerte Lord Mayo, ebenfalls eine reckenhafte Erscheinung, wandte dasselbe Mittel bei Hindernissen an und zwar gleich erfolgreich zwischen den Ochsenzäunen in Northamptonshire, als vor den Wällen und Gräben von Kildare. Daß er bei der Erhaltung seines Lebens weniger umsichtig verfuhr, als bei der Verwaltung seines Reiches, als Vizekönig von Indien, ist nur zu beklagen,

*) Ich habe auch die Beobachtung gemacht, daß Pferde mit gutem Rücken nie so hart und ungeschickt fallen, als solche mit schlechtem, und liegt es wohl nur darin, daß das starkrückige Pferd sich selbst im Augenblicke der Ermüdung mehr im Gleichgewicht zu halten versteht und überhaupt geschickter ist. Ich stimme daher nicht recht mit der seit kurzem in England viel vertretenen Ansicht überein, daß Jagdpferde, um zu diesem Zweck brauchbar zu sein, nur gute Schultern und eine gute Hinterhand und lieber leichte als starke Rücken haben müssen. Ich gebe zu, daß starkrückige Pferde längere Zeit gebrauchen, um am Zügel springen zu lernen. Können sie es aber einmal, so werden sie stets die mit dem leichten Rücken übertreffen und auch ausdauernder sein. v. K.

**) 1 stone = $6\frac{1}{2}$ kg.

wir müssen dies aber seiner Kühnheit und großen Vorliebe für die Jagd zugute halten.

Während uns die Herzhaftigkeit zuruft, die Hindernisse so zu nehmen, wie sie kommen, lehrt uns die Umsicht hingegen, daß jedes nur in solcher Weise genommen werden müsse, wie es die Beschaffenheit desselben fordert. Bietet uns ein Wall beispielsweise einen Ruhepunkt und sehen wir dabei die Möglichkeit, einen großen Sprung in zwei kleinere zu zerlegen, so müssen wir in Trab fallen und dem Pferde anzeigen, daß es erst auf das eine Hindernis hinaufzuspringen und dann erst mittelst eines zweiten Sprunges hinabzuspringen habe. Winkt uns jedoch ein dunkel und verdächtig aussehender bullfinch mit einem breiten Graben oder gar einem starken, eschenen Balken dahinter, dann wird es klüger sein, die Zügel fest in die Hand zu nehmen und das Tempo während der zwei oder drei letzten Sprünge so zu verstärken, daß wir drüberfliegen, wie aus der Pistole geschossen.

Oft findet sich auf der Jagd auch eine bessere Stelle, welche zufällig unter Bäumen mit herunterhängenden Aesten liegt; wir schlagen die Richtung dahin ein, neigen dabei jedoch unseren Oberleib vor, bücken den Kopf und kriechen durch, vielleicht bewundert von einem Freunde, welcher, auf einem heftigen Pferde sitzend, diese Vorsichtsmaßregel vergaß, seinen guten Hut dabei eindrückte und nun schimpft, unserem Beispiel zu spät gefolgt zu sein. Oder es kann sein, daß wir uns über den leichten Ackerboden freuen, den wir soeben betreten haben und welcher noch den scent hält, als plötzlich vor uns, eine Viertelmeile ab, eine starke und hohe Mauer auftaucht, welche nach beiden Seiten in den Horizont zu verlaufen scheint und weder eine Tür noch eine sonstige Oeffnung aufweist. Ich weiß nicht, ob andere Reiter derselben Täuschung ausgesetzt sind wie ich, mir erscheint auf eine gewisse Entfernung eine Mauer stets höher, als eine Hecke. Eine Mauer zu springen, falls mit Geschick getan, ist aber bei weitem kein so grober Sprung, als man im ersten Augenblick glaubt. „Springt sie,“ sagt die Herzhaftigkeit; „ja, aber sehr langsam,“ antwortet die Umsicht. Und richtig, wir beruhigen unser edles Pferd, setzen es in Trab*), es beinahe veranlassend, vor dem Absprunge seine Nase darüber wegstrecken zu lassen,

*) Scheint mir nicht richtig, ein Pferd vor dem Sprunge in Trab zu setzen, da es doch aus dem Galopp immer sicherer selbst Hochsprünge nehmen wird, wenn der Galopp nur gehalten genug ist. v. K.

dann wie ein Hirsch hinübersetzend, hat dein Pferd nicht mehr Kraft auf diesen Sprung verwendet, als ein Mädchen, um über seine Springleine zu hüpfen. Die Höhe, welche ein im Mauerspringen geübtes Pferd bewältigen kann, scheint oft unglaublich. Zum Beispiel sah ich vor drei oder vier Jahren eine Mauer von sechs Fuß ganz glatt springen, dabei hatte der Herr ein sehr ansehnliches Gewicht. Die Kunst des Mauerspringens kann man aber selbst einem ungeübten Pferde rasch lehren, und ich kann hier gleich erwähnen, daß ich oft erstaunt über die an den Tag gelegte Umsicht ganz junger Pferde beim Springen von Hochhindernissen war.

Es sind aber nicht allein die Sprünge, welche Umsicht erfordern. Jeder Morgen Landes, welcher zwischen denselben liegt, kann gleichfalls auf eine richtige oder falsche Weise zurückgelegt werden. Ueber geackertes Land darf man nie rechtwinklig zu den Furchen reiten, sondern schräg darüber hinweg, oder wenn es nicht zu groß ist, so mache man lieber einen Umweg und betrete es gar nicht. Ein Pferd, welchem das Gehen in den Furchen ungewöhnt ist, strengt dies ungemein an. Ein gut gemachtes Pferd wird dies zwar innerhalb einer oder zweier Jagdzeiten lernen, immerhin bleibt der unebene Boden aber eine Anstrengung für die Atmungsorgane und für die Muskeln. Am besten kommt der Fuchs im Ackerboden fort, und es macht den Eindruck, als ob die Natur den kleinen Körper absichtlich mit soviel Kraft und Geschicklichkeit ausgestattet hätte.

Obschon Hochsprünge im Ackerland glücklicherweise leichterer Natur sind, so wird noch mehr Vorsicht und Ueberlegung auf den Boden zu richten sein. Wenn es stark geregnet hat, so vermeide, wenn du es kannst, Rübenfelder; die langen und häufigen Wurzeln lockern den Untergrund, und dein Pferd kann manchmal bis über die Sprunggelenke einsinken; jungem Weizen gehe auch aus dem Wege, wenn auch nur aus Sparsamkeit; findest du aber auf den Stoppeln eine nasse Furche und liegt sie auf deinem Wege, so muntere dein Pferd auf, laß dir das Wasser um die Ohren spritzen und verlasse sie nicht. Dasselbe gilt von einem Fußwege, wenn du deshalb auch ein halbes Dutzend „Steigeln"*) springen müßtest. Fester Boden zum Abspringen vermindert jeden Sprung, und während du auf solchem rascher vorwärts kommst, wird sich oft die übrige

*) Die Felder sind in England meist eingefriedigt und wird die Verbindung von einem Felde zum anderen oft durch ein Querbrett zum Uebersteigen hergestellt.

Jagdgesellschaft, der Fuchs, die Hunde und die Pferde unnütz im tiefen Boden abquälen. —

Wird das Feld von schmalen Wasserläufen, überdeckten Drainleitungen oder tiefen, mit Gras überwachsenen Radspuren durchzogen, so reite schräg darüber hinweg, damit, wenn dein Pferd durch seinen Sprung hineingerät, dies wenigstens nur mit einem Fuß geschieht. Es wird sich dann wieder aufraffen können, während, wenn zwei Füße zugleich hineingeraten, seien es nun die Vorder- oder Hinterfüße, zumeist ein böser Sturz daraus wird, wo es um des Pferdes Kreuz oder um deinen Hals gehen kann.

Herzhaftigkeit verlangt natürlich vom Pferde, daß es das leistet, was von ihm gefordert wird; es gibt aber Fälle, wo der Reiter auf das Benehmen seines Pferdes Rücksicht nehmen muß. Sitzest du auf einem guten Blutpferde, welches dich schon einige Jagdzeiten getragen hat, und von dem du dir schmeichelst, es vollständig zu verstehen, so beachte die Warnung, wenn es plötzlich vor einem Hindernisse versagt. Entweder ist das Tier durch eine soeben erlittene Verletzung lahm geworden oder hat sich etwas verrenkt, es ist eine Muskel zerrissen oder gar eine Arterie geplatzt. Vielleicht ist es auch so ausgepumpt, daß es selbst fühlt, die ihm zugemutete Anstrengung nicht mehr leisten zu können. Versuche dann ja nicht deinen Kopf durchzusetzen. Pferde und Menschen sind schon oft durch dergleichen Eigensinn getötet worden, und es wäre doch schamvoll, wenn sich der Mensch vom Tiere in Sachen der Vernunft belehren lassen müßte. Ein alter Freund von mir sagte: „Es wird viel über Größe und Form, Schultern, Hinterhand, Blut, Knochen und Muskeln gefaselt; ich wünsche mir nur ein Jagdpferd, welches ein Gehirn hat, da es über den größeren unter zwei Narren zu wachen hat und für beide denken muß."

Geistesgegenwart ist also die vornehmste Eigenschaft für ein Tier, welches dazu bestimmt ist, uns sicher und erfolgreich am Tage — und abends wieder glücklich nach Hause zu tragen. Wer wollte sich also eine Reise über den St. Georgs-Kanal versagen, um diese Eigenschaften in der Vollendung in Ballinasloe und Cahirmee zu sehen? Denn es ist doch unbestritten wahr, was wir auch immer über ihre Bewohner denken mögen, daß unsere besten Jagdpferde von der grünen Insel*) kommen.

*) Irland.

IX.

Irische Jagdpferde.*)

„Und hat mit dem Eisen nie eine Scholle berührt" (and never layed an iron to the sod); diese irische Metapher gebrauchte einst ein prächtiger Mensch aus Limerick, um mir die Leistungen eines vierjährigen Pferdes auf der Jagd zu schildern, welches alle seine Nebenbuhler überflügelte und jede Mauer, jeden Wall und Graben fliegend nahm.

Jenen, welche noch nie in Irland Jagd geritten haben, muß ich zuvörderst die Geländeeigentümlichkeiten schildern. Die Einfriedigungen in diesem Lande sind sehr urwüchsiger Natur und erfordern keine weiteren Unterhaltungskosten, als höchstens den Lohn für einen Arbeiter, hier „boy" — Knabe — genannt, welcher mit einer kurzen Pfeife im Munde und einem Spaten in der Hand ausgerüstet ist. Dieser leichtherzige, arbeitsame, fröhliche, wohltätige und unermüdliche, aber keineswegs freiwillige Arbeiter wirft, um Einfriedigungen herzustellen, die Erde aus einem Graben zu einem Walle auf und stellt die notwendigen Durchlässe für die Wagen oder das Vieh einfach dadurch her, daß er die Erde des Walles fortschaufelt und in den Graben wirft. Indessen lassen einige Besitzer auch große steinerne Torpfosten aufführen, in den seltensten Fällen befinden sich jedoch Tore dazwischen; sind sie aber vorhanden,

*) Vergl. Kap. XV.

dann bestehen sie meistens aus Eisen, sind sehr hoch und stark und mit einem Schloß versehen. Wozu die Leute sich aber in diese Kosten stürzen, ist mir nicht ganz klar, da dicht neben solchen Torwegen sich meistens Oeffnungen in den Wällen finden, durch die man mit einem Gig bequem durchfahren kann.

So wird es auch erklärlich, daß diese Art Hindernisse, dort, wo sie sehr hoch und breit sind, viel Entschlossenheit und Umsicht seitens des Pferdes und viel Beherrschung des Temperaments seitens des Reiters erfordern. Das Pferd muß sich so stark sammeln, um wie eine Ziege zu springen, damit es die Krone des Walles erreicht, Hals und Kopf dabei frei hat, letzteres auch für die Anstrengung, welche etwa noch der Niedersprung benötigt. Weder das Pferd noch der Reiter können vorher übersehen, was ihnen auf der anderen Seite des Walles blüht; ein geschicktes irisches Jagdpferd ist blitzschnell auf der Krone, hält dann oben, das Gleichgewicht suchend, an, und sollte der anstoßende Graben zu gewaltig sein, so sucht es sich entweder einen geeigneteren Niedersprung oder springt einfach in das Feld zurück, von wo es herkam.

Man sieht die Irländer daher mit leichter Zäumung reiten, um ihre Pferde möglichst wenig durch Hilfen zu stören. Sie reiten nur langsam gegen ihre Sprünge an, weil es nicht in der Natur des Pferdes liegt, wenn auch noch so heftig, scharf gegen ein Hindernis anzugehen, welches manchmal so hoch wie die Wand eines Hauses aussieht; der eigene Verstand führt es dahin, sich ohne Einwirkung des Reiters zu sammeln, indem jede Einmischung desselben, während es seinen zweiten, den Tiefsprung macht, nur dahin führen würde, es in das Hindernis hineinzuwerfen.

Die Anstrengungen, welche das irische Jagdpferd macht, um diese landestümlichen Hindernisse zu bewältigen, gleichen jenen des Hundes, welcher eine Mauer springen will. Das Pferd springt mit Vorder- und Hinterfüßen zugleich auf die Krone des Walles, wo es kaum wahrnehmbar einen Augenblick ruht, um dann mittelst eines Federns in den Hanken und Sprunggelenken den zweiten Sprung auszuführen. Jedes gute englische Jagdpferd würde bei einer ähnlichen Anforderung die Hinterbeine nach rückwärts ausschnellen; nur ein hervorragendes Pferd, oder wenigstens ein in Irland angelerntes, kann etwas Derartiges so meisterhaft leisten.

Solche Vorzüge kommen aber nicht vom Himmel herunter. Im Gegenteil, sie sind das Ergebnis einer sehr geduldigen und überlegten

Ausbildung, welche der Irländer „training“ nennt und wobei er viel Verständnis für die Eigentümlichkeiten des Tieres und viel gesunden Menschenverstand an den Tag legt.

In einigen Grafschaften, wie Roscommon und Connemara, läuft die Mutterstute mit ihrem Fohlen auf ausgedehnten Wiesenflächen wild herum, und da sie kein Zaun am Betreten der verschiedenen Weidegründe hindert, so wird ein Wall nach dem andern gesprungen, dabei ab und zu auf der Krone des einen anhaltend, um einige saftige Gräser, welche an den Böschungen wachsen, zu naschen. — Wo die Mutter geht, folgt gehorsam das Kind, dabei die mütterliche Bewegungsweise nachahmend, und da eine hübsche Mutter meist auch eine hübsche Tochter besitzt, so lernt das zukünftige Jagdpferd schon als Fohlen Beweglichkeit, Mut und Klugheit, um später einmal die Bewunderung eines englischen Jagdfeldes, weit ab von seiner Heimat, zu erregen.

Dort, wo in einigen Teilen Irlands die vorgeschrittene Bearbeitung des Bodens diesem ungebundenen Aufwachsen der Pferde und natürlichen Einspringen hinderlich in den Weg tritt, wird dasselbe durch eine sehr wohldurchdachte künstliche Ausbildungsweise ersetzt. —

In England hörte ich eines Tages eine der kühnsten und bestreitendsten Damen sagen: „Es ist doch wunderbar, daß wir, in Anbetracht unserer nur halb durchgerittenen Pferde, nicht häufiger stürzen“, und sie hatte meines Erachtens nicht unrecht. Unsere Nachbarn, die Irländer, zeigen bei der Dressur viel mehr Umsicht. Der Irländer wird nie mit einem Pferde auf der Jagd erscheinen, bevor dasselbe nicht genau gelernt hat, was es mit seinen Hindernissen anfangen soll, sei es nun ein drei- oder vierjähriges Pferd.

Ich sah in Kilkenny einen Jagdreiter in einem so bescheidenen Aufzug erscheinen, daß er z. B. anstatt Reitstiefeln Strohpantinen hatte, welche man hier „sooghauns“ nennt. Derselbe Reiter führte auf einem Zweijährigen während einer Viertelstunde die Jagd. Wie alt das Pferd auch sei, sobald es sich ums Springen handelt, gleicht selbst das Fohlen einem alten Jagdpferde. Man sieht junge Pferde, welche kaum die Zähne geschoben haben, mit noch unentwickeltem Gang und ohne am Zügel zu stehen, kurz, wie ein Kind aussehend; sobald sie aber an ihren Sprung herangehen, glaubt man einen alten Veteranen vor sich zu haben; die Irländer nennen dies: „Es fordert seinen Sprung heraus", und der begeisterte Besitzer wird wohl noch hinzusetzen: „Es kann auf der Schneide eines Rasiermessers den Fuß wechseln und wird dich nie merken lassen, daß es schon lange von der Landstraße herunter ist."

Der Irländer gleicht sehr dem Araber, insoweit das Verständnis für die Beanlagung des Pferdes in Betracht kommt; als Pferdepfleger taugt er weniger, namentlich was Sauberkeit in der Stallwartung anlangt, er arbeitet auch lieber stoßweise, als anhaltend, hat aber bei alledem eine große Liebe für die ihm anvertrauten Pferde. Ich bezweifle auch, ob er viel vom überlegten Füttern und in Kondition bringen versteht; er steht aber unerreicht im Einspringen der Pferde da.

Obgleich es selten geschieht, so gibt es bei allem nichts Besseres, als mit dem Anfang anzufangen, und daran halten alle irischen Zureiter fest, daß sie nie von einem jungen Pferde einen dreifüßigen Sprung verlangen werden, insolange es einen zweifüßigen noch nicht bewältigen kann. Mit Kappzaum und Leine, einer Handvoll Hafer und auf einem Stück Brachfeld, welches hinter dem Kartoffelacker oder den Schweineställen liegt, wird der Besitzer durch seine Geschicklichkeit und Geduld selbst das ungeschickteste Tier in sechs Wochen zu einem gewandten Springer machen. Erweitert er dabei seinen Springgraben, so erhöht er dadurch den Wall, welchen er mit seinen bekannten Werkzeugen, Spaten und Pfeife, bald auf sechs oder sieben Fuß Höhe bringen wird. Kann das junge Pferd dieses Hindernis mit Ruhe, worin aber Schneid liegen muß, erklimmen, auf der Krone fußen und dann gewandt, mit dem gehörigen Absprung und großer Ruhe die andere Seite gewinnen, so hält der Besitzer die Schulung für beendigt und nimmt seinen Zögling nunmehr in das Freie hinaus, jedoch nur den Spaten zu Hause lassend, während ihn der Kappzaum, der Hafer und seine Pfeife noch ständig begleiten.

Beim Querfeldeinreiten bildet er es nun weiter im Springen aus, indem er vor dem zu übenden Hindernis absitzt, das Pferd grasen oder sich umsehen läßt, während er inzwischen mit der Leine in der Hand hinüberklettert, und es dauert dann nicht lange, so folgt ihm das Pferd vertrauensvoll, da es abermals Hafer zu erhalten glaubt. Einige treiben wohl ihr Pferd dabei von hinten an und ziehen es, nachdem es den Sprung gemacht hat, zu sich heran; ich halte aber hierbei das Treiben mit der Peitsche für besser;

das Heranziehen mit der Leine hat außerdem den Nachteil, Pferden das Stehenbleiben nach dem Sprunge zu lehren.*)

Hat der Besitzer des jungen Pferdes dasselbe soweit, daß es auf diese Weise zwei bis drei Meilen im Schritt querfeldein sicher zurücklegt, so hält er es sehr richtigerweise für vollständig ausgebildet und zögert nun nicht mehr, wenn es auch in der elendesten Verfassung ist, dasselbe hinter den Hunden zu versuchen. Wer je

*) Heutzutage, wo wir Springgärten haben, scheinen mir diese für das Einspringen der Pferde am vorteilhaftesten zu sein. Nur kommt es hier auf die richtige Art und Weise der Benutzung an. Für ganz entschieden fehlerhaft halte ich das Verbot der Peitsche im Springgarten. Ohne Peitsche kann ein Pferd ohne Reiter nie fliegend springen lernen, und der Hauptnutzen des Springgartens ist, den Pferden das sogenannte Anziehen auf Hindernisse zu lehren, um sie durch schnell hintereinanderfolgende Hindernisse, die sie in dem möglichst schnellsten Tempo zu überwinden haben, geschickt zu machen. Jedes Pferd muß, wenn man so sagen soll, durch den Springgarten durchfegen. Dies kann man nur erreichen, wenn man in der ersten Zeit an jedes Hindernis einen geschickten Peitschenführer stellt, der im richtigen Augenblick und ausgiebig nachhilft, solange bis die Pferde ohne Peitsche und ohne eine Sekunde zu stutzen in gleichem Sprunge durch den Springgarten fegen. — Sie bekommen sehr bald den nötigen Eifer, so daß man sie kaum halten kann, wenn sie an die Eingangstüren zum Springgarten kommen und vor Vergnügen ein paar Bocksprünge machen, wenn sie unten angekommen sind. Selbst die faulsten und schlaffsten Pferde lernen zuletzt mit Eifer springen, besonders, wenn man ihnen ab und zu ein flüchtiges Pferd als Führer mitgibt. Daß Pferde sich hierbei das Kreuz oder etwas anderes brechen, wird nicht vorkommen, wenn man richtige Hindernisse im Springgarten anlegt, und verstehe ich hierunter nur Hoch- und Breitsprünge und keine Verbindungen, wie Hürde mit Graben dahinter, die hier gar keinen Zweck haben, sondern nur Unheil anrichten können. Einen einfachen, festen Bretterzaun, der durch Auflegen von Bohlen höher zu machen geht, und vielleicht einen breiten Erdwall halte ich für die einzigen nötigen Hochsprünge, während ein oder zwei mit Faschinen bekleidete Gräben, die mit Wasser anzufüllen gehen, weitaus als Weitsprung ausreichen würden. Alle Arten Hürden, wie sie auch gemacht seien, sind für einen Springgarten ohne Wert, da sie den Pferden nur das Durchspringen lehren. Sollten einige Pferde sich durch den Springgarten ein zu scharfes Gegenstürmen gegen die Hindernisse oder ein Fortstürmen nach dem Sprunge angewöhnen, so braucht man sie nur einigemal wieder in der Bahn langsam an der Hand mit oder ohne Reiter springen zu lassen, um ihnen diesen Fehler bald abzugewöhnen. Wenn Pferde tadellos ohne Reiter durch den Springgarten fliegen, so kann man sie dann ohne Gefahr für beide Teile unter dem Reiter, wie auch ohne Zügel durchlaufen lassen. Um die Pferde daran zu gewöhnen, am Zügel zu springen, halte ich es für gut, die Kandaren-Zügel in der gehörigen Länge am Sattel oder am Zwiesel zu befestigen, jedoch nur dann, wenn die Pferde ohne Reiter durch den Springgarten gehen und bereits das Fliegendspringen gelernt haben. v. K.

in Irland Jagden geritten hat, wird sich noch mit Vergnügen daran erinnern, wie oft er Gelegenheit hatte, ein junges Pferd zu beobachten, welches in der merkwürdigsten und ungeschicktesten Weise aufgetakelt war, dabei dicht hinter den Hunden bleibend, mit viel Geschick und Schneid von einem ehrwürdigen Reiter geritten, der zu Pferd wie ein Sechziger, zu Fuß wie ein Achtziger aussieht. Des Reiters Anzug ist abgetragen und schlecht sitzend, seine Stiefel sind zerrissen, die Sporen schlecht angeschnallt, und sein Hut weist viele Stürme auf; aber er sitzt wie ein Mann zu Pferde, und das Alter hat ebensowenig sein klares irisches Auge, als sein fröhliches Gemüt und den singenden Tonfall seiner Sprache berühren können. Du gewinnst sofort den Eindruck, einen guten Kerl und einen guten Jagdreiter vor dir zu haben; kaum bist du ihm eine halbe Meile auf der Jagd gefolgt, so bist du schon vollständig mit seiner Reitkunst einverstanden, und während du die Leistungen seines Tieres bewunderst, vergißt du bereits auch die Jugend, die schlechte Verfassung und die Ausrüstung desselben. Siehst du dir die letztere genauer an, so tun dir wohl auch die Summen leid, welche du in London bezahlt hast, um dein Pferd ordentlich auszurüsten, da du dies, um Erfolge zu erringen, für unbedingt notwendig hieltest. Hier lernst du, daß ein Pferd das schwierigste Gelände rasch und sicher durchqueren kann, obwohl es auf einem geflickten Sattel, mit ungleichen Steigbügeln und nur einem Gurt geritten wird; obschon es auf Pelham, aber mit einem Nasenriemen und ohne eine Kinnkette geht, während ein Zügel schon sehr wenig vertrauenerweckend aussieht, und der andere, da die Schnalle fehlt, einfach geknotet ist. Wo auch die Hunde gehen, ist dies sonderbar aussehende Paar hinter ihnen. Sie kommen gegen einen sieben Fuß hohen Wall, davor ein breiter und sehr tiefer Graben, darüber der Horizont.

Während der Reiter einen Schrei, halb Drohung, halb Triumph ausstößt, springt das Pferd mit einem Satz auf die Krone des Walles, balanciert darauf wie ein Vogel und verschwindet dann in der Luft. Später siehst du vielleicht dasselbe Paar vor einer „Mauer-Oeffnung", d. h. einem außer Gebrauch gesetzten Durchgang, das Granitgeröll türmt sich hier zu einem Wall von etwa fünf Fuß Höhe, und das junge Pferd, dicht an das Hindernis herangehend, springt dasselbe aus dem Trabe mit der Schwungkraft und Beweglichkeit des Hirsches. Plötzlich taucht im weiteren Verlauf eine

Erdspalte vor dem Pferde auf, in der Breite eines Baches und von beträchtlicher Tiefe, mit sumpfigem Rand, letzterer mit Steinen besät, kurz, eins der unangenehmsten Hindernisse, welche man antreffen kann, so daß selbst ein guter Reiter auf seinem besten Jagdpferd davor Kehrt machen würde, um sich eine bessere Stelle zum Springen auszusuchen.

Unser Freund mit dem schlechten Hut weiß aber, was er will, und reitet gegen diesen „Sarg" etwas kürzer an, als die meisten Engländer es tun würden, auch die Hand ist leichter dabei, obwohl die Schenkel und Knie das Pferd fest am Zügel erhalten, und sollte es demselben etwa einfallen, zu stutzen oder zu refüsieren, eine Schande, an die das irische Pferd gar nicht denkt, so hat der Reiter schon einen starken eschenen Stock bereit, um ihm einen „Auffrischer" in die Flanken zu erteilen. — „Mußtest du ziehen?" fragt der Irländer, wenn sein Freund ihm die Ausführung irgendeines bedeutenden Sprunges beschreibt; diese Frage rührt von dem veralteten Gebrauch her, die Peitsche oder den Stock im Stiefelschaft zu tragen, worauf er meist immer die Antwort erhält: „Es war nicht nötig." Kehren wir aber zu unserem jungen Pferde zurück, so sehen wir dasselbe, leicht wie eine Elfe, über die Kluft setzen und dieselbe, ohne daß man eine Anstrengung bemerkt, hinter sich lassen, während eine ungewaschene Hand den dampfenden Hals streichelt, der vielleicht später, wenn das Pferd in einem englischen Stall steht, bei gehöriger Haferration recht dick werden wird. Sitzest du also gelegentlich auf einem irischen Pferd, so wirst du sehr weise handeln, alles genau so zu machen, wie das Paar, welches ich dir soeben schilderte; falls du aber anders reiten willst, dann rate ich dir, lieber umzukehren und nach Hause zu reiten.

Nun wollen wir aber für das junge Pferd, dessen Kondition mit seinen natürlichen Kräften noch nicht in Einklang steht, wünschen, daß die Hunde entweder ihren Fuchs bald töten, zu Baue jagen oder ihn verlieren, damit wir so einige Augenblicke Zeit zum Ausruhen und Reden gewinnen. „Es ist eine verteufelte Gegend heute," bemerkte ein Nachbar zu dem Alten auf dem jungen Pferde; „ist dies das Fohlen vom Chitchat aus der Donovan-Stute? Springt es jetzt gut?" setzt er mit großem Interesse hinzu. „So gut, wie ich noch selten eins gesehen habe," antwortet der Alte, und niemand, der die Leistungen desselben beobachtet hat, kann die Richtigkeit der Antwort bezweifeln.

Man kann sich leicht vorstellen, daß Jagdpferde, welche in einem Lande, wo jeder Sprung Kraft, Mut und die Anwendung hervorragender Klugheit erfordert, derartig angelernt wurden, wenig Schwierigkeiten mehr auf englischem Boden finden. Es ist dann Kinderspiel, selbst die festesten Hindernisse in Leicestershire zu springen, wenn ein Pferd seine Schule über die steilen Wälle und grundlosen Gräben in Meath oder Kildare durchgemacht hat. Wäre der Grund und Boden in Leicestershire stellenweise fester und weniger hügelig, so gäbe es nichts, was den Reiter auf einem irischen Jagdpferde hindern könnte, von Haus aus seinen Strich zu reiten. Das gewohnheitsmäßige Springen von Mauern macht diese Pferde zu guten Hochspringern, aus einem Wassersprung machen sie sich nichts, und da sie bei einem Sprunge stets darauf vorbereitet sind, auf der anderen Seite noch ein Hindernis zu finden, so lassen sie sich von den Doppelsprüngen, welche manchmal so unangenehme Ueberraschungen auf den Jagden in den Shires bilden, nie überrumpeln. Es liegt dabei in ihrem Ohrenspiel schon ein Ausdruck, welcher sagen will: „Ist eine ganz nette Ueberraschung und würde viele Pferde auf den Leim führen, meine Mutter hat mich aber schon in Connemara gelehrt, die Ohren steif zu halten."

Leider sind die Shires, wie man vorzüglich das Tal von Aylesbury nennt, reine Grassteppen und leiden ebenso wie alle unsere besten Jagdgegenden von zehn Jagdzeiten neunmal unter tiefem Boden, so daß das irische Pferd, an einen festen Lehmboden gewöhnt, dabei meist in einer schlechten Verfassung, die dadurch vermehrte Anstrengung anfänglich stark fühlt. Es ist sprichwörtlich, daß ein Pferd, das in Irland vierzehn stone tragen kann, in England es nur auf dreizehn bringt, was der Käufer daher berücksichtigen muß.

Sollte dich aber eines Tages ein auf der Dubliner Pferdeausstellung prämiiertes Pferd oder ein anderes Kleinod dieses Landes, welches die Eingeborenen „die erste Blume der Welt" oder „das erste Kleinod der See" nennen, etwas enttäuschen, weil es im tiefen Boden versagt oder sich nur schwer durch Sturzacker durcharbeitet, so verzage noch nicht, sondern denke immer daran, daß dies Pferd „den kürzesten Weg gehen kann".*) Sei der Sprung auch noch so grob, reite dasselbe nicht schärfer dagegen, diese Pferde sind gewöhnt, aus dem Rücken zu springen**), und nehmen selbst solche

*) Heißt soviel als „man braucht kein Hindernis zu umreiten".

**) Meiner Ansicht nach müssen alle Pferde, um gut springen zu können, aus dem Rücken springen lernen. v. K.

Hindernisse aus dem Trabe. Das irische Pferd besitzt eine der hervorragendsten Eigenschaften für ein Jagdpferd, nämlich in jedem Augenblick den von ihm verlangten Sprung zu machen, sei er wie immer beschaffen. Selbst in den so beliebten Grasdistrikten Englands gibt es Hindernisse, welche man oft nur kriechend oder kletternd nehmen kann. Die ersten Reiter, welche auf der Jagd herankommen, werden sich vor solchen Hindernissen scheuen und es deinem Irländer überlassen, die Arbeit zu machen. Dieser wird wohl zuerst seine Nase vorstrecken, um zu sehen, wie tief der Sarg ist, und du tust klug daran, ihm ganz seinen Willen zu lassen. Gib ihm dann aber seinen Kopf und vielleicht einen ganz geringfügigen Stoß in die Rippen. Unter mächtigem Losschnellen aus dem starken Rücken und der Hinterhand wird er einen Satz vielleicht auf zwei Drittel der Höhe des Hindernisses machen, dann aber mit einem zweiten Satz, mittelst Aufsetzens auf einen Ast, vielleicht so schwach, daß er sich unter einem Vogel biegen würde, den ganzen Sprung vollenden, worauf noch ein halber Rumpler, um Fuß zu fassen, dann ein halber Sprung und schließlich ein zufriedenes Wiehern folgt, und du wirst dich nun allein hinter den Hunden sehen und schwören, nie wieder ein anderes, als ein irländisches Pferd in deinen Stall zu nehmen, um deinen eigenen Strich reiten zu können.

Ich habe den irischen Pferden oft den Vorwurf machen hören, daß sie gewohnheitsmäßig selten fliegend springen, selbst solche Hindernisse, die in einem Sprunge genommen werden können. Hinsichtlich einfacher Hochsprünge über Zäune usw. müßte man sie daher erst wieder in die Lehre nehmen, damit sie durch das gewohnheitsmäßige Aufsetzen nicht zu Fall kommen. Ich kann nun aus eigener Erfahrung sagen, daß ich auf vielen, unmittelbar aus Irland gekommenen Pferden in Leicestershire Jagd geritten habe, ohne hierin eine Untugend entdecken zu können; mir macht es den Eindruck, als ob diese Pferde sofort den Unterschied wahrgenommen hätten. Da aber auch das Pferd sterblich ist, so habe ich natürlich auch manchen Sturz mit denselben erlebt, aber es lag nie daran, daß das betreffende Pferd auf irländische Weise sprang, d. h. aufsetzte.

Außerdem hat das irische Pferd den großen Vorzug, daß es gut gezogen ist, diesen Vorteil wird wohl nie ein Jagdreiter übersehen, welcher gern in der Nähe der Hunde bleiben will. Bis vor einigen Jahren war buchstäblich nicht ein Tropfen Kaltblut in Irland zu finden. Der „schwarze Tropfen“ des schweren Clydesdale war noch unbekannt, und obwohl kürzlich ein Suffolk-Hengst hinübergebracht worden ist, so kann er die Zucht bis jetzt noch nicht hinreichend verunreinigt haben, um uns beim Begegnen eines Goldfuchses mit tiefem Rippenbau und starkem Rücken mißtrauisch zu machen.

Nein, die irischen Pferde, wenn sie auch nicht ganz rein gezogen sind, haben doch meistens hervorragende Vor-Eltern nach beiden Seiten, und diese gute Abstammung tritt auch bei jeder größeren Anstrengung gegen Ende des Jagdtages klar zutage.

Juvenal, in seiner beißenden Satire gegen die Patrizier, wollte durch einen Vergleich mit dem Pferde den Vorzug des Verdienstes über die Geburt beweisen. Dieser Vergleich war entschieden falsch, was das Pferd anlangt. Männer und Frauen können aus jeder Abstammung gut, schlecht oder keins von beiden sein; bei Pferden liegt in der Abstammung jedoch mehr, als in der Erziehung und den sie umgebenden Verhältnissen. Darum gilt bei der Auswahl derselben der unumstößliche Grundsatz: „Das Blut verleugnet sich nie.“

X.

Das Vollblutpferd.

Ich hörte es bestätigen, obwohl mir nicht bekannt ist, auf welchen Gewährsmann die Angabe gegründet ist, daß, wenn wir die Berichte der letzten hundert Jahre zusammenziehen, in allen Jagden, welche sehr schwierig und lang waren, so daß stets nur ein Reiter beim Ende zugegen war, diese Ausnahmsperson sicher auf einem alten Pferd, einem Vollblut und einem Pferd unter fünfzehn Faust und zwei Zoll saß.*)

Bei näherer Betrachtung erscheint dies vielleicht nicht überraschend. Daß dieses Pferd alt war, heißt weiter nichts, als daß es viel Hafer im Leibe hatte und in so guter Verfassung war, um aushalten zu können; daß es klein war, kann höchstens bedeuten, daß es auch nur ein leichtes Gewicht zu tragen hatte; daß es aber ein Vollblutpferd gewesen ist, scheint mir die richtigste Erklärung für die ganze Leistung.

„Das Vollblutpferd bleibt nie stehen" ist eine gewöhnliche Redensart unter Reitjagd- und Turfleuten, und man erlebt täglich Fälle, wo die Vollblutstute, deren Vater aus der Wüste und deren Mutter aus dem Norden kam, überlegt, ruhig und schwungvoll fortgaloppiert, während das hinter ihr liegende Jagdfeld bereits auf Meilen mit ausgepumpten Pferden besäet ist.

Es ist auch wohl klar, daß eine Zucht, welche vornehmlich Rennzwecken dienen soll, die schnellste ihrer Art sein muß. Ein Fohlen,

---

*) 1 Faust (hand) = 4 Zoll.

welches für würdig befunden wird, die Schule in Newmarket Heath oder Middleham Moor durchzumachen, muß, was auch immer für Fehler es seien, die sich während der Lehrzeit herausstellen, doch immer überlegen bleiben, wenn es in späteren Jahren mit anderen Pferden zu kämpfen hat, die nicht zu dem Zwecke auf die Welt kamen oder dafür vorbereitet wurden, die Meile in der Fahrzeit des Schnellzuges zu galoppieren. Während letztere schon im vollen Lauf sind, kantert das Vollblut noch und galoppiert weiter, wenn die anderen bereits in Schritt fallen mußten.

Was im Jagdfelde tötet, ist das Tempo. Wenn die Hunde schnell genug sind, so töten sie ihren Fuchs, können die Pferde nicht mehr, so tötet sie dies, und schon aus diesem Grunde allein würde ich nur Vollblutpferde auf der Jagd reiten. Obschon sie unzweifelhaft die besten sind, so kann ich doch nicht behaupten, daß sie stets die bequemsten sind. Nehmen wir als Beispiel ein faules, träge dahinschleichendes, vor dem Sattel etwas schmales Pferd mit viel Kraft im Rücken und der Nierenpartie, der Angewohnheit, sich etwas auf die Hand des Reiters zu legen, meist nur auf einem Zügel gehend, dazu einen losen Hals*), was vorsichtige Reiter gerade nicht sehr vertrauensselig macht. Kommt hierzu noch, daß dieselben dabei bergab reiten müssen, den ersten Sprung schon in Sicht, dabei wenig Bewegungsraum, während ihr Pferd ihnen aus der Hand und stark auf den Schultern geht, und zugleich bei jedem Galoppsprung das Gefühl, daß dasselbe immer mehr und mehr aus der Hand kommt, so werden sie bald ratlos sein.

Dies ist jedoch der schlimmste Fall, den ich mit Absicht gewählt habe, um die Schattenseiten eines Vollblutpferdes in das grellste Licht zu stellen.

Meistens ist es unsere eigene Schuld, wenn wir einen solchen zu Rennzwecken untauglichen Vollblüter kaufen und dann oft enttäuscht sind, wenn er in unserem Stalle steht. Viele Menschen glauben nämlich, daß für eine anstrengende Jagd ihr Pferd das gleiche Stehvermögen besitzen muß, dessen es bedarf, um im Rennen unter schwerem Gewicht über lange Entfernung zu gewinnen.

Ihre Wahl aus dem Rennstall fällt daher auf ein junges Pferd von vorzüglichem Steherblut, das beim ersten Versuch als zu langsam befunden ist, um im Training zu bleiben. Sie folgern mit

*) Bei einem Pferde mit derart losem Hals würde ich mich auf der Jagd auch zu einem Martingal entschließen. v. K.

einer gewissen Logik, daß es für ein Jagdpferd schnell genug sein wird, vergessen aber, daß, obgleich ein Jagdpferd schnell, es doch auch geschickt sein muß, um mit Vergnügen für uns über alle Arten Hindernisse und auf jedem Boden fortzukommen.*)

Ein Jährling, welcher rasch genug auf seinen Beinen ist, wird wohl stets des Trainings wert erachtet werden und wohl dann erst als unbrauchbar zu bezeichnen sein, wenn er aus Mangel an Atem oder Kräften achthundertundsiebzig Ellen recht gut galoppiert hat, auf den nächsten zehn Ellen aber vollständig ausspannt.

Solche Niederlagen finden ihren Grund aber mehr in der mangelnden Schnelligkeit, als in fehlendem Stehvermögen. Es fehlt ihnen dann irgendwo in den Streckmuskeln oder in den Gelenken, so daß die schnelle Bewegung der Beine keine Dauer hat; es ist aber noch kein Grund, warum ein solches Pferd, welches hier wegen fünf Furlongs**) versagte, nicht seinen Platz in einer fünf Meilen langen Steeplechase oder während einer fünfzehn Meilen langen Jagd ausfüllen sollte.

Diese Art Pferde sind aber jene, welche unsere Steeplechases gewinnen, und wenn wir sie auf der Liverpooler Bahn unter schwerem Gewicht, vierdreiviertel englische Meilen in etwa elf Minuten über Hindernisse gehen sehen, so können wir den speed***), das Herz und die Ausdauer, diese charakteristischen Eigenschaften des englischen Pferdes, nur bewundern. Ich will hier auch gleich bemerken, daß ein guter Steepler, welcher beruhigt und an den Zügel gebracht worden ist, eins der angenehmsten Jagdpferde werden kann. So ein Pferd versteht es, wenn nötig, in jedem Boden „auf die Beine zu kommen", und der flache, leichte Sprung, welcher auf der Rennbahn so notwendig ist, kommt ihm im tiefen Boden erst recht zugute. Es verliert auch, wenn gelegentlich eine Meile oder mehr in der Rennpace zurückgelegt werden muß, den Kopf nicht. Sehr rasch über

---

*) Der Engländer macht einen großen Unterschied zwischen einem „fast" und einem „quick horse". Uns fehlt im Deutschen für quick in diesem Sinne das richtige Wort; am ähnlichsten würden im Deutschen die Worte „rasch" und „fix" oder hier beim Jagdpferde das Wort „geschickt" sein. „Quick on its legs" wird man am besten mit fix auf den Beinen übersetzen. A fast horse nennen wir ein schnelles Pferd, im Gegensatz zum langsameren Pferde. v. K.

**) Furlong = der achte Teil einer englischen Meile.

***) Speed ist die Fähigkeit, auf kurze Distanz gewissermaßen mit einem Ruck das höchste Maß von Geschwindigkeit zu entwickeln — im Gegensatz zu stamina, d. i. Ausdauer im selben Tempo auf lange Strecken. v. E.

Hindernisse, kommt die Art seines Springens ebenso der Sicherheit als der nötigen Eile zugute, während sein Mut unfehlbar ist, da die geringste Neigung zum Ausbrechen es vom Beruf als Steepler ausgeschlossen hätte.

Reitest du einen Steepler auf der Jagd, so mußt du sehr überlegt reiten und nicht unnütz seine Gehlust wecken. Drückst du ihn z. B. das erstemal ohne Ursache, so denkt er: „O, jetzt kommt der Bach!" worauf er im Tempo zulegen wird, um alsbald einen ungeheuren Satz zu machen. Den zweiten Druck wird er noch ebenso gutmütig aufnehmen und sich dabei denken: „Jetzt kommt der Wassergraben auf dem Rückweg." Verfällst du aber zum drittenmal in diesen Fehler, dann kann ich dir nicht genau sagen, was geschehen wird, jedenfalls wird es ihn stören und ihn für den Tag recht unbequem und heftig machen.*)

Wir sind aber von unserem Thema, der Behandlung des Vollbluts auf der Jagd oder besser gesagt: von der Kunst, um aus einem zu Rennzwecken untauglichen Pferde ein gutes Jagdpferd zu machen, abgekommen.

Wie jede andere Erziehung, erfordert auch diese viel Ausdauer und Geduld. Die Aufregung eines Augenblicks verdirbt oft die Erfolge einer ganzen Woche, und vergißt sich der Lehrer einmal, so wird es sich der Schüler sehr lange merken, wer eigentlich der Schuldige war. Fange keinen Kampf an, solange du es vermeiden kannst, denn hast du einmal den Krieg erklärt, dann mußt du ihn auch auskämpfen, und falls du aus demselben als besiegt hervorgehst, so tust du weit besser daran, das Tier bald zu verkaufen, denn du wirst nie wieder seiner Herr werden.

Laß in deiner Belehrung nicht eher nach, als bis dein Pferd folgt, rechne aber dabei lieber mit der Zeit, als mit der rohen Kraft, und bringst du es schließlich so weit, daß es aus eigenem freien Willen gehorcht, ohne daß es eigentlich weiß, warum, so wirst du den entscheidenden Sieg gewonnen haben.

Ich könnte zahllose Beispiele anführen, um die Ueberlegenheit des Vollblutpferdes auch auf der Jagd darzutun. Man unterziehe

---

*) Dies ist wohl nur für solche Reiter gesagt, die gewohnt sind, auf Pferden ohne Gehlust zu reiten, welche bei jedem Hindernis angeeifert werden müssen. Ich möchte behaupten, daß Steepler, wenn sie nur einigemal Jagd gegangen sind, sehr bald den Unterschied zwischen Rennen und Jagd merken und sich bei letzterer gewöhnlich nicht so leicht aufregen, vorausgesetzt, daß sie einen Reiter auf sich haben, der still sitzen kann. v. K.

sich aber gelegentlich selbst der Mühe und sehe sich die Pferde einer Jagdgesellschaft an, namentlich wenn eine scharfe Jagd in tiefem Boden stattfand, so bleibt das Auge unwillkürlich an den dünnschweifigen Pferden mit glatten, muskelbepackten Hanken haften, welche nicht erst einen Brand brauchen, um ihre edle Abkunft darzutun.

Hast du die Absicht, ein Vollblutpferd zu reiten und es dir ganz zu eigen zu machen, so fühle dich nicht enttäuscht, daß es mehr Zeit und Belehrung erfordert, als seine weniger gut gezogenen Vettern.

Im ersten Augenblick wirst du dir einbilden, daß es demselben an Mut fehlte. Wo das Halbblut flüchtig und aufgeregt gegen ein ihm unbedeutendes Etwas gegenstürmt, wird dein blasierter Herr nachdenklich herangehen, um die Natur dieses Etwas zu ergründen und sich erst überlegen, wie er seine Aufgabe am besten löst. Nicht weil es ihm an Herz mangelt, sondern weil es mehr Ueberlegung besitzt.

Während des einförmigen Trainings hat es neben anderen ermüdenden Sachen auch gelernt, sich im Schritte, Kanter und Galopp so wenig als möglich anzustrengen. Selbst die Aufregung der Jagd, insolange die Hunde nicht wirklich laufen, trägt wenig zum Aufheben seiner vornehmen Langweile bei. Versuche es aber einmal, ihn vorn zu reiten, wenn die Jagd wirklich heiß wird, was ja höchstens ein- bis zweimal während einer Jagdzeit vorkommt und dann in zwanzig Minuten zum Halali führt, so wirst du erstaunt sein, falls du deinem Pferde schon trauen darfst, wie vorzüglich das früher träge, nachlässige und anscheinend indolente Tier gehen wird. Es wird die Zügel, von denen es am Morgen nichts wissen wollte, nunmehr willig annehmen. Seine Hinterbeine unterschiebend, fliegt es über den tiefen Boden wie ein Hase; anstatt zu springen, gleitet es eher über seine Hindernisse, und hat es schließlich alle jene Pferde, welche ihm im Blute nachstehen, hinter sich gelassen, so wird es ruhig an einen festen Hochsprung herangehen und denselben ohne Besinnen nehmen, obschon es gestern vielleicht dasselbe Hindernis verweigerte.

Solch eine günstige Gelegenheit findest du aber nicht immer. An den meisten Tagen gehen die Hunde nicht scharf; oder ist es der Fall, so kann es sein, daß du nicht gut mit den Hunden abkommst, oder sollte sich sonst alles günstig anlassen, so wirst du an diesem Tage vielleicht nicht auf dem richtigen Pferde sitzen. Darum mußt du die Erziehung des jungen Vollblutes für die Jagd anders anfangen und nicht lediglich vom Zufall abhängig machen. Kannst du eine Hasenmeute ausfindig machen, deren Master keine Einwendungen dagegen macht, daß du mitreitest, so kannst du keine bessere Schnle für deinen Schüler finden. Ich mache dich aber darauf aufmerksam, daß es nicht statthaft ist, Pferde auf der Jagd zuzureiten. Sei eingedenk, daß du nur dabei geduldet wirst, und bleibe daher weit von den Hunden ab. Der große Vorteil, welchen die Hasen- über die Fuchsjagd für deinen Zweck hat, liegt in der Möglichkeit, daß du wenden, dich längere Zeit mit dem Pferde beim Springen von Hindernissen aufhalten kannst, ohne der Gefahr ausgesetzt zu sein, von der Jagd abzukommen.

Die munteren Harriers*) werden bald wieder an die Stelle zurückkommen, wo du mit deinem Pferd festsitzest, so daß du dein Glück wieder von neuem versuchen kannst. Peitsche und Sporen gebrauche erst sparsam, und vermeide alles, was wie Eile und Hast aussieht; höchstens, wenn sie das Pferd veranlassen, mehr fliegend zu springen, dann kannst du mit diesem Pferde auch etwas schärfer als mit einem anderen gegen deine Hindernisse anreiten. Du kannst dich darauf verlassen, daß es sich nicht übereilen wird, denn es liegt in der Natur dieser Pferde, sich selbst in acht zu nehmen. Reite dein Pferd, solange es noch nicht genug Vertrauen fühlt, nicht gegen solche Hindernisse an, die ihm besonders unlieb sind und es widersetzlich machen könnten. Die feine Haut des Vollblutes läßt es dichte Dornhecken gern vermeiden und seine Klugheit macht es bei tiefen oder verwachsenen Gräben vorsichtiger als andere Pferde, welche gedankenlos hineinrennen. Darum wähle anfänglich Sprünge, welche es gut abmessen und verstehen kann, wie Koppelricks oder frei stehende Zäune. Bemühe dich, ihm dabei Liebe zur Jagd und Vertrauen in seinen Reiter einzuflößen. Nach einigen Wochen wird dein Vollblut auf alles losgehen und schneller und länger ausdauern, als jedes andere deiner Pferde.

Das Glaubensbekenntnis eines alten Jagdreiters aus Melton hinsichtlich der Erfordernisse für die Jagdzeit lautet: stets guten Bordeaux und Vollblutpferde zu haben. Schwere Herren behaupten, daß sie unter den Vollblutpferden keine Gewichtsträger finden, dabei vergessen sie, daß Größe ebensowenig ein Maßstab für Kraft ist, als Hast für Schnelligkeit. Die Knochen des Vollblutpferdes sind die

*) Hasenhunde.

dichtesten und zähesten*), während die Muskeln gut ausgebildet und die Gelenke biegsamer sind. Verleihen solche Vorzüge nicht Kraft und Ausdauer und bestätigt nicht die Erfahrung den alten Grundsatz, daß es die Bewegung ist, die Gewicht trägt? Früher wog man in Melton die in Kondition befindlichen Jagdpferde und war dabei erstaunt, daß sich das Auge so oft täuschte; die feineren Vollblutpferde hatten ohne Ausnahme das höchste Gewicht.

In den Eigenschaften, welche das Jagdpferd besitzen muß, ist das Vollblutpferd allen anderen entschieden überlegen. Man kann kaum klüger handeln, als sich ein solches Pferd zu kaufen und es sich in die Hand zu reiten, oder es von jemand anders anreiten zu lassen, falls man nicht die gehörigen Nerven, Selbstbeherrschung und eine gute Hand hat. Nur auf Blutpferden wird man das Vergnügen, hinter Hunden zu reiten, voll und ganz genießen.

*) Die Messungen, welche den Knochenumfang des Pferdes feststellen, ergeben insofern ein falsches Bild, als die äußere Schicht des Knochens bei den sogenannten „schweren" Pferden eine viel dünnere ist; auch enthalten nachgewiesenermaßen die Knochen der Kaltblüter erheblich mehr Fettstoffe und weniger Kalk als die feinen Knochen edler Pferde. v. E.

XI.

Das Reiten hinter Fuchshunden.

„Wenn du den Hunden nahe bleiben willst,“ sagte ein alter Freund von mir, der auch stets gewissenhaft befolgte, was er predigte, „so will ich dir ein sehr einfaches Mittel sagen: Bleibe so dicht auf, wie du nur irgend kannst.“ Mit seiner Unerschrockenheit und außergewöhnlichen Gewandtheit zu Pferde scheint mir dieser Rat wohl ausführbar; für die meisten anderen Menschen bedarf dieser Vorsatz einer besonderen Behandlung und einiger kleinen Beschränkungen.

Ich gebe zu, daß wir die Hunde uns niemals entwischen lassen sollten und daß es in zehn Fällen neunmal durch unsere Schuld und hauptsächlich durch einen falschen Dreh von unserer Seite geschieht. Es gibt jedoch viele Gelegenheiten, welche es einem Reiter, der mit offenen Augen reitet, ermöglichen, in gewisser Hinsicht sein Pferd zu schonen, indem er auf der inwendigen Seite der Meute reitet und dadurch oft anstatt dreihundert Meter nur hundert zu reiten hat. Ich betone „mit offenen Augen“, da derjenige, welcher sich dieser Ersparnis an Geschwindigkeit und Entfernung erfreuen will, notwendigerweise die Arbeit der Hunde von nahe betrachten und dazu noch die Erfahrung haben muß, um zu unterscheiden, ob sie wirklich auf der Fährte sind oder nur mit dem dem Fuchshund eigenen Ungestüm vorwärts schießen, um die Fährte, die sie überlaufen haben, wiederzubekommen. Fortwährende Beobachtung kann allein uns lehren, ob die Hunde richtig sind, und richtig mit ihnen zu drehen, ist das große Geheimnis, um bis zum Ende bei ihnen zu bleiben.

Die erste Bedingung, in einer bequemen Entfernung zu bleiben, ist ein guter Start. Wir wollen mit dem Anfang beginnen und betrachten, wie diese wesentliche Hauptbedingung zu erreichen ist.

Von dem Augenblicke an, wo vom Stelldichein aufgebrochen wird, tut man gut, sich jeder Konversation zu enthalten und sich lediglich mit der Jagd zu beschäftigen, selbst auf die Gefahr hin, unhöflich zu scheinen. Eine gute Geschichte, wenn sie an und für sich auch noch so unterhaltend ist, kann eine gute Jagd nicht aufwiegen. Es könnte sich sonst leicht ereignen, daß man beim aufmerksamen Zuhören der ersteren um die letztere kommt.

Ein paar freundliche Worte, die man gelegentlich vor Beginn der Jagd dem Huntsman sagt, werden uns für die Dauer der Jagd seiner Höflichkeit versichern; in dem Augenblicke, in welchem wir uns jetzt aber befinden, ist es nicht mehr an der Zeit, Meinungen mit ihm auszutauschen. Er hat jetzt andere Gedanken im Kopf und sieht es auch nicht gern, daß ein fremdes Pferd, welches seine Lieblinge beschädigen könnte, zwischen denselben ist. Du tust besser, den zweiten Pikör zwischen dir und den Hunden zu lassen und, in Betrachtung ihrer strammen Rücken und schön gehaltenen Ruten versunken, ruhig hinterher zu schuckeln und gewissenhaft das orthodoxe „Vorgesehen" zu murmeln, falls einer von den Hunden gezwungen ist, für einen Augenblick anzuhalten. Du kannst den Leuten nicht früh genug zeigen, daß du Verständnis für die Jagd hast, und daß dir nicht in den Sinn kommen wird, die Hunde zu stören, am wenigsten in der Hitze der Jagd.

Gestattet die Größe und Natur des Geheges, in dasselbe hineinzureiten, so tust du besser, mit den Hunden hineinzugehen, und nur bei dieser, jedoch bei keiner anderen Gelegenheit ist es erlaubt, von der Führung des Huntsman mit einem gewissen Abstand Gebrauch zu machen.

Füchse lieben es, sich in der Nähe anderen Wildes aufzuhalten, und ist daher die Verführung für die Hunde, auf die Fährte anderen Wildes zu kommen, stets vorhanden. Mit jeder Meute kommen einige junge Hunde mit zur Jagd heraus, und an dem Tone der Stimme des Huntsman wirst du hören, ob das Halsgeben des einen oder anderen der Hunde anzeigt, daß er auf richtiger oder falscher Fährte ist. Wo dieser hinreitet, kannst du getrost folgen und brauchst nicht Angst zu haben, daß das Gattertor, nach dem er sich allmählich hinschlängelt, vernagelt ist und gesprungen werden muß.

Wenn auch das Reiten durch dichtes oder morastiges Gestrüpp dein Pferd etwas ermüdet, so ist es doch immer weniger anstrengend wie der erste Galopp von ein bis zwei (engl.) Meilen, durch welchen du dich gewöhnlich vergeblich bemühst, einen schlechten Start wieder gut zu machen. Bist du aber gut abgekommen, so kannst du bei der ersten günstigen Gelegenheit deinem Pferde einen kleinen pull geben (schonen), denn die Tage, an denen die Fährte so steht, daß die Hunde ohne einen Stopp oder ohne eine kurze Unterbrechung jagen, sind in der Tat selten.

Manche Reiter stellen sich außerhalb des Geheges unter Wind, wenn möglich auf einer kleinen Anhöhe auf, um jeden Dreh der Hunde, solange sie im Gehege sind, hören zu können und sich zugleich einen Platz in der ersten Reihe zu sichern; nur vergessen sie dabei, daß sie hier den größten Fehler machen und den ganzen Sport des Tages verderben können, da sie dem Fuchs beim Austreten aus dem Gehege leicht in den Weg kommen und ihn dadurch veranlassen, daß er an diesem Tage überhaupt nicht aus demselben wieder herausgeht.

Wir wollen aber nicht das Schlimmste annehmen, sondern sagen, daß etwas Vorsicht, Aufmerksamkeit und natürlicher Menschenverstand es dir möglich gemacht haben, unter günstigen Umständen mit der Meute abzukommen, die mit einem Ungestüm, welches dir das Blut zum Wallen bringt, durch das erste Feld stürmt. Verliere trotzdem deinen Kopf nicht. Es ist das Bezeichnende echter Männlichkeit, daß sie äußere Ruhe im Verhältnis zur inneren Aufgeregtheit bewahrt. Denke daran, daß es im Laufe der Jagd zwei Gelegenheiten gibt, wo du den Hunden nicht trauen darfst. Die eine ist in dem Augenblicke, wenn die Hunde zuerst auf die Fährte kommen; die andere kurz bevor sie den Fuchs Halali machen; die Art und Weise ihres sicheren Jagens in diesen beiden Augenblicken bringt dich leicht zur Annahme, daß die Fährte vorzüglich steht und daß sie keinen Fehler machen können. Hoffe das Beste, setze dein Pferd in Bewegung, und wenn du beim Springen oder Durchbrechen des ersten Hindernisses die Hunde eifrig arbeiten siehst, so nimm jetzt deinen Mut zusammen und danke deinem guten Stern. Du kannst nun darauf wetten, daß alles in Ordnung ist.

Ich glaube wohl kaum sagen zu müssen, daß die Gesetze der Fuchsjagd es verbieten, den Hunden zu dicht zu folgen. Nichts macht sie mehr wild als dies, und sollte deine Unwissenheit dich hierzu verleiten, so kannst du sicher sein, daß du es bald zu hören bekommen wirst, wohin du die Hunde treibst und wohin man dich wünscht.

Du mußt rechts oder links der Hundespur reiten und tust du besser, dich hierbei mehr nach der Bodenbeschaffenheit als nach den Hindernissen zu richten. Laß dich aber weder durch guten Boden noch durch andere vermeintliche Vorzüge, wie z. B. offene Gatter, dazu verleiten, mehr als einige hundert Meter von der Meute abzubleiben. Bei diesem Abstand kannst du einen ungünstigen Dreh wieder gutmachen, während ein günstiger dir Muße gewährt, in Trab zu fallen. Sei dessen eingedenk, daß es in der Natur des Fuchses liegt, mit dem Wind zu laufen, und halte dich daher stets unter Wind der Hunde. Jeder Bogen, den die Hunde machen, muß zu deinem Nutzen sein; sollten sie jedoch plötzlich gegen Wind gehen, so werden sie dann wieder sehr rasch laufen, und dies ist ein Grund mehr, dicht bei ihnen zu bleiben. Natürlich kann man das Laufen der Füchse mit Wind nur als eine allgemeine Regel, die ihre Ausnahmen hat, hinstellen. In Leicestershire besonders scheinen die Füchse diesem alten Grundsatz zu spotten und nehmen sich oft einen Punkt, auf den sie, mit einem scharfen Wind im Gesicht, lossteuern; bei solchen Gelegenheiten liegt es jedoch nicht in ihrer Absicht, sehr weit zu laufen; denn jener tapfere Veteran mit der weißen Rutenspitze, der einen Galopp gibt, von dem noch nach Jahren gesprochen wird, ist fast immer ein solcher, der mit dem Winde geht. Angenommen, wir haben einen ganz windstillen Tag, an dem also kein Grund vorhanden ist, den einen oder anderen Weg einzuschlagen; wo reiten wir dann: rechts oder links? Dies ist eine schwer zu beantwortende Frage und kommt es hier mehr auf Glück, als auf Erfahrung an. Jedoch gibt es Menschen, die gleichsam ein Taktgefühl besitzen, welches ihnen die richtige Linie, die sie zu reiten haben, anzeigt.

Dieses Gefühl hatte in einem außergewöhnlichen Grade der Duke of Beaufort, der es selbst im Alter, als er infolge von Gicht und anderen Leiden nicht mehr imstande war, sich beim Springen im Sattel zu halten, doch verstand, auch in fremden Gegenden ebensoviel von der Jagd zu sehen wie in früheren Jahren, wo er seinen Hunden in jedes Feld folgte. In seiner Heimat (Gloucestershire) würde er, glaube ich, imstande sein, mit zehn Koppeln Fuchs-Terriers und einem Horn in der Hand, selbst in einem Rollstuhl, seinen Fuchs Halali zu machen. Jedenfalls ist dies eine außergewöhnliche Begabung, die nur wenige besitzen, die aber für jeden Jagdreiter von unschätzbarem Werte ist, und derjenige kann sich beglückwünschen, der diese Gabe besitzt. Besitzen wir sie nicht, so müssen wir sehen, wie wir dieselbe durch Ueberlegung und Aufmerksamkeit ersetzen.

Von einem meiner alten Freunde, einem der schneidigsten der Schneidigen, wurde gesagt, er ritte immer so, als wenn er nie in seinem Leben eine Jagd gesehen hätte und nie wieder eine sehen würde. Etwas von dieser Empfindung, glaube ich, muß man besitzen, damit sie uns antreibt, jedes erlaubte Mittel zu benutzen und nicht die geringste Gelegenheit außer acht zu lassen. Es kann nicht oft genug wiederholt werden, daß die richtige Wahl des Bodens ein Haupterfordernis für den Erfolg ist. Aus diesem Grunde hat man das Jagdfeld immer als eine gute Schule für den Reiter-Offizier betrachtet. Auf festem und möglichst ebenem Boden scheint ein Pferd selbst unter schwerem Gewicht eine unbegrenzte Ausdauer zu haben, während wir wohl alle die Wirkung von nur einigen Ellen tiefgepflügten Landes kennen, wo das brave Tier bei jedem Sprunge bis an die Sprunggelenke einsinkt. Siehe dich daher weit nach vorwärts um, damit du ebenen und glatten Boden findest. In einer hügeligen Gegend reite am Rande der Böschungen, jedoch nicht unten, sondern oben, da es, falls die Meute wendet, leichter ist, bergunter als bergauf zu galoppieren. Galoppierst du bergunter, so verschärfe dein Tempo nicht, sondern bemühe dich, in demselben zu bleiben, um dein Pferd wieder zu Atem kommen zu lassen. Wenn man einen Hügel in einem langsamen Kanter hinunterreitet und sein Pferd dabei gut zusammenhält, so erholt sich dieses dabei so, als wenn es eine Weile stillgestanden hätte. Mußt du auf der andern Seite wieder in die Höhe, so ist es Zeit genug, in den letzten Sprüngen vor dem Fuß des Hügels etwas zuzulegen, um leichter in die Höhe zu kommen.

Mußt du querbeet reiten, so tue es schräg; dein Pferd wird hierbei weniger auf die Schultern fallen. Liegen die Beete jedoch in deiner Richtung, so tust du besser, oben, als in der Furche zu reiten, da der Boden hier besser und du zugleich einen höheren Absprung für einen etwaigen Sprung hast.

Ich brauche wohl nicht daran zu erinnern, daß du bei allen sumpfigen Stellen Binsen ganz unbedingt trauen kannst, und scheinen erfahrene Jagdpferde dies gleichfalls zu wissen. Jede Art Pflanze hat die Neigung, Feuchtigkeit aufzusaugen und folglich den benachbarten Boden mehr oder weniger auszutrocknen. Die tiefliegenden Gestrüppe in Waldgegenden sind an ihren Kanten weniger gefährlich, und bei einem Bach sind die Ufer stets am zuverlässigsten, wo ein Baum oder ein Erlenbusch steht, besonders auf der höheren Seite.

In gepflügtem Lande siehe dich nach einer Wasserrinne um und zwar aus dem einfachen Grunde, weil das Wasser nicht darin stehen würde, wenn der Grund nicht fest wäre; kannst du aber weder eine solche, noch einen Fußweg oder ziemlich festgetretene Wagenspur finden, so denke an die Fabel vom Hasen und Svinegel, setze dein Pferd in Trab und bringe die verlorene Zeit erst wieder ein, wenn du auf besseren Boden kommst. Es ist ein Glück, daß die Einfriedigungen im Acker weniger gewaltig als im Weideland sind, und so wird es dir gelingen, dieselben zu durchkriechen oder auf irgendeine Weise zu überwinden, was deinem Pferde einen geringeren Kraftaufwand kosten wird. Du kannst also hier ziemlich sicher weiter reiten und nach Belieben deine Bogen kleiner machen, als die Hunde.

Es gibt besonders in Gloucestershire und Wilts Sturzäcker, auf denen sich leicht reitet. Auf diese ist jedoch die vorhergehende Bemerkung nicht anwendbar, denn hier, wo die Aecker mit Steinmauern eingefaßt sind, gehen Hunde, wenn nur eine Spur von Fährte vorhanden ist, so rasch, daß du gerade so schnell reiten mußt, als es der Sprung deines Pferdes erlaubt, und so geradeaus, wie es dein Mut gestattet. Solltest du aber des Duke of Beauforts Hunde vor dir haben, so wundere dich nicht, wenn du bemerkst, daß du, selbst auf deinem besten Pferde sitzend, dieselben schon halbwegs im zweiten Felde siehst, bevor du aus dem ersten herausspringst.

Auf der Jagd, wie bei jeder anderen Sache erscheint der Ausgleich als die Regel des täglichen Lebens und verlangsamt sich daher auch das schärfste Tempo von selber. Entweder die Hunde machen ihren Fuchs ohne Stopp Halali oder dieselben überschießen in ihrem Eifer die Fährte, wenn ersterer Zeit zu einem Dreh gefunden hat. Ist letzteres der Fall, so wirst du zufrieden sein, daß du vorher, solange es ging, deinem Herzen Luft gemacht hast. Ich nehme an, daß kein guter Sportsman die Kräfte seines Pferdes unnütz überanstrengen wird; doch dürfen wir nicht vergessen, daß wir Jagd reiten, um Spaß zu haben, und wenn wir nicht bei den Hunden bleiben, solange sie rasch jagen, so verlieren wir den Genuß, sie später zu beobachten, wenn sie sich mehr auf ihre Nasen verlassen und wirklich arbeiten müssen.

Es gibt keinen größeren Hochgenuß für den Jagdreiter, als eine Meute edel gezogener Fuchshunde zu beobachten, die vom Weideboden, auf dem sie sehr rasch gejagt haben, plötzlich auf ein staubiges, von der Sonne ausgetrocknetes Brachfeld zu einem Stopp kommen.

Nachdem sie vergebens ungefähr einen Furlong ($^1/_8$ engl. Meile) vorwärts geschossen sind, werden sie gleich Hühnerhunden mit tiefer Nase und wedelnder Rute jeden Fußbreit absuchen, bis sie wieder auf die Fährte kommen und dann, wenn dieselbe zur vollen Gewißheit geworden ist, sich mit erneuter Ausdauer zur Verfolgung ihres Wildes anschicken.

Bleibst du daher eine Meile hinter ihnen, so entgehen dir alle diese unterhaltenden Vorgänge, und sowohl du als dein Pferd haben nur das halbe Vergnügen, denn auch dieses muß doppelt arbeiten, wenn es in der Nachhut geht. Die Kraft, die dasselbe vergeudet, indem es mit seinem Reiter kämpft, würde genügen, um manche Meter mehr zu galoppieren und manches Hindernis mehr zu springen, während der Eindruck der Enttäuschung für ein Geschöpf von so empfindsamer Beanlagung sehr entmutigend wirkt.

Beobachte das Pferd des Huntsman; welche Arbeit hat dasselbe mitunter schon vor Beginn der Jagd zu tun, und doch hängt ein gutes Ende derselben viel von der Frische des Pferdes ab. Wie selten sieht man es dieser Arbeit, die es gleichsam liebt, unterliegen; es kommt bei Beginn der Jagd in unmittelbarer Nähe seiner Freunde, der Hunde, aus dem Gehege heraus, und da es also keinen verlorenen Boden wieder gutzumachen hat, so wird es auch, wenn dieselben noch so schnell jagen, selten überanstrengt und hat dann später, wenn die Hunde ihre Nasen gebrauchen müssen, Muße, sich wieder zu erholen.

In den langen und scharfen Jagden, denen leider mitunter zwei oder drei Pferde zum Opfer fallen, leiden die Pferde, welche im ersten Treffen gehen, nicht am meisten. Durch den unverständigen und unentschlossenen Reiter wird, wenn auch unwissend, dieser treue Freund und Gefährte viel öfter zu Tode geritten, da es viele Reiter gibt, die weder einen guten Platz im ersten Felde behaupten können, noch Selbstbeherrschung genug besitzen, um sich mit einem bescheidenen Hintertreffen zu begnügen. Bei solchen ist Herzhaftigkeit und

Umsicht, ungünstig vereint, wie schlechter Punsch gemischt und daher das Ergebnis auch ein ungünstiges. Eine Parade zur richtigen Zeit heißt hier zwischen augenblicklicher Atemlosigkeit oder gänzlicher Erschöpfung wählen, doch ist sie nur für den anwendbar, der den Unterschied herausfühlen kann und zu gleicher Zeit den Augenblick zu erfassen weiß, wo die Hunde die Fährte überschossen haben.

Ich entsinne mich, daß in meiner Jugend — es ist leider lange her — ein alter Sportsman unter vielen unschätzbaren Vorschriften die folgende gab: „Meine jungen Herren, schonen Sie Ihr Pferd beim Anfang der Jagd, und wenn dann die anderen müde sind, so wird es Sie in den Stand setzen, das Ende zu sehen."

Ich für meine Person weiche, trotz aller dem alten Sportsman schuldigen Ehrerbietung, im ganzen von seiner Methode ab. Wenn er sagt, man soll sein Pferd schonen, so meint er, glaube ich, daß man in den ersten zehn Minuten, wenn die Hunde in ihrer besten Fahrt sind, mit kaum halber Geschwindigkeit reiten soll. Wenn wir diesen vorsichtigen Rat befolgen, so kommen wir zu einer Frage, die schwer zu beantworten ist: „Welchen Weg ist die Jagd gegangen?" — Das einzige, das wir tun können, wenn wir die Jagd verloren haben, ist, stehen zu bleiben und zu horchen, oder uns bei einem Landmann Rat zu holen, der uns gewöhnlich, wenn auch unbeabsichtigt, etwas Falsches sagt, oder auf Anhöhen zu reiten, oder auf Glücksfälle zu rechnen, und schließlich doch sich damit abzufinden, daß wir nie wieder herankommen werden.

Meiner Ansicht nach wird der bessere und erfahrenere Reiter einen ganz anderen Plan verfolgen. Bei der ersten Andeutung, daß die Hunde fort sein könnten, wird man ihn so schnell als möglich hinterher reiten sehen, um dieselben zu erreichen.

„Wer den ersten Schlag gibt, hat die halbe Schlacht gewonnen"; wenn du daher bei nur einigermaßen gutem Boden einige Meter so schnell als möglich reitest, so hast du bei der ersten günstigen Gelegenheit Zeit für einen pull, während anderenfalls die ganze Jagd deinen Augen entschwinden würde, während du noch überlegst, was zu tun sei. Ich will damit nicht sagen, daß du dein Pferd in eine schnellere Gangart setzen sollst, als es in einer gewissen Haltung und ohne Anstrengung gehen kann; ich meine nur, daß du dich so beeilen sollst, wie es euer gegenseitiges Vergnügen erlaubt, und bei den „Launen" der Fährte wird sich immer ein Augenblick zum Atemholen finden, falls es nötig ist.

Bemühe dich, in allen Phasen der Jagd einen Stopp vorher zu ahnen. Du bedarfst dieser Vorsicht besonders, wenn du auf einem guten Jagdpferde sitzest. Siehe mit deinem Auge weit vorwärts und prüfe mit großer Aufmerksamkeit jeden sich dort bewegenden Gegenstand. Vielleicht siehst du eine Herde Schafe in einer Reihe aufmarschieren, wie Reiterei zur Attacke — dorthin wird der Fuchs gegangen sein. Oder du siehst eine halbe Meile weiter vorwärts einen Bauer pflügen; höchstwahrscheinlich hat dieser den Fuchs von seiner Richtung abgebracht; — von der Umsicht, welche du in solchen Augenblicken entfaltest, hängt häufig das Benehmen der Meute ab, und liegt es oft in deiner Hand, ob ein schöner Dreh oder ein unglücklicher Stopp daraus wird. Das ungestüme Galoppieren in der Höhe der Hunde wird solche mit feurigem Temperament leicht zu dem Fehler verleiten, die Fährte zu überschießen; während sie, wenn du deinem Pferde eine rechtzeitige Parade gibst, gleich einer Kette Tauben wieder auf die Fährte schwenken.

Reite stets so, daß du die Hunde übersiehst; laß dich aber in solcher stolzen Lage nie dazu verleiten, auf dieselben zu drücken, da du dadurch nicht nur dein eigenes, sondern auch das Vergnügen aller anderen verdirbst.

Bist du so glücklich, den Fuchs zu Gesicht zu bekommen, und nahe genug, um unterscheiden zu können, ob es wirklich der gejagte ist, so überlege erst zweimal, bevor du rufst. Erstens verliert man viel Zeit, die Hunde, wenn sie noch auf der Fährte jagen, von derselben abzubringen und dann, selbst wenn sie falsch sein sollte, ist es noch sehr fraglich, ob die menschliche Stimme sie nicht eher mehr aufregt, als ihnen hilft. Viel hängt natürlich von Umständen ab und von der Natur der Meute.

Damit soll nicht gesagt sein, daß du niemals deinen Mund aufmachen sollst; ich glaube aber, daß, wenn die Insassen einer Taubstummenanstalt Hunde hielten, sie selten eine Fehljagd haben würden. Lärm ist keineswegs ein notwendiger Begleiter der Jagd, und ist ein in die Höhe gehaltener Hut oder ein leiser Zuruf für den Huntsman von mehr Nutzen, als ein Geschrei, das Tote erwecken könnte.

Wir haben bis jetzt angenommen, daß du auf einem guten Pferde sitzest, einen guten Platz einnimmst und so glücklich gewesen bist, keiner der Unannehmlichkeiten ausgesetzt zu sein, die gelegentlich einem zustoßen, besonders wenn die Hunde rasch gehen und der Boden tief ist.

Das beste Jagdpferd kann fallen und der kühnste Reiter durch ein unpassierbares Hindernis aufgehalten werden. Hügel, Sümpfe, Steilhänge oder selbst ein unglücklicher Dreh im Walde könnten dich um eine Meile abbringen, bevor du es bemerkt hast. Es scheint so furchtbar leicht, eine Jagd zu reiten, wenn man sie hinter sich hat.

Verzweifle deshalb nicht am Gelingen. Nimm dich selber ebenso zusammen, wie dein Pferd. Reite ein gleichmäßiges Tempo und beobachte genau die Bewegungen derjenigen, die bei den Hunden sind, und schneide jede Ecke ab. Kein Fuchs geht ganz geradeaus, früher oder später wird er einen Dreh machen, und wenn dieser Augenblick kommt, so fasse das Glück beim Schopf. Aber auch hier möchte ich sehen, daß du Herzhaftigkeit mit Besonnenheit verbindest. Wenn dein Pferd die Hunde nicht sieht, so tust du besser, es nicht gegen solche großen Hindernisse anzureiten, die es unter anderen Umständen in der Nähe der Hunde und in der Aufregung springen würde, jetzt aber, wo dies nicht der Fall ist, leicht versagen könnte. Unter fünfzig Jagdpferden liebt nicht eins wirklich das Springen, und wir erkennen seinen guten Willen, welchen es mit Freude zur Erhöhung unseres Vergnügens an den Tag legt, selten genug an. Unter solchen Umständen vermeide, wenn es möglich, auch Wassersprünge, falls du nicht ziemlich sicher annehmen darfst, daß der Grund gut ist, um hinein und heraus springen zu können. Selbst unter dieser günstigen Bedingung siehe dir das andere Ufer genau an. Das Hineinkommen ist nicht so schwer und ist in der Mitte des Baches der Boden gewöhnlich am besten. Wenn du daher auf einem Pferde sitzest, von dem du weißt, daß es ein schlechter Wasserspringer ist, so wirst du solche unangenehme Hindernisse am besten überwinden, wenn du nicht schärfer gegen gehst, als um halbwegs herüberzukommen. Springt es so, daß es mit seinen Hinterfüßen nicht das jenseitige Ufer erreicht, so wird es wahrscheinlich nicht genug festen Grund haben, um sich aus dem Bach herausziehen zu können, besonders wenn das Pferd noch dein Gewicht auf dem Rücken hat.

Wir alle haben eine Abneigung, und auch nicht ohne Grund, gegen das Ertrinken; wir können jedoch bei näherer Prüfung durch mehr Bäche waten, als man gewöhnlich annimmt.

Stößt man also auf solche unangenehme Hindernisse, so muß man die Landstraße, die man sonst, wenn man bei den Hunden ist, gewissenhaft vermeiden sollte, zum Verbündeten nehmen, falls sie in der Richtung der Jagd läuft. Auf ihr kommt dein Pferd bei jedem Galoppsprung mehr zu Atem. Solltest du an einen heruntergelassenen Schlagbaum kommen, so drücke dem Wärter einen Schilling in die Hand und warte nicht darauf, daß er dir herausgibt.

Wir reiten vielfach nur infolge der Gefälligkeit anderer Leute Jagd; daher können wir zu unserem eigenen Nutzen dieses Vergnügen den niederen Klassen nicht mundgerecht genug machen. Aus demselben Grunde belohne auch stets jeden Landmann, der dir in irgendeiner Weise behilflich ist, sobald du den roten Rock an hast. Meistens geht er nachher ins Gasthaus und läßt unter seinen Freunden die Fuchsjagd leben. Durch diese Freigebigkeit erhält man auch einer Masse junger Füchse das Leben, die sonst von den Landleuten getötet würden. Nehmen wir nun an, daß du endlich den Lohn für deine Beharrlichkeit erntest. Du bekommst deinen guten Platz bei den Hunden wieder und bist überrascht, wie leicht und ruhig dein Pferd, das noch nicht erschöpft ist, die größten Sprünge fliegend nimmt. Ein halb ausgepumptes Jagdpferd wirft sich noch, wie ich schon früher bemerkt habe, über hohe und breite Hindernisse hinweg, wenn sie mit einem Sprung zu nehmen sind, doch nimmt es sie nur sehr knapp, da der Selbsterhaltungstrieb ihm unnütze Anstrengung verbietet; es ist dies jedoch erst der Anfang vom Ende und darfst du daher seine Ausdauer nicht zu sehr auf die Probe stellen.

Der Gegenstand deiner Verfolgung ist aber auch ein sterblicher. In der Zeit, in welcher du ein gut vorbereitetes, ehrliches Pferd ausgeritten hast, ist auch der Fuchs bald zu Ende mit seiner Kraft, und selbst die Hunde sind jetzt schon weniger feurig als zur Zeit, da sie aus dem Gehege kamen. Natürlich nehme ich hierbei an, daß sie stets denselben Fuchs gejagt haben. Jetzt kannst du manchen Meter sparen, wenn du deinen natürlichen Menschenverstand zu Hilfe nimmst. Was würdest du tun, wenn du ein todmüder Fuchs wärest und wohin würdest du laufen? Jedenfalls nicht quer über jenes offene Weideland, wo du von dem ganzen Trupp deiner Feinde gesehen wirst, ohne ein Versteck zu finden. Nein, du würdest dich lieber in diesen tiefen überwachsenen Graben drücken oder an jenem hohen Walle entlang schleichen, dann schnell in die dichte Hecke schlüpfen, um dich vor den Krähen zu verbergen, welche dem Huntsman als Verräter dienen und so zu gleicher Zeit der Erfahrung desselben, als auch der Spürkraft der Hunde ein Schnippchen schlagen.*)

*) Krähen und Elstern halten sich gern in der Nähe von Füchsen auf, wahrscheinlich, um von etwaigen Ueberresten etwas zu erwischen. v. K.

Dies sind nur die einfachsten Kniffe, die vom Fuchse, dem schlauesten der jagdbaren Tiere, angewendet werden. Ueberlegst du dir dies alles, so brauchst du dein Lieblingstier, das dich so gut getragen hat, nicht mehr anzustrengen, als nötig ist, um beim Ende dabei zu sein, und in diesem Zeitraum werden dir deine Augen und Ohren mehr von Nutzen sein, als die Schnelligkeit und Ausdauer deines Pferdes.

Halali! — Des Pferdes Arbeit ist für diesen Tag getan. Laß es nicht eine halbe Stunde im Kalten stehen, um eine Zigarre zu rauchen und dich zu unterhalten. Schuckle lieber, nachdem du die nötigsten Höflichkeiten ausgetauscht hast, mit deinem Pferde in einem ganz kurzen Trabe (sechs engl. Meilen in der Stunde)*) nach Hause, damit seine Muskeln nicht anfangen, infolge der Anstrengung steif

*) Ein mittelgroßer Hund, also Hühnerhund oder Foxhound, geht diese Gangart, wenn er seinen gemütlichen Trab geht. Es ist dies auch die Gangart, welche jeder Jagdreiter zum „Meet" (Stelldichein) reitet, falls er beabsichtigt, mit demselben Pferde Jagd zu reiten. Man glaubt nicht, wie wenig diese Gangart die Pferde angreift, sobald sie einigermaßen darin befestigt sind. Naturgemäß muß ein Pferd, um diese Gangart gehen zu können, in einer gewissen Haltung sein, d. h. die Hinterbeine etwas unter haben und an einem leicht anstehenden Zügel stehen. Man kann dann bei der größtmöglichsten Schonung des Pferdes am raschesten vorwärts kommen; bei richtiger Vorbereitung des Pferdes wird es auf diese Weise nicht schwer, drei bis vier Meilen auf jedem Wege, Steinpflaster nicht ausgenommen, zu hinterlegen, ohne daß das Pferd ein warmes Haar bekommt noch eine Anstrengung fühlt oder gar sich auf hartem und unebenem Boden durch Fehltritte Verrenkungen oder Zerrungen zuzieht. Pferde setzen in dieser Gangart ihre Beine mit so geringem Kraftaufwand, also so leicht auf, daß man selbst über glatten Boden hinwegreiten kann, ohne auszugleiten. Obgleich viele Reiter von den Vorteilen dieser Gangart auf Entfernungsritten und Märschen überzeugt sind, so wenden sie dieselbe doch nicht an und zwar aus dem einfachen Grunde, weil es ihnen zu unbequem ist und zuviel Mühe macht, ihren Pferden dieses Zeitmaß beizubringen. Sie ziehen ihre eigene Bequemlichkeit der Schonung ihres Pferdes vor. Ich gebe zu, daß der Reiter in der ersten Zeit, ehe ein Pferd in dieser Gangart sicher ist, besonders beim englischen Trabe sein Kreuz hübsch einziehen muß und nicht ohne halbe Haltungen reiten kann, da fast jedes Pferd, welches nur etwas Gehlust hat, besonders in Gesellschaft gern im Zeitmaß zulegt, je länger es geht. Bei wie vielen Reitern ohne Gefühl, denn anders kann man diese Herren nicht bezeichnen, sieht man es, daß sie, sei es in Gesellschaft oder allein, mit einem kurzen Trabe auf der Landstraße beginnen, der je länger sie reiten desto stärker wird, ohne daß sie es merken. Dieses starke Traben auf Wegen ist es auch, was so viele Beine angreift und gar keinen wirklichen Nutzen hat. Denn habe ich Eile, so erreiche ich mein Ziel schneller und mit mehr Schonung im Galopp, und habe ich keine Eile, so schone ich mein Pferd wieder mehr durch einen gehaltenen Trab. Bequemer für den Reiter ist es wohl, sein Pferd einen so starken Trab, wie es

zu werden. Bist du in einer hügeligen Gegend, so steige dort, wo es bergauf und bergab geht, ab. Dein Pferd hat diese Rücksicht verdient. Wenn du jemals auf Schießjagd warst, so wirst du es nicht vergessen haben, welche Erholung es dir gewährt, dein Gewehr für eine oder zwei Minuten aus der Hand zu legen. Auch in selbstsüchtiger Hinsicht ist genügend Grund hierfür vorhanden, denn dein eigener Körper wird diesen Wechsel der Haltung und Bewegung angenehm empfinden.

Falls du deinem Pferde ein Maul voll Haferschleim verschaffen kannst, so wird dies seine erschöpften Lebenskräfte bald wieder herstellen; halte dich aber mit deinem eigenen Frühstück nicht länger als fünf oder sechs Minuten auf, während dein Pferd Haferschleim säuft, und bedenke, daß, je müder dein Pferd ist, desto mehr mußt du dich beeilen, es nach Hause zu bringen. Wenn dein Pferd vollständig versagt, nicht mehr traben kann und unter deinem Gewicht von einer Seite zur anderen schwankt, so bringe es irgendwo unter Dach, wie schlecht das Unterkommen auch sei und bedenke, daß im erschöpften Zustande es für dein Pferd besser ist, daselbst die ganze Nacht zu bleiben, als gezwungen zu sein, den langen Weg nach

---

Lust hat, gehen zu lassen und dann wieder eine Zeitlang Schritt zu reiten; ob aber ein schnelleres Fortkommen bei größtmöglichster Schonung hierdurch erreicht wird, möchte ich entschieden bezweifeln. Es könnte jemand erwidern: „Wenn es einem Pferde angenehmer wäre, langsamen Trab zu gehen, so würde es dies ja von selber tun?“ Hierauf kann ich nur erwidern: „Wenn jeder Reiter beim Trabe so geschickt auf sein Pferd herunterfiele, daß er dasselbe nicht aus dem Gleichgewicht brächte, so würden auch die meisten Pferde aus eigenem Antriebe den langsamen Trab dem starken vorziehen.“ Außerdem hat die kürzere Gangart den Vorteil, daß ich sie anhaltender reiten kann, die Gehlust vieler heftiger Pferde beruhige und den jüngeren Reiter daran gewöhne, sich in dieser Gangart auf dem Pferde so heimisch wie im Schritt zu fühlen. Man kann sich dabei in aller Gemütsruhe unterhalten oder etwas aufschreiben, ja ich möchte beinahe sagen, sogar seine Zeitung lesen. Ich gebe zu, daß es für Damen schwierig ist, diese Gangart zu halten, und dabei noch englisch zu traben; es geht aber auch, wenn dieselben sich etwas Mühe geben und ihre eigene Bequemlichkeit der Schonung ihres Pferdes hintansetzen wollten. Wer die vielen schönen Augenblicke der Jagdreiterei ohne Schaden für sein Pferd genießen will, muß sich solch kleinen Mühen gern und willig unterziehen. Würden die meisten Reiter und Reiterinnen solchen Grundsätzen huldigen, so würden sie sich bald davon überzeugen können und sehr angenehm dadurch überrascht werden, wie die Pferde durch vernünftiges Jagdreiten bei der nötigen Pflege und Aufsicht im Stalle einen langen Zeitraum hindurch mit jedem Jahre besser anstatt schlechter werden, da nicht das schnelle, sondern hauptsächlich das ungeschickte und unvernünftige Reiten die Pferde angreift.

v. K.

Hause zurückzulegen. Bei guter Lüftung und hinreichender Bedeckung mit alten Säcken, Bettdecken oder was du sonst finden kannst, wird ihm selbst das schlechteste Unterkommen nichts schaden.

Kannst du nur die Blutbewegung im Gange erhalten, so gibt es keine besseren Erholungsorte als einen Schuppen, in welchen frische kalte Luft hineinkommt, die notwendig ist, um die Lungen wieder zu füllen.

Du wirst vielleicht um dein Mittagessen kommen. Was schadet dies aber! Vielleicht wirst du auch gezwungen sein, in der schlechtesten Stube des schlechtesten Wirtshauses ohne Essen, ohne dich waschen oder umziehen zu können, zu übernachten. Es ist dies nicht das Schlimmste, das sich ereignen kann und ist es sicherlich deine erste Pflicht, nach dem braven Tiere zu sehen, welches dich nicht im Stiche gelassen hat, sondern, um deinem Vergnügen und deiner Laune zu frönen, solange galoppiert hat, bis sein Herz nahe am Stillstehen war.

Bei allen unseren Beziehungen zu den Tieren der Schöpfung gibt es keine, bei welcher der Mensch so sehr den besseren Teil erwählt hätte, als bei dem einseitigen Verhältnis zwischen Reiter und Pferd.

XII.

Das Reiten zu Hirschhunden.

Ich habe mit Absicht bei der Ueberschrift dieses Abschnittes das Fürwort geändert, weil es eine Art Jagdreiten behandelt, das von dem im vorigen Abschnitt erwähnten völlig verschieden ist. Auf die Gefahr hin, Widerspruch bei einer erfahrenen und hochwissenschaftlich gebildeten Mehrheit zu erwecken, möchte ich doch behaupten, daß beinahe ebensoviel Verständnis und Wissen nötig, um den Hirsch zu jagen, wie dies beim Fuchs erforderlich ist. Bei der Jagd auf dieses größere und eine stärkere Witterung abgebende Tier gibt es keine feststehenden Regeln, die dem Reiter gleichsam als Führer dienen könnten, so daß, wenn ihm die Hunde nur einmal außer Sicht gekommen sind, er bis in die Nacht hinein galoppieren kann, ohne auch nur jemals wieder etwas von ihnen zu hören. Aus diesem Grunde aber pflegt man im Englischen zu sagen: „riding to foxhounds“ und „riding at stag-hounds“.

Dem Rotwild, ob wild oder zahm, scheint, solange es frisch ist, die Windrichtung ganz gleichgültig zu sein, oft pflegt es sogar gegen den Wind zu laufen, namentlich wenn es erschöpft ist, als ob die frische, kalte Luft dazu dienen solle, ihm neues Leben in die Nüstern zu führen. Wenn es etwas vorzieht, so ist es wohl jener Wind, welcher ihm von der Seite gegen die Flanken bläst, jedoch ist auch hierauf ebensowenig wie auf die Wahl des Bodens ein Verlaß.

Andere Tiere gehen, wenn sie gejagt werden, auf den nächsten Hügel, Rotwild dagegen flüchtet sich stets ins Tal. Ich habe es oft wie ein Pfeil über eine sehr eingezäunte Gegend fliegen, ein anderes Mal aber auch gleich dem Hasen, der auf freiem Felde gejagt wird, fortwährend im Kreise herumlaufen sehen. Mitunter will das Rotwild nicht eher laufen, als bis die Hunde ihm auf den Hacken sind, und dann wieder kommen Fälle vor, daß, wenn die Hunde zu dicht aufbleiben, es vor Angst dumm wird oder sich denselben wütend stellt.

„Haben Sie heute einen guten Hirsch?“ ist eine Frage, die gewöhnlich mit dem größten Vertrauen beantwortet wird; das Jagdergebnis ist jedoch oft Enttäuschung und Aerger. Es ist dies nicht bloß der Fall in dem künstlichen Sport, sondern ereignet sich auch auf freier Wildbahn. Ein wilder Hirsch, der mit stolz getragenem Geweih über Exmoor trabt, ist nicht weniger unberechenbar als das erstaunte Tier, das aus seinem Wagen gelassen wird. Ein Stück, das jeden Fußbreit der Gegend genau kennt, wandert manchmal planlos im Kreise herum, bis es flüchtig wird; ein anderes, das in der Gegend ganz fremd ist, läuft oft meilenweit gerade aus.

Meine eigene Erfahrung in dieser Art Sport mit dem „Kalbe“, wie man es schändlicherweise genannt hat, beschränkt sich auf drei Meuten. Auf die des Mr. Bisset, der Rotwild aus der Freiheit in den Moorgegenden von Somerset und North-Devon jagt, jener im Tal von Aylesbury und auf die Schweißhunde des Lord Wolverton in den schmalen Tälern von Dorsetshire und in der an Doppelsprüngen so reichen Gegend von Blackmoor Vale. Hinter den Hunden Ihrer Majestät bin ich nicht öfter als drei- oder viermal in meinem Leben geritten.

Wir wollen zuerst die edle Jagd im Westen besprechen, wie sie bei prächtigem Herbstwetter in den schönsten Gegenden, die je die Träume eines Malers erfüllten, betrieben wird. Wir könnten viel Schönes über diese Gegenden sagen, müssen jedoch bei der Frage bleiben: „Wie sichere ich mir einen guten Platz mit Mr. Bissets sechsundzwanzig Zoll hohen Hunden, wenn sie ein gut laufendes Stück Rotwild über diese Gegend, wo die Fährte fast stets gut steht, aufstöbern?“

Bei diesem fortwährenden Auf und Ab, wie es in den Devonshire-Tälern der Fall ist, wirst du bald für den kleinsten Wink dankbar sein, der dir auf diesem Temperament und Verstand, wie auch Lunge und Muskelkraft in Anspruch nehmenden Boden gegeben wird, damit du nur halbwegs bei den Hunden zu bleiben vermagst.

Wie rasch die Hunde gehen, merkst du erst, wenn du den Versuch machst, in gleicher Höhe mit ihnen zu galoppieren. Sie entwickeln weder soviel Hartnäckigkeit, noch stürzen sie so eifrig, ich möchte beinahe eifersüchtig sagen, vorwärts, um die Fährte zu erhaschen, wie sie es tun, wenn ihr natürliches Wild, der Fuchs, zu jagen ist. Ich möchte diesen Unterschied jedoch der größeren Figur und infolgedessen dem stärkeren scent des Rotwildes zuschreiben. Jeder Hund erfreut sich seines ganzen Anteils von Witterung, und keiner versucht daher, seinen Kameraden diesen geheimnisvollen Genuß zu schmälern; wir vermissen daher die schnellen, scharfen Wendungen und das Drängen, das so bezeichnend beim Fuchshund ist. Auch die Hirschmeuten lösen sich in eine langgezogene Linie auf, weil das hohe, buschige Heidekraut, durch welches sie ihren Weg machen müssen, viel Kraft beansprucht; doch arbeiten sie nichtsdestoweniger stetig über Meilen und Meilen von Moorland vorwärts, ohne auch nur einen Stopp zu haben oder ein Abspringen von der Fährte zu zeigen.

Selbst wenn du einen zweiten Eklipse unter dir hättest und wolltest mit ihm Meter für Meter durchreiten, so würdest du ihn in weniger als zwanzig Minuten abstoppen müssen. Doch gibt es erfahrene Reiter, die es fertig bekommen, bei Jagden von vielen Stunden dabei zu sein, ohne ihre Pferde so zu erschöpfen, daß sie nicht noch einige zwanzig Meilen quer übers Moor nach Hause zu reiten vermögen.

Diese Herren sind vom Augenblick des Auffindens bis zum Halali dabei, ohne sich zu sehr an ihren Tieren zu versündigen. Und warum? Weil sie sich Mühe geben, ihren Kopf und ihre Hand geschickt, ihre Hacken aber fast gar nicht zu gebrauchen. Ihrer Erfahrung verdanke ich die folgenden kleinen Winke, welche ich von großem Nutzen auf jenen weiten, braunen Heideländern fand, die sich endlos wellenförmig hinziehen.

Glücklicherweise gibt es hier keine Einfriedigungen, und die Haupthindernisse, die man zu überwinden hat, sind die „Combes", eine Reihe Täler, die sich aufwärts von dem flachen Flußbett aus zu den mit Heidekraut bewachsenen Bergrücken hinaufziehen und aufsteigend schmaler werden, bis sie in der ebenen Oberfläche des Moores aufgehen. Reite nie in eins dieser Täler hinein, wenn dein Hirsch nicht zum Umfallen ist. So sicher, wie du auf einer Seite hinunterreitest, so sicher mußt du auf der anderen in die Höhe;

reite lieber um dieselben herum nach der Kuppe, der Anhöhe zu, und gib acht auf die Hunde, die sich durch Felsgeröll, Heidekraut und hier und da durch Unterholz durcharbeiten, damit du sie findest, wenn sie wieder auftauchen, was wahrscheinlich auf der Hochfläche der Fall sein wird, da es in der Natur dieses Wildes liegt, die Anhöhe schräg hinaufzugehen und, falls es gedrängt wird, sein Heil in der Schnelligkeit quer über die Ebene zu suchen.

Das Rotwild läuft alle diese Abhänge, gerade wie sie ihm in den Weg kommen, hinunter, jedoch nur, um, unten angekommen, sich durch ein Bad zu erholen, und, sobald es sich gestärkt fühlt, treibt es der Selbsterhaltungstrieb ohne Zögern nach den höheren Gegenden zurück. Nur wenn es todmüde und erschöpft ist, wird es so verwirrt, daß es versucht, eine Anhöhe geradeaus zu erklimmen. Die Jagd ist nun bald vorbei und du kannst dein Pferd Atem holen lassen, da das Wild bald zu schwanken anfangen und wieder den Berg hinunter mitten unter seine Verfolger laufen wird, um sich denselben zu stellen.

Umschiffe die Täler daher wohlweislich und schone dein Pferd, dann wirst du mit vollem Vergnügen der Jagd auf der Heide obliegen können, bis du vielleicht in die nassen Wiesen von Exmoor kommst, wo die Hunde ihr bestes Tempo gehen — hier siehe dich aber vor!

Wenn Exmoor in Leicestershire läge, so würde es ein Sumpf genannt und infolgedessen zum Teufel gewünscht werden; jedoch jede Gegend hat ihre Eigentümlichkeit, und man sieht die North-Devon-Sportsmen, besonders, wenn sie auf einem Pferde sitzen, dessen Mutter oder Großmutter auf dem Moor gezogen ist, mit ebensoviel Vertrauen, wie eine Rohrdommel oder einen Brachvogel über diese Gegend dahinfliegen.

Könnte ich entdecken, wie sie dies fertig bekommen, so würde ich es sagen; ich kann jedoch nichts anderes tun, als dir den Rat geben, ihnen Schritt für Schritt zu folgen.

Es gibt hier ohne Zweifel feste Geleise und Fußwege, auf welchen ein Pferd nicht tiefer als bis über die Fessel einsinkt, und man kann Mr. Knight, den Grundeigentümer, auf einem schönen und starken Vollblüter so dicht hinter der Meute reiten sehen, wie er es im Tale von Aylesbury zu tun pflegte; für einen Fremden jedoch würde es an Wahnsinn grenzen, dies zu versuchen, und selbst wenn er in den ersten fünf Minuten nicht im Sumpf steckte, so würde er doch schon nach einer halben Meile sein Pferd anhalten müssen, da es ausgepumpt ist.

Wähle dir daher einen guten Führer und bleibe gewissenhaft hinter ihm, bis du wieder auf Heideboden kommst.

Obgleich ein ausgewachsener Hirsch leicht zu finden ist, so ist doch die Vorarbeit, ihn von seinen Gefährten zu trennen, ein langwieriges Geschäft, das stundenlang dauert, und wirst du daher gut tun, ein Futter und einen Halfterstrick mitzunehmen. Auch wird es nötig sein, deine Sättel vorher nachsehen und aufpolstern und mit glatter Leinwand füttern zu lassen. Das Wetter im August ist sehr heiß, und da dein Pferd viele Stunden unter deinem Gewicht sein wird, so siehe dich wohl vor, es nicht zu drücken. Sitze immer, wenn du irgend Gelegenheit hast, ab; einem Jagdpferde muß es eine erfreuliche Erholung sein, zwölf bis dreizehn stone von seinem Rücken los zu werden, die den ganzen Tag über auf seiner Rückenwirbelsäule herumhämmern.

Ich habe hingegen mit einiger Verwunderung bemerkt, daß, je schwerer der Reiter, um so weniger geneigt ist er, diese Nachsicht zu üben, und ich glaube, die Ursache davon ist, daß das Wiederaufsteigen solchen Leuten zuviel Schwierigkeiten bereitet.

Eine unwillkürliche Gedankenverbindung führt mich hier zu den weiten Weideflächen und der idealen Grasgegend, welches das Tal von Aylesbury genannt wird. Hier wird das ausgesetzte Rotwild unter den günstigsten Bedingungen gejagt und jener Sportsman, der nicht zugeben will, daß zehn Meilen über Gras hinter einer der schönsten Meuten der Welt ein Vergnügen sei, muß ein starkes Vorurteil haben. Der gejagte Hirsch kehrt allerdings, wenn der Scherz vorbei ist, wie ein Herr in seinem eigenen Wagen wieder nach Mentmore zurück.

Der Huntsman, wie auch sein whip*), fürchten kein Hindernis und gehen auf jeden bösen Hirsch, ob in oder außer Wasser, entschlossen los, wie der Polizist auf den Taschendieb. Die Pferde sind vorzüglich, und so müssen sie auch sein, da die Hecken, welche diese Grasgegend in Felder von achtzig bis hundert Acres teilen, zu einer gewaltigen Höhe und Stärke herangewachsen sind. Nur auf solchen Pferden können sowohl der Master, wie die Jagdbediensteten ihren Aufgaben gerecht werden.

*) whip = Unterpikör.

Beim Reiten mit diesen Hunden, sowie bei jeder anderen Gelegenheit ist es ratsam, den dicken Haufen zu meiden. Viele von den Hecken sind doppelt mit einem Graben auf jeder Seite. Bei einer Anzahl von hundert Reitern, von welchen einige zu kühn, andere wieder zu vorsichtig sind, müßte man sonst oft lange warten, bevor man an die Reihe kommt, und dies hieße bei einem guten scent recht schlecht fahren. Glücklicherweise gibt es zahllose Gatter, und da das Rotwild diese Art Sprünge jedem anderen vorzieht, so wählt es gewöhnlich einen solchen Weg. Sollten die Gatter nun zugekettet sein, so siehe dich nach einer schwachen Stelle in der Hecke um, und da sie meistens doppelt sind, so wirst du das Hindernis in zwei Sprüngen nehmen müssen.

Zuerst wird dir beim Hineinspringen in ein Feld der Gedanke an das Herauskommen einiges Kopfzerbrechen bereiten. Ich nehme an, daß du durch andere Gegenden gewöhnt bist, sobald du eine Hecke in Sicht bekommst, dir die schwächste Stelle in derselben auszusuchen und gerade auf dieselbe loszusteuern, in dieser Gegend täuscht jedoch die Natur des Hindernisses dein Auge. Die beiden aneinander stoßenden Hecken, welche die Felder einfassen, machen es sehr schwer, von einer gewissen Entfernung aus zu bestimmen, wo die schwächste Stelle ist; daher scheint es mir hier am besten, den Hunden auf gut Glück zu folgen. Das Rotwild, gleich deinem Pferde, ist ein großer Vierfüßler, und wird daher, besondere Umstände ausgenommen, dem einen das andere folgen können. Dies bringt uns jedoch in die üble Versuchung, in den Fußspuren der Hunde zu reiten. Tust du es, so muß der ganzen Meute wenigstens zwei- bis dreihundert Meter Vorsprung gelassen werden, und selbst dann nimm dich in acht, daß du abgekommene Hunde nicht im Herankommen an ihre Kameraden hinderst.

Hüte dich auch, einen Sprung fliegend zu nehmen, bevor du nicht die ganze Meute weit im folgenden Felde siehst. Das Rotwild hat häufig die Angewohnheit, nur über eine Mauer oder Hecke zu springen, gerade hoch genug, um sich dahinter zu verbergen und dann sofort kurz zu drehen. Es würde ein peinliches Gefühl für dich sein, hoch in der Luft über so und so viel Koppeln unbezahlbarer Hunde zu schweben, begleitet von einer Flut von Verwünschungen. Die Behauptung: du hättest sie nicht berührt, es wäre nicht deine Absicht gewesen, du hättest nicht gewußt, daß sie dagewesen wären, würden dir wenig nützen. In dieser Lage reite lieber ohne zu reden, weiter, springe alles an der gröbsten Stelle und entschuldige dich erst beim nächsten Stopp.

Nimmt der Fuchs Wasser an, so hat er die Absicht, es zu durchschwimmen, nicht so das Rotwild. Bei starker Ermüdung oder Erhitzung bleibt es oft eine Stunde lang darin. Bei solchen Gelegenheiten kannst du dein Pferd schonen, falls es dir Spaß macht, auch nach deiner Flasche sehen und dich einstweilen nach dem besten Wege auf das jenseitige Ufer umtun. Entschließt sich das Rotwild hingegen, das Wasser zu verlassen, so ist es gewöhnlich durch das Bad so gestärkt, daß nun erst die wirkliche Jagd beginnt, während du und dein Pferd sich einbilden, daß alles bald vorbei ist.

Sobald du bemerkst, daß ein Stück Wild, welches bis dahin geradeaus gelaufen ist, anfängt Kreise zu schlagen, so kannst du dir sagen, daß die Jagd ihrem Ende nahe ist. Das Wild ist dann müde und wird vor Ablauf eines Monats keinen Galopp wieder geben. Beim Einfangen wirst du gut tun, den Jagdbediensteten deinen Beistand anzubieten und selbst, wenn er nicht angenommen wird, bleibe aus Höflichkeit dabei, bis das Tier in den Wagen gebracht ist.

Die gleichen Regeln lassen sich bei allen Hirschhunden anwenden. Dränge dich niemals dazu, das Wild vorher sehen zu wollen, und versuche nie, falls du nicht aus irgend einem Grunde darum ersucht wirst, zu lancieren.

In der Art und Weise, wie die Jagd auf den Kasten-Hirsch betrieben wird, liegt der ganze Unterschied zwischen einem herrlichen, urwüchsigen Vergnügen und einer zahmen, langweiligen Farce. Obgleich das Vorurteil nicht zugeben will, daß es ein wahrer Sport sei, so müssen wir doch die ausgezeichnete Nachahmung bewundern, und jener Mensch, der während einer scharfen Jagd über eine fliegende Gegend daran denkt, daß er etwas jagt, was er bereits besessen hat, muß ein Grübler sein und besitzt weniger leichtes Blut, als es dem wahren Jagdreiter zukommt. Folge also jedem Dreh gewissenhaft und mit Absicht. Du kamst ja einzig und allein heraus, um dich eines Galopps zu erfreuen, gib daher etwaiger Enttäuschung keinen Raum. Wenn dein Nerv und dein Pferd gut sind, so gehe mit den Hunden in jedes Feld, reite aber wie ein Sportsman und laß den Hunden stets einen genügenden Vorsprung.

Letzteren Rat befolge namentlich, wenn du mit der hübschen, schwarz und braun gezeichneten Meute des Lord Wolverton reitest, welche während der letzten fünf oder sechs Jagdzeiten seinen Nachbarn in dem Hochlande von Dorset und auf dem Weideland des Stone-Tales so schönen Sport verschafft hat. Diese Schweißhunde, denn solche sind es und zwar vom reinsten Blut, sind achtundzwanzig Zoll hoch, mit ebenmäßigem Gebäude und ebensolchen Gliedern. Ihre Köpfe sind prächtig, ernste und kluge Augen zieren dieselben, wozu noch eine überhängende Oberlippe und lange Behänge treten, welche den Tau hinwegfegen. Dank der sorgsamen Züchtung und Ausmerzung nicht ganz entsprechend gebauter Hunde sind ihre Pfoten rund und ihre kräftigen Beine gerade. Ein Kunstwerk, von einem Mr. Gaddard gemalt, stellt diese Hunde dar, wie ein Wirbelwind über die Ebene dahinfliegend. Dasselbe hängt im Treppenhaus des Wolvertonschen Palais in London und verfehlt nie seinen Eindruck. Man kann sich beim Anblick desselben einbilden, die Hunde Hals geben zu hören. Eine Musik, welche man, ohne zu übertreiben, den Tönen einer Orgel an die Seite stellen kann.

Das Tempo, das diese Hunde gehen können, ist mehr als schnell zu nennen. Ihr Mut und ihre Kondition, welch letztere eine fortwährende Sorgfalt erfordert, wozu noch ihr langer Sprung tritt, verblüffen selbst ein gutes Pferd. Sie gehen gegen die Hindernisse meist in Linie, wie eine Schwadron, an.

Trotz all dieses Feuers und ihrer Herzhaftigkeit sind sie feige, sobald ein Haufen Reiter auf sie drückt. Ein voreiliger Peitschenknall, ein in ihren Fußstapfen galoppierendes Pferd, selbst ein unverständiges Anschreien macht den besten unter ihnen scheu und übellaunig für den halben Tag. Nur die eingehende Kenntnis seiner Lieblinge und Geduld mit ihren Eigenheiten haben es Lord Wolverton ermöglicht, sich ihr Vertrauen zu erwerben, und es ist wunderbar, zu sehen, wie diese Ausdauer belohnt wird. Führt sie der Lord, so sind sie in seiner Hand wie eine Meute Harriers; unterfängt sich aber ein Fremder, ihnen auf die Fährte helfen zu wollen, so verweigern sie sofort den Gehorsam, und sollte ihm die weitere Führung überlassen werden, so sind sie imstande, mit einem Ausdruck von Verachtung schnurstracks nach Hause zu laufen.

Auf der Jagd ist jedoch ihr Huntsman fast stets zur Stelle. Der Lord hat ein eigenes Geschick im Galoppieren, und da er auf jedem Pferde mit erstaunlicher Geschicklichkeit vorwärts kommt und vor keinem Sprung umdreht, so kommen seine Hunde nur selten in die unangenehme Lage, ohne Hilfe und auf falscher Fährte zu sein.

Dabei kennt er die Eigentümlichkeiten seines Wildes genau und hat einen wahren Abscheu, ohne dasselbe nach Hause zu kommen; ist es verloren gegangen, so verfolgt er es oft stundenlang auf kalter Fährte, oder durchstreift die Gegend, um Erkundigungen einzuziehen. Er sagt selber: „Das Schlimmste beim Rotwild ist, daß man nie aufhören kann zu jagen, auch wenn man es möchte. Selbst wenn man schwört, will doch niemand glauben, daß es zu Bau gegangen ist.“

Die nächste Umgebung der Besitzung des Lord Wolverton scheint wie zur Hirschjagd gemacht zu sein. Große Felder, leichte Abdachungen, leichte Hindernisse und leichter Boden mit stellenweisem Unterholz aus Haselnuß, welches auf drei bis vier Meilen einen ebenen Wiesenboden einfaßt, zwingen den Hirsch sowohl als die Reiter, möglichst Strich zu halten. Bei der Launenhaftigkeit dieses Wildes ist aber trotzdem kein großer Verlaß darauf, und wenn wir die Jagdaufzeichnungen des Lords aufschlagen, so findet man, daß die besten Jagden in Gegenden stattfanden, welche ein ganz verschiedenes Gepräge von der oben beschriebenen trugen.

Sobald die Blätter genügend abgefallen sind, um die Gegend des Blackmoor Vale „reitbar“ zu machen, nimmt der Lord seine Schweißhunde in dieses prächtige Weideland. Jagden von zehn Meilen sind hier keine außergewöhnliche Sache und dauern oft nicht länger als eine Stunde. Hier finden alle jene, welche gern reiten, den besten Sport. Nicht ein Morgen Sturzacker ist zu sehen; die eingefriedigten Felder sind vielleicht etwas klein, die Sprünge dagegen werden, wie der Irländer sagt, „dem Durstigsten“ genügen. Sie sehen jedoch viel schlimmer aus, als sie es in Wirklichkeit sind. Um ein Hindernis zu springen, welches aus zwei verwachsenen Gräben zu beiden Seiten eines mit einer Hecke gekrönten Walles besteht, bedarf es allerdings eines besonnenen Pferdes und eines ruhigen, entschlossenen Reiters. Sind diese Eigenschaften aber vorhanden, so braucht der ganze Sprung nur in zwei geteilt zu werden, und wird daher ein guter Reiter, der es mit dem Reiten ehrlich meint, selbst im Blackmoor-Tal wohl selten aufgehalten werden.

Allerdings ist unter der Sonne nichts vollkommen, weder dein bestes Jagdpferd, noch der jüngste Sprößling deiner Frau, und so schmälert öfters der Fluß Stone, welcher sich durch das Tal windet, auch hier das Vergnügen. Dem Rotwild ist der Fluß ein guter Freund und dem Verfolger ein unangenehmes Hindernis, wodurch manche schöne Jagd verdorben wird; trotz alledem gibt es in England nur wenige Gegenden, welche ihrer Natur nach sich so für das Jagdvergnügen eignen, als diese. Die Bevölkerung ist hier dünn gesäet, das Landvolk voll Begeisterung für den Sport, die Farmer die besten Leute von der Welt, und das Klima ungewöhnlich günstig.

An einem schönen Morgen, auf sicherem Pferde, gibt es daher kein schöneres Vergnügen, als ein Galopp von einer Stunde mit den Schweißhunden des Lord Wolverton im Blackmoor-Tal.

XIII.

Die Provinzen.

Das nachstehende Kapitel, wie auch das folgende „Die Shires“ hatten Keudell und Braun in die Original-Uebersetzung ihrer „Reit-Erinnerungen“ nicht aufgenommen. Gerade diese Kapitel aber halte ich für besonders lehrreich, weil in ihnen Whyte-Melville mit unvergleichlich charakteristischen Strichen die beiden Typen des Jagdfeldes skizziert — den jagenden Jagdreiter und den jagdreitenden Reiter. v. E.

— — — — — — — — — — — — — — — — — —

Ein hoher Militär, bekannt als waghalsiger Reiter, wurde einst gefragt, ob er hinter den „Crawley und Horsham“ gejagt habe. — „Nein, mein Herr,“ lautete die entrüstete Antwort, „ich bin in meinem Leben hinter keinen anderen Hunden geritten, als hinter den Quorn und den Pytchley*), und ich werde mich schwer hüten, es je zu tun!“

Die jeunesse dorée von heute ist gewiß überzeugt, daß man einzig und allein in Leicestershire reiten könne, und daß in allen anderen Gegenden, die man verächtlich mit dem Sammelbegriff „Die Provinzen“ bezeichnet, das Jagdreiten ein jammervoller, höchst langweiliger Sport sei. Nichts ist verkehrter! Berechnet man die Zahl der Stunden, die diese Hunde draußen sind (die „Quorn“ und „Belvoir“*) machen bekanntlich aus zwei Jagdtagen einen), so

---

*) Quorn, Pytchley und Belvoir sind bekannte und wegen ihrer Schnelligkeit besonders berühmte Meuten.

jagen dieselben verhältnismäßig seltener und nur kürzere Zeit auf Tod und Leben, als weniger in Mode befindliche Meuten in irgendeinem entlegenen Winkel Englands. Diese Tatsache ist leicht erklärlich. Fuchsjagden in ihrer echten Gestalt sind ein Sport der Wildnis. Wo keine künstlichen Waldparzellen angelegt sind und der Fuchs weit nach Beute streifen muß, wo die Landwirtschaft noch in ihrer ursprünglichsten Form betrieben wird, und man nicht in jedem Felde Leuten und Maschinen begegnet, dort hat Reineke seine wahre Natur bewahrt. Im Kampfe mit den Hunden kennt er weder Hindernis noch Entfernung. Er weiß, daß er nicht auf den Bundesgenossen rechnen kann, der seinem Vetter in den fashionablen Gegenden so oft das Leben rettet — das Riesenfeld der Jagdreiter —, er weiß, daß er allen Mut und seine ganze Verschlagenheit aufbieten muß, um den erbarmungslosen Verfolgern zu entkommen.

Zwanzig ehrgeizige Reiter, die einander vor den hundert Augen des Jagdfeldes überbieten wollen, machen es jedem Fuchs leicht genug, seinem Schicksal zu entrinnen. Wären die Hunde nicht Gewohnheitstiere und Master und Piköre in jenen Gegenden die reinen Engel an Geduld, so müßte es mit Wundern zugehen, wenn am Schlusse der Kampagne auch nur eine einzige Fuchsschnauze die Tür der Kennels*) schmückt. Es ist geradezu bewunderungswürdig, wie die „Belvoir" oder „Quorn" auf der Fährte liegen, oder unverdrossen umschlagen, unbekümmert darum, daß von zehn Reitern nicht einer Herr seines Pferdes ist, und jedes Eisen ihnen den Tod bringen kann. Wären sie nicht ebensowohl auf Schnelligkeit als auf Nase gezüchtet und vor allem auf den Schneid des Draufgehers, der sich auch mutig dem Zufall anvertraut, so brächten sie auch nicht ein einziges Feld hinter sich. Zuweilen aber legt das Glück ein Dutzend Längen zwischen die Hunde und ihre Verfolger, dann gehen die Nasen herunter, die Ruten in die Höhe und über die taugetränkte Grasnarbe stieben sie dahin, in einem Tempo, daß dem eleganten Grünschnabel auf dem pullenden Steepler die Augen übergehen.

Wie anders wird dagegen der Sport in der Heimat dieses jungen Herrn geübt, hinter der Meute seines Vaters, für die der durch die Shires verwöhnte Sohn nur ein blasiertes Lächeln hat. Malen wir uns solch guten Tag in der „Provinz", zu Ausgang

*) Zwinger der Parforce-Hunde.

November, wenn das Laub fällt, die Hecken kahl sind und die letzten Strahlen der Sonne das Gelb der Wälder und das Braun der Farne vergolden.

Die halbe Nacht ist Reineke gewandert, um seinen Braten zu holen, und bei der Heimkehr findet er den Bau „verschlossen". An einer trockenen, geschützten Stelle unter Busch und Steinen rollt er sich zusammen, um die den Nahrungssorgen geopferte Nachtruhe nachzuholen. Es mag halb elf sein, da schreckt er auf aus dem Traum von leckeren Poularden und fetten Enten, mit einem Satz ist er aus dem Lager, schüttelt sich und sichert, einen Lauf erhoben und den schlauen Kopf auf eine Seite geneigt. — Er irrt sich nicht! Er kennt die Stimme des alten Huntsman — immer heiser im Kreise der Zechkumpane, aber hell und klar, wenn er die Hunde führt — und er weiß, daß „Challenger", sein Todfeind, schon die fünf Stunden alte Fährte angesprochen hat. Zeit ist nicht zu verlieren. Er schleicht sich den Hang hinab, schlüpft durch ein undurchdringliches Gewirr von Schwarzdorn und Brombeeren, wirft sich über den Bach und, durch die Hecke kriechend, die seine Burg umgibt, äugt er in die Wiese dahinter. Kein übereifriger whip*) ist zu sehen. Der alte Matthew hat nur einen Gehilfen und auch der ist ihm oft zuviel —; so nimmt Reineke den Kurs schnurgerade auf seinen Lieblingsschlupfwinkel zu und, verächtlich mit der Rute schlagend, macht er sich auf die Reise. Er mag fünf Minuten unterwegs sein, als er erkennt, daß angelegt ist, und zehn weitere Minuten vergehen, ehe die Meute aus dem Dickicht herausbricht und mit vollem Hals die Fährte aufnimmt. So hat er einen klaren Vorsprung und volle Zeit, seine Taktik zu überlegen; ein Bau im Walde, zwölf Meilen von hier, wie der Vogel fliegt, ist sein Ziel. Challenger und sein Sohn Charmer sind die ersten, die das Freie gewinnen, und ein silberheller Jubellaut entsteigt den weißgefleckten Kehlen, wie das tauige Gras den scent**) in ihre Nasen bringt. „Vorwärts, Jungens!" ruft der Huntsman, dem alten Schimmel mit dem Horn einen Rippenstoß gebend; dann entlockt er diesem Instrument ein halbes Dutzend Schauertöne, und es in seinen Stiefelschaft versenkend, sucht er, so gut die treue Mähre laufen kann, den Hunden zu folgen. — „Potztausend," ruft ein Pächter, der sich auf dem Berge postiert hat,

---

*) whip = zweiter Pikör.

**) scent = Witterung des Wildes.

„sie sind fort!“, und auf dem steinigen, verwachsenen Feldweg setzt er sich bergab in Galopp. Das Feld — der Gutsherr, drei oder vier vierschrötige Pächter, der Pfarrer und ein Knabe auf seinem Pony — folgen dem Beispiel; auf dem Wege bleibend, gewinnen sie das Tal, durchfurten einen seichten Bach und sind durch geschicktes Abschneiden nur einen Bogenschuß von den Hunden.

„Und das Tempo?“ fragt der Sohn des Masters, als ihm der Vater am Weihnachtsabend am Kamin diese Jagd schildert, „von Pace*) war natürlich keine Rede, wenn ihr die Hunde so leicht einholen konntet?“ „Pace!“ ruft der Alte entrüstet; „meine Hunde laufen, weil sie jagen können. Dreiviertel Stunden lang wichen sie auch nicht einen Zoll von der Fährte, hat auch nicht einer die Nase hoch gehabt! Einmal wollte Matthew umschlagen, und der alte Dummkopf hätte damit fast seinen Fuchs verloren; aber Charmer ist klüger und brachte uns gleich wieder auf die Sprünge. Der Hund ist genau wie der alte Challenger, jedenfalls seinem Vater viel ähnlicher, wie du mir, mein Junge.“ — Der junge Herr gibt dies gerne zu, und der Master fährt in seiner Schilderung fort: „Ich hatte nur achtzehn Koppeln draußen; in der Woche zuvor hatte mir eine Jagd — fünfunddreißig Minuten über die Berge und Halali auf freiem Felde — die halbe Meute lahm gemacht auf dem steinigen Boden. Weißt du denn überhaupt, was eine schnelle Jagd ist, mein Junge? Ich wette, an dem Tage waren meine Hunde so schnell, um den Besten von euch Heißspornen den Rest zu geben. Nie in meinem Leben habe ich Hunde besser arbeiten sehen; sie kamen alle zusammen ab und lagen wie ein Schwarm Bienen auf der Fährte, so jagten sie über Boden, trocken wie ein Ziegelstein, durch eine Herde von fünfhundert Schafen, durch Unterholz, wo es von Hasen, Rehen und Damwild wimmelte; wäre der alte Matthew nicht ein Esel, sie hätten auch nicht eine Sekunde geschwankt, und als sie trotzdem ihren Fuchs deckten, da fehlte auch nicht ein einziger Hund. Das nenne ich eine Meute! — Das Beste an dem ganzen Vergnügen? Das hängt davon ab, zu welchem Zweck ihr herauskommt, zum Jagen oder um zu reiten. Während der ersten halben Stunde kamen wir nicht vom Grasboden herunter; im ganzen Tal gibt es keinen gepflügten Acker,

*) Pace = Tempo.

nur Weiden und Wiesen, Wiese und Weide, immer bis an die Fesseln im Gras, auch in dieser Jahreszeit; es duftet wie Heidekraut. Das hättet ihr wohl den besten Teil genannt; ich nicht, obwohl ich mit Matthew und den übrigen vom Wege aus alles genau übersehen konnte. Nur der Pfarrer war immer dicht hinter den Hunden, viel zu dicht nach meinem Geschmack; ein Mann in seiner Stellung müßte mehr davon verstehen; aber er ist so ein guter Kerl, daß ich es nicht über das Herz brachte, ihn in seinem Vergnügen zu stören. Erst ein frisch gedüngter Schlag und ein Feld, wo Unkraut verbrannt wurde, stellten die Nasen wieder vor eine Aufgabe. Da war es, wo Matthew sich so zum Narren machte; aber, wie ich dir sagte, setzte uns Charmer gleich wieder auf die Fährte. Die Geduld der Hunde war großartig; einer nach dem anderen arbeitete die Fährte heraus, bis ihnen der Boden zu Hilfe kam, und als sie wieder in das Tal liefen, gaben sie Hals, daß es eine Lust war, zu hören. Einmal bekam ich den Fuchs zu Gesicht, aber ich hielt wohlweislich den Mund, denn sechsunddreißig Nasen mußten es besser wissen als ich, wo der Fuchs gelaufen, und die sechsunddreißig hatten nie gelogen, wenn sie Melodie gaben. Der Vikar drückte jetzt auch nicht mehr auf die Hunde, und unsere Pferde schienen alle genug zu haben. ‚Hoffentlich haben wir nicht Relais*) gehabt,‘ brummte Matthew, aber ich wußte es besser; lange konnte es nicht mehr dauern, denn unser Fuchs war Zoll für Zoll gelaufen, was er konnte, von Anbeginn der Jagd an. Jetzt wurde die Sache interessant; ich war so nahe, daß ich jeden einzelnen Hund bei der Arbeit beobachten konnte, achtzehn Koppeln, nur Rüden, im dritten und vierten Felde; von den jungen war kein einziger mit draußen. Du hättest dabei sein sollen, mein Junge; da hättest du lernen können, wie man wirklich jagt. Ich will dir sagen, was ich bei dem Anblick der Hunde — Hallo! Weiß Gott, ich glaube, der Bengel ist eingeschlafen!“

Solche Jagden, wie die eben beschriebene, mögen wohl langweilig für den Zuhörer sein, aber sie sind ein Genuß für den, der sowohl die Schlauheit und den Mut des Wildes kennt, wie auch die Ruhe und den Scharfsinn der Hunde zu schätzen weiß. Ein unbeschreiblicher Reiz liegt auch in der Poesie des Jagens: die

*) d. h. ein während der Jagd hoch gemachtes, frisches Wild, das die Hunde von der ursprünglichen Fährte abzieht. v. E.

landschaftlichen Bilder, denen wir sonst schwerlich begegnen würden, Gegenden voll romantischer Einsamkeit, in die wir uns sonst kaum verlieren dürften, das Spiel der scheidenden Sonne auf Büschen und Farne, der Zauber des Waldes, der würzige Duft des Erdreiches, das alles empfinden und genießen wir mit Sinnen, die durch die Aufregung der Jagd geweckt und geschärft sind. Diese Freuden kennt man in der Provinz viel besser als in den „Shires", und um von den ideellen Genüssen auf das Praktische zu kommen, so hat man in den ersteren das Vergnügen viel billiger. Zumal ein guter Reiter braucht hier längst nicht so gut beritten zu sein. Es gibt wenig Provinzgegenden, in denen jemand, der reiten kann, nicht mit etwas Kriechen, Klettern und Rutschen aus einem Feld in das andere kommt, und wenn er manches Hindernis auch nur auf Knieen und Ellbogen überwindet, so geht es doch ohne einen Rumpler ab. Sein Pferd muß freilich in guter Kondition sein und galoppieren können, und je mehr Passion es zum Springen hat, desto besser; aber es ist nicht unerläßlich, daß das Tier die Kraft besitzt, mit jedem Sprunge zwanzig Fuß Breite und vier oder fünf Fuß Höhe zu bedecken, noch das erforderliche Blut, um diese Leistung fast in voller Schnelligkeit und im tiefen Boden immer neu zu wiederholen. Um, wie man es nennt, „von Feld zu Feld" zu springen, muß ein Pferd ebensoviel Herz wie Ausdauer haben; man kann indessen sich Anstrengung wie auch Gefahr nicht besser sparen, als wenn man aus einem großen Sprunge zwei kleine macht. Ich will nicht etwa behaupten, daß es Gegenden in England gibt, in denen ein Pferd nicht zu tun hätte, um mit den Hunden zu leben, wenn diese scharf jagen; aber ich bin der Ansicht, daß, ceteris paribus, ein guter Reiter sich in den meisten Provinzgegenden auch auf einem mittelmäßigen Pferde durchlügen kann, während er auf demselben Tiere in Leicestershire oder Northamptonshire verraten und verkauft wäre. Dort wiederum wird der schwache Reiter, sofern er nur den Mut hat, sich seinem erstklassigen Jagdpferde blindlings anzuvertrauen, mit Anstand und Vergnügen einer Jagd bis zum Halali folgen, einfach dadurch, daß er sich am Zügel festhält und alles dem Pferde überläßt. Angst darf er freilich nicht kennen; sobald ihn sein Herz im Stiche läßt, stört er das Pferd, und sie liegen beide auf der Nase.

Viele unserer Jagdgründe in den Provinzen sind ihrer Natur nach ganz dazu angetan, erfahrene Sportsmen nicht minder als vollendete Reiter zu erziehen. Im Walde, zwischen den Bergen, durch Moor und Wildnis, über unpassierbare Schluchten muß der Jagdreiter, der die Jagd liebt, sich auf seine Augen, Ohren und den Verstand verlassen, um auf seine Kosten zu kommen. Dort gibt es keinen jugendlichen Heißsporn, um ihn über die groben Sachen zu führen, wenn er ehrlich reiten will; und ebensowenig gibt es dort das schlaue Korps, das die zweiten Pferde nachbringt, und das ihn geborgen zum Halali führen könnte, wofern ein gelegentlicher Blick von weitem auf das Panorama der Jagd seinem Ehrgeiz genügt; dort gibt es weder Torwege noch Brücken, und vor allem nicht das meilenlange Feld, in dem er sich verbergen und mit dem er nach Tische in angenehmer Selbsttäuschung seine Heldentaten austauschen kann. Nein, hier ist der angehende Jagdreiter auf sich allein angewiesen; er muß wissen, wo er am meisten hört und sieht, bis angelegt ist, muß es lernen, mit dem geringsten Kraftaufwand bergauf und mit der größten Schnelligkeit bergab zu reiten, über Stock und Stein, durch Sumpf und Moor den Hunden zu folgen, und oft in dunkler Nacht bei Regen und Sturm den Heimweg zu finden. Hat er alle diese Fähigkeiten sich angeeignet, so ist er ein Reiter in des Wortes bester Bedeutung: er weiß, wie man klettert, wo Springen unmöglich ist; er versteht zu kriechen, wo Fliegen sich verbietet, er kann sein Pferd steuern, daß das Tier jeden Gedanken des Reiters zu teilen scheint. Kann er sich ein oder zwei Saisons in den Shires leisten, um sich den letzten Schliff anzueignen, desto besser! Mag er es tun, wenn seine Mittel dies erlauben; er lernt dort, wie man das Gedränge eines Riesenfeldes rasch hinter sich läßt, wie man mit kurzem Anlauf festes Holz springt, und nicht zuletzt, wie man sich anzieht. Das ist ungefähr alles, was seiner Wissenschaft noch fehlte.

Jedes Regiment der Armee hält sich für das beste; mit den Jagden ist es nicht anders! Jede einzelne der ungezählten Meuten in Nord, Süd, Ost und West nimmt ihren besonderen Ruf für sich in Anspruch; verschiedene führen besondere Abzeichen, alle haben guten Sport.

Gras freilich ist ein unleugbarer Vorzug für ein Jagdgelände, und in dieser Hinsicht gebührt allerdings den Shires die Krone; die wenigsten Leser aber wissen, daß man im Süden und Westen von England größere Weideflächen findet, als im Zentrum. So ist das Blackmoor Vale heute eine einzige Weide und durch Dorset und

Somerset z. B. kann man vierzig Meilen mit der Eisenbahn reisen, ohne einen gepflügten Acker zu sehen.

Abgesehen davon, daß der gewöhnliche Erdenbürger Berufspflichten hat, die ihn daheim festhalten, ist es auch sehr viel bequemer, wenn man aus seinen eigenen vier Pfählen heraus einer Meute folgen kann. Man braucht keinen großen Jagdstall, kann sich die Rendezvous aussuchen und — das Wetter! Jagen wir heute nicht, so tun wir es in der nächsten Woche, man kann die guten Tage in Seelenruhe abwarten. Dagegen denke man sich die Gemütsverfassung desjenigen, der sich mit zehn Pferden im Gasthause einquartiert hat und ohne seine gewohnte Beschäftigung, seinen Verkehr und seine Lektüre vielleicht wochenlang wartet, bis der Barometer offenes Wetter ankündigt.

Der Zauber jener historischen Jagdgründe muß in der Tat ein außerordentlicher sein, um Leute schlechtes Essen, schlechten Wein, schlechte Betten, selbst trostlose Langeweile mit Freuden in den Kauf nehmen zu lassen, für eine Saison in dem Land der Träume jedes Jagdreiters — den Shires.

XIV.

Die Shires.*)

„Jedes Hindernis verlangt sein Pferd“ — dieser Spruch bezeichnet treffend den Unterschied zwischen einem nützlichen Jagdpferde im landläufigen Sinne und dem „Flieger“, mit dem man den Begriff eines „Leicestershire=Pferdes“ verbindet. Mit anderen Worten: was in dem einen Jagdfelde ein nützliches Tier ist, ist in anderer Gegend ein Schinder. Dasselbe Pferd, das in den Provinzen unübertroffen ist, wird kläglich versagen, wenn es nach einer Regenwoche im „Quorn=Tempo“ über „Quorn=Sprünge“ galoppieren soll; es sei denn, daß es den Mut des Löwen und die Gewandtheit der Katze mit dem speed des Rennpferdes verbindet. Die erste Meile wird es noch mit Ehren bestehen, selbst der ungewohnte Balken hinter den Hecken wird von dem braven Gaul mit einem Rumpler abgetan; aber bald spricht der Boden — Ackerfurchen, Maulwurfshaufen usw. — und wandelt seinen leichten, federnden Galoppsprung in ein mühsames Rollen. Ein massiver „Ochsenzaun“, den das Pferd, fast bis an die Sprunggelenke einsinkend, springen muß, besiegelt sein Schicksal. Zu treu, um den Sprung zu weigern, ist sein Sturz unausbleiblich; mit geblähten Nüstern und schlagenden Flanken erhebt es sich, gänzlich ausgepumpt. Es ist ein braves Tier, aber hier nicht am Platze, und der Erfolg ist wie oben beschrieben.

---

*) Grafschaften.

Es wäre aussichtslos, von dem jungen Rapid, wie wir den Sohn des im vorigen Kapitel erwähnten Squires*) nennen, über die Jagd, in der er eine hervorragende Rolle gespielt, oder über das Pferd, das ihn dabei im ersten Felde mit Auszeichnung getragen hat, Näheres erfahren zu wollen. Dieser junge Herr verschwendet seine Zeit, sein Geld und seine Fähigkeiten, aber niemals seine Worte. Eine Unterhaltung unter seinesgleichen würde lauten: „Gut auf die Beine gekommen?“ — „Ja.“ — „Kann ‚King of the Golden Mines‘ was?“ — „Ich glaube.“ — Dabei ist der Besitzer des Pferdes mit dem hochtrabenden Namen nicht wenig stolz auf dessen Leistung, und auch nicht ein Schilling von den dreihundertundfünfzig Pfund, die der „Minenkönig“ gekostet hat, ist ihm leid. Man muß gestehen, daß die Leistung des Pferdes auch dem Reiter Ehre macht. Folgen wir beiden bei ihrem etwas halsbrecherischen Vergnügen, das Mr. Rapid jun. mit so souveräner Blasiertheit auf den Sport hinter den Hunden seines Vaters herabblicken läßt.

In glänzenden Lackstiefeln, schneeweißen breeches**), einem einreihigen Rock mit eckigen Schößen, hohem Hut mit aufgebogener Krempe, die Jagdpeitsche von vier Fuß Rohr in der Hand, eine Blume im Knopfloch und einen Zahnstocher im Munde, vertauscht der Stolz des Hauses dieses letztere Requisit mit einer ungeheuren Importe, als irgendwo die Bemerkung „aussichtslos“ fällt. Obwohl er zu schlafen scheint, hat unser Freund alle Sinne beisammen, und sobald der Huntsman sich im Bügel reckt, fliegt das kostbare Kraut noch unangezündet zu Boden. Unter den halb geschlossenen Lidern verborgen schlummert eine ungewöhnliche Energie: in dem Augenblick, da vier Koppeln Hunde aus dem Dickicht herausbrechen, schießt er wie eine Rakete die Anhöhe hinauf, ohne Besinnen über einen steifen Ochsenzaun, um sich seinen Platz den Hunden fast zu dichtauf zu sichern. Zwei seiner Gesinnungsgenossen haben die gleiche Absicht, und der junge Rapid zeigt bei diesem Wettkampf, daß er reiten kann. Er nimmt den „King of the Golden Mines“ beim Kopfe und reitet ihn entschlossen gegen vier Fuß festes Holz; „King“ fliegt wie aus der Pistole geschossen hinüber; dann faßt er zornig das Gebiß und streckt sich. Die Meute ist unterdessen schon halb über das nächste Feld hinweg; Leicestershire-Hunde besitzen eine ungewöhnliche Geschicklichkeit darin, einander zu überholen.

*) Prädikat des niederen Landadels.

**) Eine Reithose von besonderem Schnitt.

Der alte Squire wäre bei dem Anblick begeistert, aber sein Stammhalter kümmert sich den Teufel darum, wie die Hunde arbeiten; er freut sich, wenn sie ihm nicht im Wege sind und er ohne die übliche Verwarnung durch Huntsman*) und Master**) „Dampf aufsetzen" kann. „King" galoppiert wie ein Rennpferd und nähert sich bereits dem zweiten Sprunge — ein breiter Graben, eine hohe, dichte Hecke und irgendeine Ueberraschung dahinter, letztere entpuppt sich als eine Eichenplanke, die noch vier Fuß hinter der Hecke steht. Wie ein Hirsch, die Hinterbeine unter den Leib gezogen, nimmt das Pferd das ganze Hindernis mit einem Satz, während drei von Rapids Tischgenossen, mit denen er zu speisen pflegt, fast Kopf an Kopf mit ihm in der gleichen Manier hinüberfliegen. Ein häßlicher, verwachsener Wall mit einer Erdspalte taucht am Fuße des Hanges auf, den die vier jetzt hinabsausen; da scheinbar nur eine einzige Stelle zu springen ist, so beginnt ein waghalsiges Rennen, aus dem „der König" als Sieger hervorgeht. Fünfundzwanzig Fuß mit einer Flucht bedeckend, springt er, eine klare Länge in Front seines nächsten Rivalen, wobei „Harmony", die wertvollste Hündin der Meute, um Haaresbreite von seinem Huf getroffen wird.

Sobald er die Führung hat, reitet unser Freund ruhiger; er fällt in Trab, um den Hunden Raum zu geben, und als sie auf der Brache ihrer Sache nicht sicher scheinen, hebt er warnend die Hand. — Eine „Unverschämtheit" in den Augen vieler! — Hinter der heimatlichen Meute hat er doch gelernt, daß in solch kritischen Augenblicken der Sport des Tages nur von ein wenig Geduld abhängt. Es wäre mehr als ärgerlich, jetzt die Aussicht auf einen Galopp zu verlieren, wo er einen so guten Platz erwischt hat und auf dem besten Pferde aus seinem Stalle sitzt; darum späht er sehnsüchtig nach dem Huntsman aus und hält sich fünfzig Meter abseits, was er für mehr als ausreichend hält, damit die Hunde umschlagen können. Es ist heute ein Glückstag: guter Scent und ein guter Fuchs kommen zusammen — was übrigens nicht so selten der Fall ist. — Harmony, die eben den Eisen „Kings" entronnene Hündin, hat mit einem kaum vernehmlichen Laut und tiefer Rute die von den übrigen überschossene Fährte wieder aufgenommen; im Nu sind die Kopfhunde bei ihr, und der ganze Chor fällt mit vollem Halse ein.

*) Der erste Pikör, oder auch ein Herr aus dem Felde, der die Hunde führt.

**) Der Präsident der Jagdgesellschaft, meist der Rangälteste im Felde.

Auch der junge Rapid würde zweifellos diese Leistung bewundern, wäre nicht seine Aufmerksamkeit durch ein mit Ketten verkoppeltes Gatter ganz in Anspruch genommen; die Erwägung, ob der Sprung in dem Vermögen „Kings“ liegt, nimmt keine Sekunde in Anspruch, und es versteht sich von selbst, daß das brave Pferd auch diesen spielend bewältigt. — „Unter keinen Umständen darf mich einer von den anderen einholen,“ denkt Rapid und setzt von neuem Segel auf. Vor ihm dehnt sich meilenweit, sanft abfallend, um wieder allmählich zu steigen, eine Grasfläche, auf deren fahlem Grün sich Hecken und Zäune nur als schwarze Linien abzeichnen. Ein schlanker Kirchturm am Horizont und eine dünne, nebelhafte Rauchsäule, die sich weiß von dem trüben Himmel abhebt, ist alles, was weit und breit an menschliches Dasein erinnert. Ein dampfender Hals, zwei gespitzte Ohren und eine nebelhafte Vorstellung wie Schatten vorüberfliegender Gegenstände sind gegenwärtig die ganze Welt unseres Helden. Sein Blut pulsiert rascher von dem kurz geschorenen Scheitel bis in die Hacke des seidenen Strumpfes, aber der Bann der Erziehung ist stärker als die Regung der Natur; er preßt die Lippen aufeinander, wie um einen elementaren Jubellaut zu ersticken, und murmelt, nur seinem Pferde vernehmbar: „Der Bach! — ‚King‘ hat nie Wasser refüsiert.“

Noch zwei Sprünge, dann landen sie in der Wiese, in der eine Weidenreihe den Bachlauf bezeichnet! Harmony schüttelt sich bereits auf dem jenseitigen Ufer. Mit scharfem Auge hat Rapid die Stelle zum Absprung gewählt: noch eine Parade mit ruhiger Hand, dann die Energie einer Meile in zwölf Galoppsprüngen zusammengedrängt und der Wasserspiegel gleitet wie ein Blitz unter „Kings“ Hufen vorüber. Er stellt sich in den Bügel, um dem treuen Pferde eine Erleichterung zu gewähren. — „Bravo, alter Kerl!“ tönt es vom anderen Ufer, und im selben Augenblick geht der Sprecher über Kopf, während ein anderer, der auf Knien und Ellbogen landet, in den Bart brummt: „Hol's der Henker, den hole ich nie ein! Mein Pferd hat genug.“

Der „King“ ist die 7000 Mark reichlich wert, die sein Besitzer noch nicht für ihn bezahlt hat. Er scheint eine zweite Lunge zu besitzen und galoppiert, wenn auch nicht mehr pullend, doch schwungvoll und voller Passion, daß es eine Lust sein muß, in solcher Gegend auf solchem Pferde zu sitzen. Mit einem Reiter im Sattel, wie unser Freund es ist, gibt es für den „König der

Goldminen" wohl überhaupt kein Hindernis; er hat einen gewaltigen Sprung und nicht weniger Herz als sein Herr; so segeln sie über alle Hindernisse wie im Fluge, was beiden gleich großes Vergnügen zu machen scheint. Der Boden ist weich, aber fest; die Sprünge sind zwar groß, doch „fair" und sauber. Einer nach dem anderen wird mit leichten, federnden Lançaden von achtzehn bis zwanzig Fuß abgetan, ohne daß der „King" auf der Meile auch nur einmal den Fuß gewechselt hätte. Man begreift, daß der junge Rapid sich nichts Schöneres wünschen kann, als acht Tage lang so dahin zu segeln.

Einmal kommt er mit knapper Not davon: Der Fuchs war durch eine Hecke geschlüpft und dann an dieser entlang gelaufen; die Hunde, obwohl mit vollem Halse jagend, schlugen den Bogen ebenso kurz, und Rapid, in schärfster Fahrt gegen die Hecke reitend, wäre um ein Haar mitten in der Meute gelandet. Nach Tische gab er es selbst zu, und dankte seinem Schöpfer, daß Master und Huntsman es nicht gesehen hatten. Bei der nächsten Hecke befolgt Reineke die gleiche Taktik, diesmal auf der Seite des Absprunges; die Hunde verschwinden plötzlich in dem Graben, wie eine Kaskade übereinander purzelnd. Durch eine Dampfwolke erkennt man nur ein Durcheinander von Rücken, Läufen und Ruten, aber ein unterdrücktes Knurren und ein gewisses Zucken in diesem Chaos sagt dem glücklichen Reiter genug.

Noch ehe Rapid aus dem Sattel springen kann, trifft der Huntsman ein, und gleich darauf zwei Reiter; der eine von ihnen reißt ganz aufgeregt die Uhr aus der Tasche, und wiederholt immer wieder mit strahlendem Gesicht: „Siebenundzwanzig Minuten und Halali im Freien! Und was für ein kapitaler Galopp! Von Ende zu Wende kein Gedanke an einen Stopp." — Und zum nächsten gewendet: „Siebenundzwanzig Minuten usw." —

Während sich nach und nach das Feld einfindet und dem tapferen Fuchs „die letzten Ehren" erwiesen werden, wäre es nur begreiflich, wenn jemand, der während der ganzen Jagd den besten Platz im Felde innehatte, seiner Begeisterung über das Tempo, das Gelände, den Fuchs, die Hunde Luft machen würde; auch der hindurchklingende Stolz auf den „King of the Golden Mines" wie auf die eigene Leistung wäre verzeihlich. Die Schule, der Rapid jun. angehört, unterdrückt indessen alle derartigen Gefühlsaufwallungen. Alles, was er sagt, ist nur die Frage nach den zweiten Pferden; „denn," fügt er hinzu, „ich muß frühstücken, ehe wir den zweiten Fuchs finden."

Wie schon gesagt, reitet man in den Shires zwei Jagden an einem Tage. Mit siebzig bis achtzig Hunden in den Kennels und dreißig Pferden im Stalle, um viermal in der Woche zu jagen, in einer Gegend, wo es von Füchsen wimmelt, liegt kein Grund vor, noch bei Tageshelle nach Hause zu reiten; die Tage, an denen die Fährte wirklich gut steht, sind obendrein so selten, daß man der Versuchung nicht widerstehen kann, selbst mit ermüdeten Hunden dieselben auszunutzen.

Zwischen drei und vier Uhr beginnt auch das Feld sich bedeutend zu lichten; der eine hat kein zweites Pferd draußen, der andere daheim wichtige Briefe zu schreiben, ein dritter eine Verabredung zum Whist usw. Mit einem Feld von nur noch vierzig oder fünfzig Pferden hinter sich, fängt der Huntsman an, aufzuatmen, und der begeisterte Mann in Rot weiß, daß der beste Teil des Tages ihm noch bevorsteht. Es kommt nicht selten vor, daß die Hunde ihren Fuchs bei Mondschein decken; wer lange genug draußen bleibt, hat mit den Belvoir*) sicher guten Sport. Und wer du auch seist, ob von der alten Schule oder einer von den Modernen — ein Genuß ist dir sicher, sofern du Hunde liebst. Hier hast du wirklich eine Meute, die unübertrefflich ist und auch das kritischste Auge entzücken muß. Siehst du sie gern arbeiten, so beobachte, wie sie die Nasen gebrauchen, Energie und Geduld miteinander gepaart, bis sie auch die schwächste Fährte ansprechen. Bist du ein Kenner von Form und Gebäude, so achte auf die seltene Ausgeglichenheit in Größe und Stärke, auf die Kraft und Zähigkeit, die sich in der Figur ausspricht. Interessierst du dich für Kennel-Haltung und Kondition, so frage den Huntsman, warum seine Hunde nie müde werden, und lerne von ihm, soviel du kannst. Schließlich, willst du galoppieren und springen, deinen liebsten Freund ausstechen und dein bestes Pferd auf die äußerste Probe stellen, so müßte die Fährte ungewöhnlich schlecht stehen, wenn dir „die Belvoir" nicht hierzu Gelegenheit geben. „Jagen" sie überhaupt, und du kannst bis zum Halali mit ihnen leben, so darfst du dich der besten Tugenden des Jagdreiters, eines guten Pferdes und vor allem eines guten Stallknechtes rühmen.

---

*) Meute des Herzogs von Beaufort.

Obige Bemerkungen gelten, was die Schnelligkeit der Hunde und den Charakter der Gegend, wie des ganzen Sports betrifft, auch für die Quorn, Cottesmore und Pytchley.*) Die letztere mit ihren ungeheuren Waldungen (Rockingham-Forest) verfügt wohl über das beste Gelände in ganz England, das den ganzen Winter hindurch für sechs Jagdtage in der Woche Raum bietet. Unter Lord Spencer, der seine im Staatsdienst bewährten Eigenschaften auch in den Dienst seines Lieblingssports gestellt hat, hat die Pytchley ihren historischen Ruf wiedererlangt, und der Sport, der den „weißen Kragen"**) in den letzten Jahren geboten wurde, war ungewöhnlich gut. Der Master versteht nicht nur die Behandlung der Hunde in den Kennels wie im Felde, sondern er ist auch ein erstklassiger Pferdekenner und vorzüglicher Reiter, und daher stets zur Stelle, wo es not tut. Der Huntsman hat ein unbedingtes Zutrauen zu seinen Hunden; „sie können viel eher mir helfen, als ich ihnen," ist sein Grundsatz. Wer in den Shires „einen Galopp" im besten Sinne sehen will, der reite an einem Sonnabend im Februar in „Waterloo Gorse" hinter den Pytchley-Hunden; aber ich rate ihm, ein erstklassiges Jagdpferd zu besteigen und sein Herz zu wappnen, denn er wird es gebrauchen.

Fünfzig bis hundert Morgen Grasboden, der wie kein anderer eine Fährte hält, sind gewiß verlockend; aber nach meinem Geschmack wären sie es noch mehr ohne jene halsbrecherischen Einfriedigungen, durch die die einzelnen Felder getrennt sind. Eine hohe Schwarzdornhecke, durch die selbst ein Elefant nicht durchbrechen könnte, mit einem, zuweilen gar mit zwei Gräben befestigt, häufig obendrein mit einem Balken, eine halbe Länge davon, um das Vieh von den Dornen abzuhalten — fordert gewiß die besten Eigenschaften von Mann und Pferd heraus; aber wenn auch gefährlich genug, um jedes Verlangen nach Ruhm zu befriedigen, so scheint mir ein solches Hindernis für ein Vergnügen doch etwas reichlich grob. Trotzdem habe ich ein halbes Dutzend gut berittener und gut reitender Männer zwei oder drei Meilen über diese Gegend hinter den Hunden bleiben sehen, ohne zu fallen; ja, ich glaube nicht einmal, daß man in diesem stark eingefriedigten Weideland im Durchschnitt mehr beschmutzte Röcke sieht, als in leichteren Gegenden. Ein Grund hierfür mag freilich sein, daß, wer überhaupt gegen

*) Bekannte Meuten.

**) Abzeichen der Jagd-Gesellschaft.

solche Hindernisse reitet, es nur auf dem besten Hunter*) tut, und daß der Charakter dieser Sprünge die besten Eigenschaften des Pferdes weckt.

Ein Wort über die Zwischenfälle, die unsere Passion für das Jagdreiten eher fördern als dämpfen, mag hier am Platze sein.**) „Wer nicht zu fallen versteht, kann kein guter Reiter sein," pflegte ein berühmter Jagdreiter zu sagen, und in dieser etwas seltsam klingenden Logik liegt viel Wahres: Je öfter man fällt, desto geringer ist die Gefahr, sich zu verletzen; wenn es auch heißt, daß in der Gefahr Abwesenheit des Körpers besser schützt, als Gegenwart des Geistes, so ist letztere Eigenschaft doch in kritischen Lagen unschätzbar. Ich habe Leute schon den Kopf verlieren sehen, wenn ihr Pferd nur mit der Nase den Boden berührte, und die Folge war, daß sie einen harmlosen Rumpler in einen sicheren Sturz verwandelten. Wenn der Reiter still sitzt und dem Pferde den Kopf freigibt, so weiß sich dies selbst stets am besten in einer schwierigen Situation zu helfen. Berührt der Reiter mit seinem Knie den Boden, so hat er immer noch Zeit, sich von dem Pferde zu trennen und da er dann weiß, welche Richtung der Sturz nehmen wird, so vermag er sich vor der fallenden Masse zu retten. Gestattet indessen sein Sitz ein solches Beharrungsvermögen im Sattel nicht, so sollte er sich wenigstens nie von dem Zügel trennen; ein Stoß mit dem Fuße oder ein rechtzeitiges Ueberkugeln seines Körpers wird ihn dann immer noch in Sicherheit bringen. Am gefährlichsten ist ein Sturz, wenn der Reiter mit solcher Wucht über den Kopf des Pferdes geschleudert wird, daß er bewußtlos liegen bleibt, und das ganze Gewicht des sich überschlagenden Pferdes auf den regungslosen Körper fällt. „Wo gehobelt wird, fallen begreiflicherweise Späne"; aber ein so schwerer Sturz ereignet sich glücklicherweise höchst selten. Reitet er nicht in kopfloser Fahrt gegen die Sprünge und bewahrt er in allen Lagen Ruhe, Laune und vor allem das Vertrauen zu seinem Pferde, so kann auch ein Sportsman, der über die erste Jugend hinaus ist, selbst um Harborough über die schwerste Gegend reiten, ohne Kopf und Kragen dabei zu wagen. Güte, Selbstbeherrschung, Führung, Sitz, Herz und Kopf im richtigen Verhältnis vereinigt,

*) Allgemein Jagdpferd, im engeren Sinn speziell auf das Jagdfeld gerichtete Halbblutzucht von Vollbluthengsten und Stuten schweren, aber edlen Wagenschlages. v. E.

**) Vergl. von Keudell, die Kunst, geschickt zu fallen, Teil II, Kap. XIII. v. E.

gibt im Jagdfelde das beste Lebenselixier, das Pferd und Reiter gegen Unglück feit. Alles in allem, wer Jagd reitet, um zu reiten, der findet die Erfüllung seiner Träume auf fünfzehn Meilen im Umkreise von Melton; und wer je, mag es auch nur auf wenige Minuten gewesen sein, das Glück gehabt hat, dort im Jagdfelde zu führen, der wird sein Lebtag diesen stolzen Genuß nicht vergessen. Soviel ist gewiß: für den Reiter ist ein gutes Pferd, ein gutes Gewissen und eine gute Jagd in den Shires das Höchste, was diese Erde bietet.

XV.

Irland.

Nachstehendes Kapitel aus der Feder eines englischen Master of hounds ist dem „The Badminton Magazine of Sports“ entnommen und dürfte, da neueren Datums, eine willkommene Ergänzung zu den Aufzeichnungen Whyte-Melvilles bilden. v. E.

— — — — — — — — — — — — — — — — — —

Auch dem Engländer, der zum erstenmal die grüne Insel betritt, springt der Unterschied in die Augen, der zwischen seiner Heimat und Irland besteht, und der auch im Jagdfelde nicht minder als in allen anderen Lebensverhältnissen zutage tritt.

Das erste, was dem Fremden auffällt, ist das gänzliche Fehlen der Gattertore. Die gewöhnlichen englischen „Gates“ aus Holz sind dort ganz unbekannt; zuweilen hat man eiserne Tore, die mit einer Kette oder einem Strick zugekoppelt sind, so daß ein Oeffnen vom Sattel aus unmöglich ist. Gewöhnlich aber ist der Eingang zu den Feldern mit lose aufgeführten Steinen, Ackergeräten, Pflügen, alten Wagen, Baumstämmen u. dgl. verbarrikadiert. Dies wird nur entfernt, um das Vieh auf eine andere Weide zu treiben, wenn die Koppel abgeweidet ist. Wer in Irland Jagd reiten will, muß also springen, und zwar viel springen. Die Hunde mögen noch so langsam jagen und selbst bei der Ansuche muß man schon aus einer Koppel in die andere springen. Dies hat zweifellos bewirkt, daß die Zahl der Jagdreiter in Irland sehr abgenommen hat; denn sobald jemand die Nerven verliert und das Springen nicht schätzt, kommt er dort nicht vom Wege herunter, und auf den steinigen irischen Straßen ohne Sommerweg zu reiten, ist ein schlechtes Vergnügen. Es würde dem Drückeberger auch schwerlich helfen, wenn er wartet, bis der große Haufe vor ihm gesprungen ist. Dieser kann die Wälle nicht einspringen, wie es mit den Dornhecken in England geschieht, und selbst wenn der Wall etwas „gemildert" wird, so bleibt immer noch der Graben dahinter. Ist aber die „Bank" etwas morsch, so wird sie nur unangenehmer, wenn viele Leute darüber gegangen sind. Dem Jagdfelde sind diese Tatsachen hinreichend bekannt, und wer in Irland Jagd reitet, der hat auch die Absicht, Strich zu reiten und zu springen, was ihm in den Weg kommt.

Da keine Tore vorhanden sind, die sich öffnen lassen, so sieht man in Irland niemand mit dem üblichen Jagdstock reiten; als Ersatz dient eine geflochtene Lederpeitsche oder auch nur ein Eschenstock, der meist im Stiefelschaft ruht. Infolgedessen sind die Fixköter in den irischen Dörfern außerordentlich dreist und werden häufig unbequem. Eines Tages trabte ich in der Gegend von Limerick zum Stelldichein und vor mir her ritt ein Mann auf einem jungen Pferde; als dieser an einer Kate vorüberkam, schoß eine Schäfertöle aus derselben hervor, mit wütendem Gebell direkt dem Pferde in die Vorderbeine; dann war dieselbe verschwunden, um den Scherz bei mir zu wiederholen. Indessen, ich war auf der Hut, wie ein Lasso schlang sich meine lange Peitschenschnur dem Köter um den Leib, und mit lautem Weh- und Wutgeheul ergriff er die Flucht. Für die Zukunft war er kuriert; ich bin noch oft an dem Hause vorübergekommen, aber immer begnügte sich mein „Freund" mit einem verbissenen Knurren.*)

Die Hindernisse sind von denen in den meisten englischen Landschaften grundverschieden, und sie wollen auch ganz anders angefaßt werden. In England gilt es als Regel: langsam zu gehen, wenn der Graben vor der Hecke liegt, und zu „reiten", sobald derselbe sich dahinter befindet. Mit den irischen Wällen ist es genau umgekehrt: man kann ohne Besinnen Dampf aufsetzen, wenn der Graben auf der Seite des Absprunges ist; liegt er dagegen jenseits der Bank, so muß man eine Parade geben, sonst ist zehn gegen eins zu wetten, daß das Pferd nicht auf der Bank die Füße richtig

---

*) In England ist es allgemein üblich, mit einer Schnur am Jagdstock zu reiten, der Dorfköter wegen; bei uns reiten nur der Master und das Jagdpersonal mit einer solchen. v. E.

wechselt und in dem Graben landet. Ist der Sprung ein sogenannter „Double“, d. h. Wall mit Graben davor und dahinter, so ist die Bank immerhin breit genug, daß das Pferd auch in leidlichem Tempo darauf aufsetzen kann. Das unangenehmste Hindernis ist ein hoher, schmaler Wall mit Graben dahinter.

Ohne Frage ereignen sich im irischen Jagdfelde mehr Stürze als in England, sowohl infolge der großen Zahl von Sprüngen, als auch wegen deren unfairen und schwierigen Charakters; zu weit zu springen kann dort ebenso verhängnisvoll werden, wie zu kurz springen. Springt das Pferd einen Wall, ohne aufzusetzen, so ist ein Sturz in den Graben auf der Landungsseite fast unvermeidlich. Andererseits geht solch ein Sturz in Irland ganz allmählich vor sich; nicht so wie in England, wo die Pferde über die festen Holzzäune oder dichten Hecken wie umgeschossen eine Lerche schlagen. Die große Mehrzahl der Irländer jagt zweifelsohne, um zu reiten, und kennt dabei keine Umwege. Es sind meist Naturreiter und ihre Kunst im Sattel verrät mehr Kraft wie Feinheit; dies ist vielfach auch eine Folge der allgemein üblichen Trense, die bei neun Pferden unter zehn jede feinere Reiterei unmöglich macht. Als ich einmal auf der Jagd das Pferd eines Bekannten ritt, sagte mir dessen Reitknecht vorher: „Nehmen Sie die Stute gehörig beim Kopf, und dann Feuer auf den Frack, daß die höllischen Funken aus den Hecken springen!“ Damit kennzeichnete der Biedere höchst charakteristisch die Art der Reiterei, die er am meisten schätzte.

Namentlich im Süden ist die Landbevölkerung für den Sport begeistert, sobald die Hunde in der Nähe sind, ruht alle Arbeit. Von weit und breit sammelt sich jung und alt an den bekannten Remisen, und das Freudengeheul, sobald der Fuchs herausbricht, läßt sich nicht beschreiben. Es ist ein schlechtes Zeichen, wenn sich keine Zuschauer an einer Remise einfinden: es bedeutet, daß man dort kaum auf einen Fuchs rechnen darf.

Fast alle Meuten in Irland werden von Herren geführt. Gegenwärtig figuriert u. a. bei der Meath-, Kildare-, Kilkerny-, Duhallow-, Tipperary-, Limerick- und Galway-Meute der Master selbst als Huntsman; Mr. Robert Watson,*) der vor ein oder zwei Jahren die Carlow-Meute abgab, hatte durch fünfzig Seasons seine eigenen Hunde geführt. Die Angestellten sind seltsamerweise meist

*) Gestorben 1908. War von 1845—1904 Master der Carlow-Meute. v. E.

Engländer; mit Ausnahme von Jim Brindley, Huntsman der Ward-Union-Hirschhunde, bin ich nie hinter einem irischen Professional geritten. Champion und F. Goodall, die letzten beiden Oberpiköre in Kildare, waren Engländer, wie auch Gosden bei der Duhallow-Meute.

Vor zwei Jahren erregte die Einführung der Tagesbeiträge bei einigen Meuten in englischen Sportskreisen viel Aufsehen; in Irland ist diese Art der Besteuerung schon seit undenklichen Zeiten üblich gewesen. Der gewöhnliche Satz ist hinter Fuchshunden 2 sh. 6 d. und 1 sh. hinter Hasenhunden. Jedermann, der den Hunden folgt, ob Mitglied der Jagd oder nicht, hat diesen Betrag zu entrichten; bei der Kildare-Meute können die Mitglieder der Jagdgesellschaft mit einem einmaligen Beitrag von £ 5 (= 100 Mark) die Tagesgelder ablösen.

Was den Scent betrifft, so glaube ich, daß Irland im Vorteil ist. Mögen die sprichwörtlichen „Scenting-Tage", an denen die Hunde geradezu an ihrem Fuchse kleben, dort auch nicht häufiger vorkommen als in England, so gibt es doch sehr viel weniger Tage, an denen die Fährte ausgesprochen schlecht steht; soviel ist gewiß: Jagdtage ohne wenigstens leidlichen Scent sind in Irland höchst selten.

Es gilt allgemein als erwiesen, daß dasselbe Pferd in Irland ein Stone mehr tragen kann als in England. Die Wälle sind weniger anstrengend zu springen als Hecken und Koppelricks, die fliegend gesprungen werden müssen; der Boden ist im allgemeinen vorzüglich, meist Gras, ohne Beete und Furchen, so daß auch ein schweres Gewicht leicht vorwärts kommt. Hierzu kommt, daß es in Irland kein Kaltblut gibt; auch der schwerste Mann im Felde kann daher unmöglich ein Pferd reiten, dessen Mutter im Bierwagen ging oder Kohlen schleppte. Die ganze Ackerbestellung geschieht mit edlen Pferden, und bis zu der Einführung des Hackney, die bedauerlicherweise vor einigen Jahren am grünen Tisch beschlossen wurde, konnte man in Irland weit und breit ein Pferd suchen, das nicht gut gezogen war. Wenn auch die Pedigrees, die man mit in den Kauf bekam, nicht immer zutreffend waren — alle Pferde konnten unmöglich von Ascetic oder einem der berühmten Hengste sein, die gewöhnlich auf dem Attest standen — so viel blieb Tatsache, daß jedes in Irland geborene Fohlen von einem Vollbluthengst und aus einer Stute von gutem Blute stammte; und ich glaube, daß dies auch heute noch bei der großen Mehrzahl aller in Irland gezogenen Pferde der Fall ist.*) Es wird dem Fremden auffallen, daß man kaum jemals zweite Pferde im Felde sieht. Dies wäre ein Luxus, den sich der irische Fuchsjäger in den wenigsten Fällen leisten kann, und der Sport gewinnt dadurch; in England werden unzählige Jagden durch das Geschwader der Reitknechte und Stalljungen verdorben, die mit den „zweiten" Pferden dem Jagdfelde folgen und schon manchen Fuchs vergrämt haben.

Charakteristisch für das irische Jagdgelände ist das Fehlen der Wälder. Die Dickungen sind fast alle aus Ginster angepflanzt oder auf Hängen und im Moor wild wachsend. Durch das Fehlen von Gehölz wird das Einjagen, das sogenannte „cub hunting", bei dem die Hunde an den jungen Füchsen scharf gemacht werden, sehr erschwert. Zuweilen sind diese Ginster-Remisen sehr groß und dicht, und man muß oft lange warten, ehe es den Hunden gelingt, Meister Reineke herauszudrücken. Dies gehört bei Wind und Regen nicht zu den Annehmlichkeiten, zumal die Ginsterbüsche vielfach ganz ungeschützt auf kahlen Hügeln stehen.

Einen merkwürdigen Fall erinnere ich mich bei dem sogenannten „Maine"-Busch in Limerick selbst erlebt zu haben. Es ist dies eine große Ginsterdickung, und außerhalb der eigentlichen Anpflanzung wächst eine Menge Ginster wild auf den Berghängen. Schon über eine Stunde hatten wir uns vergebens bemüht, den Fuchs herauszudrücken, mit dem ganzen Erfolg, daß Reineke immer wieder zwischen dem hohen Busch und dem wilden Ginster hin und her wechselte. Plötzlich sehe ich ihn hart am Rande der Dickung in einem Graben entlang trollen; er äugt mich und duckt sich fünfzehn Schritt von mir, wo der Graben von einem Busch überwachsen war. Im selben Augenblick marschiert ein Hund den Graben entlang direkt auf die Stelle los. Tableau! — Als sie nur noch zwei Meter weit auseinander sind, zeigt der Fuchs die Fänge und knurrt vielverheißend. Dem Hund mag nicht behaglich zumute gewesen sein, aber er wußte sich von mir beobachtet, also umdrehen und ausreißen gab es nicht! Kurz entschlossen, sprang er über den Fuchs wie über einen Holzklotz hinweg und stolzierte ganz unbefangen mit erhobenem Kopfe und hoher Rute in der Grabensole weiter, als hätte er nichts gesehen; mochte er kein Held sein, so war er doch nicht so dumm,

*) Vergl. Kap. IX.

sich eine Blöße zu geben. Reineke aber schoß wieder in seine Dickung. In keiner Meute wird es viele Hunde geben, die gern allein, Zahn um Zahn, einen Fuchs anfassen. Den meisten ist es viel sympathischer, wenn er Kopf und Schultern schon durch das Loch in einer Hecke gesteckt hat, und sie auf der anderen Seite derselben nur noch die Rute fassen. Ein Terrier hat noch einmal so viel Schneid, wie der Fuchshund; dies kommt zweifelsohne davon her, daß alles Beißen im Kennel unterbunden werden muß, wohingegen ein Terrier, der frei herumläuft, beständig auf dem Kriegspfade ist.

Alle Gegenden, die ich in Irland kenne, sind genußreich für den Jagdreiter; aber Limerick ist die beste. Der Boden ist gut, die Gegend ist nicht eintönig flach, sondern hübsch wellig, die Remisen sind gut gelegen, die Sprünge sehr verschiedenartig, aber immer innerhalb der Grenzen, d. h. in dem Leistungsvermögen eines guten Pferdes, und sie sind meistens überall zu springen. Von vielen der Remisen ist es ganz gleichgültig, welche Richtung der Fuchs einschlägt; denn nach allen Seiten liegt meilenweit das herrlichste Reitgelände. Die Stadt Limerick selbst liegt ganz am Rande der Jagdgefilde, deren eigentlicher Mittelpunkt Croom ist. Die Hindernisse sind meist mittelhohe Wälle mit Graben davor oder dahinter, bisweilen kommen auch Steinmauern und sogenannte „doubles“ vor, d. h. Graben-Wall-Graben. Die Wälle sind breit und fest, nur wenig mit Dornstrauch oder Ginster bewachsen, im Gegensatz zu einzelnen Gegenden (Meath und Kildare), wo die großen Hecken, die auf der Bank wachsen, sogenannte „Ochsenzäune“, das Springen unmöglich machen. In einem Teil der Gegend, um Askeaton, gibt es nur Steinmauern, die lose aufgeschichtet und zuweilen ungeheuer dick sind, bis acht Fuß breit. Durchschnittlich sind diese Mauern vier Fuß hoch, und die Einfriedigungen sind sehr klein, so daß man fortgesetzt springen muß. Vor Zeiten muß das ganze Land hier mit Steinen übersät gewesen sein, die zu Mauern aufgeschichtet wurden, um den Boden zu säubern. Es ist ein schweres Gelände, um mit den Hunden zu leben, denn der Boden hält den scent vorzüglich, so daß die Hunde pfeilschnell über die Mauern jagen, ohne auch nur eine Sekunde Aufenthalt herauf- und herunterspringend; die Pferde dagegen müssen verhalten werden, um die Mauern glatt zu springen oder bei den breitesten aufzusetzen. Läßt man sein Pferd in der Fahrt darüber hinweggaloppieren, so wird man vielleicht nicht fallen, aber ein paar Verletzungen sind sicher; die Kanten der Steine sind messerscharf, schon die geringste Berührung bedeutet eine häßliche Wunde. Wären die Einfriedigungen größer, so ginge es noch, aber mit den kleinen Feldern und hohen Mauern ist es nahezu unmöglich, bei den Hunden zu bleiben, sobald es gut jagt; und es kommt nicht selten vor, daß diese dem Felde einfach davonlaufen.

Die schönsten Galopps meines Lebens danke ich der Gegend von Limerick.

Am 22. Januar 1894 fanden wir den besten Fuchs, hinter dem ich je geritten bin, und bis an mein Lebensende werde ich diesen Galopp von neun Meilen nicht vergessen. Wir fanden ihn in einem wilden Ginsterbusch und jagten fünfundvierzig Minuten über herrlichen Grasboden ohne Stopp. — In den elf Jahren, die seit jenem Tage vergingen, habe ich keine ähnliche Jagd geritten. — Die Hunde schienen sich mit ihrem Fuchs hervorragend zu verstehen und legten uns eine windende Fahrt vor. Dabei kamen wir nicht über einen Sprung, den ein gutes Pferd nicht hätte bewältigen können, und das Geläuf war ausgezeichnet. Ein Freund von mir, der etwa auf der halben Strecke gefallen war, sagte mir nachher, auf den letzten drei Meilen hätten ihm die Reiter, die neben ihren ausgepumpten Pferden in jedem Felde standen, den Weg gewiesen. Schließlich fuhr der tapfere Fuchs 150 Schritt vor den Kopfhunden zu Bau. Der Galopp hat ihm nichts geschadet, denn am 19. Februar fanden wir unseren Freund wieder und er verhalf uns noch einmal zu einer vorzüglichen Jagd, bei der schließlich die Hunde wegen der hereinbrechenden Dunkelheit abgenommen werden mußten. Zu Beginn der nächsten Saison wurde er zum drittenmal hochgemacht, aber die Fährte stand nur mäßig und nach einer langen Jagd lief er den Hunden einfach aus der Nase. „Aller guten Dinge sind drei," dachte Reineke und wechselte hierauf sein Revier; er ist in dieser Gegend nie wieder gesehen worden.

Die Gegenden von Duhallow und Tipperary, die im Süden und Osten von Limerick liegen, sind gleichfalls wie geschaffen zum Reiten. Der Boden bei Duhallow ist allerdings nicht ganz so gut wie bei den beiden anderen genannten Orten; bei nassem Wetter wird er etwas tief. In Tipperary sind die Wälle ganz gewaltig. Weshalb man diese Festungswerke dort errichtet hat, ist mir nicht ganz verständlich, wie ich auch nicht einsehen kann, was das Vergnügen sein soll, sie zu springen. Man muß langsam dagegen reiten, dann springt man mit einem Satz halb hinauf und gelangt mit einer zweiten Anstrengung auf die Krone. Es gibt Pferde, die mit einer kühnen Lançade von oben herunterspringen, andere machen zwei Sätze, und manche klettern auch herunter, wenn auf der Landungsseite der Graben fehlt. Um in Tipperary zu jagen, ist Fethard die beste Operationsbasis; von dort kann man an sieben Tagen in der Woche hinter Fuchs oder Hasen reiten; denn es gibt sogar eine Meute, die Sonntags regelmäßig nach der Kirchzeit jagt. Solche Sonntagsmeuten bestehen an verschiedenen Orten; die Hunde sehen freilich etwas zusammengewürfelt aus, denn ein solches Pack besteht aus Fuchshunden, Harriers (darunter die alten irischen schwarzgelben Hunde), Beagles und Terriern, aber buntscheckig wie die Meute auch sei, gewährt sie ihren Anhängern viel Erholung und Vergnügen. Als vor zwanzig Jahren die unruhigen politischen Zustände dem offiziellen Sport ein Ende bereiteten, bejagte ein unternehmender Kopf, Fuhrhalter seines Zeichens, die Gegend mit einer Meute obiger Beschreibung; am Tage hielt er sie im Stalle, und des Nachts ließ er die Hunde auf die Straße, um sich ihren Unterhalt zu suchen.

Die „United“, die „South-Union“ und die „Muskerry“ jagen in der Nachbarschaft von Cork. Die Gegend dort ist sehr hügelig; die Wälle haben zwar keine Gräben, aber eine gemauerte Fassung. Die Füchse, die ohnehin hier nicht allzu zahlreich sind, sind oft schwer zu finden, weil die ganzen Berge mit Ginster bewachsen sind; es ist eine anstrengende Arbeit und für die Hunde sehr ermüdend, diese undurchdringlichen Dickungen zu durchstöbern. Die Muskerry-Meute wurde jahrelang von dem in Ballincollig garnisonierenden Kavallerie-Regiment gehalten. Als mein eigenes Regiment, die 10. Husaren, dort stand, ritten wir herrliche Jagden; nur die Füchse waren etwas knapp. In dem Gelände, wo wir Montags jagten, hatten wir einen alten Kunden, der uns nie im Stich ließ; ohne ihn wüßte ich nicht, was wir oft gemacht hätten. Es wäre ein Unglück gewesen, wenn wir ihn je Halali gemacht hätten! Man hört so oft schimpfen, daß es in Leicestershire zu viele Füchse gäbe; ich wünschte jenen Leuten, daß sie einmal die endlosen und vergeblichen Ansuchen kennen lernten, die wir oft in Irland hatten. Ich habe auch nicht die Erfahrung gemacht, daß der Fuchs dort, wo er selten vorkommt, besser läuft als da, wo seine Art häufig ist.

Ganz eigenartig ist die Gegend von Kildare, nach der einen Seite ganz verschieden, wie nach der anderen. Der nördliche Teil ist Flachland mit Wall-Gräben (bank and ditch); der Süden ist dagegen bergig und von hohen, trockenen Wällen durchschnitten. Nach Osten wird die Landschaft von einer Bergkette abgeschlossen, und im Westen liegt der „Allen-Sumpf". „Findet" man in dem östlichen Abschnitt, so läuft der Fuchs mit Vorliebe in die Berge, und die Hunde machen zwischen den Felsen das Ende ganz für sich allein aus. Große Sumpfflächen sind hier nicht selten, aber zum Glück werden diese von den Füchsen gemieden; unangenehmer sind die Mauern, die bis zehn Fuß hoch jeden Herrensitz in Irland einschließen. Diese Mauern sind häufig ganz mit Efeu überwachsen, so daß der Fuchs mit Leichtigkeit hinüberklettert, während dies den Hunden ganz unmöglich ist, und man mit dem Umweg bis zum nächsten Tor viel Zeit verliert. Auf diese Weise entgeht mancher Fuchs seinem Schicksal. Ich habe es oft erlebt, daß ein Fuchs unter dem Efeu oben auf der Mauer lag, die gewöhnlich sehr breit ist. Ich habe in Kildare zwei wundervolle Seasons verlebt; den besten Sport gaben die Jagden im Norden, und um Punchestown und Edestown; aber das Gelände verlangt einen wirklich guten Hunter. Man darf wohl sagen: wenn ein Pferd in Kildare mit Auszeichnung geht, so wird es seinen Reiter in keiner Gegend, sei es England oder Irland, im Stiche lassen.

Ueber eine Jagd am 26. November 1859 schreibt man mir folgendes: „An diesem Tage haben die Kildare-Hounds einen Rekord aufgestellt, der unerreicht ist: achtzehn Meilen, wie der Vogel fliegt, und Halali nach einer Stunde vierzig Minuten." Man braucht jedoch nicht auf Jagdberichte so alten Datums zurückzugreifen. Bei der Eröffnungsjagd 1883, am 6. November, wurden die Hunde zwölf Meilen von Dublin angelegt, und sie deckten den Fuchs im Weichbild der Stadt (= 15,6 Kilometer); im Oktober 1899 machte dieselbe Meute nach einer Jagd von zehn (englische) Meilen Halali. Was die Hunde oft ganz allein vermögen, zeigt folgendes: Am 23. Januar 1890 war der Boden derart, daß es in den schneebedeckten Bergen nicht möglich war, zu folgen; die Hunde jagten auf eigene Faust noch neun Meilen weit und deckten drei und eine halbe Stunde nach dem Anlegen ihren Fuchs. Bald darauf kam der Huntsman hinzu und konnte noch den Kopf retten, aber zwei volle Stunden waren die Hunde sich selbst überlassen.

Meath ist für seine ungeheuer breiten und tiefen Gräben bekannt, namentlich nach Dublin zu. Die Gräben sind oft acht Fuß tief und gehen nach unten spitz zu; fällt ein Pferd hinein, so geht es ohne einen Sovereign (20 Mark) und die Aufbietung einer „Rettungskolonne“ mit Stricken und Spaten nicht ab. Um Fairghouse gibt es herrliche Strecken, wo ich hinter den Ward-Union-Hirschhunden manch guten Galopp genossen habe. Um den Sport möglichst naturgetreu zu gestalten, wird der Hirsch nicht, wie in England, angesichts des Feldes ausgesetzt; der Wildkasten wird nach einem Punkt gefahren, der von dem Sammelplatz einige Kilometer abliegt; dort wird in aller Stille ohne Geschrei ausgelassen. Die Meute trabt dann heran und wird wie in der freien Wildbahn angelegt. Ich entsinne mich einer besonders hübschen Jagd, Ausgang März. Es war warm und trocken; anfangs stand die Fährte sehr schlecht und die Hunde nahmen dieselbe nur langsam auf. Der Hirsch hatte indessen in einem Wassertümpel auf uns gewartet; als er die Hunde eräugte, sprang er ab, und fort ging's mit hellem Geläut wohl eine deutsche Meile über herrliche Gegend, bis er abermals zu Wasser ging und dort in Sicherheit gebracht wurde.

Kilkenny ist mir persönlich weniger bekannt; es gilt als großartige „Galoppier-Gegend“; vielleicht sind die Sprünge dort nicht so grob wie anderwärts, aber da es viele Berge gibt und der Boden „Scent“ hat, braucht man ein schnelles und kräftiges Pferd. Ein alter Freund, der den Kram versteht, schreibt mir darüber:

1. Großartiger Scentboden und fast ausschließlich Grasnarbe.
2. Jede erdenkliche Art von irischen Sprüngen.
3. Raum für sechs Jagdtage in der Woche.
4. Sehr fair und nirgends Draht.

Er schließt damit, daß es das schönste Land unter der Sonne für den Jagdreiter sei.

Es gibt noch viel gute Gegenden, in denen ich nicht geritten bin, außer den weiten Landstrecken, die gegenwärtig überhaupt nicht bejagt werden, weil es an Geld fehlt, um die nötigen Remisen anzulegen. Ein nationaler Schatz liegt hier ganz brach! England wird von Jahr zu Jahr übervölkert, die Städte wachsen, der Bergbau wird immer ausgedehnter, das Eisenbahnnetz immer dichter; im Süden des Landes macht sich obendrein der Schießsport immer mehr zum Nachteil des Jagdreiters bemerkbar. In Irland ist Raum für alle, mehr als genug — und wieviel englisches Geld würde damit in das Land gebracht werden! Irland ist das Land für Leute mit kleinem Geldbeutel, denn ein „Fünfer“ reicht dort noch einmal so weit als in England. Der einzige Schatten, der auf dem Lande liegt, sind die politischen Verhältnisse, und die durch diese hervorgerufene Beunruhigung drückt auf den Sport. Die Bevölkerung freilich liebt den Sport hinter den Hunden und alles was drum und dran hängt, aber, um einen Druck auf die Grundbesitzer auszuüben, haben politische Agitatoren schon oft die Landleute dazu veranlaßt, Draht zu ziehen, die Hunde anzuhalten u. dgl. Es gibt in der besten Jagdgegend, im Süden und Westen, Güter, die für ein Butterbrot zu haben sind, aber wem kann man zumuten, sich hier niederzulassen, solange Gefahr besteht, daß das Jagdreiten eines Tages unterbunden wird.

Ich persönlich habe Irland und seine Bewohner in angenehmster Erinnerung. Die sechs Jahre, die ich dort in Garnison stand, sind die glücklichsten meines Lebens; ich bin bei Manövern, Jagden und Rennen viel im Lande herumgekommen und habe überall nur Freundliches und Höflichkeit erfahren. Die guten Freunde, der gute Sport und die guten Geschichten, die ich dort kennen lernte, sind mir dauernd unvergeßlich. Aus der Fülle der letzteren mag noch ein Schnack hier Wiedergabe finden, der den irischen Humor köstlich illustriert: Wir jagten mit den Limerick-Hunden eines Tages etwas außerhalb unseres gewöhnlichen Reviers. Man hatte uns gesagt, daß wir bestimmt einen Fuchs finden würden; aber wir hatten schon lange vergeblich gesucht, als wir uns einem Holz auf einem ziemlich steilen Berghange näherten. Ich sah einen Haufen Jungens dort stehen und dachte mir daher gleich, daß wir dort „finden" würden. Die Hunde waren auch gar nicht lange in dem Dickicht, als ein Indianergeheul der Zuschauer losbrach, die wie besessen winkten und in den Grund wiesen. Die Hunde wurden in die bezeichnete Richtung gebracht, wo man drei Felder davon einen Schäferhund wie den Wind davonjagen sah. Natürlich glaubten wir alle, daß er hinter dem Fuchs her sei, und es wurde angelegt. Obgleich die Hunde sehr rasch liefen, sprachen sie die Fährte doch nicht ordentlich an, sondern schwärmten in die Breite, wie man es bei Schlepphunden sieht. Auf diese Weise jagten wir wohl ein bis zwei (englische) Meilen über ein halbes Dutzend guter Wälle bis auf den Hof eines kleinen Pachtgutes. Hier entdeckten wir den Streich, der uns gespielt war. Die Landbewohner hatten unter allen Umständen eine Jagd sehen wollen, und zu diesem Zweck hatten sie den Hund von diesem Hofe gestohlen; auf irgendeine Weise hatten sie sich

Fuchslosung zu verschaffen gewußt und damit den Köter eingerieben. Dieser wurde nun in einem Sack nach der Remise gebracht und im geeigneten Moment ausgelassen, wobei das Triumphgeschrei der Bengels und ein paar Peitschenhiebe ihn noch auf die Beine brachten. — Sie hatten ihren Spaß gehabt; und wir trabten nach der nächsten Remise und machten den Tag mit einer vorzüglichen Jagd noch gut.

Folgendes Erlebnis erzählte der sehr beliebte Vizekönig selbst einem meiner Bekannten: Ein Jagd reitender Pächter hatte beim Springen Se. Exzellenz nicht weniger als dreimal angeritten. Als bald darauf Exzellenz bei einem Haar auf den Farmer heraufgesprungen wäre, entschuldigte sich der hohe Herr auf das lebhafteste. „Tut nichts, Euer Exzellenz," meinte der brave Landmann, „Sie sind mir noch zweimal schuldig." — — —

Auch Whyte-Melville illustriert den irischen Humor wie die Volkstümlichkeit des roten Rockes im grünen Eiland durch eine Anekdote, die in die Original-Uebersetzung nicht Eingang gefunden hat: Als der nachmalige Vizekönig von Indien, Lord Majo, in Kildare seine Meute führte, folgte ihm ein fixer Junge, Mick mit Namen, wie sein Schatten, eines jener Individuen, die nie zu arbeiten und sich niemals satt zu essen scheinen, aber immer durstig und guter Dinge sind. Nach einem Fußmarsch von oft zehn (englische) Meilen bis zum Stelldichein wich der Bursche nicht von den Hunden, bis diese am Abend die Kennels erreicht hatten. Als er eines Abends nach einer ungewöhnlich langen und anstrengenden Jagd wieder neben dem Pferde des Masters heimtrottete, konnte dieser sich nicht enthalten, ihm zu sagen: „Du bist ein Narr, Mick, mit dem vierten Teil der Anstrengung, die du dir heute gemacht hast, hättest du dir wenigstens drei bis vier Schillinge verdienen können." „Euer Gnaden," erwiderte Mick treuherzig, „wo kämen die Jagdreiter her, wenn es keine Narren gäbe!"

II.

Kurt von Keudell

und

Frhr. H. A. von Esebeck.

I.

Fuchsjagden.*)

Wenn man bedenkt, daß außer den Hirsch- und Hasenmeuten in Großbritannien hinter zirka hundertzweiundsiebzig Fuchsmeuten gejagt wird, so muß uns doch ein Gefühl der Scham beschleichen; denn leider existiert meines Wissens in ganz Deutschland nur eine einzige Meute, die, Schleppjagden ausgenommen, nur Fuchs jagt, dies ist die zehn Koppeln Fuchshunde starke Meute zu Polnisch-Lissa. Diese zehn Koppeln stammen aus der Meute des Lord Middleton in Yorkshire und kamen im Frühjahr 1883 von England herüber.

Da fast sämtliche Gutsbesitzer der Umgegend von Lissa ein warmes Herz für diesen Sport haben und sich entweder aktiv oder passiv an den Jagden beteiligen und ihre Füchse für diesen Sport schonen, so wird die Jagd dort auch mit jedem Jahre besser und verspricht sich mit der Zeit ganz einzubürgern. Meiner Ansicht nach wird sich eine Jagd nur da halten können und annähernd den Ansprüchen nachkommen, die an sie gemacht werden müssen, wo der Grundbesitzer sich der Sache annimmt. Die verschiedenen Parforcejagd-Vereine, die von Offizierkorps ausgehen und ihr Bestehen

*) Nachstehende Ausführungen, die sich in der früheren Ausgabe an die hannöverschen Jagdberichte anschließen, leitet v. Keudell mit folgender Bemerkung ein: „Ich glaube hiermit einem vielgefühlten Bedürfnis zu entsprechen, da bei der zunehmenden Passion unserer jüngeren Generation für Parforcejagd es nur einer deutlichen Erklärung bedarf, wie dieser Sport zu betreiben ist, um auch bei uns den Sport der Könige, wie er in England heißt, allmählich erblühen zu sehen.“ v. E.

doch nur der liebenswürdigen Toleranz der Grundbesitzer verdanken, sind ja alle recht hübsch und auch sehr nützlich; doch beschränken sie sich meist nur auf Schleppjagden und erheben sich selten über das Niveau der Mittelmäßigkeit.

Jagden auf lebendes Wild in den besten Monaten der Saison, November, Dezember, und wenn möglich auch noch später, sind schon deshalb so selten, weil in diesen Monaten der als Master gewählte Offizier fast nie die Zeit hat, seinen Posten als solcher richtig auszufüllen. Ich würde diesen Vereinen daher vorschlagen, sich, wenn irgend möglich, einen zweiten Master oder Stellvertreter aus dem Stande der Gutsbesitzer zu sichern, der Lust und Liebe für dies Geschäft hat. Mit der Beschäftigung eines Gutsbesitzers vereinigt sich solch ein Posten viel leichter; auch hat derselbe mehr Gelegenheit, etwaige durch Flurbeschädigung leicht entstehende Differenzen auf gütlichem Wege beizulegen. Nur diesem Umstande verdankt meiner Ansicht nach der Lissaer Verein es, daß die Passion für Parforcejagd sich dort so schnell in allen Kreisen gehoben hat, obgleich auch dieser Verein noch lange nicht auf der Normalstufe steht. Daß eine Fuchsjagd in anderthalb Jahren nicht gleich auf diesen Standpunkt zu bringen ist — wenn die Hunde auch noch so gut sind — wird wohl jedem klar werden, wenn er sieht, was alles zu einer guten Fuchsjagd gehört und welche Faktoren hier mitspielen.

Die erste Hauptbedingung ist das Vorhandensein von Füchsen. Man könnte nun annehmen, daß, wenn auf einem Komplex von einigen Quadratmeilen (denn diese brauche ich durchaus zur Fuchsjagd) kein Fuchs geschossen, gegraben oder vergiftet, kurzum keinem Fuchs nachgestellt wird, dieselben sich in kurzer Zeit so vermehren müßten, daß kein Mangel an ihnen ist. Dieses genügt aber noch nicht. Was das Vermehren anbetrifft, so brauche ich, wenn ich überhaupt ein Terrain besitze, auf dem sich Füchse gern halten, doch immer wenigstens zwei Jahre Schonzeit, um nur annähernd so viel Füchse zu haben, als ich für die Saison brauche. Nichts ist deprimierender, als den ganzen Tag bei kaltem und schlechtem Wetter von einem „Cover" zum anderen zu reiten und in keinem einen Fuchs zu finden

Ich bin hier durch das Wort „Cover" gleich auf den zweiten Hauptpunkt gekommen, der von großer Wichtigkeit bei der Fuchsjagd ist. Zuerst will ich das Wort selbst erklären und um Verzeihung bitten, wenn ich dasselbe stets weiter gebrauche; wir haben aber meines Wissens in der deutschen Sprache kein Wort, welches es ersetzen könnte. Unter „Cover“ versteht der Engländer ein dichtes Gehege, welches aus verschiedenem Strauchwerk, Ginster, Dornhecken oder Kiefern- und Tannen-Schonungen zusammengesetzt ist und worin der Fuchs ein stilles Plätzchen findet, wo er unbelästigt von der Welt sich am Tage nach den Strapazen oder Wanderungen der Nacht ausruhen kann. Daß diese Covers nicht an belebten Straßen liegen dürfen, versteht sich wohl von selbst. Denn es hängt natürlich sehr viel von der Lage derselben ab, ob sie von Füchsen viel besucht werden oder nicht. Je größer sie sind, desto lieber hat sie der Fuchs, doch um so schwerer für den Hund und um so unangenehmer für das Feld. Am besten ist daher auch hier die goldene Mittelstraße. Ich glaube, die besten Covers sind solche, die nicht mehr als fünfhundert Schritt im Durchmesser haben. Warum dies, will ich nachher bei dem Durchsuchen derselben sagen. Vorläufig kann ich mich hierauf noch nicht einlassen, da ich beim Anfang beginnen muß und dies ist das sogenannte „cub-hunting“.

Ich nehme also an, die Covers sind vorhanden und richtig gelegen; ich habe durch Schonen die nötige Anzahl von Füchsen in meinem Revier, und es ist das erste Jahr, daß ich Füchse jage. — Doch halt! Bevor ich beginne, muß ich noch auf ein sehr wichtiges Mitglied der Gesellschaft in diesem Sportzweige aufmerksam machen, und dies ist der Mann, den der Engländer „earthstopper“ nennt und der die Pflicht hat, sämtliche Baue und Notbaue zu kennen und dieselben in der Nacht vor Beginn jeder Jagd zuzumachen. Es ist dies kein leichtes Amt; es gehört dazu jahrelange Kenntnis im Revier und Vertrautsein mit den Gewohnheiten des Fuchses. Ich will dem Mann einen deutschen Namen geben und ihn Bauverstopfer nennen.

Vielfach herrscht bei uns die Ansicht, daß Wälder für Fuchsjagd nicht geeignet sind; es ist dies aber ein Irrtum. In Wäldern habe ich mehr Chance, Füchse zu hegen, als irgendwo anders, und wenn ich das „cub-hunting“ oft genug und lange genug in Wäldern abhalte, so beunruhige ich die Füchse im Walde so, daß sie es vorziehen, sich den Tag über in den verschiedenen Covers aufzuhalten. Was man unter „cub-hunting“ (cub heißt der junge Fuchs) versteht, ist das Einjagen der jungen Hunde mit alten Lehrmeistern, die ganz sicher auf der Fährte sind, und das Beunruhigen der jungen Füchse hauptsächlich, um sie aus den Wäldern in die Covers zu treiben. Daß bei dieser Art des Einjagens viele junge Füchse, die durch „Drücken“ sich den Hunden zu entziehen versuchen, von denselben überrumpelt und zerrissen werden, ist natürlich und auch erwünscht, da die jungen Hunde Blut lecken müssen, um Sicherheit auf der Fährte dieses Wildes und Begeisterung dafür zu bekommen. Der Verlust solcher Exemplare von Füchsen ist für die Jagd auch kein großer, da diese doch nur selten Großartiges im Laufen geleistet hätten und ihrem Charakter nach immer mehr für das Hin- und Herlaufen im Cover gewesen wären. Man muß nicht glauben, daß alle Füchse gleich sind; auch bei dieser Gattung, wie bei den Menschen, gibt es mehr kleine als große Seelen. Außer denen, die sich drücken, werden aber auch noch so und so viel junge Füchse von den Hunden zerrissen, nachdem sie sich im Walde müde gelaufen, also regulär „Halali gemacht“ haben. Diejenigen jungen Füchse, die den Wald bald verlassen, kommen meistens mit heiler Haut davon, da man dann die Hunde von der Fährte abnimmt, in Anbetracht, daß zur Jahreszeit des Einjagens das Reiten außerhalb des Waldes, der Felder wegen, meistens unmöglich ist. Gleichfalls werden die Hunde gewöhnlich von der Fährte abgenommen, sobald man sich überzeugt hat, daß der gejagte Fuchs ein alter ist. Es ist dies natürlich meistens im Walde schwer zu wissen und man kommt oft erst dahinter, sobald man im Freien angelangt ist. — Ich sagte absichtlich: „Gewöhnlich werden die Hunde von der Fährte eines alten Fuchses abgenommen“, denn dies ist nicht immer der Fall; — ja man jagt gegen Ende der cub-hunting-Saison, wenn die Felder es erlauben, auch gern einen alten Fuchs, um den Hunden einen guten Galopp zu geben.

Die cub-hunting-Saison beginnt durchschnittlich Mitte September (in mancher Gegend auch schon viel früher) und dauert bis 1. November. In dieser Zeit geht nur der Master und das Personal zur Jagd heraus. Der legitime Sport für das „Feld“ beginnt erst am 1. November und dauert bis Ende April. Ein selbst k l e i n e s Feld am cub-hunting teilnehmen zu lassen, ist unmöglich, weil schon eine geringe Anzahl von Zuschauern die Sache stören würde und sie sich aktiv an dem Vergnügen so gut wie gar nicht beteiligen könnten. Stören würden sie, weil sie den jungen Füchsen oft den Weg versperren und die im Laufen unschlüssigen noch zaghafter machten, und ein Vergnügen kann es unmöglich sein, ein und dasselbe Gestell so und so oft herauf und wieder herunter zu galoppieren. Ein Engländer beschreibt seine Erlebnisse bei einem cub-hunting sehr charakteristisch folgendermaßen: „Ich drehte mich von fünf Uhr morgens bis gegen acht Uhr um einen Baum herum und ritt dann zum Frühstück nach Hause.“

Auch schon die Zeit würde vielen Herren nicht behagen; es wird nämlich bei Sonnenaufgang ausgerückt, um in der warmen Jahreszeit noch den Vorteil des Taues zu haben, damit einigermaßen Chance für Scent*) ist. Sehr sicher müssen natürlich die alten Hunde darin sein, daß sie nichts anderes jagen, als nur Fuchs; denn häufig werden weder Master noch Piköre von dem gejagten Wilde etwas zu sehen bekommen, sie werden selbst die Hunde nicht immer im Auge behalten können. Der Huntsman muß also jeden Hund bei seiner Stimme kennen und einem jungen vorlauten Hund, der sich auf einer Hasen- oder Rehfährte befindet, sofort den Mund stopfen und die Freude hieran benehmen.

Wie oft wöchentlich dieses cub-hunting stattfinden muß, richtet sich nach der Größe der Wälder und Remisen. Je größer die Wälder sind, desto häufiger muß ich cub-hunting abhalten, und mancher Master sieht sich gezwungen, fünfmal die Woche dies zu tun. Aber auch alle größeren Dickungen müssen während des cub-hunting fleißig besucht werden, um den Füchsen zu lehren, daß ihre einzige Rettung in der Flucht besteht. Habe ich dieses unterlassen, so kommt es später während der wirklichen Saison zu häufig vor, daß die Hunde stundenlang den Fuchs im Busch jagen, bevor derselbe sich entschließt, ins Freie zu gehen. Besonders wird dies der Fall sein, wenn ein Feld von so und so viel Reitern sich womöglich auf allen Seiten desselben aufgestellt hat und der Fuchs nirgends einen Platz sieht, wo er sich unbemerkt fortschleichen kann.

Aus oben Gesagtem geht klar hervor, daß cub-hunting die Grundlage der ganzen Fuchsjagd ist und daß dort, wo dies versäumt worden, sich diese Vernachlässigung, je nach der Gegend, während der wirklichen Jagdsaison mehr oder weniger fühlbar machen wird.

Hiermit wäre ich mit dem cub-hunting fertig und komme nun zur wirklichen Jagd.

Die Rendezvous hierzu sind gewöhnlich um elf Uhr angesetzt, und wenn nicht ein oder der andere Besitzer es sich zur Ehre macht, die Jagdgesellschaft bei sich zu bewirten und hierdurch eine kleine Verzögerung entsteht, so wird sofort nach dem für diesen Tag bestimmten Dickicht getrabt und die Hunde ohne Verzug

*) Witterung des Wildes.

in dasselbe hineingeworfen (dies ist der technische Ausdruck hierfür). Ein guter Huntsman wird die Hunde immer von der richtigen Windseite hineinwerfen, womöglich also gegen den Wind oder wenigstens mit halbem Wind, doch auch so, daß er nicht von der Seite hineingeht, wo der Fuchs herauszubrechen pflegt, oder, wie wie wir sagen, seinen Wechsel hat. Der erste Whip*) geht nicht mit ins Holz hinein, sondern sucht sich außerhalb desselben einen Platz aus, wo er die Gegend am besten überschauen kann, ohne vom Fuchs gesehen oder gewindet zu werden. Sieht er den Fuchs sich hinwegstehlen, ohne daß die Hunde auf seiner Fährte sind, so läßt er ihn ruhig ein paar hundert Schritte fort und gibt dann mit einer Pfeife das Signal für den Huntsman, worauf dieser, so schnell er kann, mit Hilfe seines zweiten Gehilfen die Hunde aus dem Gehölz herausnimmt und sie auf die Fährte bringt, wohl wissend, daß mit jeder Sekunde, die er später auf die Fährte kommt, die Chancen für ein Halali schlechter werden. Dieses Signal mit der Pfeife ist eine ganz neue, aber sehr praktische Einrichtung, da durch den Tally-ho-Ruf — besonders wenn er zu frühzeitig kam — der Fuchs oft veranlaßt wurde, wieder in das Kamp hineinzuschlüpfen und dann nur schwer wieder herauszubekommen war. Stiehlt der Fuchs sich nicht vorher weg, sondern wartet die Meute im Dickicht ab, so bricht er gewöhnlich kurz vor dieser aus demselben heraus und ist dann keine Gefahr, daß er wieder hineinschlüpft, außer wenn ein unachtsames Mitglied des Feldes ihm hier den Weg vertritt. Hieraus sieht man, wie wichtig die Aufstellung des Feldes vor dem Dickicht ist. Je weiter es davon absteht, desto besser. Bei kleinen Büschen ist dies auch ganz leicht; bei größeren kann es sich jedoch ereignen, daß die Hunde mit dem Fuchs herauskommen, ohne daß jemand des Feldes etwas davon sieht, und hat man an einem guten Scenttage einen schlechten Start, so kommt es vor, daß man die Hunde an diesem Tage nicht wieder zu Gesicht bekommt. Man muß sich also mehr auf das Hören als das Sehen verlassen und stellt sich am besten, wenn es andere Gründe nicht verbieten, unter Wind auf.**) Große Dickungen haben immer den Nachteil vor kleinen, daß die Füchse länger in ihnen verweilen,

*) Unterpikör.

**) Hierüber kann man geteilter Ansicht sein. Der Master der East-Sussex-Foxhounds z. B. schreibt mir: „Wenn sich bei uns die Followers unter Wind aufstellen wollten, würden sie die Jagd hindern und ich würde sie da forttreiben.“
v. E.

bevor sie herausbrechen, besonders wenn das Gestrüpp sehr dicht ist. Hat der Fuchs mit den Hunden dichtauf das Holz verlassen, so beginnt auch das Vergnügen für das Feld und gibt es wohl schwerlich ein schöneres, als auf einem guten Pferde einer guten Fuchsmeute zu folgen. All die interessanten und kritischen Momente während einer langen Jagd zu beschreiben, ermangelt es mir an Raum, und kann ich nur auf die vorstehenden Erinnerungen Whyte-Melvilles verweisen, der den Verlauf einer Fuchsjagd in dem Kapitel „Reiten hinter Fuchshunden"*) sehr interessant beschreibt.

Ich würde mich freuen, wenn es mir gelänge, durch die obige Beschreibung bei uns in Deutschland ein besseres Verständnis für diese Jagd zu erreichen und derselben mehr Freunde zu gewinnen.

Die Herren, die sich in ihrer Jugend auf der Rennbahn auszeichneten, sollten, wenn ihr Gewicht ihnen dies verbietet oder wenn sie sich aufs Land zurückgezogen haben, das Reiten nicht ganz aufgeben, sondern hinter Hunden einen Ersatz hierfür suchen, und ich glaube, sie würden bald finden, daß sie hier in reiferen Jahren dasselbe Vergnügen genießen könnten, das ihnen in ihrer Jugend die Rennbahn bot. Wie für den Vollblutzüchter die Rennbahn der einzige Probierstein seines Materials ist, so sollte der Halbblutzüchter hinter der Meute seine Aufzucht prüfen**), und würden wir bald besseres Halbblutmaterial erzielen, wenn es nicht Regel wäre, daß die am besten gemästeten Halbblutpferde die höchsten Preise erzielten. Aber nicht nur das Verständnis, sondern auch die Passion für Pferdezucht würde sich heben, wenn der kleine Züchter sieht, daß gut ausprobierte Jagdpferde hohe Preise bringen. Es ist in England nichts Seltenes, daß wirklich renommierte Jagdpferde, die Gewicht tragen können, mit drei- bis vierhundert Guineen bezahlt werden, weil der Engländer auch das Halbblutpferd nicht nach seinem Aeußeren allein, sondern mehr noch nach seinen Leistungen bezahlt.

Gibt es für den Landmann und Halbblutzüchter einen Sport, der nützlicher für ihn ist und ihn zugleich so jung erhält, als die Parforcejagd? So groß auch das Vergnügen der Schießjagd für den Liebhaber und so anerkennenswert auch die Leistung ist, an einem Tage so und so viel Hasen oder eine große Anzahl anderes Wild auf der Strecke zu haben, so kann dies Vergnügen doch nie das Gefühl der Befriedigung geben, wie ein guter Galopp über eine Gegend mit festen Sprüngen.

---

*) Siehe Whyte-Melville, Kapitel XI.

**) Geschieht heute im Königlichen Hauptgestüt Trakehnen. v. E.

Dabei hat diese Jagd vor den meisten anderen Sportzweigen den Vorzug, daß Mißgunst und Eifersucht hier unbekannt sind, und daß der als der Beste anerkannt wird, der zeigt, daß er wirklich ein Mann ist.

Daß die Fuchsjagd, selbst bei einer großen Anzahl von Füchsen, der übrigen Jagd weniger Schaden tut, wofern man Kaninchen hat, sieht man in England, wo Füchse und Fasanen einträchtig nebeneinander leben. Außerdem bin ich überzeugt, daß man in Gegenden, wo größere Güter nur selten sind, von Bauern viel leichter größere Reviere zu pachten bekommt, wenn man den Eigentümern die volle Freiheit über die übrige Jagd läßt und nur von ihnen verlangt, daß sie die Füchse schonen und sich der Anlage von richtigen Remisen nicht widersetzen.

Unsere Pferde sind heutzutage schneller und auch wir lieben es, schneller zu reiten, als unsere Väter es in der ersten Hälfte dieses Jahrhunderts taten, daher genügt uns der langsame Harrier oder Beagle nicht mehr; — wir brauchen schnellere Hunde — also den Fuchshund — und ein Wild, das mehr geradeaus läuft als der Hase, andauernder läuft als das Schwein, weniger kostspielig ist als der Hirsch, und dies ist und bleibt der Fuchs.

— —

In Gegenden, wo man freie Füchse nicht jagen kann*) — und man kann dies mit Erfolg nur, wenn man seine ganze Jagd hierauf eingerichtet hat und einen bis anderthalb Monat vorher wöchentlich vier- bis fünfmal cub-hunting abgehalten hat — ich sage, in einer solchen Gegend sollte man sich damit zu helfen suchen, im eigenen Revier Füchse mit der Ente zu fangen und sie zu jagen, nachdem man sämtliche Baue in der Umgegend verstopft hat. Hier im bekannten Terrain — denn jeder Fuchs ist mindestens drei Meilen im Umkreise ganz genau mit der Gegend vertraut — werden die Füchse laufen und auch geradeaus laufen.

Ist ein solcher frisch eingefangen — dies geschieht in einer Grube vermittelst einer Ente —, so ist dies keine so üble Jagd, da Füchse, wenn sie richtig ausgesetzt werden (am besten in einem flachen Graben), und wenn man ihnen an guten Scenttagen den nötigen Vorsprung von acht, ja selbst mehr Minuten geben kann, mitunter

*) Vergl. VII. Auflage, Teil III, Kapitel I.

herrliche Jagden geben. Ich entsinne mich eines Galopps hinter einem solchen Fuchs, der so schön war, daß ein bekannter Steeplechase- und alter Jagdreiter mir sagte, er könnte sich nicht erinnern, jemals in seinem Leben solange Galopp geritten zu haben. Der Hauptfehler, den solche Füchse jedoch mit allem ausgesetzten und in der Gegend unbekannten Wild gemein haben, ist der, daß sie nicht geradeaus gehen, weil sie nicht wissen, wohin sie gehen sollen.

Der in der Gegend bekannte Fuchs steuert, sobald er aufgestöbert wird, auf dem kürzesten Wege dem nächsten Bau zu und nimmt, wenn er diesen verstopft findet, Direktion auf einen Notbau. Das Verstopfen der Baue in der Nacht vor jeder Fuchsjagd aus dem Freien ist die erste Hauptbedingung zum Gelingen einer solchen. Bei einem Kastenfuchs braucht man dies nicht zu tun, da er, meines Wissens nach, nie in einen ihm unbekannten Bau gehen wird. Der Kastenfuchs drückt sich mitunter wie ein Hase und springt dann wohl auch zuweilen mitten unter den Hunden auf, doch da der Fuchs nicht nur ausdauernd, sondern auch recht schnell ist, was viele, die ihn nur vor Windhunden gesehen haben, nicht glauben wollen, so wird die Entfernung zwischen ihm und selbst raschen Fuchshunden sehr bald größer und größer, bis die Hunde ihn aus dem Auge verlieren und gezwungen sind, sich nur auf ihre Nasen zu verlassen.

Es kommt zwar auch vor, daß Kastenfüchse gar nicht laufen, und sind dies dann meistens alte, die recht schlau sein wollen oder solche, die schon zu lange eingesperrt gewesen sind. Am besten ist es immer, sie am selben Tage oder wenigstens tags darauf auszusetzen. Es ist zu natürlich, daß die Angst und der Mangel an Bewegung sie sehr schnell herunterkommen läßt. Auch soll man sich hüten, sie später als vierundzwanzig Stunden vorher zu füttern. Länger als drei bis vier Tage würde ich niemand raten, einen Fuchs einzusperren, wenn man nicht alle Hoffnung auf eine gute Jagd aufgeben will.

Die meiste Chance hierfür hat man, wenn man den Fuchs den Abend, bevor man ihn jagen will, in einem abgelegenen dichten Gehölz aussetzt. Er benutzt dann die Nacht dazu, um sich in der Gegend zu orientieren, und kann man ihn meistens am anderen Morgen in demselben Gehölz wiederfinden, wo er sich dann ausruht.

Ich sagte absichtlich, man findet ihn meistens dort wieder: denn so ganz sicher ist die Sache auch nicht, und wenn man nur selten einen Fuchs zum Jagen bekommt, so entschließt man sich zu diesem Manöver auch nur ungern, aus Angst, Reineke niemals wiederzusehen.

Ein Hauptübelstand des Kastenfuchses ist der, daß er an der Witterung verliert, je länger er eingesperrt ist, und die Hunde die Lust verlieren, ihn zu jagen. Das Wunderbarste aber ist, daß Fuchshunde, die bekanntlich jeden Fuchs aus der Freiheit mit wahrer Wut zerreißen und verschlingen, einen einige Tage eingesperrten nur mit langen Zähnen fassen und den zahmen Fuchs nur totbeißen, aber nicht weiter anrühren, sondern mit einem gewissen Widerwillen betrachten.

Es ist dies die Erklärung dafür, warum die Hunde zahme oder länger eingesperrte Füchse auch so schlecht jagen.

Ich habe dieses Thema absichtlich zur Sprache gebracht, weil man so oft sich darüber wundern hört, daß Fuchshunde, die stets gut auf Fuchsschleppe gejagt haben, lebende Füchse nur schlecht jagen. Es sind dies dann meistens solche Füchse, die ich zahm nenne.

Die Hauptveranlassung zu dem obigen Thema bestand darin, daß mir zu Ohren gekommen war, daß ein Verein, der mit Fuchshunden auf Schleppe jagt, darüber klagte, daß dieselben keinen Fuchs mehr annähmen. Wenn dieser Verein seine Hunde auf die Fährte eines wilden Fuchses brächte, so würde er bald sehen, daß die Hunde trotz der Schleppjagden das Jagen noch nicht ganz verlernt haben.

II.

Vierzehn Tage in Polnisch-Lissa.*)

In einem Spornartikel: „Einiges über die diesjährigen Lissaer Fuchjagden" finden wir einen bezeichnenden Lissaer Nachruf für den Rittmeister von Keudell. Er lautet: „Die Spalten des ‚Sporn' sind oft mit begeisterten Schilderungen des Jagdsports in Hannover und in der Senne angefüllt worden, welche ein beredtes Zeugnis dafür ablegen, daß dieser Sport in Deutschland immer mehr um sich greift und neue Anhänger gewinnt. In Lissa aber gilt seit lange die Regel ‚Nicht schreiben, sondern reiten'. Wenn wir heute von diesem Grundsatze abweichen, so tun wir es, um auch weiteren Kreisen davon Kenntnis zu geben, welch herrlicher Sport dort blüht. Nachdem, dank dem unermüdlichen Bestreben des in Sportkreisen in so hohem Andenken stehenden, leider verstorbenen Rittmeisters von Keudell, der Verein im Jahre 1882 ins Leben gerufen wurde, grünte und blühte er fort in den Händen seines bewährten Masters, Rittmeister Hoffmann vom Leibhusarenregiment Kaiserin, begünstigt durch die hohe Passion des Grafen Mielczynski auf Schloß Pawlowitz. In wahrhaft aufopfernder Weise stellte letzterer nicht nur seine ganze Herrschaft unentwegt dem Reitsport zur Verfügung, sondern hegt, pflegt undködert sogar, obgleich selbst passionierter Anhänger der grünen Farbe, den gefährlichsten Feind seiner niederen Jagd, den Fuchs, für unsern Sport. Keudell nannte ihn vor Jahren schon unseren ‚fox-preserver'**). Nur dieser Opferfreudigkeit des Grafen

*) von Keudell, VII. Auflage, Teil III, Kapitel VI.

**) Fuchsschoner.

und der bereitwilligen Unterstützung, die der Unionklub und der Hindernisverein in richtiger Erkenntnis des hohen Wertes, welcher dem Jagdreiten in bezug auf Entwicklung der Pferdezucht und des Reitergeistes beizumessen ist, sowie dem überaus glücklichen Griff, den unser Master in der Person des schon seit lange hochbewährten Huntsman Habberfield*) machte, verdanken wir es, daß der Lissaer Parforceverein mit Recht stolz auf seinen Sport ist."

Es war im Frühjahr 1883, als in Lissa zehn Koppel Fuchshunde aus Lord Middletons Pack aus England ankamen, deren fernere Existenz anfänglich durch manche Schwierigkeiten in Frage gestellt war. Doch weder kleinliche Bedenken, noch vielfach in den Weg gelegte Hindernisse vermochten die Passion für die gute Sache zu unterdrücken, zumal wiederum von anderer Seite dem jungen Unternehmen eine überaus rege Sympathie entgegengebracht wurde. In erster Linie verdienen hier die Herren aus der Umgegend von Lissa genannt zu werden. Sie haben in liebenswürdigster Bereitwilligkeit ihr Terrain zur Verfügung gestellt, und, was von ebenso großer Bedeutung für ein glückliches Gedeihen dieses Sports gewesen ist, der größte Teil von ihnen hat sich zu jedem Rendezvous eingefunden und bei keinem Halali gefehlt.

Seit Ende September wird regelmäßig dreimal wöchentlich gejagt; bis Mitte Oktober waren die Schleppjagden überwiegend, da es galt, zunächst die jungen Hunde mit den alten einzujagen.

Eine reguläre cub-hunting-season war bis jetzt unmöglich. Einerseits fehlt es leider bis jetzt auch hier noch an den nötigen Vorkehrungen zum Einbrechen der jungen Hunde in Covers; andererseits gibt es hierzulande nur selten Parks, welche mit Reh- oder Damwild bevölkert sind, und durch welche die jungen Hunde täglich geführt werden, um vollständig reh- und hirschrein gemacht zu werden. In unseren Wäldern ist der Fuchs immer noch in der Minderzahl vertreten, und würde man hier cub-hunting abhalten, so würde man den jungen Hunden mehr das Jagen auf Reh und Hase beibringen, als es erreichen, daß sie sicher auf der Fuchsfährte, und nur auf dieser allein, eingebrochen werden.

Der einzige Ausweg unter diesen Umständen ist die Schleppjagd auf Fuchslosung, und wenn ich auch mit vielen Sachverständigen darüber einig bin, daß es die Hunde leicht verleitet, nicht so fein zu arbeiten, so bin

*) Vergl. Teil III, Kapitel VIII.

ich andererseits doch davon überzeugt, daß in einer solchen wildreichen Gegend wie hier die Schleppjagd die beste Schule für junge Hunde ist.

Dem Huntsman Habberfield, der im Frühjahr 1883 die meist aus jungen Hunden bestehende Meute von seinem Vorgänger Carl Wöhler übernahm, gebührt das große Verdienst, die Meute so gearbeitet zu haben, daß sie gleich gut auf der Schleppe wie hinter dem Fuchs jagt, und alle vor der Nase aufspringenden Hasen gänzlich verachtet. Der Gehorsam der Hunde (leider sind es augenblicklich nur neun Koppeln) ist ausgezeichnet, was um so mehr anzuerkennen ist, als dem Huntsman nur ein kaum sechzehnjähriger Whip zur Seite steht, der erst seit vier Wochen zu Pferde sitzt.

Wenn ich vorhin sagte, daß in unseren Wäldern der Fuchs immer noch in der Minderzahl vertreten ist, so kann ich doch nicht unterlassen, hervorzuheben, daß von allen mir in Deutschland bekannten Gegenden diese die einzige ist, wo man zu der Erkenntnis gekommen, daß der Fuchs nicht das Tier ist, das durch Pulver und Blei zu erlegen, sondern dazu geboren ist, um uns die schönsten Stunden zu Pferde erleben zu lassen. Hier um Lissa finden wir Herren, die ihre Füchse nur den ehrenvollen Tod durch die Hunde sterben lassen, und gebührt in dieser Beziehung vor allen anderen Besitzern dem fox-preserver par excellence, Herrn Graf Max Mielczynski auf Pawlowitz, das höchste Lob, und sei es mir gestattet, hierfür meinen wärmsten Dank an dieser Stelle auszusprechen.

Um ein kleines Bild unseres hiesigen Sports zu geben, will ich in möglichster Kürze die während meiner Anwesenheit abgehaltenen Wildjagden beschreiben.

Sonnabend, den 31. Oktober. Rendezvous Leka, elf Uhr. Fuchsjagd. Dieses Rendezvous liegt viereinhalb Meilen südöstlich von Lissa, so daß Herren, die nördlich der Stadt wohnen, vier bis fünf Meilen zum Stelldichein hatten. Trotzdem hatte der Reiz der Fuchsjagd und die ziemliche Gewißheit, daß hier beim Grafen Math. Mielczynski, dem Bruder unseres besten fox-preserver, fast immer ein Fuchs zu finden ist, selbst die entferntesten Herren hingelockt. Die Herren der nächsten Nachbarschaft, wie Graf Max Mielczynski mit seinen Gästen, waren selbstverständlich zur Stelle, und verdankten der Master und ich unser pünktliches Erscheinen am Rendezvous hauptsächlich dem guten Tempo, in welchem uns der Viererzug des Grafen Max Mielczynski nach Leka brachte. Nach einem kurzen Frühstück wurde nach dem nächsten Vorwerk getrabt, wo in einem Rapsfeld sich fast täglich ein Fuchs gezeigt hatte, doch heute war er nicht zu Hause; wir suchten noch ein Maisfeld und mehrere andere Rapsstücke vergeblich ab, doch war nichts von Reineke zu entdecken. Hasen sprangen den Hunden alle hundert Schritte vor der Nase auf, doch nur einer machte einen Moment Miene, zu folgen, war aber sofort zurückgerufen; die anderen Hunde sahen ihren Huntsman fragend an und kümmerten sich dann nicht weiter um diese Art Wild. Es wurde nun nach einem Holz getrabt, wo man sicher etwas zu finden glaubte, und kaum waren die Hunde im Busch, so hörte man deutlich die tiefe Stimme des alten Bluebeard, ein sicheres Zeichen, daß Reineke nicht weit entfernt war. Dem alten Hunde schlossen sich die übrigen Stimmen an und bald erschallte die schönste Musik für das Ohr des fox-hunters. Der Fuchs drehte sich eine Weile im Busch herum, bevor er denselben verließ, um in einem großen Bogen wieder hineinzuschlüpfen; aber bald wurde es ihm hier zu heiß und wie ein Blitz sah man den Huntsman mit dem Rufe gone away*) und einem langgedehnten Ton seines kurzen englischen Horns das Dickicht verlassen. Er hatte an der Stimme seiner Hunde gehört, daß sie nicht mehr im Busch, sondern im Freien jagten.

Als wir in voller Fahrt aus dem Holz kamen, waren die Hunde schon gegen fünfhundert Meter voraus, und trotzdem der Huntsman und ich, die einzigen, die einen möglichst guten Start hatten, ritten, was wir reiten konnten, gelang es uns doch nicht, näher an dieselben heranzukommen, so gut stand die Fährte und solch ein Tempo ging es infolgedessen. Einmal sahen wir den schnellsten Hund nicht weiter wie zehn Schritt hinter dem Fuchs und glaubten ihn schon sicher zu haben, als durch eine Terrainwelle Fuchs und Hunde wieder unseren Augen entzogen wurden und nach einem sehr raschen Galopp von fünfunddreißig Minuten in einem Gehölz verschwanden. Jedermann glaubte, der Fuchs würde hier zu Bau gehen, doch waren ihm entweder die Hunde zu dicht auf oder er war hier nicht bekannt, kurzum, in wenigen Minuten hörten wir die Hunde an der entgegengesetzten Seite aus dem Walde herauskommen, die Direktion auf den Gostyner Bruch nehmen, und wir sahen sie zu unserem großen Leidwesen im dichten Schilf verschwinden, das sich hier eine Viertelmeile breit und in unabsehbarer Länge hinzieht. Ein Folgen war weder zu Fuß noch zu Pferde

*) Heißt, daß der Fuchs sich auf die Reise gemacht hat.

möglich, es blieb also nichts übrig, als die Hunde abzublasen und, da es vier Uhr war, den Heimweg anzutreten. Sämtliche Herren, auch die mit einem schlechten Start, waren am Wäldchen zur Stelle und behaupteten, daß sie die Entfernung von anderthalb Meilen nie so schnell zurückgelegt hätten, als am heutigen Tage.

Dienstag, den 3. November. Rendezvous Kankel, elf Uhr. Um den Hubertustag festlich zu begehen und um an diesem Tage eines guten Galopps ganz sicher zu sein, war beschlossen worden, eine Schleppjagd anzusetzen, und zwar über die gröbsten Hindernisse, welche in dieser Gegend zu finden waren. Es war dies den Mitgliedern annonciert und ihnen gestattet worden, sich die Linie, über welche geschleppt werden sollte, vorher anzusehen, um danach klar mit sich selber zu sein, wie und wo sie die Sprünge überwinden wollten.

Huntsman Habberfield mit einem Whip und neun Koppeln Fuchshunden war um elf Uhr zur Stelle, und nach ihm stellten sich allmählich folgende Herren in Rot ein: der Master Premierleutnant Hoffmann auf dem irischen Schimmel-Wallach Downpatrick, der sich in England unter Mr. Moore schon einen Namen als Hunter gemacht hat; ferner Graf Max Mielczynski, Graf Damski, Graf Bob Bninski, Herr M. von Cioromski, Premierleutnant von Keszycki, Leutnant von Ribbeck, Herr von Rzewuski, Herr von Wedemeyer und Schreiber dieses. Mehrere Wagen mit Zuschauern beiderlei Geschlechts waren gleichfalls am Rendezvous erschienen und wurden vor Beginn der Jagd auf solche Punkte vorausgeschickt, wo sie die besten Sprünge sehen konnten.

Um elfeinhalb Uhr waren die Hunde auf der Fährte, und da wir einen herrlichen Scenttag hatten, so flog die Meute gleichsam vorwärts. Nach ungefähr tausend Metern auf wunderschönem Dreeschboden kamen wir gegen das erste Hindernis, einen zirka zwanzig Fuß tiefen Abzugsgraben mit sehr steilen Rändern, der, wie die am folgenden Tage erfolgte genaue Messung ergab, eine Breite von sechs Metern und neunundzwanzig Zentimetern oder zwanzigeindrittel Fuß im Lichten hatte.

Jetzt war der letzte Moment gekommen, wo man sich entschließen mußte, ob man dieses Hindernis fliegend oder kletternd überwinden wollte. Fünf Herren zogen die erstere, schnellere Manier vor und dreihundert Schritt vorher sah man diese Herren Dampf aufsetzen und in voller Fahrt, unter Führung des Herrn von Ribbeck auf Sturmvogel, gegen den Graben segeln. Außer dem eben genannten

Herrn waren dies Graf Mielczynski auf einer selbstgezogenen Fuchsstute, Herr von Rzewuski auf einer durch Herrn von Hochwächter in Irland gekauften braunen Stute, Herr von Keszycki auf Babylonian und meine Wenigkeit auf Puck. Nur drei Pferde waren in der nötigen Fahrt, um glatt über dies Hindernis zu fliegen, und landeten noch ein gutes Stück hinter dem jenseitigen Grabenrande. Es waren dies Sturmvogel, Babylonian und Puck; letzterer jedoch — er ist nicht größer als ein Pony und hat wohl nie ein ähnliches Hindernis gesehen — erschrak beim Anblick des Abgrundes unter sich in der Luft derart, daß er beim Landen seine Beine nicht finden konnte, und rollte wie ein in den Kopf geschossener Hase sechs Schritt über seinen Reiter fort. Die übrigen zwei Herren hatten wohl nicht den nötigen Dampf aufgesetzt, kamen daher nur bis gegen den jenseitigen Uferrand und konnten von Glück sagen, daß sie nicht rückwärts in den Graben hineinrutschten. Puck, sofort wieder bestiegen, holte die führenden Pferde ein, als sie über das zweite Hindernis, einen Doppelsprung, aus einem vier- und einem zwölffüßigen Graben bestehend, gingen und in einem Stück Roggensaat landeten. Hier in der Saat (man hat in hiesiger Gegend glücklicherweise zum Teil das alte Vorurteil überwunden, daß ein Darüberreiten der Saat schadet) war der Boden recht tief und die Pferde fingen an, die Pace der Hunde zu fühlen; doch es sollte nicht lange so bleiben, wir kamen bald wieder auf Stoppel, und nach einigen Gräben, die nach dem ersten großen uns alle so winzig vorkamen, daß man sie kaum beachtete, sahen wir uns gegenüber der Dorfstraße von Pawlowitz, die zu beiden Seiten mit einer dreifüßigen Steinmauer eingefaßt ist, vor resp. hinter welcher jedesmal ein vierfüßiger Graben lag. Nach Ueberwindung dieses Hindernisses waren wir wieder in einem Saatfelde, aus welchem wir nur durch einen abermaligen Sprung über eine Steinmauer, diesmal jedoch ohne Graben, herauskommen konnten, um dann auf Stoppel über einige kleine Gräben gegen einen zwanzigfüßigen Graben zu kommen. Dieser, dessen Ränder hier ziemlich flach waren, wurde jedoch mehr kletternd als springend überwunden, zumal wir sechstausend Meter hinter uns hatten und beinahe dort angekommen waren, wo Stopp gemacht werden sollte. Zwanzig Minuten dauerte dieser und nach zirka tausend Metern über zwei kleinere Gräben kamen als dritter und vierter Sprung die Tribünen- oder Sensationssprünge des heutigen Tages im Dorfe Pawlowitz selbst, bestehend aus einem achtfüßigen Graben mit dreifüßiger Steinmauer dahinter, auf welcher letzteren eine kleine Hecke angepflanzt war, und nicht viel weiter als hundert Schritte hinter diesem Hindernis floß in einer trockenen Wiese ein Bach, der nach meiner Messung genau eine halbe Regenschirmlänge breiter ist, als der berühmte Oosbach auf der Rennbahn von Baden-Baden. Die Hauptunannehmlichkeit war der kurze Anlauf zwischen Steinmauer und Bach, jedoch kam es uns zustatten, daß die Mauer die nötige Breite zum Aufsetzen hatte, man also schnell über diese Dinge hinweggehen konnte.

Der Huntsman auf dem braunen Hengst Pius — ich glaube, er ist in Graditz gezogen — war der erste über beide Hindernisse hinweg, und schien es mir, als ob er noch etliche Fuß hinter dem Bach landete. Ihm folgten gleichfalls fliegend über beide Sprünge Herr von Ribbeck, Graf Mielczynski, Herr von Keszycki und ich; die übrigen Herren überwanden den Bach teils durch Hinein- und Herausspringen, wie z. B. Herr von Cioromski, dessen Trakehner Wallach dies sehr geschickt machte, teils scheiterten sie schon am ersten Hindernisse und mußten ihre Zuflucht zu der in der Nähe befindlichen Brücke nehmen. Wenn diese beiden Sprünge für Herren im Gewichte von hundertunddreißig bis hundertundfünfzig Pfund nicht so ganz schlecht sind, so ist die Leistung des Grafen Max Mielczynski, der, wie ich schon früher erwähnt habe, zweihundertundacht Pfund in den Sattel bringt, immerhin eine ganz vorzügliche, und wird mir das Bild, wie derselbe auf seinem kolossalen schwarzbraunen irischen Wallach — den er beim Stopp gegen die Fuchsstute vertauscht hatte — über beide Hindernisse flog, ein unvergeßliches bleiben. Ich glaube nicht, daß wir auf dem Kontinent viel Herren haben, die bei gleichem Körpergewicht dies dem Grafen nachmachen. Die Bravorufe des zahlreichen Publikums hinter uns lassend, waren wir bald den Augen desselben entschwunden und galoppierten in herrlicher Pace auf dem schönsten Boden der Welt über teils große, teils kleine Gräben noch gegen viertausend Meter weiter, wo das Ende der Schleppe war und die Hunde ihren reichlich verdienten Lohn erhielten.

In den stattlichen Räumen des Schlosses Pawlowitz fand hierauf ein Frühstück statt, das durch die Gegenwart einiger Damen verherrlicht wurde, und war die allgemeine Stimmung eine so heitere, daß nach dem Frühstück sogar getanzt wurde. Lange konnten wir jedoch uns diesem Vergnügen nicht hingeben, da Lissa zwei Meilen von hier entfernt ist, wo um sechs Uhr das Hubertus-Diner bestellt war, welchem sich am darauffolgenden Tage ein Ball anschloß.

Sonnabend, den 7. November. Rendezvous zwölf Uhr am Wäldchen zwischen Kankel-Garzyn auf der Lissa-Gostyner Chaussee, Fuchsjagd. — Leider waren einige Hündinnen indisposées und so konnte der Huntsman nur mit sieben Koppeln herauskommen. Das Feld bestand außer dem Master aus folgenden Herren: Graf Mielczynski, Major von Bachmayr, Leutnant Freiherr von Esebeck (3. Garde-Ulanen-Regiment), der es nicht gescheut hatte, in einer Nacht von Potsdam hierher zu reisen, um in der darauffolgenden wieder in seine Garnison zurückzukehren, Herr von Cioromski, Herr von Rzewuski, Herr Haché, die Leutnants von Ribbeck, Feldt, de Ball, Oehme vom 2. Leib-Husaren-Regiment und der unvermeidliche Reporter.

Um die Hunde in diesem Holz, in welchem viel Rehwild steht, nicht in Versuchung zu bringen, wurden dieselben nicht dort hineingelassen, sondern das Wäldchen durch Treiber getrieben. Wohlweislich waren sämtliche Baue und Notbaue nicht nur hier, sondern in der ganzen Umgegend am Abend vorher verstopft und früh am Morgen desselben Tages noch einmal revidiert worden. Vor Beginn des Treibens wurde das Feld außerhalb des Gehölzes auf der Chaussee mit je hundert Schritt Abstand aufgestellt, um ein Durchbrechen des Fuchses nach dieser Richtung womöglich zu verhindern.

Schon um zwölfeinhalb Uhr brach ein Fuchs aus dem Holz heraus und wie der Blitz war Habberfield mit seinen Hunden auf der Fährte. Der Ton seines Horns zeigte uns an, daß die Jagd im Gange war. Wer auf dem äußersten Flügel stand, hatte sich heranzuhalten, um die Hunde sich nicht entwischen zu lassen. Auf dem besten Wege, dies zu tun, öffnete sich vor uns plötzlich ein Abgrund; es war dies der sogenannte Kanal, ein Abzugsgraben, der dreißig Fuß breit und ebenso tief ist und selbst für den Beherztesten augenblicklich zum Springen unmöglich, da zu beiden Seiten tiefer Sturzacker war. Doch auch zum Klettern ist dieser Kanal nicht gerade einladend, da seine Ränder sehr steil sind und teilweise überhängen. Doch was war zu tun? Vor uns die Hunde in bester Jagd! Ich dachte an Whyte-Melvilles Worte: „Diesseits ewige Schande, jenseits der Tod!“ und stürzte mich auf dem alten Silen in das Ding hinein, kam auf der anderen Seite glücklich heraus und meinem Beispiel folgten die übrigen Herren. Als wir die Hunde erreichten, hatten dieselben die Fährte überschossen und auf abgeeggtem Kartoffellande einen Moment verloren. Ein hoch in die Luft gehaltener

Hut eines Arbeitsmannes zeigte uns bald an, wohin Reineke seinen Lauf genommen hatte. Bei dem Vorwerk Granica hatten die Hunde die Fährte wieder und in bester Fahrt stürmte die ganze Meute auf die Sohle eines trockenen Grabens Hund hinter Hund mit hellem Geläute vorwärts, das Feld zu beiden Seiten des Grabens folgend. Wie lange dieser Galopp dauerte, kann ich leider nicht sagen; ich weiß nur, daß er recht lang und dabei rasch war und daß wir zuerst Direktion auf Pawlowitz und dann auf Dorf Neugut hatten, wo wir am Dorfe entlang galoppierten und den Fuchs zum erstenmal in Sicht bekamen. Zwei Dorfköter, die sich auf dem Felde herumtrieben, müssen den Fuchs von der Absicht, sich in ein weiter vorwärts gelegenes Wäldchen zu flüchten, von seiner Direktion abgebracht haben, und waren somit die Veranlassung, daß die Hunde die Fährte überschossen und wir zu einem, manchem Herrn wohl erwünschten Stopp von zehn Minuten kamen. Der Huntsman machte seinen regulären kreisförmigen Bogen und war dann wieder auf der Fährte; je länger die Hunde gingen, desto schärfer wurde das Tempo; schnell waren wir beim Dorfe Neugut vorbei, Direktion auf Kankel und dann in der Richtung auf Neue Welt kaum fünfhundert Schritt vom großen Walde ab.

Jedermann glaubte, daß Reineke sich dort hinein zu retten versuchen würde, doch nein; er war wohl zu weit von seiner Heimat entfernt und sehnte sich nach dieser zurück, denn anstatt sich dem Walde zuzuwenden, machte er wieder kehrt und lief beinahe ausschließlich auf den Sohlen von Gräben nach Neugut zurück, wo er zum zweiten Male à vue kam, dann auf Groß-Torsewitz zudrehte, an diesem Dorfe vorbeiging und unmittelbar vor Prczybin von den Hunden gedeckt wurde. Dies war zehn Minuten vor drei Uhr; wir hatten also, die zehn Minuten Stopp abgerechnet, eine Jagd von vollen zwei Stunden gehabt und taxiere ich die zurückgelegte Entfernung auf zirka vier deutsche Meilen. Bei der geringen Anzahl der Hunde, von denen die Mehrzahl im ersten Felde jagten, und der zahllosen Menge von Hasen war diese Leistung eine ganz vorzügliche, und kann ich nicht unterlassen, dem Huntsman Habberfield an dieser Stelle mein Kompliment zu machen. Ich kann nun einmal von der Idee nicht abkommen, daß — keine Regel ohne Ausnahme — ein guter Huntsman nur in England zu finden ist, wo dieselben durch Generationen hindurch für dieses Metier erzogen und, ich möchte sogar sagen, gezüchtet werden. Der Ernst der Sache und der Eifer dafür geht vielen unserer Landsleute ab. Man betrachte den englischen Huntsman außer in verschiedenen Stadien der Jagd beim Kill oder Halali, wenn er seinen Hunden das worry, worry oder pull him and tear him to pieces*) zuruft und während diese den Fuchs zerreißen, fortwährend in sein Horn stößt, damit sie lernen, daß dies die Belohnung für den Gehorsam auf das Horn ist, und man wird sich nicht wundern, daß unter der Führung eines solchen Mannes jeder Hund freudig jagt und sein letztes hergibt. Was Habberfield für diese Gegend besonders wertvoll macht, ist, daß derselbe außer seiner Muttersprache fertig Deutsch und Polnisch spricht.

Sämtliche Herren, mit Ausnahme des Leutnant Oehme, dessen Pferd es zuviel wurde, waren beim Halali zur Stelle, und dem Leutnant von Esebeck**) wurde zur Belohnung für seine lange Reise die Rute feierlichst vom Master überreicht. Von Sprüngen war während der langen Jagd nicht viel zu merken, teils ging es so schnell, daß wenig Zeit dazu war, sich die Hindernisse anzusehen, teils benutzte der Fuchs die größeren Gräben vielfach, um darin zu laufen, so daß man nur selten über dieselben kam.

Wie der Leser aus der Beschreibung dieser wenigen Jagdtage sieht, wäre es nach langen vergeblichen Bemühungen glücklich gelungen, bei uns zulande eine Fuchsjagd einzurichten, die, wie es sich bei der großen Passion der hiesigen Herren Besitzer voraussehen läßt, mit jedem Jahre einen Schritt weiter vorwärts machen wird, um zum Schluß auf den normalen Standpunkt einer englischen Fuchsjagd zu kommen.

Wir verdanken dies aber hauptsächlich, außer der guten Leitung des Masters und seines Stellvertreters, der Initiative des Grafen Max Mielczynski und seiner nächsten Nachbarn, von denen ich außer den schon genannten übrigen Herren den Rittergutsbesitzer Müller auf Gorzno erwähnen muß.

---

*) Faßt ihn und reißt ihn in Stücke.

**) Jetzt Vizeoberstallmeister Sr. Majestät des Kaisers.

III.

Kniffe des Wildes vor den Hunden.*)

Ich will im Anschluß hieran die verschiedenen Kunstkniffe erwähnen, die der Fuchs vor den Hunden anwendet, um sich ihrer Verfolgung zu entziehen. Es sind dies zum Teil in England gemachte Beobachtungen, die „The Field" in einer seiner Nummern veröffentlichte.

Die Veranlassung hierzu gab der Umstand, daß auf einer Jagd der Fuchs sich auf einen mit Efeu berankten Baum geflüchtet hatte, was bei den Anwesenden allgemeines Erstaunen hervorrief und als etwas ganz Abnormes angesehen wurde. Ein alter Jagdreiter äußert sich nun wie folgt über diesen Gegenstand:

Obgleich das Erklettern von Bäumen bei Füchsen kein gewöhnliches Rettungsmittel ist, so ist es doch keineswegs so selten, als vielfach geglaubt wird. Man findet in mehr als einem illustrierten Jagdbuch Abbildungen, auf welchen man einen Fuchs von einem Baume herunterspringen sieht, und in Old Berkshire gab es einen Baum, der vielleicht jetzt noch existiert, in welchem ein Fuchs seinen Bau hatte und von wo aus er mehr als einmal gejagt wurde. Daß Füchse, wenn die Hunde dichtauf sind, ihre Zuflucht zu niedrigen Bäumen oder hohlen Baumstümpfen genommen haben, ist beinahe ebenso oft vorgekommen, als es sich ereignet hat, daß sie sich in Drainröhren oder in abgelegenen Häusern versteckten. Möglich ist es, daß der Instinkt des Fuchses, oder besser ausgedrückt,

*) VII. Auflage, Teil II, Kapitel III.

seine Intelligenz ihm sagt, daß die Hunde ihm nicht auf den Baum folgen können, und da es eine alte Regel des Fuchses ist, ein Manöver, das ihm einmal geglückt, zu wiederholen, so ist es auch gar nicht so überraschend, daß man dieses Bäumeklettern vielfach von authentischer Seite bestätigen hörte.

Ein viel ungewöhnlicherer Fall kam kürzlich zur Kenntnis, wo ein Fuchs seine Zuflucht zum Meere nahm, sich dreißig Minuten über Wasser hielt und in diesem Zeitraum gegen dreiviertel englische Meilen zurücklegte, bis er schließlich leider von Fischern getötet wurde. Obgleich bei Hirsch, Reh und selbst beim Hasen dies häufiger vorkommt, ist es doch der erste glaubwürdige Fall, in welchem ein Fuchs sich ins Meer stürzte.

Ein anderer außergewöhnlicher Fall von Selbsterhaltungstrieb und Schlauheit kam vor einigen Jahren in die Oeffentlichkeit. Ein Fuchs, welcher seine Direktion verschiedene Male gewechselt und vergeblich versucht hatte, sich in hohem Binsenkraut zu ducken, lief plötzlich gerade auf das in der Nähe befindliche Eisenbahngeleise zu und legte sich mitten auf den Schienenstrang, wo er in liegender Stellung verharrte, bis der ankommende Zug dicht an ihn herankam. Er rettete sein Leben auf diese Weise, denn der Huntsman, der den Eisenbahnzug hatte kommen sehen, nahm wohlweislich zur Vermeidung von Unglücksfällen seine Hunde sofort von der Fährte ab. Will man nicht annehmen, daß dieser Fuchs so viel Verstand hatte, daß er, auf die Klugheit und Vorsicht des Huntsman bauend, seine Zuflucht zu den Schienen nahm, so ist es schwer zu sagen, was ihn sonst dazu verleitet haben sollte, sich in eine so gefahrvolle Lage zu begeben.

Leider kommt der Fuchsjäger nur selten dazu, die Kniffe und Kunstgriffe des Fuchses vor den Hunden zu beobachten. Der zufällig Vorübergehende oder mitunter vielleicht der zweite Pikör, der die Instruktion bekommen hat, hinten zu bleiben und Erkundigungen über das plötzliche Verschwinden des Fuchses einzuziehen, sind meistens die Glücklichen, die derartige Sachen erleben.

In Gegenden mit Steinmauern hat man vielfach die Bemerkung gemacht, daß Füchse, anstatt über die Mauer hinweg, auf dieselbe hinaufspringen und eine Weile darauf laufen, bevor sie nach der anderen Seite hinunterspringen. Jedesmal aber kann man es sehen, daß sie soweit wie möglich von der Mauer abspringen, wahrscheinlich doch wohl, um ihre Fährte möglichst lange zu unterbrechen und dadurch schwächer zu machen; auch ist vielfach beobachtet worden, daß sie, um die Hunde noch mehr irre zu machen, längs der Kante der Mauer bis zu einem Punkte liefen, wo dieselbe einen Winkel macht und einige Fuß vor der Ecke auf die andere Mauer sprangen. Es scheint, als wenn Füchse es wüßten, daß ihre Fährte durch Wasser schwächer wird, denn wie oft kommt es in nassen Gegenden vor, daß sie durch Wasser waten, bevor sie sich im Schilf niederlegen. Noch weit auffälliger war ein anderer Fall, der in Hannover beobachtet wurde, wo ein Fuchs, als er unerwartet auf einige sich zum Rendezvous begebende Reiter stieß, sofort in einen Wassergraben sprang, in diesem eine kurze Strecke schwamm und dann am jenseitigen Ufer Reißaus nahm, doch auch nur, um durch seinen Aufenthalt im Wasser seine Fährte zu unterbrechen.

Vielen Fuchsjägern wird es aufgefallen sein, wie häufig Füchse dieselbe Tour machen und plötzlich, ohne zu Bau gegangen zu sein, jedesmal spurlos verschwinden. Ein solcher Fall ereignete sich eine Zeitlang regelmäßig in einer Gegend, wo Reineke stets vor den Hunden verschwand, indem er zuerst auf einen Flechtzaun, von diesem auf eine Mauer und, wie später festgestellt wurde, von hier auf das Dach eines unbewohnten Bauernhauses sprang, um sich in dem Schornstein desselben zu verbergen. Aehnlich versuchte es ein Fuchs im Jahre 1877 bei Hannover, der, von den Hunden scharf gedrängt, auf das Dach eines niedrigen Bauernhauses sprang, doch zu seinem Unglück abrutschte und mitten in die Hunde fiel.

Von Interesse, wenn auch anderer Art, sind vielleicht noch zwei Fälle, wo ein Fuchs, der doch für sehr scheu gilt und, außer wo es seine Nahrung erfordert, niemand angreift, hiervon sogar Menschen gegenüber eine Ausnahme machte. Ein englisches Blatt teilt folgendes mit: Ein junges Mädchen hütete ihre Schafe, als plötzlich der Schäferhund einen Fuchs aufjagte, der in einen nahen Bau gehen wollte. Hieran von dem Mädchen verhindert, machte er sich, seine Zähne zeigend, kampfbereit, um dasselbe anzugreifen. „Wenn du mich anlachst, so will ich dir was zu lachen geben," waren die Worte des resoluten Mädchens, das sofort einige Steine ergriff und eine Kanonade auf den Fuchs eröffnete, wodurch es ihr gelang, in Gemeinschaft mit dem hinzugekommenen Schäferhund den Fuchs zu töten.

Ernster war aber der zweite Fall, wo ein Knabe, der in Gemeinschaft eines Arbeiters um sechs Uhr morgens Pferde von der Koppel holen sollte, in dem Augenblicke, als er eine Sandgrube passierte, von drei Füchsen angegriffen wurde, die er sich mit Hilfe seiner Peitsche nur mühsam vom Leibe halten konnte, bis sein Begleiter, durch die Hilferufe herbeigeeilt, ihn aus seiner unangenehmen Lage befreite.

Eins der interessantesten Schauspiele zwischen Fuchs und Hund trug sich in der Saison 1882/83 hinter den Hunden des Herzogs von Rutland zu. Nachdem ein Fuchs für eine geraume Zeit gejagt worden war, kam die ganze Meute, mit Ausnahme eines einzigen Hundes, auf einen frischen Fuchs. Dieser eine Hund, der dem ersten Fuchs näher und näher kam, versuchte schließlich ihn überzurollen, wurde aber vom Fuchs so abgeschlagen, daß er fürs erste ihm vom Leibe blieb und beide es vorzogen, sich in respektabler Entfernung zu beobachten. Sobald der Fuchs sich in Bewegung setzte, folgte ihm der Hund, doch waren beide so erschöpft, daß sie sich nur langsam fortbewegen konnten und in verschiedenen Zwischenräumen sich beobachtend einander gegenübersaßen, um den Kampf von neuem zu beginnen, in welchem nicht immer der Hund allein der angreifende Teil war.

v. K.

— — — — — — — — — — — — — — — — — — — —

Ein tragisches Ende fand Mr. Richard Bower, der Master der South and West Wilts-Meute, der gegen Ende der letzten Jagdsaison von einem Fuchs gebissen wurde; es traten zunächst keinerlei Komplikationen ein, und Mr. Bower blieb ganz gesund. Erst nach mehreren Monaten erkrankte er plötzlich und starb an den aufgetretenen Nachwirkungen des Bisses.

Wenig bekannt dürfte es sein, daß Lampe an Verschlagenheit dem Meister Reineke nichts nachgibt. So hat derselbe einen nie irrenden Instinkt dafür, wo seine Fährte steht und wo nicht. Mit Vorliebe sucht er deshalb vor den Hunden einen harten Weg oder eine vielbefahrene staubige Landstraße zu erreichen. Um die Hunde irre zu führen, nimmt er den Rückwechsel, näßt auf seine Fährte, drückt sich unter eine Schafherde oder läuft über ein frisch gedüngtes Feld. Ja, er scheut nicht einmal das nasse Element, um, von den Hunden gedrängt, sich durch Schwimmen zu retten. Mit Vorliebe pflegt der Jagdhase seine ganze Sippe auf die Läufe zu bringen, und man kann häufig beobachten, daß der gehetzte Martin einen Stammesbruder hochmacht, um sich in dessen Lager zu drücken. Merkwürdig ist es, daß der Hase ein feuchtes, nasses Lager so bevorzugt; allein dies dürfte sich daraus erklären, daß die Aehnlichkeit seiner Wolle mit der Farbe des Bodens ihn dort vor Entdeckung schützt. Bekanntlich gibt der Hase im Lager überhaupt keine Witterung, so daß, solange er sich nicht rührt, die Hunde auf ihn treten können, ohne nur mehr Notiz davon zu nehmen, wie von einem Lehmkloß oder einer Rübenstaude. Obwohl Lampe sich in der Regel in einem mehr oder weniger großen Kreise dreht, kommt es doch vor, daß ein alter Bursche sechs bis acht Kilometer mit einer Ausdauer schnurgeradeaus läuft, die selbst dem Fuchs Ehre machen würde.

Von allem ausgesetzten Wild ist das Schwein dasjenige, welches die meiste Neigung hat, geradeaus zu laufen. Falls ein Schwein durch Lancieren nicht absichtlich in eine andere Richtung dirigiert wird, kann man beinahe darauf schwören, daß es gegen Wind geht, es sei denn ein Fluß oder See in der Nähe, der es von der Windrichtung ablenkt.

Hiernach wäre also diese Jagd jeder anderen vorzuziehen, es kommt aber der hinkende Bote gleich nach, und der ist die große Unzuverlässigkeit des Schweines im Laufen. Manche laufen absolut nicht weiter, als eine viertel Meile, die Durchschnittsentfernung beträgt eine halbe bis dreiviertel Meilen und einzelne Prachtexemplare geben wohl auch einen Galopp von einer bis sogar zwei Meilen. Ich spreche hier nur von Schweinen, die in unbekanntem Terrain ausgesetzt werden. Leider kann man es ihnen vorher nicht ansehen, ob sie laufen werden oder nicht, denn dies richtet sich nicht nach ihrer Stärke; ein schwacher Ueberläufer läuft in der Regel besser als der stärkste Keiler.

Der zweite Hauptnachteil dieser Jagd ist, daß ein Keiler, falls ihm die Gewehre nicht vorher ausgebrochen werden, eine große Anzahl von Koppeln notwendig macht, und man trotzdem riskiert, nach jeder Jagd so und so viel gefechtsunfähige Hunde zu haben, während, wenn ihm die Gewehre vorher ausgebrochen werden, er bei dieser Prozedur mitunter so viel leidet, daß sein Laufen in Frage gestellt wird. Was die Witterung anbetrifft, so mag die des Schweines der des Hirsches gleich sein; Keudell behauptet aber, daß die Fährte des Schweines deshalb besser steht, weil das Schwein dem Hirsch an Schnelligkeit nachsteht und daher während der ganzen Dauer der Jagd die Fährte des Schweines eine gleichmäßigere und wärmere ist, als die des Hirsches.

IV.

‚Scent.‘

„There's nothing so uncertain as scent, 'cept a woman!“ läßt der unsterbliche Surtees seinen unvergleichlichen Mr. Jorrocks, den Helden von „Handley Croß“, sagen, und charakteristischer kann niemand jenes „Phänomen“ kennzeichnen, das Hunden und Huntsman täglich neue Rätsel gibt. „Wolltest du die Hunde fragen, ob heute die Fährte steht,“ sagt ein anderer Master, „so würdest du von jedem einzelnen Hund im Pack eine andere Antwort erhalten.“ — Und doch ist die Kenntnis aller Faktoren, die auf das „Stehen der Fährte“, die Stärke der Witterung, einen Einfluß üben, für jeden, der Hunde führt, das A und das O aller Kunst. Wohl vermag die jahrelange Beobachtung der Hunde, die Aufmerksamkeit auf Wind und Wetter, Boden und Tageszeit und dergleichen mehr Fingerzeige zu liefern, und doch erlebt der älteste Jagdreiter, der erfahrenste Huntsman in jeder Saison Ueberraschungen, die alle Erfahrungsregeln über den Haufen werfen. Darum, je älter der rote Rock, je grauer der Kopf unter der schwarzen Samtkappe, desto vorsichtiger und zurückhaltender pflegt der Träger in seinem Urteil zu werden. — „Der schlechteste Hund im Pack versteht mehr von dem Geschäft, Mylord, als wir beide zusammen genommen,“ sagte jener alte Huntsman zu dem Grünschnabel im Reitfrack und Zylinder, der dem Veteranen Ratschläge erteilen wollte, als seine Hunde überschossen und eine kalte Fährte nicht sogleich wieder aufzunehmen vermochten. Wenn es wahr ist, daß die Beobachtung der Natur den Menschen zur Bescheidenheit erzieht, so trifft dies hier zu, auf den schwierigen und oft so undankbaren Beruf des Huntsman! Undankbar freilich nur durch den Unverstand derer, die ihm folgen, über die Fährte reiten und auf die Hunde drücken, wenn diese bei schneidendem Nordost nur mühsam die Fährte Schritt für Schritt aus dem ausgedörrten Boden herausarbeiten können, und die dann mit unverhohlener Mißachtung davonreiten, wenn ihre eigene Verständnislosigkeit den Hunden die Tagesarbeit verdorben und die „Fehljagd" selbst verschuldet hat.

In dieser Hinsicht geht es jenseits des Kanals, wo die Reitjagden Nationalsport sind, allerdings wesentlich anders zu; in den oft nach Hunderten zählenden Jagdfeldern hat dort vom jüngsten Backfisch bis zum ältesten Graukopf, vom kleinsten Pächter bis zum vornehmsten Lord fast jedermann für die Arbeit der Hunde liebevolles Verständnis, weiß deren Schwierigkeit richtig einzuschätzen. Eine charakteristische Lehre nach dieser Richtung erhielt ich selbst einmal hinter den Eastbourne-Foxhounds. Nach einer herrlichen, fast drei volle Stunden währenden Jagd mußten wir dieselbe aufgeben, da bei der plötzlich eingetretenen Abendkühle die Fährte nicht mehr „stand". Ich hielt es für höflich, dem mir persönlich bekannten Master auf dem Heimwege mein Bedauern auszudrücken, daß das Ende des Tages seine so vorzüglich arbeitenden Hunde um ihren wohlverdienten Lohn betrogen habe. Colonel Cardwell versicherte mir hierauf, daß er ganz im Gegenteil mit dem heutigen Ausgang sehr zufrieden sei, da die Gegend ohnehin nicht allzu reich mit Füchsen gesegnet sei und unser Flüchtling nunmehr noch für einen andern Tag guten Sport verheiße. Diese Auffassung wurde anscheinend von der ganzen Jagdgesellschaft einstimmig geteilt. Wieviel mißmutige Gesichter und verdrossene Bemerkungen hätte in solchem Falle bei uns ein Master über sich ergehen lassen müssen! Ohne der Wohlerzogenheit meiner Landsleute damit zu nahe treten zu wollen: es fehlt eben bei uns zulande die sportliche Erziehung, die in England seit Generationen Allgemeingut aller Bevölkerungsschichten ist.

Noch ein anderes erschwert bei uns für Master und Huntsman das Geschäft; in den wenigsten Fällen ist nämlich die Reitjagd bei uns Selbstzweck, sondern meist in erster Reihe entweder eine militärische Reitübung oder eine gesellige Veranstaltung. In England denkt niemand daran, für einen Jagdtag, der acht bis zehn Stunden im Sattel und Heimkehr bei anbrechender Nacht bedeutet, noch eine Dinerverabredung zu treffen; ebensowenig aber würde jemand sich in seiner Passion beirren lassen, wenn er an einem „blank day" am späten Abend heimkehrt, ohne auch nur einen Galoppsprung getan zu haben. Wie vielen aber ist bei uns das Jagdessen und der Flirt im roten Frack die Hauptsache; und so mancher Großgrundbesitzer gibt seine Feldmark der Jagdfolge nur darum mit solcher Bereitwilligkeit frei, weil das Stelldichein vor dem Schlosse den gesellschaftlichen Glanz desselben erhöht. Ich will niemand darum schelten, ganz im Gegenteil es durchaus gutheißen, daß man dem Geschmack und den Schwächen weiterer Kreise Rechnung trägt, sofern man nur dadurch dem „Sport in Rot" bei diesen Eingang verschafft. Aber leichter wird das ohnehin schwierige Amt des Masters beziehungsweise seines Huntsman nicht, wenn er innerhalb einer knapp bemessenen Frist fast auf die Minute pünktlich „Sport" zeigen soll. Wie oft habe ich die sprichwörtliche Gastfreiheit Pommerns schon verwünscht, wenn ich, anstatt meine Hunde bei einem Nordoststurm nach Hause zu schicken, immer wieder vergebens anlegen mußte, weil die geladenen Frühstücksgäste unterhalten sein mußten oder noch bis zum Diner einige Stunden unterzubringen waren. Es gibt Tage, an denen selbst ein Hase mit zerschossenen Läufen die schnellsten Hunde innerhalb von zwei Minuten distanziert, und es gehören für den, der diese Hunde führt, schon gute Nerven dazu, um mit Gleichmut die verständnislose Kritik zu ertragen, die hinter ihm laut wird, bis Holz oder ein Sprung Rehe ihm den willkommenen Vorwand liefern, einen Tag abzubrechen, der für jeden nur halbwegs Sachverständigen von vornherein aussichtslos erscheinen mußte. Solche Tage aber, an denen auch die besten Nasen der Meute keine Fährte zu halten vermögen, verderben nicht nur die Passion der Jagdreiter, sondern — was noch viel schwerer in das Gewicht fällt — die Disziplin der Hunde!

„Scent," schreibt der Herzog von Beaufort, dessen Werk über „Hunting" wohl als klassisch bezeichnet werden darf, „ist eine Frage, die häufig über unseren Verstand geht." Dürfte man das oft mißbrauchte Wort: „Keine Regel ohne Ausnahme" auch umgekehrt anwenden, dann müßte es freilich im Punkte „Scent" sehr viele Regeln geben. Bekanntlich ist „Scent" nichts anderes als die Ausdünstung des Körpers. Nach der Stärke ihrer „Witterung" folgen sich die jagdbaren Tiere in nachstehender Reihenfolge: Otter, Marder, Iltis, Hirsch, Reh, Schwein, Fuchs, Hase. Demnach erfordert die Arbeit auf der Hasenfährte die feinste Nase, zumal der Scent mit der Länge und Schärfe der Jagd noch abnimmt. Drückt sich der Hase unmittelbar vor seinem Ende, so gibt er überhaupt keine Witterung mehr ab, weil die Ausdünstung des Körpers verbraucht ist. Wenn trotzdem die Hunde kurz vor dem Halali schneller werden, so erklärt sich dies daraus, daß bei dem sich ständig verkleinernden Vorsprung des Wildes dessen Witterung noch nicht verdunstet ist. Abgesehen davon, daß jede Tierart ihre eigene Witterung hat, schwankt die Stärke derselben innerhalb der gleichen Gattung mit jedem Individuum. Männliche Tiere pflegen im allgemeinen einen stärkeren Scent abzugeben als die weiblichen, bei letzteren verringert sich die Scentabgabe noch obendrein, solange sie tragend sind. Auch die Jahreszeit hat vermöge der Aesung einen Einfluß auf die Witterung des Wildes; so ist diese zum Beispiel beim Hasen am stärksten, solange das Getreide noch grün ist.

Ob die Fährte „steht", das heißt der Scent noch genug steigt, um den Hunden in die Nase zu kommen, hängt wesentlich vom Wetter, der Bodenbeschaffenheit und Tageszeit ab. Am besten pflegt die Fährte in den Morgenstunden und am frühen Nachmittag zu stehen, um dann wie mit dem Glockenschlag zu schwinden. Es beruht dies auf dem Temperaturunterschied von Luft und Erdboden: ist die Lufttemperatur höher als die des Erdbodens, so steigt der Scent, ist andererseits die Luft kälter als der Boden, so zieht der Scent in die Erde ein und wird überhaupt sehr spärlich abgegeben, so daß nur ein Hund mit sehr feiner Nase ihn aufzunehmen vermag. Wenn die Fährte so steht, daß die Hunde sie noch gerade ansprechen können, ist der Temperaturunterschied von Luft und Erdboden ein sehr geringer. Bei frischem Schneefall und aufgehendem Frost pflegt sich der Scent zu bessern, weil die Luft sich dann plötzlich erwärmt und die Witterung steigt. Andererseits ist plötzlich hervorbrechende Sonne nach Nebel oder starkem Taufall nicht günstig, weil sie die Witterung allzu rasch zum Verdunsten bringt.

Nicht jeder Boden vermag einen Scent zu halten: es kann vorkommen, daß eine Meute einen großen Tag hat, während eine andere, die zur gleichen Zeit nur wenige Kilometer davon jagt, überhaupt keinen Scent hat. Voraussetzung bleibt immer, daß der Boden eine gewisse Feuchtigkeit besitzt und nicht von der Sonne ausgebrannt ist. Auf Sandboden kann auch ein Hund mit der besten Nase selbst hinter Wild mit starker Witterung nicht arbeiten, während man auf Wiesenboden unbesorgt die Hunde auch später anlegen kann, weil dieser den Scent länger hält. Selbstredend ist ein Zuviel des Guten, wenn das Wasser in Lachen auf dem Boden steht, ebenso nachteilig wie pulvertrockener Boden, auf dem die Fährte sogleich verstaubt ist. Die höchste Anforderung an die Nase der Hunde bedeutet es, wenn das Wild — was namentlich Hasen mit Vorliebe tun — eine harte, viel benutzte Landstraße eingeschlagen hat; in jeder Meute gibt es nur wenige „Spezialisten", die dieser Aufgabe gerecht werden können. Auch die Bodenbedeckung ist auf die Fährte naturgemäß von Einfluß; so wurden die Hasenjagden am Königlichen Reitinstitut in Hannover aufgegeben, weil die kleinen Harriers in dem hohen, stark duftenden Heidekraut die ohnehin schwache Witterung Lampes nicht aufnehmen konnten. Daß eine Fährte nicht auf frisch gedüngtem Acker oder zwischen weidendem Vieh stehen kann, bedarf wohl nicht näherer Erklärung. In solchem Falle bleibt dem Huntsman nichts übrig, als die Meute „hinüberzuheben", wie der englische Fachausdruck lautet, das heißt die Hunde zusammenzublasen und jenseits des ominösen Feldes wieder anzulegen, beziehungsweise umzuschlagen, bis sie die Fährte wieder aufnehmen.

Südwind und bedeckter Himmel sind nach einer alten englischen Regel die besten Voraussetzungen für guten Scent und eine schnelle Jagd; denn naturgemäß werden die Hunde auf einer starken Witterung schneller jagen und rascher sein, als auf einer nur mäßig stehenden Fährte. Der Engländer, der von Anfang Oktober bis Ende April an vier Tagen der Woche den Hunden folgt, wählt nach einem Blick auf das Barometer und die Wetterfahne dasjenige seiner Jagdpferde, das den zu erwartenden Anforderungen des Tages entspricht. Immerhin kann man es oft genug erleben, daß Südwind und bedeckter Himmel alle Hoffnungen auf guten Sport enttäuschen, während es an einem anderen Tage allen Regeln zum Trotz vorkommt, daß bei sengender Sonnenglut, ja selbst in einer Kälte, in der man den Hauch vor dem Munde sieht, die Fährte brusthoch steht. Es gibt eben nichts, was so widerspruchsvoll, so kapriziös und unergründlich wäre, wie „Scent"!

Im allgemeinen darf man mit einiger Sicherheit annehmen, daß bei Kälte und großer Trockenheit die Fährte schlecht steht. Scharfer Wind, zumal von Norden oder Osten, wird die Aussichten auf ein Halali noch verringern, während gelinder Westwind und sanfter Regen die Arbeit der Hunde erleichtern. Gut „jagt" es nach Taufall, solange der Himmel bedeckt bleibt; aus dem gleichen Grunde halte ich auch Nebel für günstig, zumal wenn derselbe fällt. Steigt der Nebel, so bringt die vorbrechende Sonne den Scent allzu rasch zum Verdunsten; im anderen Falle aber habe ich gerade bei dichtem Nebel die besten „Runs“ erlebt. Diese meine Erfahrung steht freilich im Widerspruch zu der Ansicht Keudells, und ich muß zugeben, daß ein Wechseln der Fährte im Nebel möglicherweise unbemerkt bleiben kann. Dies mag zuweilen eine lange Jagd ohne Stopp erklären, immerhin bieten die völlige Windstille, die starke Ausdünstung der Erde und der fallende Nebel, der den Scent dicht über dem Erdboden hält, alle Voraussetzungen für eine brusthohe Fährte, indem sie den Scent gewissermaßen konzentrieren. Ebensoviel bestritten wird die Frage, ob eine Fährte auch im Wasser stehe; daß dies tatsächlich der Fall ist, habe ich nicht nur hinter Schwarzwild unzählige Male beobachtet, sondern es auch hinter einem Wilde mit so schwacher Witterung, wie Lampe, einwandfrei feststellen können.

Nur in flüchtigen Umrissen konnte ich hier skizzieren, worin viele Leiden, aber auch die größten Freuden eines Huntsman wurzeln. Freilich wer Schlepphunde führt oder nur hinter solchen geritten ist, der weiß wenig oder nichts hiervon. Denn der Schlepper hat es in der Hand, die künstliche Fährte so stark zu legen, daß sie selbst bei Sturm oder anhaltender Dürre hinreichend steht, um einen schnellen Galopp hinter den Hunden zu ermöglichen. Bin ich doch selbst auf dem Eise des Mälarsees hinter einer Schleppe geritten, auf der die Hunde der Königlichen Schwedischen Reitschule Strömsholm pfeilschnell jagten. Gerade die Schwierigkeiten und Ueberraschungen, die der auf freier Wildbahn jagenden Meute und ihres Führers harren, geben der Parforcejagd jenen unbeschreiblichen Reiz, den der Engländer „the glorious uncertainty of hunting“ nennt.

— — — — — — — — — — — — — — — — — — —

An Vorstehendes möchte ich einige Bemerkungen Keudells knüpfen, die an verschiedenen Stellen seiner Jagdberichte eingeflochten und hierunter zusammengefaßt sind:

„Der wahre Jagdreiter fragt sich jeden Morgen beim Herausreiten zum Rendezvous oder, wie es der Engländer nennt, „meet“, ob der Tag ein scenting-Tag ist, das heißt ein Tag, an welchem, wie wir sagen, die Fährte gut steht, und macht sich daraus seinen Vers, ob er Aussicht auf einen guten Galopp hat oder nicht; viele Leute glauben hierin so sicher zu sein, daß sie, falls sie mehrere Jagdpferde in ihrem Stall haben, danach das für den Tag geeignetste auswählen. Es ist dies jedoch ein Punkt, in dem sich meiner Ansicht nach auch der Erfahrenste täuschen kann, und ich möchte hierin mehr zu der Ansicht eines alten englischen Masters neigen, der den sehr richtigen Ausspruch getan hat, daß kein Mensch imstande sei, vorherzusagen, ob der Tag ein scenting-Tag sei oder nicht; der Hund allein sei es, der hierin ein Urteil habe.

Einige allgemeine Regeln lassen sich trotzdem in dieser Sache aufstellen, doch sind sie, wie jede Theorie, nicht immer ganz zuverlässig und verschiedenen Veränderungen unterworfen.

Man nimmt im allgemeinen an, daß die Fährte am besten an einem klaren Morgen nach starkem Taufall stehe. Feuchtigkeit der Luft bis zu einem gewissen Grade ist dem Scent günstig, weniger günstig Nebel und am ungünstigsten trockene Luft mit trockenem Ostwind. Je stärker der Wind ist, desto schwerer natürlich das Jagen für den Hund, da Wind von der Seite die Fährte verjagt und von hinten den Hund zu weit über die Fährte schießen läßt. Die Stunden über den Mittag sind für die Witterung schlechter als die Morgenstunden; viele Leute behaupten sogar, und ich glaube, sie haben recht, daß dieselbe nach zwei Uhr nachmittags sich wieder bessere. Ein großer Faktor, der nicht zu vergessen ist, ist in dieser Frage auch die Bodenbeschaffenheit. Je trockener der Boden ist, desto schlechter steht die Fährte. (Ich muß hier zur Erläuterung einschalten, daß bei günstiger Bodenbeschaffenheit es weniger schadet, wenn der Hund später auf die Fährte des Wildes kommt, da dieselbe hier länger steht, während sie im trockenen Sandboden sofort verschwindet und der Hund mit der besten Nase selbst bei Wild mit starker Witterung nichts machen kann.)

Bedeutend besser wie im trockenen Sand jagt es sich im feuchten Ackerland und am schönsten auf Gras, auf dem Tau steht oder das wenigstens noch etwas Feuchtigkeit in sich hat. So günstig eine gewisse Feuchtigkeit des Bodens für das Gefährt ist, so ungünstig ist naturgemäß wiederum zuviel Wasser. Es ergibt sich hieraus, daß in den Gegenden mit viel Sandboden der Scent sich in den Wintermonaten immer bedeutend bessert, während bei undurchlässigem Boden zuviel Feuchtigkeit von oben schädlich ist.

Daß der Hund bei schwacher Fährte nur langsam jagen kann, während er bei guter schnell jagt, ist wohl kaum nötig zu erwähnen; hinzufügen muß ich aber doch, daß hierbei noch die Witterungsfrage mitspricht, so daß also der Hund auf der Fährte eines Wildes mit starker Witterung schneller jagen kann, als auf der eines solchen mit schwacher. Die stärkste Witterung hat der Hirsch und das Schwein, dann der Fuchs und zuletzt der Hase.

Wie oft kam ich nach vielen Betrachtungen zu dem Resultat, daß selbst der Hase, das Tier mit dem schwächsten Scent, heute imstande sein würde, uns einen guten Galopp zu geben, und doch war gleich beim ersten Anlegen auf einen Hasen die Fährte nach fünfhundert Schritt verloren.

Wenn der Laie so etwas sieht, so sagt er sich: „Die Hunde sind schlecht!“ Wer aber etwas davon versteht, sagt sich: „Die Fährte steht heute nicht“ und das Schlauste wäre, gleich nach Hause zu gehen oder zu warten, ob später am Nachmittage sich der Scent bessere.

Am schlimmsten kommt an einem solchen Tage der Master fort, der von den Unerfahrenen dafür verantwortlich gemacht wird, daß die Sache nicht geht.

Wie in anderen Zweigen, so trifft es auch hier zu, daß je größer die Unerfahrenheit, desto höher die Ansprüche. Der Unerfahrene hat keine Ahnung von den vielen Schwierigkeiten, die überwunden werden müssen, um das Gelingen einer Jagd zu bewerkstelligen. So schön der Posten eines Masters auch ist, so undankbar ist er auch, da nur wenige ahnen, wie peinlich es demselben ist, wenn er trotz aller Mühe, die er angewandt, nur unbefriedigte Gesichter hinter sich sieht.

V.

Der Fuchshund.*)

Stonehenge sagt über diesen Hund folgendes:

Kein Hund in der ganzen Welt ist seit langer Zeit so sorgsam gezüchtet, aufgezogen und in so großer Zahl gearbeitet worden, als der englische Fuchshund.

Mancher Windhund kann sich durch viele Generationen hindurch eines makellosen Pedigrees rühmen, die Fuchshunde können jedoch ohne Ausnahme ihren Stammbaum bis auf wenigstens 150 Jahre zurückführen, und man wird finden, daß kein Master es versäumt hat, sich des besten ihm zu Gebote stehenden Zuchtmaterials zur Vervollkommnung seiner Meute zu bedienen, mit weiser Berücksichtigung dessen, daß zuviel Inzucht leicht schwächliche Konstitution zur Folge hat, die für einen Hund, der die schwere Arbeit des Fuchshundes zu leisten hat, ganz und gar nicht angebracht ist. Wenn man bedenkt, daß dieser Hund, nachdem er seit dem Nachmittag des vorhergehenden Tages gefastet hat, häufig während elf bis zwölf Stunden ohne Futter auf den Beinen ist und während eines großen Teils dieser Zeit sich entweder seinen Weg durch dichte Gehege bahnen muß oder in seinem besten Tempo dem Wilde zu folgen hat, so wird es wohl jedermann einleuchten, daß ein solcher Hund im Besitz von viel Stamina sein muß.

Um diesen Vorteil in der Konstitution zu erreichen, war es notwendig, nach Abstammung zu züchten; denn ohne dieses Prinzip in

*) VII. Auflage, Teil II, Kapitel II.

der Züchtung würde man häufig einen hübschen und mittelmäßigen Hund infolge seiner äußeren Vorzüge einem in seinem Fach weit besseren, doch äußerlich von der Natur weniger begünstigten, vorgezogen haben.

Wie man im Pferdegeschlecht gute Rennpferde auf Darley Arabian, Byerly Turk und Godolphin Arabian zurückführen kann, so werden als Stammväter des Fuchshundes drei Exemplare angesehen, es sind dies der Osbaidenstonsche Turrier, Sir R. Suttons Hercules und Comus aus den Belvoir-Kennels.

Man ist beim Fuchshund stets bemüht gewesen, die feine Nase mit der nötigen Schnelligkeit und Stärke zu vereinigen, und dies ist auch fast allen Masters nicht nur in einzelnen Exemplaren, sondern in den ganzen Meuten gelungen.

Der Anblick des modernen Fuchshundes ist sehr verändert durch das Berunden seiner Behänge, eine Maßregel, die hauptsächlich Ohrenkrebs und das Verletzen der Behänge in Dornhecken verhindern soll, die jedoch von verschiedenen Seiten gemißbilligt wird, weil man annimmt, daß die Natur dem im Pack jagenden Hunde die langen Behänge gegeben hat, um sein Gehör zu verschärfen. Ohne auf eine Diskussion über diesen Punkt eingehen zu wollen, scheint mir das Runden der Behänge ganz praktisch und ich kann mich der Meinung von Idstone nicht anschließen, welcher behauptet, daß die langen Behänge dem Hunde von der Natur gegeben seien, um in Dickungen die Augen damit zu schützen. Wäre dies der Fall, so müßten die Behänge entweder weiter vorwärts angesetzt sein oder der Hund müßte Dickungen sich rückwärts bewegend absuchen lernen.

Der heutige Fuchshund zeichnet sich vor den anderen jagenden Hunden besonders durch seinen Schneid aus. Der altmodische Harrier, sowie der Otterhund, der in England auch zu den jagenden Hunden gerechnet wird, zeigten ihre Freude, sobald sie auf die Fährte ihres Wildes kamen, dadurch an, daß sie sich, bevor sie zu jagen anfingen, niedersetzten und eine Reihe lang gedehnter Töne ausstießen, während welcher Zeit ihr Wild Muße genug hatte, sich aus dem Staube zu machen

Einem Fuchshund würde solche Art des Jagens wohl sofort den Hals kosten und glaubt man allgemein, daß diese dem Fuchshund eigene Energie durch eine schwache Kreuzung mit dem Windhund erzeugt worden ist.

Die Points des Fuchshundes sind folgende:

1) Der Kopf soll in proportionierter Größe, doch nicht schwer sein, die Stirn gut ausgeprägt, doch nicht zu hoch und zu eckig. Der Umfang des Kopfes eines männlichen Hundes muß vor den Behängen wenigstens sechzehn Zoll messen, während man als richtiges Längenmaß der Schnauze, welche breit und mit offenen Nasenlöchern versehen sein soll, viereinhalb Zoll annimmt. Tief angesetzte und dicht anliegende Behänge vervollständigen den Kopf des Fuchshundes.

2) Der Hals soll lang und schlank, ohne die geringste Wamme sein und in der Stärke von den Schultern nach dem Kopf abnehmen, wobei erforderlich ist, daß die obere Linie ein wenig konvex ist.

3) Je tiefer und je mehr mit Muskeln die Schultern bedeckt sind, ohne an den Schulterspitzen besonders schwer zu sein, desto besser; dabei müssen sie natürlich schräg liegen und frei von Fett und unnützem Fleisch sein. An die Schultern soll sich ein langer und muskulöser Oberarm anschließen.

4) Brust und hintere Rippen. Dreißig Zoll nimmt man als die normale Stärke des Brustumfanges eines vierundzwanzigzölligen Fuchshundes an und können die hinteren Rippen kaum tief genug sein.

5) Rücken und Nierenpartie müssen beide sehr muskulös sein und unmerklich ineinander übergehen; ein kaum sichtbarer Bogen über der Nierenpartie ist erwünscht.

6) Die Hinterhand bedarf besonderer Kraft, und da man bei diesem Hund Ausdauer der Schnelligkeit vorzieht, so hat man lieber das gerade Hinterknie, als das stark gebogene des Windhundes.

7) Weder nach innen noch nach außen gedrehte Ellbogen, die vermöge des vorhin erwähnten langen Oberarms möglichst weit herunterreichen sollen, sind ein Erfordernis „sine qua non“ beim Fuchshunde.

8) Läufe und Pfoten: Jeder Master einer Fuchshundmeute besteht darauf, die Läufe so stark wie möglich und so gerade wie Pfähle zu haben, wobei Knochenstärke am Fessel als besonders wichtig angesehen wird. Die Neigung für Geradheit der Vorderbeine ist meiner Ansicht nach ein wenig übertrieben, da das zu gerade Bein leicht überkötet, was man bei fast allen Zuchthunden sehen kann. Meiner Ansicht nach kann der Knochen nicht stark genug sein, doch ziehe ich ein Bein mit einem kleinen Winkel am Knie einem ganz geraden Vorderbeine vor. Die Füße müssen immer

rund und katzenartig sein, wohl entwickelte Zehengelenke haben und mit einer harten Hornhaut versehen sein, welch letzteres besonders wichtig ist.

9) Farbe und Haar sind nicht von besonderer Bedeutung, solange erstere nicht von der Farbe der jagenden Hunde überhaupt abweicht und letzteres kurz, dicht, fest und glatt ist. Die Farben für jagende Hunde sind schwarz, braun und weiß, schwarz und weiß, und die verschiedenen Abstufungen mit weiß und der Farbe des Hasen und Dachses, oder mit gelb und braun gemischt.

10) Die Rute soll leicht aufwärts gekrümmt und hoch über dem Rücken getragen werden, an der unteren Seite einen kleinen Behang haben und am Ende in eine Spitze auslaufen.

11) Symmetrie ist beim Fuchshund von Bedeutung und legen alle Sachverständigen einen großen Wert auf das, was man unter Qualität versteht.

Die Points des Fuchshundes in Zahlen angegeben, sind folgende:

Kopf	15	Rücken und Nierenpartie	10	Farbe und Haar	5
Hals	5	Hinterteil	10	Rute	5
Schultern	10	Ellbogen	5	Symmetrie	5
Brust u. h. Rippen	10	Läufe und Pfoten	20		15
	40		45		

Totalsumme 100.

v. K.

Der Hasenhund.

Schon 1842 schrieb ein englischer Autor: „Der heutige Hasenhund ist von demjenigen, hinter dem man früher ritt, ebenso verschieden, wie es unser Hunter von dem Jagdpferde unserer Großväter ist; heutzutage ist der Harrier nichts anderes als ein kleiner Foxhound.“ — Heute will jeder schnell reiten, und jeder Master ist in die Notwendigkeit versetzt, seinem Felde schnelle Hunde vorzusetzen, sofern er überhaupt Unterstützung finden will. Die Ansprüche moderner Jagdreiter im Verein mit den Bestrebungen der Peterbourough-Schau sind auf dem besten Wege, den Harrier und den Fuchshund so ähnlich wie möglich zu machen. Vorausgesetzt, daß der Hasenhund hierbei nicht über fünfzig Zentimeter wächst, ist dies zweifelsohne das erstrebenswerte Ideal. Diese Größe wird von sämtlichen Experten als das höchste zulässige Maß bezeichnet; die kleinsten Harriers, die jenseits des Kanals jagen, messen vierzig Zentimeter. Die Größe der Hunde hängt von dem Charakter des Jagdgeländes ab. Unter Umständen entspricht ein Hund von fünfundvierzig Zentimeter allen Anforderungen. Im tiefen Boden werden größere Hunde am Platze sein.

Um sich klar zu sein, was man durch die Zucht erreichen will, vergegenwärtige man sich, was man mit dem Hasenhund bezweckt: wir brauchen einen Hund, der bis in sein höchstes Alter den schwersten Strapazen gewachsen ist. Eine steile Schulter ist naturgemäß eher verbraucht, als eine schräge. Ein Hund mit „Bärentatzen" ist minder ausdauernd, als ein solcher mit „Katzenzehen". Die Läufe können nicht gerade genug sein. Rippentiefe und Knochenstärke zeugen von Ausdauer und kräftiger Konstitution. Alle diese Eigenschaften findet man in höchster Vollendung beim Foxhound; indessen geht demselben die Feinheit der Nase und der angeborene Instinkt, bei einem Stopp nach rückwärts zu schlagen, die auf der Hasenfährte unentbehrlich sind, ab. Vielmehr gibt der Instinkt dem Fuchshund jenen ungestümen Drang nach vorwärts, der hinter Lampe keineswegs angebracht wäre. Im Aufnehmen einer kalten Fährte, in der Arbeit auf harten Wegen usw. ist der reinblütige Harrier nicht zu übertreffen. Dank dem Harrier-Studbook hat man heute Hunde zur Verfügung, die, obwohl dem Foxhound im Blut sehr nahe, die von dem alten Harrier geerbten Talente fortpflanzen. Schneid und Figur kommen vom Foxhound, Charakter und Nase aber vom Harrier, und es sollte der Ehrgeiz jedes M. H. sein, seiner Meute dieses Erbteil des alten historischen Hasenhundes zu erhalten.

Beagles.

Da unsere deutschen Hasenmeuten in der Mehrzahl seinerzeit mit Beagles gekreuzt sind, so muß auch diese kleinere Abart des Hasenhundes hier Erwähnung finden. Die Größe des Beagles schwankt nach dem Verzeichnis der heutigen englischen Beaglesmeuten zwischen dreißig und vierzig Zentimeter. Vierzig Zentimeter ist das von der Harrier- and Beagle-Association festgesetzte Höchstmaß. Der Beagle hat einen viel ausgesprocheneren Typus als der dem Foxhound näher verwandte Harrier. Schon Kopf und Hals sind charakteristisch und von dem des Foxhounds grundverschieden: der Fang ist kürzer, der Schädel nicht so flach und breiter, die

Kehle dicker und kürzer. Diesem letzteren Umstande ist es vielleicht zuzuschreiben, daß das Geläut des Beagles voller und melodischer ist, als das des Harriers oder Foxhounds. Bryden*) führt den kropfigen Kehlgang des Beagles auf dessen Herkunft vom alten Southern zurück und behauptet, ein kropfiger Hund hätte immer eine gute Nase. Die Behänge des Beagles sind tiefer angesetzt und reichen fast bis zur Spitze der Schnauze, die Rute sei der des Foxhounds ähnlich, nur glatter, die Vorderläufe sollen möglichst gerade sein, die Hinterkeulen müssen von der Hüfte bis zur Hacke lang, von dort bis zum Fuß aber kurz sein.

1889 wurde im Anschluß an die Foxhound-Ausstellung in Peterbourough zum erstenmal eine solche von Hasenhunden veranstaltet, 1891 folgte die Gründung der Harrier- and Beagle-Association, die ein Zuchtbuch für Harriers und Beagles herausgab und für die alljährliche Schau in Peterbourough Regeln aufstellte. Während früher alle zu klein geratenen Harriers in eine Beaglemeute wanderten, findet heute kein Beagle in das Zuchtbuch Aufnahme, der näher als im dritten Grade auf den Harrier zurückgeht. Da in Deutschland die Jagdfolge nur zu Pferde ausgeübt wird, so brauchen wir es mit dem zulässigen Höchstmaß des Beagles nicht so genau zu nehmen; ein Hund, der nach englischen Begriffen für seinen Beruf zu groß ist, kann sich in einer deutschen Hasenmeute sehr wohl nützlich erweisen. Ueber die seinerzeit reinblütigen Beagles der Broocker Meute**) schrieb Keudell 1885 im Sporn: „Der normale Beagle ist starkknochig mit tiefer Brust, proportionierten Läufen und variiert in Größen zwischen dreizehn und sechzehn Zoll. In seinen Points soll der Beagle mit Ausnahme von Kopf und Behängen ein Foxhound en miniature sein. Bei Züchtung dieses Hundes ist man von der Idee ausgegangen, einen Hund mit der feinsten Nase zu erzielen, der dabei so langsam ist, daß auch Fußgänger ihm folgen können. Weil aber dieser Hund so langsam ist, wird er selten eine warme Fährte finden. Darum ist eine Beaglemeute als Spielzeug für betagte Herren und Damen ganz hübsch, zumal wenn das Feld nicht stärker als höchstens zwanzig Reiter ist. Der junge Mann — hierzu rechne ich den Mann zu Pferde bis zu seinem fünfzigsten Jahre — soll sich eine schnellere Meute aussuchen, oder er wird vor diesem Zeitpunkt alt."

*) Ein englisches Fachwerk.

**) Vergl. Teil III, Kapitel XIII.

VI.

Kennels.*)

Zur Erleichterung für solche Herren, die mit der Führung einer Meute beauftragt sind und denen die nötige Praxis in der Pflege der Hunde abgeht, will ich an dieser Stelle einige Krankheiten erwähnen, die besonders häufig bei jagenden Hunden auftreten und denen im allgemeinen selbst von Praktikern nicht die nötige Aufmerksamkeit zugewendet wird. Es sind dies in erster Reihe die rheumatischen Krankheiten.

Man unterscheidet zwischen akutem und chronischem Rheumatismus und nennt die erstere Krankheit, weil sie vielfach von Fiebererscheinungen begleitet ist, auch rheumatisches Fieber. Die Ursache dieses Fiebers ist Erkältung des Hundes in einem Gesundheits- oder besser gesagt Krankheits-Zustande, in welchem er außerstande ist, die Angriffe der Erkältung auf seine Organe auszuhalten, die infolge Ueberfütterung bei zu geringer Bewegung oder bei plötzlicher Ruhe nach scharfer Arbeit schon an und für sich voll von Entzündungsstoff sind, deshalb zeigt sich rheumatisches Fieber viel seltener in der Jagdsaison, als gerade während der Monate der Ruhe.

Jeder Rheumatismus beschränkt sich beim Hunde entweder auf das Muskelsystem oder die Umhüllung des Rückenmarks, welche mitunter eine so starke rheumatische Entzündung annimmt, daß sie Lähmung der Hinterbeine verursacht.

Gewöhnliches rheumatisches Fieber oder akuter Rheumatismus charakterisieren sich durch starke Empfindlichkeit der Haut, so daß der Hund bei Annäherung der Hand, aus Angst, berührt zu werden,

---

*) VII. Auflage, Teil II, Kapitel II.

zusammenzuckt. Er zieht sich fast immer in einen Winkel zurück und verläßt denselben, selbst wenn er von seinem Herrn gerufen wird, nur ungern. Wird er mit Gewalt herausgebracht, so bleibt er zusammengezogen stehen und knurrt jeden an, der ihm zu nahe kommt. Diese Unnahbarkeit ist das beste Merkmal zum Erkennen dieser Krankheit.

Die Behandlung muß folgende sein: Zuerst gebe man ein kräftiges Abführungsmittel, wie z. B. 4 Gran*) Kalomel, 14 bis 20 Gran Jalappenwurzel, dazu Leinsamenmehl und genügend Wasser, um je nach der Größe des Hundes ein oder zwei Pillen zu machen. Nachdem dies Mittel gewirkt hat, gebe man die folgende Pille oder die Hälfte davon, je nach der Größe des Hundes, und zwar dreimal täglich, bis die Schmerzen nachgelassen haben: Kalomel und pulverisiertes Opium, von jedem 10 Gran, Colchicum-Pulver 2 Gran und genügend Sirup, um eine Pille zu machen. Sind die Schmerzen vorüber und die Eingeweide nicht zu sehr erschlafft, so kann man noch eine Dosis Rizinusöl geben. Während der Dauer der Schmerzen vergesse man nicht, eine warme, schmerzstillende Einreibung zu gebrauchen, die aus Laudanum, Kampfer-Spiritus und flüssigem Ammoniak zu gleichen Teilen zusammengesetzt ist. Am besten wirkt diese Einreibung, wenn der Hund vorher ein warmes Bad von zirka 28 Grad Reaumur erhält und dann am Feuer gut getrocknet wird.

Für den chronischen Rheumatismus hat man verschiedene Namen, je nach dem Körperteil, welcher speziell damit behaftet ist. Sitzt er in den Muskeln, der Brust oder der Schulter, so nennt man diese Krankheit Kennel-Lähme, zum Unterschiede von der rheumatischen Affektion der hinteren Extremitäten, welche Krankheit man im allgemeinen, wenn auch nicht ganz mit Recht, mit dem Namen Lähmung oder Paralysis bezeichnet.

Die Kennel-Lähme, in England vielfach „chest founder“ genannt, ist der Schrecken sämtlicher Fuchs- und Hasenhund-Meuten. Sie entsteht infolge von Erkältung nach den außerordentlichen Strapazen, denen diese Hunde ausgesetzt sind. Jeder Hund, der nach langer und starker Anstrengung ganz erschöpft in einen feuchten oder kalten Stall gebracht wird, bekommt ziemlich sicher Rheumatismus, besonders wenn er dabei noch scharf gefüttert wird, was wieder

*) 16 Gran = 1 Gramm.

notwendig ist, um die schwere Arbeit leisten zu können. Asphalt als Fußboden in dem sonst bestangelegten Kennel macht denselben stets feucht; auch hilft es nichts, denselben mit Stroh zu bedecken, da der von der Jagd erhitzt heimkehrende Hund sich mit Vorliebe das Stroh fortkratzt, um seine Brust auf dem Asphalt zu kühlen. Daß dadurch Rheumatismus in diesem Körperteile entsteht, ist wohl nur zu natürlich.

Lähmung in den hinteren Gliedmaßen kommt bei jagenden Hunden, die genügend Arbeit tun, nicht so oft vor und wird wohl durch Erkältung der Nierenpartie hervorgebracht. Obgleich es selbst bei der besten Pflege nicht möglich ist, seine Hunde ganz gegen Rheumatismus zu schützen, so wird es doch gelingen, in trockenen und gut angelegten Kennels die Krankheit auf ein Minimum zu beschränken und akute Fälle auf die oben angegebene Weise ohne nachteilige Folgen zu heilen. Ist der Rheumatismus jedoch chronisch geworden, so wende man zu der Zeit, wo er besonders stark auftritt, folgende Mittel an: Warme Bäder, die Einreibung und die Abführungsmittel wie oben angeführt, nur gebe man an Stelle des Kalomel und Opium zweimal täglich ein oder zwei Eßlöffel voll von folgender Mixtur:

Jodkali	1	Drachme
Salpetergeist . .	3	Drachmen
Salpeter	1½	Drachmen
Kampfer-Mixtur .	6	Unzen.

Die Diät muß in beiden Fällen eine magere sein, jedes animalische Futter vermieden werden und der Hund je nach dem Zustande seiner Eingeweide mit Mehl oder Reis gefüttert werden. Weil die Krankheit in gewissem Grade das Resultat von zu reizbarem Futter ist, wird die Entziehung von Fleisch die Heilung beschleunigen; bei alten chronischen Leiden ist jedoch diese selten von langer Dauer und muß man sich hier durch die Behandlung mehr darauf beschränken, das Uebel nicht weiter um sich greifen zu lassen und Komplikationen zu verhindern.

Zum Schluß noch ein paar Worte über Hundefütterung. Als anerkannt bestes Hundefutter wird in England bei fast sämtlichen Meuten oat-meal verwandt. Es ist dies aber nicht, wie die wörtliche Uebersetzung vermuten läßt, Hafermehl oder Haferschrot, sondern der Engländer versteht darunter unsere Hafergrütze.

Man füttert dort diese Hafergrütze entweder rein oder mischt sie, wo es mehr auf Sparsamkeit ankommt, mit Maismehl; doch sollte man nicht mehr als ein Drittel Maismehl auf zwei Drittel Hafergrütze verteilen, obgleich ersteres halb so teuer ist als letztere. Während der Jagdzeit wird aber auch dies an und für sich recht nahrhafte Futter ohne einen Zuschuß von Fleisch für solche Hunde, die schwere Arbeit tun müssen, kaum genügen und hält man ein Pfund Fleisch pro Hund und Tag für das richtige Quantum.

Die Zubereitung dieses Hundefutters geschieht auf folgende Weise: Ist das Wasser im Kochen, so schüttet man zuerst die Hafergrütze in den Kessel und sobald diese, die fortwährend gerührt werden muß, aufgekocht hat, das Maismehl hinzu und läßt beides zusammen unter fortwährendem Umrühren so lange kochen, bis es sich zu einem dicken Brei gestaltet. Sobald dies der Fall ist, wird das Feuer darunter entfernt, was am leichtesten ermöglicht wird, indem man den Feuerungsbehälter so einrichtet, daß er zum Hinein- und Herausschieben geht, und hierauf der Brei zirka einen halben Fuß hoch in Tröge gelegt, in welchen er, ohne zugedeckt zu werden, erkalten muß. Je dünner der Teig in den Trögen liegt, desto schöner und trockener wird der durch Kaltwerden sich bildende Pudding, den man in einem Vorratsraum unterbringt, um nach Bedürfnis davon abschneiden zu können. Durch Bereitung dieses Puddings, der sich sehr gut längere Zeit hält, erspart man viel Kohlen und die tägliche Arbeit des Kochens. Nur das Fleisch muß täglich frisch gekocht werden, aus welchem man zuerst eine Bouillon bereitet, die zur Fütterung auf den Pudding gegossen wird, und dann das mit einem besonderen Instrument ganz klein gestampfte Fleisch hinzufügt. Das Zerstampfen des Fleisches darf nicht vergessen werden, will man nicht die ewige Beißerei beim Füttern haben.

In größeren Städten wird man sich das Fleisch am besten und billigsten in Schlachthäusern beschaffen, wie es in Hannover z. B. der Fall war, wo der Preis für das Pfund frischer Abfälle nur sieben Pfennig betrug. In kleineren Städten ist die Beschaffung solchen Fleisches schon schwieriger und wird man hier zu Pferdefleisch seine Zuflucht nehmen müssen.

Ein Ausschlagen der Tröge mit Zink darf nicht übersehen werden, weil ohne dies das Futter in den Trögen sauer wird, und außerdem das Zink das Benagen behindert. Daß der jagende Hund nur einmal täglich und zwar nach der Jagd gefüttert werden darf, ist schon bei einer anderen Gelegenheit erwähnt worden, auch ergibt

sich hieraus, daß selbst zu spätes Füttern am Tage vor der Jagd nicht angebracht ist, im Falle die Hunde sehr frühmorgens ausrücken.
v. K.

— — — — — — — — — — — — — — — — — —

Hieran füge ich einige Bemerkungen unserer namhaftesten Huntsmen über Wartung, Training und Zucht der Hunde.

„Der wichtigste Faktor bei Haltung der Hunde," so schreibt Mr. Habberfield, „ist deren Reinlichkeit, sie müssen stets ein reines Lager haben, das mindestens zweimal wöchentlich erneuert werden muß. Wegen des Ungeziefers ziehe ich Sägespäne dem Stroh vor. Um das Lager rein zu erhalten, muß der Zementhof begossen werden, damit die Hunde, die im Freien waren, sich die Füße abspülen. Die Hunde müssen wenigstens dreimal am Tage herauskommen, jedesmal wenigstens eine halbe Stunde. Kann man sie nicht im Freien bewegen, so ist ein Rasenplatz, auf dem man die Hunde laufen lassen kann, unerläßlich. Dies ist besonders für die jungen Hunde nötig, die von den Aufzüchtern in die Kennels zurückkehren. Sowohl im Zwinger, wie auf dem Hof desselben müssen die Exkremente unausgesetzt aufgesammelt und entfernt werden, weil sonst die Hunde dieselben fressen, was ihnen schädlich ist. Hof und Zwinger müssen täglich gescheuert werden.

Nach der Jagd müssen die Hunde einzeln in warmem Wasser mit einem Zusatz von Karbol, einer weichen Seife und einer guten Bürste gewaschen werden. In der Saison werden die Hunde am Morgen des der Jagd vorangehenden Tages zum letztenmal gefüttert; ist das Stelldichein in der Nähe der Kennels, so müssen die Hunde am Morgen des Jagdtages ins Freie gelassen werden, um sich zu entleeren. Ist die Gegend reich an Hecken und Unterholz, so pflegen am Tage nach der Jagd einige Hunde lahm zu sein, man muß sie daher alle mit einem scharfen Taschenmesser auf eingetretene Dornen untersuchen.

Falls Staupe ausbricht, was bei jungen Hunden fast Regel ist, so müssen die Erkrankten isoliert werden. Daß die Hunde dann besonders gut gepflegt werden müssen, ist selbstverständlich, überhaupt ist im Zwinger ein guter Hundewärter mehr wert, als mancher Huntsman. Mindestens zweimal im Jahre muß der Zwinger frisch gekalkt werden."

— — — — — — — — — — — — — — — — — —

Sattelmeister Popp, der bewährte Huntsman S. Hf. D. des Fürsten zu Schaumburg-Lippe, schreibt: „Die Hauptsache ist, daß der

Zwinger trocken ist; derselbe muß daher massiv gebaut und der Fußboden zementiert sein; dieser muß nach der Mitte Gefälle mit Abfluß haben. Auch der Laufhof muß mit Beton ausgelegt und mit einem Abfluß versehen sein. Damit die Hunde sich nicht auf die Steinmasse legen und sich Rheumatismus holen, müssen auch auf dem Laufhof Holzpritschen vorhanden sein. Das Strohlager auf den Pritschen im Stalle ist alle zwei bis drei Tage zu erneuern. Stall und Laufhof müssen täglich vom Dünger gesäubert und mit einer Kreolinlösung gründlich desinfiziert werden. Alljährlich im Frühjahr und im Herbst werden die Hunde einer gründlichen Reinigung unterzogen, damit in der trockenen Jahreszeit die Haut nicht spröde wird und Räude ausbricht. Die Hunde werden mit Hafergrütze, Reis, Hundekuchen und rohen Fleischabfällen gefüttert, alles zu gleichen Teilen; erst bei Beginn der Arbeit wird die Hafergrützeportion vermehrt, da diese das nahrhafteste Futter ist. Hundekuchen werden nur als Leckerbissen verabfolgt. Pferdefleisch*) und Maismehl füttere ich nicht, da beides zu sehr hitzt. Gefüttert wird täglich einmal nach der Arbeit. Diese beginnt im Frühjahr, sobald es milde wird, in folgender Weise: Man reitet zunächst gemächlich spazieren und läßt dabei die Meute sich ruhig auslaufen, wobei sich die Hunde nur auf Rufweite vom Pferde entfernen dürfen. Allmählich werden die Ritte immer mehr und mehr ausgedehnt, so daß die Hunde ganz von selbst in Kondition kommen. Sechs bis acht Wochen vor Beginn der Jagden (1. Oktober) erhalten die Hunde ein- bis zweimal wöchentlich einen kleinen Galopp; hierbei wird darauf geachtet, daß sie immer mehr und mehr zusammenbleiben, so daß bei Beginn der Saison die Meute geschlossen angelegt werden kann.

Zur Verhütung von Staupe werden die jungen Hunde, sobald sie kräftig genug sind, mit Serum geimpft. Zeigen sich trotzdem später Anzeichen der Krankheit, so wird die Impfung wiederholt. Mit dieser von dem hiesigen Tierarzt**) ausgeführten Impfung sind sehr gute Erfolge erzielt worden."

— —

Oberpikör Palm, der Huntsman der königlichen Meute, schreibt***): „Peinliche Reinlichkeit und gute Streu in den Stallungen sowie

---

*) Auf das Nichtfüttern mit Pferdefleisch schiebe ich es, daß Kennels und Hunde unter der Obhut Popps völlig geruchlos sind. v. E.

**) Vergl. Teil III, Kapitel V.

***) Nr. 32 St. Georg 1911.

stets frisches Saufwasser ist erste Bedingung bei Wartung und Pflege der Hunde. Im Gegensatz zu den Engländern füttere ich zweimal täglich, auch gebe ich den Hunden sechs Stunden vor dem Ausrücken zur Jagd ein ganz geringes Futter. Sind die Hunde bei der Jagd durch Wasser gegangen, so walten Strohwisch, Frottierlappen, Fluid und Kampfer nach der Rückkehr in die Kennels; erst danach dürfen die Hunde saufen und später ihr warmes Futter einnehmen. Kamm und Bürste dürfen während des ganzen Jahres nicht ruhen, im Sommer aber ist fleißiges Baden und Schwimmen zum Training wie zur Pflege der Hunde gleich unerläßlich.

Mein Grundsatz ist, nach Beendigung der Jagden das Futter nicht etwa zu verringern und die Hunde auf der Bärenhaut liegen zu lassen. Beides wäre ihnen nicht bekömmlich. Ferner aber müßte ich den alten Hunden bei Einstellung des jungen Nachwuchses an Futter wieder zuviel zulegen, denn das Wildreinmachen der jungen Hunde durch die mit ihnen gekoppelten Alten ist für letztere keine geringe Anstrengung. Sind die jungen Hunde so weit, daß sie ruhig und willig neben meinem Pferde gehen, so beginnt der Training. Von Mitte Mai ab reite ich mit der Meute abwechselnd Schritt und Reisetrab, täglich etwa zweiundeinhalb Stunden, im Sommer bis vierundeinhalb Stunden. Dann suche ich solche Gegenden auf, in denen ich den Hunden möglichst viel Wild zeigen kann. Ich lasse die Meute dreißig bis vierzig Schritt vor einem im Lager sitzenden Hasen stehen, reite um denselben herum und blase oder rufe meine Hunde in gerader Linie zu mir heran, so daß die Hunde Lampe direkt überlaufen müssen. Hierbei wird derselbe fast immer mitten in der Meute hoch, und selbstredend möchte der junge Hund demselben mit aller Passion folgen; hieran aber hindert ihn erstens der alte Hund, an den er gekoppelt ist, und zweitens der warnende Zuruf der Piköre. Sobald die jungen Hunde alles Wild, das ihnen gezeigt wird, nicht mehr beachten, werden sie nicht mehr gekoppelt, sondern gehen wie die Alten frei neben meinem Pferde. Gegen Mitte September beginnen, nachdem ich in den vorhergehenden sechs Wochen Hunden und Pferden täglich einen guten Galopp gegeben habe, die Probejagden. Hat der junge Hund gelernt, alles Wild zu respektieren, so erscheint es ihm unerhört, daß die alten Hunde das vor seinen Augen ausgesetzte Stück Schwarzwild mit hellem Geläut verfolgen: er bleibt sitzen oder sucht schnurstracks die Kennels auf, um dem nach seiner Ansicht zu erwartenden

Strafgericht zu entgehen. Schließlich aber siegen Dressur und angeborene Jagdpassion, letztere wächst mit jedem neuen Jagdtag, und allmählich kommt auch die nötige Courage, einen wehrhaften Keiler anzufassen. Es gibt nur wenige junge Hunde, die am ersten Jagdtage von dem warmen, in Stücke zerlegten Schwarzwild etwas fressen, bei diesen wird im Zwinger einzeln mit kleinen Stücken des gejagten Wildes nachgeholfen. Das Durchschnittsalter der Meute ist vier Jahre, das heißt, nach dem dritten Felde zeigt sich bereits ein Nachlassen der Leistungen als Folge der Anstrengung."

— — — — — — — — — — — — — — — — — —

Die gleichen Grundsätze gelten in den Kennels einer Hasenmeute. Meister Brodda, dessen Obhut die Neubrandenburger Meute seit fünfundzwanzig Jahren anvertraut ist, gibt hierzu folgende Details: „Der Zwinger muß ganz mit Zement ausgegossen sein und die zementierten Flächen täglich einmal, an heißen Tagen zweimal, sauber gespült werden. Ebenso sauber müssen die hölzernen Klapppritschen gehalten werden. Die Streu auf diesen muß täglich erneuert werden. In der heißen Jahreszeit fällt die Streu fort, weil sie nur Ungeziefer fördert. Macht sich solches dennoch bei einem Hunde bemerkbar, so reibe ich denselben mit Fischtran ein. Dies empfiehlt sich auch in der Haarperiode. Der Laufhof muß im Sommer nach Norden, für den Winter nach Süden gelegen sein. Heizen des Zwingers, ebenso wie das Waschen desselben halte ich wegen Gefahr der Erkältung nicht für praktisch.

Ich füttere täglich um sechs Uhr abends; an Jagdtagen lasse ich die Hunde zwei Stunden zuvor ruhen. Jeder Hund erhält zwei Pfund knochenreines Pferdefleisch und ein halbes Pfund Gersten- und Haferschrot, halb und halb, möglichst fein gemahlen. Dieses Futter wird täglich frisch gekocht, das Fleisch zirka vier Stunden, in nicht zu großen Stücken und ungesalzen. Abgekühlt, wird dasselbe in kleine Würfel geschnitten, und in der kochenden Brühe wird das Schrot so lange gerührt, bis sie seimig wird. Fleisch und Brühe werden dann in Trögen gemischt und in lauwarmem Zustande verabfolgt. Während der Jagdzeit füttere ich etwas stärker, doch hüte man sich, die Hunde zu überfüttern. Stammt das Fleisch von wohlgenährten fetten Tieren, so darf man nicht zwei Pfund auf den Hund rechnen, sondern gebe mehr Schrot. Auch muß dann die Brühe entfettet werden.

Der Training beginnt erst im Juni mit Trabreprisen von etwa zehn Metern, worauf dann zwanzig Meter Schritt folgen. Allmählich werden Tempo und Dauer der Trabreprisen verstärkt, bis die Arbeit, die am frühen Morgen geschieht, sich auf zwei bis drei Stunden ausdehnt. Um die Pfoten der jungen Hunde abzuhärten, suche ich gern Chausseen auf. Das Eingaloppieren beginnt im August auf Landwegen oder Stoppelfeldern. An zwei Tagen der Woche dehne ich die Arbeit auf fünf Stunden aus, reite dann aber viel Schritt. Eine öftere kurze Rast im Schatten ist den Hunden dabei sehr willkommen. Gern reite ich an Herden vorüber oder durch Ortschaften, um die Hunde gehorsam zu machen. Schon im Zwinger werden die jungen Hunde an die Koppel gewöhnt. Jede unnütze Strafe ist zu vermeiden, ein scharfer Anruf erreicht dasselbe. Es ist notwendig, die Hunde stets laut bei ihrem Namen zu rufen. Ist ein Hund durchaus unfolgsam, so muß er energisch gestraft werden, und halte ich einen solchen so lange an einer Schlinge fest, bis er gutwillig herankommt.

In Krankheitsfällen, die meistens durch Einschleppung entstehen, ist ein abseits vom Zwinger liegender Krankenstall unentbehrlich. Staupe ist zumal den jungen Hunden gefährlich, deshalb ist bei Futterwechsel besonders auf diese zu achten. Haben dieselben keine Freßlust, trübe Augen, krauses Haar und auf dem Lager eine zusammengekauerte Stellung, so sondere man sie sofort im Krankenstall ab. Dort gebe ich ihnen einen halben Eßlöffel gewöhnliches Kochsalz, was Brechreiz und dann Durst erzeugt, sie erhalten hierauf magere Milch, die nicht zu kalt sein darf, und dann die rohen Gedärme von einem Kalb oder Rind; öfters am Tage auch rohes, ungesalzenes Fleisch in kleinen Portionen. Erholt sich der Hund bei dieser Behandlung nicht innerhalb von acht bis neun Tagen, so ist es die „nervöse“ Staupe, und ist es dann am besten, Hunde unter einem halben Jahr zu töten, weil gewöhnlich Lungenentzündung mit tödlichem Ausgang dazutritt. Scheut man sich, einen wertvollen Hund zu töten, so kann man in nicht zu großen Mengen Rizinusöl eingeben; bei einer Epidemie habe ich damit zwei Drittel der Meute gerettet. Da der Hund bei dieser Krankheit Wärme bedarf, so müssen die nicht zu großen Holzbuchten für die kranken Tiere guten Luft- und Lichtzutritt haben und auf der Sonnenseite liegen. Künstlich erzeugte Wärme wäre aber selbst in diesem Falle schädlich. Die Buchten werden täglich ein- bis zweimal mit heißer Lysollösung gereinigt, danach erhalten die Hunde jedesmal so viel frisches Stroh, daß sie darin förmlich verpackt sind. Die Hunde magern hierbei bis zum Skelett ab; überleben sie jedoch den neunten Tag, so ist Hoffnung, sie durchzubringen. Daß der Wärter die gesunden Hunde nicht aufsucht, ohne sich vorher desinfiziert zu haben, ist selbstverständlich.

Für die Hasenjagd halte ich den Harrier am geeignetsten, zur Blutauffrischung einen kleinen Fuchshund. Vor allem ist darauf zu achten, daß das Zuchttier eine gute Natur, Ausdauer und feine Nase hat, durchaus gehorsam und kein Schwärmer ist. Eine Kreuzung zwischen Harrier und Beagle ergibt leicht „Schwärmer". Unbedingt bin ich gegen nahe Verwandtschaftszucht. Zänkische Hunde sind zur Zucht durchaus ungeeignet, und tut man am besten, sie überhaupt auszumerzen, da man durch sie leicht gute Hunde verliert.*)

Ist eine Hündin heiß, so muß sie sofort abgesondert werden Dieser Zustand dauert gewöhnlich siebenundzwanzig Tage, und man läßt die Hündin am besten in der Mitte der Periode belegen. Dies geschieht bei meiner Meute nur im Januar, Februar und März."

---

*) In dieser Hinsicht hat der Harrier einen schlechteren Charakter als der Foxhound. Zänkische Hunde sind in Hasenmeuten nicht selten. v. E.

VII.

Einrichtung von Parforcejagden.*)

Wenngleich ich ein großer Verehrer der Fuchsjagd bin und sie allen anderen Jagden vorziehe, so halte ich dieselbe für den Bewohner einer großen Stadt doch nicht für die geeignetste und zwar hauptsächlich wiederum aus dem Grunde, weil der Großstädter in seiner Zeit beschränkt ist. Bei Fuchsjagden kommt es häufig vor, daß man nach Hause reiten muß, ohne einen Fuchs gefunden zu haben. Der Städter verlangt aber, wenn er sich die Mühe nimmt, herauszukommen, auch sogleich ein Wild zu finden, das ihm ohne langes Warten den nötigen Galopp gibt. Dann drängt es ihn, so schnell wie möglich wieder nach Hause zu kommen. Ich würde mich deshalb für den Hirsch erklären, und zwar nach Art der ehemaligen Hirschjagd der Königin von England**) und der Kaiserlich Oesterreichischen Hofjagd zu Holics für den aus dem Kasten ausgesetzten Rothirsch, der nach der Jagd wieder eingefangen und nicht getötet wird. Es ist dies vom Kostenpunkt aus deshalb von großem Wert, weil wir immer dieselben Hirsche von neuem jagen können, also nur die erste Anschaffung derselben Kosten verursacht.

Durch diese Art der Jagd beschränken wir nicht im geringsten die Grundbesitzer in dem Jagdrecht auf ihrem eigenen Grund und Boden — und dies ist von der größten Wichtigkeit —, sondern verlangen von ihnen, streng genommen, weiter nichts, als die Erlaubnis, über ihr Terrain hinter Hunden zu reiten. Das stört sie in ihrer

*) VII. Auflage, Teil II, Kapitel IV.

**) Jetzt Birks and Bucks-Staghounds.

eigenen Jagd ebensowenig wie eine Schleppjagd, und dem Reiter, der den Hunden folgt, gibt das Gefühl, hinter einem lebenden Tiere zu reiten, doch einen weit größeren Genuß.

Ferner ist hier kein Aufenthalt zu befürchten, bevor der Galopp beginnt. Fünfzehn Minuten, nachdem der Hirsch aus dem Kasten entlassen ist, können die Hunde auf der Fährte angelegt werden, und wenn jedes Stück Rotwild auch nicht ganz sicher eine lange Jagd gibt, so ist auf einen Galopp doch immer mit ziemlicher Sicherheit zu rechnen.

Ein anderer Vorteil der Hirschjagd ist, daß die für eine Fuchsjagd notwendige Anlage von Remisen und die Notwendigkeit fortfällt, mehrere Jahre die Füchse zu schonen.

Ich komme nun zur Geldfrage. Da ich nicht weiß, ob wir bei unserem Unternehmen auf eine pekuniäre Unterstützung von irgendeiner anderen Seite als durch Privatpersonen rechnen können, so scheint es mir praktischer, von einer solchen Unterstützung vorläufig ganz abzusehen und zu versuchen, ob wir die notwendige Summe auf dem Wege der Subskription auftreiben können. Sind wir dazu imstande, so würden wir am besten tun, nach Anschaffung des Betriebsmaterials — worunter ich Pferde, Hunde, Hirsche usw. verstehe — dieses nebst dem nötigen Gelde für die Unterhaltung dem zu wählenden Master zu übergeben, der nach Art der englischen Subskriptionsmaster für die Jagden selbst und für die Instandhaltung der Jagdequipage verantwortlich ist.

Man muß, da die Jagdequipage noch ganz fehlt, zwei verschiedene Berechnungen aufstellen. Einmal die Kostenberechnung für die erste Anschaffung derselben und dann für die Unterhaltung.

Ich würde daher vorschlagen, zwei verschiedene Arten Aktien auszugeben. Einmal Grundaktien, wie ich sie nennen will, die das Kapital für die erste Anschaffung von Pferden und Hunden aufbringen sollen, dann sogenannte Betriebsaktien, um die Kosten für die Unterhaltung der Jagdequipage zu bestreiten. Die Zeichnung auf Grundaktien würde bedeutend höher sein müssen, als die auf Betriebsaktien.

Während ich glaube, daß fünfzehn Mark für eine Betriebsaktie genügen werden, wenn wir 350 bis 400 Mitglieder haben, so würde die Grundaktie doch wenigstens einhundert Mark betragen müssen, wofür die Aktionäre einen entsprechenden Zinsfuß verlangen könnten, der vom Betriebskapital zu zahlen ist. Selbstverständlich verbliebe das von den Grundaktionären beschaffte Material in deren Besitz, sie müßten jedoch dafür auch für jeden Schaden aufkommen und einer vom Master eventuell geforderten Beschaffung neuen Materials nach dessen Wunsch nachkommen.

Nun könnten einige Betriebsaktionäre aber sagen, sie sähen nicht ein, warum sie den Grundaktionären die Zinsen für deren angelegtes Kapital bezahlen sollten. Dies ist meiner Ansicht nach indes ganz in der Ordnung; denn wenn sie bedenken, daß sie letzteren die Inszenierung der Jagden verdanken, die ohne deren Beihilfe ein Ding der Unmöglichkeit wären, so sollten sie vor der geringen Summe von drei bis vier Mark, die dafür von jedem Betriebsaktionär jährlich mehr zu zahlen wären, nicht zurückschrecken.

Das Grundkapital, das zur Anschaffung von zwanzig Koppel Hunden, zwölf Jagdpferden nebst dem nötigen Sattelzeug, Beschaffung von Hirschen und Anlage von Paddocks für dieselben erforderlich ist, würde zirka 30000 Mark betragen; eine Summe, die, wenn sie mit fünf Prozent verzinst wird, wohl leicht von Freunden der Parforcejagd aufzutreiben sein wird.

Unter zwanzig Koppel Hunde kann eine Meute nicht haben; denn wer die Sache kennt, weiß, daß man bei einem Bestand von zwanzig Koppeln selten mit mehr als siebzehn bis achtzehn Koppeln jagen kann. Es stoßen verschiedenen Hunden kleine Unfälle zu, oder einige Hündinnen sind nicht in dem Zustande, daß sie mit herausgenommen werden können. Könnte man eine ganze Meute zu einem nicht zu hohen Preise in England erstehen, so wäre dies das beste und würde ich empfehlen, den Huntsman dieser Meute gleich mit zu engagieren. Bei uns zulande existieren diese Art Leute nur ganz vereinzelt und stellt sich schon jetzt, wo die Vereine im Zunehmen sind, ein großes Bedürfnis nach solchen Leuten heraus.

Es ist durchaus notwendig, daß derjenige, der ein guter Huntsman werden will, sich von Jugend auf diesen Beruf wählt und alle Stufen durchmacht, bis er zu der hohen Stufe eines guten Huntsman gelangt. Nur in England finden wir diese Art Leute, die von Generation zu Generation sich keinem anderen als diesem Berufe widmen und daher darin auch meistens Vorzügliches leisten.

So wie wir in manchem Praktischen den Engländern nachstehen, so auch darin, daß wir vielfach vom Huntsman und Whip neben den vielen schwierigen Sachen, die er zu leisten hat, noch verlangen, daß derselbe musikalisch ist. Klappern gehört zum Handwerk, sagen viele Leute bei uns. Wenn durch das Klappern aber das Handwerk leidet, so scheint es mir nicht nur überflüssig, sondern schädlich; und leiden muß es darunter schon aus dem Grunde, weil hierdurch die jetzt bereits kleine Zahl der Leute zur Auswahl als Huntsman und Whips noch geringer wird. Ich muß auf manchen vorzüglichen Reiter verzichten, weil er nicht imstande ist, ein großes Horn zu blasen. Dieses wäre aber noch nicht so schlimm, wenn meiner Ansicht nach nicht auch der Schneid des Personals darunter litte, daß man ihm ein solch großes Instrument umhängt, mit dem es reiten und springen soll. Bei Waldjagden ohne viel Hindernisse ist das große Horn ja ganz hübsch und auch von Nutzen; im offenen Terrain mit Hindernissen wird man bald merken, wie die Leute, wenn sie ein paarmal mit dem Horn um den Leib gefallen sind und sich ordentlich geschlagen haben, viel von ihrem Schneid einbüßen. Unsere Nachbarn, die Franzosen, sind große Freunde von diesen Hörnern, und es tragen hier nicht nur Huntsman und Whip ein solches, sondern auch einige Herren aus dem Felde hängen sich solch ein Ding um, und nach einer Beschreibung, die ich kürzlich hierüber las, soll das Hauptvergnügen dieser Jagden darin bestehen, daß alles, was ein Horn um hat, bläst, sobald ein Dorf passiert wird.

Ich meinerseits ziehe das kleine englische Horn, das nur vom Master und Huntsman getragen wird und zu dessen Gebrauch kein musikalisches Talent notwendig ist, aus oben angeführten Gründen dem großen französischen oder altdeutschen Horne vor. Es hindert niemanden am Reiten und genügt für Hunde und Feld vollständig.

In England rechnet man, daß ein Jagdpferd, ohne Schaden zu nehmen, nicht häufiger als dreimal innerhalb vierzehn Tagen gehen darf. Dies ist die Durchschnittsberechnung für lange, anstrengende Jagden, die aber doch nicht an jedem Jagdtage vorkommen. Ich glaube, wir können daher den Pferden etwas mehr zumuten und sagen, daß das richtige Maß der Arbeit eines Jagdpferdes zwei Jagdtage in der Woche sein wird. Mehr dürfen wir unter keinen Umständen als Norm annehmen, wenn wir das Material stets frisch auf den Beinen haben wollen. Es kommen bei einer Anzahl von zwölf Pferden und drei Personen (Master, Huntsman und ein Whip) bei dreimal wöchentlichem Jagen schon genug Tage vor, wo ein oder das andere Tier dreimal wöchentlich gehen muß. Dieser Fall tritt sofort ein, sobald ein oder zwei Jagdpferde lahm sind, was infolge von Stürzen oder anderen kleinen Unglücksfällen vorkommen kann.

Im Interesse der Grundaktionäre wird es liegen, bei Anschaffung des Pferdematerials nur Gutes und ganz Gesundes (auf Beinen sowohl wie im Atem) anzuschaffen, da solche Pferde, die die Saison über gute Leistungen gezeigt haben, bei der alljährlichen Frühjahrsauktion gewiß bedeutend höhere Preise einbringen werden, als sie beim Ankauf gekostet haben. Es bringt mich dies auf einen Punkt, den ich gleich besprechen möchte, nämlich auf die Züchtung von leistungsfähigen Jagdpferden.

VIII.

Die Bedeutung der Parforcejagd für die inländische Halbblutzucht.*)

Man klagt bei uns in vielen Gegenden darüber, daß die Pferdezucht nichts einbringt und nicht lohnend ist. Warum ist dies der Fall?

Ich glaube, weil die meisten Züchter (ich spreche nur vom kleinen Halbblutzüchter und nicht von Wagenpferden) fast nur ganz rohes oder so gut wie rohes Material auf den Markt bringen, von dem kein Sterblicher imstande ist, vorauszusagen, ob das Tier eine Leistungsfähigkeit haben wird oder nicht. Bei einigen solcher Tiere, deren Väter auf der Rennbahn gewesen sind und dort etwas geleistet haben, gibt dies ja einen kleinen Anhalt; wie viele Väter werden aber in der Halbblutzucht verwendet, die entweder nichts geleistet haben oder nie in die Versuchung gekommen sind, von ihrer Leistungsfähigkeit etwas zu zeigen. Die meisten jungen Hengste, die von Privaten als zukünftige Landbeschäler aufgezogen werden, werden nur gestopft und gemästet, damit sie dem Auge der Gestütsbeamten bei deren jährlichen Ankäufen recht massig erscheinen. Von Arbeit und Leistungsfähigkeit ist aber nicht die Rede. Wie viele von diesen gemästeten Tieren, die so ganz fehlerlos und knochenrein erscheinen, würden bei ordentlicher Arbeit bald vieles zeigen, was die Gestütsverwaltung abhalten würde, sie zu kaufen. Solange wir nicht eine Prüfung sämtlicher jungen Hengste, die zur Zucht benutzt werden sollen (ganz gleich ob Voll- oder Halbblut), einführen,

*) VII. Auflage, Kapitel V.

werden diejenigen Züchter, die bis jetzt dem oben angeführten Mästungssystem huldigen, bei demselben verbleiben und wir werden nie wissen, welcher von diesen Hengsten den anderen an Leistungsfähigkeit übertrifft und ob sie ganz frei von Fehlern sind.

Vom Privatmann und kleineren Züchter ist es nicht zu verlangen, daß er sich um der wenigen Hengste willen, die er zieht und an die Gestütsverwaltung zu verkaufen beabsichtigt, einen Trainer oder eine Meute hält; der Staat sollte vielmehr die Initiative ergreifen und in einem der Landgestüte eine Meute halten, um die jungen ungeprüften Hengste auf Knochenbau und Leistungsfähigkeit zu erproben, bevor sie zur Zucht zugelassen werden.*) Diese Einrichtung würde von den Privaten der Umgegend gewiß mit Freuden begrüßt werden, die so ihrerseits ihre junge Aufzucht auch einer kleinen Schulung und Prüfung unterziehen könnten. Diejenigen Hengste des Landgestüts, die während des Jagd-Trainings, das der Jagdzeit vorausgehen müßte, oder während der Jagdzeit selbst sich als nicht brauchbar zur Zucht herausstellen, würden bei etwaigem Verkauf als geschulte Jagdpferde gewiß bessere Preise erzielen, als sie es heute tun. Denn wer kann bei dem jetzigen System einen dieser ausrangierten Hengste, der in seinem ganzen Leben nichts geleistet hat, außer für einen Spottpreis kaufen?**)

Zwei Jahre Arbeitszeit, bevor die jungen Hengste zum Decken zugelassen werden, würden bessere und fruchtbarere Beschäler aus ihnen machen.

In Oesterreich ist man schon seit einiger Zeit dahinter gekommen, daß Prüfung der Landbeschäler eine Notwendigkeit ist. Zu Schloß Holics, einer Kaiserlichen Domäne in Ungarn, per Bahn fünf Stunden von Wien, werden sämtliche jungen Voll- und Halbbluthengste und Stuten der Gestüte Mezöhegyes und Radautz von September bis Dezember auf der Hirschjagd geprüft, nachdem sie vorher ein reguläres Jagd-Training durchgemacht haben. Das gute Material geht an die Gestüte zurück, während die zur Zucht unbrauchbaren Tiere ihr Leben als Jagdpferde fristen müssen. Die

*) Geschieht heute im Kgl. Hauptgestüt Trakehnen mit den vierjährigen Stuten.

**) Trifft nicht mehr zu seit Einführung der Hengsteprüfungsrennen und des Trainings, das sämtliche fiskalischen Halbblutbeschäler, drei- und vierjährig, im Traberwagen wie auf der Galoppierbahn unter dem Reiter durchmachen; man kann heute den auf den Auktionen der Landgestüte gesteigerten Hengsten ohne weiteres jede Anstrengung, wie Hindernis-Training, Manöver, Jagd usw., zumuten. v. E.

zur Wiener Equitation kommandierten Offiziere werden abwechselnd auf zirka sechs Wochen nach Holics beordert*), um auf diesen Gestütspferden den Hunden zu folgen, und sind während der ganzen Zeit Gäste des Kaisers, aus dessen Forst bei Göding auch die Hirsche geliefert werden. Ein angestellter Master leitet das Training, das Einspringen der Pferde und die Jagden, und diesem ist ein sogenannter Pikör-Offizier als Assistent beigegeben.

Würden wir uns dazu entschließen können, diesem Beispiel der Oesterreicher zu folgen, so wäre Neustadt a. d. Dosse gewiß der geeignetste Ort dazu, wo, wenn ich nicht irre, auch Platz genug vorhanden ist.

Diese Maßregel, vom Staat ergriffen, würde viele Züchter auf eine andere Methode der Erziehung ihrer jungen Aufzucht bringen und sie zwingen, mehr auf Leistungsfähigkeit zu ziehen. Es käme dann der praktische englische Grundsatz zur Geltung: „Handsome is what handsome does.“ Das heißt: Schön ist das, was Tüchtiges leistet.

Ich bitte, mir diese kleine Abschweifung zu verzeihen; ich komme jetzt wieder darauf zurück, worin die Klagen der Züchter über die Unrentabilität der Pferdezucht ihren Grund haben. Hauptsächlich darin, wie ich schon vorhin sagte, daß sie ganz ungeprüftes und halb rohes Material zum Verkauf stellen. Ich bitte mich hier nicht mißzuverstehen, ich rechne die Tiere, die in der Reitbahn oder auf dem Stallhofe hauptsächlich auf kurzen Galopp dressiert sind, auch zu dem halb rohen Material, weil ich mit ihnen gewöhnlich wieder von vorn anfangen muß.

Der Pferdehändler, auf den die meisten Herren, die nur wenig Pferde ziehen, angewiesen sind, kann ihnen selbstverständlich nur das Gebäude ihres Pferdes bezahlen, und das auch nur annähernd, weil er ja selber noch einen Gewinst — und zwar einen hohen — beim Wiederverkauf des Tieres erzielen will und muß. Dieser Vermittler drückt daher den Preis des Züchters so herunter, wie er nur kann, und schraubt den Preis des Konsumenten so hoch wie nur irgend möglich hinauf. Ich will den Verdienst der Händler nicht schmälern, sie haben den großen Vorteil, daß sie die brauchbareren Pferde des Landes auf gewisse Mittelpunkte konzentrieren, also das Geschäft erleichtern, und sie werden bei einem gewissen Publikum

*) Aehnlich werden in Schweden Hengste des Landgestütes Strömsholm während der Wintermonate von Offizieren der dortigen Reitschule gearbeitet. v. E.

immer noch Zuspruch genug finden; ich will nur den Züchtern helfen, sich unabhängiger von den Händlern zu machen. Je weniger sie diese Vermittler gebrauchen und je mehr sie mit dem Städter und Konsumenten direkt in Verbindung treten, desto höhere Preise können sie für ihre Pferde erzielen, zumal wenn dieselben dem Konsumenten auf der Parforcejagd häufig vor Augen kommen und der letztere sich durch eigenen Augenschein überzeugen kann, daß diese Tiere auch wirklich geschult sind und etwas leisten können. Natürlich wird derjenige Züchter den anderen schlagen — vorausgesetzt, daß sie gleiche Ware haben —, dessen Material besser gearbeitet und vorbereitet ist.

Es gibt dieser Umstand einen Antrieb, sich selbst oder seine Leute in der Schulung junger Pferde im Terrain zu üben, und je mehr sich jemand darin auszeichnet, desto höhere Preise wird er fordern und bekommen können.

Die zwei größten Konsumenten an Reitmaterial in Deutschland sind der Staat und der Offizier, speziell der Kavallerieoffizier.

Der Staat kauft dreijährig und verlangt nur normales Gebäude*), kann daher auch nur dieses bezahlen. Der Kavallerieoffizier zahlt höhere Preise, verlangt dafür aber Leistungsvermögen und ein höheres Alter. Von jungen Pferden kann er nur solche Vierjährige brauchen, die im Training gewesen sind; was nicht in Trainers Hand gewesen war, muß wenigstens fünfjährig sein und schon etwas Arbeit getan haben, wenn es den heutzutage vom Kavallerieoffizier verlangten Leistungen, ohne Schaden zu nehmen, einigermaßen gewachsen sein soll. Der Geschmack unserer Kavallerieoffiziere hat sich gegen früher sehr verändert. Während vor fünfundzwanzig Jahren jeder nur ein hübsches Pferd haben wollte, legt man heute mehr Gewicht auf ein gut gezogenes, das Leistungsfähigkeit verspricht oder gezeigt hat.

Hannover ist auch hierin mit gutem Beispiel vorangegangen, und nur der dortigen Parforcejagd verdanken wir, daß auch bei Halbblutpferden die Leistungsfähigkeit und das Können höher bezahlt werden, als das Aeußere. Die hohen Preise, die hier für leistungsfähige Tiere angelegt werden, sollten unsere Züchter ermuntern,

---

*) Heutzutage wird auch von den Remontekommissionen schon beim Ankauf auf Leistungsvermögen gesehen, soweit sich dieses durch die Abstammung von erprobtem Blute gewährleisten läßt. Zuchtprüfungen, Halbbluttraining und der Einfluß der fiskalischen Gestütsverwaltung auf die Aufzucht auch der Privatzüchter haben hierin bereits Früchte getragen. v. E.

solche Tiere zu ziehen und zu erziehen. Daß diese hohen Preise hier hauptsächlich in die Taschen der Pferdehändler und ins Ausland gehen, liegt einesteils daran, daß in der Provinz Hannover der Konsument nur wenig in direkte Verbindung mit dem Züchter kommt, und ins Ausland geht das Geld hauptsächlich deshalb, weil der inländische Produzent zuwenig Wert auf Arbeit und Leistungsfähigkeit legt.*) In England hat jeder Farmer eine Meute in seiner Nähe, um seiner jungen Aufzucht etwas Schulung und Arbeit zu geben, und wenn diese Schulung bei vielen Pferden auch keine genügende ist, um einen perfekten Hunter daraus zu machen, so haben die meisten in England gezogenen jungen Pferde doch immer den Vorzug, daß sie schon eine kleine Ahnung vom Galoppieren und Springen haben. Der größere Teil der unserigen ist dagegen im Alter von vier Jahren noch dumm und albern, weil sie selten länger als eine halbe Stunde den Stall verlassen haben, damit sie sich nur ja dem Käufer bei der Musterung schön präsentieren.

Ich komme immer wieder darauf zurück, daß die Züchter für ihre Pferde desto höhere Preise erzielen werden, je mehr sie auf Leistungsfähigkeit züchten. Der Löwenanteil an den großen Summen, die jetzt ins Ausland gehen, würde dann in ihre Taschen fließen. Andererseits, je mehr der Städter und Offizier mit dem Züchter selbst in Berührung kommt, desto unabhängiger werden beide vom Händler.

Ich hoffe, hiermit zur Genüge bewiesen zu haben, von welchem Vorteil die größere Verbreitung von Parforcejagden nicht nur für den Züchter von Reitpferden ist, der seine Mühe bezahlt haben will, sondern auch für den, der von dem großen Gedanken geleitet wird, daß er durch Züchtung leistungsfähiger Pferde die Pferdezucht seines Landes hebt und unsere Reiterei schlagfertiger und besser macht. Ich will nicht behaupten, daß die von mir kurz angedeutete Idee der Prüfung unserer Landbeschäler den Zweck so vollständig erfüllt, als es wünschenswert ist, auch nicht so anmaßend sein, diese Art der Prüfung als die einzig richtige hinzustellen.**) Ich weiß aber keine bessere, die so zweckentsprechend ist und zu gleicher Zeit soviel Aussicht auf Popularität hat. v. K.

— — — — — — — — — — — — — — — — — — — —

*) Zuviel Wert dagegen auf das Renommee der ausländischen Zucht! v. E.

**) Neuerdings ist man von den Hengsteprüfungsrennen wieder zurückgekommen und begnügt sich mit einem mehr „jagdmäßigen" Training. v. E.

14*

Der Vorschlag, die staatlichen Halbblutbeschäler hinter der Meute im Jagdfelde zu prüfen, ist in letzter Zeit wiederholt in der Fachpresse aufgetaucht; allein, abgesehen von den technischen und wirtschaftlichen Bedenken, die man maßgebenden Ortes dagegen geltend machen würde, halte ich denselben schon deshalb für nicht zu verwirklichen, weil die Zahl der Meuten, selbst bei Hinzuzählung der Schlepphunde, eine vorerst noch sehr beschränkte ist.

Fruchtbarer dürfte sich der Gedanke erweisen, etwas Aehnliches in Deutschland zu schaffen, wie die „Hunter Improvement Society*) oder wenigstens deren Bestrebungen bei uns einzubürgern. Mir schwebt eine Prüfung vor Augen, wie ich sie vor einigen Jahren in Schweden sah.**) Erster Tag: Dressurprüfung und Preisspringen. — Zweiter Tag: Schleppjagd hinter den Hunden. Die Concours hippiques in Berlin, Hamburg, Frankfurt a. M., die Konkurrenzen des Militärreitinstituts, die Ausstellungen der Deutschen Landwirtschaftsgesellschaft u. dgl. bringen ja genug Gelegenheit, um solche Prüfungen zu inszenieren. Läge es nicht auf der Hand, mit den in Hannover stattfindenden Leistungsprüfungen für Kampagnepferde eine Konkurrenz für Jagdpferde zu verbinden, d. h. eine Dressur- und Geländeprüfung für Pferde, die hinter deutschen, auf freier Wildbahn, Kastenwild oder Schleppe jagenden Meuten mindestens so und so oft bis zum Halali geritten sind? Gerade Hannover mit seinem idealen Terrain, seinem reichen Material und der Fülle von Passion, Schneid, Energie, Unternehmungslust, die dort zu Hause ist, scheint der rechte Boden für derartige Bestrebungen zu sein. Wäre es denn undenkbar, daß die Tage des „Konkurrenzjagens“ (1881 und 1885) wieder auferstehen? Man denke sich eine Konkurrenz, wie ich sie oben kennzeichnete, in Verbindung mit einer Prüfung von Meuten — welch neuen Impuls würde der „Sport in Rot“ davon heim nehmen! Und die inländische Halbblutzucht würde dabei nicht schlecht fahren. Vorausgesetzt natürlich, daß alle derartige Ausschreibungen in ihren Dienst gestellt werden. Das ist für mich conditio sine qua non, meine Kardinalforderung!

Wie aktuell die Parforcejagd auf den Absatz der Pferdezucht wirkt, sieht man am deutlichsten in Mecklenburg und Pommern, wo jeder Gutsbesitzer sich ein bis zwei Reitpferde hält, um den Ludwigslust-Parchimer, den Neubrandenburger, Broocker oder Stargordter

*) Gesellschaft zur Verbesserung des Jagdpferdes.

**) Vergl. Teil III, Kapitel XIV.

Hunden zu folgen. In Ostpreußen, dem Mutterlande der edelsten Halbblutzucht, liegt dagegen der Reitsport auf dem Lande fast gänzlich danieder. Ich höre schon, daß man mir die schweren Zeiten, wirtschaftliche Notlage usw. vorhält. — Ja, gewiß, aber man kann etwas sehr teuer einrichten und auch nur teuer; es kommt ganz darauf an, wie man die Sache anfaßt. Bei einiger Sachkenntnis und gutem Willen läßt sich vieles verbilligen, und Hindernisse, die auf den ersten Blick unüberwindlich erscheinen, stellen sich als ganz geringfügig heraus.

Der wahre Hemmschuh für die Entwickelung des Sportes in Rot liegt in unseren sozialen Verhältnissen. In England freut sich auch der Aermste und Geringste an dem Anblick eines Reiters, und dies doppelt, wenn derselbe einen roten Rock trägt. Denn bis in die untersten Schichten der Bevölkerung hinab hat jedermann dort Verständnis für die nationalökonomische Bedeutung von Sport und Pferdezucht, und der englische Farmer wie der Tramp*) auf der Landstraße weiß, daß ohne Jagden der Hunter nicht seinen Weltruf genösse. — In Deutschland sieht der kleine Mann in seinem Mitmenschen zu Pferde den „verfl ...... Aristokraten", der sich über ihn erheben will; jeder Sport, sobald er mit dem Pferde zusammenhängt, ist als Vorrecht der „oberen Zehntausend" bei uns von vornherein unpopulär. Wollten auch die kleinen Züchter sich an den Wildjagden beteiligen, ja, dann hätten wir gewonnenes Spiel! Aber ich fürchte, dieser Gedanke wird immer Wunsch bleiben; seine Verwirklichung wäre indessen von solcher Tragweite, daß ich nicht umhin kann, darauf näher einzugehen:

Wer seine eigene Haut zu Markte trägt, der wird sich hüten, ein Pferd mit schlechter Schulter und steilen Fesseln zu ziehen; der Züchter, der selbst den Hunden folgt, weiß aus eigener Erfahrung, wie ein Jagdpferd aufgezogen sein muß. Warum produziert Irland die besten Hunter der Welt? — Man wird erwidern: „Sein Klima, sein Boden, sein Vollblut —", alles sehr wahr, und doch besäße der irische Hunter nicht jene unvergleichlichen Eigenschaften, wenn er nicht von seinem Züchter, dem irischen Farmer, schon vierjährig hinter den Hunden geritten und vom ersten Tage seines Lebens an für den dereinstigen Beruf im Jagdfelde erzogen worden wäre. Würden unsere kleinen Grundbesitzer und Züchter ihre güste Mutterstute oder eine gestoßene Remonte auf der Jagd reiten, so würde der Sport in Rot noch viel unmittelbarer auf die Aufzucht in

*) Landstreicher.

unserer Landespferdezucht einwirken, als es der Sport zwischen den Flaggen tut. Eine weitere und noch schwerer wiegende Folge wäre vielleicht zu erwarten: in unseren traditionellen Remonte-Zuchtgegenden macht es sich schon in besorgniserregender Weise fühlbar, daß die Bauern ihre Mutterstuten verkaufen; finden die ersteren an den Freuden des Jagdfeldes persönlich Geschmack, lernen sie den Wert dieser Schule für das junge Pferd schätzen und die Bedeutung einer solchen Propaganda für das Renommee ihrer Zucht erkennen, so steht zu hoffen, daß sie eine gute Stute nicht so leicht veräußern. Im Kampfe gegen die Ausbreitung der Kaltblutzucht, die in unseren Remonteprovinzen für die Wehrkraft des Vaterlandes eine Gefahr zu werden droht, wäre die Parforcejagd ein nicht zu unterschätzender Bundesgenosse.

Ich bin in Deutschland bisher einem einzigen Bauern begegnet, der auf einem selbstgezogenen Fünfjährigen einer Jagd folgte; anstatt vor dem Wackeren die Kappe zu ziehen, machten die Rotröcke sich über ihn lustig! So wenig Verständnis für das eigentliche Wesen des Sports in Rot herrscht bei uns selbst dort, wo man dasselbe zu suchen berechtigt ist.

IX.

Hindernissport und Parforcejagd.*)

Bevor ich auf dieses Thema näher eingehe, will ich vorausschicken, daß ich nicht zu denen gehöre, die den Hindernissport allein als Mittel ansehen, um den Reitergeist in der Armee zu wecken und zu beleben, sondern ihm für seine Tätigkeit einen weit größeren Spielraum gebe. Trotzdem sage ich: Man kann ein großer Verehrer und Anhänger dieses Sports sein, ohne so weit zu gehen und die Behauptung aufstellen zu wollen, daß der größere Teil des Materials, welches bei Hindernisrennen verwertet wird, als Zuchtmaterial für unsere Landespferdezucht einen großen Nutzen hat. Graf Lehndorff weist in seinem bekannten „Handbuch für Pferdezüchter" nach, daß selbst in England nur wenige Rennpferde von Bedeutung von den Siegern der größten Hindernisrennen abstammen, und auch aus unseren kleinen Verhältnissen in Deutschland können wir uns von der Richtigkeit dieser Behauptung überzeugen. Zwar zweifle ich nicht daran, daß für unsere Halbblutzucht stets verschiedene brauchbare Hengste in den Steeplechase-Ställen zu finden sein werden, die, weil sie gezeigt haben, daß sie außer einem fehlerfreien Körperbau auch Herz, Leistungsfähigkeit und gesunde Konstitution besitzen, manchem unserer aufgepäppelten Landbeschäler vorzuziehen sind.**) Leider ist ihre Zahl aber verhältnismäßig eine zu geringe, als daß sie imstande wären, auf die Pferdezucht des ganzen Landes einen Einfluß zu haben.

*) VII. Auflage, Teil II, Kapitel VI.

**) Vergl. die zweite Fußnote auf Seite 208.

Der wahre Nutzen, den der Hindernissport auf unsere Pferdezucht ausübt, liegt tiefer und ist, wenn man sich so ausdrücken soll, ein indirekter, der dessenungeachtet nicht von geringer Bedeutung ist.

Er liegt darin, daß die Söhne unserer Grundbesitzer, auf deren Schultern künftig die Pferdezucht ruht, begeistert durch die Erfolge ihrer Freunde und Bekannten, den Hindernissport treiben, Interesse für diesen Sport und für Rennsport überhaupt bekommen. Dies Interesse steigert sich mit dem Augenblicke, wo der junge Mann vielleicht selbst ein Pferd besitzt, das er trainiert und im Hindernisrennen — denn Flachrennen geben ihm nicht denselben Reiz — reitet. Das Training lehrt ihn die Leistungsfähigkeit eines Pferdes beurteilen und läßt ihn bald die Vorteile eines Vollblutpferdes erkennen, sowie einsehen, daß ohne Prüfung auf Leistungsfähigkeit jede Pferdezucht ein Unding ist.

Hat der angehende Züchter Erfolge auf der Steeplechase-Bahn, so wächst hiermit die Passion, und wenn er sich aus irgendeinem Grunde genötigt sieht, aktiv von der Rennbahn Abschied zu nehmen, so ist er durch die glücklichen Stunden, die ihm das Pferd bereitet hat, höchstwahrscheinlich ein solcher Verehrer dieser Rasse geworden, daß er nun auch bei sich zu Hause an Veredelung und Verbesserung derselben denkt.

Die Erfahrungen, die er seinerzeit auf der Rennbahn gemacht hat, werden ihm hierbei von Nutzen sein, und wenn er auch vielleicht anfangs in den zu häufig vorkommenden Fehler verfällt, mit Steeplern wiederum Steepler züchten zu wollen, so werden wenige Jahre aufmerksamer Beobachtungen genügen, ihm zu sagen, daß man, selbst wenn man Steepler züchten will, zu den Vollblutvätern zurückkehren muß, die auf der Flachbahn etwas Gutes geleistet haben und unter diesen am besten die wählt, welche ihren Kindern eine gewisse Begabung oder Talent zum Springen mit auf die Welt geben. Ist der Züchter erst zu der Einsicht gekommen, daß er für seinen Lieblingssport auf das Flachrennpferd von Leistung zurückgreifen muß, so schreitet er dann von selber auf dem richtigen Wege vorwärts und geht entweder ganz zur Vollblutzucht über oder züchtet solche Halbblutpferde*), die infolge ihres guten Blutes und ihrer rationellen Auferziehung zu angemessenen Preisen gern Aufnahme in Steeplechase-Ställen finden werden.

*) Vor der wahllosen Benutzung auf der Hindernisbahn niedergebrochener Vollbluthengste kann in der Halbblutzucht nur gewarnt werden. v. E.

Wenn der Hindernissport bis jetzt noch nicht in der Lage gewesen ist, in dieser Weise verbessernd auf unsere Pferdezucht einzuwirken, so liegt dies wohl daran, daß seine Existenz in der momentanen Ausdehnung von zu kurzer Dauer ist; was ihm aber vor der Hand schon gelungen ist, ist eine größere Beteiligung unserer jüngeren Generation an dem Rennsport, und ich zweifle nicht, daß hiermit Hand in Hand auch neues Leben in unserer Pferdezucht eintreten wird. Die Klagen, daß auf den inländischen Züchter bei Verteilung der Preise für Hindernisrennen zu wenig Rücksicht genommen wird, werden von selbst verstummen, sobald wir so viel brauchbares Material im Inlande züchten, daß die Steeplechase-Ställe sich hieraus rekrutieren können.*) Vorläufig ist dies nicht der Fall, denn einmal sind Inländer, die in Training waren und gesund geblieben, selbst wenn sie alle sich für den Hindernissport eigneten, nicht in der gewünschten Zahl vorhanden und dann sind solche Inländer, die nicht in einem Rennstall waren, so wenig an Arbeit gewöhnt, so wenig passend für den Rennbetrieb auferzogen und häufig auch gezogen, daß niemand es riskiert, ein solches Tier für seinen Stall zu erwerben. Wir werden deshalb bis zu der Zeit, wo man bei uns allgemein zur Erkenntnis gekommen ist, daß zur Ausbildung eines jeden Blutpferdes eine Trainierbahn notwendig, und daß der Probierstein des Vollblutpferdes die Rennbahn, die Prüfung des Halbblutpferdes dagegen das Jagdfeld ist, stets einen Teil unseres Bedarfs für die Hindernisställe aus England beschaffen müssen, weil dort jedes Pferd, das einigermaßen Blut hat, von Jugend auf galoppieren gelernt hat. v. K.

— — — — — — — — — — — — — — — — — —

Schon graute nach einer der schönsten Jagden, die Sankt Hubertus uns 1905 hinter den Hunden der hannöverschen Reitschule bescherte, der Morgen, als ich noch hinter dem Glase mit einem unserer besten „Querfeldeinreiter“ in eifriger Unterhaltung saß. Es war ein Rennreiter der alten Schule, ein Jagdreiter nach dem Herzen Keudells, und das Jagdreiten hatte uns auf das Jagdrennen gebracht. Das Verschwinden der alten veritablen Jagdbahnen — wie Münster, Castrop, Horn in ihrer ursprünglichen Form — wurde beklagt und die Frage ventiliert, ob der Hindernissport in seiner heutigen Gestalt der Landespferdezucht zum Heil gereiche, soll doch die neue Aera der Halbblutrennen gerade die

*) Ist inzwischen bereits angebahnt. v. E.

Hindernisbahn in unmittelbare Beziehungen zur Zucht bringen. Rennen über grobe Sprünge und weite Distanzen, unter hohem Gewicht — Pferde mit Stamina und Kaliber, das war unser Gedankengang. Vielleicht ist es dem allenthalben so kräftig aufblühenden Halbblutsport beschieden, hier manches zu bessern, aus den „Jagdrennen", die heute allzuoft nichts anderes sind als Hürdenrennen, wieder Steeplechases für Jagdpferde zu machen.*) Aber der deutsche Züchter beobachtet eine oft schwer verständliche Reserve gegen alles, was mit dem „Turf" zusammenhängt, und darum wird der förderliche Einfluß der Halbblutprüfungen nur einzelnen hervorragenderen Gestüten zugute kommen. Abgesehen hiervon und von der leidigen Geldfrage, pflegt sich die persönliche Beteiligung am Rennen meist mit einem gewissen Lebensalter zu verbieten; die Freuden des Jagdfeldes dagegen sind jedem zugänglich, mag er 60 oder 120 Kilo, mag er 20 oder 60 Lenze in den Sattel bringen. Während der Nutzen der Rennen gewissermaßen nur auf die Spitzen der Landespferdezucht unmittelbar einwirkt, wäre die allgemeine Verbreitung der Parforcejagd geeignet, in allen Schichten der Landespferdezucht bis hinab zum kleinsten Züchter für eine auf Härte und Leistungsfähigkeit gerichtete Aufzucht Verständnis zu wecken. Dem Charakter, wie der vornehmsten Bestimmung unseres inländischen Halbblutpferdes — als Soldatenpferd — liegt zudem eine Prüfung im Jagdfelde viel näher, als eine solche auf der Rennbahn, zumal auf der flachen Bahn über eine „Zweijährigendistanz". „Bei unseren Halbblutpferden", schreibt Landstallmeister Grabensee, „dürften die für ein Gebrauchspferd so außerordentlich wichtige Ruhe und die guten Nerven, welche Landstallmeister von Oettingen**) bei den amerikanischen Pferden so sehr rühmt, durch lange, womöglich bis in das sechste Jahr fortgesetzte Jagdgalopps mehr gefördert werden, als durch öffentliche Rennen." In Hinterpommern läßt der Leiter des Landgestüts Labes alljährlich eine Anzahl seiner Halbbluthengste hinter den Stargordter Hunden Jagd gehen, so daß den Züchtern dort „ad oculos" demonstriert wird, daß das fiskalische Zuchtmaterial diejenigen Eigenschaften besitzt, die es im Remontepferd vererben soll.

Nicht allein die Armee, als erster Konsument des Halbblutpferdes, hat an der Förderung der Zucht durch die Parforcejagd

*) Ist z. B. im Trakehner Querfeldein-Rennen schon geschehen.

**) Jetzt Oberlandstallmeister.

ein brennendes Interesse, sondern vor allem die Züchter selbst wahren, durch Unterstützung der Parforcejagd, ihren eigenen Vorteil; heute beherrscht der Ausländer, der Ungar, Amerikaner, Engländer, den — Luxusmarkt, d. h. „soi disant", denn der „irische Hunter" stammt ebensooft aus dem „grünen" Nordwesten Deutschlands wie vom „grünen" Eiland.

Als 1855 Ostpreußen eine Aktienmeute erhielt, schrieben die Voglerschen „Blätter über Pferde und Jagd": „Unzweifelhaft ist diese Art der Prüfung gerade für die ostpreußische Pferdezucht, die sich trotz des guten Blutes, das dort vorhanden ist, so auffallend von der Rennbahn zurückhält, höchst wichtig und erwünscht. Auch der Pferdehandel der Provinz wird dadurch einen ihm wohl zu gönnenden Aufschwung nehmen." Glänzender könnte der Ostpreuße seine unvergleichliche Qualität als Kampagnepferd nicht dartun, als es seitens der braven Stammbullen hinter den Hunden der hannöverschen Reitschule geschieht. — Für die idealen Ziele des Sports in Rot und nicht minder für das materielle Interesse der inländischen Pferdezucht ist es hoch erfreulich, wieviel wahre und spontane Passion den Hunden der Reitschule folgt. Nicht genug kann man dem liebenswürdigen Entgegenkommen des Jagdherrn hierfür Dank wissen! Wenn nur unsere kavalleristische Welt, mag sie von Beruf oder aus Liebhaberei reiten, für die Leistungen hinter der hannöverschen Meute mehr Auge und mehr Verständnis hätte! Gewiß sieht man dort Hunter von wirklicher Klasse, die den Stempel ihrer irischen Heimat unverkennbar zur Schau tragen, und mancher Veteran von der Hindernisbahn geht über das oft recht unfaire Gelände der Heide mit einer Geschicklichkeit, als wäre es der fairste Steeplechasekurs. Vergegenwärtigt man sich jedoch, daß in einem Feld von 150 Reitern 100 gewiß auf einem Dienstpferd oder Charger sitzen, und das zwei-, wenn nicht dreimal in der Woche, während man dem wertvollen eigenen Hunter nur in Ausnahmefällen mehr als einen Jagdtag wöchentlich zumuten wird, so sollte man meinen, eine wirksamere Propaganda für unsere inländische Zucht kann es unmöglich geben, als sie hier im hannöverschen Jagdfelde den Konsumenten vor Augen geführt wird. Gerade die hannöverschen Jagden stellen infolge des tiefen Bodens ungewöhnliche Anforderungen an das Pferdematerial. Wenn man sieht, wie diese kleinen Tiere unter hohem Gewicht oft bis an die Sprunggelenke im Modder einsinken und dennoch mit nie versagender Passion und Sicherheit über die schwersten Sprünge fliegen, dann muß man wahrlich sagen: Ja, diese ostpreußischen Sehnen und Gelenke sind aus eigenem Stahl gearbeitet! Und das Temperament?! — Ein bedeutender Hippologe sagte mir einmal: „Gehen Sie mit Ihren Ostpreußen, die haben immer mehr im Kopf als in den Beinen.“ — Ja aber, wenn man von Hannover nach Burgwedel getrabt ist, über grundlose Wiesen eine Wildjagd von fast zwei Stunden reitet und dann einen Heimweg von 20 Kilometer vor sich hat, dann ist es etwas Köstliches, Unbezahlbares um dieses ostpreußische Temperament, das immer noch genug Humor im Kopf hat, um einen Seitensprung zu machen oder hinten auszuschlagen. Der Hannoveraner ist im Jagdfelde heute noch in der Minderzahl, aber wo er im ersten Felde geht, da steht er dem Ostpreußen um nichts nach. Pferde wie Halloh, Kiß-me-quick u. a., die ihrer Zucht zwischen den Flaggen einen Namen gemacht haben, sind ja auch Hunter, wie man sie nur malen kann.

Haben unsere Pferdekonsumenten Gelegenheit, die Leistungen der ostpreußischen, hannöverschen usw. Halbblüter unter hohem Gewicht im tiefen Boden hinter den Hunden zu beobachten, so sollte man meinen, daß dieselben fortan lieber ihren Bedarf im Inlande und direkt vom Produzenten decken, anstatt durch Ausländer fragwürdiger Herkunft aus dem Händlerstall, an denen sie außer den Transportkosten noch den Verdienst des Händlers tragen müssen.

Gewiß sollen die vorzüglichen Eigenschaften des englischen Jagdpferdes nicht in Abrede gestellt werden; aber wie viele von den englischen Halbblütern und „irischen“ Huntern, die wir in Berlin im Tiergarten oder im Tattersall bewundern, stammen in Wahrheit aus Holstein oder Hannover und könnten mit Stolz das „Made in Germany“ tragen, wenn ihre Züchter sich nicht gescheut hätten, ihnen ein Gestütszeichen zu geben, um die Gangbarkeit ihrer Ware auf dem Markt nicht zu beeinträchtigen.

Ich habe z. B. in Pawlowitz in der Provinz Posen Pferde gesehen, die dort von importierten Coachhorse-Stuten (Yorkshire) und einem Graditzer Vollbluthengst gezogen waren (Ingomar Chamant-Irrwisch), diese Tiere konnten es an Adel, Gang und vor allem auch im Kaliber mit jedem Hunter gröbster Klasse aufnehmen.

Die Stuten hatte Habberfield seinerzeit für Graf Mielczynski in England angekauft. Ich hatte Gelegenheit, mehrere Jahrgänge dieser Kreuzung neben den Stuten zu mustern und dabei die seltene Ausgeglichenheit dieser Zucht zu bewundern.

Gerade das Yorkshire-Coachhorse ist hervorragend zur Kreuzung mit Vollblut geeignet, und die besten Jagdpferde, die in Yorkshire gezogen werden, stammen aus dieser Paarung. Die Stuten, meist braun mit schwarzen Abzeichen, messen durchschnittlich 1,62 m; man muß daher Stuten, die zu klein sind, vom Zuchtgebrauch ausschließen. Was das Yorkshire-Coachhorse-Stutbuch anstrebt, sind ein kleiner Kopf, langer, gut angesetzter Hals, schräge Schultern, kräftige Niere, gute Hinterhand, eine geräumige Aktion aus der Schulter, breite Röhren und gesunde Hufe; mit einem Wort: nichts anderes, als was wir uns für eine Kürassierremonte oder ein edles Stangenpferd wünschen. Zieht man noch dazu die Konstanz dieser Zucht in Betracht, die bis auf den berühmten Original-Araber Darley-Arabian (1700) zurückreicht, so kann sich der Halbblutzüchter wohl schwerlich Besseres für die Mutter eines Hunters wünschen. Indessen dürfte sich das erste Produkt dieser Art noch nicht sicher genug vererben, während die zweite Generation bereits die genügende Konstanz besitzt, um in der Halbblutzucht als Beschäler Verwendung zu finden. Mr. White, der Schriftführer der Stutbuchgesellschaft, schreibt hierüber: „Durch planvolle Kreuzung unserer starken Landstuten mit einem Vollbluthengst ist ein Pferd geschaffen, das Rahmen, Knochen und Kaliber hat und hinreichend konstant ist, um sich zu vererben."

Dem Yorkshire-Coachhorse sehr nahe steht. der Cleveland-Bay, so daß es auf den Versuch ankäme, welcher von den beiden Schlägen die besten Hunter zu erzeugen vermag. Im allgemeinen messen die Hengste 1,68 m, die Stuten 1,62 m, sie haben viel Aufsatz, gute, freie Schulter, breite, trockene Sprunggelenke, große, gesunde Hufe; tadeln könnte man zuweilen die Rippenpartie. Der Cleveland-Bay ist zuweilen nicht so tief, als das Yorkshire-Horse, gefällt aber mehr durch den langen Oberschenkel und durch die Kürze unter dem Sprunggelenk.

„Es gibt noch eine dritte Zucht," — so schreibt ein englischer Fachmann! — „die unsere Beachtung verdient, nicht nur um ihres konstanten Typus willen, sondern weil sie seit Jahrhunderten ausgesprochen für den Gebrauch unter dem Sattel gezogen ist. Es ist dies die Trakehner Zucht in Ostpreußen, die dem Vollblutpferde sehr nahe kommt. Für das englische Auge sind die Trakehner vielleicht etwas lang im Rücken, dies ist aber auch das einzige, was man aussetzen möchte. Der Engländer würde sich naturgemäß schwerlich entschließen, einen Hengst zu benutzen, der von deutschen

Stuten stammt; obwohl ihm hinreichend bekannt ist, daß die deutsche Regierung der Halbblutzucht ihre größte Fürsorge schenkt, während in England nichts derart geschieht, und alles dem guten Willen und Verständnis der einzelnen überlassen bleibt."

Von Hannoveraner Blut geben Stuten der King=, Adeptus=, Orinocco=, Colorado= und Hogarth=Linie gepaart mit Vollblut die besten „Hunter".

Ueber den „Nutzen der Reitjagd" schreibt 1859 E. v. Burchardi in den „Blättern über Pferde und Jagd": „Es ist allerdings schade, wenn viele gute Pferde zugrunde gerichtet werden, aber es belebt dieser Verbrauch andererseits auch wieder die Zucht sehr, aus dem einfachen Grunde, weil viel Nachfrage viel Produktion und überhaupt ein flotteres Geschäft erzeugt. Wo aber viele gute Jagdpferde gezogen werden, da fehlt es niemals an anderen guten Gebrauchspferden, denn das Jagdpferd und das ihm ähnliche ist in der Regel dasjenige, was im allgemeinen am meisten anspricht, zu mehrseitiger Anwendung sich eignet und daher auch zu anderen Zwecken als zur Jagd sehr gesucht ist."

Es genügt nicht, daß wir den Grundbesitzern die „Unschädlichkeit" der Parforcejagd beweisen, wir müssen sie von deren „Notwendigkeit" überzeugen, von ihrem direkten Nutzen als ein Mittel zur Hebung der inländischen Pferdezucht. „Sie ist," so heißt es in einem alten Bericht über die Malchiner Hirschjagden, „neben der Rennbahn das beste Mittel zur Züchtung tüchtiger Gebrauchspferde; sie ist die Schule des Krieges im Frieden."

X.

Einiges über Stallpflege und über die Vorbereitung des Jagdpferdes.*)

Die Pflege unserer Rennpferde ist durchschnittlich eine recht gute, das Jagdpferd aber, das weit mehr dem schlechten Wetter ausgesetzt ist, wird bei uns in Deutschland vielfach noch recht stiefmütterlich behandelt. Seine größte Tätigkeit fällt in den Herbst und Winter, die Zeit, in der die Wege voller Schmutz und Wiesen oder Heideflächen häufig unter Wasser stehen. Man sollte schon aus diesen Gründen der Pflege des Jagdpferdes seine ganz besondere Aufmerksamkeit zuwenden, vielmehr aber noch, weil sein Dienst ein sehr schwerer und angreifender ist. Der Jagdreiter rückt gewöhnlich am Morgen aus und kommt sehr oft erst am Abend mit einem bis in die Höhe der Sattelklappen von Schmutz bedeckten, recht ermüdeten Pferde nach Hause. Wie nötig also, daß das arme Tier, wenn es nach einer solchen Anstrengung in den Stall kommt, der sorgsamsten Pflege teilhaftig wird.

Die englische Manier der Abwartung eines Pferdes nach der Jagd ist folgende: Das Pferd wird, bevor es in den eigentlichen Stall kommt, in einen zugfreien Raum gebracht, der gewissermaßen, wenn man es so nennen soll, das Entree zum Stall bildet und mit diesem also in Verbindung steht. Einen solchen Vorraum sollte jeder einigermaßen gut angelegte Privatstall haben, teils um den Stall

*) VII. Auflage, Teil II, Kapitel VII.

selber weniger zugig zu machen, teils um im Winter einen Platz zum Hufewaschen und dergleichen zu haben. Sehr praktisch ist es, in diesem Raum einen Kessel einmauern zu lassen, um stets warmes Wasser zur Hand zu haben. Hier wird das Pferd, wenn es von der Jagd kommt, abgesattelt und abgezäumt und in der warmen Jahreszeit mit kaltem, in der kalten mit lauwarmem Wasser von oben bis unten begossen und abgeschwammt. Man gebe besonders darauf acht, daß unter dem Bauch und an den Beinen keine Schmutzteilchen in den Haaren hängen bleiben, weil hier jedes Sandkorn unter der Bandage drückt und am Bauche sich bei manchen Pferden, besonders bei Lehmboden, infolge mangelhafter Reinlichkeit Ausschlag einstellt. Nach gründlicher Waschung, wozu sich manche auch einer Gießkanne bedienen oder in sehr luxuriösen Ställen Brausen und Duschen gebraucht werden, wird das Pferd mit einem trockenen Schwamm abgewischt und dann mit einem oder mehreren wollenen Lappen ganz trocken gerieben, hierauf mit warmen Decken zugedeckt und in den Stall gebracht, nachdem selbstverständlich das Reinigen der Hufe nicht vergessen worden ist. Im Stall trocknet man dann die Beine noch einmal, besonders unter den Fesseln, gründlich ab, legt nasse und darüber trockene Bandagen um und gibt einen lauwarmen Kleietrank, der recht reichlich verabreicht werden kann. Nachdem das Pferd den ersten Durst gestillt hat, geht das eigentliche Putzen an, doch bedient man sich in englischen Jagdställen schon seit langer Zeit des Striegels gar nicht mehr und der Kartätsche nur sehr wenig, dafür hat man als Ersatz den Haarhandschuh und den wollenen Lappen. Auch die bei uns so beliebten Strohwische zum Abreiben der Pferde sind dort ganz verpönt und auch mit Recht, denn mit dem Strohwisch reibt man kein Pferd wirklich trocken; es ist vielmehr der Wind, den der Mann bei dieser Manipulation macht, der zum größten Teil das Trockenwerden des Pferdes bewirkt, eine Manier der Abkühlung, die weder angenehm noch gesund sein kann. Weit besser als der Strohwisch arbeitet der gedrehte Heuwisch, wie er in ganz England allgemein und bei uns in Rennställen und einigen Gestüten zu sehen ist. Bei unserer Kavallerie scheint man sich jedoch von den Strohwischen nicht trennen zu können; der Jagdstall des Militärreitinstituts ist meines Wissens der erste, der mit gutem Beispiel vorangegangen ist, Strohwisch, Striegel und Kartätsche beiseite geworfen und den Heuwisch, Handschuh und Flanell-Lappen hierfür eingeführt hat, wahrlich nicht zum Nachteil der Pferde, die trotz harter Arbeit in einem vorzüglichen Zustande sind. Eine andere Neuerung und Verbesserung, die hier ebenfalls zu sehen ist, und die, da sie sich als praktisch bewährt hat, im ganzen Milärreitinstitut eingeführt wurde, ist die sogenannte Oesterreichische Streu. Es ist dies eine Matratzenstreu, die alle drei Monate von neuem gemacht wird und auf eine tägliche Ration von fünf Pfund Stroh pro Pferd berechnet ist.

Bevor man das Stroh in den Stand bringt, ist dieser nach vorgegangener gründlicher Reinigung mit einer zirka anderthalb Zoll dicken Torfschicht*) zu bestreuen, die während eines Zeitraums von zwei bis drei Tagen gehörig von den Pferden zertreten werden muß. Man teilt sich dann das Stroh so ein, daß man jedem Pferde einen Zentner Stroh auf einmal als Matratze zuteilt und bereitet diese Matratze folgendermaßen: Von dem ausgesuchten besten Langstroh werden vier bis fünf Zoll dicke Garben mit zwei Bändern an den Enden gebunden. Das erste Band liegt zehn Zentimenter vom stumpfen Ende, das zweite zwanzig bis dreißig Zentimeter vom ersten Bande entfernt, jedoch möglichst fest gewürgt. Das überstehende Ende muß gut nach unten untergesteckt werden, damit es glatt auf die Torfstreu zu liegen kommt. Diese Garben werden nebeneinander und fest aneinander mit dem stumpfen Ende nach der Stallgasse zu gelegt und genügen für die Stärke der Matratze zwei Lagen übereinander. Wichtig ist es, daß diese beiden Lagen mit einem Brett oder umwickelten Rundholz so stark wie möglich heruntergedrückt und festgekeilt werden, damit sie nie aus ihrer Lage kommen können. Das übriggebliebene kurze Stroh, sowie die von der früheren Streu etwa zurückgebliebenen trockenen Teile werden vorn anschließend an den festen Teil so aufgeschüttet und festgetreten, daß der vordere Teil ein wenig höher als der hintere wird. Um dem Ganzen ein hübsches und ordentliches Ansehen zu geben, hackt man die Matratze mit einem scharfen Instrument glatt ab. Man braucht nun, wenn die Streu fertig ist, gar nicht an derselben zu rühren, sondern höchstens die nassen Teile nach vorn zu legen und tut gut, wenn man solche Stuten, die viel rossen, von Zeit zu Zeit ihre Plätze wechseln und mit Wallachen vertauschen läßt. Daß die gute Erhaltung dieser Streu allein von der Aufmerksamkeit der Stallwache abhängt, die den kurzen Dung sofort abzuschütteln und zu entfernen

*) Oder Sägemehl. v. E.

hat, braucht wohl kaum gesagt zu werden. Es ist dies ein Umstand, weshalb sich diese Streu mehr für Militär- als Privat-Ställe eignet. Beim Militärreitinstitut hat die Erfahrung gelehrt, daß bei richtiger Aufsicht von der auf drei Monate fouragierten Strohration ein Drittel erspart, zu anderen Zwecken verwertet oder in Futter umgewandelt werden kann. Es wäre dies somit ein gutes Mittel, um für unsere armen, stets Hunger leidenden Soldatenpferde eine Kleinigkeit an Hafer zu gewinnen.*)

Sobald drei Monate um sind, wird die Streu ausgeräumt und von dieser nur das ganz trockene Stroh für die neue Streu zurückgelegt. Diese Streu hat durch die Torfunterlage den großen Vorzug vor der alten, gewöhnlichen Matratzenstreu, daß der üble Geruch, ein Hauptfehler der letzteren, gänzlich vermieden wird, und daß das Pferd nicht auf Mist, sondern auf trockenem Stroh steht, was wiederum weniger Neigung zu faulem Strahl gibt.

Für Militär- und größere Etablissements, wo die nötige Aufsicht vorhanden, ist diese Streu jedenfalls eine Verbesserung und gleichzeitig eine Ersparnis, weshalb man sie hier allgemein einführen sollte.

Die Vorbereitung von Jagdpferden zu besprechen, würde mich zu weit führen; ich will nur bemerken, daß jedes Jagdpferd, um brauchbar zu seinem Beruf zu sein, einen Training, ähnlich dem eines Steeplechasers, durchmachen muß, obgleich beide Arten des Springens ganz verschieden sind. Das Jagdpferd soll sich vor jedem Sprunge, ausgenommen einem großen Breitsprung, von selber eine halbe Haltung geben, was der Steepler nicht darf. —

Will man angenehm Jagd reiten, so muß das Pferd so gehen, daß man sich um dasselbe nur sehr wenig zu kümmern hat, damit man sein Hauptaugenmerk auf die Arbeit der Hunde lenken kann.

v. K.

— — — — — — — — — — — — — — — — — —

Ueber das Einbrechen des jungen Hunters schreibt Major Onslow, den ich schon mehrfach**) zitierte, im Badminton-Magazine:

Mit dem Einspringen kann man nicht früh genug anfangen; das Springvermögen des Pferdes ist schon in der frühesten Jugend entwickelt. Es kommt vor, daß Füllen im Alter von wenigen

---

*) Eine veterinär-ärztliche Autorität sagte mir einmal: „Neunzig Prozent aller Kolikerkrankungen in der Truppe rühren von dem Mangel an Rauhfutter her.“ v. E.

**) Teil I, Kapitel XV. v. E.

Monaten hohe Zäune springen, wenn sie von ihrer Mutter getrennt sind. In einem englischen Park wurde ein vier Fuß hohes Eisengitter, das die Ein- und Zweijährigen trennte, wiederholt von den Jährlingen gesprungen. Die beste Anfangsmethode ist, das Pferd an zwei langen Fahrleinen über die Sprünge „hinüber zu kutschieren". Die Irländer besitzen hierin eine erstaunliche Geschicklichkeit; sie bedienen sich hierzu anstatt der Zügel langer Stricke. Nähert sich das Pferd dem Hindernis, so muß sich der Führer ein bis zwei Meter hinter dem Schwanz befinden, die Tauenden hinterher schleifend; springt das Tier, so läßt er dieselben durch die Hände gleiten, pullt das Pferd nach dem Sprunge auf und klettert ihm über das Hindernis nach; dies ist natürlich bei einem Wall mit Graben leichter als durch eine Dornenhecke. Mit einem geschickten Leinenführer habe ich junge Pferde in der beschriebenen Weise Erstaunliches leisten sehen. Zuweilen sieht man auch einen zweiten Mann mit einem Leitzügel vorangehen; aber wenn der „Fahrer" geschickt ist, springt das Pferd viel williger, wenn niemand vor ihm ist. Man kann natürlich auf der Landungsseite einen Jungen aufstellen, der das Tier nach dem Sprunge hält, bis der „Fahrer" nachgeklettert ist. Springgärten mit künstlichen Hindernissen, durch die man die Pferde frei durchlaufen läßt, sind namentlich für solche Tiere nützlich, die die Neigung haben, zu „wischen"; man kann hier die Hindernisse so massiv bauen, daß diese Tiere sich empfindlich die Schienbeine stoßen oder durch einen Sturz ein für allemal von ihrer Sorglosigkeit kuriert werden.

Sehr wichtig ist es, daß man ein junges Pferd nicht überanstrengt; man mag es viel springen lassen, aber man verlange nichts, wozu es ihm noch an Selbstvertrauen fehlt. Ist es hinlänglich vorgebildet, um über Hindernisse geritten zu werden, so findet man für das junge Tier keine bessere Schule, als im Jagdfelde hinter einer Hasenmeute.*) Der Anblick der Hunde weckt die Passion und sein Temperament, ohne die Aufregung und das Gedränge der Fuchsjagd; hinter Hasenhunden hat man Zeit, sich seinen Platz zu wählen, ohne daß man fürchten müßte, die Jagd auf Nimmerwiedersehen zu verlieren. In der Nachbarschaft von Curragh in Irland jagen die Newbridge und Kildare-Harriers. Kildare ist der

---

*) Vergl. Frhr. H. A. von Esebeck, „Parforcejagd auf Hasen", Leipzig, Grethlein & Co., 1904.

Brennpunkt der irischen Zucht und „the Curragh“ ist das Newmarket des grünen Eilands. Man sieht hier ein paar Dutzend junge Steepler und Hunter hinter den Hunden; hin und wieder wird zur Abwechslung eine Schleppe gelegt, und es ist ein Staat, zu sehen, wie die jungen Tiere über das Gelände kommen, über die Hindernisse springend, kletternd oder fallend. Eine Gegend mit Wällen ist als Hindernisschule unübertrefflich, denn das junge Pferd braucht hier seinen Kopf und muß viel aufmerksamer sein, als in einer Gegend mit fliegenden Sprüngen. Ein Pferd, das in einer „bank and ditch“-Gegend geschult ist, hat immer ein Bein übrig und wird schwerlich zu Fall kommen, es sei denn vor Uebermüdung. Es gehört zwar weniger Kraftanstrengung dazu, aber mehr Ueberlegung, einen Wall mit Graben zu überwinden, als einen fliegenden Sprung; während das müde Pferd an dem letzteren scheitern wird, macht das allzu hitzige und aufgeregte Tier aller Wahrscheinlichkeit nach an ersterem einen Fehler.

Ende Januar dürfte der Augenblick gekommen sein, um sich mit dem Drei- oder Vierjährigen hinter den Hunden zu versuchen, das Laub ist dann von den Hecken herunter und die Wiesen sind kahl, so daß das Pferd genau sieht, was von ihm verlangt wird. Man nehme den Neuling oft heraus, wenn möglich zweimal in der Woche, aber nie zu lange, drei Stunden hinter den Hunden sind vollauf genug. Hat das Pferd Herz, so warte man nicht auf einen Piloten, sondern reite seinen eigenen Strich und versuche vorn zu springen. Man wird bald merken, daß das junge Tier vorn viel williger und angenehmer geht, als wenn man ihm hinten den Kopf abreißt und es vor sich sieht, wie es nicht gemacht werden soll. Ist dein Schüler dagegen ängstlich und zum Ausbrechen veranlagt, so empfiehlt es sich, mit jemand Kopf an Kopf zu springen, oder noch besser, zwischen zwei sicheren Piloten, das Pferd springt so viel vertrauensvoller als im Kielwasser eines anderen. Läßt man sich führen, so muß man entweder so dichtauf sein, daß dies bei einem Sturz des Führpferdes nicht unbedenklich ist, oder man muß so weitab bleiben, daß der Einfluß des Führens aufgehoben wird. Reitet man dagegen neben dem alten Pferde, so wird das junge durch die nahe Gesellschaft ermutigt, vermag das Hindernis deutlich zu sehen und bemißt den eigenen Galoppsprung nach dem Stride des neben ihm galoppierenden Veteranen, so daß es den richtigen Absprung findet. Daß das ältere Pferd für diesen Zweck sicher und ruhig sein muß, versteht sich von selbst. Es ist dies das beste Verfahren, um dem jungen Tier für seinen künftigen Beruf Passion zu geben: man läßt ihn mit einem gut und rasch springenden Pferde Kopf an Kopf gehen, mit der Instruktion, daß die Reiter zwischen den Sprüngen einen Pull geben, vor dem Hindernis reiten und gleich nach demselben wieder einfangen.

Es ist Anstandspflicht, sich vor dem Erscheinen im Jagdfelde zu versichern, daß das junge Pferd nicht nach den Hunden schlägt. In dieser Hinsicht wirkt es sehr erziehlich, wenn man seine eigenen Hunde im Stalle in die Boxen laufen läßt und sie auch beim Reiten mitnimmt; hierdurch gewöhnen sich die Tiere daran, daß ihnen die Hunde in die Hacken laufen, und haben sie die Neigung, zu schlagen, so kann man diese gleich unterdrücken. Trotz aller Vorsorge muß man sich doch noch sehr in acht nehmen, wenn das junge Pferd zum ersten Male am Stelldichein erscheint. Nach Möglichkeit stelle man sich immer so, daß es die Hunde sieht, dabei spiele man mit dem Gebiß und spreche mit dem Pferde. Besondere Vorsicht ist geboten, wenn man sich auf einem Gestell im Holz befindet, wo ein Hund plötzlich aus den Büschen brechen und dem Pferde zwischen die Beine laufen kann. Das erschrockene Tier schlägt in solchem Falle gern nach der Ursache des unvermuteten Geräusches. Vor allen Dingen halte man sich mit dem jungen Pferde in einiger Entfernung vom Küree; der Blutgeruch und das Balgen der Hunde um den Aufbruch regen die Pferde außerordentlich auf; auch der zuverlässigste Veteran ist in solchem Augenblick unberechenbar.

Zum Schluß noch ein Wort über die Zäumung. Ich habe zu den ungezählten Patent- und ähnlichen Wundergebissen kein Vertrauen; nach meiner Erfahrung geht ein Pferd am besten auf der gewöhnlichen Trense mit vier Zügeln. Man hört so oft die Redensart: „Das Pferdemaul ist ein Schloß, und es bedarf nur des rechten Schlüssels, um es zu öffnen.“ — Der Schlüssel ist, meiner Ansicht nach, die Hand des Reiters und nicht die Erfindungsgabe eines Gebißfabrikanten. Auf der Jagd bin ich kein Freund der Trense; es ist schwer, mit ihr ein Pferd zusammen und wendig zu halten; zumal ein müdes Pferd wird sich mehr auf die Trense legen, als auf die Kandare. Die Stärke des Mundstückes und die Länge der Anzüge hängen von dem Kaliber des Pferdes und der Kraft des Reiters ab. Es liegt auf der Hand, daß ein großes, schweres Pferd schwerer zusammenzuhalten ist als ein leichtes, und darum eine schärfere Zäumung braucht; aus analogem Grunde sollte eine Dame auch auf einem schärferen Gebiß reiten, wie ein Mann. Während ich den verschiedenen Modellen eines Gebisses nicht sonderlich viel Bedeutung beimesse, lege ich um so mehr Wert darauf, daß Größe und Gewicht desselben dem Bedürfnis von Roß und Reiter entsprechen. Es ist mit dem Gebiß wie mit dem Köder beim Angeln: der Erfolg hängt von der richtigen Wahl ab. Eine Knebeltrense in Verbindung mit einem Kandarengebiß ist für Pferde, die bohren, nützlich und besonders für Damen eine geeignete Zäumung. Ist ein Martingal notwendig, so soll er gut verpaßt sein und die Kandarenzügel*) durch die Ringe gezogen werden. Oft sieht man Martingale, die so lang sind, daß sie mit demselben Nutzen zu Hause in der Sattelkammer hängen könnten. Viele Leute reiten jedes Jagdpferd mit einem Martingal; dies ist verkehrt und kann bei einem Sturz sehr unbequem werden. Ein Vorderzeug ist dagegen nützlich, namentlich bei einem Pferde mit geschorener Mähne, wenn man eilig aufsitzen will. Ein fester Martingal, der durch den Nasenriemen geht, ist zwar bei jungen Pferden angebracht, die mit dem Kopfe schlagen, wäre im Jagdfelde indessen nur im alleräußersten Falle am Platze; es ist allerdings unbedingt wichtig, daß das Pferd sieht, wo es hintritt, kann man ihm also den Kopf auf keine andere Weise herunterbringen, so bleibt der feste Martingal die letzte Weisheit.**)

Auf das Pferd mit totem Maul soll hier nicht eingegangen sein; wer beim Einbrechen nach den eingangs gegebenen Gesichtspunkten verfährt, dem wird diese Plage hoffentlich erspart bleiben. Es gibt indessen Pferde, die aus Aufregung und Heftigkeit pullen, und die trotz aller Durchlässigkeit hinter den Hunden wie blödsinnig sind; dagegen hilft kein scharfes Zäumen, Geduld und eine weiche Hand sind die einzigen Mittel, und die einfache Trense mit vier Zügeln bleibt immer noch die beste Zäumung.

Vor dem Aufsitzen überzeuge man sich, wie das Gebiß und der Sattel liegen; viele Stallleute sind in dieser Hinsicht sehr unachtsam, und ihre Herren sind oft nicht besser. Die Gurte müssen so angeschnallt sein, daß sie wenigstens auf einer Seite in den mittelsten Löchern sind; will man die Gurte anziehen, so ist es sehr unangenehm,

---

*) Dem kann ich nicht beistimmen. v. E.

**) Besser, man reite ein solches Pferd überhaupt nicht hinter Hunden. v. E.

wenn dieselben auf der einen Seite in das oberste Loch der Sattelstrippe, auf der anderen in das unterste geschnallt sind und man nichts zum Fassen hat. Junge Pferde sattele man stets eine Viertelstunde vor dem Reiten, sonst gewöhnen sie sich leicht das Buckeln an, wenn das Gewicht des Reiters ihnen den kalten Sattel auf den Rücken drückt.

XI.

Unsere Damen- und Herrenwelt zu Pferde.*)

Nichts ladet mehr zu einem Spazierritt im Tiergarten ein, als ein schöner Frühlingsmorgen, und obgleich wir in manchen Jahren hierin recht stiefmütterlich behandelt worden sind, so hat man an den wenigen schönen Tagen doch Gelegenheit gehabt, sich davon zu überzeugen, daß in Berlin bei beiden Geschlechtern der Sinn für Reiterei im Zunehmen begriffen ist.

Es erscheint daher im Interesse des Publikums, ein paar Worte über Reiterei im Park, sowie über Anzug und Adjustement zu sagen.

Fangen wir mit dem schönen Geschlecht an, so müssen wir, ohne demselben eine Schmeichelei sagen zu wollen, konstatieren, daß es durchschnittlich den Männern, was Anzug anbetrifft, etwas voraus ist; ich meine dem männlichen Publikum in Zivil; denn daß der Offizier sich gleich gut zu Pferde wie zu Fuß anzieht, ist in Deutschland selbstverständlich.

Wir haben im Tiergarten manche Dame gesehen, die vom Scheitel bis zur Sohle tadellos angezogen war und ihre gut ausgerüsteten und gut gerittenen Pferde ohne den geringsten Fehler in Haltung und Sitz produzierte. Daß jede Dame, die sich im Tiergarten zeigt, eine perfekte Reiterin sein soll, ist nicht zu verlangen; vielen fehlt die Anlage, anderen die gute Anleitung und den meisten die durchaus nötige Uebung. — Leider glaubt die Mehrzahl unserer Damen, daß, wenn sie soweit sind, sich gerade auf dem Sattel zu

*) VII. Auflage, Teil II, Kapitel X.

halten, sie die nötige Vorübung haben, um sich öffentlich bewundern lassen zu können.

Der Ausspruch: „Vom Erhabenen zum Lächerlichen sei nur ein Schritt“ ist hier sehr angebracht, denn so erhaben der Anblick einer guten Reiterin ist, so lächerlich sieht eine Dame zu Pferde aus, die nicht die nötigen Regeln der Grazie dabei beobachtet, und diese Regeln sind es, die durchaus nicht vergessen werden dürfen und auch der weniger talentvollen Reiterin eigen sein müssen. Im guten Sitz und der Sicherheit im Sattel liegt die Grazie zu Pferde, und diese zu erreichen, muß das Bestreben jeder Dame sein. — Zu ersterem gehört vor allem eine tadellose, jedoch ungezwungene Haltung des Oberkörpers mit geradem, festem, nicht in der Taille durchgebogenem Kreuz und recht weit zurückgenommenem Oberarm bei tiefem, nicht ängstlich angekniffenem Unterarm. Das henkeltopfartige Absperren der Ellbogen ist manchen Reiterinnen eigen, doch ist dies, da es nicht gut aussieht, verwerflich. — Ein anderer kleiner, ich möchte sagen Schönheitsfehler, den auch nur geübte Reiter beiderlei Geschlechts haben, besteht in dem Vorschieben des Kinnes. Dieser Fehler stellt sich hauptsächlich bei der Bahndressur ein, wobei der Reiter, wenn man so sagen will, sich zu sehr in den Kopf seines Pferdes vertieft. — Anfänger verfallen häufig in den entgegengesetzten Fehler, daß sie das Genick zu sehr durchbiegen, und da der Lehrer ihr Nachuntensehen tadelt, nun den Kopf zu steif nach aufwärts halten. Das Richtige ist eine ungezwungene gerade Haltung des Kopfes mit so weit angespannten Muskeln im Genick, daß bei der Bewegung des Pferdes ein Wackeln des Kopfes vermieden wird.

Die Haltung der Mittel- und Unterpositur bei einer Dame ist für den Laien weniger ins Auge fallend, doch von weit größerer Wichtigkeit, als die meisten es glauben. Bedingt wird sie durch die Länge des Bügels und modifiziert durch die Form des Sattels. Ein Verschieben der Mittelpositur ist auch für die Damen durchaus notwendig, was durch Einziehen der Rückenmuskeln eine bis anderthalb Handbreit unter den Taillenknöpfen geschieht. Sättel, die vorn höher sind als hinten, ein häufiger Fehler der Damensättel, erschweren dies natürlich, ebenso verhindert es ein zu kurzer Bügel. Anfänger beiderlei Geschlechts verfallen fast immer in zuletzt genannten Fehler — ich meine den zu kurzen Bügel — der beim weiblichen Geschlecht wiederum folgende Uebelstände nach sich zieht. Durch ihn kommt die Dame in ihrem Sitz zu weit nach rechts, und da jede in ihrem

Sitz unsichere Reiterin Angst hat, auf dieser Seite herunterzufallen, so neigt sie, um das Gleichgewicht wiederherzustellen, nunmehr den Oberleib zu viel nach links und verbiegt sich in den Hüften. Besonders wird dies im Trabe auffällig, weil der kurze Bügel ein unverhältnismäßig hohes Heben aus dem Sattel erfordert. Ist das Kreuz der Reiterin nicht sehr kräftig und fest angezogen, so wird der Fall in den Sattel beinahe ebenso hart, als wenn die Dame deutschen Trab ritte. Beim englischen Trabe wird überhaupt vielfach der Fehler gemacht, daß man sich zu viel und zu früh hebt; man sieht Damen sich häufig heben, bevor das Pferd sie in die Höhe wirft, was eine unnütze Vergeudung an Kraft ist und leicht einen doppelten Schlag in den Sattel zur Folge hat. Viele Anfängerinnen heben sich beim Englisch-Traben an den Zügeln. Die Pointe des englischen Trabes ist das weiche Herunterfallen und das erreicht man bei richtig geschnalltem Bügel durch festeres Treten in denselben, Druck des linken Beines gegen die dritte Gabel, Krummmachen des rechten Knies und geringes Vorneigen des Oberleibes bei fest angespannten unteren Rückenmuskeln. Für das Sichheben des Körpers hat weder Dame noch Herr zu sorgen, dies besorgt das Pferd selbst; der Reiter hat im Trabe nur mit der Bewegung mit-, nicht aber dieser vorauszugehen.

Der Galopp ist für Damen eine weniger schwierige und angreifende Gangart; hierbei kommt es hauptsächlich darauf an, daß die Oberpositur eine ganz stille und stets senkrechte Haltung zum Pferderücken erhält und die Mittelpositur nicht fliegt. Letzteres tritt, wenn auch in geringerem Maße, selbst bei guten Reiterinnen ein, wenn sie auf ein Pferd gesetzt werden, das nicht genügend in der Hinterhand gebogen ist, um einen weichen Galopp gehen zu können, und dies bringt uns zu einem anderen Thema, dem für Damen geeignetsten Reitpferd.

Da nur wenige Damen imstande sind, sich ihre Pferde selber zuzureiten, so folgt hieraus, daß man unter einem Damenpferd nur ein wirklich in allen Teilen gleich gut durchgearbeitetes und gebogenes Pferd verstehen dürfte. Hiergegen wird jedoch vielfach gesündigt und Anfängerinnen der Reitunterricht sehr erschwert. Es würde zu weit führen, sich in dieses Thema zu vertiefen, deshalb will ich nur ganz kurz anführen, welche Art Pferde, wenn nicht ganz durchgeritten, sich noch am meisten als Damenpferde eignen.

Zwei Hauptsachen werden erforderlich sein: Ein Damenpferd muß Temperament haben, also ungetrieben geradeaus vorwärts gehen und die Hinterhand auch ohne die nötigen Hilfen unterschieben und biegen.

Was den meisten Männern Schwierigkeiten macht — ich meine das Beinehmen des Genicks — wird einigermaßen geübten Damen wegen des stilleren Sitzes, des längeren Zügels und der leichteren Hand weniger schwer. — Da selbst ungeübte Damen den Zügel selten als Stützpunkt brauchen, werden sie Pferde mit diffizilem Genick und verdorbenem Maul fast immer besser reiten, als mit ihnen auf gleicher Ausbildungsstufe stehende Männer. Ich würde sogar empfehlen, ein Damenpferd, außer als Jagdpferd, so zuzureiten, daß es ein Atom hinter dem Zügel steht; woraus sich von selbst ergibt, daß Pferde, die sich auf den Zügel legen, keine Damenpferde sind.

Was nun die Rasse anbelangt, so ist das normal gebaute und gut durchgerittene Vollblutpferd für eine Dame mit Geschick und schlanker Figur wohl immer das passendste und angenehmste Reitpferd, vorausgesetzt, daß beide im Temperament harmonieren, worunter man hier versteht, daß sie nicht gleiches Temperament haben. Leichter zu reiten und für stärkere Figuren passender ist der Trakehner, Mecklenburger oder Ostpreußische Halbblüter, von denen ich den Halbblut-Araber aus Litauen am meisten vorziehen würde, weil er, wenn normal gebaut, die geringsten Schwierigkeiten bei der Dressur macht. Die letzteren Kategorien haben auch das für sich, daß sie meistens gute Schweifträger sind, meiner Ansicht nach das gleiche Erfordernis eines Damenpferdes, wie ein langer, gut aufgesetzter Hals mit kleinem Kopf und guter Sattellage.

Wir kommen nun zum Anzuge zu Pferde, der bei beiden Geschlechtern sowohl für das Bild des Ganzen, als auch für die Bequemlichkeit von größerer Wichtigkeit ist, als man bei uns in Deutschland zu glauben pflegt. Unter einem gut sitzenden Reitkleide versteht man heutzutage nicht nur eine tadellos geschnittene Jacke, sondern auch einen engen und sich überall glatt anschmiegenden Rock mit richtig ausgearbeitetem rechten Knie. Je enger der Rock ist, ohne daß er die Bewegung hindert, desto besser wird die Dame zu Pferde aussehen und desto weniger läuft sie Gefahr, sich auf Falten zu setzen, die leicht ein Durchreiten hervorrufen. Der ganz kurze, nur gerade den Fuß bedeckende Rock hat seinen Ursprung aus dem englischen Jagdfelde, da dort, bei den dichten Hecken, Damen mit ihren langen Reitkleidern zu leicht hängen bleiben und letztere auf der Jagd auch zuviel vom Schmutz zu leiden haben. So hat sich das kurze Jagd-Reitkleid auch allmählich als Park-Reitkleid eingebürgert, und wer heutzutage ein wenig Anspruch auf gute Toilette zu Pferde macht, kann nicht mehr mit einem langen Rock erscheinen. Aber nicht nur der kurze Rock, sondern auch noch andere hübsche Sachen verdanken ihr Entstehen der Parforcejagd; es ist dies die Verbannung jeglichen Schmuckes, wie Broschen oder Armbänder, zu Pferde. Das einzig Erlaubte ist ein Veilchenbukett oder eine Gardenia und eine kleine Nadel vorn in der weißen Pikeebinde.

Der flache Zylinder*) mit breiter Krempe ist die schickste Tracht für eine richtig angezogen sein wollende Dame, auch kann sehr starkes Haar in ihm untergebracht werden, und dies ist von großer Wichtigkeit zu Pferde, da nichts schlechter aussieht, als nicht ganz fest angestecktes und unordentlich zusammengelegtes oder gar fliegendes Haar. Ein sogenannter englischer Knoten oder Nest ist die praktischste und kleidsamste Haartracht. Locken sind gleichfalls nicht angebracht, da sie, falls die Reiterin warm oder das Wetter naß wird, sich auflösen. Wer von unseren Damen jemals das interessante englische Buch „Ask Mama" gelesen, wird sich die Szene ad notam nehmen, wo Lord of Ladythorn, der vorher ganz von Miß de Glancey bezaubert war, auf einer Jagd, auf welcher sie von einem tüchtigen Gewitterregen überrascht wurden, der die etwas künstliche Toilette der Dame sehr derangierte, doch zur Ueberzeugung kam, daß in diesem Zustande seine Begeisterung für Miß de Glancey sehr abnahm und daß das Jagdfeld kein Gebiet der Tätigkeit für Damen sei.

Wenn ich mich der letzteren Behauptung auch nicht ganz anschließen kann, so möchte ich dieselbe doch dahin modifizieren, daß in ein Jagdfeld nur wirklich ganz sichere und geübte Reiterinnen auf ebensolchen Pferden gehören und Damen in einer fremden Gegend oder in einer solchen mit bedeutenden Sprüngen nie ohne einen Piloten**) reiten dürfen, der, wie es der Name schon sagt, vorausgeht, jedoch ein Auge stets nach rückwärts hat, um der Dame im Notfall sofort zu Hilfe kommen zu können. Auch bei einem Sturz, der bei Damen stets mehr oder weniger gefährlich ist,

*) In der Bahn, beim Musikreiten, Concours u. dgl. ist der hohe Hut Stil, im Freien wie auch im Jagdfelde der runde, steife Hut dagegen gang und gäbe; neuerdings sieht man auch nach französischem Vorbild den Dreispitz aus schwarzem Filz (sog. Marquis-Form). v. E.

**) Vergl. Kapitel XII.

ist das kurze, enge Reitkleid weniger im Wege und gestattet die freie Bewegung, während ein langes Reitkleid sich fast immer verwickelt und im Moment des Fallens ganz hilflos macht. Hierzu tat, und tut selbst bei kurzen Kleidern, der Sporn, wenn ein solcher getragen wurde, auch noch sein möglichstes, weshalb selbst auf der Jagd es im allgemeinen für Damen ratsamer ist, ohne Sporn zu reiten. Whyte-Melville erwähnt vorstehend auch schon, daß Damen vielfach mit dem Sporn Mißbrauch treiben, ich möchte aber weiter gehen und von dem Tragen eines Sporns schon deshalb ganz abraten, weil die wenigsten Damen imstande sind, ihn richtig und an der richtigen Stelle zu gebrauchen.

Aber nicht nur die sichtbare, sondern auch die unsichtbare Tracht einer Dame zu Pferde ist von großer Wichtigkeit. Das Korsett darf nur wenig und recht elastisches Fischbein enthalten und muß nach unten recht kurz sein, damit das rechte Bein der Dame sich nicht hieran scheuern kann. Das Beinkleid, das einzige Kleidungsstück unter dem Rock, besteht am besten aus elastischem Tuch, das je nach Wunsch an verschiedenen Stellen mit Leder besetzt sein kann. Auch der gute Sitz dieses Kleidungsstückes ist von Bedeutung, damit es keine Unbequemlichkeiten verursacht. Für die Jagd empfiehlt sich ein Beinkleid von Gemsleder, das weicher und bequemer ist und in den lackierten Stiefel, der bis zum Knie reicht, gesteckt wird.

Weit mehr als unsere Damen geben unsere Herren Veranlassung zu Tadel in ihrem Anzuge zu Pferde; ja nicht nur zu Pferde, sondern auch zu Fuß fallen nur die wenigsten angenehm auf. Es muß wohl bei uns in dem allgemeinen Tragen der Uniform liegen, daß so wenig Wert darauf gelegt wird, sich gut in Zivil anzuziehen. Dies ist wohl auch der Grund, warum wir in Zivil so gut wie keine deutsche Mode haben, sondern uns entweder nach englischer oder französischer Fasson kleiden oder ein schlechtes Gemisch von beiden zutage fördern. Hat man zwischen diesen drei Moden zu wählen, so empfiehlt sich für jede Art Sport, sowohl vom ökonomischen wie vom praktischen Standpunkt aus, unbedingt die englische. Oekonomisch ist die englische Mode, weil sie sich fast gar nicht verändert, und praktisch für unsere Zwecke, weil der englische Gentleman so angezogen ist, daß er sich jeden Augenblick zu Pferde setzen kann, ohne seine Toilette zu derangieren, da alles glatt und fest anliegt.

Zu Pferde wie zu Fuß kann man auch zwei Tagestoiletten angeben: die Morgen- und die Promenaden-Anzüge. Reiter von

Fach werden, wenn es ihre Zeit irgend erlaubt, die frühen Morgenstunden und einsamen Gegenden benutzen, um ihre Pferde zu arbeiten, und man kann von diesen nicht verlangen, daß sie zu dieser Zeit schon den Zylinder aufsetzen und den schwarzen Rock anziehen. Ein runder Hut und ein heller Rock wird besser zu Kniehosen und Gamaschen passen, die mehr für die Dressurarbeit geeignet sind, als die lange Hose, welche wiederum für Promenadenkostüm unerläßlich ist. Ein kurzes Sackjackett, wie man es bei uns vielfach zu Pferde sieht, ist für die Stadt kein Anzug zu Pferde, und noch schlimmer wird dies, wenn hierzu der hohe Hut aufgesetzt wird. Letzterer ist jedoch außer in der frühen Morgenstunde, die wohl bis zwölf Uhr dauern kann, zum Reitanzug im Park unerläßlich, muß dann aber von folgenden Kleidungsstücken begleitet sein: Ein schwarzer, einreihiger Rock, hoch zugeknöpft und unter der Taille glockenförmig geschnitten, so daß die Schöße über den Oberschenkel fallen, ohne sich zwischen Knie und Sattelklappe zu legen. Je länger der Schoß, desto weniger hat er in dieser Form die Neigung, unter den Sitz zu kommen. Um mancher mangelhaft gebauten Reiterfigur, der es schwer wird, die Rückenpartie unter der Taille einzuziehen, zu Hilfe zu kommen, setzt der englische Schneider die hinteren Taillenknöpfe beinahe eine Hand breit unter der Taille an, was selbst bei gut gebauten und richtig sitzenden Reitern zu Pferde besser aussieht, als wenn die Knöpfe auf dem richtigen Flecke säßen. Ein langes Beinkleid, das ja nicht zu kurz sein darf, mit Strippen und Stiefel mit niedrigem Absatz vervollständigen den Anzug. Niedrige Absätze sind zu Pferde ebenso angebracht, wie beim guten Fußgänger, weil der hohe Absatz beim schnellen Abspringen vom Pferde, wie es auf der Jagd oder anderwärts doch häufig vorkommt, leicht ein Umkippen und Verstauchen des Fußes nach sich ziehen kann. Ob der Reiter Sporen anlegen will oder nicht, ist ihm überlassen und hängt von seiner Reitfähigkeit und davon ab, ob er imstande ist, sie richtig zu gebrauchen. Man lege nur noch einen glatten Schlips mit Nadel — ohne diese, außer bei einem Schifferknoten, geht es nicht — und ziehe dunkelgelbe Reithandschuhe an. Auch zieht man jetzt allgemein den Reitstock der Peitsche vor. Daß der Reiter seinen Rock stets zuzuknöpfen hat, bevor er zu Pferde steigt, ist eine alte Regel, die leider bei uns nicht genügend beachtet wird. Ein Reiter mit offenem Rock macht ungefähr denselben Eindruck, wie eine Dame zu Pferde mit fliegendem Haar.

Was das Adjustement der Pferde beider Geschlechter anbetrifft, so läßt sich dies in folgende wenige Worte fassen: Hauptgestell und Sattel müssen möglichst von gleicher Farbe sein, von der ich die dunklere Farbe, weil weniger auffallend, der hellen Farbe vorziehen möchte. Zum Hauptgestell gehört ein farbiger Stirnriemen, der die Wappenfarben oder die Lieblingsfarben des Besitzers zum Ausdruck bringt.*)

*) In England gilt das bunte Stirnband als Kennzeichen eines „Mietsstalles“ und ist deshalb für den Gentleman verpönt. v. E.

XII.

Damen im Jagdfelde.*)

Da ich mir mit der Hoffnung schmeichle, daß das „grüne Buch" auch beim schönen Geschlecht Anklang findet, und Keudell das Jagdreiten der Damen nur streift, so sei der Elite unserer Amazonen ein eigenes Kapitel gewidmet.

Jener unhöfliche Engländer hätte sein „Ladies in the hunting-field are a nuisance**) sicherlich nicht gesagt, hätte er jene Damen gesehen, die den Hunden der hannöverschen Reitschule folgen. Solch vollendete Amazonen, die stets im ersten Felde ihren eigenen Strich reiten, die auch trotz eines Sturzes nicht beim Halali fehlen, sind meines Erachtens nicht nur eine Zierde jedes Jagdfeldes, sondern sie müssen auch in kavalleristischem Sinne in hohem Maße erziehlich wirken. Diese Jagdreiterinnen, deren Passion kein Hindernis kennt, beschämen manchen Rotrock, der, wie aus dem Ei gepellt, ohne einen Spritzflecken nach Hause kommt.

Freilich jene Amazonen, die den Reitsport als eine Art Bantingkur betrachten oder ihn um der Mode willen betreiben, täten allerdings besser daran, von vornherein auf die Freuden des Jagdfeldes zu verzichten, denn wo gehobelt wird, fallen Späne, oder wie Crawford es in seinem Buche „Horses and riders" sehr bezeichnend ausdrückt: „Wer Eierkuchen essen will, muß Eier zerschlagen, und wer Jagd reiten will, ohne zu fallen, der hat nur

*) VII. Auflage, Teil II, Kapitel XI.

**) Damen sind im Jagdfelde überflüssig.

den halben Sport und sicher nur den halben Spaß." Auch die erfahrenste und sattelfesteste Reiterin muß — wenn sie ehrlich und mit Vergnügen den Hunden folgen will, auf einen gelegentlichen Unfall gefaßt sein; da aber — ganz abgesehen vom ästhetischen Standpunkt — ein Sturz für die Dame leicht ernster abläuft, als für den Herrn, so möchte ich an das Jagdreiten der Damen zwei Bedingungen stellen, und von diesen auch die perfekteste Reiterin nicht frei machen: einmal ein unbedingt sicheres Jagdpferd, sodann einen gewandten und besonnenen Piloten.

Die Aufgabe des letzteren ist keine ganz leichte; vor allem muß der Herr, welcher die Ehre hat, im Jagdfelde einer Dame als Kavalier zu dienen, selbst auf einem erprobten, absolut sicheren Pferde sitzen, denn er kann und darf sich nicht um sein Tier kümmern. Ich denke noch mit Grauen an einen Tag, an dem ich ein neues Pferd zum erstenmal hinter den Hunden ritt; plötzlich machte ich zu meinem Schrecken die Bemerkung, daß eine Dame — noch dazu die Gattin eines hohen Vorgesetzten — mich zu ihrem Wegweiser ausersehen hatte! Alles Rufen und Winken war vergeblich, also was tun? Ich versuchte den Abstand zu vergrößern, aber je mehr Dampf ich aufsetzte, desto mehr drückte auch mein Verhängnis auf das Tempo. Eine Weile ging alles gut, dann kam ein ganz kleiner, aber mit hohem Kraut zugewachsener Graben und ratsch — da lagen wir! Die Frau Generalin samt Pferd auf mir drauf, und überflüssigerweise wählten noch zwei Herren den gleichen Ruhepunkt. Abgesehen von einem entlaufenen Pferd, einem zerrissenen Reitkleid und einigen blauen Flecken hinterließ dieses „Massengrab" bei keinem der Beteiligten Folgen, aber ich möchte doch bitten, meine Damen, sich durch diese kleine Episode warnen zu lassen und nie auf Ihren Vordermann Strich zu reiten, sonst kann eine ganz harmlose Lerche, die das Pferd desselben schlägt, Ihnen beiden verhängnisvoll werden.

Nach dem Anlegen gilt es für den Piloten zunächst, sich mit seiner Schutzbefohlenen aus dem üblichen Gedränge zu retten. Solange man sich mitten im Jagdfelde befindet, rate ich dem Herrn, links neben der Dame zu bleiben. Es verstößt dies gegen die Regel, empfiehlt sich aber im Gedränge, um die unserem Schutz anvertraute Dame vor Anreiten zu schützen. Sobald man „freie Fahrt" hat, eilt der Pilot vorauf und — lassen Sie es sich bitte nochmals ans Herz legen, schönste Leserin — folgen Sie demselben nicht in seinem direkten Kielwasser, sondern in gehörigem Abstande ein wenig seitwärts; dann alle Segel auf, und ich wünsche gute Fahrt! Am angenehmsten reitet es sich naturgemäß auf den Flügeln. Hinter einer Hasenmeute muß man sich hier freilich sehr hüten, nicht den Unwillen des Masters zu erregen, denn bei den Widergängen, die Lampe zu machen liebt, kann man leicht die Fährte überreiten, und außerdem macht man oft Relaishasen hoch, die dann vor die Hunde laufen und diese von der Fährte des Jagdhasen abziehen. Hinter anderem Wilde oder auf der Schleppe hat es hiermit keine Gefahr, und wenn man hinter größeren Hunden reitet, so sorgen diese ohnehin durch ihre Schnelligkeit dafür, daß das Feld bald auseinandergezogen ist. In jedem Falle rate ich, von vornherein seinen Platz im ersten Felde zu wählen; einmal ist das Vergnügen des Jagdreitens doch nur vollkommen, wenn man die Hunde bei der Arbeit auf der Fährte beobachten kann, zweitens pflegt jedes Pferd hier am angenehmsten zu gehen, und schließlich kommt man dort auch am sichersten über unfaire Hindernisse, Gräben mit sumpfigen Rändern und dergleichen hinweg.

Es folgt hieraus, daß die Dame nicht nur eines sicheren, sondern auch eines schnellen Pferdes benötigt, um den Hunden folgen zu können und beim Halali zu sein. Fillis schreibt, das Jagdpferd müsse da geboren und aufgezogen sein, wo es Verwendung finden soll; bei uns in Deutschland ist jedoch das Jagdterrain in den einzelnen Provinzen nicht so verschiedenartig wie in England, wo jede Grafschaft ihren ausgeprägten, unverkennbaren Charakter hat, der in der Bodenbeschaffenheit, in den Hindernissen usw. zutage tritt. Am meisten Talent für die Aufgaben des Jagdfeldes wird wohl in jedem Gelände der irische Hunter beweisen. Als Damenpferd freilich ist derselbe nach meinem Geschmack zu massig und gebe ich persönlich dem Vollblutpferde den Vorzug*), vorausgesetzt, daß dasselbe nicht zu heftig ist, um überhaupt hinter einer Meute gesteuert werden zu können. Von unseren einheimischen Schlägen kommt der edle Ostpreuße dem Vollblüter am nächsten; derselbe neigt jedoch zur Unzuverlässigkeit beim Springen und verliert bei dem Geläut der Hunde leicht die Nerven. Daß der Hunter, welcher eine Dame querfeldein tragen soll, goldsicher springen muß, bedarf wohl keiner Erwähnung. Durch den Sitz im Damensattel ist es der Reiterin

*) Vergl. vorhergehendes Kapitel XI.

versagt, ihr Pferd gegen einen groben Sprung „gegenzureiten“, sie bedarf daher im Jagdfelde ein Pferd, das aus sich selbst das Hindernis anzieht, ohne dabei seiner Reiterin die Hand zu nehmen. Andererseits vermag die Dame auch nicht ihr Pferd vor einem „feierlichen“ Hochsprung durch die Schenkelwirkung „aufzunehmen“; wenn es daher für unsereinen schon kein Vergnügen ist, hinter den Hunden einen kopflosen Puller zu reiten, so ist dies für die Dame eine direkte Gefahr. Freilich macht man zuweilen mit Pullern die überraschendsten Erfahrungen, wenn man sie einer „zarten Hand“ anvertraut; aber, verzeihen Sie, wenn ich ehrlich bin, meine Gnädigste, ich schreibe diese wohltätige Wirkung nicht Ihren kleinen Händen zu, sondern dem langen Zügel, zu dem Sie der Seitsitz im Damensattel wohl oder übel nötigt. „Give them plenty of rope!“*) ist ein Rezept des englischen Jagdreiters, das ihn vor manchem Sturz bewahrt, und in dieser Hinsicht können wir von den Damen, die wir hinter den Hunden sehen, viel lernen. Drei Punkte hat das schönere Geschlecht im Jagdfelde vor dem stärkeren voraus: das leichtere Gewicht, den stillen Sitz und den langen Zügel. Zur Schande meines Geschlechts muß ich gestehen, daß es Leute gibt, denen die Anwesenheit von Damen immer und überall ein Dorn im Auge ist und zumal im Jagdfelde. Diese behaupten, daß eine Frau niemals das Tempo zu beurteilen vermöge und darum kopflos auf alles losstürme. Da, wo das Pferd eher eine Haltung nötig hätte, um sich aufzunehmen, wie z. B. im tiefen Boden vor einem großen Hochsprung, wird die Gefahr des Sturzes durch blindes Gegenstürmen zweifellos erhöht; aber meiner Meinung nach entspringt dieser Schneid nicht aus einem Mangel an Urteilsfähigkeit, sondern aus der Unkenntnis der Gefahr. Verzeihen Sie den etwas ungalanten Vergleich, meine Damen, aber es ist mit Ihrem Mut wie mit der Courage unserer Rekruten. Dort muß der Lehrer ängstlich darauf bedacht sein, den angehenden Reitkünstler vor dem Herunterfallen zu bewahren, ehe derselbe nicht volles Vertrauen zu seinen vierbeinigen Kameraden gewonnen hat, und ebenso müssen wir jede Dame, die Jagd reitet, sorgsam vor der Bekanntschaft mit einer ernstlichen Gefahr bewahren. Ich glaube, jeder von uns, der einmal einen bösen Fall getan hat, wird mir hierin beipflichten! Der Schneid unserer jagdreitenden Damen ist eine Eigenschaft, um die

*) „Gib ihnen viel Zügel!“

mancher Rotrock sie beneiden darf; und jeder — sei es Vater, Gatte, Bruder oder Verehrer —, der eine Dame zum Jagdreiten beritten macht oder sie dabei chaperoniert, sollte es für seine vornehmste Pflicht ansehen, unseren Gefährtinnen im Jagdfelde den Schneid zu erhalten!

Eine englische Zeitschrift brachte einen Aufsatz über die „Kunst des Fallens", dem ich zu Nutz und Frommen der jagdreitenden Leserin einiges entnehmen möchte, da die Aufzeichnungen der Feder einer Dame entstammen und unverkennbar die Praxis des Jagdfeldes atmen. Daß die Verfasserin selbst hinlängliche Erfahrungen gesammelt hat, um in der erwähnten „Kunst" eine Anleitung zu geben, dürfte daraus hervorgehen, daß dieselbe in ihren ersten beiden Saisons zweihundertfünfzigmal gefallen ist, ohne je ernstlich Schaden zu nehmen.

Zur Erklärung für diesen Rekord erzählt Lilian Bland folgendes: „Obwohl ich mich bis dahin auf jedes Pferd gesetzt hatte, dessen ich habhaft werden konnte, so hatte ich bis zu meiner Rückkehr nach Irland vor einigen Jahren keine Gelegenheit gehabt, Jagd zu reiten. Als ich mein Debut hinter den Hunden gab, hatte ich daher noch keine Ahnung, wie man sich mit solchen Hindernissen abzufinden habe. Hierzu kommt, daß mir zum Ankauf meines ersten Jagdpferdes ein Vermögen von vierhundert Mark zur Verfügung stand. Mit dieser Riesensumme begab ich mich zu einer Auktion und machte zur Wut aller Pächter und Bauern jedes Pferd gründlich herunter, in der vergeblichen Hoffnung, den Preis auf das Niveau meiner Kasse herabzudrücken.

Mit Wehmut sah ich die wenigen Tiere, die mein Wohlgefallen fanden, zu hundert Pfund (zweitausend Mark) fortgehen, als ein wenig Vertrauen erweckendes Individuum mir zuraunte: ‚Euer Gnaden, ich habe gerade das Pferd, was Sie suchen, in der Straße nebenan stehen.' — Bei näherer Besichtigung entpuppte sich das Tier als eine dreijährige Schimmelstute, lose in den Knien, mit einem Pelz wie ein Rambouillet und einer Mähne wie ein Schuhkratzer. Das Tier zitterte vor Aufregung am ganzen Körper und schien überhaupt ganz blödsinnig zu sein. Um es kurz zu machen, ich kaufte hier meinen ersten Hunter. Nebenbei sei bemerkt, daß die Stute drei Jahre später einen ersten Preis als ‚Hack'*)

*) Reitpferd.

gewann und einer der ersten Pferdekenner in Irland sie als die am besten gemachte Stute bezeichnete, die er je gesehen habe.

Die einzige Meute in erreichbarer Nähe war eine Schleppmeute. Die Hunde waren schnell und sie mußten dies sein, um ihr Leben vor den Hufen des hinterdrein stürmenden Feldes in Sicherheit zu bringen. Ich ritt natürlich in voller Fahrt gegen alle Sprünge mit der unausbleiblichen Folge, daß wir in dem unfairen Gelände oft zu Fall kamen; meistens lagen wir jedoch auf der richtigen Seite, und der überraschende Speed meiner Stute machte in wenigen Sekunden den verlorenen Boden wieder gut. Ich war in der ersten Zeit vollkommen in dem Glauben, daß das Fallen dazu gehörte. Auf jeden Fall war der Sport aufregend und eigenartig, häufig kugelten sich vier oder fünf Pferde in einem Graben übereinander, in der Regel aber ohne Schaden für sich und die Reiter; diese hielten sich am Sattelkranz, schossen wie aus der Pistole und viel schneller, als ihre Pferde zu folgen vermochten, über die Sprünge, rutschten auf der Erde zurück und saßen neben ihrem erstaunten Hunter, wenn dieser sich erhob. Es war das Komischste, was man sich denken kann, und ich lernte dabei — das Fallen!

Das Pferd kann auf die verschiedenste Weise stürzen; gewöhnlich wird der Fehler beim Landen gemacht, meist weil das Pferd entweder zu früh oder zu spät abspringt. Rumpelt das Pferd auf den Kopf oder verliert die Hinterhand im Graben, so tut man am klügsten, still zu sitzen; man kann zehn gegen eins wetten, daß das Tier von selbst wieder auf die Beine kommt. Andernfalls hat man immer noch Zeit, aus dem Sattel zu gleiten, wenn ein Fuß den Boden berührt. Man läßt sich nach der Seite heruntergleiten, nach welcher das Pferd fällt, dadurch entgeht man den Huftritten und den Gabeln.

Man kann das ‚Aussitzen' eines Rumplers auch übertreiben, das ist der Augenblick, wo es auf Urteilsvermögen ankommt. Einmal klebte ich im Sattel, als die obenerwähnte Stute in einen Graben fiel; sie erhob sich erst nach mehrmaligem Ueberkugeln und mit solchen Lançaden, daß, als sie auf die Füße kam, ich kopfunterst im Bügel hing. Zum Glück hatte ich die Zügel in der Hand behalten, und durch energisches Strampeln konnte ich den Fuß frei machen. Ich rate jeder Dame, wenn ihr Pferd fällt, still zu sitzen, solange es irgend geht, und wird es unvermeidlich, sich zu trennen, dann tue sie es nach der rechten Seite, damit sie glatt aus den Gabeln kommt.

Meine Methode hierfür ist folgende: Ich beuge Kopf und Oberkörper nach rechts herunter, stütze die rechte Hand auf die Schulter des Pferdes und schwinge mich mit den Beinen nach rechts ab; man landet so auf den Füßen, die Zügel in der linken Hand. Schlägt das Pferd eine ‚Lerche', so ist die Sache noch einfacher; man braucht nur mit dem Pferde mitzugehen. Das ganze Geheimnis, geschickt zu fallen, ist, daß man sich in allen Muskeln losläßt, nach Art der südamerikanischen ‚Rauhreiter', die die halbwilden Pferde nur durch Balance reiten. Einem Engländer, der diese sogenannten ‚buckers' mittelst Schlusses reiten wollte, wurde einfach im Sattel das Kreuz gebrochen. Wie oft liest man in den Zeitungen von verunglückten Jagdreitern; meist hat sich das Unglück auf dem Heimwege ereignet, indem das müde Pferd auf der harten Chaussee gestolpert und der Reiter auf den Kopf gefallen ist. Hätte der Betreffende die Kunst des Fallens gelernt, so wäre es ihm vielleicht ein leichtes gewesen, auf die Füße zu kommen. Ueberschlägt sich das Pferd nach rückwärts, so ist es nahezu unmöglich, aus dem Damensattel herauszukommen; wirft man sich indessen ganz vornüber und gibt dem Pferde den Kopf frei, so kann es sich unter Umständen durch eine Wendung auf der Hinterhand nach der Seite werfen.

Einmal kam ich mit einem sehr geschickten braunen Cob an einem schlüpfrigen Wall zu Fall. Zwei Pferde waren vor mir an demselben gefallen, mag daher sein, daß ich mit halbem Herzen gegenritt. Das kleine Pferd kam mit den Vorderfüßen über den Wall und arbeitete eine Ewigkeit, was man sagt, auf ‚Knien und Ellbogen'; in dem Augenblick, als es rücklings in den Graben fiel, konnte ich mich noch mit einem Ruck nach der Seite herunterwerfen. Wir erhoben uns beide und kamen glücklich hinüber, nur schoß ich beim Landen dem Braunen glatt über den Kopf. Ueber diese Blamage tröstete ich mich indessen ein wenig, als es sich herausstellte, daß ein heftig gezerrter ‚Reitmuskel' und eine verbogene Gabel mir zur Entschuldigung dienten. Uebrigens waren meine Erfahrungen auf diesem Gebiete nicht ganz wohlfeil; einen Sattel habe ich nicht weniger als viermal bei einem Sturz zerbrochen.

Meine kleine Stute hat mich das Fallen gelehrt, aber ich habe sie hinter den Schlepphunden verdorben; sie hat es nie gelernt, einen Sprung zu taxieren, sah nie, wo sie hintrat, und das Stürzen schien ihr geradezu Vergnügen zu machen. Unfehlbar fiel sie über festes Holz. Eines Tages kamen wir als die ersten über ein Gatter, das den einzigen Durchgang in einer Wallhecke sperrte. Die Stute schlug direkt Rad, so blitzschnell, daß ich nicht mehr aus dem Sattel kam und sie auf mir lag, dem nachfolgenden Felde den Weg verlegend. Jedermann dachte offenbar, ich sei tot; auf den Gedanken, zu Fuß hinüber zu klettern, kam augenscheinlich niemand. Glücklicherweise hatte ich den Kopf frei, so gelang es mir allmählich, die Arme herauszuziehen und den Hals des Pferdes zu umfassen; dann trat ich ihr mit dem Fuß in die Rippen, was bald den gewünschten Erfolg hatte. Die Stute stöhnte und rollte nach der anderen Seite über, so daß ich mich noch mehr unter ihr hervorziehen konnte. Dann fiel sie wieder zurück, und nachdem sich dieses Manöver dreimal wiederholt hatte, arbeiteten wir uns beide wieder auf die Beine; ich muß heute noch lachen, wenn ich an die Gesichter jenseits der Hecke denke, die bei dem Anblick meiner Auferstehung wie versteinert waren. Die Stute hatte sich den Oberarm bis auf den Knochen abgeschunden, und wir mußten uns nach dem nächsten Gehöft zurückziehen, wo ich mir etwas Karbollösung verschaffen konnte. Während ich noch die Wunde wusch, kam der Charakter der Stute wieder zum Ausdruck; sie schlug dem Manne, der sie hielt, die Vorderzähne aus, und hätte einen Doktor, der ihre Wunde nähen wollte, beinahe aufgefressen. Wir hatten dann noch zehn Meilen (engl.) nach Hause zu humpeln, was in hohen Stiefeln nicht gerade ein Genuß ist.

Noch ein anderer Sturz ist mir unvergeßlich, den ich bei einem morschen Wall erlitt. Die Stute setzte oben auf demselben auf, blieb mit einem Vorderfuß in einer Wurzel hängen und stand wie umgeschossen auf dem Kopf. Der plötzliche Ruck hatte mich aus den Gabeln geschleudert, und das Gefühl, daß die Hinterhand sich unfehlbar auf mich überschlagen müsse, war nicht gerade angenehm. Mit einem Auge sah ich noch, wie jemand aus dem Jagdfelde zurückgaloppiert kam. Es ist unglaublich, wie lange ein solcher Sturz in unserer Vorstellung dauert, während er sich tatsächlich in Sekunden abspielt. Diesmal glaubte ich wirklich, es sei um uns geschehen; aber im entscheidenden Augenblick gab die Wurzel nach und die Stute kam wieder auf die Beine. Der herbeigeeilte ‚Samariter' beschwor mich, das ‚gefährliche Biest' zu verkaufen; aber ich glaube, kaum ein anderes Tier hätte sich in ähnlicher Lage so geschickt benommen.

Es ist außer Frage, daß der Damensattel eine Grausamkeit für Pferd und Reiterin bedeutet, und man muß hoffen, daß eine aufgeklärtere

Zeit diese Marterwerkzeuge in die Museen verbannt. Schließlich ist alles nur eine Frage der Mode, und wenn die richtige Klasse von Reiterinnen den gesunden Sinn hätte, den Herrensitz anzunehmen, so würde sich derselbe bei der Damenwelt bald einbürgern.“ —

Man kann heutzutage das Thema der Damenreiterei nicht anschneiden, ohne den Quersitz wenigstens zu streifen; ich glaube, daß der Vorteil des Knieschlusses mehr als aufgehoben würde durch den minder festen Sitz und die daraus resultierende unruhige Führung. Eins läßt sich freilich nicht bestreiten; ein Sturz aus dem Herrensattel wird in den meisten Fällen unschuldiger verlaufen, als ein solcher aus dem Damensattel. Aus diesem Grunde kann ich mich auch nicht zu dem Standpunkte vieler englischer Fachwerke bekehren, welche den früher üblichen Sattel mit drei Gabeln im Jagdfelde für unentbehrlich halten. Dagegen rate ich dringend, auf der Jagd einen sogenannten Schürzenrock, d. h. ein geteiltes Reitkleid zu tragen, welches ein Hängenbleiben an der Gabel unmöglich macht. Durch die Wahl ihres Jagdpferdes und durch eine umsichtige und überlegte Führung im Jagdfelde sollte man, soweit dies überhaupt möglich, die Dame vor einem Sturz zu schützen suchen.

Das wirksamste Präservativmittel gegen einen Sturz führen die Damen selbst in dem langen Zügel; darum rate ich, alle vier Zügel zu teilen und das Pferd mit tiefen, weit voneinanderstehenden Händen zu führen. Damen, die bis zum Schlusse einer Jagd hinter den Hunden sind, beweisen damit einen solchen Grad von Sattelfestigkeit, daß Bemerkungen über den Sitz für sie überflüssig sind; wenn ich mir aber einen Rat erlauben darf, so ist es der, den Bügel nicht zu kurz zu schnallen, weil dadurch die Gefahr erhöht wird, bei einem Rumpler des Pferdes nach rechts aus dem Sattel zu kommen. Aus dem gleichen Grunde muß der Sattel möglichst wagerecht und wenig gepolstert sein, denn durch eine zu hohe Lage des Knies wird der Sitz unsicher.

Was die Zäumung anbetrifft, so muß ich gestehen, daß ich mit Bezug auf die weiche Damenhand ein wenig skeptisch bin. Ich empfehle daher, das Jagdpferd nicht zu weich zu zäumen. Eine Kandare mit mittleren Anzügen und großen Ringen ist wohl das sachgemäßeste; letztere legen Scherenfängern das Handwerk. Ganz energisch möchte ich aber vor dem Martingal im Jagdfelde warnen; alle meine Unfälle verdanke ich diesem schönen Instrument.

Die Toilette der Reiterin hat Keudell schon gestreift; überdies hat sich ja der kurze Jagdrock auch im Tagesgebrauch eingebürgert. Der rote Rock, der vorübergehend auch von Damen getragen wurde, ist heute nicht Klasse. Man trägt auch im Jagdfelde die allgemein gebräuchliche schwarze Jacke mit langen Schößen, um den Hals einen sogenannten flyaway hunting-scarf aus weißem Pikee, der durch eine einfache, goldene Nadel gehalten wird. Abgesehen von dieser Nadel, die die Gestalt einer Jagdpeitsche hat, oder irgendein jagdliches Emblem, einen Fuchskopf oder dergleichen darstellt, ist jeder Schmuck im Jagdfelde noch strenger verpönt als sonst. In England reiten auch die Damen, ebenso wie alle Herren — vorausgesetzt, daß sie Mitglieder der betreffenden Jagd sind — vielfach im Zylinder. Bei uns ist außer am Hubertustage, an welchem der Zylinder getragen wird, der runde Hut gang und gäbe.

Daß die Frisur und auch die intimere Toilette der Reiterin, wenn sie stundenlang durch dick und dünn den Hunden folgen will, mehr Aufmerksamkeit und Sorgfalt erheischt, als wenn es zu einem Kanter in den Tiergarten geht oder zum Musikreiten in den Tattersall, ist selbstverständlich.

Whyte-Melville und Keudell verdammen den Gebrauch des Sporns für beide Geschlechter. Ich muß gestehen, daß ich, was die Damen anbelangt, wenigstens im Jagdfelde kein so schroffer Gegner des Sporns bin, weil die Dame weniger Gefahr läuft, das Pferd mit dem Sporn zu verletzen, schon deshalb, weil sie nur eins von diesen Marterwerkzeugen führt. Ein energischer Spornstich ist noch nicht das schlechteste Mittel, um ein haltlos hinstürmendes Pferd zur Besinnung zu bringen, und zuweilen ist der Sporn die ultima ratio, um einem todmüden Pferde über einen Hochsprung zu helfen. Aber lieber sollte man eine Dame keinem Pferde anvertrauen, das derartige brüske Hilfen fordert.

XIII.

Die Kunst, geschickt zu fallen.

Ob dies eine Kunst sei, die man durch Uebung erlernen kann, um gefährliche Verletzungen bei einem Sturz mit dem Pferde zu vermeiden, wurde seinerzeit in englischen Fachblättern eifrig diskutiert, ohne daß die verschiedenen Parteien sich darüber einigen konnten.

Den Anhängern der einen Partei, welche behaupteten, daß man diese Kunst durch Uebung erlernen könnte und die daher denjenigen, die Passion für Reiten hinter Hunden und in Steeplechases hatten, dieses Studium besonders empfahlen, wurde von der Gegenpartei geantwortet, daß, wenn ein Erlernen dieser Kunst möglich wäre, so und so viel schwere Verletzungen, die im Laufe der Zeit bekannten Jagd- und Steeplechase-Reitern zugestoßen, sich nicht ereignet hätten. Sie fügten gleichzeitig hinzu, daß die verletzten Persönlichkeiten nicht ohne genügende Uebung und Routine im Fallen gewesen wären.

Angenommen, die zuletzt angeführte Tatsache wäre richtig — ich meine, diese Herren hätten die nötige Uebung gehabt — so scheint mir dies schon ein klarer Beweis für die Richtigkeit der Behauptung derjenigen Partei, welche sagt: „Je mehr Uebung man im Fallen hat, desto geschickter fällt man." Wäre dies nicht der Fall, so wäre es den betreffenden Herren vor ihrem ernstlichen Accident wohl kaum möglich gewesen, so oft ohne nachteilige Folgen zu stürzen, und daß es trotzdem vorgekommen ist, daß solche Persönlichkeiten schwer verletzt oder gar getötet wurden, liegt meiner Ansicht nach einerseits in dem Umstand, daß keine Regel ohne Ausnahme ist, und andererseits daran, daß es Stürze gibt, die so schnell kommen, daß selbst der geübteste Mann keine Zeit mehr zum Ueberlegen hat.

Dieser Fall tritt ein, wenn ein Pferd in seiner besten Schnelligkeit auf ebener Bahn durch einen Fehltritt zu Falle kommt. Der Moment des Fallens folgt dem des Fehltritts — denn ein Stolpern tritt hier kaum ein — so unmittelbar auf dem Fuße, daß der Reiter sich der Sache erst klar wird (vorausgesetzt, daß er noch bei Besinnung ist), wenn er schon liegt. Wie soll er also hier Vorbereitungen für sein Fallen treffen? Ich rechne daher diesen Sturz auch in die Kategorie der Ausnahmen und will mich mit denselben nicht weiter beschäftigen.

Anders verhält es sich mit dem Sturz nach dem Sprunge, den ich, wenn ich mich des Ausdrucks bedienen darf, den regelrechten Sturz nennen will. Derselbe kommt, ganz abgesehen von etwaiger Schuld des Reiters, gewöhnlich vor:

a) bei einem Hochsprung, indem das Pferd mit den Vorderbeinen an diesen anstößt, dadurch zuviel Vordergewicht erhält und kopfüber geht, oder den Gegenstand mit den Hinterbeinen berührt und so zu Fall kommt;

b) bei einem Breitsprung infolge schlechten und unsicheren Landens und

c) bei kombinierten Sprüngen durch zu frühes oder zu spätes Abspringen, also auch ungenügendes Taxieren vor dem Sprunge.

Daß außer den soeben angeführten Gründen auch noch andere Umstände Veranlassung zu einem Sturz geben können, wie z. B. Karambolieren zweier Pferde usw., versteht sich von selbst und bleibt deshalb unerwähnt.

Analog dem Fallen auf ebener Bahn könnte man die Theorie aufstellen: „Je größer die Geschwindigkeit, desto gefährlicher der Sturz.“ Ganz richtig ist dies jedoch nicht, denn von allen Stürzen über Hindernisse ist der gefährlichste wohl der über einen guten Hochsprung in langsamer Gangart*), weil man hier auf zwei Sachen sicher rechnen kann.

Erstens kommt man fast immer auf den Kopf zu stehen und zweitens ziemlich sicher unter dem Pferde zu liegen, welches häufig so fällt, daß es die Beine in die Luft streckt und auf dem Rücken mit dem Kopf in der Direktion liegt, aus welcher man gekommen

*) Deshalb ist der Sturz in der Reitbahn über eine hohe, feste Stange oft so unangenehmer Natur. v. E.

ist. Hier ist vom Standpunkt des fallenden Reiters aus nicht viel zu tun. Das Schlauste scheint mir, sich nicht auf ein Festhaltenwollen seines Pferdes einzulassen, sondern zu versuchen, mit möglichst losgelassenen Muskeln und Gelenken den Erdboden zu berühren, dann aber still liegen zu bleiben, bis man fühlt, daß die Last des Pferdes verschwunden, dasselbe also aufgestanden ist. Selbstverständlich kommt ein Sturz in der soeben beschriebenen Weise nur über einen sehr hohen und ganz festen Gegenstand vor, gegen den der Reiter, wenn er ihn überwinden will, nur in langsamer Pace anreiten darf.

Bei nicht so hohen und nicht ganz festen Sprüngen ist die Wahrscheinlichkeit eines Sturzes in schnellerer Pace weniger vorhanden und die Gefahr, der der Reiter beim Fallen ausgesetzt ist, weit geringer, weil derselbe, nach dem Gesetz der Trägheit, in der innegehabten Geschwindigkeit verharrt und über sein Pferd hinwegfliegt, also weder von der Last desselben bedrückt wird, noch der Gefahr ausgesetzt ist, beim Aufstehen des Pferdes durch dessen Hufe verletzt zu werden. Hier kommt es namentlich darauf an, den Stoß, welchen man beim Berühren des Erdbodens erhält, möglichst abzuschwächen, und erreicht man dies am besten durch Vorstrecken der Arme, deren Muskeln man jedoch, sowie die des ganzen Körpers, nicht einen Moment anspannen darf, damit letzterer womöglich wie ein Ball weiter rollt. Ob man hierbei versucht, sein Pferd am Zügel festzuhalten oder nicht, richtet sich nach den Umständen, und läßt sich hierfür kaum eine Regel geben, doch kann man im allgemeinen den Grundsatz aufstellen: Je weniger ich mich darum kümmere, was nach dem Sturze aus meinem Pferde wird, desto ungefährlicher falle ich, und dies deshalb, weil ich meine ungeteilte Aufmerksamkeit auf die eigene Lage verwenden kann. Will ich dagegen mein Pferd festhalten, um es mit möglichst wenig Zeitverlust wieder besteigen zu können, so habe ich schon während des Fallens selber meine Aufmerksamkeit nicht nur auf meine eigene Person, sondern auch auf mein Pferd zu richten; darf mich daher von diesem nie weiter entfernen, als die Zügellänge es erlaubt, und beraube mich des Stützpunktes der einen Hand, in welcher ich die Zügel halte.

Inwiefern die Erhaltung der eigenen Sicherheit beim Fallen das maßgebende Motiv ist, hängt von den Umständen ab. Bei dem schnellen Tempo, das infolge des Mangels bedeutender Hochsprünge bei uns jetzt in Steeplechases geritten wird, scheint mir in Rennen von kurzer Distanz die eigene Sicherheit die Hauptsache; denn wie selten kommt es hier vor, daß, wer einmal gefallen, noch als Sieger einkommt.

Bei langen Distanzen, vorausgesetzt, daß man bei einem der ersten Hindernisse fällt, ist es mehr angebracht, das Rennen nicht gleich aufzugeben, sondern so schnell als möglich wieder im Sattel zu sein; doch sind auch hier die Fälle sehr vereinzelt, wo der einmal Gestürzte siegreich das Ziel erreichte. Meistenteils ist entweder der eine oder der andere Teil — Reiter oder Pferd — so erschüttert, daß es eine Weile dauert, ehe sie beide wieder in den nötigen Schwung kommen.

Auf der Jagd, wo dem Stürzenden, der sein Pferd losläßt, die Aussicht blüht, entweder meilenweit im roten Rock zu Fuß hinterher zu laufen oder dieselbe Distanz auf einem Bauernwagen nach Hause fahren zu müssen, ohne etwas von dem Vergnügen des Tages gehabt zu haben, ist es etwas anderes. Hier würde ich empfehlen, das Pferd nur unter ganz erschwerenden Umständen laufen zu lassen, wie z. B., wenn dasselbe nicht aufstehen kann, weil es, auf dem Reiter liegend, sich in den Zügeln verhaspelt hat.

Man bemerkt während der Jagd häufig reiterlose Pferde, die sich gewöhnlich an die Spitze des Feldes setzen und den in vorderster Flucht reitenden Herren, besonders bei Sprüngen, sehr hinderlich und unbequem sind und leicht Veranlassung zu Unglücksfällen geben. Man kann daher nicht genug empfehlen, daß der erste Gedanke beim Fallen der ist, sein Pferd festzuhalten. Man hat in England in Fachblättern lange darüber gestritten, was besser wäre: „Fallen und sein Pferd zu halten oder dasselbe laufen zu lassen.“ Die Gegner des ersten Grundsatzes beriefen sich darauf, daß man meistenteils angenehmer und weniger gefährlich fiele, weil man die Hände beim Fallen besser gebrauchen könnte, während durch das Festhalten der Zügel man leichter auf Schulter und Kopf fiele oder zum wenigsten das Schlüsselbein brechen könnte, von dem zwar unser bekannter Sportsman General von Rosenberg behauptete, daß es nur zum Brechen da wäre und sonst weiter keinen Zweck im menschlichen Körper hätte.

Wenn Engländer sich mit einer Sache befassen, so tun sie dies dann auch gründlich und beweisen dies die langen Artikel hierüber im „Field“ und anderen Blättern. Meiner Ansicht nach ist die Sache sehr kurz zu fassen und würde ich mich für folgendes System erklären: Man versuche unter allen Umständen wenigstens mit einer

Hand die Zügel zu halten und lasse sie nur dann los, wenn man merkt, daß das Pferd nicht anders aufstehen kann, was mitunter besonders bei Martingals vorkommen kann. Dieses Instrument, welches zu meiner großen Verwunderung hier noch massenhaft zur Jagd gebraucht wird, sollte man beim Hunter verwerfen. Abgesehen davon, daß selbst der ganz lang geschnallte Martingal ein Pferd leichter zu Fall bringt (dies ist meine Privatansicht und darüber läßt sich streiten), so bringt er jedoch stets den Uebelstand mit sich, daß der Martingal den Reiter beim Fallen näher ans Pferd oder unter dasselbe zieht und letzteres sich häufig mit den Vorderbeinen in demselben verwickelt, nicht aufstehen kann und bei den vergeblichen Versuchen zum Aufstehen den Reiter beschädigt.

„Man sollte kaum glauben," schreibt Whyte-Melville, „wie in England einige Fuß Wasser ein Feld von sonst ganz schneidigen Reitern dezimiert." Bei uns ist es nicht das Wasser, sondern die Hochsprünge, die ein Feld mehr wie dezimieren. Es ist dies eben das Ungewohnte, da Hochsprünge im Vergleich zu Gräben hier nur selten vorkommen, doch sollte meiner Ansicht nach dies Ungewohnte gerade doppelten Reiz haben. Leider sind bei uns die Jagden nur selten so lang, daß es darauf ankommt, eine Jagd gleich einer Steeplechase „mit Kopf zu reiten". Ich verstehe hierunter in der Jagd das richtige Taxieren der Schnelligkeit seines Pferdes und der Hunde und folglich die richtige Verwertung der Kräfte des Pferdes.

Ich glaube, man reitet eine lange schnelle Jagd am richtigsten, wenn man sich bemüht, die Hunde nie aus den Augen zu verlieren, und der Reiter trotzdem noch etwas in seinem Pferde „drin" behält für einen großen Sprung, der kommen kann. Ein kleiner Pull zur rechten Zeit oder im tiefen Boden bei recht leichtem Sitz schont mein Pferd sehr, und ich mache das verlorene Terrain nachher auf besserem Boden wieder gut, ohne auch hier rasch zu reiten. Sowie ich fühle, mein Pferd fängt an, müde zu werden, so muß ich es besonders bei Hochsprüngen gehörig zusammenhalten und darf nicht zu rasch dagegen gehen. Ueber selbst ganz tüchtige Gräben wirft sich ein müdes Pferd noch immer ganz gut hinweg; beim Hochsprung vergißt es aber mitunter die Beine zu heben und kommt man dann wie ein Stück Blei zu Fall. Viele Pferde erholen sich nach den ersten Anzeichen von Müdigkeit sehr bald wieder, wenn man sie zu dieser Zeit ein wenig geschont hat. Das sicherste Zeichen für ein ausgepumptes Pferd ist das sonderbare Tragen des Schweifes, weshalb der Engländer es auch „tailing off“ nennt, was wörtlich nur mit „Schwanzabsperren“ zu übersetzen ist.

Da bei den unter der Rubrik b und c angeführten Sprüngen die zur Ueberwindung solcher Hindernisse nötige Geschwindigkeit fast immer vorhanden ist, so läßt sich für dieselben auch keine andere Regel geben, als die für mäßige Hochsprünge angegebene, und möchte ich die Frage, ob „geschickt fallen“ eine Kunst ist, die man durch Uebung erlernen kann, gewissermaßen*) bejahen, da Geistesgegenwart und Geschicklichkeit zwei Hauptmomente sind, die nur demjenigen eigen werden, der sich öfter als einmal in solcher Lage befunden hat.

*) Ich möchte dieselbe unbedingt bejahen. v. E.

XIV.

Ueber Einrichtung von Schleppjagden.*)

Wenngleich die Leidenschaft für das Querfeldeinreiten bei den meisten der Jugend in freudigem Zunehmen ist, so muß man doch leider gestehen, daß dieselbe bei den älteren Herren im allgemeinen nur recht spärlich vertreten ist.

Leider ist nicht nur dies allein der Fall, sondern, was noch schlimmer ist, diese Herren treten meistenteils, keine Regel ohne Ausnahme, diesem Zweige der Reiterei sogar feindlich entgegen und stellen sich unter „Reiten im Gelände" nur ein wildes, planloses Dahinjagen vor; während ich behaupte, und ich glaube, alle diejenigen, die hierfür etwas Verständnis haben, müssen mir recht geben, daß um gut querfeldein zu reiten, genau dasselbe Geschick des Reiters und genau dieselbe gründliche Durchbildung des Pferdes vereint sein müssen, wie zum ersprießlichen Reiten in der Bahn. Wer die Bahnarbeit als Vorschule für das Reiten im Gelände benutzt, wird sich bei derselben immer sagen müssen, daß bei jeder Arbeit das Vorwärtskommen die Hauptsache ist, und wird nicht in die Fehler der meisten Stallmeister und so vieler Kniebler verfallen, daß sie bei der Dressur den Hauptzweck: „das Dahinkommen, wohin wir wollen" vergessen.

Es würde mich zu weit führen und dem Zweck dieses Buches nicht entsprechen, wollte ich mich hier des längeren über die Aehnlichkeiten in beiden Arten der Reiterei aussprechen; ich will nur

*) VII. Auflage, Teil II, Kapitel IX.

nochmals betonen, was ich schon früher in einer Anmerkung zu Whyte-Melville getan, daß die Grundprinzipien beider Arten genau dieselben sind. In beiden Arten kommt es hauptsächlich darauf an, daß die Pferde in jeder Gangart am Zügel stehen, in der Geländereiterei vielleicht an einem etwas längeren, um dem Pferde das weitere Untergreifen der Hinterfüße zu erleichtern; ferner daß der Gehorsam auf die Schenkel hergestellt ist und die Pferde imstande sind, die eigene Last und die des Reiters auf der Hinterhand aufzunehmen, was eigentlich unter „Am Zügel stehen“ schon gesagt ist. Wie dies zu erreichen ist, lehren mehr oder weniger die zahllosen Bücher über Reiterei.

Ein Vorteil der Jagdreiterei vor der Bahnreiterei ist jedoch der, daß die erstere die Probe aufs Exempel der letzteren ist, d. h. daß man sich durch das Jagdreiten davon überzeugen kann, ob das Pferd für den Kampagnegebrauch richtig gearbeitet ist.

Ich will nicht bestreiten, daß die sogenannten Schnitzeljagden eine ganz gute Uebung für das Geländereiten sind; jeder Reiter, der aber schon einmal hinter Hunden geritten hat, und wären es auch nur die langsamsten Hasenhunde gewesen, wird mir zugeben, daß er schneller und andauernder hierbei Galopp reiten mußte, als dies jemals bei einer Schnitzeljagd der Fall gewesen ist. Aus diesem Grunde schon ziehe ich das Reiten hinter Hunden jeder Schnitzeljagd vor.

Größere Entwicklung von Schnelligkeit und Ausdauer sind schon zwei große Faktoren, der dritte und meiner Ansicht nach der wichtigste Faktor kommt aber noch hinzu, und zwar der, daß man hinter Hunden besser geradeaus reitet, und ich möchte sagen mit mehr Schneid reiten muß, als ohne dieselben.

Ich verstehe unter „Schneid“ nicht das wilde, planlose gegen Hindernisse Anreiten, wie es so häufig vorkommt, sondern das sachkundige, anständige Gegenreiten. Ich komme hier auf die guten Nerven zurück, die bei Whyte-Melville in einem besonderen Kapitel*) besprochen sind, und sage auch, daß mancher Mann ein sehr braver Soldat sein kann, ohne ein braver Reiter zu sein. Letzteres könnte der brave Soldat aber noch werden, wenn ihm nur mehr Gelegenheit zur Uebung hierin geboten würde. Mit der größeren Sicherheit im Sattel verringert sich die Gefahr, während der Schneid entsprechend

*) Teil I, Kapitel VII.

wächst. Leider ist es in Deutschland ziemlich Sitte geworden, daß viele Herren berechtigt zu sein glauben, ihren Schneid beim Reiten nicht mehr auf die Probe stellen zu müssen, sobald sie ein größeres Gewicht, sagen wir z. B. 155 bis 160 Pfund, haben, oder wenn sie verheiratet sind.

Beide Gründe kann ich nicht gelten lassen. Erstens reiten die Herren mit schwerem Gewicht Pferde, welche ihrem Gewicht angemessen sind, es wird den Pferden also keine höhere Leistung zugemutet als den leichteren, und dann glaube ich auch nicht, daß es einem dicken Herrn weher tut, wenn er fällt, als einem mageren. Was am meisten wehe tut, ist, wenn man sich die Knochen schlägt und diese sind bei dem dicken Herren mehr geschützt, als bei dem dünnen.

Das Verheiratetsein kann ich gleichfalls nicht als stichhaltigen Grund annehmen, da der Verheiratete, falls er sich beim Fallen verletzt, eine bessere Pflege hat, als dem Unverheirateten meistens zuteil wird, und daß man sich beim Fallen das Genick bricht, kommt doch nur ganz ausnahmsweise vor.

Die äußerliche Verwendung von mehr kaltem Wasser würde die Nerven manchen Reiters stärken und sie länger ausdauern lassen, und weniger Biergenuß das Körpergewicht bei manchem nicht so schnell anwachsen lassen.*)

Da das Fallen auf den Kopf häufig vorkommt und dadurch leicht Gehirnerschütterungen entstehen, so würde ich zu dieser Art der Reiterei den englischen Jagdanzug mit hohem Hut oder starker Kappe empfehlen und, falls manche Herren dies aus wirtschaftlichen Rücksichten nicht tun können, diesen Herren doch entschieden raten, sich in ihre Militärmütze eine Korkeinlage zum Schutze des Kopfes machen zu lassen. Es geht dies sehr gut, ohne die Form der Militärmütze zu verändern.

Wo wirtschaftliche Rücksichten nicht mitsprechen, würde ich stets vorschlagen, um das Reiten querfeldein volkstümlicher zu machen, den englischen Jagdanzug zu wählen. Der Offizier ist im allgemeinen in neueren Provinzen, und spreche ich augenblicklich von der

*) IV. Auflage, Teil II, Kapitel XVII. Dank dem Einfluß eines Rosenberg und seiner Jünger liegen heute die Verhältnisse auch in den älteren Semestern unserer Reiteroffiziere wesentlich anders. Neben dem Aufblühen des Hindernissports ist diese Wandlung vornehmlich der Pflege des Jagdreitens zuzuschreiben, das durch die Schule des Militärreitinstituts in der Armee mehr und mehr Verständnis und Verbreitung findet. v. E.

Provinz Hannover, bei dem Bauer nicht sehr beliebt, weil er ihm außer der Jagdzeit schon zuviel über seine Felder reitet, während der rote Rock ihm weniger unangenehm ist, da der Bauer weiß, wohin er sich wegen etwaigen Schadenersatzes zu wenden hat, sobald er einen Reiter in diesem Anzug über sein Feld galoppieren sieht. Es wird dem Grundbesitzer auf diese Weise nicht so oft die Laune verdorben und das Reiten über seine Feldmark verekelt, als dies der Fall ist, wenn er mit seinen Klagen von einer Militärbehörde zur anderen verwiesen wird und nur nach vieler Mühe und vielleicht auch noch unter Anhören einiger Unannehmlichkeiten zu seinem Schadenersatz kommt. Keinem Grundbesitzer und besonders keinem kleinen Bauer ist es angenehm, wenn ihm so und so oft im Jahre über seine Feldmark geritten wird, und mir sagte ein hannöverscher Bauer, dem ich zu beweisen suchte, daß das Reiten über ein nicht bestelltes, jedoch frisch geeggtes Stück Land ihm doch keinen Schaden machen könnte, folgendes: „Wenn ich Ihnen mit meiner schmutzigen Hand über Ihren neuen roten Rock fahre, so macht dies demselben auch keinen Schaden, aber angenehm ist es Ihnen auch nicht. Sie bürsten sich den Schmutz vom Rocke ab und ich muß, um das Stück Land wieder in Ordnung zu bringen, die Hufspuren noch einmal übereggen lassen."

Ein anderer Grund, weshalb ich den Jagdanzug vorziehen würde, wäre der, daß es viele eitle Leute gibt, die keine Schleppjagd auslassen würden, wenn sie dabei Gelegenheit hätten, sich in einem schönen Jagdanzug sehen zu lassen.

Gehen wir nun zur Einrichtung der Schleppjagd und zum K o s t e n p u n k t über.

Was die Einrichtung anbetrifft, so kommt es hierbei, vorausgesetzt, daß das Gelände zum Reiten günstig ist und die Besitzer und Bauern diesem Zweige des Sports nicht abhold sind, auf zwei Hauptbedingungen an, und zwar: ein ganz sicheres Pferd für den Leger der Schleppe, das jedes Hindernis, sei es springend oder kletternd, überwindet, und das Vorhandensein von sicheren Hunden, die, was bei uns von großer Wichtigkeit ist, auch hasenrein sind.

Ich habe mit Absicht beim ersten Punkt „des ganz sicheren Pferdes" des R e i t e r s nicht Erwähnung getan, da ich für den Schleppenleger mehr Wert auf das Pferd, als auf den Reiter lege. Jedoch darf dieser auch nicht schlecht sein, da sein Amt kein leichtes ist und das Hauptgelingen der Schleppjagd viel von ihm abhängt.

Es ist nicht so leicht, in der linken Hand die Zügel und in der rechten Hand, mit weit ausgestrecktem Arm, die Schleppe nach sich ziehend, jedes Geländehindernis im Galopp ganz allein ohne irgend jemandes Hilfe auf Entfernungen bis zu einer deutschen Meile zu überwinden. Es gehört hierzu selbst auf dem sichersten, und, wie es sehr oft der Fall ist, auch nicht frischesten Pferd ein gewisser Schneid.*) Außerdem ist es auch nicht leicht, sich auf Entfernungen zwischen einer halben und ganzen deutschen Meile so zu orientieren, daß man keinen Fehler macht, sondern genau die vorgeschriebene Strecke abreitet. Letzteres ist durchaus nötig, da in den Sommermonaten wegen des noch stehenden Getreides die Verbindungen mitunter schwierig sind und man die Schleppen doch so legen muß, daß für das später nachkommende Feld genug Platz zum Reiten ist.

Diese Orientierungsgabe ist ein Talent, also angeboren. Ich habe auf der Reitschule, wo Unteroffiziere stets die Schleppe legen mußten, manche derselben bewundert, die in einer ihnen teilweise fremden Gegend imstande waren, sicher eine Schleppe von dreiviertel deutschen Meilen abzureiten, nachdem ich ihnen den Weg nicht öfter als drei- bis viermal gezeigt hatte. Andere dagegen waren zu diesem Zweck vollständig unbrauchbar, wenn man ihnen den Weg auch noch so oft zeigte. Im Schritt fanden sie sich zur Not zurecht, sobald sie es aber im Galopp machen sollten, waren sie es außerstande, obgleich das Galoppreiten ihren Verstand nicht völlig in Anspruch nahm, wie es so manchen geht, die nicht gewohnt sind, auch in dieser Gangart noch denken zu können.

---

*) Bei größeren Gräben, selbst wenn sie voll Wasser sind, handelt der Schleppenleger klüger, wenn er sie, anstatt zu springen, durchkriecht. Es ist dies bei solchen Hindernissen von großer Wichtigkeit, damit die Fährte sicher steht und die Hunde schnell darüber hinwegkommen, wodurch es dem dahinter folgenden Jagdfelde möglich wird, in guter Fahrt gegen größere Weitsprünge anzureiten. Geht der Schleppenleger zu schnell gegen ein solches Hindernis, so fliegt die Schleppe zuviel in der Luft herum, berührt also den Boden zu wenig und hinterläßt zu wenig scent. Daher mitunter das Stutzen der Hunde vor großen Sprüngen. Will man mit dem Felde über ein Hindernis gehen, das man dem Schlepper nicht zumuten kann, zu springen, und welches sich auch nicht durchkriechen läßt, so gibt es noch folgenden Ausweg: Man läßt den Schlepper bis dicht an das diesseitige Ufer schleppen und wirft dieser die Schleppe einem auf dem jenseitigen Ufer stehenden zweiten Schlepper zu. Dieser übernimmt dann auch den zweiten Teil der Schleppe, während der erste Schleppenleger sich so schnell wie möglich seitwärts entfernt.

v. K.

Was den zweiten Punkt, die Hunde, anbetrifft, so würde ich aus folgenden Gründen stets englische Fuchshunde jedem anderen Hunde vorziehen.

Der erste und Hauptgrund ist der, daß der Fuchshund, falls er schon auf Fuchs gejagt hat, diese Fährte jeder anderen vorzieht, also Hasen, keine Regel ohne Ausnahme, im allgemeinen verachtet. Dies ist in unseren meistenteils hasenreichen Gegenden von großer Wichtigkeit.

Ich bereite dem Fuchshunde also eine Schleppe aus Fuchslosung und kann ganz sicher sein, daß er sie mit mehr oder weniger Eifer an- und aufnimmt. Wie diese Schleppe zubereitet wird, will ich zum Schluß sagen.

Ein weiterer Grund hierfür ist folgender. Eine alte Erfahrung lehrt: Je größer der Hund, desto verständiger und desto ruhiger sein Temperament.

Der Fuchshund ist größer als der „harrier", oder auf deutsch: Hasenhund, und daher auch verständiger und ruhiger, was bei Schleppjagden von großer Wichtigkeit, da diese jeden Hund auf die Dauer wild machen und der ruhigere Fuchshund immer noch zu regieren ist, während der Hasenhund schon vor Beginn der Schleppjagd sich so aufregt, daß man fortwährend gegen ein zu frühes Fortbrechen zu kämpfen hat. Dieses ist überhaupt ein großer Uebelstand der Schleppjagden. Man kann leider, will man dies vermeiden, die Hunde nie öfter wie vielleicht zweimal hintereinander auf derselben Stelle anlegen. Sie haben ein zu gutes Gedächtnis und merken sich die Stelle genau, wo sie das erstemal auf die Fährte gebracht worden sind. Eine weitere Folge hiervon ist, daß sie bekannte Schleppen nicht mehr nach der Nase, sondern aus dem Gedächtnis jagen, was man ja, falls die Hunde nicht zu sehr verdorben werden sollen, vermeiden muß. Das einzige Mittel hiergegen ist, stets neue Schleppen auszusuchen, und fehlt hierzu das Terrain, den Versuch zu machen, mit einer fremden Schleppmeute, wenn auch nicht alle Hunde, so doch die zwei oder drei Kopfhunde auszutauschen. Dieselben werden dann in einem fremden Terrain wieder vorzüglich zu brauchen sein.

Durch geschicktes Heranführen der Hunde zu den Anlegestellen kann man sich aber immer noch eine Weile helfen, bevor man zu diesem letzten Aushilfsmittel sich gezwungen sieht.

Dies wären die Hauptbedingnisse bei der Einrichtung einer Schleppjagd. Nun kommen wir zu den Hauptpunkten, zum Gelingen derselben. Diese sind das rechtzeitige Anlegen der Hunde, womöglich mit gutem Winde, und das Füttern der Hunde mit Fleisch an dem Endpunkte derselben.

Die Zeit des Anlegens der Hunde richtet sich nach der Jahres- und Tageszeit und schwankt zwischen fünf und fünfzehn Minuten, mehr jedoch nie, falls man noch Galopp reiten will. Im heißen Sommer darf man selbst um sechs Uhr morgens, wenn auch der schönste Tau gefallen ist, nie später als nach fünf Minuten die Hunde auf die Fährte bringen.

Es ist dies die schwierigste Zeit für den Schleppenleger, da derselbe ein ziemliches Tempo reiten muß, wenn er nicht von den Hunden eingeholt werden will, bevor er das Endziel der Schleppe erreicht hat. Jedoch hat er bei fünf Minuten Vorsprung, falls ihm nichts unterwegs passiert, in einem mäßigen Galopp so viel Zeit, daß er das für die Hunde bestimmte Fleisch aus dem Beutel nehmen, an den Endpunkt der Schleppe legen und sich hinter einem Busch oder Haus verstecken kann. Letzteres ist durchaus nötig, da im entgegengesetzten Fall die Hunde es sich angewöhnen, jeden Reiter als Endpunkt der Schleppe anzusehen und auf ihn zuzulaufen.

Ich sagte, das Fleisch aus dem Beutel nehmen. Zur Erklärung hiervon muß ich erwähnen, daß man das Stück Fleisch, mit welchem geschleppt worden ist, den Hunden nicht zu fressen geben kann, da dasselbe, falls man mit Fuchslosung schleppt, in den Exkrementen eines Fuchses eingetaucht und hiervon durchsogen ist. Jedenfalls würde diese Nahrung nicht den Gesundheitszustand der Hunde erhöhen. Man nimmt daher am besten in einem Gummi- oder Lederbeutel ein Stück Fleisch von acht bis zehn Pfund mit, um welches die Hunde beim Halali mit Eifer kämpfen, und trägt dies wesentlich zur Erhöhung ihres Jagdeifers bei. Verabsäumt man dies, so werden die Hunde gegen Ende der Jagd träge und sehen sich nach anderer Beute, am liebsten nach Wild um.

Eine dritte Bedingung zum Gelingen der Schleppjagd ist das Anpassen an den Wind. Bei Schleppen mit Fuchslosung spricht der Wind weniger mit, als bei Anisöl, ist jedoch auch von einiger Wichtigkeit. Am besten ist es immer, falls der Wind nicht zu stark ist, man beginnt die erste Strecke gegen Wind und kann dann nach tausend Schritt drehen, wohin man will.*) Ist der Wind jedoch sehr

*) Ist die Fährte überschossen oder aus sonst einem Grunde verloren gegangen, so muß man nach den Regeln der Kunst zuerst gegen den Wind nach vorwärts umschlagen und dann die zweite Hälfte des Bogens mit dem Winde erweitern,

stark, so tut man besser, mit Wind anzufangen, da bei zu starkem Winde, wenn man ihn im Gesicht hat, die Hunde die Fährte in die Nase bekommen, bevor man den Anlegepunkt erreicht hat und dies immer eine böse Sache ist. Der Hund soll anfangen zu jagen, sobald er die Fährte in die Nase bekommt, mitunter darf man ihn aber obwaltender Geländehindernisse wegen nicht sofort loslassen. Schlecht ist es immer, wenn man so anlegt, daß der Wind gleich zu Anfang von der Seite kommt. Mitunter kann man unter Wind nicht heran und nehmen die Hunde die Fährte dann auch nicht so sicher auf. Bei Anisöl, das ich, nebenbei gesagt, für das Schlechteste und den Hund am meisten Verderbende halte, ist es geradezu unmöglich, bei nur etwas starkem Winde, der von seitwärts kommt, Hunde auf dem richtigen Fleck anzulegen, da der Wind den Geruch des Anisöls mitunter 300 bis 500 Schritt seitwärts treibt und man daher oft auf Stellen kommt, die man nicht zu berühren beabsichtigte. Außerdem ist dieser Geruch so stark, daß die Reiter ihn selbst riechen können, man daher zur Angabe der Direktion eigentlich keine Hunde mehr brauchte. Es bleibt also Fuchslosung immer das Beste zur Schleppenbereitung und kostet das Halten eines zahmen Fuchses an der Kette nicht mehr, ich glaube eher weniger, als die Unmassen Anisöl, die man verbraucht, wenn man lange Schleppen legen will. Ein anderer Uebelstand ist noch der, daß bei langen Schleppen, besonders wenn viel Wasser auf dem Boden steht, das Anisöl vom Fleische abläuft und der Schleppenleger auf halbem Wege anhalten und frisches aufgießen muß, wodurch er wieder viel Zeit verliert. Lange Schleppen muß ich aber legen, wenn ich die Pferde durch die Schleppjagd in Verfassung setzen und sie nicht unnütz aufregen, sondern im Temperament beruhigen will.

Betrachten wir nun, wie eine Schleppmeute zusammengestellt wird und was sie kostet.

Bei Zusammenstellung derselben würde ich empfehlen, möglichst gleich schnelle Hunde zu wählen*); da man aber nur selten

wobei zu beachten ist, daß die Hunde, um Wind zu fangen, nach der Windseite zu drängen pflegen. Dies ist auch beim Jagen auf der Wildfährte Regel. v. E.

*) Ich möchte hier noch bemerken, daß, wenn man die Wahl zwischen gleich schnellen und gleich langsamen Hunden hat, man aus verschiedenen Gründen immer die schnellen den langsamen vorziehen muß. Ein Grund, der schon sehr stichhaltig ist, gipfelt darin, daß ich schnelle Hunde stets langsamer machen kann, indem ich sie nur später auf die Fährte zu bringen brauche, ohne daß mir die Möglichkeit abgeschnitten ist, auch einmal recht rasch querfeldein zu

die Gelegenheit hat, die Hunde vorher jagen zu sehen — es auch bei den meisten älteren Hunden ganz verschieden ist, ob sie hinter lebendem Wild oder auf der Schleppe jagen —, so kann man sich hier nur nach ihrem Gebäude richten. Gleichgroße Hunde mit schönen Schultern, gutem Rücken und starken Läufen bieten mehr Aussicht, annähernd gleichschnell zu sein. Am meisten spricht jedoch das Temperament mit. Der Hund mit wildem Temperament, der auf der Fuchsjagd gar nicht zu brauchen ist, da er die Fährte zu oft überschießt, ist als Schlepphund bei ruhiger Behandlung noch zu gebrauchen; ebenso ist der dumme und gefräßige Hund zur Schleppjagd dem zu klugen vorzuziehen.

Bei kleinen Meuten, wie sie sich Offizierkorps nur halten können, also fünf bis sechs Koppel, würde es angezeigter sein, sich nur Hunde eines Geschlechts zu halten. Erstens wegen Raumersparnis im Stalle und zweitens wegen häufigen Ausfallens heißer Hündinnen, die während dieser Periode von den Hunden getrennt sein müssen, also zur Jagd nicht herauskommen können. Habe ich bei Zusammenstellung einer Schleppmeute zu wählen, ob ich Hunde oder Hündinnen allein ankaufe, so würde ich mich hier für erstere erklären, während ich bei der Fuchsjagd Hündinnen den Vorzug geben würde.

Mancher wird mir entgegnen, es wäre doch praktischer, Hunde zweierlei Geschlechts zu halten, um seinen etwaigen Ausfall durch Zucht junger Hunde zu decken. Hierauf kann ich aber nur erwidern, daß, wie bei jedem anderen Tiere, so auch beim Hunde nur vom Zuchtmaterial etwas zu ziehen ist, und bei drei Guineen für die Koppel Hunde wohl schwerlich Zuchtmaterial darunter verkauft werden wird. Ein guter Zuchthund oder Hündin kostet fünfzig Guineen und das Doppelte. Da die Mittel eines Offizierkorps durchschnittlich hierzu nicht ausreichen, so wird man den Ausfall schon durch Ankauf neuer Hunde ersetzen müssen.

---

reiten, während Hunde, die auf einer richtig zubereiteten Schleppe zu langsam gehen, nie schneller gemacht werden können. Der zweite Grund wäre der, daß zu langsam gehende Hunde ihren Zweck gänzlich verfehlen; denn um stets nur im Trabe oder im gewöhnlichsten Kanter querfeldein zu reiten, brauche ich mir keine Hunde zu halten, sondern finde dazu immer noch einen Herrn, der zur Not die Stelle solcher Hunde vertreten kann. Bei schnellen Hunden kann ich beiden sich stets feindlich gegenüberstehenden Parteien, ich meine die Verehrer der raschen und die Schwärmer für langsame Jagden, gleich gerecht werden und mache heute dieser, morgen jener Partei eine kleine Ueberraschung. Jedoch ist ein Hauptersordernis hierzu, daß der Master sich seinem Publikum anbequemt und auch das Stehvermögen, wenn man so sagen kann, für eine rasche Jagd hat. v. K.

Hat man sich beim Ankauf nach dem Gebäude in der Schnelligkeit einzelner Hunde zu sehr getäuscht, so ist es das einzige Auskunftsmittel, daß man zu schnellen Hunden ein Schrothalsband selbst bis zu fünf Pfund umlegt und die zu langsamen, falls man sie nicht anderweit verwerten oder verkaufen kann, tot schießt, bevor man sie so lange gefüttert hat, daß, wie man sagt, sie sich selbst aufgefressen haben. Bei jungen Hunden möchte ich jedoch empfehlen, hierin nicht zu voreilig zu sein, da junge Hunde sehr oft in der ersten Jagdzeit nicht aus Langsamkeit, sondern aus Unwissenheit oder Aengstlichkeit zurückbleiben. Mit diesen sei man sehr vorsichtig, meide es ja, ihnen zu dicht aufzureiten oder sie zu schlagen, und wenn man dies befolgt, wird man vielleicht im nächsten Jahre die Freude haben, sie unter den ersten Hunden zu sehen.

Nun kommen wir zu dem Punkte, der bei uns der wichtigste ist, es ist dies der Kostenpunkt, und will ich mich bemühen, zu beweisen, daß derselbe bei richtiger Einrichtung kein großer ist.

Die Koppel Fuchshunde — diese sind billiger als Hasenhunde, da es in England dreimal soviel Fuchsmeuten gibt als Hasenmeuten — kostet gewöhnlich drei Guineen, das sind in deutschem Gelde dreiundsechzig Mark*). Es ist aber von großer Wichtigkeit, daß man sich womöglich an solche Meuten wendet, wo der Master gleichzeitig sein eigener Huntsman ist, damit man nicht vom Huntsman angeführt wird und falsche Hunde bekommt. Huntsmen geben ungern brauchbare Hunde ab, und wenn auch nicht alle Hunde, die man so billig kauft, gut sein können, so müssen wenigstens einige gute darunter sein, die die Gesellschaft führen.

Da die Parforcejagden in Großbritannien im April schließen, ist dies der Zeitpunkt, zu welchem die Masters ihre junge Aufzucht in die Kennels einstellen und überzähliges Material so schnell als möglich verkaufen. Dies ist also der günstigste Augenblick, um brauchbare Fuchshunde oder Harriers zu erstehen, bevor diese Hunde in die Hände der Händler gelangen, die später den doppelten Preis fordern.

Man hat jetzt die Wahl zwischen jungen Hunden, die noch nie gejagt haben**) und wegen Mangel an Raum nicht behalten werden

*) Heute ist eine Koppel nicht unter £ 5—6 (zirka 100—120 Mark) zu haben. v. E.

**) Ich empfehle, für Schleppmeuten stets unentered hounds anzukaufen, das heißt solche, die in England noch nicht in eine Fuchsmeute eingestellt waren; bei Hunden, die auf freier Wildbahn schon den Fuchs gejagt haben, läßt es sich nie voraussagen, ob sie eine Schleppe ansprechen werden. v. E.

können, oder älteren, die eines Schönheits- oder auch eines anderen kleinen Fehlers wegen ausrangiert werden. Mitunter kann man sogar aus besonderer Gefälligkeit eine alte Zuchthündin für den üblichen geringen Preis von drei Guineen pro Koppel (dreiundsechzig Mark) mit in den Kauf bekommen. Besseres Zuchtmaterial ist natürlich nicht für einen solchen Preis zu haben und selbst für hohe Preise nur selten zu bekommen.*) Der geeignetste Augenblick hierfür ist der, wenn eine ganze Meute mit allen dazu gehörigen Hunden verkauft wird.

Hat man also nicht das Glück, eine ganze Meute billig zu erstehen, so muß man sich aus verschiedenen Kennels zum Durchschnittspreise von drei Guineen pro Koppel eine Meute zusammenkaufen. Man kann an diese zwar dann nicht dieselben Anforderungen stellen, wie an eine im „Pack" gekaufte, und wird es bei der größten Sachkenntnis doch immer eine Reihe von Jahren dauern, ehe diese Meute auf einen annähernd normalen Standpunkt kommt. Man muß dann jedes Jahr neues Material zukaufen, um die Lücken für die mit in den Kauf genommenen, nicht recht brauchbaren Hunde auszufüllen. Ein anderer Nachteil dieses Ankaufs einzelner Koppeln ist der schon oben erwähnte, meist gänzliche Mangel an Zuchtmaterial, das im Laufe der Jahre eine fortwährende Komplettierung durch Ankauf erfordert. Es ist daher noch sehr die Frage, ob es nicht billiger ist, eine ganze Meute zu einem ungefähr angemessenen Preise zu kaufen, als beim Einzelkauf fortgesetzt in die Tasche greifen zu müssen. Gewöhnlich denken die mit der Leitung der Jagd betrauten Herren erst im Herbst daran, ihre Meute zu komplettieren, und dann ist es zu spät. Man bekommt zu dieser Zeit aus England entweder gar keine Hunde oder nur solche, die sich während der cub-hunting-season als unbrauchbar erwiesen haben.

Fünf bis sechs Koppel muß man haben, um eine Schleppmeute zusammenzustellen. Dies ist das wenigste; reicht aber auch völlig aus, wenn die Hunde gleiche Schnelligkeit haben. Bin ich in der glücklichen Lage, mehr Koppel Hunde zu besitzen, und dieselben sind nicht alle gleich schnell, so kann ich mir zwei Meuten, und zwar eine langsame und eine schnelle, zusammenstellen, je nach Publikum und Boden. Fünf Koppel Hunde kosten also 315 Mark. Verteilt auf ein Offizierkorps von dreißig Herren macht $10\frac{1}{2}$ Mark pro Person.**)

---

*) Auf Messrs Tattersalls Auktion in Rugby wurden 1910 einundeinhalb Koppeln der Cricklade Foxhounds mit 230 Guineen (4600 Mark) bezahlt. v. E.

**) Vergl. erste Fußnote auf Seite 265. v. E.

Der Transport von England bis Hamburg, es ist dies der beste Weg, kostet zur See sehr wenig und in England und Deutschland nur die Eilfracht, da die Hunde zu dreien in Kisten verpackt versandt werden. Je näher der Ort, von welchem sie versandt und wo sie empfangen werden, einem Hafenplatze in England oder Deutschland liegt, desto billiger. Natürlich muß den Hunden etwas Futter mitgegeben und für Wasser gesorgt werden, was auf Dampfschiffen auch stets geschieht, nur muß man sich deshalb am Einschiffungsplatz rechtzeitig an einen Spediteur wenden.

Ein Mensch braucht die Hunde nicht zu begleiten. Um die Namen der Hunde zu bekommen, bittet man den Absender, jedem Hund eine Halskoppel mit Namen, auf ein Stück Blech geschrieben, umzulegen.

Der zweite Hauptkostenpunkt ist die Fütterung der Hunde. Dieselbe darf bei Schlepphunden, sollen dieselben nicht die Passion für die Schleppe verlieren, nie aus Fleisch bestehen. Fleisch ist ein Leckerbissen für sie, den sie nur nach beendigter Schleppjagd erhalten.

Die beste Fütterung ist Haferschrot, und will man noch etwas Besonderes für seine Hunde tun, so kann man den Mageren und schlechten Fressern einen bis zwei Hundekuchen täglich geben.

Maisschrot ist auch ein nahrhaftes Futter, nur hat es den Uebelstand, daß es zwei Stunden kochen muß, um genießbar zu werden, und außerdem glaube ich, daß es auch den Nachteil hat, daß es etwas hitzt und infolgedessen zu scharfes Blut macht.

Bei beiden Fütterungen kann man den Hund für 25 Pfennig Durchschnittspreis pro Tag füttern. Während der Jagdzeit etwas mehr und während der Ruhezeit etwas weniger. Der Hund kostet also 90 Mark pro Jahr, zehn Hunde 900 Mark pro Jahr. Dieses verteilt auf ein Offizierkorps von 30 Herren, macht 30 Mark pro Person. Diese 30 Mark addiert zu 10½ Mark Ankaufskosten ohne Transport macht 40½ Mark für jeden Offizier; eine Ausgabe, die den großen Nutzen und das viele Vergnügen, welches sie schafft, wohl wert ist.

Weitere Kosten würden die Erbauung eines Hundestalles sein. Auf jedem Kasernenhof ist so viel Platz, um noch einen Hundestall für zehn Hunde aufzubauen, und hat man immer Leute in der Eskadron, die dies verstehen und für ein ganz Geringes herstellen. Es kommt nur darauf an, daß der Stall trocken und nicht zugig ist und rein gehalten wird. Etwas Stroh muß auch in demselben sein.

Ich habe mit Absicht bis jetzt die Kosten nur auf das Offizierkorps verteilt, um zu beweisen, daß es möglich ist, sich ohne zu große Kosten eine Schleppmeute anzuschaffen und zu halten. Die Sache stellt sich aber noch billiger bei Garnisonen, wo Besitzer vorhanden, die auch Liebe für diesen Sport haben, da viele derselben sich gewiß gern dazu bereit erklären werden, während der Zeit, in welcher nicht gejagt wird, ein bis zwei Koppel aufs Land zu nehmen und daselbst umsonst oder gegen eine geringe Vergütung zu verpflegen und zu beaufsichtigen. Von diesen Herren hängt auch der Kostenpunkt ab, der etwa bei Flurbeschädigungen entstände.

Einstimmig behaupten alle Grundbesitzer, die diesem Sport nicht feindlich gesinnt sind, daß der Schaden selbst über bestellte Felder nur eingebildet sei. Meiner Ansicht nach ist der Schaden nur bei nassen Wiesen von Bedeutung. Dessenungeachtet lieben es doch nur die wenigsten Herren, wenn ihnen über bestellte Felder geritten wird, und möchte ich raten, hierin sehr vorsichtig zu sein.

Der Bauer zeichnet sich meistenteils durch Habgier aus, und bei ihm ist das Schlimme, daß er noch dazu mißgünstig ist. Es verdrießt ihn, wenn sein Nachbar fünf Mark Flurschaden erhält und er nicht, obgleich bei ihm kein Schaden ist. Daher die großen Schwierigkeiten in den Gegenden, wo keine größeren Besitzer sind.

Jedoch gibt es auch bei den Bauern Ausnahmen. Das beste und, wie ich glaube, einzige Mittel, um mit den Bauern auszukommen, ist, daß jede Ortschaft ihren Ortsvorsteher als vereidigten Taxator einsetzt und der Leiter der Jagd, falls er Vertrauen zu diesem Manne hat, den von diesem taxierten Schaden, ohne Schwierigkeiten zu machen, bezahlt. Man bekommt so die Bauern zu seinen Freunden und kann sich keine Vorwürfe machen, sie in ihrem Eigentum geschädigt zu haben.

Schließlich bekommt der Bauer vielleicht selber noch Vorliebe für diesen Sport und reitet sogar mit. Von diesem Augenblick an hört auch das Bezahlen für Flurschäden auf.

Um die Einrichtung für eine Schleppmeute vollständig zu machen, braucht man noch einen zahmen Fuchs, der die Losung zur Bereitung der Schleppe gibt. Man gibt demselben eine Hundehütte und hält ihn an der Kette, nur muß der Boden der Hundehütte und der Raum davor, soweit die Kette reicht, als Fußboden nicht Holz, sondern Blech oder Zink haben, damit die Exkremente des Fuchses nicht verloren gehen. Hierin taucht man das Stück Fleisch, mit welchem man schleppen will, ein und bewickelt dasselbe vielleicht noch mit feuchtem Mist aus der Fuchshütte. Es gibt dies genau die Fährte des Fuchses, nur bedeutend stärker.*) Meiner Erfahrung nach schleppt man am besten mit einem recht festen Schwamm, den man ganz mit Fuchsjauche getränkt hat. Diesen Schwamm legt man in ein dichtes, starkes Netz und schleift dasselbe am Boden entlang. Hat man eine sehr lange Tour zu schleppen, so gießt man von Zeit zu Zeit aus einer Flasche etwas mehr Fuchsjauche auf. Diese Schleppe ist jeder anderen vorzuziehen, weil sie länger steht als jede andere. Man kann so den Schlepper zu Fuß vorausschicken und braucht die Hunde erst nach einer Stunde und noch später anzulegen, was sehr empfehlenswert ist, da die Hunde dann nie in die üble Gewohnheit verfallen können, lediglich den Pferdespuren, dem Pferde des Schleppers oder sonstigen Reitern, die sie sehen, zu folgen.

Eins darf man nicht vergessen. Der Fuchs muß stets mit rohem Fleisch und ab und zu mit Luder gefüttert werden, um die Losung recht stark riechend zu machen.

Dies wären, glaube ich, die wichtigsten Anhaltspunkte, um es selbst Herren, die gar keine Erfahrung in der Sache haben, zu ermöglichen, die Errichtung und Führung einer Schleppmeute zu übernehmen.

Was die Führung derselben anbetrifft, so möchte ich noch zu bedenken geben, daß, wenn Hunde im Gehorsam sind, es ganz gleichgültig ist, ob ich mit einer oder mit zwanzig Koppel ausrücke, ich empfehle nur, daß derjenige die Hunde führt, der sie füttert. Außerdem rate ich dem Führer, stets ruhig zu bleiben, da ein wilder Reiter nur wilde Hunde und Pferde erzieht, was beides unangenehm und bei Schlepphunden gefährlich ist.

Daß Schleppjagden jeden Hund verderben müssen, brauche ich wohl nicht zu erwähnen. v. K.

— — — — — — — — — — — — — — — — — —

Wie sehr sich seit den Tagen Keudells das Jagdreiten in der Armee entwickelt hat, geht aus einer Zusammenstellung hervor, die

*) Es kommt sehr viel auf die richtige Zubereitung des Stückes Fleisch an, mit welchem man schleppen will. Das Fleisch muß aus den starken Muskeln des Oberschenkels geschnitten sein, wird dann an mehreren Stellen mit Einschnitten versehen, und werden diese namentlich mit feinen, von den Exkrementen durchsogenen Strohseilen zu durchflechten sein, damit nichts davon beim Schleppen über den Erdboden verloren geht. Die Bewicklung findet nebstdem statt. v. K.

Oberst z. D. von Skopnick über die Reitjagden der deutschen Kavallerie 1910 in Nr. 26 des St. Georg veröffentlichte. Danach reiten von 103 Kavallerieregimentern alljährlich 58 hinter Hunden; 41 Regimenter begnügen sich mit dem Surrogat der Schnitzeljagd. Auf freier Wildbahn zu jagen ist nur vier Regimentern vergönnt: den mecklenburgischen Dragonern hinter den Hunden des Ludwigslust-Parchimer Parforcejagdvereins, den neunten Ulanen hinter der Broocker Meute, den Königinkürassieren hinter der ehemaligen Neubrandenburger Meute. Hinter ausgesetztem Schwarzwild jagen neun Regimenter, abgesehen von dem Offizierkorps der Gardekavallerie-Division, das hinter der königlichen Meute den Schwarzkittel jagt. Von den dreiundvierzig Schleppmeuten wurde bei sieben nach der Schleppe noch einem Kastenfuchs die Freiheit gegeben. Drei Regimenter hatten Schlepphunde aus Hannover gemietet. Bei drei Regimentern war eigens ein Jagdstall eingerichtet. Von privater Seite werden nach der Statistik des Oberst von Skopnick vierzehn Meuten unterhalten. Es sind dies:

Broocker Meute Meute des Grafen Borcke-Stargordt Meute des Neubrandenburg-Pasewalker Parforcejagdvereins Meute des Ludwigslust-Parchimer Parforcejagdvereins	jagen Hasen auf freier Wildbahn.
Kgl. Meute in Döberitz Kgl. Meute in Hannover Meute des Fürsten von Schaumburg-Lippe Meute des Senne-Parforcejagdvereins	jagen ausgesetztes Schwarzwild.
Meute des Grafen Sponeck-Trakehnen Meute des Rastenburger Reitervereins Meute des Parforcejagdklubs Berlin Meute des Guhrauer Jagdreitervereins Meute des Hamburg-Wandsbecker Schleppjagdvereins Meute des Bremer Schleppjagdvereins	jagen auf Schleppe.

Nicht aufgeführt sind vorstehend die auf Kastenwild jagende Meute des Großenhainer Parforcejagdvereins in Sachsen und die Schleppmeute der bayrischen Militär-Reitschule.

XV.

Ein Hunting-Etablissement in Italien.*)

Durch die Liebenswürdigkeit von Bekannten gelang es mir, in der Nähe von Mailand einen Blick in ein Etablissement zu tun, in welchem gleicher Wert auf Jagd- wie auf Rennsport gelegt wird. Eine Gesellschaft hat es sich zur Pflicht gemacht, den Sport in der Provinz Mailand zu heben, und zu diesem Zwecke Rennpferde, sowie Meute und Jagdequipage angekauft und diese in Castellazo di Rhò, der Besitzung eines Herrn Scheibler, untergebracht.

Nach einer halbstündigen Eisenbahnfahrt in nordwestlicher Richtung von Mailand erreicht man die Station Rhò und von hier bis Castellazo fährt man mit so guten Pferden, wie die des Herrn Scheibler es sind, nur zwanzig Minuten. Der Name dieses Herrn zeigt uns an, daß wir es mit einem Landsmann zu tun haben, und zwar mit einem echten, der seiner Dienstpflicht im preußischen Königs-husaren-Regiment genügte, nachher aber leider unserer Nationalität untreu geworden ist. Ich sage mit Recht leider, denn während meiner verschiedenen Ausflüge nach Castellazo di Rhò habe ich mich davon überzeugen können, was für einen guten und passionierten Sportsman wir verloren haben.

Wie jeder von uns etwas mehr Vorliebe für den einen oder den anderen Sportzweig hat, so gestand auch mein Wirt mir, daß sein Herz ein klein wenig mehr für die Jagd als für die Rennen schlage, obgleich er sich auch bei letzteren mit einem Gewicht von

*) VII. Auflage, Teil III, Kapitel X.

achtzig Kilo aktiv beteiligt. Seit einigen Jahren hat Herr Scheibler die Masterschaft der Mailänder Jagd, die unter der hohen Protektion Seiner Majestät des Königs von Italien steht, übernommen, und ich muß gestehen, die fünfzehn Koppel Foxhounds, die ich in seinen Kennels sah, machen ihm alle Ehre. Sie sind durch den Master selbst in England angekauft, wo derselbe sieben Jahre gejagt hat, und bestehen aus der Nachzucht der Bicester und North-Warwickshire Hounds. Wohlweislich hat man sich einige alte Zuchthündinnen, von den besten Zuchthunden Englands belegt, gesichert, und habe ich vier Puppies von diesen gesehen, die wert sind, auf die Puppieausstellung nach Petersborough geschickt zu werden. Stark an Knochen bei großer Tiefe und Länge, mit geraden Läufen und schräger Schulter, versprechen diese jungen Hunde eine Zierde der Kennels zu werden. Dieser selbst ist praktisch und gut eingerichtet und sauber gehalten. Man hat auch hier die Erfahrung gemacht, daß Mais den Hunden zu scharfes Blut macht, und daher die Reisfütterung adoptiert, die gerade für südliche Gegenden so besonders geeignet ist. Da der Master seine Hunde selber führt, so hält er keinen Huntsman, sondern hat nur zwei Whips zu seiner Unterstützung.

Von den Kennels gelangen wir in den Jagdstall, in welchem über ein Dutzend Hunters — fast sämtlich in Boxes — stehen, die jedoch nicht alle zur Jagdequipage gehören. Die Meets sind nämlich nicht in hiesiger Gegend, sondern gewöhnlich in Gallarate — per Bahn in anderthalb Stunden nördlich von Mailand — und deshalb haben verschiedene Mitglieder der Mailänder Jagd ihre Pferde hier stehen.

Was sofort auffällt, besonders wenn man aus Deutschland kommt, wo man im allgemeinen zu leichte Pferde auf der Jagd reitet, ist die kolossale Masse der hiesigen Hunter sämtlich aus England importiert. Man rechnet dort, daß ein Hunter in Gegenden mit großen Hindernissen um einen Stone kräftiger sein muß, als das Gewicht des Reiters beträgt, welchen Stone mehr er für die Sprünge verbraucht; hier aber in Italien scheint man in dieser Vorsicht etwas zu weit zu gehen: denn die meisten Hunter, die ich sah, waren gegen zwei Stone über dem Gewicht ihrer Reiter. Daß die Preise, die für solche Hunter bezahlt werden, sehr hohe sind, versteht sich von selbst.

Ich glaube, die römische Jagd hat viel Schuld an dieser Vorliebe für Größe und Masse, weil man dort glaubt, auf einem großen und massiven Pferde mit wenig Temperament sicherer über die Stationatas hinwegzukommen, die mitunter recht anständige Sprünge sind.

Wer meint, daß das Klima in Norditalien ein warmes ist, irrt sich sehr; starker Frost und Schneefall war schon Anfang Dezember eingetreten, zu welcher Zeit man bei uns immer noch jagen konnte. Die Ungunst des Wetters zwingt daher diejenigen Herren, die den Winter im eigenen Lande jagen wollen, nach Rom zu gehen, wo, wenn auch nur zweimal wöchentlich, so doch bis Ende März oder Anfang April gejagt wird. Die Hindernisse bei Rom sind eigener Art, sie bestehen fast nur aus Mauern von mäßiger Höhe und aus den schon vorhin erwähnten Stationatas. Letztere sind Koppelricks, die als Einzäunungen für Pferde und Vieh gebraucht werden. Hieraus folgert, daß ihre Höhe eine bedeutende sein muß, wenn sie ihren Zweck erfüllen sollen. Sie variieren daher zwischen 1,20 und 1,40 Meter und übersteigen selbst dieses Maß. Wären sie aus dicken Bäumen angefertigt, so würden sie auf Reiter und Pferd einen noch imponierenderen Eindruck machen; so wie sie jedoch sind, nicht stärker als zwei bis zweieinhalb Zoll, flößen sie, wie ich glaube, dem fremden Reiter mehr Respekt ein als dem Pferde und beginnt dieser Respekt bei letzterem erst, wenn es sich davon überzeugt hat, daß diese aus sehr festem Kastanienholz gemachten Ricks nicht brechen, sondern höchstens federn. Der Umstand jedoch, daß es ganz schweren Hunters gelungen ist, Stationatas zu durchbrechen, die Tatsache, daß, je größer das Pferd ist, desto niedriger im Verhältnis der Zaun und die unumstößliche Wahrheit, daß große und weniger edle Pferde nicht viel Temperament zeigen, hat den Maßstab für den römischen Hunter geschaffen. Trotzdem glaube ich, daß jedes gut gemachte und für solche Sprünge geschulte Vollblutpferd unter einem guten Reiter mit passendem Gewicht ebenso glatt über die römische Kampagna hinwegkommt, als der schwere Hunter. Notwendig ist es ganz gewiß — will man Akzidents vermeiden —, daß das Pferd, mit dem man dort jagen will, sich von der Festigkeit der Stationatas überzeugt hat, weshalb auch in Castellazo di Rhò derartige Hindernisse aufgestellt waren.

Wir hatten Gelegenheit, vier Pferde des Masters wegen des schlechten, halb tiefen, halb gefrorenen Bodens leider nur ohne Reiter an der Longe — über zwei Stationatas von je 1,20 und 1,40 Meter und eine Mauer von 1,30 Meter springen zu sehen, und sind überzeugt, daß dieselben auch mit dem Reiter ihre Sprünge ebenso sicher absolvieren. Diese Art des Springens an der Longe scheint mir nach Vorübungen im geschlossenen Springgarten besonders praktisch zur Schulung über hohe Hindernisse, weil die Pferde lernen müssen, mit ganz kurzem Anlauf dagegenzugehen, und hinter dem Sprung in Haltung zu bleiben.

Die Mailänder Meute jagt Damwild, Fuchs und Hase. Es klingt sonderbar, daß man mit denselben Hunden drei verschiedene Arten Wild jagt, wo aber, wie hier in Italien, noch immer freie Jagd existiert — d. h. jeder, der einen Jagdschein für 13 oder 23 Lire (ich bin hierin nicht ganz sicher) kauft, jagen kann, wo, was und wann er will — geht dies ganz gut, denn man kann sich wohl denken, daß bei einem derartigen Jagdgesetz kein Ueberfluß an Wild ist. Hase und Fuchs sind so selten, daß ein Abspringen der Hunde von einer Fährte auf die andere nicht vorkommt und man, um die nötige Anzahl Wild zu haben, zum Aussetzen von Damwild hat greifen müssen. Man hatte vorher mit verschiedenem Wild, wie Rotwild, ja selbst mit Wapitihirschen Versuche gemacht, ist aber zur Ueberzeugung gekommen, daß für die hiesigen Verhältnisse Damwild, und zwar trainiertes, das praktischste ist. Der Rothirsch lief zu weit oder stellte sich zu früh, und der Wapiti verletzte zu viel Hunde und nahm sogar die Reiter an.

Die einzige deutsche Meute, die Damwild jagt*) — die hannöversche —, trainiert die Hirsche nicht, weshalb sie auch nie weit laufen; würde sie dies tun, so erfreute sie sich jedenfalls längerer Runs. Die Art und Weise, wie dies hier geschieht, ist folgende: Man legt einen Paddock von zirka hundert bis hundertfünfzig Schritt Länge mit ganzer oder halber Breite an, dessen Einfassung aus einem sehr hohen und womöglich undurchsichtigen Zaun bestehen muß. In der Mitte dieses Paddocks steht ein Schuppen, der dem Wilde zum Schutz gegen Regen dient und worin sie ihre Heu-, Hafer- und Kastanienration erhalten. Letztere ist wie bei jedem Training eine Hauptsache und rechnet man zirka ein Pfund Hafer pro Tag auf jedes Stück Wild. Die nötige Bewegung und Kondition erhält das Wild, indem es zweimal täglich eine halbe Stunde und mehr im Paddock herumgejagt wird. Eine Barriere, die zum Spaß auf dem Hufschlag des Paddocks aufgestellt war, wurde von den acht Tieren, die noch im Paddock waren, in den schönsten und verschiedensten Sprüngen genommen.

*) Trifft heute nicht mehr zu. v. E.

Am heutigen Tage eine Jagd abzuhalten, war leider unmöglich; denn ringsum war Schnee und Eis zu sehen, und ein kurzer Spazierritt mit der Meute zeigte, wie glatt es fast überall war. — — —

In Anbetracht der milder gewordenen Witterung beabsichtigte der Master der Mailänder Meute, die Jagden, die seit zirka drei Wochen sistiert waren, wieder aufzunehmen und ließ mir zum 16. Dezember eine Einladung nach Bergamo, wo ich mich damals aufhielt, zukommen. Von hier aus die Expedition in einem Tage machen, ist schwer möglich, ich nahm daher außer der Einladung zur Jagd auch noch die freundliche Aufforderung an, in Castellazo di Rhò schon den Abend vor der Jagd zu verbringen, wobei ich Gelegenheit hatte, die Bekanntschaft eines anderen Sportsman, des Conte Giacomo Durini, zu machen. Der Aufbruch am nächsten Morgen war um acht Uhr zur Eisenbahnstation Rhò, wo mit dem gegen sieben Uhr abgehenden Zuge sich noch einige Herren uns anschlossen. Diese hatten früh aufstehen müssen, um den Zug nicht zu verpassen, was an einem so trüben und nebligen Morgen, wie der heutige, manchem wohl recht schwer geworden war; doch, wo Passion vorhanden ist, sind auch solche unangenehmen Momente bald überwunden. Von Rhò bis Gallarate, einer Eisenbahnstation südlich vom Lago di Como und Maggiore, näher an letzterem, war noch über eine Stunde Fahrt zurückzulegen, so daß wir diesen Ort bei der Unpünktlichkeit der italienischen Eisenbahnen erst nach zehn Uhr erreichten. Schon unterwegs hatten wir die unangenehme Bemerkung gemacht, daß mit zunehmender nördlicher Richtung der in Rhò fast gänzlich verschwundene Schnee sich wieder zu zeigen anfing. Zu unserem Glück verwandelte sich der Nebel sehr bald in einen tüchtigen Landregen, der, obgleich kalt, doch anfing, die hier in Gallarate noch vielfach lagernden Schnee- und Eismassen mürber zu machen.

Nach eingenommenem Frühstück wurden die Pferde bestiegen und das kleine Feld von nur acht Herren folgte der zehn Koppel starken Meute in nordöstlicher Richtung zum Orte hinaus. Die Gegend hier ist ganz ähnlich der bei Mailand; schwerer, fruchtbarer Boden mit kleinen Feldern, fast durchweg bestellt und mit langen Reihen von Maulbeerbäumen bepflanzt; doch nach einem Ritt von zirka einer Stunde in nördlicher Richtung ändert sich die Landschaft vollständig. Man könnte glauben, plötzlich in die hannöversche oder Lüneburger Heide versetzt zu sein; soweit das Auge reicht, nichts als braunes Heidekraut und kleine Kiefern- oder auch Akazien-Anpflanzungen. Auf dieser Heide, die ungefähr zwei deutsche Meilen lang und eine Meile breit ist, sind die besten Rendezvous der Mailänder Fuchshunde. — Zwei Stück Damwild waren von Castellazo gesandt, um am heutigen Tage gejagt zu werden.

Wir waren froh, als wir von der noch vielfach mit Glatteis bedeckten Landstraße, auf welcher wir hin und her rutschten, endlich herunter waren und auf der Heide einen schnee- und eisfreien elastischen Boden unter uns fühlten. Es ritt sich wie auf einem Teppich und ich muß gestehen, daß dies der schönste Boden ist, über den ich jemals auf einer Jagd galoppiert bin. Keine Löcher oder Unebenheiten wie auf der hannöverschen Heide, dafür aber leider nichts zu springen.

Hier wurde zehn Minuten nach zwölf Uhr das erste Stück Wild aus dem Kasten entlassen und versucht, ihm eine Direktion tiefer in die Heide hinein zu geben. Diese Bemühungen waren jedoch umsonst, denn gegen den von Norden in starken Strömen herabfallenden Regen wollte das Damtier nicht angehen und drehte sehr bald in einen Busch nach der Richtung hin, woher wir gekommen waren. Nach kaum zwei Minuten legte der Master die Meute auf der Fährte an, auf der sie sich, nachdem sie dieselbe anfänglich einmal überschossen hatte, jetzt sicher zurechtlegte, und uns durch ein Akazienwäldchen, in welchem man gleich Bekanntschaft mit den langen und spitzen Dornen dieser Sträucher machen konnte, nach der Straße nach Gallarate zuführte. Hier hat man die Wahl, entweder einen steilen Bergabhang zu erklettern, oder die spiegelblanke Straße entlang den Berg hinauf zu galoppieren. Der Master zog letzteres vor und langte auch glücklich oben an, während ich in Gemeinschaft des ersten Whips den Abhang erklomm. Dies hatte uns beiden wenig geholfen, denn da die Hunde auf der Anhöhe linksum gemacht hatten, so hatten wir doch den glatten Weg, wenn auch an einer besseren Stelle, zu passieren. Die Hunde, die bis dahin schon in ganz guter Fahrt gegangen waren, fingen jetzt zu fliegen an, und im Nu wurde das Feld lang. „Blut ist der Saft, der Wunder schafft!" konnte man hier auch sagen; der edle Hunter zweigte sich bald von dem schweren mit weniger Blut ab, welch letzterer trotz der verhältnismäßig leichten Gewichte die Pace nicht mehr halten konnte. Auf einem fünfjährigen Sohn des Sterling, Ben mit Namen, sitzend, den der Master mir zur Verfügung gestellt hatte, war es nicht schwer, bei diesem und bei den Hunden zu bleiben; mit mächtigem Galoppsprung flog der Wallach über den Boden und nach wenigen Minuten war nur noch Signor Cantoni auf einer kleinen Vollblutstute in unserer unmittelbaren Nähe. Solange waren wir auf der Heide galoppiert, die hier jedoch ein Ende hatte. Sofort fing die Schnee- und Eisregion wieder an, die besonders in Büschen und auf Wegen unangenehm wurde. In einem kleinen Wäldchen mußten wir uns zu lange aufgehalten haben; denn als wir aus demselben heraus-kamen, war von der Meute weder etwas zu sehen, noch zu hören. Der englische Fuchshund hat bei allen seinen großen Vorzügen den einen Nachteil, daß er auf Hirschfährte, wenn er sehr rasch jagt, wenig Hals gibt;*) diesem Umstande muß es zugeschrieben werden, daß uns die Meute auch so schnell außer Hörweite kam. Nichts ist für den Parforcejäger unangenehmer, als die Hunde verloren zu haben. Bei einem aus dem Kasten entlassenen Wild hört jede Berechnung auf; der einzige Anhaltspunkt war der, daß kein Stück Wild gegen strömenden Regen angeht; wir mußten also nach Gallarate zurück und dorthin schlug der Master die Richtung ein.

Mit dem schönen Boden war es auch zu Ende, man hatte jetzt nur die Wahl zwischen mit Eis bedeckten Wegen und buchstäblich knietiefem Ackerland; auf ersteren wurde man allmählich dreister, nachdem man die Bemerkung gemacht hatte, daß die Pferde geschickt wie die Katzen darüber hinwegglitten. So, von Zeit zu Zeit haltend und horchend, galoppierten wir in der angegebenen Direktion weiter, bis wir nach vierzig Minuten angestrengter Arbeit das Glück hatten, die Meute auf einem Wege zu finden, auf welchem sie das Dam-wild Halali gemacht und zerrissen hatte. Niemand vom Felde war dabei gewesen, doch mußte es schon eine Weile her sein, denn Signor Leonino, der einige Minuten vor uns bei den Hunden eingetroffen war, hatte dieselben auch nicht mehr jagend gesehen.

Da von der ersten Jagd, von der man kaum den vierten Teil gesehen hatte, niemand befriedigt war, so wurde trotz des fortwährend anhaltenden Regens beschlossen, ein zweites Tier zu jagen, welches, um uns nicht wieder in die Felder zu bringen, eine Meile weit in die Heide gefahren wurde. Hier angekommen, wurde es ausgesetzt,

---

*) Dies ist auf jeder Fährte der Fall, sobald die Hunde über ihre Pack jagen müssen. v. E.

und konnte nun laufen, wohin es wollte, da, soweit das Auge reichte, nur Heide zu sehen war. Durch ein Versehen des mit dem Aussetzen beauftragten Herrn kam der Master mit den Hunden zu früh auf die Fährte, so daß das durch den langen Aufenthalt im Karren steif gewordene Tier nicht auf die Beine kommen konnte und schon nach einigen Sekunden von den Hunden niedergerissen wurde.

Der unermüdliche Master wollte nichts unterlassen haben, um dem Felde am heutigen Tage zu einem guten Galopp zu verhelfen, nahm seine Hunde zusammen und trabte nach einem zwanzig Minuten entfernten Busch, in welchem gewöhnlich ein Fuchs zu finden war. Obgleich die Gegend hier sehr für Füchse geeignet ist — es sind mit dichtem Buschwerk bewachsene Hügel, die sich längs des Ticino hinziehen — so war doch nichts von Reineke zu spüren, der es vorzog, bei dem schlechten Wetter still in seinem Bau zu liegen. Nach Absuchung einiger Dickungen wurde die Jagd für heute aufgegeben, und es war die höchste Zeit für diejenigen Herren, die keine Regenmäntel mithatten, weil bei ihnen das Wasser bald zollhoch im Stiefel stand. Selbst ein guter Galopp nach Hause hatte keine erwärmende Wirkung mehr, und als man gar in einem kalten Gastzimmer mit einem nur eben angezündeten Kaminfeuer die nassen Kleider mühsam vom Leibe zog, befand man sich in einer keineswegs behaglichen Lage. Zum Glück hielt dieser jammervolle Zustand nicht lange an; die trockenen Kleider, warmer Kaffee und ein steifes Glas Grog in dem durch ein gutes Feuer erwärmten Gastzimmer brachten bald Leben in die erstarrten Glieder und Humor in die Gemüter, so daß wir um fünf Uhr zwanzig Minuten sämtlich in guter Laune die Heimfahrt antraten. Die Herren, die aus Mailand gekommen waren und dorthin zurückkehrten, nahmen ihre Pferde gleich mit nach Hause, da die Eisenbahndirektion sich sofort bereit erklärte, einen Pferdewagen an den Schnellzug anhängen zu lassen, wofür nebst Trinkgeld für Einladen nur drei Frank pro Pferd zu zahlen war. — Wie schade, daß die deutschen Eisenbahn-Verwaltungen nicht dazu zu bewegen sind, dasselbe bei ähnlichen Gelegenheiten zu tun.

Montag, den 20. Dezember, war der folgende Jagdtag, und da es die Nacht von Sonntag zu Montag unaufhörlich von den Dachrinnen herunterplätscherte und am frühen Morgen der Regen auch nicht einen Augenblick nachließ, so konnte man sich wieder auf ein Regenbad gefaßt machen. Diese unangenehme Aussicht hielt die passioniertesten Sportsmen der Mailänder Jagd trotzdem nicht ab, sich auf den Weg nach Gallarate zu machen; ja es hatte sich ihnen heute sogar eine Dame angeschlossen.

Außer dem Gemahl dieser Dame und dem Master waren es wieder dieselben Herren, die mit gutem Beispiel vorangingen, und nur noch ein bekannter italienischer Herrenreiter vervollständigte das kleine Feld. Reichlich sollten wir für unsere Bravour belohnt werden, denn nach eingenommenem Frühstück hörte der Regen, der jetzt sämtliches Eis fortgewaschen hatte, auf und fing auch erst wieder an, als wir unsere Heimreise antraten. Aber nicht nur das Wetter war uns günstig, sondern auch die Göttin Diana uns gewogen, die uns zu einer Jagd verhalf, die an Schnelligkeit und Entfernung wenig zu wünschen übrig ließ. Einige Minuten nach ein Uhr wurde ein Tier mitten in der Heide ausgesetzt und demselben sieben Minuten Vorsprung gegeben. Von dem Augenblick an, wo die Hunde die Fährte aufnahmen, bis zum Ende des Galopps, das nach neununddreißig Minuten erfolgte, hatte die Meute nur im ersten Busch, den wir passierten, einen wenige Sekunden zählenden Stopp; die übrige Zeit jagte sie in solchem Tempo, daß nur zwei Pferde bei ihr bleiben konnten.

Zum Glück für die übrigen Pferde ging unser Tier nicht geradeaus, sondern machte zweimal denselben großen Bogen, wodurch es dem langsameren Hunter immer wieder gelang, aufzukommen. Der Master, der heute einen Gewichtsträger ritt, mußte denselben wohl im ersten tiefen Boden, den wir zu passieren hatten, zu wenig geschont haben, kurzum, als wir nach zehn Minuten Jagd aus tiefem Boden wieder auf die Heide kamen und die Hunde einzuholen versuchten, war seine Stute fertig, und mir fiel nunmehr die Rolle zu, den Piloten zu spielen.

Conte Durini war so freundlich gewesen, mich mit einer braunen Stute, Starlight mit Namen, beritten zu machen, die vor nicht zu langer Zeit aus England herübergekommen war, wo sie sich bei ihrem heimatlichen „Pack“ einen guten Namen als Jagdpferd gemacht hatte. Schade, daß man ihr Springvermögen hier nicht auf die Probe stellen konnte, sie schien wie gemacht dazu; ihre Manier zu galoppieren war vorzüglich, und der gute Platz, den sie in dem langen und wirklich raschen Galopp stets behauptete, sind ein gutes Zeichen für ihre Ausdauer und ihr Blut. Nur die schon am ersten Jagdtage erwähnte Vollblutstute unter ihrem Besitzer rang, sobald die Jagd geradeaus ging, mit Starlight um die Ehre, in gleicher Höhe mit dem „Pack“ zu galoppieren. Doch siehe da, plötzlich taucht noch ein Schimmel in Front auf; es ist der Master, der, einen passenden Augenblick benutzend, seine ausgepumpte Stute gegen den Schimmel des ersten Whips vertauscht hatte und nun wieder die Führung der Hunde übernahm. Ein „Tally-ho“*)-Ruf am anderen Ende eines Akazienbusches zeigte uns an, daß unser Wild nicht mehr weit von uns entfernt ist, und das Hinüberwechseln von einem Busch zum anderen ist ein Beweis für das Sinken seiner Kräfte. Von nun an dauerte es auch nur wenige Minuten, bis das Tier todmüde in einem Graben von den Hunden gedeckt wurde. Die vielen Wendungen gegen Ende der Jagd ermöglichten es dem Felde, den Hunden wieder aufzukommen, so daß niemand bei dem Halali fehlte. Neununddreißig Minuten Jagd in einer solchen Fahrt wird in der Entfernung wenigstens zwei deutschen Meilen gleichkommen, dessenungeachtet war die dratige Stute des Conte Durini noch eben so frisch als zu Anfang der Jagd. Von sämtlichen Hunters konnte man dies nicht behaupten, weshalb von dem Aussetzen eines zweiten Tieres Abstand genommen und der Heimweg angetreten wurde. Bei einem vorzüglichen Diner im Hause des Masters wurden die Erlebnisse des Tages noch einmal rekapituliert und ein Glas dem Huntingsport geweiht.

*) Tally-ho ist der übliche Ruf, wenn das Wild gesichtet wird. v. E.

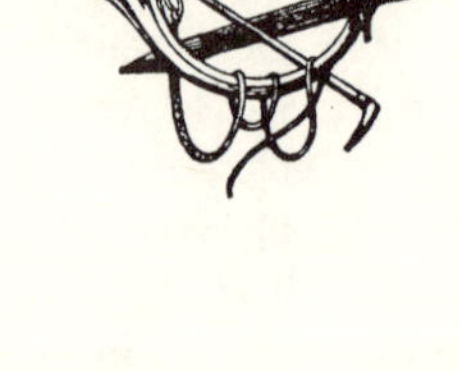

III.

Frhr. H. A. von Esebeck.

Durch die Wietze (Hannöversche Meute).

I.

Hinter der königlichen Meute des Militärreitinstituts.

„Erst im Gelände beginnen die Uebungen, die uns eigentlich zum Kavalleristen machen.“ General von Rosenberg.

1905. „Sobald von dem Jagdreiten bei Hannover gesprochen wird,“ schreibt Keudell,*) „muß man stets jenes Herrn gedenken, dem die Armee dieses schöne Vergnügen in erster Linie verdankt. Der Anfang der Reitjagden bei Hannover fällt unmittelbar in die Zeit nach dem Jahre 1866, und erkannte der damalige Rittmeister von Rosenberg in sehr richtiger Weise, welchen Wert eine Verquickung der Reitjagd mit dem Bahnreiten für das nach Hannover verlegte Militärreitinstitut haben würde. Der General von Rosenberg übernahm die Verantwortung, das damals zur Verpachtung ausgeschriebene Schießjagd-Terrain zu pachten, schaffte die erste Meute an, und Se. Majestät Kaiser Wilhelm I. war dann so gnädig, diese Schöpfung zum Wohle der Armee dem Militärreitinstitut dauernd einzuverleiben, bzw. die Mittel für die weitere Unterhaltung derselben anweisen zu lassen. Der Nutzen aber, welchen die Reitjagd für die Ausbildung der Offiziere hatte, wurde von den jeweiligen Direktoren der Offiziersschule sehr richtig erkannt und dementsprechend diese erste Schöpfung des Generals von Rosenberg von Jahr zu Jahr gefördert.“ Welchen Impuls das Militärreitinstitut durch Ausleihen von Schlepphunden

*) VII. Auflage, Teil III, Kapitel I.

in das Jagdreiten in der Armee trägt, ist bekannt. Bei den Regimentern aber, die hinter eigener Meute reiten, haben Master und Pikóroffiziere sich fast ausnahmslos die Pikörbinde hinter der hannöverschen Meute verdient. Damit ist die Bedeutung der hannöverschen Jagden für die Armee und insbesondere die Reiterwaffe wohl zur Genüge gekennzeichnet.

Dienstag, den 17. Oktober. Siebente Königliche Parforcejagd. Nordwind und Regenschauer machten den Aufenthalt im roten Rock jedenfalls behaglicher als im Waffenrock oder Ulanka. Für die Jünger der hippologischen Alma mater gehören die Jagden hinter der Meute des Militärreitinstituts ja zum Handwerk. Die Rotröcke aber, die sich heute um ein Uhr dreißig Minuten freiwillig in Burgwedel einfanden, das mußten Jagdreiter von echtem Schrot und echter Passion sein. Uneingeschränkt muß dieses Kompliment auch auf die Damen ausgedehnt werden, die regelmäßig hinter der hannöverschen Meute das Jagdfeld zieren.

An der Burgwedeler Mühle, hart an der nach Kl.-Burgwedel führenden Chaussee, war einem Ueberläufer die Freiheit gegeben. Die Hunde, die anfänglich etwas zum Losstürmen neigten, waren sehr bald in der Hand des Huntsman und jagten mit hellem Geläut sicher an Kl.-Burgwedel vorüber nach der Kl.-Burgwedel—Fuchsberger Chaussee zu. Bis in die Höhe des Trulldamms war das Schwein der Richtung dieser Straße gefolgt. Mit Rücksicht auf den tiefen Boden und die Höhe des Flurschadens mußte das Feld sich hier auf der Chaussee einfädeln, für den, der auf einem Puller saß, wahrlich keine angenehme Situation. Zum Glück war der Schwarze etwa tausend Meter jenseits des Trulldamms in das Schrillgehege hineingewechselt, wo das Feld sich ausbreiten konnte und überdies der geradezu grundlose Boden auch den ärgsten Schrammer zur Besinnung brachte. Unweit des kleinen Jagdhauses hatte das Schwein einen kleinen See durchschwommen, und es war interessant, zu beobachten, wie die Hunde auch in dem nassen Element den Bogen des Wildes genau ausarbeiteten, übrigens eine alte Erfahrung, daß die Fährte auch im Wasser steht. Nach einer Jagd von sieben Kilometern ohne Stopp wurde der Ueberläufer gedeckt und von Leutnant Runge (5. Art.) ausgehoben. Se. Exzellenz Generalleutnant von Mitzlaff*) gab den Fang und verteilte 136 Brüche.

*) Bis Mai 1906 Chef des Militärreitinstituts.

Auf dem Heimwege hörte ich verschiedene Aeußerungen, wie: „Schauderhafter Tag!“ — „Da lobe ich mir doch eine Schleppe!“ — Zugegeben muß werden, daß es der heutigen Jagd an großen, fairen Sprüngen gefehlt hatte; aber in dem schwierigen Waldgelände hatten die Hunde bewunderungswürdig gearbeitet, und wer etwas davon sehen wollte, der mußte schon ehrlich reiten.

Sonnabend, den 21. Oktober. In gehobener Stimmung trabte Rotrock und Uniform gen Krähwinkel, wo das Stelldichein der neunten Kgl. Parforcejagd angesetzt war, denn der bedeckte Himmel und ein leichter Südwind, der den Morgennebel zerteilte, versprachen Scent, und zwei fast regenfreie Tage (die ersten seit Beginn der Saison!) ließen hoffen, daß man heute auch galoppieren könne. Wurde diese letztere Hoffnung in den Witzewiesen auch zu Wasser, so arbeiteten die Hunde doch in einem in Anbetracht des schwierigen Geläufes geradezu glänzenden Stil, und wenn der tiefe Boden auch auf die Schnelligkeit der Hunde drückte, so gab dies gerade dem wirklich passionierten „Jagd“-Reiter Gelegenheit, die Arbeit der Meute zu beobachten.

Um ein Uhr vierzig Minuten nachmittags wurden die achtzehn Koppeln auf das Gefährt des Schwarzrockes gesetzt, der wohl eine Viertelstunde zuvor am Wege Krähwinkel—Hainhaus in Freiheit gesetzt war. Der Wildkasten hatte in einer Koppel gestanden, so daß es gleich etwas zu springen gab. Der Keiler hatte zunächst einige Haken geschlagen, ehe er sich für den geraden Strich entschied. Die Hunde, die im ersten Augenblick etwas wild schienen und infolge der Windrichtung mehrfach überschossen, lagen jetzt mit vollem Hals fest auf dem Gefährt, das in nördlicher Richtung über den Trentelgraben an Twenge vorbei bis zur Chaussee nach Hainhaus führte. Vor dieser gab es einige hübsche Koppelricks zu springen, die durch ihre Eigenart recht erziehlich wirken. Wer nämlich nicht im ersten Felde und seinen eigenen Strich reitet, sondern es vorzieht, in fremdem Kielwasser zu steuern, kann durch den unter der obersten Latte befindlichen Draht in eine peinliche Lage geraten. Jenseits der genannten Chaussee hatten die Hunde einen Augenblick verloren, was bei dem tiefen Boden für Reiter und Pferd nicht unangenehm war, im übrigen aber wohl durch das auf die Meute drückende Feld selbst verschuldet wurde. Ein kurzes Umschlagen genügte indessen, und mit hellem Geläut ging es in östlicher Richtung auf die Wietze zu, die an der sogenannten Pappelfurt passiert wurde.

Ohne das traditionelle „nasse Bad" ging es hierbei auch heute für so manchen Jagdreiter nicht ab; doch ein solcher Unfall ist ja meist mehr humoristischer als ernster Natur. Ehrlich bewundern mußte ich hier die Damen, deren Passion kein Hindernis kennt! Sie beschämen manchen Rotrock, der, wie aus dem Ei gepellt, ohne einen Spritzflecken nach Hause kommt.

In den Wietzewiesen gab es noch manch herzerfrischenden Wassersprung und manch erheiternden Schiffbruch. Die kleinste Wasserrinne war durch den andauernden Regen zu einer ganz feierlichen Sache angeschwollen; oft konnten die Pferde den Absprung nicht taxieren, und verloren beim Landen in dem Morast die Hinterbeine. Wenn auch das heutige Jagdgelände nicht gerade nach englischen Begriffen „steif" war, so stellte es doch bei den derzeitigen Boden- und Witterungsverhältnissen die Pferde vor recht achtbare Aufgaben, und was der Kampagnereiter auf todmüdem Pferd für ernste Stunden braucht, kam hier sicherlich mehr zur Geltung, als in der vielleicht schnelleren Pace über den glatten Kurs einer Schleppe.

Ueber die Wietzewiesen war der Schwarze in die Waldungen nördlich Hohenhorst gewechselt. Bald brachten die Hunde ihn hier wieder heraus, und jenes undefinierbare Etwas in dem Ton ihres Geläutes, das dem Kenner die Nähe des geschlagenen Wildes verrät, ließ uns die müden Pferde noch einmal anfassen. In einem Dickicht westlich Hohenhorst wurde das Schwein nach heftiger Gegenwehr gedeckt und Leutnant von Roon (18. Art.) hob aus. Exzellenz von Mitzlaff gab den Fang und verteilte 135 Brüche. — Neun Kilometer in 40 Minuten inkl. der Stopps.

3. November. Wer zum erstenmal einem Hubertus-Stelldichein der Königlichen Reitschulmeute beiwohnt, der möchte fast glauben, die Parforcejagd sei bei uns zulande ebenso populär auch in den breiten Schichten der Bevölkerung wie in ihrer klassischen Heimat. Wenn man überhaupt auf dem Kontinent ein Land mit dem grünen Eiland vergleichen darf, so ist es auch in dieser Hinsicht Hannover; denn der hannöversche Bauer hat nicht nur ein hippologisches Interesse, sondern auch ein züchterisches Verständnis, wie man es sonst nur dem irischen Farmer nachrühmt. Es ist nun einmal eine Lieblingsidee von mir, daß die Landbevölkerung den hohen Wert der Parforcejagd für die Landespferdezucht — speziell für die Produktion und den Umsatz von Kampagnepferden — erkenne; mag hierin nun der

Wunsch bei mir ein wenig der Vater des Gedankens gewesen sein, soviel ist gewiß: von den Landleuten, die wie alljährlich am 3. November nach Isernhagen geströmt waren, um den Aufbruch zur Jagd zu sehen, hörte man Urteile über das Pferdematerial fällen, die oft den Nagel auf den Kopf treffen, und soviel fröhliche Teilnahme, wie man hier auf allen Gesichtern der Zuschauer — ob alt, ob jung, hoch oder niedrig — liest, findet der rote Sport in Deutschland nirgends wieder.

Am Tage des Schutzpatrons ist der „Mann in Rot" mit seinem ganzen Herzen bei den Hunden, und wen ein unerbittliches Schicksal am 3. November an den Schreibtisch oder in seine Berufspflichten zwingt, den zieht es wie mit elementarer Gewalt hinaus auf Stoppel und Heide. So manches neue oder im Jagdfelde seltene Gesicht sieht man am hohen Tag Huberti beim Stelldichein. Mögen es zuweilen dienstliche oder gesellschaftliche Rücksichten sein, die manch einen dorthin führen, mag es — auf gut deutsch gesagt — auch Jagdreiter geben, die nur aus Eitelkeit oder Schusterei den Hunden folgen, so steigt am heutigen Tage doch noch so mancher in den Sattel, der einst in Mecklenburg hinter der Malchiner Hirschmeute oder über die Pawlowitzer Steinmauern hinter den Lissaer Fuchshunden ritt, von altem Schnitt der rote Rock, von altem Schrot das Reiterherz, ein leuchtendes Vorbild der jagdreitenden Jugend. Mag man dem Sport zwischen den Flaggen mit Recht oder Unrecht nachsagen, daß er die Jugend durch das Aufreiben der Nerven alt mache, der Sport hinter den Hunden erhält das Alter jung. Er macht den Jüngling zum Manne, weil er nicht den blind darauflos stürmenden Schneid allein, sondern auch Kopf und Auge stählt; er macht den Greis zum Jüngling, daß sein Auge in jugendlichem Feuer blitzt und das Blut rascher durch die Adern strömt.

Nahe an vierhundert Jagdreiter, unter ihnen wohl ein Dutzend Damen, brachen bald nach ein Uhr unter den Klängen der Ulanen-Trompeter vom Gasthaus Hubertus auf, voran die achtzehn Koppeln starke Meute. Dem imposanten Zuge folgte zunächst eine schier endlose Wagenkolonne, in der vom Krümperwagen bis zum Taxameter, von der Mailcoach bis zum Pony-Cart jede Art von Gespann und Anspannung vertreten war. Besondere Aufmerksamkeit und Bewunderung erregten die Viererzüge des Generals von Mitzlaff und des Grafen Krayenberg, und die vom Sattel im Rokoko-Kostüm gefahrene Coach der Königs-Ulanen.

Vom Südausgang des Dorfes Isernhagen bogen wir rechts ab in Richtung auf die Wietze zu. Ein kurzer Trab, dann sprachen die Kopfhunde die Fährte an, und mit silberhellem Jubellaut fiel der Chor ein. Der heilige Patron war seinen Jüngern heute besonders gnädig, nicht nur, daß er uns eine gute Viertelstunde lang durch die beste Koppelrickgegend Hannovers führte, sondern diese Gegend hatte auch Scent, oder hielt ihn vielmehr in hervorragender Weise. Kein Flattern und Ueberschießen heute, wie ich es beim Anlegen früher bemerkt hatte, sondern die Hunde nahmen sofort entschlossen die Fährte auf und lagen fest darauf mit vollem Hals. Ein glücklicher Zufall führte mich in dem Riesenfelde auf einen äußersten Flügel, wo man freie Fahrt hatte und die Hunde bei der Arbeit sah. Will man über schwieriges Gelände mit Genuß reiten, so muß man sich dicht hinter den Hunden halten, und ist dies doppelt vonnöten in tiefem Boden. Wohl über ein gutes Dutzend Koppelricks ritt ich mit noch zwei Herren und einer der besten hannöverschen Jagdreiterinnen immer im eigenen Felde, die gertenschlanke Gestalt auf dem langhälsigen Vollblüter mit einigen Längen Vorsprung uns den Weg weisend.

Nachdem das Gefährt uns an Hainhaus vorübergeführt hatte, war der Schwarze in der Richtung auf Maspe offenbar durch die Wietze gewechselt. Nach dem Passieren derselben, die wie immer einige Opfer forderte, hatten die Hunde für einen Augenblick die Fährte verschlagen, sehr entschuldbar bei der fast sommerlichen Wärme und dem von allen Seiten auf die Meute einstürmenden Felde. Ein kurzes Umschlagen genügte indessen schon, um die Hunde wieder auf die Fährte zu setzen. Es ist eine alte Erfahrung, daß, je stärker der Keiler ist, desto weniger zeigt er Neigung, uns einen Galopp zu verschaffen. Dies sollte sich auch heute bestätigen. Noch ein kurzer Galopp über Gräben und Wasserläufe, dann haben die Hunde den Keiler in einer Dickung unweit Maspe verbellt. So mancher Heißsporn hatte schon den Fuß aus dem Bügel, um mit dem Lauf des Schwarzen die Palme des Tages zu erringen; allein immer wieder schüttelte der mächtige Bursche seine Verfolger ab, und eine volle Viertelstunde währte es, bis die Meute ihn gedeckt hatte. Selbst dann noch gelang es erst den vereinten Kräften von drei Herren, des vierjährigen Keilers Herr zu werden. Oberleutnant von Spoerken (14. Hus.), Leutnant von Boddien (17. Drag.) und Leutnant Schroeter (10. Art.) mußten sich in die Ehre des

Aushebens teilen. Obwohl man im Verlauf der Jagd eine ganze Anzahl herrenloser Rosse gesehen hatte, konnte Generalleutnant von Mitzlaff nach Erteilung des Fanges noch 386 Brüche verteilen.

Der älteste der drei von Sankt Hubertus so begünstigten Herren, Leutnant von Spoerken, brachte beim Liebesmahl auf der Reitschule das Hoch auf den obersten Kriegs- und Jagdherrn aus. Exzellenz von Mitzlaff gedachte nach gut hannöverscher Sitte beim Braten der Damen; damit war der offizielle Teil des Hubertustages beendet. Der inoffizielle hielt aber die Jagdteilnehmer noch lange beisammen; am Namenstag des hohen Schutzpatrons tut jeder echte „Mann in Rot" seine Pflicht:

„Und schwingt zu Sankt Hubertus Ehr'
Den Humpen, bis die Zunge schwer."

Am 17. November fand mit der vierundzwanzigsten Wildjagd die Saison am Militärreitinstitut ihren Abschluß. (Später fanden noch drei außerdienstliche Jagden statt, bei denen die freiwilligen Teilnehmer für den Flurschaden selbst aufkommen mußten.) Das Rendezvous an dem genannten Tage war in Engelbostel, wo trotz des unfreundlichen Wetters der Saisonschluß ein ungewöhnlich starkes Feld versammelt hatte.

Trotzdem Kälte, Ostwind, Schnee und das oft in Lachen auf dem Boden stehende Wasser ihr Geschäft nicht erleichterten, arbeiteten die Hunde an diesem Tage geradezu meisterhaft. Auf der Heide hinter Engelbostel war dem Wild die Freiheit gegeben. In den Bückeburger Forsten beheimatet, hatte die Bache es in sich, d. h. in den Beinen. „Wie der Vogel fliegt", zog sie an Cananohe südlich vorbei, über die Chaussee Cananohe—Schulenburg, über die Wege Cananohe—Godshorn, Cananohe—Evershorst und die Chaussee Cananohe—Kaltenweide in das Bissendorfer Moor. Ueber die schmalen, tief eingeschnittenen Heidegräben, zwischen Stubben und Kusseln auf dem bald halb gefrorenen, bald knietiefen Boden dicht hinter den mit hellem Hals jagenden Hunden zu bleiben, war heute kein Kinderspiel. Der Jagdherr selbst kam an einem der wasserüberschwemmten Stubbenlöcher zu Fall, sich eine schmerzhafte Zerrung der Schulterbänder zuziehend, die es ihm, dem passionierten und stets den geradesten Weg wählenden Jagdreiter, leider unmöglich machte, der Jagd bis zum Halali zu folgen.

Einen ganzen Herbst ehrlich Jagdreiten, ohne zu fallen, ist wie ein Ball ohne Kotillon; darum empfand ich fast frohe Genugtuung, als mich an einem der halb verwachsenen Heidegräben mein Schicksal ereilte und ich unter meinem braven, an dem Zwischenfall völlig unschuldigen Pferde lag. Ich würde denselben gar nicht erwähnen, wenn nicht der letztere Umstand mir den willkommenen Anlaß böte, an das an sich so belanglose Intermezzo eine Moral zu knüpfen: Wer meine Schwärmerei für Keudell und Whyte-Melville kennt, der weiß, daß ich den Sporn zum Jagdadjustement verabscheue. Muß mich heute der Kuckuck plagen, gegen alle meine Gewohnheiten und Grundsätze, die Dinger anzulegen. — Gottlob, habe ich den einen Sporn beim Sturz verloren, der andere aber, mit dem ich unter dem Pferde lag, war ganz verbogen, und als wir auf den Füßen standen und ich die Flanken meines armen Tieres sah, da habe ich dem Heiligen Georg und Hubertus feierlich gelobt, nie wieder mit Sporen eine Jagd zu reiten. Wie eingewurzelt der Aberglaube ist, daß der Sporn zum roten Rock unentbehrlich sei, mag eine Bemerkung beweisen, die mir unlängst ein alter „Kavallerist" machte: „Sie haben Ihre Sporen vergessen!" Und als ich versicherte, daß dies Absicht sei, da entfuhr es ihm in ehrlicher Ueberzeugung: „Ja aber, wenn nun im tiefen Boden das große Koppelrick kommt?" — Lieber Leser, ist die Situation kritisch, so kann nichts dich retten, als das alte englische Rezept: „Lange Zügel"; fällst du aber und liegst unter deinem Pferde, so ist der Sporn ein Marterwerkzeug!

Wer aus dem Bissendorfer Moor herauskommt, ist immer klüger, als er hineingeritten ist; so mancher Rotrock hat die Variation des Sprichworts vom Rathaus schon an sich selbst erfahren. Auch heute mußten wir schweren Herzens das Wild, das quer über das Moor auf Wiechendorf zu gelaufen war, seinem Schicksal in Gestalt der siebzehn Koppeln starken Meute überlassen. Nur fünf Herren, denen es geglückt war, in dem dichten Holz dem Master auf den Hacken zu bleiben, führte der Zufall auf ein passierbares Gestell, von wo aus sie, freilich unter Zurücklassung der Pferde, zu Fuß weiter vordringen konnten. Leutnant Strauß (31. Art.) erreichte als erster den Weg Wiechendorf-Resse, wo in einer Kiefernschonung, 1½ Kilometer westlich Wiechendorf, die Bache bereits von den Hunden gedeckt worden war.

Nachdem Graf Königsmark die vom Schicksal so Auserlesenen — Leutnant Strauß, Rittmeister von Bülow, Leutnant von Scholl, Leutnant Mörle-Heynisch und Leutnant von Ruediger — mit dem wohlverdienten Tannenreis geschmückt hatte, trafen nach zwanzig Minuten, über Resse kommend, Herr und Frau von Natzmer, Graf Westphalen und Leutnant Lahusen beim Halali ein. Gleich darauf langte das Feld an, das heißt alles, was sich nicht durch das Gerücht einer Fehljagd hatte düpieren lassen, und Oberstleutnant Brecht konnte noch 44 Brüche verteilen, darunter an sieben Damen. Wir hatten noch um das Moor herum, über Kaltenweide, Schlage, Wiechendorf, einen Bombengalopp gehabt, und war es auch nicht allen geglückt, beim Halali zu sein, so trabte doch jeder von uns mit dem Bewußtsein heim, ehrlich geritten zu sein und die Saison 1905 mit einer der lehrreichsten und interessantesten Jagden beschlossen zu haben.

— — — — — — — — — — — — — — — — — — — —

1911. Wieder einmal ein Tag hinter der alten, lieben hannöverschen Meute! Ein Tag, der mir die Ueberzeugung gab, daß sie noch auf der Höhe ihrer Tradition steht, ihrem Ruf treu geblieben ist. Am 15. November war das Rendezvous in Hainhaus. Die im letzten Herbst überall herrschende Trockenheit kam den Jagden auf der hannöverschen Heide ganz besonders zugute; zudem brachte der dem genannten Tage geweihte Ueberläufer uns über die beste Koppelrickgegend des ganzen Reviers, so daß die Jagd des 15. November allgemein als eine der besten der letzten Saison bezeichnet wurde. Nachdem dem Schwarzrock eine Viertelstunde Vorsprung gegeben war, wurde die achtzehn Koppeln starke Meute zur Fährte gelegt, die sie mit wundervollem Geläut aufnahm. Für den „hounds-man" (ich gebrauche hier mit voller Absicht das falsche Wort) ist es wirklich ein Genuß, hinter Hunden mit solcher Kehle zu reiten! Und der Tag sollte erweisen, daß sie nicht nur diese, sondern auch ihre Nase zu gebrauchen wissen.

Von Hainhaus ging es über eine Reihe fairer Gräben in festem, prachtvoll federndem Wiesenboden und einige Koppelricks in Richtung auf Maspe. Rechts an diesem Ort vorüber führte die Spur des flüchtigen Schwarzrockes ins Holz; dort hatte derselbe anscheinend den Rückwechsel genommen, sich auf die Wietze zu und dann, einen Haken nach rechts schlagend, wieder nach Hainhaus gewendet. Nun folgte Koppelrick auf Koppelrick, bis die pfeilschnell jagenden Hunde bei Hainhaus zum Stopp kamen. Anscheinend war die Fährte überschossen, und der Schwarzkittel hatte seinen Weg durch die von Vieh und Füllen begangenen Koppeln genommen und zwischen den Gehöften hindurch das Weite gesucht. Nun folgte eine Episode, die manchen jungen „Rapid" im Jagdfelde ungeduldig machen mochte, die aber jeden, der Herz und Auge für Hundearbeit hat, begeistern mußte. Unbeirrt durch Füllen, Vieh, des Weges kommende Wagen und das die Hunde förmlich einkreisende Feld, arbeiteten die braven Burschen langsam, aber sicher, jede leiseste Spur von Scent laut ansprechend, die Fährte aus. Mehr als einmal schienen sie mir dabei auf die Rückfährte zu kommen, wodurch sich das Geschäft noch erschwerte, in dem Maße, als mit dem Zeitverlust die Fährte immer kälter wurde. Nur die wenigsten im Felde schienen mir für diese Schwierigkeiten und die wundervolle Leistung der Hunde Verständnis zu haben: immer wieder sah man Herren, denen das Jagdreiten anscheinend nur eine Springübung ist, unbekümmert um Hund und Fährte über die Koppelricks sausen, hinter denen gerade der Huntsman beim Umschlagen war.

Trotz alledem wuchs schließlich das vereinzelte Anschlagen zum vollen Chor, der dem kundigen Ohr verrät, daß die Meute jetzt fest auf der Fährte liegt. Ein flotter Galopp über von Gräben durchzogene Wiesen brachte uns abermals nach Maspe. Dort noch ein kurzer Stopp infolge Ueberschießens der Fährte, aber wie die Harriers waren die Hunde herum und wieder auf derselben — Direktion Wietze! Jenseits derselben kam endlich der lang Gesuchte im Unterholz in Sicht; aber noch einmal konnte er seine Verfolger abschütteln und uns noch zweimal über die Wietze bringen, ehe er im sogenannten Mörse-Winkel 53 Minuten nach dem Anlegen gedeckt und von Leutnant Maue (11. Drag.) ausgehoben wurde. In Abwesenheit des Jagdherrn, Generals von Alten, verteilte Oberstleutnant Heidemann die Brüche, 91 an Zahl. Daß sich im Jagdfelde Miß Swinburne, die Getreueste unter den Followers der hannöverschen Meute, befand, bedarf wohl kaum der Erwähnung. Mit ihr teilten sich Frau von Xylander, Baronin Entreß und Frau Gerlach in die Ehren des ersten Feldes und zeigten, daß auch heute noch die Amazonen hinter der hannöverschen Meute mit den Herren wetteifern.

Es hieße Eulen nach Athen tragen, eine Lobhymne auf die hannöversche Meute zu schreiben. Eine Tatsache nur sei angeführt, die sie kennzeichnet: wer je ihr folgte, sei es als Reitschüler, als Gast oder in anderer Eigenschaft, der bleibt ihr treu. Wer als junger Reiteroffizier auf der hannöverschen Heide sein jagdreiterliches Herz entdeckt hat, der kehrt in späteren Jahren, wenn ihn das Schicksal an die russische Grenze oder an den Fuß der Vogesen verschlug, immer gern dorthin zurück, um wieder einmal dem Geläut der Reitschulmeute zu folgen; er kann sicher sein, dort einen Genossen vergangener Tage, gemeinsam verlebter Reiterfreuden im Jagdfelde zu treffen, und wenn beim Heimritt über die dämmernde Heide die Erinnerung zwischen den alten Kumpanen ihren Zauber webt, dann werden auch liebe Gestalten wieder lebendig, die längst zur „Großen Armee" abberufen, in die ewigen Jagdgefilde versammelt wurden.

Im Geiste sehe ich den unvergeßlichen General von Mitzlaff auf seiner „Lust" über die Koppelricks fliegen, den unvergleichlichsten Jagdreiter, den die Waffe je aufzuweisen hatte. Wie Rosenberg, betrachtete auch er das Jagdreiten als „das beste Erziehungsmittel für die heranwachsenden, wie für die herauswachsenden Soldaten"; und wie kein anderer war er berufen und befähigt, diesem „Erziehungsmittel" unter seinen Schülern Geltung zu verschaffen, durch die Beweisführung, der keiner widersteht: persönliches Vorbild!

Zu dem Verfasser hat General von Mitzlaff einst im Scherz geäußert: „Ich träume mir den Himmel als eine unabsehbare Wiese mit ungezählten Koppelricks und fairen Gräben." — Schon wenige Jahre darauf hat das unerbittliche Geschick ihn ereilt, auf fröhlichem Ritt im deutschen Forst, den er mit dem Herzen des Weidmannes liebte. Sein Bild aber lebt fort, unvergessen in den Herzen aller, die ihm hinter der hannöverschen Meute über Koppelrick und Graben, durch Holz und Heide folgen und aus seiner Hand nach fröhlicher Jagd den Bruch empfangen durften.

II.

Zwei Tage hinter den Hunden der Königl. Bayr. Militär-Reitschule.

Schon seit Jahren war es mein Wunsch, einmal hinter den Hunden der Königl. Bayr. Militär-Reitschule über die vielgepriesene Münchner Heide zu galoppieren, und nachdem mir dieser Genuß zuteil geworden ist, muß ich sagen: wem es noch nicht beschieden war, dem ist das Leben noch etwas schuldig!

Der Zufall führte mich im Herbst 1909 nach München, und der liebenswürdige Kommandeur der Reitschule, Oberst Freiherr von Redwitz, kam diesem Zufall zu Hilfe, so daß ich mich am Sonnabend, den 30. Oktober, auf einem wundervollen ostpreußischen Fuchs der Reitschule am Stelldichein befand. Da dieses sich in unmittelbarer Nähe der Kennels befand, so hatte ich zuvor noch Gelegenheit, die Meute zu mustern. Während der Jagdzeit ist diese mitten auf der Heide, bei dem 15 Kilometer von München an der Ingolstädter Straße belegenen Wirtshaus „Zur Kreuzstraße“ untergebracht. Die baulichen und technischen Einrichtungen der Kennels sind praktisch und wohl nicht allzu kostspielig, da es sich ja nur um ein Provisorium handelt, dabei herrschte überall die eines Musteretablissements würdige Ordnung. Wie vorzüglich Kennel-Huntsman und Hundewärter (das Personal ist der Reitschule entnommen) ihres Amtes walten, geht daraus hervor, daß, obwohl die Hunde mit Flechsen gefüttert werden, sich auch nicht der leiseste Geruch bemerkbar macht. Vielleicht waren die Hunde eine Spur „leicht", aber glänzend im Haar, was ihre Kondition am besten bezeugt. Da die Meute sich in der Hauptsache aus eigener Nachzucht ergänzt, so sind die Hunde — prachtvolle, enorm starke, gut auf den Füßen stehende Kerle — außerordentlich ausgeglichen.

Ihre Entstehung verdankt die 1888 in das Leben gerufene Meute dem derzeitigen Kommandeur der Reitschule, Herzog Maximilian; es wurden damals fünfzehn Koppeln von der hannöverschen Reitschule übernommen, die der damalige Rittmeister von Longchamps kurz zuvor in England für das preußische Institut gekauft hatte. 1890 wurden vier Koppeln neu aus England importiert und im folgenden Jahre acht Koppeln aus der Meute des Grafen Trauttmannsdorff (Staab bei Pilsen in Böhmen) zur Blutauffrischung angekauft. 1901 und dann erst wieder 1909 wurden einige Koppeln aus England eingestellt. Leider sollen die letzteren, die aus verschiedenen Meuten, zum Teil auch von Wilton in Hanwell stammen, nicht absolut sicher vor Rehwild sein. Es zeigt dies, wie vorsichtig man drüben bei dem Ankaufe von Hunden zu Werke gehen muß; denn es handelt sich offenbar hierbei um solche Tiere, die nicht völlig hammelrein waren und deshalb zum „Schlepphund" degradiert wurden. Freilich kann kein „Master of Foxhounds" garantieren, daß ein Hund, der den freien Fuchs gejagt hat, gut auf der Schleppe arbeitet, ja diese überhaupt anspricht. Ich kann meinen Kollegen, die in Deutschland Schlepphunde führen, daher nur immer wieder empfehlen, lieber noch nicht eingejagte (unentered) Hunde drüben zu kaufen. Die erwähnte Eigenschaft ist bei dem Wildreichtum der Münchner Heide doppelt fatal. Ein solcher Hund sollte von keinem M. F. abgegeben werden, um so mehr, als die Vorliebe für Reh- und Hammelfleisch sich fast mit Sicherheit vererbt.

Sei es, daß die unsicheren Kantonisten an dem in Rede stehenden Tage zu Hause gelassen waren, sei es, daß die Herren vom Stabe der Jagd meine Erwartungen absichtlich hatten herabschrauben wollen: dieselben wurden weit übertroffen! Die Hunde jagten pfeilschnell und ganz geschlossen und waren auch, soweit ich beim Anlegen, bei den verschiedenen Stopps und beim Küree beobachten konnte, gut im Gehorsam. Wenn ich — lediglich im Interesse der Sache — etwas aussetzen darf, so ist es, daß die Hunde mir nicht laut genug waren. Dies tritt auch auf der Wildfährte häufig ein, wenn die Hunde ihr Aeußerstes hergeben, gewissermaßen über ihr Tempo gehen: auf der Schleppe aber, wo man es doch in der Hand hat, je nach der Witterung, Bodenbeschaffenheit usw. die Stärke der künstlichen Fährte zu bemessen, wäre ein lautes Jagen unbedingt zu fordern! Viel trägt es dazu bei, wenn man den Schlepphunden von Zeit zu Zeit einen Kastenfuchs vorsetzt; für die Fortdauer der Jagdpassion ist dies geradezu unentbehrlich.

Zurzeit beherbergte der Zwinger siebzehneinhalb jagende Koppeln und acht Welpen. Auf der Schleppe arbeiten in der Regel fünf bis sechs Koppeln. Dieselben wurden an dem fraglichen Tage an der Echinger Straße, unweit des Kreuzstraßenkruges, angelegt und führten uns vom Fleck in voller Fahrt über die Garchinger Heide. Wem bisher die hannöversche Heide als das Ideal für die Pferdebeine erschien, der müßte hier seine Ansicht revidieren; denn selbst nach wochenlangem Regen soll, wie man mir versichert hat, dieser herrliche, federnde Heideboden nicht tief werden. Was den Reiz dieses Geländes noch erhöht und das Gefühl gar nicht aufkommen läßt, daß man auf einer künstlichen Fährte reitet, ist die gewaltige Ausdehnung der Heide, die es überall gestattet, in breitester Front den Hunden zu folgen. Dies gilt besonders auch von den Sprüngen — Koppelricks, Hürden und Flechtzäunen —, die im Gelände zu Nutz und Frommen der Jagdreiter verstreut und so meisterlich angelegt sind, daß die Illusion eines natürlichen Hindernisses vollkommen gewahrt wird. Die Koppelricks sind vielleicht nicht so hoch als die hannöverschen (100 bis 110 Zentimeter), dafür aber wesentlich widerstandsfähiger; hierzu kommt, daß infolge des festen Bodens das Tempo erheblich rascher ist als in einem nassen Herbst hinter der hannöverschen Wildmeute.

Ueber verschiedene Hochsprünge, durch eine Kiesgrube und über die Münchner Straße führte die Schleppe bis in den Lustheimer Wald, wo nach einem Galopp von 17 Minuten am Schleißheimer Kanal für Pferde und Hunde eine Atempause eingelegt wurde. Dies bot die willkommene Gelegenheit, unter dem Pferdematerial im Jagdfelde ein wenig Umschau zu halten. Da die Reitschule das Hauptkontingent der Jagdreiter stellte, so stand das Feld ausgesprochen im Zeichen der ostpreußischen Zucht; neben verschiedenen „Original-Huntern“ sah man jedoch auch einige aus Hannover, die an Blut und Kaliber jenen durchaus nichts nachgaben. So ritt der als Lehrer an der Reitschule tätige Rittmeister Willmer einen kapitalen Arianussohn, der gewiß auf den nächstjährigen Qualitätsprüfungen für inländische Halbblüter noch von sich reden machen wird. Die in kavalleristischen Kreisen nicht minder als ihr Gatte rühmlich bekannte Frau Willmer zeigte auf einem ganz im Vollblutrahmen stehenden Polopony, daß sie hinter den Hunden ebenso Meisterin ist als im Concoursring. Nicht unerwähnt möchte ich die Rücksicht lassen, mit der das schöne Geschlecht dort im Jagdfelde behandelt wird. Die Damen reiten unmittelbar hinter dem Master, vor der Linie der Reitlehrer. Mögen Amazonen, wenn sie hinten im Felde stillos vor den Sprüngen flattern, gegenpreschen oder rücksichtslos auf Vordermann reiten, auch zuweilen, um mit jenem unhöflichen Engländer zu reden, „a nuisance" sein: Damen wie Frau Willmer und Frau Rupprecht, die stets im ersten Felde ihren eigenen Strich reiten, wirken auf mich wie das Geläut der Meute auf den angehenden Hunter. Es liegt etwas Hinreißendes in solchem Vorbild!

Nach einem kurzen Stopp ging es durch den Lustheimer Wald, in dem noch ein hübscher Bach zu durchqueren war, durch eine Kiesgrube auf die Schleißheimer Wiesen hinaus, über ein paar faire Wassergräben nach Schleißheim, wo nach einem Galopp von 13 Minuten die Hunde das Küree erhielten. Dies geschieht nach englischem Muster ohne Trara und Zeremoniell, so führt der Huntsman nur das kurze, englische Rufhorn, anstatt des in Deutschland allgemein verbreiteten großen französischen Hornes. Da die Hunde sich heute mit einer Schleppe hatten begnügen müssen, so mußten wir korrekterweise auch auf den Bruch verzichten, der sonst hierzulande auch bei Schlepp- und Schnitzeljagden üblich geworden ist.

Mittwoch, den 3. November. Stelldichein: Schleißheim. Einen poesievolleren, stilgerechteren Rahmen für ein Hubertusstelldichein könnte sich weder das Herz des Jagdreiters noch der Pinsel des Sportmalers wünschen, als den im herbstlichen Laub prangenden Schloßhof von Schleißheim, in den die roten Röcke, die schmucken Uniformen der bayrischen Kavallerie und ein zahlreicher Damenflor jenes farbenfrohe, lebensprühende Bild brachten, das für den 3. November typisch ist. Der Zauber des alten, wohlbekannten Bildes aber bleibt ewig neu; alte Erinnerungen werden wach, längst dahingegangene Gefährten froher

Stunden, Weidgenossen und vierbeinige Kameraden wieder lebendig, und wie der Huntsman mit seinen, gleich ihm auf Schimmeln berittenen Gehilfen mit der Meute in den Schloßhof reitet, schlägt manch verwittertes Herz unter dem schon ins Bläuliche spielenden roten Rock gewiß im Tempo des Zwanzigjährigen, lockt doch der Namenstag unseres Schutzpatrons so manchen alten Reitersmann zum Stelldichein, der in kavalleristischem Sinne schon längst zum alten Eisen zählte und den roten Rock seit Jahr und Tag in der Mottentruhe wohl verwahrt hat. Das ist der eigene Zauber des „Sportes in Rot", daß er keinen läßt, der einmal in seinem Bann gestanden, und darum eine Quelle der Jugend auch für die herauswachsenden Kavalleristen bleibt. Auch so mancher, den Berufspflicht und häusliche Sorgen sonst dem roten Felde fernhalten, kann am Ehrentag St. Huberti der Sehnsucht nach herbstbrauner Heide und jauchzendem Hundegeläut nicht widerstehen; möglich auch, daß der eine oder andere, der heute am Rendezvous ist, nur um einer der schönen Insassinnen der zahlreichen Automobile willen am Rendezvous erschien. Darum pflegt an vielen Orten die Hubertusjagd eine ausgesprochen zahme Veranstaltung zu sein: anders auf der Königl. Bayr. Reitschule, wo man mir versicherte, daß die heurige Hubertusschleppe eine „gesunde" Sache sei.

Doch zu philosophischen Betrachtungen bleibt keine Zeit, denn schon reitet der Oberst Freiherr von Redwitz mit der Meute zum Tore hinaus. Es ist ein langer Zug, der sich hinter dem Jagdherrn in Bewegung setzt: außer den Herren der Reitschule die nahezu vollzähligen Offizierkorps der 1. Schweren Reiter sowie der drei Münchner Feldartillerieregimenter und des dortigen Trainbataillons, ferner mit ihrem Kommandeur an der Spitze zahlreiche Offiziere der 2. Schweren Reiter aus Landshut. Ein ansehnliches Kontingent an roten Röcken stellte auch der Münchner Reit- und Fahrverein, unter diesen Oberst z. D. von Leipzig, Oberstleutnant von Haniel, Baron Büsing und viele andere. Auch die schwarz-weiße Armbinde der hannöverschen Pikóroffiziere war vertreten: ein Veteran des roten Rockes, Oberstleutnant Kimmerle, brachte sie hier zu Ehren. Vom Hofe waren Ihre Königl. Hoheiten Prinz Franz, Major beim Stabe der 1. Schweren Reiter, Prinz August Wilhelm von Braunschweig-Lüneburg und die zur Reitschule kommandierten Prinz Adalbert und Herzog Franz Joseph erschienen. Daß unter den Damen, von denen die eine zu Ehren des Jagdheiligen auch „Rot" gewählt hatte, Frau Rupprecht und Frau Willmer nicht fehlten, ist selbstredend.

Ein kurzer Trab die Schloßallee hinunter, dann schwenkte die Meute auf herrlichen, federnden Wiesenboden ab, schon sieht man die durch ein Tannenreis gekennzeichnete Stelle, wo ein Pikör-offizier die Fährte verbrochen hat. Aber noch legt der Master der Ungeduld von Roß und Reiter Zügel an, da auf der das Gelände durchschneidenden Bahnstrecke erst ein Zug vorübergelassen werden muß, ehe die Hunde angelegt werden können. Noch eine kurze Ermahnung des Jagdherrn: „Nach der Tiefe gliedern!", da einzelne der sehr tief eingeschnittenen und etwas feuchten Gräben nicht in breiter Front zu springen sind und — aus Rücksicht auf den „Kinematographen". Dann heißt es: „Die Herren von der Reitschule ins erste Treffen!" und „Gute Fahrt!" Den Appell an die Reitschüler bezog ich selbstredend auch auf die von der Reitschule gestellten Pferde, so segelte ich unmittelbar hinter den durch die blau-weiße Armbinde kenntlichen Reitlehrern und Piköroffizieren im ersten Felde über die unabsehbar sich dehnenden Wiesen. Hatte ich neulich einen „Galoppierer" unter mir gehabt, so war es heute ein „fencer", den ich der Liebenswürdigkeit des Reitschulchefs verdankte. Gewiß ist es ein unvergleichlicher Genuß, auf einem kalten Vollblüter hinter den Hunden herzusegeln oder einen geschickten, stets mit einem fünften Fuß behafteten Iren über die Sprünge seiner Heimat zu reiten; aber die höchste aller reiterlichen Wonnen empfindet man doch auf dem „durchgerittenen" Kampagnepferde, das man in jedem Tempo und in jeder Lage noch „durchfühlen", sich „ersitzen" kann! In dieser Hinsicht ist unser Armeematerial und unsere militärische Dressur noch unerreicht.

Der seit dem frühen Morgen niedergehende Sprühregen hatte inzwischen aufgehört, und bei dem bedeckten Himmel mußte jede Fährte einen brennenden „Scent" geben, gar nicht zu reden von einer Schleppe. Bei der Höhenlage des Münchner Geländes und den dadurch bedingten Windverhältnissen stellt übrigens selbst eine Schleppe an die Nasen der Hunde wie an das Verständnis des Huntsman ungewöhnliche Anforderungen. Heute jedenfalls jagten die Hunde pfeilschnell und mit jener charakteristischen Determiniertheit, die dem Fachmann sagt, daß die Fährte „steht".

Ueber eine Reihe ausgetrockneter Torfgräben ging es zunächst in das „Schleißheimer Moor", dann führte die Fährte nach Norden, wo westlich Ober-Schleißheim die angesammelte Menschenmenge schon von weitem verriet, daß „etwas los sei"; schon sah man die Hunde verschwinden und gleich darauf das Wasser hoch aufspritzen, wie die Piköre den eingeschnittenen Schleißheimer Kanal durchquerten. Selbstredend ließ der Kinematograph sich die „Wasserpantomime" nicht entgehen. Weit weniger harmlos als diese war indessen ein unmittelbar darauf folgender, mehr als mannstiefer Vorflutgraben mit weichen Rändern. Diese beiden so rasch aufeinanderfolgenden Obstakel trugen sehr wirksam dazu bei, das Feld nach der Tiefe zu gliedern, wer darum nach ihrem Ueberwinden noch etwas von den Hunden sehen wollte, der mußte schon gehörig Dampf aufsetzen. Auf der Schleppe ist es vielleicht noch eher notwendig als auf der Wildjagd, daß man von Hause aus im ersten Felde reitet.

Im weiten Bogen jagten die Hunde um Schleißheim herum, uns über ein gutes halbes Dutzend kleinerer Gräben bringend, dann über den in breiter Front zu passierenden Bahndamm der Landshuter Strecke und eine Anzahl fairer Wassersprünge in das von zahlreichen Erdspalten und Wasserläufen durchzogene Schleißheimer Holz hinein. Nach dem Passieren desselben wurde ein etwa 5 Minuten währender Stopp eingelegt, um das durch den 25-Minuten-Galopp etwas in die Länge gezogene Feld wieder aufschließen zu lassen. Nachdem die Hunde wieder angelegt waren, verschwanden dieselben schon nach einem kurzen Galoppieren über herrlichen Heideboden wieder im Holz, in diesem kreuzten wir die Ingolstädter Straße, um bald darauf auf der Garchinger Heide das Freie zu gewinnen. Nun folgte eine bunte Reihe jener mit unnachahmlicher Naturtreue angelegten Hochsprünge, die schon früher beschrieben wurden, Koppelricks, Hecken, Erdwälle, Flechtzäune usw. An einer kleinen Fichtenparzelle, dem „Dietersheimer Loch", war Reineke seinem Gewahrsam entschlüpft, was auch die hintere Staffel an dem Auffrischen des schon vorher recht flotten Tempos merken mußte. Noch ein appetitlicher, offener Graben und die meisterhafte Imitation eines englischen „bull-fence", dann hatte Reineke seine Schuldigkeit getan: Halali! Unweit der Echinger Straße, auf offener Heide, wurde er von den Hunden gedeckt. 129 Brüche, darunter 4 an Damen, wurden verteilt. Leider hatte St. Hubertus ein Opfer gefordert: Leutnant Baron Kreß von den 1. Schweren Reitern war auf der Heide zu Fall gekommen und mußte sein Pferd mit gebrochenem Genick liegen lassen. Ein Tod nach dem Herzen Whyte-Melvilles —

Am Abend vereinigten sich an die hundert Jünger der Heiligen Hubertus und Georg zu einem Festmahl im Kasino der 1. Schweren Reiter, wo heute der Chef der Reitschule als Hausherr den Wirt machte und den Beweis gab, daß er ebenso hinreißend zu reden wie zu reiten weiß.

III.

Hinter den Hunden des Großenhainer Parforcejagdvereins.

Selbst dem passionierten Jagdreiter werden Jagdberichte aus einer unbekannten Gegend nichts sagen, sofern sie nicht jenes „je ne sais, quoi“ atmen, das den Zauber Keudellscher Schilderungen ausmacht. Aber wenn schon der Uebersetzer der „Reit-Erinnerungen“ schreibt: „Es gehört die Feder eines Whyte-Melville dazu, um Jagdberichte nicht zu einer ledernen Lektüre werden zu lassen“, so gehört für die Epigonen des Meisters noch mehr als Mut oder ein gut Teil Selbstüberhebung zu dem Versuch, in die Fußtapfen jener klassischen Jagdautoren zu treten, zumal wenn es sich um eine Meute handelt, die in keinem Geringeren als in einem Ompteda ihren Dichter gefunden hat. Daß die Großenhainer Parforcejagd dem Kapitel „Hubertus hinter den Hunden“ in „Unser Regiment“ zum Vorwurf diente, darf ich wohl als bekannt voraussetzen. Die Begeisterung für das edle Reiterhandwerk, die uns aus jeder Zeile des Buches entgegenweht, hat auch in dem Kapitel „Hubertus hinter den Hunden“ dem Verfasser die Feder geführt. —

Als ich am 22. Oktober 1903 zum Anhalter Bahnhof hinausdampfte, sah es trotz südwestlichem Wind und bewölktem Himmel um den „Scent“ herzlich schlecht aus und ich war äußerst froh, im behaglichen Speisewagen des D-Zuges hinter einer Flasche „Old Pale Sherry“ zu sitzen. Als ich gegen elf Uhr in Großenhain dem

Zug entstieg, war jedoch die Sonne — wie man auf dem Turf sagt — bereits im „Kommen", aber o weh, mein gesamtes Gepäck inklusive rotem Zeug war irgendwo stehengeblieben! Zum Glück ist es ja nicht der Rock, sondern das Herz des Reiters, das das Herz des Pferdes macht!

Mein Gastfreund führte mich sogleich in den Stall und zeigte mir mit einer Gebärde wie weiland König Polykrates seine fünf „Hunter". — Wer die Wahl hat, hat bekanntlich die Qual; aber da mir der alte Rugany von der Rennbahn her als ein ehrlicher Puller bekannt war, zwei Vierjährige im Stalle nach dem eigenen Urteil ihres Besitzers noch im Jagdfelde wenig routiniert waren, so entschied ich mich für eine fünfjährige Halbblutstute vom „grünen" Eiland; und ich hatte diese Wahl nicht zu bereuen. Unsere Jagdgefilde in Deutschland haben nicht einen so ausgesprochenen Charakter, wie dies in England der Fall ist, wo fast jede Grafschaft ein eigenes Pferd verlangt; wenn jedoch für die Umgegend von Großenhain etwas typisch ist, so sind es die herrlichen fairen Wassersprünge, und auch meine schöne „Irin" schien drüben ihre Schule in einer Gegend genossen zu haben, in der Bäche an der Tagesordnung sind.

Es mochten an sechzig Reiter sein, die gegen ein Uhr dem Steinbruch südlich Zschanitz zutrabten. Gegen soviel gute Laune und soviel frohe Gesichter konnte auch der griesgrämigste Himmel nicht standhalten, und bald „lächelte" die Sonne auf das übliche bunte Durcheinander eines Jagdrendezvous herab, doppelt buntfarbig in Großenhain. Die Königlich Sächsische Reitschule hat bekanntlich die Jagden des Parforcevereins in ihren Unterrichtsplan hineingezogen, und das Hellblau der Kavallerieoffiziere mit dem grünen Waffenrock der sächsischen Artillerie bringt eine reizvolle Abwechslung in das rote Feld. Neben dem Offizierkorps der 18. Husaren, das geschlossen seinem Kommandeur — dem Master des Vereins — folgt, sind alle sächsischen Regimenter auch unter den Rotröcken vertreten. Wer nicht selbst auf der Rennbahn zu Hause ist, der weiß es aus der Statistik unserer siegreichen Herrenreiter, was die hellblaue Farbe zwischen den Flaggen leistet, und schon diese Tatsache bürgt dafür, daß die Freude am roten Sport im „Dreieck" wie nirgends anders eine Heimat hat.

Infolge einer allzu liebenswürdigen Hausfrau und eines allzu vortrefflichen Frühstücks trafen wir erst am Stelldichein ein, als der Huntsman sich mit seinen acht Koppeln schon in Bewegung setzte.

Kaum wird noch die unentbehrliche Vorstellung beim Master, sowie beim Senior des Feldes, General von Milkau, und bei dessen Tochter, unserer einzigen Amazone, bewerkstelligt, da blasen bereits die Piköre „Anjagd“, und es heißt, sich einen Platz im Felde suchen. Gleich nach den ersten Galoppsprüngen gab es eine Kletterangelegenheit, die manchem Puller einen Dämpfer aufsetzte; trotz des tiefen Bodens ging es in strammer Fahrt über die Großenhainer Chaussee, und Döbritzchen rechts liegen lassend, über mehrere kleinere, aber immerhin recht achtbare Wasserrinnen bis zum Hopfenbach. Mein Gastgeber hatte mir gesagt, daß es in dem weichen Wiesenterrain nicht immer ratsam sei, gegen derlei Dinger allzu vertrauensselig gegenzureiten; da ich vorne verschiedentlich eine Parade geben sah, wollte ich die gleiche Taktik befolgen; zum Glück hatte meine brave Stute mehr Einsicht — oder, ehrlicher gesagt, mehr „Herz“ —, und mit einem prachtvollen Satz flogen wir hinüber. Jetzt erst waren wir ganz einig und ich habe bis zum Halali einen unvergleichlichen Ritt gehabt. Nachdem wir den Hopfenbach zum ersten Male an der Ganschemühle gesprungen hatten, wurde er uns am Bachberg noch einmal vorgesetzt; nach einer Schleife in nördlicher Richtung jagten die Hunde über den Achselberg und von dort mit vollem Hals halbrechts in Richtung auf den Steinberg. Hier jagten die Hunde bereits, wie es der Engländer nennt, „auf Blut“; denn nachdem sie sechs Kilometer auf der Schleppe gearbeitet hatten, war ein Keiler ausgesetzt worden. Leider verlängerte der Schwarzkittel das Vergnügen um wenig mehr als einen Kilometer; gleich nach dem Passieren der Chaussee Reinersdorf-Göhra wurde er am Steinberg von der Meute gedeckt. Leutnant von Minckwitz hob aus und der Master, Oberst von Mueller, gab den Fang. Nachdem die Pikör-Unteroffiziere das Küree bereitet hatten, verteilte der Master fünfundfünfzig Brüche.

Am 24. Oktober war das Rendezvous am Hopfenbach, hart nördlich Nauleis. Für die jüngere Generation erhielt der Tag eine besondere Weihe, indem ein Veteran der Großenhainer Jagden, der frühere Kommandeur der König-Albert-Husaren, General von Stralenheim, sich in der Jagdfolge befand. Nachdem derselbe die Erlaubnis zum Anlegen erteilt hat, wird die Meute auf das Gefährt gebracht, der Master hebt die Kappe, und mit dem Signal „Gute Jagd!“ geht es vorwärts, hinter den hell läutenden Hunden drein. Gleich einer der ersten Sprünge war der Hopfenbach, dann führte die

Schleppe in einer Schleife um den Spitzenberg herum, über den Achselberg, und nun folgte Graben auf Graben, alle wie die fairsten Wassersprünge auf einer idealen Rennbahn. War die neuliche Jagd schon erster Klasse gewesen, die heutige war noch besser. Mir brachte sie die alte Lehre, daß man eine lange und schnelle Jagd nur angenehm und mit Schonung für sein Pferd reitet, wenn man sich dicht an die Hunde hält, denn nur dann kann man im gegebenen Augenblick, im tiefen Boden usw. einen pull geben, ohne daß man Gefahr läuft, die Hunde aus den Augen zu verlieren; auch der beste Hunter ist nur mit Herzen dabei, solange er die Hunde sieht und hört! Am ersten Jagdtage hatte mich mein freundlicher Gastgeber gebeten, etwas diskret zu reiten, da meine Stute erst kürzlich herübergekommen und bisher nur eine Jagd gegangen war. Wie es bei den Windungen und Schleifen einer Schleppe, bei dem Abbrechen vor Saatstücken usw. leicht vorkommen kann, war ich am 22. etwas in das Hintertreffen geraten, und hatte im tiefen Acker das Gefühl, daß die Stute genug hatte. Heute, von dem Geläut der Meute elektrisiert, war es ein ganz anderes Pferd, auf dem ich saß, und oft in bedenklicher Nähe des Masters, segelten wir von Anfang bis zu Ende im ersten Felde fliegend über alles hinweg. — Die ganze Wonne, die uns auf einem gut galoppierenden Pferde hinter der jauchzenden Meute durchzittert, wenn von endlos sich dehnender Wiesenfläche in dunklen Streifen die Wassersprünge sich abheben — wie Ompteda kann's keiner in Worte kleiden: „Die Wasserspiegel unterwegs spürt man kaum, wenn es dem Gaul Freude macht, darüber wegzusausen. Go on! Go on! Immer vorwärts! Hurra! Gott verdamm' mich, ist das schön!"

Nach einem Sechskilometergalopp, an Reinersdorf und Kalkreuth vorüber, war am Spruthteich der Wildkasten aufgestellt. Dort, an dem gefürchteten Kalkreuther Graben, war eine ganze Wagenburg voll schöner Insassen aufgefahren. Die nicht sattelfesten Damen lassen es sich in Großenhain nicht nehmen, wenigstens im Wagen beim Halali zu sein, und überzeugen sich, ob ihre Ritter sich ihrer Huld auch im Jagdfelde würdig erweisen. Leider war unser Keiler so ungalant, anstatt uns vor den Augen der Damen über den Sensationssprung zu führen, sich sogleich der Meute zu stellen, die ihn am Spruthteich deckte. Major Freiherr von Fuchs-Nordhoff, der schon so manchen Schwarzkittel in Großenhain und Hannover auf den Rücken geworfen hat, war der erste aus dem Sattel, aber Leutnant von Stralenheim (18. Hus.) war behender und vermochte noch im letzten Augenblick die Ehre des Jagdfeldes an sich zu reißen. Nachdem der Master den Fang gegeben, konnte er fünfzig Brüche verteilen.

— — — — — — — — — — — — — — — — — — —

1911. Für jeden Kavalleristen gehört es zur Bildung, wenigstens einmal den Namenstag des Jagdpatrons an der Hochschule deutscher Reiterei hinter der hannöverschen Meute begangen zu haben. Nachdem ich auch hinter den Hunden der Königl. Bayr. Reitschule eine Hubertusjagd geritten hatte, fehlte in meinen „Reit-Erinnerungen" nur noch ein Hubertustag in Großenhain, wo zu Ehren des heiligen Hubertus an dessen Namenstag ein Damhirsch gejagt wird. In diesem Jahre war dies übrigens öfters geschehen, da die Eichelmast wie an andern Orten (zum Leidwesen der Master!) auch in Moritzburg das Einfangen des nunmehr die Futterplätze meidenden Schwarzwildes erschwerte.

Als ich am 3. November, 8 Uhr früh, in Berlin den Dresdner D-Zug bestieg, traf ich schon auf den Anhalter Bahnhof zwei Rotröcke mit dem gleichen Reiseziel. Da uns der hippologische Stoff nicht ausging, so verflog die zweieinhalbstündige Fahrt im Speisewagen im Umsehen. Um $^1/_2$11 Uhr war ich bereits im gastlichen Hause des Masters, Rittmeisters Gontard, wo ich, trotz der frühen Stunde und obwohl wir noch anderthalb Stunden bis zum Aufbruch vor uns hatten, schon ein kleines „rotes Feld" versammelt fand. Wenn es auch Leute geben mag, die über die Anwesenheit von Damen im Jagdfelde geteilter Ansicht sind, so erhöhen diese bei dem dem Aufbruch zur Jagd vorangehenden Frühstück doch die Begeisterung für den „Sport in Rot" erheblich, zumal wenn sie der rote Rock so reizend kleidet und sie hernach mit solcher Bravour den Hunden folgen, wie die leider das schöne Geschlecht im Jagdfelde allein vertretende Baronin Gayl. Punkt 12 Uhr standen die Pferde vor der Tür: für den Schreiber dieser Zeilen ein wundervoller, ostpreußischer Schimmel, der sonst den Oberpikör Werner zu tragen pflegt — man weiß offenbar in Großenhain, was man einem Autor schuldig ist!

Als wir die Straße betraten, bog schon um jede Ecke ein Rotrock, an jedem Gasthof und Stall verstärkte sich die Kolonne, und als wir auf der Chaussee nach Quersa in das Freie kamen, sah man, soweit das Auge reicht, rote Röcke und die schmucken lichtblauen Reitschüler nach Mühlbach traben, wo auf 1 Uhr 30 Minuten das Stelldichein anberaumt war.

Da die Reitschüler, nachdem sie einmal die Freuden eines Großenhainer Herbstes gekostet haben, in der Regel Mitglieder des Vereins bleiben, so sind die sämtlichen berittenen Offizierkorps des grün-weißen Kontingents in dem Verein vertreten. Ganz besonders zahlreich erschienen die auswärtigen Mitglieder natürlich am Hubertustage, der leider auch hier, wie an so vielen Orten, die Saison beschließt. So sah man am 3. November außer dem Oberst Grafen von der Schulenburg, der lange Jahre selbst die Meute führte, u. a. die Kommandeure der Garde-Reiter und der Kaiser-Ulanen mit vielen Offizieren ihrer Regimenter im Felde. Auch der Vorgänger des derzeitigen Masters, Flügeladjutant Major Freiherr von Könneritz, war zur Stelle.

Als wir in Mühlbach anlangten, hatte leider ein scharfer Nordost eingesetzt und Sonne und Scent vertrieben. Da man die künstliche Witterung ja beliebig verstärken kann, so sprechen Wind und Wetter bei einer Schleppe freilich nicht so mit wie auf der Wildfährte; immerhin nahmen die Hunde beim Anlegen die Fährte nicht mit dem Elan auf, den man sonst von Schlepphunden gewöhnt ist. Es war unverkennbar, daß sie mit dem Winde zu kämpfen hatten; denn es wurde zunächst von Mühlbach in westlicher Richtung angejagt. Schon nach den ersten tausend Metern, die uns gleich zu Beginn der Jagd durch den tief eingeschnittenen Dobrabach brachten, besserten sich Fährte und Fahrt, sobald wir auf Kalkreuth zu nach Süden bogen.

Mir war die Ehre zuteil geworden, neben dem Master unmittelbar hinter den Hunden reiten zu dürfen, so daß ich Gelegenheit bekam, mir über deren Arbeit ein Urteil zu bilden. Die Hunde, 65 bis 75 cm groß, sind außerordentlich stark, pfeilschnell, in brillanter Kondition und sehr gehorsam. Für meinen Geschmack könnten sie etwas geschlossener und lauter jagen. Es ist dies nun einmal die „fixe Idee“ jedes Huntsman, und nicht mit Unrecht; denn Geläut „jagt“, abgesehen davon, daß es nun einmal zur Poesie des Hunting gehört. Mit vollem Halse jagt aber nur der ganze Chor, wenn er dicht beisammen ist. Will man sehr schnell jagende Hunde haben, so muß man freilich nach beiden Richtungen seine

Ansprüche etwas niedriger schrauben. Deshalb ist man auch in England in dieser Hinsicht nicht so rigoros, wie man es hierzulande glaubt. Jedenfalls tut meine Bemerkung dem Sport, der hinter der Großenhainer Meute geboten wird, wie der Leser sehen wird, keinen Abbruch.

Auf den Dobrabach fogten in rascher Aufeinanderfolge in herrlichem, federndem Wiesenboden fünf prachtvolle Gräben, darunter der berühmte Kalkreuther „Mittelbach", der nach authentischer Aussage des Masters fünf Meter lichte Weite hat. Rittmeister Gontard war ganz erstaunt, daß mir der Sprung, den wir Kopf an Kopf nahmen, nicht imponiert habe. Ich hatte „die Rinne" kaum gemerkt: ein besseres Kompliment konnte ich meinem braven Schimmel aus dem Jagdstall der Gontardschen Schwadron nicht machen. Nachdem wir den von Kalkreuth zum Remontedepot Bieberach führenden Damm und ein hübsches, aber künstliches Hochhindernis überwunden hatten, bogen die Hunde in den Röderwiesen nach rechts, brachten uns an Kalkreuth vorüber, über den erwähnten Damm zurück, beim „Fasanengarten" durch die hochaufspritzende Röder über den „Rödergraben", einen Wall, die auf hohem Damm führende Chaussee Kalkreuth—Folbern nach den Bärenteichwiesen, wo ein paar harmlose Gräben zu springen waren. Hier wurden die Kopfhunde einen Augenblick durch einen Hasen irritiert, was mir bewies, daß mit der Drehung nach Westen sich der Scent wieder verschlechtert haben mußte. Um den Spittelberg herum ging es dann über die von zahlreichen fairen Gräben durchschnittenen sogenannten „Langen Wiesen" und durch die Koppeln des Remontedepots nach Reiherhof, wo die acht Koppeln zählende Meute durch zwei Koppeln Relaishunde verstärkt wurde, um die Fährte des jenseits des von Steilhängen eingefaßten Neugrabens in Freiheit gesetzten Schaufler aufzunehmen.

Noch ehe man desselben ansichtig geworden war, zeigte sich in der Manier des Ansprechens schon eklatant der Unterschied zwischen Wildfährte und Schleppe. Nachdem der Hirsch eine geraume Zeit gesichert hatte, machte er sich in langen Fluchten auf die Reise, warf sich über das hochgeböschte Wehr, durchschwamm die Röder und entschwand über die Stockenwiesen in Richtung auf Folbern den Blicken. Da die sumpfigen Wiesen jenseits der Röder die Folge nicht gestatteten, mußten wir auf der Krone des Wehrs zurückgaloppieren, gewannen am Wehrhaus das andere Ufer und suchten dann, was das Riemenzeug hielt, über die Triften galoppierend, die Hunde zu erreichen, wobei es noch einige Gräben und einen interessanten Tiefsprung zu überwinden gab. Nach der sieben Kilometer langen Schleppe, zu der wir kaum fünfzehn Minuten gebraucht hatten, gab uns der Schaufler noch einen Top speed-Galopp über vier Kilometer. Den letzten Kilometer mußten wir aus Rücksicht für die Bauernsaaten auf einer chaussierten Straße galoppieren, was an sich schon wenig angenehm, durch die uns unaufhörlich kreuzenden Radfahrer noch unangenehmer wurde. Doch es half nichts; im Augenblick wenigstens durfte keiner an die Beine seines Pferdes denken, denn der Hirsch war bereits von den Hunden gestellt. In einer Drahteinfriedigung beim Dorfe Folbern hatte er sich festgelaufen und wurde von Major Roßbach, dem jugendfrischen Kommandeur der Chemnitzer Ulanen, ausgehoben. Erst nachdem der Master den Fang gegeben hatte, traf das Gros des Feldes ein, an das der Präsident des Vereins noch neunzig Brüche verteilen konnte.

Leider setzte während des Küree ein ungemütlicher Regen ein. Desto dankbarer genoß man nach der Rückkehr die von der liebenswürdigen Gattin des Masters gebotene Tasse Tee. Viel Zeit blieb uns freilich nicht, schon um 5 Uhr hieß es zum Hubertusmahl im Kasino der Königs-Husaren sein. In England hörte ich oft darüber spotten, daß wir Deutschen einen guten Jagdtag stets durch einen Umtrunk in froher Gesellschaft krönen möchten. Nun, am Tage St. Huberti ist dies gewiß am Platze und von dem Gesichtspunkt durchaus zu billigen, daß sich manch einer seiner Passion erst bei Tisch im roten Frack bewußt wird.

Während die Trompeter den elektrisierenden Parademarsch der sächsischen Königs-Husaren spielen, während der Sekt in den Spitzgläsern perlt und durch das fröhliche Stimmengewirr das „Prosit!" und „Horrido!" hinüber und herüber fliegt, steigen vor meinen Augen die Gestalten aus „Unserem Regiment" auf: ich sehe sie zwischen uns an der Tafel sitzen — den „Pfaff", den kleinen Zwett, den armen Ganacker — hier in diesen Räumen, in denen auch der Autor einst jung und fröhlich war. Wer kennt ihn nicht, der wie kein anderer Meister ist in der Schilderung der Offizier- und Sportkreise? Aber „Unser Regiment" hat Ompteda mit seinem Herzblut geschrieben, mit dem Herzen, das bis zum letzten Schlage den geliebten lichtblauen Husaren gehört.

— — — — — — — — — — — — — — — — —

In wenig mehr denn Jahresfrist blickt der Verein auf ein halbes Jahrhundert seines Bestehens zurück. Nach der Rückkehr des 1. Reiterregiments von der Bundesexekution in Holstein 1864 gründete der damalige Major von Senfft im Sommer 1865 den „Großenhainer Hetzklub". Es wurde zunächst mit Windhunden gejagt, die von verschiedenen Herren geschenkt worden waren. Die Unterbringung und Verpflegung der Hunde besorgte der Gemeindevorstand Herrig in Folbern. Das Unternehmen erschien gesichert, als Kronprinz Albert, Prinz Georg, eine große Anzahl von Gutsbesitzern der näheren und weiteren Nachbarschaft und viele Offiziere der Reiterregimenter dem Klub beitraten. Der Krieg von 1866 führte eine Unterbrechung der Hasenhetzen herbei, sie wurden aber 1867 wieder aufgenommen. Der Klub stand unter dem Präsidium des Freiherrn von Palm auf Linz, die Jagden unter der Leitung des als Regimentskommandeur nach Grimma versetzten Obersten von Senfft. Letzterer fehlte bei keiner Jagd, traf alle Vorbereitungen und wußte die Jagden frisch und lehrreich zu gestalten, er war die Seele des Ganzen und sein ganzes Sinnen darauf gerichtet, den Klub von den Hetzen zur Parforcejagd hinüberzuleiten.

Dieses Ziel wurde bei der Generalversammlung am Hubertustage 1867 erreicht, in der die Grundlegung zu dem noch heute in jener Form bestehenden Verein erfolgte. Oberst von Senfft hatte mehrfach mit dem in Dresden lebenden Grafen Voß auf Schorsow in Mecklenburg Rücksprache über die Beschaffung englischer Harriers genommen und war schließlich mit ihm übereingekommen, seine ganze, aus zwölf bis fünfzehn Koppeln bestehende Meute zu kaufen, wenn die Generalversammlung dazu ihr Einvernehmen erklären würde. Auf der Generalversammlung wurde aber nicht nur der Ankauf einer Meute, sondern auch die Erpachtung von Jagdrevieren beschlossen und die zur Bestreitung der Ausgaben erforderlichen Gelder durch Ausgabe von Aktien beschafft. Von diesen Aktien kaufte jedes Mitglied eine oder mehrere, was eine Jahresabgabe von 10 Talern pro Aktie an den Klub bedingte und zum Bejagen der erpachteten Reviere Folbern, Quersa, Kalkreuth, Brockwitz, Mühlbach, Bieberach, Reinersdorf und Göhra berechtigte. Es kosteten Pacht: Folbern 101, Quersa 62, Kalkreuth 45, Brockwitz 35, Mühlbach 10, Bieberach 15, Reinersdorf 104, Göhra 79 Taler.

Im Sommer 1868 traf die Meute in Großenhain ein und wurde in der hierfür ermieteten Paulsmühle untergebracht, mit ihr kam der Vollblutwallach „Komisch“ und ein Hundejunge, da Graf Voß seinen Huntsman schon einige Jahre vorher entlassen hatte. Da der Hundejunge nicht reiten konnte, wurde der vom Klub angestellte Förster Schultze auf „Komisch“ gesetzt, um die Hunde zu bewegen, da sie seit längerer Zeit an dieses Pferd gewöhnt waren.

Die erste Probejagd konnte am 8. Oktober 1868 mit der neuen Meute geritten werden, bei der, wie auch bei allen übrigen Jagden dieser Saison, Oberst von Senfft in Ermanglung eines Huntsman die Hunde führte. Dieser ersten Jagd wohnten nur der Präsident Freiherr von Palm, der Vizepräsident Oberst von Senfft und der Schatzmeister Leutnant von Könneritz bei. Es wurde eine Sau bei Göhra ausgesetzt und bei Reinersdorf von den Hunden gestellt. Die Jagd hatte einen befriedigenden Verlauf genommen.

Bereits am 9. Oktober wurde die nächste Jagd geritten, und zwar eine Schleppe, die ebenfalls zur Zufriedenheit ausfiel. Die Schleppen, die Oberst von Senfft aussuchte, wurden vormittags von einem gewissen Blüthgen aus Folbern, der viel Passion für die Sache hatte, zu Fuß mit Heringslauge gelegt; am Schlusse wurde ein Fuchs ausgesetzt. Eine Fuchsjagd wurde am 12. Oktober geritten; es wurde ein Fuchs gesucht, der sich auch bald in den Adelsdorfer Teichen fand, und bei Kalkreuth Halali gemacht. Um den Hunden Ruhe zu gönnen, fand am 13. ein Schnitzelreiten statt, dem am 14. wieder eine Fuchsjagd folgte.

Dies waren die ersten Parforcejagden. Weiterhin wechselten Fuchsjagden mit Schleppen und Schnitzelreiten ab; Wildjagden auf Sauen gab es nur einzelne, da die Sauen für einen ziemlich hohen Preis aus dem herzoglichen Tiergarten bei Dessau bezogen werden mußten. Die Fuchsjagden bildeten in den ersten Jahren die Hauptsache, denn es gab in der Umgegend Großenhains viele Füchse. Die Saison, während der viermal wöchentlich geritten wurde, endete meist am 3. November mit der Hubertusjagd.

Bei der Generalversammlung im Herbst 1867 waren noch keine Vorschriften über den Anzug gegeben, doch da sich bereits im Herbst 1868 der rote Rock schnell einbürgerte, wurde bei der Generalversammlung 1868 beschlossen, daß der Anzug zu den Jagden Uniform oder roter Rock, zu den Diners, die nach jeder Jagd in dem Hotel de Saxe stattfanden, Frack, Uniform oder roter Rock sein sollte.

Das Verteilen der Brüche fand seit Anfang der Jagden hinter der Meute statt.

Das Frühjahr 1869 brachte insofern einen Fortschritt, als durch die Annahme eines Huntsman die Meute nunmehr regelrecht für ihren Zweck vorbereitet werden konnte. Dieser Huntsman, Craft, war ein geborener Engländer, der bereits verschiedene Meuten geleitet hatte.

Der Krieg gegen Frankreich veranlaßte eine abermalige Unterbrechung der Jagden, doch lernte General von Senfft bei dem Marquis de Seguis das Jagen auf Damwild kennen, was er sofort in der nächsten Jagdsaison in Großenhain einführte, wo er das Präsidium des Klubs übernommen hatte. Es wurden englische foxhounds angeschafft und traten die Jagden auf Dam- und Schwarzwild immer mehr in den Vordergrund. Das Wild wurde von Mitte der siebziger Jahre an zum Teil aus dem Moritzburger Tiergarten bezogen. Nachdem einige Jahre später König Albert verfügt hatte, daß das Wild dem Klub unentgeltlich zu überlassen sei, unterblieb seit 1884 der Ankauf von Wild aus Dessau.

Die Fuchsjagden hörten nach und nach auf, besonders auch, weil die Jagdbesitzer in dieser Zeit wegen Aufbesserung ihrer Niederjagd diesem Räuber sehr nachstellten, so daß er nur noch selten anzutreffen war.

Eine Jagd auf ein Rottier, ein Geschenk des Grafen Solms-Klischdorf, fand im Jahre 1872 statt, die einen guten Run brachte, doch ist wohl die längste Jagd auf einen Dessauer Schaufler geritten worden, der nach einem Galopp von zweiundsiebzig Minuten nicht allzu weit von Dresden Halali gemacht wurde.

Während die Jagden so einen guten Sport gaben, traten andere Hindernisse dem Unternehmen in den Weg, die schwerer zu beseitigen waren. Im Jahre 1873 mußten die Jagdreviere neu erpachtet werden, was einen bedeutend größeren Kostenaufwand beanspruchte, dann wurden die Forderungen der Bauern für die durch das Reiten querfeldein verursachten Flurschäden immer höher*), so daß die Ausgaben nicht mehr von den Einnahmen gedeckt waren. General von Senfft entschloß sich, den König um eine Unterstützung des Klubs zu bitten, die gewährt wurde. Diese Unterstützung konnte aber das jährlich steigende Defizit nicht ausgleichen, da die Einnahmen nicht wuchsen, die Ausgaben immer größer wurden.

*) 1911 betrugen die Ausgaben für Jagdpacht 5411,55 Mark, für Flurschäden 4374 Mark, dem steht ein Wilderlös von 2810 Mark gegenüber.

Dazu kam, daß sich der Vorstand in die Notwendigkeit versetzt sah, nach neuen Hunden Umschau zu halten, denn die Meute war durch gefallene Hunde schon bedeutend gelichtet, die vorhandenen Hunde aber größtenteils alt und verbraucht.

Durch die Ausgabe von Aktien zweiter Klasse, durch Sammlungen bei den Mitgliedern, durch Schenkung von Hunden seitens einzelner Gönner, vor allem aber durch die wiederholte tatkräftige Unterstützung des Königs verringerten sich die Schulden allmählich.

Bei der Generalversammlung Hubertus 1885 legte der hochverdiente Gründer des Klubs, General von Senfft, zum Bedauern aller Mitglieder das Präsidium nieder, um, wie er sagte, „jüngeren Kräften Platz zu machen". Oberst von Kirchbach trat an seine Stelle, die seither der jeweilige Kommandeur der Königs-Husaren innehat.

Dem Klub wurde 1886 die Ehre zuteil, daß Prinz Friedrich August, der jetzige König, gelegentlich seiner Dienstleistung bei dem 1. Husaren-Regiment Nr. 18 dem Klub beitrat und seitdem ein eifriger Förderer desselben geworden ist. Er hat selbst viele Jahre die Jagden mitgeritten. Seit 1889 stiftet er jährlich einen Rennpreis für das vom Verein jährlich am Schluß der Jagden abgehaltene Rennen. Seit 1892 ist Se. Majestät Ehrenpräsident des Vereins, dem er eine Jahresbeihilfe von 500 Mark allergnädigst gewährt.

Gegenwärtig zählt der Verein 216 Mitglieder, die einen Jahresbeitrag von je 72 Mark zahlen. Hierzu gewährt das Königlich Sächsische Kriegsministerium noch eine Beihilfe von 3000 Mark pro Jahr. Schatzmeister des Vereins ist zugleich der jeweilige Master.

Diesen Posten bekleideten:

bis 1877 Rittmeister Brandt von Lindau,
„ 1883 Rittmeister von Poten,
„ 1890 Rittmeister von Egidy,
„ 1892 interimistisch Rittmeister von Milkau,
„ 1900 Rittmeister Graf von der Schulenburg,
„ 1909 Rittmeister Freiherr von Könneritz,
von 1909 ab Rittmeister Gontard.

Die Kennels beherbergen zurzeit zwölf Koppeln. Für den Oberpikör und dessen ständigen Gehilfen unterhält der Verein zwei Pferde. Die übrigen Pikörpferde, sowie der zweite „whip" werden für die Jagdzeit vom Husaren-Regiment Nr. 18 gestellt. Es werden einschließlich Probejagden zirka zwanzig Jagden geritten, wobei zuvor stets eine Schleppe mit der entsprechenden Losung des Kastenwildes (Dam- oder Schwarzwild) gelegt wird. Die hohe Kultur und dichte Bevölkerung haben auch hier der freien Wildjagd ein Ende bereitet; allein, wenn man sich auch mit einem Ritt hinter Kastenwild begnügen muß, so gehören die Großenhainer Jagden doch in reiterlicher Hinsicht zu dem Besten, was der Sport in Rot uns in Deutschland bietet.

IV.

Hubertus auf der Senne.

1905. Hinter den Hunden der 8. Husaren (Paderborn) auf der historischen Senne, wo der Sport in Rot seit mehr als einem halben Jahrhundert eine Heimat hat, wird der Namenstag des Schutzpatrons stets einen Tag nach der Hubertusjagd des Militärreitinstituts begangen. —

Am 4. November, Punkt ein halb acht Uhr früh rollte der Extrazug aus der Halle des Bahnhofes, um die Creme der hannöverschen Jagdreiter nach der Senne zu bringen — wenigstens, was die Passion anbelangt, konnten wir alle dieses Epitheton ornans in Anspruch nehmen. An offiziellen Persönlichkeiten hatte die Reitschule die Rittmeister von Krieger, von Negenborn und Graf Königsmark entsandt. Die Damenwelt, die im hannöverschen Jagdfelde eine so hervorragende Rolle spielt, war durch Frau von Krieger, Miß Swinburne und Komtesse Bninska vertreten. Vom Bahnhof Neuhaus, wo wir etwa um viertel auf zwölf eintrafen, brachte uns eine ganze Kolonne von Krümperwagen nach dem alten Bischofspalast, wo die Husaren ihr feudales, aber urgemütliches Heim aufgeschlagen haben.

Punkt halb zwei Uhr riefen nach dem höchst animiert verlaufenen Frühstück die Fanfaren der Husaren-Kapelle in den Sattel. Fast eine Schwadron der kleinen, langschwänzigen Husarengäule war aufmarschiert, um die Gäste aus Hannover, Münster, Düsseldorf usw. über die altberühmte Senne zu tragen. Nicht ohne Mißtrauen sah man so manchen schweren und baumlangen Reiter seine „Pandurenkatze“ besteigen; aber der Verlauf des Tages sollte wieder einmal glänzend die Wunderkraft des Blutes beweisen. —

Am Dürenkamp war dem Hubertuskujel die Freiheit gegeben. Mit vollem Hals nahm die Meute, vom Master, Oberleutnant von Fürstenberg, selbst geführt, die Fährte auf. Graf Königsmark, der Master aus Hannover, und Mr. Tate, der alte Huntsman des Herzogs von Nassau, ritten mit, vorn bei den Hunden. Das Schwein war durch den Lutterbach gewechselt, wo diejenigen, die sich für den kürzesten Weg entschieden, durch eine interessante Kletterpartie belohnt wurden. In den sogenannten Piepers Fichten bei Haus Kleine ward der Schwarze bereits von den zehn Koppeln verbellt, allein der Kunst der Lanceure gelang es, uns noch einen Galopp über den alten Kavallerie-Exerzierplatz bis Haus Hatzfeld zu verschaffen. Nach einem Galopp von kaum zwanzig Minuten wurde der Ueberläufer bereits von der Meute gedeckt und von Rittmeister Trenge ausgehoben.

Da die auswärtigen Gäste bei dieser kurzen Jagd nicht auf ihre reiterlichen Kosten gekommen waren, so willigte der Jagdherr, namentlich auf die Bitten der mitreitenden Damen, ein, noch einem zweiten Schwein die Freiheit zu schenken. Diesmal war es ein betagter Herr aus dem Teutoburger Walde, der am Dürenkamp dem Wildkasten entschlüpfte und den Albedyllbergen zueilte. Mit Rücksicht auf das schlechte „Scentwetter“ wurden die Hunde etwas früher auf das Gefährt gebracht, das uns über die Albedyllberge durch die Grimke nach Taubenteich führte. Die Luft hatte sich in diesem Augenblick plötzlich abgekühlt und der Einfluß dieses Temperaturwechsels auf die Fährte sprang sofort in die Augen: in Richtung auf den Kaiserstein jagten die Hunde wohl fünfzehn Minuten lang in einer Pace, wie man sie hinter der Quorn oder Pytchley nicht besser reiten kann. Schon nach einer Viertelstunde indessen brach die Sonne wieder hervor, und der Scent, der ohnehin durch den eigenen aromatischen Geruch des Heidebodens beeinträchtigt wird, wurde sichtlich schlechter. Die Hunde flatterten, überschossen und es mußte immer wieder umgeschlagen werden, um die Fährte des Keilers herauszuarbeiten. In solchen Fällen muß der Huntsman sein eigenes Auge zu Hilfe nehmen, um das Wild zu fährten und den Hunden zu dem wohlverdienten Küree zu verhelfen. In schlechter Scentgegend, mag dies am Boden oder an der Witterung liegen, braucht man eben schnelle Hunde, sonst läuft ihnen das Wild aus der Nase. Anfänglich schien mir die Meute hinsichtlich der Schnelligkeit nicht ganz ihrer Aufgabe gewachsen zu sein; ich korrigierte jedoch mein Urteil sofort, nachdem sich der Scent gebessert hatte. Es ist gar keine Frage, daß die Hunde unter den sehr schwierigen Verhältnissen des Tages hervorragend arbeiteten und geradezu meisterhaft geführt wurden. Darf man der Meute zu ihrer Vervollkommnung noch etwas wünschen, so wäre es vielleicht eine größere Ausgeglichenheit in der Pace. Die vorangehenden Bemerkungen sollen indes keineswegs an einer so altrenommierten Meute Kritik üben, sondern lediglich dazu dienen, für den schweren, oft so undankbaren Beruf des Huntsman bei diesem oder jenem Verständnis zu wecken und dem Leser die echten Freuden des Sports in Rot näher zu bringen.

Vom Kaiserstein ging die Jagd mit kurzen Stopps durch den Haustenbach bis zum Detmolder Wildgatter. Da es mittlerweile dämmerte und empfindlich kalt zu werden begann, so vermochten die Hunde die hier verlorene Fährte nicht wieder aufzunehmen, und als alles Umschlagen vergeblich blieb, mußte sich der Master schweren Herzens entschließen, die Meute zusammenzublasen. Seit dem Anlegen hinter dem zweiten Keiler waren fünfviertel Stunden vergangen, und, die erste kurze Jagd mit eingerechnet, hatten wir gut und gerne zwanzig Kilometer galoppiert. Trotz der Fehljagd wird darum wohl keiner von uns den Tag als verfehlt bezeichnen; wer anders denkt, der tröste sich mit Keudell in dem Gedanken, daß ein Wild, dem wir einen so herrlichen Galopp verdanken, das Leben verdient hat.

Ehe wir den Heimweg über die bald in völliges Dunkel gehüllte Heide antraten, verteilte Oberst Freiherr von Lyncker für die erste Jagd noch die Brüche, siebenundsiebzig an Zahl. Habe ich an anderer Stelle das Alter im Jagdfelde ehrend erwähnt, so muß hier der Jugend anerkennend gedacht werden. Der noch sehr jugendliche Sohn des Rittmeisters von Carnap auf einem winzigen Fuchspony, im roten Rock und Miniaturkappe, war an der Seite seiner Mutter von Ende zu Wende dicht hinter den Hunden — bei solchen Eltern wird der Sport in Rot auch in der kommenden Generation nicht aussterben.

Was den Tag jagdlich so lehrreich machte, war: daß im Verlaufe desselben sich die Temperatur viermal änderte, und wer für die Arbeit der Hunde ein Auge hat, der konnte die Wirkung auf das Stehen der Fährte sofort wahrnehmen.

In der Tatsache, daß die erste der neu zu errichtenden Reitschulen, die eine Voranstalt für das Zentralinstitut in Hannover bilden sollen, ihren Sitz in Paderborn erhielt, liegt der Beweis, wie sehr man an maßgebender Stelle die Bedeutung des Jagdfeldes als Schule für unsere jungen Kampagnereiter würdigt. Das dem Herzog von Wellington in den Mund gelegte Wort: „Wer ehrlich hinter Hunden reitet, muß ein guter Soldat sein!" findet heute auch bei uns volles Verständnis.*) Es liegt auf der Hand, daß bei der Wahl des Standortes für die neu in das Leben tretende Reitschule die Nachbarschaft jenes idealen Jagdgeländes maßgebend war, auf dem unsere Väter hinter der Meute des Herzogs von Nassau den Fuchs jagten. Möge der Geist der alten Generation, der heute noch über die Senne weht und ihren Sport beseelt, auch das junge Reitergeschlecht erfüllen, das dort bei frischem, fröhlichem Jagen über Hindernis und Heide, bei friedlichem Wettkampf hinter den Hunden für die Stunde ernster Prüfung herangebildet wird, wenn statt des Jagdhorns zum Halali das Fanfarro zur Attacke ruft. — „Et robur belli, et pacis decus", einst der Wahlspruch der alten westfälischen Parforcejagd, sei auch fortan die Devise, die alle Jünger St. Georgs und des Heiligen Hubertus von der Senne heimnehmen.

---

*) Vergl. Teil II, Kapitel XIV.

V.

Hinter der Meute Sr. Hochfürstlichen Durchlaucht des Fürsten Adolf zu Schaumburg-Lippe.

1911. „Reiten, nicht schreiben!" Das Motto (das aus meinem Munde, oder richtiger aus meiner Feder, den Leser wohl nicht ganz ohne Ironie anmutet) sollte in bezug auf die Brückeburger Parforcejagden in: „Hinfahren, nicht lesen!" variiert werden. Gewiß erinnert sich mancher jener begeisterten Schilderung, die „Miles" in den Spalten der „Rosaroten" von dem Sport hinter der fürstlich Schaumburg-lippeschen Meute machte. Schon damals stand es bei mir fest: Hinfahren und sehen!, und nur meine eigenen Pflichten als Huntsman verhinderten mich, den brennenden Wunsch sogleich in die Tat umzusetzen. Heuer nun war es mir möglich, einer Einladung des Hofstallmeisters Freiherrn von Hammerstein Folge zu leisten, und — was ich erlebte, entsprach nicht nur dem Gelesenen voll und ganz, sondern überstieg meine wirklich sehr hoch gespannten Erwartungen beträchtlich. Ohne Uebertreibung: wenn man von der „glorious uncertainty of fox-hunting", dem eigenartigen Zauber des ganzen Milieus im englischen Jagdfelde absieht — besseren Sport habe ich selbst jenseits des Kanals nicht erlebt, als am 11. November 1911 hinter den Bückeburger Hunden.

Das „Bessere" ist bekanntlich der Feind des Guten; als ich am Morgen des 11. November aus Hannover fortdampfte, hatte die Meute des königlichen Militärreitinstituts ihr Stelldichein bei Burgwedel, und die Erinnerung lockte! Allein schon auf dem Bahnhof wußte ich, daß ich meinen Entschluß nicht bereuen würde: ließen doch gleich mir noch mehrere die königliche Meute im Stich, um dem Horne Popps zu folgen, und — das waren Kenner der Gegend. Obendrein fügte es der Zufall, was ich erst im Coupé zu meiner Ueberraschung erfuhr, daß gerade heute die „Hubertusjagd" in Bückeburg geritten werden sollte, das bedeutete nach der dortigen Tradition eine Schleppe über die beste Gegend, über die Herr von Hammerstein verfügt. Ehe ich dieselbe beschreibe, muß ich zum Verständnis des Lesers mein Urteil revidieren: seinerzeit habe ich die Gegend von Mahndorf, wo Habberfield die Hunde des Bremer Parforcejagdklubs führt, als das idealste „hunting-country" in Deutschland proklamiert; der Rekord ist gebrochen: was der Jagdreiter im Lande Bückeburg findet, wetteifert mit den Shires und dem Besten, was ich im klassischen Lande der Fuchsjagden hinter Hunden erlebte. Schon während der kaum vierzig Minuten dauernden Eisenbahnfahrt erhält man, sobald man die blau-weiß-roten Grenzpfähle passiert hat, einen Vorgeschmack der kommenden Genüsse. Wer hätte nicht schon in seiner Phantasie vom Coupéfenster aus die schönsten Jagden geritten!? Knicks, Koppelricks, Wälle, Hecken und Gräben — man glaubt sich wahrhaftig nach England versetzt, und je mehr man sich der Schaumburg-lippeschen Residenz nähert, desto enger werden die Felder, desto dichter die Hecken, desto höher die Koppelricks, desto zahlreicher die Gräben. Dazu kommt ein federnder Wiesenboden, der selbst bei anhaltender Dürre den Scent hält, eine pfeilschnelle, vorzüglich eingejagte und laute Meute und — doch ich will nicht vorgreifen. Mit den hochgespanntesten Erwartungen verließen wir den Zug, um den mit zwei kapitalen Rotschimmeln aus Irland bespannten Hofwagen zu besteigen; und wurden diese Erwartungen durch einen wunderbaren, Sport versprechenden „scenting-day" genährt, so wurden sie durch das höchst animiert verlaufende Frühstück im Hause des Masters und durch das Wiedersehen mit alten Jagdgefährten (auch des schönen Geschlechts) von der Senne- und der Bremer Meute vollends gesteigert.

Das idyllische Residenzstädtchen mit seinem malerischen Schloß und dem wirklich imposanten Marstall, um den manche weit größere Hofhaltung Bückeburg beneiden kann, stand übrigens am 11. November nicht nur im Zeichen des roten, sondern auch des grünen Rockes. Das Jägerbataillon vereidigte an diesem Tage seine Rekruten, und als die Piköre aus dem Marstall ritten, um die auf dem Fasanenhof untergebrachte Meute abzuholen, rückte gerade die Fahnenkompagnie mit schmetternden Hörnern in den Schloßhof.

Der „Sport der Könige", wie der Engländer die Parforcejagd nennt, ist von alters her an allen Fürstenhöfen Tradition gewesen, zumal in lippeschen Landen, wo neben der alten Senne-Parforcejagd vor jenen fünfzig Jahren die Meute des Herzogs von Nassau jagte und einen Ruf weit über die Landesgrenzen hinaus genoß. Nun bietet die Umgegend der Schaumburger Residenz dem Jagdreiter unvergleichlich viel mehr als die viel gerühmte, oft besungene Senne. Daß unter diesen Voraussetzungen die hochherzige Passion des Landesfürsten dem deutschen Jagdreiter in Bückeburg ein Dorado geschaffen hat, wie es auf dem Kontinent seinesgleichen sucht, verdient um so mehr gewürdigt zu werden, als es in einer Zeit geschah, wo das Automobil selbst in den Marställen der Fürstenhöfe immer mehr Pferd und Wagen verdrängt. In dieser Hinsicht macht übrigens Bückeburg eine rühmliche Ausnahme: sowohl was Qualität wie Quantität betrifft, ist Material und Anspannung dort vorbildlich. Und nun erst der Jagdstall! Nicht allein, daß der fürstliche Jagdherr die gesamte Jagdequipage im largesten Stil unterhält. — Nur zum Flurschadenfonds werden die Mitreitenden mit der enormen Summe von „einer" Reichsmark herangezogen, die am Stelldichein von den Piköroffizieren eingezogen wird. In England wird man z. B. hinter der Pytchley mit zwei Pfund gleich vierzig Mark „gecapped". — Er hält obendrein einen Jagdstall, der es regelmäßig einer großen Zahl von Gästen gestattet, an den Jagden teilzunehmen. Während man sonst auf dem preußischen Charger wohl jeder Meute in Deutschland folgen kann, hat die Gegend um Bückeburg einen so ausgesprochenen Charakter, daß ein Pferd sich dort schon „zu Hause" fühlen muß, um hinter den Hunden bleiben zu können. Es gibt gewiß auf der „grünen Insel" noch Gegenden, die schwieriger sind, aber — vielleicht die „Quorn" ausgenommen — nirgends eine bessere Fahrt. Wenigstens um neben dem Master zu bleiben, wie es mir am 11. vergönnt war, braucht man ein Pferd, das galoppieren kann wie die Bluthunter in den Shires und springen wie das beste Jagdpferd in Irland. Bekanntlich findet man Hindernisse aller nur erdenklichen Art — Ricks, Wälle, Hecken,

Wasserläufe —, wie sie die Gegend um Bückeburg in solcher Mannigfaltigkeit vereinigt, in England nirgends auf so engem Raume; dort herrscht in den meisten Gegenden eine bestimmte Art von Einfriedigungen vor und gibt dem Sport hinter der dort jagenden Meute einen ausgesprochenen Charakter; so kommt es, daß selten ein Hunter das gleiche Geschick über Wasser wie über Holz zeigt. Und obwohl der Master alle Pferde für den Jagdstall persönlich in Irland kauft und probt, so bedarf es bei manchen noch längerer Schulung, um das aus ihnen zu machen, was der Jagdgast dann in der Saison findet. Freilich, wer den Springgarten im Fasanenhof gesehen hat, wo die Remonten des Jagdstalles geschult werden, der wird sich getrost auf jedes Tier hinaufsetzen, zumal mit dem mir vom Master auf den Weg gegebenen Rezept: „Gegen die Gräben gehen, aber wenn der Auekanal kommt, das Pferd machen lassen!“ Und damit bin ich gut gefahren.

Nach meiner eigenen Erfahrung, und was ich im Jagdfelde beobachtete, hat es mir bestätigt, haben sämtliche Insassen des Bückeburger Jagdstalles zwei Eigenschaften, die jenseits des Kanals mit Gold aufgewogen werden: ein gutes Maul und den „fünften“ Fuß.

Unter den zwanzig Pferden, die im Jagdstall stehen, überwiegt der Type des Gewichtträgers. Namentlich der Master ritt am Tage der Hubertusjagd einen Schimmel von ganz enormem Kaliber; aber es war geradezu verblüffend, wie dieser schwere Kerl galoppieren konnte. Irland gibt eben das Blut und die irische Scholle jene Knochenstärke, die wir in unserer deutschen Halbblutzucht wohl nie erreichen werden. Fast noch massiver als der Masterschimmel war ein fünfjähriger Brauner, den Oberleutnant Cromolini (8. Kür.) ritt; diese schwere Maschine flog wie eine Lerche über alle Sprünge. Eins haben diese Pferde alle gemein: die lange, schräge Galoppierschulter und die „Springmechanik“ in der Hinterhand. Außer dem Genannten und dem Schreiber dieser Zeilen waren Rittmeister Süß, Baron Hammerstein-Loxten und Frau Ramdohr durch die Gnade des Fürsten und die Liebenswürdigkeit seines Hofstallmeisters beritten gemacht worden. Der 8. Kürassier saß auf einem Dunkelschimmel, wie man ihn auf alten englischen Stichen unter einem „Dreizentnermann“ zu sehen pflegt. Der Vetter des Masters ritt, ebenso wie der Verfasser, einen Fuchs, dem nur einige Prozente an „pur sang“ fehlen mochten. Frau Ramdohr steuerte den einstmaligen Charger des Fürsten aus der Remonte der Bonner Husaren. Schon in meinen „Reit-Erinnerungen“ hinter der Bremer Meute habe ich diese Dame erwähnt. Unter den jagdreitenden Damen Deutschlands gibt es wenige, die mit solcher anspruchslosen Selbstverständlichkeit stets im ersten Felde reiten, wie die Gattin des Oberstleutnants Ramdohr.

Auf dem etwa einstündigen Ritt zum Stelldichein hatte man Muße, das Material des Jagdstalles eingehend zu mustern. Doch nicht nur der Pferdemann, auch der Naturfreund kam hierbei auf seine Rechnung. Rote Röcke auf herbstlicher Landschaft zaubern immer schon eine eigene Stimmung. Die eigenartige, patriarchalisch anmutende Tracht der Landbevölkerung erhöht hier die Poesie des Bildes, in dem die Sonne noch einmal alle Farbentöne zur Geltung bringt und dem die Weserberge mit dem von der Porta Westfalica herüberwinkenden Kaiserdenkmal einen wirkungsvollen Abschluß geben. Etwa zwölf Kilometer von der Residenz, auf halbem Wege nach Minden, ist der Rendezvousplatz. An neunzig Reiter und ein ganzer Wagenpark mit Zuschauern waren dort versammelt. Wenn auch der dem Schutzpatron der Jäger geweihte Festtag das Feld etwas verstärkt haben mochte, so sind fünfzig bis achtzig Reiter doch in der Regel hinter den Hunden. Das Offizierkorps der 58. Feldartillerie aus Minden ist natürlich vollzählig zur Stelle; auch das dortige Pionierbataillon ist regelmäßig durch einige Herren vertreten. Besonders auffallend und anerkennenswert ist die starke Beteiligung des in Minden garnisonierenden Infanterieregiments Prinz Friedrich der Niederlande (2. Westfälisches) Nr. 15, das mindestens zwanzig Jagdreiter stellt. Diese erfreuliche Erscheinung hat neben ihrer ideellen, sportlichen Bedeutung noch einen ernsten Hintergrund: Ein Infanterieoffizier, der in dem Tempo der Bückeburger Jagden und über solche Gegend den Hunden folgen kann, wird in ernster Stunde als Erkunder und Ordonnanzoffizier unschätzbare Dienste leisten. Dies dürfte auch den sportfreudigen Kommandeur der 15er, Oberst von Morgen, hauptsächlich dazu veranlassen, das Jagdreiten seines Offizierkorps so nachdrücklich zu fördern. Daß das gleiche von den Bückeburgern Jägern gilt, bedarf wohl keiner ausdrücklichen Feststellung: in einer solchen Umgebung und mit einem solchen Vorbild an ihrem Landesfürsten muß ein Offizierkorps sportlich sein. Die Herren sind dem Sport „in Rot“ ebenso begeistert ergeben wie dem Sport „in Grün“. In Oberleutnant Freiherrn von Ulmenstein stellt das Bataillon einen Piköroffizier, wie ihn sich kein Master besser wünschen kann. Auch das Feldartillerieregiment Nr. 58 kommandiert zwei Piköroffiziere (Oberleutnants von Kamptz und Bender); vom Infanterieregiment Nr. 15 hat Oberleutnant Rönckendorff dieses Amt. Einer der Herren reitet zur Unterstützung des Masters bei den Hunden. Der zur Begleitung Seiner Hochfürstlichen Durchlaucht kommandierte Offizier kam auf der Hubertusjagd über ein Koppelrick zu Fall, ein Beweis, das der hohe Herr nicht den leichtesten Strich über die Gegend zu wählen pflegt. Bei den Hunden ritt Freiherr von Ulmenstein einen kapitalen englischen Schimmel. Einige Gäste der benachbarten Kavallerieregimenter, Driesen-Kürassiere, Paderborner Husaren, der Königshusaren, Deutzer Kürassiere, Königsulanen — und last, not least der Reitschule, pflegen das Jagdfeld zu verstärken. Läge Bückeburg in England, so würde es sich bald zu einem deutschen „Melton" entwickeln, zumal man von dort bequem auch die Jagden hinter der Reitschulmeute reiten und bei einiger Passion auch die Bremer und die Meute auf der Senne erreichen könnte. Wer sich also mit seinem Jagdstall für den Herbst in Bückeburg einquartiert, könnte ganz wie im Zentrum der englischen Shires mit vier verschiedenen Meuten jagen und nahezu an jedem Tage der Woche hinter Hunden reiten. Leider aber gibt es in Deutschland wenig Leute, die über die hierzu erforderliche Zeit, Mittel und Passion verfügen! In dieser Saison hatte Graf Schmising-Tatenhausen, ein alter Jagdreiter von der Senne, ein Pferd in Bückeburg eingestellt, wofür er beim Halali der Hubertusjagd vom Fürsten durch Verleihung des „Jagdknopfes" ausgezeichnet wurde.

Die gleiche Auszeichnung wurde an diesem Tage den beiden mitreitenden Damen, Frau Ramdohr und der Tochter des Mindener Brigadekommandeurs, Fräulein Dame, zuteil; auch der Bückeburger Tierarzt, Herr Beyer, der sich durch seine Staupeimpfungen ein besonderes Verdienst um die Meute erworben hat, und Herr Drewes, der Sohn eines ländlichen Besitzers, der keine Jagd ausläßt, erhielten bei dieser Gelegenheit vom Fürsten den Jagdknopf und damit die Berechtigung, fortan „in Rot" den Hunden zu folgen.

Um den Hofstallmeister nicht seinen Gästen zu entziehen, erschien der fürstliche Jagdherr, der sonst einen Viererzug zum Stelldichein zu lenken pflegt, diesmal im Automobil, vom Fürstengruß der Piköre empfangen. Nachdem die Gäste, soweit sie zum erstenmal hinter der fürstlichen Meute ritten, dem hohen Herrn vorgestellt waren, stieg Höchstderselbe zu Pferd, und nach einem kurzen Ritt durch die Mindener königliche Forst ertönte die Anjagdfanfare. Am Rande der Forst wurde die Meute zur Fährte gebracht, die sie mit vollem Halse ansprach. Was nun folgte, dahinter bleibt selbst die lebensprühende Feder eines Whyte-Melville, Keudell, Ompteda zurück. Darum noch einmal: Hinfahren und reiten! Für den Fernstehenden gäbe die bloße Aufzählung unbekannter Ortsnamen ja auch nicht einmal ein farbloses Bild der nervenspannenden, elektrisierenden Wirklichkeit. Nur für die Ortskundigen sollen darum die hauptsächlichsten Sprünge aufgezählt werden, die der diesjährigen Hubertusjagd den Charakter gaben und die vielleicht bei diesem oder jenem Leser eine Erinnerung auslösen.

Zwei faire Wassergräben in herrlichem Wiesenboden gaben die Ouvertüre, dann ging es über die einen Doppelsprung bildende Chaussee, an der Landesgrenze über den Sander Bach, abermals über die Mindener Chaussee (Auf- und Absprung) an der sogenannten „Klas", nun hart an der Grenze entlang über ein halbes Dutzend guter Wassergräben und, der Lisiere der Sandfurter Forst folgend, über einen festen Zaun, nach Höckersau hinein, dort durch den Auefluß, auf federnden Wiesen weiter, noch zwei schöne Gräben und in windender Fahrt über die Petzener Koppelricks — keines unter 120 Zentimeter und alle bombenfest! —, bei Petzen über die Chaussee, die Böschung hinab und von derselben über eine gewachsene Hecke, hinab in die dahinter gelegene Koppel, ein Sprung, wie er mir bis dahin nur in East Sussex begegnet war — noch zwei Gräben, ein leichteres Koppelrick, „nur" 110 Zentimeter. Dann gab es nach fünfeinhalb Kilometern einen Stopp.

Während ich dies schreibe, liegen die Meßtischplatten neben mir, in die der Master mir freundlicherweise Schleppe und Kurs des Wildes eingezeichnet hat. Ich fliege noch einmal im Geiste über alle Sprünge, spüre in der Erinnerung noch einmal die jauchzende Wonne dieses herrlichen Galopps. Fast fürchte ich, der Leser könnte mich mit jenem Engländer identifizieren, der, nach dem Sport des Tages gefragt, erwidert: „Am Morgen hatten wir zwanzig Minuten schnelle Fahrt und am Nachmittag vierundzwanzig Sprünge." — Doch was noch kommt, dürfte beweisen, daß man in Bückeburg nicht nur hinter Hunden reitet, sondern wirklich „jagt".

Als die Hunde bei Petzen überschossen, hatte das dort ausgelassene Schwein bereits eine Viertelstunde Vorsprung. Da die zahlreich hier zusammengeströmte Landbevölkerung augenscheinlich wiederholt über die Fährte gelaufen war, so dauerte es eine geraume Weile, bis die Hunde dieselbe herausgearbeitet hatten. Seine Hochfürstliche Durchlaucht hatten mir gnädigst gestattet, mit dem Master bei den Hunden zu reiten, eine Auszeichnung, die nicht meiner Person, sondern der ältesten in Deutschland jagenden Wildmeute galt, deren Hunde ich zu führen die Ehre habe. So konnte ich hier Hunde, Huntsman und Whips aus nächster Nähe bei ihrer Arbeit studieren. Was die Meute bei dieser Gelegenheit an Nase zeigte, mußte das Herz jedes Huntsman höher schlagen lassen; allein auch das Verhalten des Oberpikörs und seiner Gehilfen in dieser kritischen Situation war mustergültig. Ich muß gestehen, daß ich selbst schon bei dem Gedanken an eine Fehljagd unruhig zu werden begann. Eben wollte ich dem Master vorschlagen, es einmal mit dem „lift“ zu versuchen und jenseits des vor uns liegenden Bahndammes umzuschlagen, als die Hunde lebhaft wurden und gleich darauf mit jubelndem Geläut die Fährte aufnahmen. Zum zweitenmal ging es jetzt durch die Aue, unter der Eisenbahnbrücke hindurch und gegen „die alte Aue“ — vier Meter, die fliegend gesprungen sein wollten. Dann vier Gräben, von denen zwei auch schon feierlich genannt werden konnten, und das Schwein hatte augenscheinlich einen Haken nach Norden geschlagen. Der Master reckt sich im Bügel, und jubelnd klingt es zu mir herüber: „Wir bekommen den Auekanal!“ — Noch fünf Gräben, die unter einem forthuschen, daß man sie kaum spürt, dann sind wir heran. Ich liege Gurt an Gurt mit dem Master und erinnere mich seiner Instruktion: „Alles dem Pferde überlassen!“ Und damit bin ich gut gefahren. Man springt auf die Kante des ersten Walles, dann läßt sich das Pferd auf dem jenseitigen Hange ein wenig hinunter, muß den unter ihm liegenden Wasserspiegel klar springen, auf dem zweiten Wall aufsetzen, um den noch hinter diesem liegenden Graben zu überwinden. Wer alles in einem Sprunge nehmen will, dürfte meist in dem hinter dem zweiten Wall lauernden Graben landen. Kaum hatten wir den Auekanal hinter uns, so glaubte ich mich tatsächlich in die Shires versetzt: Der Keiler war durch die Koppeln bei Meinsen gewechselt; zwei Koppelricks, ein halbes Dutzend Hecken und drei Doppelsprünge (von Ricks oder Hecken flankierte Wege) blühten uns noch in rascher Aufeinanderfolge, ehe der Schwarzkittel, der sich fünf Kilometer von Petzen entfernt in einer dichten Dornenhecke eingeschoben hatte, von den Hunden gedeckt wurde. Rittmeister Süß (8. Kür.) hob aus.

Bei dem Küree fand sich auch Ihre Königliche Hoheit Prinzessin Adolf zu Schaumburg-Lippe mit dem jüngsten Bruder des regierenden Fürsten im Wagen ein. Nachdem Seine Hochfürstliche Durchlaucht die Brüche verteilt hatte, ging es, die Meute voran, der fürstliche Jagdherr an der Spitze des Feldes, nach Bückeburg, wo der Einzug in den Schloßhof durch kinematographische Aufnahmen verewigt wurde.

Für den Pferdemann sollte der Tag noch einen Extragenuß bringen: einen Rundgang durch den gesamten Marstall unter Herrn von Hammersteins persönlicher Führung. Da der Hoftrauer wegen die sonst übliche Festlichkeit in Bückeburg unterblieb, so fand das Hubertusessen im Mindener Artilleriekasino statt. Nachdem der Kommandeur des obersten Kriegsherrn gedacht, brachte Rittmeister Süß ein mit Begeisterung aufgenommenes Hepp-Hepp-Horrido auf den fürstlichen Jagdherrn aus. Wenn auch die Meute noch zu Lebzeiten des hochseligen Fürsten Georg begründet wurde, so war doch von Anbeginn an der jetzt regierende Fürst Adolf die Seele dieser in Deutschland einzigartigen Schöpfung. Daß auch der Master und seine Verdienste in gebührender Rede gefeiert wurden, versteht sich von selbst. Herr von Hammerstein gab das Lob an seine wackeren Gehilfen, vornehmlich an den auch an der Tafel sitzenden Oberpikör Popp weiter und pries die Passion der den Stamm seines Jagdfeldes bildenden Offizierkorps, vornehmlich des Mindener Infanterieregiments, das in dieser Hinsicht in der Armee nicht seinesgleichen finden dürfte und — die Kameraden von der unberittenen Waffe werden mir dies nicht als Anmaßung auslegen — manches Kavallerieoffizierkorps beschämen kann. Sobald der offizielle Teil des Festes beendet war, suchte ich mit Meister Popp eine stille Ecke auf; dort leerten wir manchen Becher „als Reiter, als Jäger, als Zecher" und sprachen von den Sorgen und Freuden unseres gemeinsamen Berufes hinter den Hunden, denen unser beider Herz gehört. Es hieße „Eulen nach Athen tragen", wollte man betonen, was Popp im Jagdfelde bedeutet. Wer in Hannover war, kennt ihn. Nur so viel sei gesagt, daß, wenn ich je in die Lage käme, eine Meute zu starten, so würde ich den Huntsman nach Bückeburg in die Lehre schicken.

Am nächsten Morgen stattete ich demselben vor meiner Abreise noch einen Besuch an der Stätte seines Wirkens ab; trotz der frühen Stunde fuhr mich der Hofstallmeister persönlich nach den Kennels hinaus. Nachdem, was soeben über den Huntsman gesagt wurde, ist es wohl selbstredend, daß alle baulichen Einrichtungen wie die sanitären Maßregeln im Zwinger mustergültig sind. Allein für mich als M. H. hatte der Besuch auf dem Fasanenhof noch ein besonderes Interesse, das übrigens auch die Führer von Schlepphunden teilen dürften. Herr von Hammerstein hat mit glänzendem Erfolg in seiner Meute Foxhounds und Harriers miteinander gekreuzt; hierzu werden aus England importierte reine Foxhounds bzw. rasseechte Harriers benutzt, die ausgesprochen den Typ ihrer Rasse zeigen. Die achtzehn Koppeln starke Meute besteht zu etwa je einem Drittel aus englischen Fuchs- und Hasenhunden, zu einem Drittel aus eigener Nachzucht. Während die Foxhounds $68^1/_2$ Zentimeter (Stockmaß), die Harriers 51 Zentimeter messen, erreichen die Kreuzungsprodukte eine Höhe von 59 Zentimetern. Wenn infolgedessen das pack einen nicht so ausgeglichenen Eindruck macht, wie man es von dem Ideal wünschen möchte, so wird dies durch das vorzügliche Arbeiten der Meute reichlich aufgewogen. Die Hunde jagen mit großem Elan (ein Erbteil von Foxhounds), sind aber vermöge des „harrier-cross“ eher imstande, die Windungen einer Schleppe besser auszuarbeiten, ohne zu überschießen, als der ungestüme Foxhound. Schnelligkeit, Geläut und Nase sind durch die Beimischung von Harrierblut verbessert, wohingegen Kopf, Schulter und Läufe des Harriers in seiner Nachzucht sichtlich gewonnen haben. Auf dem Heimweg von der Jagd hatte ich Gelegenheit, mich zu überzeugen, daß auch die von Harriers stammenden Hunde vollkommen hasenrein sind; dieser gegen die Verwendung von Hasenhunden auf der Schleppe allgemein geltend gemachte Einwand ist also hier hinfällig.

VI.

Hinter der königlichen Meute in Döberitz.

Begründer der königlichen Meute war der hochselige Prinz Karl von Preußen. Im Jahre 1828 bildete der Prinz aus fünfzehn Koppeln, die König Anton von Sachsen ihm zum Geschenk machte, und den Resten der aufgelösten königlich sächsischen Meute die erste Brandenburger Meute. Kennels wurden gebaut und das Jagdpersonal zusammengestellt. Am 28. Februar des Jahres ward dieselbe zum erstenmal, und zwar in der Kemnitzer Forst, auf die Fährte eines groben Keilers angelegt. Ein fünfundvierzig Minuten währender scharfer Galopp führte zum Halali weit hinter Beelitz. Diese Meute ward sodann unter dem Protektorat und der Höchsten Masterschaft Seiner Königlichen Hoheit zunächst von dem Berlin-Potsdamer Reiterverein übernommen und auf Aktien unterhalten. Im Jahre 1844 ging dieselbe mit allem Zubehör an die Hofjagdverwaltung des Königs Friedrich Wilhelm IV. über. — Der erste Master der Meute war Herr von Warburg; ihm folgten Herr von Schulenburg, Graf von Bismarck-Bohlen, Herr von Arnim, Herr von Unruh, Graf zu Dohna-Schlobitten, Graf Hohenau, 1907 Graf von Spee, jetzt Kommandeur der Gardekürassiere.

Bis zum Jahre 1900 wurde abwechselnd in den Revieren Kunersdorf, Potsdam und Grunewald gejagt, von 1900 bis 1903 auf dem Truppenübungsplatz Döberitz und im Grunewald, seit 1904 nur auf dem Truppenübungsplatz Döberitz. Die Jagdequipage war seit 1828 im Park von Klein-Glienicke stationiert und siedelte 1907 in ihr jetziges idyllisches Heim, den „Jägerhof" am Sakrower See bei Potsdam, über. Die Meute, englische Fuchshunde, wird auf dem Bestande von ungefähr dreißig Koppeln gehalten und durch eigene Aufzucht, aber auch regelmäßigen Bezug aus England ergänzt. So kaufte ich 1909 im Auftrage des Grafen Spee elf Koppeln von den East-Sussex-Foxhounds, die nach dem Tode ihres Masters zur Aufteilung kamen. Bis 1869 war Kikisch, bis 1888 Salomon Oberpikör. Jetzt waltet im „Jägerhof" Palm dieses Amtes, unterstützt von den Pikören Jäckel und Hensel. Ihm steht daselbst ein Jagdstall von sechs Schimmeln zur Verfügung. Es wird nur auf Schwarzwild gejagt. Die hierzu erforderlichen Sauen werden in den Hofjagdrevieren eingefangen und in den nahe am „Jägerhof" gelegenen Saugarten gesandt. Da auf dem Döberitzer Gelände und in den angrenzenden Forsten Schwarzwild vorkommt, wird mitunter auch aus dem Freien gejagt. So kam am 27. November 1908 ein starker Keiler — 268 Pfund an Gewicht — zum Halali.

Mit Rücksicht auf den am Vormittag stattgehabten Einzug des Prinzenpaares August Wilhelm in die Potsdamer Residenz war das Stelldichein erst auf ein Uhr fünfundvierzig Minuten angesetzt. Rendezvous an der Sakrower Fähre. Am 31. Oktober 1842 war es zum letztenmal gewesen, daß das rote Feld im Beisein des Prinzen Karl sich dort versammelt hatte, um dem Geläut der königlichen Meute zu folgen. Damals jagte man noch den Schwarzkittel aus freier Wildbahn; seither hat man zu dem harmloseren Kastenschwein und dem Galopp über den Döberitzer Truppenübungsplatz seine Zuflucht nehmen müssen. An jenem Sakrower Meet aber wurden auch die königlichen Hunde vor eine Aufgabe gestellt, die ihnen nicht alltäglich war und die Master und Oberpikör Gelegenheit gab, ein hübsches Stück „Huntsmanship" zu zeigen. Daß sie im Verlaufe der Jagd sich durch eine Rotte wilder Sauen teilen ließ und schließlich die gewiß sehr viel stärkere Fährte eines aus der Freiheit aufgejagten Keilers dem ausgesetzten Ueberläufer vorzog, wird niemand der Meute verübeln, um so mehr, als sie uns hierdurch zu einem Galopp von fünfundvierzig Minuten verhalf, der auch den befriedigen mußte, der hinter der Meute nur Reiterfreuden sucht. Den Glücklichen aber, die zuerst zur Stelle waren, gaben sie das Schauspiel eines „kill“, wie es gleich aufregend auch die ältesten Anhänger der königlichen Parforcejagd nicht oft erlebt haben dürften. Die königliche Jagdequipage vereinigt ein pack foxhounds, wie man sie in solcher Größe selbst jenseits des Kanals nicht häufig sieht; indessen gegen die grimme Wut des wehrhaften Bassen, dem Oberpikör Palm vier bis fünf Lenze gab, war selbst die Kraft der stärksten Hunde vergeblich, und ohne die Dazwischenkunft des Masters mit dem Hirschfänger wären sie des alten Recken nicht Herr geworden.

Die Mustergültigkeit der königlichen Meute, was Kondition, Ausgeglichenheit und Disziplin betrifft, ist schließlich bei einem so geleiteten Etablissement etwas Selbstverständliches. Zuweilen hätte man sich etwas mehr Geläut von den Hunden wünschen können; ich muß aber zugeben, daß die Hunde ihrer Größe entsprechend sehr schnell sind, und daß ich unter den gleichen Umständen auch in England von den besten packs wenig „cry“ gehört habe. Das Geläut der Hunde gibt, wie gesagt, dem Sport in Rot seine eigenartige Poesie, und abgesehen davon, daß diese Musik das Vergnügen der Jagdreiter wesentlich erhöht, erleichtert sie das schwierige Geschäft des Huntsman und der Piköre, zumal im unübersichtlichen und kupierten Gelände.

Das glänzende gesellschaftliche Bild eines Döberitzer Meets ist dem Leser, wenn nicht vom Augenschein, so doch gewiß aus vielen Schilderungen bekannt. Als „Mann in Rot“, der den roten Rock um der Hunde und nicht um schöner Frauen willen anzieht, liebe ich die Riesenfelder nicht, die fast an das Menschengewühl hinter einer der englischen Modemeuten erinnern; darum pflege ich mich am Stelldichein der königlichen Meute nur gegen Schluß der Saison einzufinden, wenn Frost, Schnee und Wind die Freuden des Jagdreitens recht fragwürdig machen und die Statisten im Jagdfelde vom Rendezvous fernhalten. Diesmal hatte mich die Wahl des Sammelplatzes und die Aussicht angelockt, einmal außerhalb des Döberitzer Platzes in den alten, poesievollen Jagdgründen zu reiten, wo der Schwarzrock im hohen Holz ein ganz anderes Tempo einzuschlagen und länger Strich zu halten pflegt, als auf der offenen Heide. Ich bin unhöflich genug, es zuzugeben, daß ich nicht gerade angenehm enttäuscht war, als ich bei meiner Ankunft die Sakrower Fähre schon voll besetzt fand, während es drüben vor dem Gasthaus schon von Rotröcken wimmelte und auf der Straße von Glienicke immer neue Ankömmlinge auftauchten: statt des erwarteten Häufleins ein Feld von fünfundsiebzig Köpfen, die das herrliche Wetter und wohl auch die Nähe des fast unmittelbar vor den Toren Potsdams belegenen Rendezvousplatzes herausgelockt hatte. Die Berliner Garnison war dementsprechend schwächer vertreten; Generaloberst von der Goltz und General der Artillerie von Dulitz fehlten indessen auch heute nicht, zwei Veteranen des roten Rockes, deren Beispiel auf die jagdreitende Jugend von zündender Wirkung sein sollte. Gestalten wie Exzellenz von der Goltz, von Dulitz, von Plessen, wie General von Longchamps, Vizeoberstallmeister Freiherr von Esebeck, die bei keinem Halali der königlichen Meute fehlen, geben den besten Beweis, daß der „Sport in Rot" nicht allein Kopf und Herz, sondern auch die Knochen jung erhält. Neben ihrem Gemahl muß auch Ihre Exzellenz Frau von Dulitz genannt werden, die mit der gleichen Begeisterung wie ihr Gatte den Hunden folgt, und gleich jenem dieselbe auch jenseits des Kanals im Jagdfelde betätigt hat.

Wer auf edlem Pferde die Natur bis in ihre verborgensten Schlupfwinkel durchstreift und dabei auf die Schliche des Wildes, auf die feinen Nuancen im Geläut der Hunde, auf den leisesten Impuls seines Pferdes achten lernt, dem öffnen sich Herz und Auge für die Schönheiten der alten Muttererde, und er vernimmt ihre stumme und doch so beredte Sprache. Die Reize der Potsdamer Umgebung, die Poesie der waldumsäumten Havelseen ist schon von klassischer Feder besungen worden; wenn auch den Wäldern die Farbenpracht des Oktober fehlte, so spielte doch die Sonne, wie an keinem Herbsttage schöner, mit tausend Reflexen auf dem Wasserspiegel. Am Sakrower Fährhaus die mit Ungeduld ihrer Arbeit harrende Meute, drüben auf der Straße von Klein-Glienicke nach Krughorn die herantrabenden Rotröcke und mitten auf der Havel die Fähre mit Reitern und Pferden — ein Vorwurf für den Pinsel eines Junker!

Ein kurzer Trab durch das Dorf Sakrow auf der Straße nach Crampnitz hinaus brachte uns an die Stelle, wo der dem Tage geweihte Ueberläufer dem Wildkasten entflohen war. Im hellen Chor, mit jenem Geläut, das die Herzen vibrieren läßt und wie ein elektrischer Strom durch Mann und Roß geht, sprechen die siebzehn Koppeln die Fährte an, die Hörner schmettern „Gute Jagd!" und mit vollem Hals geht es in flotter Fahrt auf schwellendem Moosteppich durch lichtes Stangenholz. Bald wird indes der

Bestand enger, der Boden kupierter: man braucht heute, um angenehm zu reiten, schon ein Tier, das den „fünften" Fuß bei sich hat, ihn nicht in der Hand des Reiters sucht. Der Schwarzkittel hatte seinen Kurs zunächst nach Westen genommen, und schon glaubte ich, daß er, einer Lieblingsgewohnheit entsprechend, den Lehnitzsee angenommen haben würde, um sein Heil im Schwimmen zu versuchen oder sich im Schilf den Verfolgern zu stellen, da führte uns die von den Hunden ohne Stopp ausgearbeitete Fährte hart am Seeufer entlang, über die Rehberge und in nordöstlicher Richtung bis zum sogenannten Bullenwinkel (östlich Crampnitz). An der Spandauer Chaussee zwischen Crampnitz und Groß-Glienicke gab es den ersten Stopp: eine Rotte Sauen aus der freien Wildbahn war hier über die Fährte des Ueberläufers gewechselt und hatte die Meute geteilt. In den Schonungen der „Alten Heerstraße" hörte man bald hier, bald dort die Hunde jagen; in dem zu Groß-Glienicke gehörigen Gemeindeholz gaben sie schließlich Standlaut. Das auf den schmalen Gestellen und Schneisen weit auseinandergezogene Feld war hier fast vollzählig wieder versammelt, schon zuckte mancher Fuß voll Ungeduld, die Ehre des Aushebens sich zu sichern, im Bügel, da brach plötzlich eine starke Bache aus dem Dickicht, mitten zwischen den Reitern hindurch, während das Geläut der Hunde sich in der entgegengesetzten Richtung immer mehr entfernte. Nun hieß es reiten und alle fünf Sinne zusammennehmen: immer dichter wurden die Schonungen, immer schwächer wurde das Geläut der Meute; wer beim Halali sein wollte, der mußte schon Ortskenntnis, ein gehorsames Pferd und ein scharfes Ohr haben. Hin und wieder wies uns ein zurückgebliebener Hund, von dem Schwarzen schon übel zugerichtet, die Spur. „Glück" ist eine Voraussetzung, die der Jagdreiter ebensowenig entbehren kann wie der Soldat: einer der barfüßigen, rotbewamsten Parforceläufer hatte den Keiler, „so groß wie ein Esel", aus der Dickung herausbrechen und nach dem Gelände der Döberitzer Heide hinüberwechseln sehen. Ein atemloses, gespanntes Lauschen, dann Galopp, was das Riemzeug hielt, und in wenigen Minuten bekamen wir die Hunde zu Gesicht, die am sogenannten „schwarzen Fenn" ein „Hauptschwein", einen kapitalen, gewiß vierjährigen Keiler, gestellt hatten, aber ihn nicht zu decken vermochten; denn der grimme Bursche, wie ein Blitz auf der Hinterhand herumfahrend, hielt seine kläffenden Angreifer in respektvoller Entfernung, und mehr als einer der braven Gesellen lag schon schwer atmend mit klaffender Wunde im Heidekraut. Auch Exzellenz von Plessen, der als erster zur Stelle und mit jugendlichem Elan aus dem Sattel gesprungen war, um den Hunden zu Hilfe zu eilen, zeigte bereits deutliche Spuren, daß er mit den Gewehren des Keilers in Berührung gekommen war. Es war keine leichte Arbeit auf dem schlüpfrigen Moorboden, bis an die Knöchel im Wasser, den alten Burschen auf den Rücken zu legen, erst nachdem der Master ihm mit dem Hirschfänger zu Leibe gegangen war, gelang dies mit vereinten Kräften, worauf Exzellenz von Plessen den Fang gab. Mittlerweile hatte das Feld Zeit gehabt, sich heranzufinden, so daß Graf Spee nach einer Jagd von fünfundvierzig Minuten fünfundsiebzig Brüche verteilen konnte. — Möchte der seinem Schicksal entronnene Ueberläufer sich noch lange Jahre seiner Freiheit freuen, um einst eine Jagd zu bescheren, wie die am 27. November 1908.

— — — — — — — — — — — — — — — — —

So mancher Sportsman der alten Schule wird wehmütig den Kopf schütteln bei dem Gedanken, daß Hörnerklang und Hundegeläut für immer aus dem alten, lieben Grunewald verbannt sind. Gewiß, wer es einmal gesehen hat, wie der Schwarzrock den in der Herbstsonne leuchtenden See durchquert, in langem Zug die Meute hinterher, dem wird dies Bild unvergeßlich bleiben. Aber auch die Heide hat ihre Poesie. Wer sie nur sonnen- und staubdurchglüht, von Kavalleriesignalen und dem Taktschritt der Infanterie belebt kennt, der vermag sich wohl kaum einen Begriff zu machen, welcher Zauber von diesem selben Schauplatz des Drills und der strengen Pflicht ausströmen kann, wenn durch den Novembernebel, der die Pikörschimmel in riesigen Dimensionen erscheinen läßt, das silberhelle Jauchzen jagender Hundekehlen bricht und die pendelnden Ruten zwischen den braunen Farnen und dem dunklen Ginster bald hier, bald dort auftauchen.

Was aber für den echten „Mann in Rot" noch mehr wiegt: das neue Jagdterrain hat auch reiterlich seine unbestreitbaren Vorzüge. Wenn schon die Heide ebensowenig wie der Grunewald ein schweres Gelände im englischen Sinne ist und hier wie dort grobe Sprünge selten oder nie vorkommen, so kommt es hier doch sehr viel öfter zu einem „Galopp", als im Grunewald, wo die zahlreichen Gewässer eine unüberwindliche Anziehungskraft auf den Schwarzkittel ausüben, zum Leidwesen aller, die auf einem Puller saßen. Für diese Herren mag es oft ein herzlich schlechtes Vergnügen gewesen sein, durch das enge Holz im fremden Kielwasser reiten zu müssen. Ganz abgesehen hiervon — wer auf der Jagd die Hunde bei ihrer Arbeit beobachten will, dem gibt das offene Gelände um Döberitz hierzu bessere Gelegenheit, als es im Grunewald der Fall war; dies kommt an einem Tage zur Sprache, wenn der Scent brusthoch steht und die Hunde wirklich wie Gift jagen. In der Theorie müßte auf der Heide, die den scharfen Heidekrautgeruch ausströmt, die Fährte weniger gut stehen als auf Waldboden, aber es ist unverkennbar, daß das Tempo der Jagden viel besser geworden ist, als es früher im Grunewald war. Ob ein Boden den Scent hält oder nicht, können schließlich nur die Hunde entscheiden, aber immerhin gestattet die einstimmig anerkannte Tatsache, daß die Jagden schneller geworden sind, eine Folgerung, die sehr zugunsten der königlichen Meute spricht. Für die Potsdamer Garnison, die zu Pferde und zu Wagen den Uebungsplatz in einer guten Stunde erreichen kann, bedeutet die Verlegung der Jagden fast eine Verbesserung; den Berliner Herren nebst ihren Pferden hat die Eisenbahnbehörde — in ausnahmsweisem Entgegenkommen, wo es sich um Pferdesport handelt! — einen Extrazug bewilligt, der an den Jagdtagen vom Lehrter Bahnhof nach Döberitz abgelassen wird.

— — — — — — — — — — — — — — — — — —

Die seinerzeit von Keudell angeregte Idee der Errichtung einer zweiten Meute bei Berlin hat insofern Verwirklichung gefunden, als der Berlin-Potsdamer Reiterverein in beiden Garnisonen Schleppjagden veranstaltet. Meines Wissens unterhielt der Verein früher eine eigene Meute bezw. mietete eine solche für die Saison aus Hannover, wozu er von Allerhöchster Stelle eine Unterstützung erhielt; heute werden den Regimentern einige Koppeln aus der königlichen Meute für die Schleppjagden zur Verfügung gestellt. Es bedeutet dies eine hervorragende Leistung seitens der Hunde und ein ehrliches Kompliment für den Huntsman, daß die nämlichen Koppeln, die heute mit tödlicher Sicherheit auf der Wildfährte jagen, morgen mit unerschütterlicher Ruhe auf der Schleppjagd arbeiten.*)

Am 21. Oktober 1904 hatte ich Gelegenheit, den Potsdamer Schlepphunden zu folgen. Alle Uniformen der Potsdamer Garnison waren vertreten, und zwischen dem Attila und Koller, zwischen den roten und gelben Ulanen sah man den dunklen Rock der Gardeinfanterie, das fröhliche Grün der Jäger, das neumodische Grau

*) IV. Auflage, Teil II, Kapitel XIV.

der „Maschinengewehrmänner“; aus diesem militärischen Bilde doppelt reizvoll leuchtete der rote Rock der Pikörofffiziere hervor. Ein großer Teil der Potsdamer Offiziere wurde durch die am Morgen stattgehabte Einweihung des Kaiser-Friedrich-Denkmals dem Rendezvous ferngehalten, trotzdem konnte der Master, Rittmeister Graf Solms*), wohl an fünfzig Herren am Sammelplatz in Priort begrüßen, darunter Seine Königliche Hoheit Erbgroßherzog Adolf Friedrich zu Mecklenburg, der, obwohl er der Enthüllungsfeierlichkeit beigewohnt hatte, pünktlich zur Stelle war. Durch ihre Kommandeure waren die Gardehusaren, 3. Gardeulanen und die Potsdamer Gardeartillerie vertreten. Noch mehr als in dem Riesenfelde der königlichen Meute kommt hier das vortreffliche Pferdematerial zur Geltung, das man beim Stelldichein bewundern kann. Neben dem alten Steepler, der an den Piedestalen die ehrenvollen Andenken aus tausend Schlachten auf dem grünen Rasen trägt, sieht man auch Vollblüter, die im Gebäude und Kaliber die höchsten Ansprüche an das Reitpferd befriedigen mußten. Gurt an Gurt mit dem Ideal eines Hunters, der unverkennbar den Stempel seiner englischen Heimat trägt, mißt sich ein edler Ostpreuße. Unwillkürlich wurde ich an das Keudellsche Wort erinnert: „Der Geschmack unserer Kavallerieoffiziere hat sich gegen früher sehr verändert. Während vor fünfundzwanzig Jahren jeder nur ein hübsches Pferd haben wollte, legt man heute mehr Gewicht auf ein gut gezogenes, das Leistungsfähigkeit verspricht oder gezeigt hat.“

Punkt zwei Uhr wurden die fünfeinhalb Koppel unmittelbar nördlich Priort angelegt. Die Piköre ritten heute in der grau und grünen Jagduniform mit dem großen altdeutschen Horn, was über die groben Sprünge einer Schleppe nicht ganz unbedenklich ist. Zunächst in östlicher Richtung die Schleppe aufnehmend, brachten uns die Hunde über eine hübsch aufgebaute Holzmauer, der gleich darauf ein netter Graben folgte. Vor dem dritten Hindernis verriet ein charakteristisches Flattern im ersten Felde, daß etwas los sei: es gab einen tief eingeschnittenen Kanal zu überwinden, der wegen seiner breiten Böschungen durchklettert und dann aus dem Stande gesprungen werden mußte, was bekanntlich dem rennmäßig denkenden Vollblüter sehr gegen den Strich ist. Nach dem Passieren dieses Hindernisses hatte sich der Schlepper nach rechts gewandt, und wir

*) Jetzt persönlicher Adjutant Seiner Kaiserlichen und Königlichen Hoheit des Kronprinzen.

erhielten in Richtung auf Ferbitz noch ein Koppelrick, mehrere aufgebaute Hürden und wohl ein halbes Dutzend sehr anständiger Gräben vorgesetzt. Nach einem Galopp von fünftausend Metern, den wir in etwas über elf Minuten absolvierten, war am Wege Ferbitz—Crampnitz den Hunden das „Küree-Surrogat“ gerichtet. Nachdem sich noch ein reiterloses Pferd und ein stiefelloser Reiter beim „Halali“ eingefunden hatten, verteilte Oberst Graf zu Dohna die Brüche.

VII.

Hinter den Hunden des Parforcejagdklubs Berlin.

In seiner der älteren Reitergeneration wohl noch bekannten Originalausgabe des „Grünen Buches“ widmet Keudell ein ganzes Kapitel „der Notwendigkeit einer zweiten Meute bei Berlin“*). Das Bedürfnis nach einer solchen begründet der Uebersetzer Whyte-Melvilles auf doppelte Weise: zunächst müsse es unter den Offizieren der Garnisonen Potsdam und Berlin eine große Anzahl von Reitern geben, die einen Ritt im offenen Gelände über Hindernisse den Waldjagden hinter der königlichen Meute vorziehen; abgesehen hiervon aber gab es schon damals in Berlin eine zahlreiche Sportgemeinde in den Kreisen des Zivils, die nach Keudells Ansicht die Begründung einer Meute mit Freude begrüßt hätte.

Drei volle Jahrzehnte sind seit dem Erscheinen der „Reit-Erinnerungen“ in ihrer damaligen Gestalt verflossen; trotz des Niederganges, den Sport und Zucht des Inlandes in dieser Spanne vorübergehend erleiden mußten und obwohl manch eine jener Meuten, denen Keudell in seinen „Erinnerungen“ ein Denkmal setzt, dem Dampfpflug und der Zuckerrübe zum Opfer fielen, haben doch die Ereignisse die Wahrheit obiger Voraussetzungen bestätigt. Wie wir gesehen haben, reiten die Offiziere der Gardekavallerie sowohl in Berlin wie in Potsdam im Herbst allwöchentlich zwei Jagden hinter Schlepphunden. Allein diese Jagden, die ihre Entstehung dem kavalleristischen Bedürfnis militärischer Kreise verdanken, stehen

*) IV. Auflage, Teil II, Kapitel XIV.

ausgesprochen, wenn nicht überhaupt ausschließlich im Zeichen der Uniform, nur ganz vereinzelt findet man dort den roten Rock eines Zivilisten im Felde.

Trotz Auto und Aeroplan ist aber der Reitsport im Aufblühen begriffen und gewinnt, wie man gerade in der Reichshauptstadt beobachten kann, auch außerhalb der Armee an Boden. Die zweite Voraussetzung, von der Keudell bei seiner Propaganda für eine private Meute bei Berlin ausgeht, trifft somit heute noch in erhöhterem Maße zu, als vor jenen dreißig Jahren. Und daß diese für das reitende Berlin einem Bedürfnis entsprach, beweist das Aufblühen des im Mai 1910 gegründeten Parforcejagdklubs Berlin. Wer es weiß, mit welchen Schwierigkeiten — tatsächlichen und imaginären — der „Sport in Rot“ bei uns zulande zu kämpfen hat, der vermag es zu ermessen, wieviel Passion und Opferfreudigkeit dazu gehörten, um den Parforcejagdklub in das Leben zu rufen und lebensfähig zu erhalten. Die schönste Anerkennung darf der junge Klub für seine Bemühungen wohl darin erblicken, daß Seine Exzellenz Herr Generalleutnant z. D. von Kramsta und General von Longchamps die Ehrenmitgliedschaft des Klubs angenommen haben. Die Genannten, vor allem aber die Person des Masters, Major a. D. von Krieger, bürgen dafür, daß man hinter den Hunden des P. C. B. Sport findet, der wirklich auf diese Bezeichnung Anspruch erheben darf.

Der P. C. B. konnte keinen glücklicheren Griff tun, als es in der Wahl seines Masters geschah. Das Wort des unvergeßlichen Generals von Mitzlaff vom Wert des Jagdreitens für die „heranwachsende“ und die „herauswachsende“ Jugend erhält hier ganz besondere Bedeutung, insofern — erfreulicherweise — gerade die „herauswachsende“ Jugend besonders stark im Jagdfelde des P. C. B. vertreten ist. Es gilt also für den Leiter der Jagden, bei dem älteren Element die Passion lebendig zu erhalten, ohne dabei aus dem Auge zu verlieren, daß das Reiten hinter Hunden für die „heranwachsende“ Jugend eine ernste Schule sein solle, die dem Vaterland und der Armee Kampagnereiter erzieht. In dieser Erkenntnis hat Herr von Krieger in diesem Herbst die Jagden, die sich im Vorjahre vorwiegend im Holze abspielten, mehr in das offene Gelände verlegt, wo Koppelricks und Gräben die Möglichkeit geben, auch ernstere Anforderungen an Roß und Reiter zu stellen. Der beste Mann „querbeet“ ist noch längst nicht immer der beste

Mann „hinter den Hunden". Auch in dieser Hinsicht darf sich der P. C. B. eines Masters rühmen, bei dem jeder Huntsman in die Lehre gehen könnte. Dies ist für den jungen Klub um so wertvoller, als der Oberpikör wie seine Gehilfen gewissermaßen Amateure sind oder es wenigstens bei Begründung der Meute noch waren. Im Mutterlande des Hunting werden bekanntlich die „hunt-servants", deren Beruf sich durch Generationen in der Familie forterbt, für ihr Amt eigens geboren. Von den beiden Whips des P. C. B. hat der eine bei den Schleppjagden der Feldartillerieschießschule in Jüterbog gelernt, während Stallmeister Mahncke, der die Hunde führt, beim Altmeister Palm in den Kennels der königlichen Meute eine Informationszeit durchgemacht hat. Was ihm noch heute an Routine fehlt, wird er in der Schule des Herrn von Krieger bald lernen, jedenfalls bringt Herr Mahncke für seinen Beruf im Jagdfelde zwei Eigenschaften mit, die für einen Huntsman wohl selbstverständlich, aber darum doch nicht weniger hoch einzuschätzen sind: eine glühende Passion und ein Herz, das seinem Pferde über jeden Sprung voraneilt. Also auch in dieser Hinsicht liegt die Zukunft der jungen Meute in den besten Händen, und was ich von derselben am 4. November vorigen Jahres gesehen habe, gewährt alle Aussicht, daß sich dieselbe schon im nächsten Jahre den altrenommierten Meuten zuzählen darf, denen der „Mann in Rot" in Deutschland auf einer Schleppe folgen kann. Aussehen und Disziplin der Hunde, die von Herrn Woltmann über den Kanal gebracht wurden, waren vortrefflich. Die Piköre sind hervorragend beritten, und da es, wie mir einst ein Master in England etwas geringschätzig sagte, „in Deutschland ja nicht ohne Musik abgeht", so sei besonders erwähnt, daß alle drei das große Jagdhorn meisterlich handhaben. Was aber für den „Mann in Rot" viel wertvoller ist, war die Beobachtung, daß überall und bei jeder Gelegenheit Hand und Herz des Masters zur Geltung kommen, sein Streben, die Jagd „jagdlich" zu „gestalten", und was mich besonders sympathisch berührte (man findet es in Deutschland so selten!): das Bestreben des Masters fand nicht nur bei den Angestellten der Meute, sondern unverkennbar auch bei dem Gros des Feldes einen verständnisvollen Resonanzboden. Herr von Krieger wird dies um so dankbarer empfinden, als er ja nicht wie die Mehrzahl seiner Kollegen auch im Jagdfelde über eine militärische Autorität verfügt. Während die Reitjagden in Deutschland sonst ganz überwiegend im Zeichen der Uniform stehen, erinnert das Bild hinter der Frohnauer Meute viel mehr an die englischen Felder insofern, als alle Stände und Berufsarten im P. C. B. vertreten sind. Wenn auch die Liebe zum Sport alle diese Jagdreiter zusammenführt, so dürfte trotzdem die Tätigkeit des Herrn von Krieger sich oft wesentlich schwieriger gestalten, als für so manchen Master, der nur seine militärischen Untergebenen im Felde hinter sich hat. Will man dem Master des P. C. B. und seiner Tätigkeit ganz gerecht werden, so muß nicht zuletzt die Liebenswürdigkeit gerühmt werden, die „Miles“ mit der für sein Amt unerläßlichen Autorität und Energie vereinigt.

Seiner Liebenswürdigkeit verdanke ich nicht nur eine Einladung zur diesjährigen Hubertusjagd des P. C. B., sondern auch hinter den Hunden den Platz an seiner Seite, der es mir ermöglichte, mir über deren Arbeit ein Urteil zu bilden.

Von Ende September jagen die Hunde zweimal wöchentlich, und an den Jagdtagen — Mittwochs und Sonnabends — führt ein Extrazug vom Güterbahnhof der Stettiner Bahn die Rotröcke und ihre Pferde um zwölf Uhr mittags nach Hermsdorf, von wo zum Stelldichein der in Frohnau untergebrachten Meute hingeritten wird. Für die angemeldeten Gäste und Zuschauer stellt Stallmeister Mahncke aus dem Tattersall Frohnau Jagdpferde und Wagen auf Bahnhof Hermsdorf bereit. Am 4. November führte der Extrazug einige dreißig Rotröcke und drei Damen nach Birkenwerder, wo die Jagdpferde bestiegen wurden, fast durchweg Hunter, die wirklich auf diese Bezeichnung Anspruch machen durften und in der Mehrzahl wohl auch jenseits des Kanals hinter den Hunden ihr Handwerk gelernt hatten. — Pardon: Herr von Funcke ritt den allen Besuchern des Halbblut-Concours bekannten Mohrenschimmel. — Herr und Frau Woltmann erschienen auf Schimmeln, zwei „Bluthuntern“, wie man sie schwerlich schöner in den Shires finden wird. Herr Woltmann sen. saß auf einem „Gewichtsträger“, der einen Dreizentnermann spielend hinter jeder Meute und durch den tiefsten Boden tragen kann. Durch sein eminentes Springvermögen fiel ein in seiner Tiefe fast cobartiger Rotschimmelpony auf, den der Schatzmeister des Klubs, Herr Hetschingk, als „whipper-in“ bei den Hunden ritt.

Auf dem Gutshof in Pinnow, wo wir von Hornfanfaren empfangen wurden, erwartete uns die zehn Koppeln starke Meute. Das rote Feld wurde hier noch durch einige bäuerliche Besitzer aus der Gegend verstärkt, ein Beweis, wie der Master es verstanden hat, den Sport hinter den Hunden auch bei der Landbevölkerung populär zu machen. „Eine Parforcejagd kann nur da von Dauer sein," schreibt Keudell, „wo niemand unter derselben leidet oder einen pekuniären Schaden davon hat. Wir müssen immer wieder daran denken, daß wir von der Liebenswürdigkeit der Landbewohner abhängen, also denselben nicht zur Last fallen dürfen und für jeden Schaden, der den letzteren zugefügt wird, aufkommen müssen." — Wieviel besser würden so manche Master und unzählige Jagdreiter der Sache dienen, wenn sie Keudells Mahnung mehr beherzigten. Das gute Einvernehmen zwischen dem P. C. B. und den Jagdpächtern und Grundbesitzern der Gegend trat bei dem auf die Jagd folgenden Frühstück besonders herzlich zutage, wohl ein weiteres Verdienst, das man auf Rechnung des Masters setzen darf.

Etwa drei Kilometer westlich Pinnow, an der Chaussee nach Velten, wurde angelegt; mit vollem Halse ging es über zwei kleine Gräben in nördlicher Richtung; dann hatte der Schlepper einen Haken geschlagen, und die Hunde brachten uns über eine Reihe hübscher Gräben und zwei künstliche Hochsprünge, Koppelrick und Hürde, in Richtung auf Pinnow. Vor diesem Ort führte die künstliche Fährte nach Wilhelmshof über mehrere herzerfreuende Gräben auf den Oranienburger Kanal zu. Schon hatte ich mich auf eine „Wasserpantomime" gefaßt gemacht, als die Hunde einen Haken nach links schlugen. „Dampf aufsetzen!" rief mir der Master zu und — schon waren wir hinüber! Es war der sogenannte „Blockbrückengraben", der aus dem „Teufelsbruch" in den Oranienburger Kanal fließt, dreieinhalb Meter Wasserspiegel in weichem Wiesenboden wollen schon klar gesprungen sein; soviel ich weiß, wurden dieselben jedoch nur einem Reiter zum Verhängnis. Eine Reihe dicht aufeinanderfolgender natürlicher Koppelricks veranlaßte, da rechts und links Draht drohte, auch die Ungestümen, ihre Pferde ein wenig aufzunehmen, so daß, wer an dem Bach einen Aufenthalt gehabt hatte, wieder mit dem Felde aufschließen konnte. Noch ein festes Koppelrick mit dahinterliegendem Graben, und schon kam der am Schluß der sieben Kilometer langen Schleppe bei Antonienhof ausgelassene Ueberläufer in Sicht. Hunde, Pferd und Reiter überkommt jener Zauber, den nur der ganz kennt, der auf freier Wildbahn jagte. Mit lautem Hals und langem Zügel noch über einige harmlosere Gräben, dann schlug der Schwarzkittel zurück und — hands down: es geht schnurgerade auf den schon vorher passierten Wiesenbach los! Den scharfen Haken, den das Schwein zurückschlug, hatten die Kopfhunde überschossen, so daß, als sich das Schwein unmittelbar hinter den Blockbrückenbach stellte, nur die Hälfte der Meute zur Stelle war. Es war ein kritischer Moment, da die Foxhounds, mit dem Geschäft noch nicht vertraut, den Ueberläufer (der ihnen erst zum drittenmal im Leben begegnete) nicht recht anfassen wollten und die vor uns liegenden Drahtkoppeln nicht zu folgen erlaubten, falls die Jagd weiterginge. Zum Glück hatte der Schwarze ein Einsehen und wechselte in den „Moorgraben" zurück; nachdem die Meute wieder beisammen war und die im pack mitgehende, sehr scharfe Terrierhündin mit gutem Beispiel voranging, wurde er im Wasser gedeckt und von Herrn Woltmann jun. ausgehoben. Gesamtlänge der Jagd zirka zwölf Kilometer.

Nach dem Küree, bei dem sich die vorzügliche Disziplin der Meute wieder in glänzendem Lichte zeigte, trabten wir, mit dem Bruch geschmückt, nach den Pinnower Koppeln, wo in einem Schuppen eine köstliche Kohlsuppe und ein Glas Glühwein unserer harrten. Dann ging es im Auto gen Berlin, noch im Vorüberfahren einen Blick auf das Frohnauer Heim der Meute werfend. Ein Diner im Hotel Adlon beschloß den Festtag des heiligen Hubertus und seiner Jünger vom P. C. B. Daß es hierbei hoch herging, bedarf wohl keiner Versicherung; höher noch aber als die materiellen Freuden gingen die Wogen der Begeisterung für den „Sport in Rot", und was man von dieser in offiziellen Tischreden und zwangloser Unterhaltung spürte, das dürfte dem P. C. B. eine blühende Zukunft sichern. Wie ich hörte, steht dem Klub eine bedeutende Erweiterung seines Jagdgeländes nach Spandau zu in Aussicht, ein Projekt, das sich fast wörtlich mit dem eingangs von mir erwähnten Vorschlag Keudells deckt. Allein selbst ein Master, wie Herr von Krieger, vermag über die beste Gegend mit der besten Meute keinen Sport zu zeigen, wenn er kein Jagdfeld hinter sich hat. Nach dieser Richtung wäre dem P. C. B. noch ein recht erheblicher Kräftezuwachs zu wünschen. Gegenwärtig zählt der Klub siebenundvierzig Mitglieder, von denen sich jedoch nur einige zwanzig aktiv hinter den Hunden betätigen. 1911 wurden achtzehn Jagden auf der Schleppe, vier hinter Schwarzwild geritten.

Auf meine in der Sportwelt erschienene Schilderung der obigen Hubertusjagd richtete der Master des P. C. B. in dem gleichen Blatte an meine Adresse einen „offenen Brief", der auf die Verhältnisse, mit denen der „Sport in Rot" in Deutschland zu kämpfen hat, ein so bezeichnendes Licht wirft, daß ich ihn hier im Auszug folgen lasse. Er lautet:

„Lieber Flying!

Als ich in der ‚Rosaroten' Ihre anschauliche und fesselnde Schilderung der Bückeburger Jagden las, wurde ich an eine Unterlassungssünde erinnert, die ich mir habe Ihnen gegenüber zuschulden kommen lassen. Ich mußte Ihnen doch noch danken für Ihre, unserer Sache so sehr nützende und von allen Herren des Klubs P. C. B. mit Begeisterung gelesene Beschreibung unserer Hubertusjagd. —

In einem muß ich Ihnen unumwunden recht geben, das sind die großen Schwierigkeiten, mit denen man bei einem derartigen Unternehmen in Deutschland allgemein und anscheinend im speziellen in Berlin zu kämpfen hat.

Es ist kaum zu glauben, mit welchen kleinlichen, unsozialen, unsportlichen Bedenken man in Berlin und Umgegend bei Bildung und Zusammensetzung eines Jagdreiterklubs zu tun hat.

Gewiß — ich habe einen Stamm von außerordentlich passionierten, couragierten und auch pekuniär für alles einstehenden Mitgliedern, welche die Sache des Klubs nie im Stiche lassen würden.

Aber die große Allgemeinheit der Reiter Berlins steht der Jagdreiterei — wenn man nicht die Spazierritte im Grunewald auf der Schnitzelfährte etwa als solche nehmen will — ablehnend, zum Teil, ich muß es offen sagen, direkt mißgünstig gegenüber.

Gewiß — ein einleuchtender Grund für die geringe Beteiligung ist der, daß Berlin eine hart arbeitende Stadt ist, daß auch reiche Leute, die noch ein Geschäft haben, eben Geschäftsleute sind und als solche ihre Zeit nötig haben. Woher kommt es aber, daß eine große Zahl dieser Persönlichkeiten für jeden Berliner Renntag und noch manchen auswärtigen Zeit haben?

Man könnte die Zurückhaltung verstehen — als guter Deutscher muß man ja fast in alle möglichen Vorurteile verrannt sein —, wenn das Reiten zu Hunden irgendwelche gesellschaftlichen Verpflichtungen mit sich bringen wollte.

Oder, wenn der Klub mit seinen Veranstaltungen irgendwelche nennenswerten Schwierigkeiten zu bestehen hätte, so daß man sagen könnte: lange dauert seine Lebensfähigkeit doch nicht, wozu da also erst eintreten?

Aber nichts von alledem!

Ist das eine erhebliche Schwierigkeit, daß mein Pferd zu einer bestimmten Stunde auf der Bahn sein muß, dort in einen Extrazug verladen wird, ich mich selbst dazu setze und in zwanzig bis dreißig Minuten Fahrt meine Jagdgefilde erreiche?

Und letztere! Ueberall fast haben Master und Huntsman ihre liebe Not mit Erlangung eines geeigneten Geländes. In Berlin aber steht dem P. C. B. durch das persönliche Wohlwollen des Herrn Landwirtschaftsministers der ganze schöne Forst Tegel zur Verfügung, andere fiskalische Geländestrecken sind noch in Aussicht. Und nicht zuletzt: Hat der Klub nicht seine Freunde? Die passionierten Gutsbesitzer aus der Pinnower und Antonienhofer Gegend!

Spielt etwa der Geldpunkt eine so große Rolle? Fast hat es den Anschein, als ob Berlin nicht vierzig — was sage ich —, nicht zwanzig Reitersleute hätte, die für eine so vornehme Klassesache, wie das Reiten zu Hunden ist, jährlich vierhundert Mark übrig hätten.

Was anderswo Gutsbesitzer, Offizierkorps mit von Hause aus viel geringeren Mitteln fertig bekommen, das soll bei dem Reichtum, der sich in Berlin angesammelt hat, nicht zu machen sein?

Ich möchte, um allem mißgünstigen Gerede die Spitze zu nehmen, feststellen, daß der Klub die Kosten seiner Jagden gern und willig trägt und absolut nicht nötig hat, auf Mitgliederfang auszugehen oder Anleihen zu machen. Es ist aber klar, daß man, je mehr Mitglieder vorhanden sind, desto mehr darstellen kann.

Schon allein der Master hat die berechtigte Eitelkeit, lieber vor dreißig oder vierzig Teilnehmern zu reiten, als vor seinem treuesten kleinen Stamm. Sie selbst sagen, lieber Flying: Reiten und nicht schreiben, und verfahren auch nicht nach diesem Rezept, weil Sie einsehen, daß ohne eine gewisse schriftliche Propaganda die Sache nicht zu machen ist.

Ihnen, alter Freund, wünsche ich: Fahren Sie fort, mit Ihrer glühenden Passion durch Wort; Schrift und die praktische Tat für die Sache im roten Rock zu werben und zu begeistern, und für die nächste Saison Fanfare ‚Gute Jagd'! Miles."

VIII.

Huntsman Habberfield.

Wenn Keudell der Ansicht ist*), daß man einen guten Huntsman nur in England finden könne, wo die geeigneten Persönlichkeiten für diesen verantwortungsreichen Posten durch Generationen gezüchtet werden, so gebührt einem Meister, wie Habberfield es in seinem Beruf ist, wohl ein Ehrenplatz in dem Buche der Parforcejagd.

Als „whipper-in" erlernte Habberfield hinter der Quorn-, der Tickhain- und der Meute Sir Edward Kerrisons sein Handwerk, um sich die Sporen als Huntsman hinter einer französischen Meute in Pau zu verdienen. Nach seiner Rückkehr in die Heimat führte er die Meute des Herzogs von Sutherland (North-Stafford) und folgte dann einem Ruf der Kaiserin von Oesterreich nach Ungarn, wo er Fuchs-, Hirsch- und Hasenhunde unter seiner Obhut vereinte und an sieben Tagen der Woche jagte. In Galizien jagte Habberfield mit denselben Hunden Damwild und Hasen; mit dieser Meute ging er nach Rußland, wo er außerdem mit Foxhounds Füchse und Wölfe jagte. Nach einer vierjährigen Tätigkeit an den russischen Kennels, die nicht weniger als hundert Koppeln beherbergten, kam Habberfield 1883 nach Lissa. Wohl kein zweiter seiner Berufsgenossen in Deutschland dürfte sich einer so vielseitigen Schule und so reicher Erfahrung rühmen können, wie der ehemalige Lanker

*) Teil II, Kapitel II.

Huntsman. Dadurch, daß Herr von Friedlaender-Fould sich nach Auflösung der Lissaer Parforcejagd 1894 die Dienste Habberfields sicherte, kennzeichnete er von vornherein den Sport, den man hinter seiner Meute finden sollte.

Wurde die Lissaer Parforcejagd durch den Unionklub und den Hindernisverein finanziell unterstützt, so wurde die Unterhaltung der Lanker Meute und der gesamten Jagdequipage einzig und allein von ihrem Besitzer und Master getragen. Zudem beschränkte sich Geheimrat von Friedlaender nicht darauf, die gesamte Herrschaft der Jagdfolge freizugeben, sondern im Anschluß an das an sich schon große Lanker Territorium hatte der Jagdherr noch beträchtliche Flächen hinzugepachtet, um die Jagden nach jeder Richtung ideal zu gestalten. So fand der Mann in Rot hier ein Jagdgelände von 80000 Morgen, und was für den echten Jagdreiter alles sagte — die Gegend hatte Scent, trotz des vielfach sandigen Bodens!

Im Billardzimmer, wo man sich vor dem Frühstück versammelte, hing in riesigen Dimensionen ein Bild der Lanker Jagdgesellschaft, Meute und Master in ihrer Mitte; nur ein Jagdreiter wie Kossak, der die Poesie des Sports in Rot selbst im Sattel studiert hat, konnte so Lebenswahres vollbringen! So wehte uns schon beim Eintritt der Geist der Lissaer Jagden an, von Kossaks Bild in uns geweckt; und dieser Geist beseelte auch die kleine Schar, die sich hier zusammenfand, um St. Georg und dem Heiligen Hubertus zu huldigen; man sah es an den sehnigen Gestalten, an dem trockenen, sonnengebräunten Gesicht und am Schnitt der Breeches: es waren Jagdreiter nach Keudells Herzen! So mancher, der zwischen den Flaggen hohe, ja die höchsten Turfehren geerntet hat, gehörte zu den Lanker Jagdgästen.

Einer unserer urteilsvollsten Jagdreiter in Deutschland hat mir einmal gesagt: „Wenn Sie hinter wirklich schnellen Hunden reiten wollen, dann müssen Sie nach Lanke reisen." Wer hieran keine rechte Freude fand, der folgte der liebenswürdigen Einladung des Jagdherrn zum erstenmal wohl aus Höflichkeit, aber — er kehrte nicht wieder; denn im roten Frack ein exquisites Diner essen und hinter der Lanker Meute über einen von Habberfield gewählten Kurs im ersten Felde reiten, um hinter dem Keiler beim Halali zu sein, ist zweierlei! Für seine Passion mit einem so derben Akcident quittieren, wie es der Vizemaster, Rittmeister Oskar Suermondt, und der verewigte

Herr von Kramsta hinter der Lanker Meute taten, ist eben nicht jedermanns Sache: dazu gehört echte Passion und eine Hingabe an den Sport in Rot, wie jene beiden sie besaßen und — nicht mit vielen teilen!

Leider war der alte Brauch, die Schweine aus der Freiheit anzujagen, wegen der dabei unvermeidlichen Beunruhigung des Rotwildes immer seltener geworden; dafür ließ der Master aus anderen Revieren Schweine kommen, da diese erfahrungsgemäß, wenn kurz zuvor eingefangen, in fremder Gegend besser laufen. 1903 erlebte ich dort am Schlusse einer Elf-Kilometer-Schleppe einen Galopp von einundvierzig Minuten hinter dem Schwarzrock!

Vor dem Gasthause in Stolzenhagen stiegen wir zu Pferde. Gleich nach dem Verlassen des Dorfes wurden die Hunde zur Rechten des Weges laut, und rechtsum ging es, schon nach wenigen Galoppsprüngen über ein Koppelrick, das der römischen Kampagna alle Ehre gemacht hätte. In schier endloser Reihe folgten sich nun Koppelricks und Gräben aller Kaliber, von der harmlosen „Rinne" bis zur feierlichen „Erdspalte". An der Chaussee nach Zehlendorf hatten wir den ersten Stopp. Hinsichtlich der Beurteilung der Schnelligkeit muß man auf fremdem Pferd hinter fremden Hunden sehr skeptisch sein, aber es war seit dem Anlegen kaum eine Viertelstunde verflossen, und nach Habberfields Angabe hatten wir sechstausend Meter galoppiert. In dem kleinen Holz südlich der Chaussee hatte der Schlepper den Hunden ein Rätsel aufgegeben, mit einem verschmitzten Lächeln ließ der Huntsman seine Zöglinge allein den Knoten lösen, und schon nach einem kurzen Aufenthalt, der Reitern wie Pferden gar nicht unwillkommen war, wurde die Meute jenseits des Holzes wieder laut. Nach dem Passieren einer Trift ging es mit vollem Hals auf Klosterfelde zu, dann in scharfem Bogen nach rechts in Richtung auf Arendsee. Die letzten fünftausend Meter der Schleppe brachten uns noch über vier kapitale Gräben, von denen der eine durch davorliegende Rohrbündel zu einer recht feierlichen Sache geworden war.

Am Wege von Klosterfelde nach Arendsee hatte der Wildkasten gestanden, aus dem einem zweijährigen Keiler die Freiheit gegeben wurde. Mit verdoppeltem Eifer jagten die Hunde nun auf Wandlitz zu, dann führte die Fährte in die Stolzenhagener Forst hinein. Hier mußte das Schwein ganz reglementswidrig von seiner Gewohnheit, gegen den Wind zu gehen, abgewichen sein; denn längere Zeit hatten die Hunde verloren, und da man stellenweise in dem dichten Holz nur auf den Schneisen folgen konnte, so waren auch wir von der Meute abgekommen, und man hörte schon von verschiedenen Seiten das fatale „Fehljagd“ murmeln. Aber Habberfield gibt so leicht keine Schlacht verloren, und während wir froh waren, unseren braven Pferden einen Stopp gewähren zu können, hörte man in der Ferne unermüdlich sein Horn und das „Worry! Worry!“, mit dem er die Hunde anfeuerte. Der rasche Ritt hinter den Hunden über die herrlichen Sprünge jagt das Blut schneller durch die Adern, und während man nun in atemloser Spannung in den Wald hineinlauscht, während das Geläut der Meute sich bald in der Ferne verliert, bald sich zu nähern scheint, kommt einem erst ganz der unvergleichliche, eigenartige Reiz zum Bewußtsein, den die Wildjagd vor der Schleppe voraus hat: zu dem höchsten reiterlichen Genuß die Spannung des Jägers, dem im letzten Augenblick die wohlverdiente Beute zu entwischen droht! Immer voller wird der Chor, immer lauter; Habberfield scheint Blasebälge in der Lunge zu haben: „Tajaoh! Tajoh — ou!!“ Jetzt heißt es reiten! Und durch das schönste Bild wurden wir belohnt, das dem Parforcejäger zuteil werden kann: mitten im Stolzenhagener See bekamen wir den Schwarzen zu Gesicht, eben stürzte sich die Meute in das Wasser. Unser Uebereifer, das andere Ufer zu gewinnen, trug wohl die Schuld daran, daß der Schwarzkittel den Kurs änderte, etwa zweihundert Meter unterhalb der Stelle, wo er zu Wasser gegangen war, wieder an das Land trat, und sich nach dem Wandlitzsee aufmachte. Hier wiederholte sich dasselbe Schauspiel, und nachdem Wild und Meute den Wandlitzsee durchquert hatten, gaben sie uns noch einen prachtvollen Galopp bis in die Ecke des Stolzenhagener Sees, östlich Wensickendorf. Nach einundvierzig Minuten stellte der Keiler sich im Rohr und wurde von der Meute gedeckt. Zwei rote Röcke waren sofort bis an die Hüften im Wasser, aber erst durch die Dazwischenkunft Habberfields gelang es, die Jagdbeute den wütenden Hunden zu entreißen und auf das Trockene zu bringen.

— — — — — — — — — — — — — — — — — —

1904 hatte mich eine liebenswürdige Einladung des Jagdherrn in den ersten Tagen der Saison nach Lanke geführt; mit Rücksicht auf die Kondition der Hunde und eine geradezu sommerliche

Hitze, die am 1. Oktober herrschte, sollten nur sechs Kilometer geschleppt werden, um die ohnehin geringen Aussichten auf ein Halali nicht noch zu verschlechtern.

Während Lanke sonst im Zeichen des Automobils steht, fuhr man zum Stelldichein stets auf der Coach hinter vier mächtigen Rotschimmeln, Anglo-Normannen, die Frau von Friedlaender eigenhändig lenkte. Das Rendezvous war fast zwei Meilen entfernt, mit schmetternden Hornfanfaren rollten wir durch die Dörfer, und immer wieder zwischen Wald und See hindurch: O Welt, wie bist du so wunderschön, d. h. an einem schönen Herbsttag, an der Seite einer schönen Frau und vom Bock einer Coach herabgesehen, die Aussicht auf das schönste Vergnügen dieser Erde vor sich.

Kurz vor unserem Ziel überholten wir die Meute, was Habberfield in heftige Gemütsbewegung zu versetzen schien. Seine Gesichtszüge, Hände und Arme drückten Wut, Verzweiflung, Mutlosigkeit, Bedauern aus, aber der tiefere Sinn seiner Mimik blieb uns, bei dem Tempo, in dem wir vorübersausten, dunkel. Während wir vor dem Dorfkrug in Zehlendorf das Eintreffen einiger Berliner Herren erwarteten, und der obligate Kodak seine Schuldigkeit tat, traf Habberfield ein und löste das Rätsel seiner Pantomime. Zu Ehren eines alten Stammgastes der Lanker Jagden, der nach mehreren Jahren heute zum erstenmal wieder den Hunden folgte, sollte heute der stärkste Keiler, der die Saubucht bevölkerte, daran glauben; allein augenscheinlich hatte er zu früh daran geglaubt und ein zwar weniger rühmliches, aber erheblich sanfteres Ende vorgezogen. Ohne sich bei der Hitze die Unbequemlichkeiten eines Galopps zu machen, hatte er sich in seinem Transportwagen an einem Herzschlage geräuschlos aus dieser Zeitlichkeit empfohlen! — Allein ein Master des zwanzigsten Jahrhunderts läßt sich nicht verblüffen; alsbald spielte das Telephon nach Lanke und gleichzeitig sauste einer von den Whips im Automobil nach der Saubucht, um das zweitstärkste Schwein herbeizuschaffen. Bis dieses aber eingefangen und zur Stelle war, konnte mehr als eine Stunde vergehen, und bei der seit Wochen andauernden Dürre konnte Habberfield keine Garantie leisten, daß die künstliche Fährte nach dieser Zeit noch stehen würde. Zu einer völligen Erneuerung der Schleppe reichte das mitgenommene Quantum dieses edlen Nasses nicht mehr aus. So blieb dem Master kein anderer Ausweg, als anlegen zu lassen und eventuell zwischen Schleppe und Wildjagd eine Pause einzulegen.

Da die Schilderung einer Schleppe nur für den Ortskundigen Interesse haben kann, so mag es genügen, zu sagen, daß der sechs Kilometer lange Kurs uns über zwölf Gräben brachte. Der respektabelste, eine Erdspalte von achtzehn Fuß, wurde uns zweimal vorgesetzt. Unter den „kleineren" Gräben befanden sich einer von sechzehn und einer von vierzehn Fuß; an einem derselben ereignete sich eine Episode, die zur allgemeinen Erheiterung diente. Das Pferd eines Herrn, dessen Passion in gleichem Verhältnis zu der Höhe seines Körpergewichts steht, rumpelte wohl infolge der zwei Zentner und etlicher Pfunde, die mit seinem eigenen Schwerpunkt in Widerspruch gerieten. Der gewichtige Reiter wußte zwar beides wieder in Einklang zu bringen, ohne sich von seinem Rosse zu trennen; allein vermöge der Zentrifugalkraft hatte unser John Gilpin dem Pferde das Zaumzeug vom Kopfe gestreift und dies für manchen Reiter gewiß unentbehrliche Requisit des Sitzes über seinem Haupte schwingend, raste er auf steuerlosem Pferde ins Weltall hinein! Unwillkürlich mußte ich an Whyte-Melvilles Anekdote von den beiden englischen Offizieren denken, die, im feindlichen Feuer liegend, darüber streiten, wer von ihnen den höheren Mut beweise, der Kaltblütige oder der Nervöse? Für mich unterliegt es keinem Zweifel, daß ein Jagdreiter, der den Genuß dieses Vergnügens mit soviel Selbstverleugnung erkauft, mehr Schneid besitzt, als der professionelle Steeplechase-Reiter, der überlegen lächelnd den Hunden folgt. John Gilpin, der übrigens beim Halali wohlbehalten unter uns war, wird es mir sicherlich nicht verübeln, daß ich seinen kleinen Akcident hier wiedergebe; soll derselbe doch zeigen, wie der Sport in Rot den reifen Mann zum wagefrohen Jüngling macht, und die Freuden des Jagdfeldes sich nicht, wie die des grünen Rasens, auf die Jahre der goldenen Jugend beschränken.

Am Wege von Zehlendorf nach Stolzenhagen, unweit des letzteren Ortes, wo der Wildkasten hatte stehen sollen, erreichte die Schleppe ihr Ende, und da der Automobil fahrende Ueberläufer noch nicht in Sicht war, so gab dieser Stopp Gelegenheit, die für den Beginn der Saison schon erstaunliche Kondition der Hunde zu bewundern und mit Habberfield etwas Fach zu simpeln. Ich hatte im Verlauf der Schleppe mehrfach beobachtet, daß, sobald die Hunde überschossen, der Huntsman sie durch einen Wink wieder auf die Fährte brachte. Er erklärte dies an Tagen mit so geringem Scent wie dem heutigen für unerläßlich. Von einem weniger urteilsvollen Manne ausgeübt, halte ich diese Taktik für gefährlich; denn nichts verdirbt die Hunde mehr, als wenn man sie dazu verführt, mit den Augen zu jagen und sich mehr auf den Huntsman zu verlassen, als auf ihre Nase. Auf der freien Fährte rächt sich diese Verwöhnung bitter, sobald der die Hunde Führende den Weg des Wildes selbst nicht kennt. Um die Schleppe ganz echt zu gestalten, müßte dieselbe von einem dritten gelegt werden, und weder Master noch Pikör oder Whip dürften die Lage derselben kennen. Unsere Schleppjagden leiden an der gleichen Unnatur, wie die Manöver dort soll zur Uebung von Truppe und Führer jede Operation zum Gefecht führen, wo man gewiß im Kriege häufig an ein solches gar nicht denken würde; — auf der Schleppe muß es eben absolut jagen, denn man will unter allen Umständen einen Galopp haben. Die Stärke der künstlichen Witterung muß demnach der Temperatur, dem Boden, den hydrographischen Verhältnissen entsprechend bemessen werden. Wer viel hinter lebendem Wilde geritten ist, weiß: es gibt eben Tage, an denen der beste Hund — und der schlechteste versteht immer noch mehr vom Geschäft als sein Huntsman! — eine Fährte nicht ausmachen kann; gerade diese Tage sind jagdlich oft die lehrreichsten und für Pferd und Reiter nicht immer ganz ohne Nutzen.

Unterdes war ein strammer Ueberläufer eingetroffen und obwohl seine Nerven sicherlich noch unter der Nachwirkung der ungewohnten Auto-Fahrt standen, wurde er gleich auf die Reise geschickt. Im Hinblick auf die doppelseitige Verwendung der Meute hielt Habberfield es für ratsam, noch eine Strecke zu schleppen und nicht direkt auf das Wild anzulegen. Das Unglück wollte, daß ein allzu eifriges Mitglied des Jagdfeldes den Kujel quer über die Schleppe lancierte, so daß die Hunde, als sie bereits mit vollem Halse die Verfolgung des Schwarzen aufgenommen hatten, plötzlich wieder auf die Schleppe gerieten und, dadurch irregeführt, die Rückfährte ansprachen. — Moral: Wer die schwierige Kunst des Lancierens nicht aus dem ff versteht und nicht vom Master ausdrücklich hierzu aufgefordert wird, der pfusche dem Huntsman nicht in das Handwerk! Ein Ruf von Habberfield genügte jedoch, um die Jagd wieder in das richtige Geleise zu bringen. Immerhin hatte sich der Vorsprung des Schwarzkittels so vergrößert, daß wir jetzt fünfzehn Minuten den Pferden den Kopf freigeben konnten. Erst am Rahmer See gab es einen Stopp, wo die Hunde das Schwein in dem Rohrdickicht verbellt hatten, es jedoch nicht zum Verlassen desselben veranlassen konnten. Eine nasse Wiese und ein Moorgraben, in dem einer der Whips, obwohl zu Fuß, bis an die Knie einbrach, trennten uns von dem Kampfplatz: immer deutlicher hörte man das Brechen des Schwarzen im Rohr, immer wütender klang das Anschlagen der Hunde. Schon hatten zwei Rotröcke den Sattel verlassen und, von dem Ehrgeiz beseelt, die Ehre des Aushebens zu erringen, sich zu Fuß nach der Walstatt aufgemacht, als plötzlich der Schwarzrock wie eine Rakete über die Wiese schoß, um im Holz zu verschwinden. Nun hieß es rennen, um wieder in den Sattel zu kommen, dann gab es einen Zwanzig-Minuten-Galopp durchs Holz in einer Fahrt, die den blasiertesten Ansprüchen genügt hätte; denn es hieß dicht hinter den Hunden bleiben, um sie im Holz nicht zu verlieren. Im weiten Bogen führte uns unser Ueberläufer rings um den Rahmer See herum, den er trotz des guten Tempos der Hunde von der Nordseite abermals zu erreichen vermochte. Es war keine leichte Aufgabe für die Hunde, den Zweieinhalbjährigen dort im Wasser zwischen mannshohem Schilf zu stellen, und erst mit Hilfe Habberfields gelang es ihnen, des Wehrhaften Herr zu werden, siebenundvierzig Minuten nach dem Anlegen. Unter Hörnerklang wurde Küree gemacht, und außer den Pikören erhielten neun Rotröcke vom Master den wohlverdienten Bruch. Gerade das intime Milieu, in dem die Jagden sich abspielten, verlieh ihnen den Hauptreiz: der große Haufe, der das Reiten hinter einer öffentlichen Meute oft so unleidlich macht, fehlte gänzlich!

Während sich die Jagdgesellschaft am Lanker Kamin mit einer Tasse Tee labte, wanderte ich, mit Erlaubnis des Jagdherrn, noch einmal nach den Kennels, um mit Habberfield einen letzten Händedruck zu tauschen. Ich kam gerade zur Zeit, um dem Diner beizuwohnen, das in Gestalt von schottischem Hafermehlbrei und gekochtem Pferdefleisch verabfolgt wurde. Zurzeit beherbergten die Kennels vierundzwanzig Koppeln, die aus sechs verschiedenen englischen Meuten stammten. Wie in den „Drag-packs“ meist, war das weibliche Geschlecht allein vertreten; die Meute wurde alljährlich von jenseits des Kanals durch freihändigen Ankauf komplettiert, so aus den Kennels des Herzogs von Rutland, Lord Garboroughs Blankney usw. Habberfield richtete sein Hauptaugenmerk beim Ankauf auf gleichmäßige Größe der Hunde, und die große Ausgeglichenheit der Meute in dieser Hinsicht — die Größe der Hunde variierte zwischen 53 und 57 Zentimeter — äußerte sich im Jagdfeld in der großen Ausgeglichenheit des Tempos.

Durch ein körperliches Leiden verhindert, seiner Meute persönlich zu folgen, hat Herr von Friedlaender-Fould sich leider veranlaßt gesehen, dieselbe an das Militärreitinstitut abzugeben. Doch Habberfields Horn tönt noch heute, und dies hatte mich im Herbst 1905 nach Bremen geführt, hinter die junge Meute des Bremer Klubs. Vielleicht, daß diese Zeilen auch aus dem Leserkreis den einen oder den anderen veranlassen, sich zum Stelldichein der Bremer Meute aufzumachen; wen echte, rechtschaffene Passion dorthin führt, der darf eines Empfanges von beispielloser Liebenswürdigkeit gewiß sein. Wer sich zur Saison in Hannover einquartiert, der kann sich bequem wöchentlich noch einen Extratag in Bremen gestatten; eine einstündige Eisenbahnfahrt bringt ihn am Morgen des Jagdtages nach Achim, wo die tags zuvor hinbeförderten Pferde vortreffliche Unterkunft finden, und von dort gelangt man nach kurzem Ritt zu dem eine Meile entfernten Mahndorf, wo die Jagdequipage untergebracht ist. Schon auf dem Hinwege zum Rendezvous bekamen wir einen Vorgeschmack von den Freuden, die unserer harrten, und bei dem Anblick der von veritablen „Ochsenzäunen" eingezäunten und von Wasser durchschnittenen Koppeln teilt sich die freudige Ungeduld des Pferdes unwillkürlich dem Herzen des Reiters mit. Die Gegend ist wirklich das, wofür sie gilt — „steif"! Wassergräben in jeder Preislage von zehn Fuß aufwärts, Koppelricks von vier Fuß, fest, mit armdicken gehobelten Stangen — keine Attrappen! Hecken mit Gräben davor oder dahinter, und reguläre „Doubles"*), daß einem das Herz lacht unter dem roten Rock. Allerdings hörte man von Zeit zu Zeit Habberfields donnernden Warnungsruf: „Wire!"**), und wenn man auf einem Puller sitzt, kann dies lästig werden, aber damit hat es hinter so schnellen Hunden eigentlich keine Gefahr, zudem scheint die opferfreudige Passion, von der die Aktionäre der Bremer Meute beseelt sind, dafür zu bürgen, daß der Draht allmählich verschwindet. Hinter einer solchen Subskriptions-Meute, wo niemand durch einen Zwang irgendwelcher Art hingezogen wird, die sich allein auf Passion stützt, überkommt es mich immer mit doppelter Begeisterung. Wahrlich, man glaubt sich in die goldenen Zeiten zurückversetzt, von denen die alten „Blätter über Pferde und Jagd" aus Westfalen und Mecklenburg berichten,

*) Doppelsprung über einen mit Gräben und Zäunen eingefaßten Weg.
**) Draht.

wenn man sieht, wie hier ehrwürdige Grauköpfe mit stoischer Ruhe, aber mit jungem Herzen, über die gröbsten Dinge reiten.

Wenn trotzdem, daß nur mit einem Strohwisch aus dem Wildkasten geschleppt worden war, ein heftiger Vollblüter überhaupt nicht zum Pullen kam, so ist dies in doppelter Hinsicht ein Kompliment für die Hunde, die von Habberfield jenseits des Kanals nur im Hinblick auf gute Pace angekauft worden sind.

Eine Schleppe ist auf dem Papier mit wenigen Worten abgetan. In der sogenannten Bischofskoppel bei Mahndorf wurden die vierzehn Koppeln auf das Gefährt gebracht, das zunächst in Richtung auf Bollen, dann nach der Weser zu, über Hemelingen mit einer Rechtswendung nach Achim führte. Von den siebzehn Sprüngen, die uns Habberfield vorgesetzt hatte, verdienen zwei vier Fuß hohe Hecken, mit zwölf Fuß Wasserspiegel dahinter, besondere Erwähnung, ferner ein Bach von gut und gerne sechzehn Fuß und ein Koppelrick mit zehnfüßigem Graben davor. Nachdem neuntausend Meter geschleppt waren, hatte man einem Ueberläufer die Freiheit gegeben, der nach fünfundzwanzig Minuten in den Achimer Koppeln von den Hunden gedeckt wurde. Oberleutnant von Krosigk (19. Drag.)*) hob aus; einunddreißig Brüche.

Eine Episode muß ich zur Ehre der Hunde noch anführen. Gleich zu Beginn der Jagd, als der ohnehin schwache Scent durch einen scharfen Nordost noch verringert wurde, und obendrein das Feld etwas indiskret auf die Hunde drückte, sprachen diese eine Hasenfährte an. Das Falkenauge des Huntsman hatte sofort die Ursache der unbeabsichtigten Diversion entdeckt; wie ein Pfeil war er bei den Kopfhunden, und im Umsehen war der Fehler repariert, ohne daß es bei dem Umschlagen der geringsten Unterstützung seitens der Whips bedurft hätte, um die Meute wieder auf die Fährte zu setzen. Einer der Herren, der in der „Uniform“ der Meute (roter Rock mit weißem Samtkragen) bei den Hunden ritt, fühlte sich verpflichtet, dieselben ob dieses Irrtums bei mir zu entschuldigen. — Als ob es dessen mir gegenüber bedurft hätte: gerade auf der Schleppe bin ich selig, wenn ein Zwischenfall Meute und Huntsman auf die Probe stellt. Um hier das Verdienst der Hunde voll zu würdigen, muß man sich vergegenwärtigen, daß dieselben erst im Frühjahr aus den verschiedensten

*) Brach als Eskadronschef bei den 1. Leibhusaren auf der Hubertusjagd das Genick.

Kennels herübergebracht waren. Nun reitet man bekanntlich in England nicht hinter Schweinen, und während des Sommers hat Habberfield, der Bestellung wegen, keinerlei Möglichkeit, seine Hunde einzujagen oder auch nur außerhalb der Wege zu führen. Daß man im Jagdfelde fast in der Mehrheit den Vollblüter trifft, stellt gleichfalls, wie schon eingangs angedeutet, den Hunden ein ehrendes Zeugnis aus.

Bei unserer Rückkehr nach Mahndorf zeigte mir Habberfield noch voll Stolz sein kleines Etablissement. Da die Unterbringung der Meute im dortigen Gasthof nur eine provisorische ist, so sind die Kennels mit den denkbar einfachsten Mitteln hergerichtet, gerade darum aber für eine eventuell neu in das Leben tretende Meute mustergültig. Die Kenneldisziplin eines von Habberfield geführten Pack zu erwähnen, ist übrig, soll aber der Wahrheit zur Ehre geschehen. Wer eine Parforcejagd in das Dasein rufen will, sei es Privatmann, Offizierkorps oder Aktiengesellschaft, dem kann ich nicht warm genug empfehlen, das Personal, dem Führung und Pflege der Hunde anvertraut werden soll, zu dem Bremer Huntsman in die Lehre zu schicken.

Als echter Sohn seiner Heimat verachtet Habberfield im Grunde seiner Seele die Schleppe als ein erbärmliches Surrogat, aber er versteht es, eine Wildfährte so täuschend nachzuahmen, daß die Illusion vollkommen ist, beim Jagdfelde nicht nur, auch bei den Hunden; habe ich doch neulich dem alten Praktikus einen Kniff abgelauscht, durch den der Scent absichtlich schwach gemacht worden war. Die Gründe, die ihn hierzu veranlaßt hatten, sollen unser Geheimnis bleiben; ich führe dies nur an, um zu zeigen, daß Habberfield selbst auf der Schleppe seine Hunde „arbeiten" läßt. In dieser Hinsicht ist er vielleicht der einzige Oberpikör in Deutschland, der wirklich ein „Huntsman" ist. Ich hatte mich deshalb an ihn mit der Bitte gewandt, seine reichen Erfahrungen in einem eigenen Kapitel für dieses Buch niederzulegen; in seiner Bescheidenheit lehnte der Veteran dieses ab, aber die Winke, die ich ihm zu entlocken vermochte, sollen dem Leser nicht vorenthalten bleiben:

„Je älter das Schwein ist, desto stärker ist seine Witterung; je frischer die Losung, desto lauter jagen die Hunde. Ich habe sogar bei besonderer Gelegenheit einen Frischling unmittelbar vor dem Anlegen abgestochen und mit dem noch warmen Aufbruch im Netz geschleppt. Zwanzig Minuten vor dem Legen der Schleppe aufgefangener Urin wird von den Hunden mit vollem Halse genau wie die natürliche Wildfährte angesprochen. Zu diesem Zweck muß der Wildkäfig mit einem doppelten Zinkboden versehen sein, aus dem das wertvolle Naß in einen verschlossenen Behälter abläuft; letzteres ist nötig, damit der Geruch nicht entweicht. Im anderen Falle gebrauche ich einen Schwamm, oder schleppe mit einem Strohwisch von dem Lager des Schweines, vorausgesetzt, daß die Matratze in dem Stalle lange genug liegen bleibt. Man füttert die Schweine mit Kartoffeln und Mais; ich habe in den letzten zwei Jahren dem ‚Schleppschwein' sogar aufgeweichte Hundekuchen (Spratts Biskuits) gegeben.

Die Hauptsache ist, daß man genug Hunde hat, sie in gehörige Kondition bringt, und sie gegen jedes andere Wild sicher macht. Die Hunde müssen schon zu Anfang der Saison so scharf als möglich sein und genau wissen, daß sie kein anderes Wild jagen dürfen. Die Schweine, die man jagen will, halte man in einem geräumigen, dichten, buschreichen Gehege, wennmöglich mit einem Wassertümpel darin. Man störe sie so wenig als möglich; außer dem Fütterer darf sich niemand dem Gatter nähern; je wilder die Tiere sind, desto besser laufen sie*), wenn sie gejagt werden. Man läßt das Schwein aus dem Kasten zehn Minuten, ehe die Hunde an dem Endpunkt der Schleppe ankommen, d. h. wenn der Schlepper dort eintrifft, wo der Wildkasten steht. Um die Hunde zu täuschen, empfiehlt es sich, daß der Schleppenleger noch eine Strecke auf der Spur des Wildes fortschleppt; zuweilen läuft das Schwein im Kreise, ehe es sich auf die Reise macht, der Schlepper sollte dies daher auch tun, damit die Hunde keinen Fehler machen. Ich sehe an der Arbeit der Hunde sofort, ob der Mann getan hat, wie ich ihm sagte. Will man hinter dem Wildschwein einen guten Galopp haben, so lasse man nie einen Wildheger in die Nähe des ‚Schwarzen'; man mache es, wie alle guten Sportsmen in England, und sage dem Grünrock: ‚Ich will Füchse haben, und wenn ich sie nicht bekommen kann, so brauche ich dich überhaupt nicht!'"

*) Die gleiche Erfahrung ist hinter der Großenhainer Meute gemacht worden, wo die Schweine aus dem Moritzburger Park selten einen guten Galopp geben.

IX.

Hamburg-Wandsbecker Schleppjagdverein.

1907. „Die Hanseaten sind," schreibt Miles, „wohl durch den Wind, welcher über das Nordmeer von England zu ihnen herüberweht, im Punkte ‚Sport' bessere Menschen."

Als 1866 mit dem Königreich Hannover auch die Walsroder Parforcejagd ein Ende nahm, gründete sich ein Verein Hamburger Herren, der die hannöversche Hasenmeute samt dem alten Pikör Knobe übernahm. Es wurde zunächst bei Bramstedt, dann bei Quickborn in Holstein und schließlich bei Nenndorf hinter Harburg geritten.

Nachdem diese Jagden aufgehört hatten, wurden in den Jahren 1879 und 1880 von Herrn Ed. Behrens auf der Horner Feldmark Schnitzeljagden arrangiert. Als wegen des Reitens mit dem Jagdpächter Streitigkeiten entstanden, übernahm Herr Gustav Beit die Leitung, der sich mit dem Jagdpächter einigte und die Schiffbecker Jagd pachtete. Die Kosten wurden von den Teilnehmern durch Subskription bestritten. Herr Gustav Beit ritt als Master, sein Trainer Voß als Fuchs. Im Jahre 1884 fanden die Jagden offiziell unter der Aegide des Hamburger Sportklubs statt, der aber keinerlei Verpflichtungen übernommen hatte. In diesem Jahre hatten vierzig Herren subskribiert, vierzehn Schnitzeljagden wurden geritten.

Im Sommer 1886 traten, im Auftrage ihres Kommandeurs Oberst von Pelet-Narbonne, der Major Freiherr von Maltzahn und

Rittmeister Graf von Asseburg mit Herrn Gustav Beit in Verhandlung zwecks gemeinsamen Jagdreitens hinter Hunden. Man einigte sich auf der Grundlage, die im großen und ganzen noch jetzt besteht. Der Verein erhielt den Namen Hamburg-Wandsbecker Schleppjagdverein. Die Hunde, zwölf an der Zahl, wurden zunächst vom Militärreitinstitut Hannover gemietet.

Die erste Jagd wurde am 27. September 1886 geritten. Rendezvous drei Uhr nachmittags vor der Tribüne auf der Horner Rennbahn. Die Kosten für die Hamburger Herren wurden durch Subskription aufgebracht. Die Hauptteilnehmer waren G. und F. Beit, Hermann Ahrens, Tiefenbacher, E. Behrens, Heinrich Amsinck, Alfons Brödermann, Heinrich Sohst, Dr. A. Kaemmerer, H. G. Kaemmerer, Walter von Ohlendorff, Ed. von Ohlendorff, Peter Siemsen, Rud. Klee, E. Moll, Fritz Loesener, Ed. Eggers, Heinr. Eggers, Georg Bandmann, Robert Bandmann, O. von Loeßl, Dr. Alex. und Aug. Schön, Deutschmann, Cohen. 1890 wurden durch Sammlung eigene Hunde angeschafft, die von Lau & Oppenheimer in England besorgt wurden. 1892 wurde der Verein ein eingetragener Verein. Die Subskriptionsliste hörte auf. Wer mitreiten wollte, mußte Mitglied werden und seinen bestimmten Beitrag bezahlen. In den Vorstand wurden gewählt: O. von Loeßl, Dr. Alex. Schön, Ed. von Ohlendorff und Oberleutnant Freiherr von Oldershausen. An die Stelle von Ed. von Ohlendorff trat später Ed. Eggers, an die Stelle von Dr. Alex. Schön sein Bruder, bis an Stelle dieser vor einigen Jahren der jetzige Vorstand trat.

Der erste Master 1886 war Premierleutnant Freiherr von Thumb. Als dieser 1887 in einem Rennen stürzte, trat Leutnant Freiherr von Oldershausen an seine Stelle und blieb zunächst Master bis 1900. Von 1900 bis 1904 war Rittmeister von Klenck Master, dann bis 1906 wiederum der nunmehrige Rittmeister Freiherr von Oldershausen, dann bis zum 2. Oktober 1908 Rittmeister Freiherr von Göler. Seit dem 6. Oktober 1908 ist Rittmeister von Behr Master des Vereins.

Im Jahre 1906 wurde mit einem Aufwand von 12 806 Mark für die auf über zehn Koppeln vermehrten Hunde ein eigener Hundezwinger beim Exerzierplatz gebaut, dessen Kosten durch Ausgeben von Anteilscheinen, die amortisiert werden, aufgebracht wurden. Daß dieses Etablissement mustergültig ist, erübrigt sich zu sagen, weiß doch jeder, mit welcher Hochherzigkeit die Hamburger ihre reichen

Mittel in den Dienst jeglichen Sportes stellen, und, was vielleicht noch mehr wert ist: echte Passion und sportliches Verständnis halten hier mit der materiellen Opferwilligkeit gleichen Schritt. Der Verein zählte zur Zeit meines Besuches fünfundsiebzig Privatmitglieder, die einen Jahresbeitrag von 100 Mark leisten. Das Wandsbecker Husarenregiment, das die Piköre stellt und beritten macht, steuert zu den Unterhaltungskosten der Meute 1094 Mark pro Jahr bei. Was von seiten des Vereins ganz besondere Opfer erheischt, sind weniger die Flurschädenunkosten, als die Zwangslage, sämtliche Jagden, die durch die Schleppen berührt werden, pachten zu müssen; hierdurch erwächst dem Verein eine jährliche Ausgabe von 4110 Mark. Allerdings stehen diesem Jagdpachtkonto 1997,50 Mark gegenüber, die durch Wiederverpachtung der Schießjagden vereinnahmt werden. Die Saison beginnt Anfang September; bis zum 2. November jagen die Hunde jeden Dienstag (Stelldichein acht Uhr vormittags und Freitag drei Uhr nachmittags). Nach der Hubertusjagd siedelt seit 1894 die Meute alljährlich nach Lüneburg über, wo die Vereinsmitglieder gemeinsam mit den Lüneburger Dragonern unter Teilung der Kosten regelmäßig noch sieben bis acht Jagden hinter Wildschweinen reiten, die der Göhrder Forstverwaltung zu verdanken sind. Seit einigen Jahren werden den 16. Dragonern schon vorher einige Koppeln für ihre Schleppjagden abgegeben. Bei Wandsbeck werden in jedem Herbst etwa dreiundzwanzig Schleppjagden geritten, wobei ungefähr vierzig aktive Mitglieder hinter den Hunden sind.

— — — — — — — — — — — — — — — —

Es war die elfte Jagd der Saison, an der ich auf Einladung eines Vorstandsmitgliedes des Hamburg-Wandsbecker Schleppjagdvereins am 18. Oktober 1907 teilnehmen durfte. Das auf drei Uhr nachmittags festgesetzte Stelldichein befand sich in Barsbüttel, wo ich neun Herren der Wandsbecker Husaren und unter vierzehn Hamburger Sportsmen eine der passioniertesten Amazonen der Hansastadt, Fräulein Münster-Schulz, antraf. Um den Charakter des Geländes zu kennzeichnen, sei vorausgeschickt, daß die fünf Kilometer lange Schleppe uns über einige zwanzig Hindernisse führte, von denen nicht ein einziges künstlich angelegt war; sämtliche Sprünge waren dem natürlichen Boden entwachsen. Unmittelbar am Nordrande von Barsbüttel nahm die Meute mit vollem Hals die künstliche Fährte auf, die gleich über einen hübschen Tiefsprung zunächst einen Kilometer in nördlicher Richtung führte. Nachdem die Hunde einen von etwa anderthalb Meter hohen Knicks eingefaßten Weg überfallen hatten, jagten sie nach Osten bis zu der gleichfalls einen respektablen Doppelsprung bildenden Chaussee Jenfeld—Willinghausen. Nach dem Passieren derselben hatte der Schlepper einen Haken nach Süden geschlagen, uns in ein Wiesengelände führend, wo mehrere Koppelricks und ein fairer Bach in die zahllosen Knicks eine willkommene Abwechslung brachten. Nachdem wir wohl zwei Kilometer weit den Hunden in südlicher Richtung gefolgt waren, schwenkten dieselben nach Nordwesten und erreichten nach weiteren zweitausend Metern den südöstlich Jenfeld belegenen Küreeplatz, wo die Wagen der Zuschauer das rote Feld erwarteten, und der Master, Rittmeister Freiherr von Göler, zweiundzwanzig Brüche an die Jagdreiter verteilen konnte. Die letzten fünfhundert Meter der Schleppe hatten uns über Heideboden geführt, in dem zahlreiche schmale, aber tief eingeschnittene Gräben an die Aufmerksamkeit der Pferde hohe Anforderungen stellten. Ein Drittel der Jagd etwa spielte sich auf Wiesenboden ab, der Rest auf Viehkoppeln. Diese sind durchgehend von Knicks eingeschlossen, das heißt von ein bis einhalb Meter hohen Erdwällen, die meist von zwei Gräben eingefaßt und auf der Krone mit einer Weidenhecke bepflanzt sind; letztere ist häufig so dicht, daß das Jagdfeld nur in schmaler Front oder nur an einzelnen Stellen ein solches Hindernis überwinden kann. Dies trägt dazu bei, die Situation dem typischen Bilde hinter einer englischen Meute noch ähnlicher zu gestalten: ebenso wie dort, im klassischen Heimatland des Hunting, wäre es auch hier undenkbar (aus Rücksicht sowohl für die eigenen Knochen, wie für die jagdreitende Mitwelt!), ein Pferd mit einem „verdorbenen Maul", also auf gut deutsch einen „Puller" zu reiten. In England lautet bekanntlich die erste Frage bei der Auswahl eines Jagdpferdes: „Wie ist sein Maul?", und die Bedeutung dieser Frage wird durch die engen, hocheingeschlossenen Felder hinlänglich erklärt, in welche einige hundert Reiter häufig nur zu einem durch ein schmales Tor oder durch eine Luke springend hineingelangen. Dabei gebraucht man hier wie dort ein schnelles Pferd, um von den Hunden auch nur die Spitze einer Rute zu sehen. In England verlangt fast jede Grafschaft je nach ihrem Boden und der Eigenart ihrer natürlichen Hindernisse (Weideeinfriedigungen) einen besonderen Hunter; in Deutschland trägt das „Mädchen für alles", unser preußisches Soldatenpferd im allgemeinen hinter jeder Meute seinen Mann;

hinter der Hamburg-Wandsbecker Schleppmeute muß es indessen schon ein Tier sein, das mit dem Charakter der Knicks vertraut ist, wenn der Fremdling den Hunden mit Genuß über die Gegend folgen will. Häufig ist die Krone der Wälle so schmal, daß es großer Routine von seiten des Pferdes bedarf, um auf derselben aufsetzen zu können; wer dies aber unterläßt und das Hindernis fliegend zu springen versucht, der landet unweigerlich in dem hinter dem Knick befindlichen, häufig recht breiten Graben. Die Pferde müssen hier also tatsächlich den berühmten „fünften Fuß" stets bei der Hand haben, mit einem Worte das sein, was der Engländer so hübsch als „a clever horse" bezeichnet. In dieser Hinsicht war ich wohlgeborgen, denn die Liebenswürdigkeit meines Gastfreundes, Herrn von Loeßl, hatte mich auf Kismet gesetzt, den zweiten aus dem Kottbusser Zwanzig-Kilometer-Querfeldeinrennen, aber auch die Geschicklichkeit der zahlreich im Felde vertretenen Husarenpferde verdient die rückhaltloseste Bewunderung. Nicht unerwähnt darf es bleiben, daß auch verschiedene Holsteiner sich im Felde befanden, die von den Hamburger Herren in Elmshorn angekauft waren und die die Fortschritte ihrer heimatlichen Zucht in das beste Licht rückten.

Den Morgen dieses Jagdtages hatte ich dazu benutzt, um der Reit- und Fahrschule (Verkaufsstelle) des Holsteiner Züchterverbandes einen Besuch abzustatten. Während es früher nur Zufallsprodukte waren, die diese Zucht für den Sattel lieferte, begegnet man heute schon öfter dort Tieren, die durch ihre Schulter und gute Verbindung zum Reitpferd prädestiniert erscheinen, namentlich der Nachzucht des Achill-Sohnes Cicero werden ein natürliches Springtalent und angeborene Geschicklichkeit im Gelände nachgerühmt. —

Ich kann nicht umhin, in diesem Zusammenhange einen Brief wiederzugeben, den der langjährige Master des Vereins, Major Freiherr von Oldershausen, aus Anlaß eines von mir in den Hamburger Nachrichten veröffentlichten Artikels über Parforcejagden an mich richtete:

„Auch ich kann es nur lebhaft bedauern, daß der ‚Sport in Rot' in Deutschland in so vielen Gegenden nachgelassen, ja zum Teil ganz aufgehört hat. Dies findet in der Hauptsache seinen Grund in dem geringen Entgegenkommen der Landbevölkerung; dadurch ist leider der Sport sehr teuer geworden, so daß aus diesem Grunde die Vereine sich aufgelöst haben. Läge es da nicht im Interesse der landwirtschaftlichen Presse und vor allem der Männer, die an der Spitze der Zuchtvereine stehen, eine Aenderung eintreten zu lassen?

Daß die Pferdezucht durch die Parforcejagd entschieden gehoben wird, ist fraglos. Es wäre daher von großer Wichtigkeit, wenn durch die Direktoren der Landgestüte ein Druck auf die Züchter ausgeübt würde, indem zum Beispiel bei den Stutenschauen die Züchter angehalten würden, die Leistungen ihrer Stuten resp. deren Produkte anzugeben, und solche Züchter, die nachweisen können, daß ihre Pferde gute Leistungen hinter den Hunden gezeigt haben, Prämien erhielten; auch könnten die Züchter, um das Interesse zugunsten der Pferdezucht zu wecken, sich frei an allen Wildjagden beteiligen. Ferner müßte es von Wichtigkeit sein, wenn die Direktoren der Landgestüte ihre Hengste nicht nur in den Halbblutrennen laufen ließen, sondern dieselben hinter den Hunden ausprobierten.

In Ihrem Aufsatz sprechen Sie über den Wert der Schleppe gegenüber der Wildjagd. Ich muß unbedingt zugeben, daß die Schleppe für den jungen Reiter von entschiedenem Wert ist, denn er lernt in verhältnismäßig schnellem Tempo Hindernisse springen, die zwar ausgesucht, aber doch der Natur angepaßt, das heißt nicht besonders aufgebaut und zurechtgemacht sind. Hat der junge Reiter darin eine gewisse Geschicklichkeit gelernt, so muß ich die Wildjagden für den Kampagnereiter entschieden höher stellen. Bei Wildjagden kommt der Reiter vor Hindernisse, die seiner vollen Energie bedürfen, ferner muß er die Kraft und Ausdauer seines Pferdes beurteilen können, und diese Punkte sind doch für den Patrouillenreiter von größtem Wert.

Ich reite nun schon dreizehn Jahre als Master hinter der hiesigen Meute, habe aber nicht die Erfahrung gemacht, daß in dem Terrain, wo wir reiten, die Schießjagd zurückgegangen wäre. Im Gegenteil, in der Jenfelder Jagd, wo wir am meisten reiten, ist die beste Hasenjagd der Umgegend, und der Bestand an Rehwild ist nicht um ein Stück geringer geworden — die Jenfelder Jagd, für die der Verein 2100 Mark zahlt, war 1906 für 1750 Mark wiederverpachtet —; es müssen nur die Hunde mit aller Energie von dem eventuellen Abspringen auf falsche Fährten abgehalten werden.

In der Hoffnung, daß sich der ‚Sport in Rot' in Deutschland wieder hebt und sich Verständnis dafür Bahn bricht, zeichne ich" usw.

— — — — — — — — — — — — — — — — —

Durch seinen landschaftlichen Charakter wie durch seinen Reichtum an Füchsen ist Holstein geradezu für die Parforcejagd prädestiniert: wie müßte es da die Nachfrage nach einheimischen Pferden steigern, wenn ein halbes Dutzend Fuchsmeuten die Provinz bevölkern würde. Gewiß soll der eigentliche, die Zucht allein rentierende Beruf des Holsteiners der Dienst vor der Equipage bleiben; eine holsteinische Parforcejagd würde indessen noch ein übriges tun, um Käufer nach Elmshorn zu führen. Wie aber die Dinge bei uns einmal liegen, kann es den Hamburger Sportsmen schon nicht hoch genug angerechnet werden, daß ihre Opferfreudigkeit es dem passionierten Jagdreiter ermöglicht, über so ideales Gelände hinter Schlepphunden zu reiten, und es ist freudig anzuerkennen, daß sich ein Nutzen dieser Reitjagd für den Absatz der heimischen Zucht bereits bemerkbar macht.

Während in England die Freude am Sport nationales Gemeingut ist, war diese bei uns, soweit der Pferdesport in Frage kommt, noch vor kurzem fast ausschließlich in militärischen Kreisen zu Hause. Mit um so größerer Freude muß man es begrüßen, daß neuerdings alle hippischen Spiele an den Patrizierkreisen unsrer Handelszentren so begeisterte Förderer finden. Möchte dies dazu beitragen, für den Sport in Rot in weiteren Kreisen des deutschen Publikums Verständnis zu wecken.

X.

Hinter der Meute des Ludwigslust-Parchimer Parforcejagdvereins.

Unter den in Deutschland heute noch jagenden Hasenmeuten, die trotz Dampfpflug und Zuckerrübe, trotz der Mißgunst des grünen Mannes mit der Flinte sich tapfer in ihrer historischen Rolle behauptet haben, ist das Pack des Ludwigslust-Parchimer Parforcejagdvereins dasjenige, in welchem seit seiner 1868 erfolgten Gründung der Typ des beagle sich am reinsten erhalten hat, während die Neubrandenburger und Broocker Hunde, ursprünglich ebenfalls diesem Schlage angehörend, im Laufe der Jahre sich durch Kreuzung immer mehr dem Harrier genähert haben. Wer aber hieraus — die Hunde messen sechsundvierzig bis fünfundfünfzig Zentimeter — den Schluß ziehen wollte, daß er hinter der Meute der mecklenburgischen Dragoner nicht Galopp zu reiten braucht, der irrt sich gewaltig. In England gibt es zum Beispiel foot-packs (dreißig bis dreiundvierzig Zentimeter), denen das Feld abwechselnd an einem Tage zu Fuß und am anderen zu Pferde folgt; die Jagden hinter diesen foot-harriers oder beagles-Meuten unterscheiden sich also vor den unserigen nicht so sehr durch das Tempo der Hunde, als durch den grundsätzlichen Unterschied, daß der Engländer die Hunde arbeiten läßt, während bei uns meist die Piköre das Geschäft besorgen oder wenigstens — zum Nachteil der Hunde! — es zu tun versuchen.

Die englische Harrier- and Beagle-Association, die sich die Erhaltung einer Reinzucht beider Rassen zur Aufgabe gemacht hat, setzt vierzig Zentimeter als das Höchstmaß des pure beagle fest. Das von mir eingangs über die Ludwigslust-Parchimer Meute Gesagte beruht also weniger auf der Größe oder richtiger „Kleinheit" der Hunde als vielmehr auf dem Schnitt des Kopfes, dem kropfigen Hals, der schweren Figur und der buschigen Rute, die unverkennbar die Abkunft vom reinblütigen beagle verraten. Es gilt als Regel, daß je kleiner der Hund, desto besser die Nase; darum geben viele dem beagle vor dem größeren harrier den Vorzug; ich möchte indessen meinen, daß, je schwächer der Scent des gejagten Wildes ist, desto schneller muß der Hund sein, den man auf dessen Fährte bringt, sonst ist die letztere so rasch erkaltet, daß der Hund sich nicht mehr imstande sieht, sie anzusprechen. Bei dem Hasenreichtum unserer deutschen Jagdgefilde würde eine Meute unter vierzig Zentimeter aller Wahrscheinlichkeit nach beständig „Relaisfährten" ansprechen. Schon deshalb verbietet sich bei uns zulande der so hübsche Sport hinter einer Fußmeute, der ja ganz besonders dazu angetan wäre, die Parforcejagd in weiteren Bevölkerungskreisen populär zu machen. Meine Ansicht, daß kleine Hunde hinter dem leichtfüßigen Hasen, zumal bei dessen außerordentlicher Anfangsgeschwindigkeit, allzuoft die Fährte wechseln werden, wird übrigens durch meine Erfahrungen hinter der mecklenburgischen Meute bestätigt.

Es ist ein eigen Ding, wenn man nur alle paar Jahre einmal hinter einer Meute erscheint; kein Master sieht solchen Tagesgast sonderlich gern, denn nur allzuoft bringt dieser eine Tag eine Fehljagd oder sonst ein Mißgeschick. Nicht minder mißlich ist es aber für den reisenden „Jagdchronisten", der nach solchem einmaligen Eindruck ein Urteil fällen soll, und seine Aufgabe gestaltet sich noch schwieriger, wenn er auf fremdem Pferde sitzt und die für den Scent so bedeutungsvollen Eigenheiten des Bodens nicht kennt. Als ich am 1. November 1902 zum erstenmal dem Geläut der Ludwigsluster Meute folgen durfte, traf ich einen Tag, der alle Bedingungen für ein brillantes Stehen der Fährte erfüllte. Lampe aber zog unbekümmert um meine Anwesenheit schnurstracks zu Holz, wo die Rücksicht für den „Mann in Grün" dazu zwang, die Hunde abzuklappen. Ein zweiter Jagdhase behielt auf die gleiche Art das bessere Ende für sich, ohne uns überhaupt Gelegenheit zu einem Galopp zu geben. Seitdem war es mir bis zum Oktober 1907 nicht wieder vergönnt gewesen, die Meute arbeiten zu sehen: und — Sankt Hubertus bescherte mir einen Tag, wie ich ihn bisher auf dem Kontinent in zwanzig Jahren noch hinter keiner Meute erlebt hatte, einen jener Tage, wie jede Meute in ihren Annalen einen solchen nur alle zehn Jahre aufweist, an dem, wie ein englischer Autor schreibt, „Hasen fliegen wie die Füchse und die Hunde jeden Vollbluthunter distanzieren“. Dabei wehte ein Ostwind über die Felder, daß auch der gewiegteste Hund nicht ein Stehen der Fährte hätte voraussagen können.

Der Master hatte die Liebenswürdigkeit gehabt, mir die Rendezvous mitzuteilen, und ich entschied mich für das Meet in Dallmin, denn nicht nur die Gastfreiheit dieses Hauses, sondern vor allem die Gräben der Dallminer Feldmark und die Wassersprünge in den angrenzenden Dambecker Wiesen sind weit über die Gefilde der mecklenburgischen Meute hinaus berühmt.

Außer den beiden Offizierkorps der mecklenburgischen Dragoner war heute auch die Perleberger Artillerie im roten Felde zahlreich vertreten, dazu die benachbarten Grundbesitzer und Freunde der Meute von nah und fern; so war es ein stattlicher Zug von nahe an sechzig Rotröcken, der sich vor dem Dallminer Schlosse hinter der Meute formierte. Auch einer der noch jugendlichen Söhne Seiner Exzellenz des Herrn Staatsministers von Podbielski war hinter den Hunden und steuerte seinen Fuchspony wie ein Veteran über das Gelände. Schon bei der Ansuche erhielt man einen Vorgeschmack von den Freuden, die der Tag uns bringen sollte; denn die Hasen schienen hier ebenso dicht gesät wie die Gräben.

Mit boshafter Beharrlichkeit steuerten die ersteren jedoch auf ein unmittelbar zur linken Hand gelegenes Holz zu, erst der dritte oder vierte Lampe, der aufsprang, entschloß sich zu der gewiß nicht immer angenehmen Flucht in die Oeffentlichkeit. Da jetzt ein Galopp sicher schien, ließ der Master, Rittmeister Freiherr von Brandenstein, anlegen, und wir wurden nicht enttäuscht. Mit vollem Hals ging es am Gerstenberg vorüber, dann im Bogen nach Süden, über ein halbes Dutzend fairer Gräben, durch einen etwas problematischen Wiesengrund, über den Damm nach Kribbe und den Galgenberg ins Holz hinein, wo Lampe nach einer Jagd von viertausend Meter ohne Stopp in einem Karnickelloch den wohlverdienten Unterschlupf fand.

Nun ging es im Trabe nach Dallmin zurück, um an der Chaussee nach Karwe noch einmal anzusuchen. Manch sehnsüchtiger Blick — vielleicht auch manches Stoßgebet — flog dabei gen Norden, wo am Horizont die Dambecker Pappeln winken und manch feierlicher Graben sich als dunkle Schicksalslinie von dem hellen Wiesengrunde abhebt. Der zweite Jagdhase, der wiederum in der Nähe des Gerstenberges hochgemacht wurde, suchte sein Heil zunächst in Widergängen, die uns immer wieder über die Chaussee Dallmin—Karwe hin und her führten. Nördlich derselben, wo Lampe sich in einem zur Gründüngung bestimmten Lupinenfelde gedrückt hatte, zeigten die Hunde hübsche Arbeit, indem sie die überschossene Fährte in dem hohen, stark duftenden Kraut sogleich wieder aufnahmen. Nun kam das erste feierliche Ereignis des Tages: eine Erdspalte von zwölf Fuß im Lichten, mehr als mannestief bis zu der Oberfläche des schwärzlichgrünen Wasserspiegels. Wer mit dieser Bekanntschaft machte — und es waren derer nicht wenige*) — konnte jedoch gleich wieder bei den Hunden sein; denn wenige hundert Meter hinter dem Graben verursachte eine Waldremise einen Stopp. Ob es der Jagdhase war, den die Hunde hier à vue herausbrachten, sei dahingestellt; in Anbetracht des guten Sports, der unser noch harrte, mag ihnen auch ein „Relais“ verziehen sein. Jedenfalls war es eine Folge des à vue-Aufnehmens, daß jenseits der vorgenannten Chaussee die Fährte wieder überschossen wurde. Daß es diesmal geraume Zeit dauerte, bis dieselbe wieder angesprochen wurde, möchte ich weniger auf die Zunahme des Ostwindes schieben, als auf die Reiter, die durch ihr allzu indiskretes Reiten die Hunde am Umschlagen hinderten.

Da man in trockenen Jahren wohl hinter jeder Meute über den Mangel an Scent, wenn nicht gar an „Nase“ Klagen hört, so sei daran erinnert, daß eine politische Tageszeitung in England einen längeren Artikel über dieses Thema brachte und nachwies, daß die allgemeinen Klagen über den abnehmenden Scent auf die zunehmende Verständnislosigkeit der Reiter zurückzuführen seien. — Wer je darauf geachtet, der dürfte es ebensooft wie ich beobachtet haben, daß die Hunde den Impuls zeigten, nach rückwärts zu schlagen und, durch die allzu dicht folgenden Reiter veranlaßt, ohne weiteres mit hoher

*) Unter ihnen der allzufrüh verewigte General von Arnim, damals Kommandeur der 18. Dragoner.

Nase in der alten Richtung weiterliefen. Dies ist der Schaden des „Auf-die-Hunde-Drückens“, abgesehen von der hinter dem Hasen doppelt großen Gefahr, über die Fährte zu reiten, sobald Lampe sich drückt und die Hunde überschießen.

Als die Hunde wieder laut wurden, jagten dieselben über drei trockene Gräben und die Neuhausener Chaussee durch einen Wiesengrund nach einem Busch. Sei es, daß sie hier den Jagdhasen herausdrückten oder eine „Ablösung“ hochgemacht hatten: mit vollem Hals ging es über drei harmlosere Wassergräben, wie der Vogel fliegt, gegen den Karwebach. Wer zuerst hinüber war, der hatte wohl zwei Kilometer weit Jagd, Hunde und eine Reihe fairer Gräben für sich. Erst nach dem Ueberwinden des sogenannten Hauptgrabens gab es hart westlich Dambeck am Wege nach Ravekhorst einen Stopp, der das Feld wieder aufschließen ließ. Die Fährte war offenbar überschossen, und diesmal schien alles Umschlagen vergeblich zu sein. Schon ergab man sich allgemein in das Los einer Fehljagd, und mancher hatte bereits den Sattel verlassen, um seinem Pferde vor dem Heimweg noch eine Erholung zu gönnen, als plötzlich Lampe direkt unter unseren Füßen aus dem Wegegraben aufsprang. Im Nu saß alles im Sattel, denn die Hunde lagen bereits mit vollem Hals auf der Fährte. Einer der Herren sprach die bestimmte Ansicht aus, daß dies der Jagdhase sei — bekanntlich das schwierigste aller Probleme in der Wissenschaft des Hunting. Da der Hase ganz hell war (ein längere Zeit gejagter Hase wird durch die Transpiration dunkel) und in langen, gestreckten Fluchten davonzog, so glaubte ich dies bezweifeln zu dürfen, und meine Zweifel wurden zur Gewißheit, als der Hase uns schon nach wenigen hundert Metern distanziert hatte, um uns noch einen Galopp über viertausend Meter zu geben. Eben tauschte ich mit meinem Nachbar im Felde hierüber meine Ansicht aus, als wir uns beide plötzlich neben unseren Pferden am Boden wiederfanden: ein schmaler, tief eingeschnittener und verwachsener Graben war den braven Tieren verhängnisvoll geworden.

Ich muß hier einschalten, daß ich selten oder nie zuvor auf einem besser springenden Pferde gesessen habe, wie an diesem Tage; dabei hatte der brave Schwadröner am Morgen des Jagdtages den Marsch von Parchim nach Dallmin gemacht und legte noch am selben Abend die einunddreißig Kilometer wieder zurück. Auf die Gefahr hin, vom Thema zu schweifen, kann ich nicht umhin, hier einen Abstecher auf das Gebiet der Hippologie zu machen, um meinem Steckenpferde wieder einmal „Zucker zu geben“. Ein deutscher Hippologe, der seine Feder in den Dienst der englischen Zucht gestellt hat, schrieb in Nr. 33 des „Pferdefreund“ (20. November 1907): „Es gibt, glaube ich, in Deutschland keinen, der mehr gegen die englischen und für die deutschen Pferde schreibt, wie ‚Flying‘. Wo dieser passionierte Jagdreiter eine Gelegenheit findet, da singt er das Lob der in Deutschland gezogenen Hunters, und ich verdenke es ihm keineswegs. Aber ich verstehe eins nicht: er kommt, so oft er kann, hierher nach England und reitet auf englischen oder irischen Hunters hinter den Hunden und schreibt dann in seinen Berichten über diese Jagdritte: ‚Dieser Ritt auf dem irischen Hunter war die schönste Stunde meines Lebens.‘ — Verba scripta manent! Ich habe eine ganze Sammlung von Ausschnitten aus allen diesen Artikeln, und wenn ich mit deutschen Jagdreitern zu Hause am Kamin sitze, dann hole ich sie allemal heraus, und wir lesen sie, und dann gibt es ein fröhliches Gelächter über all die Widersprüche.“

Nicht aus persönlichen Motiven, sondern lediglich um der Sache willen sei es mir gestattet, an dieser Stelle hierauf einzugehen. Wer, wie ich, das Glück gehabt hat, im englischen Jagdfelde aus dem Stalle des betreffenden Masters beritten gemacht zu werden, wird meinen obigen Ausruf ohne weiteres unterschreiben. Aber solchen Pferden, wie ich sie drüben hinter den Pytchley-, East-Sussex- und Eastbourne-Hounds geritten habe, bin ich auf dem deutschen Markt tatsächlich nie begegnet. Dagegen habe ich hinter deutschen Meuten so manchen „Iren“ (der es wohl auch tatsächlich war) gesehen, der nichts weniger als angenehm zu reiten sein mochte, während man im englischen Jagdfelde einen „Puller“ überhaupt nicht sieht oder gar ein schlecht (weil zu heftig!) springendes Pferd. Von der großen Masse unserer Pferdekonsumenten, die beständig erklären, nur einen „Hunter“ reiten zu können, dürften, glaube ich, nur die allerwenigsten auf einem solchen je gesessen haben, der jenseits des Kanals sich diese Bezeichnung tatsächlich verdient hat; darum fehlt diesen Herren, die allerdings ebenso selten auf einem guten Ostpreußen gesessen haben mögen, auch das Verständnis dafür, daß es nicht so sehr die Scholle und das daraus entspringende Kaliber sind, die dem irischen Hunter die ideale Qualität geben, als vielmehr in erster Linie seine Erziehung.

Solange wir aber in Deutschland keinen nationalen Huntingsport und füglich keinen Luxusmarkt haben, wie in England, kann man (von den wirtschaftlichen Verhältnissen abgesehen!) von dem ostpreußischen und hannöverschen Züchter nicht erwarten, daß er seine Fohlen aufzieht und „schult“ wie der irische Farmer. Vor allem aber eins: in ganz Deutschland haben wir — vielleicht abgesehen von den holsteinischen Knicks — gar kein Gelände, in dem ein Produkt unserer Remontezucht nicht auch den schwersten Mann sicher zum Halali trüge. Darum heißt es ohne Not „das Bessere zum Feind des Guten machen“, wenn man immer wieder auf Kosten unserer inländischen Zucht das Lob des „Hunters“ singt und die Leistungen der ersteren geflissentlich unter den Scheffel stellt. —

Nach dem mit Humor aufgenommenen Zwischenfall mußte ich mich schon rühren, um von der Arbeit der Hunde noch etwas zu sehen. In den Tarnitzwiesen südlich Balow war indessen die Meute abermals durch einen Relaishasen geteilt worden, und da Drahtzäune und Moorboden es hier nicht gestatteten, den Hunden zu folgen, so ließ der Master dieselben zusammenblasen. Wir hatten einschließlich der Stopps fünfviertel Stunde Jagd gehabt und davon wohl zehn Kilometer in guter Fahrt galoppiert. Diesen Genuß hatten wir freilich dem Umstande zu danken, daß die Hunde meines Erachtens fünfmal die Fährte wechselten — dreimal wurde es mir von dem Master konzediert. Angesichts dessen sei daran erinnert, daß man es in England direkt für ein Kapitalverbrechen hält, Hunde von einer Relaisfährte abzunehmen, wenn sie einmal angesprochen ist; allerdings wäre das englische Jagdverfahren, wonach die Meute selbst den Hasen aufstöbert, also meist à vue anjagt, bei dem Hasenreichtum unserer deutschen Jagdgefilde ausgeschlossen. Bekanntlich sind die Hasen jenseits des Kanals sehr viel spärlicher gesät, als bei uns; trotzdem kommt es häufig genug vor, daß die Hunde einen Hasen im Lager überraschen. Das Geschäft der Ansuche wird in England von den Hunden besorgt; es hat dies den Vorteil, daß ein à vue angejagter Hase sein Heil eher in der Flucht sucht, als in Widergängen und Kniffen, folglich mehr Aussicht auf einen guten Galopp gewährt; es liegt jedoch die Gefahr vor, daß die à vue des aufgeschreckten Wildes auf die Fährte gebrachten Hunde sich mehr auf ihre Augen als auf die Nase verlassen. Die in Deutschland übliche Art des Ansuchens, bei der die Meute hinter der Reiterkette folgt, gestattet zudem nur dann anzulegen, wenn die Richtung, die der Hase nimmt, eine gute Jagd zu versprechen scheint, läuft derselbe zum Beispiel direkt auf ein Holz zu, wo man ohnehin die Hunde gleich abklappen müßte, so wird man sie gar nicht erst auf die Fährte bringen. Im obigen Falle glaube ich doch, daß das auffallend häufige Wechseln der Fährte dem eingangs gestreiften Charakter der beagles zuzuschreiben ist, zumal wenn die Faktoren für das Stehen der Fährte so ungünstige sind, wie an dem eben beschriebenen Tage.

XI.

Hinter der Neubrandenburger Meute.

Seit einer Reihe von Jahren ist es mir, dank der traditionellen mecklenburgischen Gastfreiheit, vergönnt, in jeder Saison einen Tag mit der Meute des Neubrandenburger Parforcejagdvereins zu jagen. 1904 war es mir beschieden, der Eröffnungsjagd der genannten Meute am 6. Oktober beizuwohnen, Stelldichein Heinrichswalde bei Friedland.

Die Umgegend der kleinen mecklenburgischen Landstadt hat einen Ruf auch über die Grenzen des Obotritenlandes hinaus, und da ich bisher in dieser Gegend nicht geritten hatte, so sah ich mit besonders frohen Erwartungen dem Tag entgegen; aber: „Erstens kommt es anders, zweitens wie man denkt!“ Schon als ich um fünf Uhr früh meine heimatlichen Penaten verließ, war der Himmel pechrabenschwarz, eine halbe Stunde später klaschte der Regen bereits an die Coupéfenster, und als ich in Oertzenhof ausstieg, regnete es schon nicht mehr „Bindfaden“, sondern veritable „Sackstrippen“. Gegen Mittag hellte es sich vorübergehend etwas auf, dafür hatte sich aber der laue Westwind, der mich trotz der Nässe immer noch auf Scent hoffen ließ, zu einem Orkan ausgewachsen, der die Hunde einfach von der Fährte herunterschob. Dessenungeachtet fanden sich zehn Rotröcke am Rendezvousplatz zusammen, die es sich nicht nehmen ließen, trotz Wind und Wetter dem Appell des Masters zu folgen. Für ein solches Auditorium dient ein Tag, an dem es sich partout nicht jagen läßt, nur dazu, die glänzenden Eigenschaften der Meute in das rechte Licht zu rücken. Wo überhaupt die Fährte stand, arbeiteten die Hunde tadellos, selbst unter den schwierigsten Umständen, wie im Holz; sobald wir aber aus dem Grunde auf einen der zahlreichen Hügel kamen, war natürlich jeder Scent verweht. Dies schien unser erster Jagdhase förmlich zu wissen, denn immer wieder führte er uns auf die allerzugigsten Höhen, dessenungeachtet arbeiteten die Hunde, wenn auch mit einigem Aufenthalt, immer wieder das Gefährt heraus, trotz weidenden Viehes und zahlreich herüberwechselnder Rehe. Schließlich muß es ihnen geglückt sein, Freund Lampe aus seinem Revier herauszudrücken, denn er gab uns nach einigen Checks und erneutem Umschlagen einen Galopp von vier Kilometern über mehrere hübsche Sachen, und wir hätten ihn allen Anzeichen nach Halali gemacht, hätte nicht das dichte Buschwerk und der Wildreichtum im Genzkower Holz dazu genötigt, die Hunde abzuklappen. Während der Oberpikör seine Koppeln zusammenblies, gönnten wir den Pferden im Schutze des Holzes einen Augenblick der Rast, den sie nach dem Galopp im scharfen Winde wohl verdient hatten. Nach kurzer Pause wurde in Richtung auf Jatzke angesucht; diesmal nahm die Jagd sogleich eine andere Physiognomie an: schon bei der Ansuche gab es drei Gräben zu springen, die das Herz höher schlagen ließen. Gleich darauf ging ein Hase auf, der uns über eine weitere Reihe Gräben an der Jatzker Meierei vorüber durch eine mit hohem Ginster bestandene Hutung nach den Tannen nördlich der Meierei führte. In dem dichten Stangenholz gab es einen hübschen Wall mit Graben zu klettern; wir hatten denselben zweimal zu passieren, denn Lampe hatte hier augenscheinlich einen Haken geschlagen und war dann in der bisherigen Richtung fortgeeilt. Mit erhobenen Ruten und tiefer Nase arbeiteten die Hunde den Haken aus und jagten dann den bewaldeten, ziemlich steilen Hang hinab, an dessen Fuß dunkler Wiesenboden gute Witterung versprach und drei stramme Gräben uns herrliche Reiterfreuden verhießen.

Leider hatte Freund Martin doch das bessere Ende für sich; es gelang ihm abermals, das rettende Holz zu erreichen. Während der Huntsman abzunehmen versuchte, sah ich wenige Schritte von der Stelle, wo unser Hase soeben ins Gebüsch geschlüpft war, einen „Krummen“ hinauswechseln und dem soeben passierten Grunde wieder zueilen. Letzteres sprach dafür, daß ich den Gejagten vor mir hatte; ich machte deshalb den Master darauf aufmerksam, der sogleich anlegen ließ. Unser nunmehriger Jagdhase nahm seinen Weg nicht über die oben erwähnten Gräben zurück, sondern durch eine Koppel; schon ritten einige gegen die Umzäunung an, als der Schreckensruf „Draht" uns zum Stehen brachte. Für den Umweg, zu dem wir uns schweren Herzens entschließen mußten, wurden wir zwar durch einen feierlichen Graben entschädigt; allein, als wir den jenseitigen Rand der Umfriedigung erreicht hatten, hatte sich Lepus eines Besseren besonnen und den Rückwechsel genommen. Nun hieß es für die Pferde sich strecken, um die Hunde wieder zu kriegen, erst am Wege von Genzkow nach der Friedländer Chaussee holten wir sie ein. Inzwischen war ihnen der Hase aber aus der Nase gelaufen, und alles Umschlagen blieb vergeblich. Abgesehen von dem kaum nennenswerten Stopp am Walde, hatten wir dreißig Minuten schnelle Jagd gehabt, und da der Himmel wieder sein pessimistischstes Gesicht aufgesetzt hatte, so ließ der Master es bei diesen beiden Versuchen bewenden.

Als ich nach Heinrichswalde zurücktrabte, begegnete mir eine versprengte Koppel, die vermutlich nach der ersten Jagd im Holz abgekommen war. Bei dieser Gelegenheit erprobte ich die Nützlichkeit einer Maßregel, die sich bei jeder Meute einbürgern sollte: jeder Hund der Neubrandenburger Meute hat außer dem „N. P. V." seine Nummer aufgebrannt, so daß mit Hilfe der verteilten Meuteverzeichnisse jeder Reiter einen abseits jagenden oder verirrten Hund mit seinem Namen anrufen kann. Für den Appell der Meute bürgt Brodas hervorragende Kenneldisziplin. 1904 wies das Verzeichnis zweiundzwanzig Koppeln auf, von diesen jagten am Eröffnungstage siebzehn. Der jüngste Jahrgang (1903) war im Jagdfelde durch elf Hunde vertreten; der älteste Jahrgang (1895) hatte noch zwei Repräsentanten im Zwinger, Oliver und Otto. Letzterer übertraf trotz seiner neun Lenze alle jüngeren Hunde an Zuverlässigkeit und Feinheit der Nase. So erzählte mir der Master eine Leistung des alten Veteranen, die seiner Arbeit das glänzendste Zeugnis ausstellt. Auf einer staubigen, sehr belebten Landstraße war begreiflicherweise die Fährte verloren gegangen; zu allem Ueberfluß war soeben noch ein Wagen die Strecke gefahren. Die Fährte mußte längst kalt sein, und man hatte sich allgemein mit dem Gedanken einer Fehljagd abgefunden, als Otto plötzlich in dem soeben von den Rädern verlassenen Geleise die Fährte ansprach und bis zu dem

Jagdhasen, der sich, total geschlagen, nur wenige Schritte davon gesetzt hatte, herausarbeitete. Dies Bravourstück war um so mehr anzuerkennen, als doch bekanntlich der Hase so nahe dem Halali überhaupt keinen Scent mehr abgibt. — Ein solcher Hund verdient es, durch die Nachzucht vervielfältigt zu werden.

— — — — — — — — — — — — — — — — — — —

Den Stamm der Meute bilden fünfzehn Koppeln Beagles, die Graf Bassewitz-Burgschlitz 1848 in England erstand. Bis auf eine Koppel, deren Blut noch in dem heutigen Stamm erhalten ist, fiel diese erste Meute schon nach wenigen Jahren einer Tollwutepidemie zum Opfer. Nachdem die Meute durch Ankauf von zehn Koppeln aus England wieder komplettiert worden war, legte der erste Master, Herr von Oertzen-Lübbersdorf, 1865 sein Amt nieder, und die Meute wurde Eigentum einer Aktiengesellschaft unter dem Protektorat Seiner Königlichen Hoheit des Großherzogs von Mecklenburg-Strelitz. Bis 1875 teilten sich Baron von Maltzahn-Peckatel, Herr von Engel-Bresen und Herr von Oertzen-Cosa in die Funktionen des Masters. Letzterer, ein Sohn des ersten Masters, gab 1891 die Führung der Meute an Herrn von Dewitz ab. Ausgangs der siebziger Jahre erhielt der Zwinger eine Blutauffrischung aus der Meute des Grafen Lehndorff-Steinort; der Erfolg dieser Maßregel zeigte sich nach kurzer Zeit: bei dem 1881 in Hannover abgehaltenen Probejagen sämtlicher deutschen Meuten blieb die Neubrandenburger unübertroffen. Seit 1877 befinden sich die Kennels in Neubrandenburg; nur während der Jagdzeit siedelte die Meute nach Miltzow, dem Sitze des Masters, über, wo auch Keudell hinter ihr geritten ist.

Der Verkauf von Miltzow veranlaßte Herrn von Dewitz, 1905 sein Amt niederzulegen, wodurch das Fortbestehen der Meute ernstlich in Frage gestellt war. Durch das Eintreten der Königin-Kürassiere ist es indessen gelungen, das Fortbestehen der Parforcejagd für die nächsten Jahre zu sichern, indem der aufgelöste Neubrandenburger Verein sich als Neubrandenburg-Pasewalker Parforcejagdverein neu konstituiert hat. Die Kennels sind in Neubrandenburg verblieben, für die Jagdzeit nimmt die Meute in Friedland Quartier, von wo sie im wesentlichen die alte historische Gegend von Miltzow, Schönebecker Windmühle usw. bejagt. Für einen Teil der Saison werden die Hunde in Pasewalk untergebracht, wo

Rittmeister von Borcke, ein Sohn des Stargordter Masters, dieselben führt. Bei den Jagden in Mecklenburg übte Baron von Brandenstein-Hohenstein das Amt des Masters aus.*) Herr von Brandenstein war nicht nur selbst ein Veteran der alten Neubrandenburger Meute, der der bisherigen Gefolgschaft des Herrn von Dewitz dafür bürgte, daß der neue Parforceverein im alten Geiste fortgeführt wird, sondern seiner Liebenswürdigkeit und Tatkraft ist es noch gelungen, ein erhebliches Terrain für die Jagdfolge dazu zu gewinnen, so daß die Rendezvous der Neubrandenburg-Pasewalker Meute sich heute bis in die Gegend von Anklam erstrecken.

Die Gäste, die sich in jeder Saison nur an einem Stelldichein einfinden, sind keinem Master willkommen, denn bringt dieser eine Tag eine Fehljagd, so wird die Mehrzahl der Reiter dies den Hunden in die Schuhe schieben. Allein für mich bedeutet ein Tag, an dem die Hunde unter so schwierigen Umständen so hervorragend gearbeitet haben, wie am 16. November 1906, auch ohne Halali einen Genuß, wie ihn interessanter und lehrreicher der Jagdreiter sich nicht wünschen kann. Ich habe von jeher eine Vorliebe für die späten Rendezvous der Saison, wenn der tiefe Boden und die eisigen Novemberstürme jeden Minderpassionierten die Nähe des heimischen Ofens dem Aufenthalt im Freien vorziehen lassen. Die erklammten Finger können kaum die Zügel halten, aber es gibt keine verständnislose, störende und flirtende Menge, die dem Huntsman das Geschäft erschwert und den Hunden die Arbeit verdirbt. Wer trotz schneidenden Nordostes oder strömenden Regens den Weg zum Stelldichein nicht scheut, der weiß, mit welchen Schwierigkeiten die Hunde zu arbeiten haben, und er hat den ehrlichen Willen, ihnen gerecht zu werden.

Die ganze vorangehende Nacht hatte es in Strömen geregnet, und obwohl am frühen Morgen der Regen für kurze Zeit aussetzte, versprachen die Aussichten für den 16. November nichts weniger als guten Sport; eine telephonische Anfrage beim Master ergab jedoch, daß coute qui coute gejagt werden sollte, denn leider bedeutete der Tag den Schluß der Saison. Als wir in Neubrandenburg die Nordbahn verließen, um den Kleinbahnzug nach Friedland zu besteigen, da schüttete es bereits wieder wie mit Kannen vom Himmel; doch die Verstärkung der rotberockten Reisegesellschaft durch

*) Hat dasselbe 1911 infolge eines schweren Sturzes niedergelegt.

ein Dutzend „Pasewalker“ und die altbewährte „Demminer Mischung“ im Neubrandenburger Bahnhofsrestaurant ließen keine Regenstimmung in uns aufkommen. Auf dem Bahnhof in Friedland harrte unserer schon Broda, der Huntsman, mit zwölf Koppeln, und der vorsorgliche Master, der dafür Sorge getragen hatte, daß, während unsere Pferde ausgeladen wurden, die Reiterherzen mit reichlichem „Springwasser“ gestärkt wurden. Dann ging es durch die altertümlichen Straßen des historischen Städtchens, das einst einem Wallenstein Trotz geboten hatte. Ein Sechskilometertrab brachte das Blut in Wallung und uns nach Heinrichswalde, von wo in Richtung nach Jatzke angesucht wurde.

An Stelle des Regens war inzwischen ein steifer Nordwest getreten, die Folge davon war, daß die Fährte, die im Grunde von den Hunden mit vollem Hals angesprochen wurde, weggeblasen war, sobald wir auf die Höhe kamen; wir mußten uns daher schon nach einem Galopp von wenigen hundert Metern zu einer zweiten Ansuche bequemen.

Der Hase, den Schicksal und Master nunmehr zum Jagdhasen proklamierten, lief zunächst gegen Wind, so daß wir mit guter Fährte ein paar hübsche Gräben in raschem Tempo springen konnten. Nach achthundert Metern hatten die Hunde auf Heideboden die Fährte überschossen, hier hatte das Wild sich anscheinend im Ginster gedrückt und den Rückwechsel genommen. Trotzdem es jetzt mit dem Wind jagen hieß, arbeiteten die Hunde sehr sorgsam die schwache Fährte aus, die, zwischen Geröll und Gestrüpp hindurch, durch eine Steingrube nach einem schilfbewachsenen Tümpel führte. Ohne auch nur eine Sekunde zu zaudern, warfen sich die Hunde in das nasse Element, und während sie in dem dichten Rohr völlig verschwunden waren, sahen wir den Jagdhasen mit einer Flucht das Trockene gewinnen, sich schütteln, daß das Wasser hoch aufspritzte, und mit Windeseile das Weite suchen. Den Augen der Hunde war dieser Augenblick zweifellos verloren gegangen, dennoch nahm die Meute genau an der Stelle, wo Lampe das Wasser verlassen hatte, geschlossen die Fährte wieder auf: eine Bestätigung meiner mir vielfach bestrittenen Ansicht, daß ein stehendes Gewässer selbst eine so schwache Fährte wie die des Hasen hält. Die Episode an dem Wasserloch gab uns Gelegenheit, einen strammen, tief eingeschnittenen Wassergraben zu springen; dann ging es mit vollem Hals über die Friedland-Heinrichswalder Chaussee mit ihren beiden Gräben und jenseits derselben im Bogen nach Süden durch einen von einem Wassergraben durchzogenen Wiesengrund. Der Hase war offenbar seinem Lager wieder zugestrebt, denn über den Doppelsprung der Chaussee zurück führte das Gefährt wieder in nördlicher Richtung nach dem nämlichen Heideterrain, wo sich unser Lampe schon einmal gedrückt hatte. Allein das helle Geläut der Hunde ließ dem „Krummen“ diesmal keine Zeit zum Drücken; ohne Aufenthalt ging es über Gräben und Bulten, durch Rillen und Ginster, und das Herz unter der blauen Samtweste schlug höher vor Reiterlust und Wonne, als wir Huntsman Broda auf seinem hinter den Hunden ergrauten Schimmel (er ging schon die zehnte Saison!) uns über ein faires Koppelrick den Weg weisen sahen. Hinter diesem Hindernis wurden die Hunde im Raps für einen ganz kurzen Augenblick durch Relaishasen irritiert; doch nur Sekunden währte der Stopp: kein lautes Wort, kein Peitschenschlag, nur ein Hornruf, Broda hebt die Hand, und im Nu ballt sich die Meute um den Schimmel des Huntsman.

Der Master wollte die hervorragende Disziplin seiner Meute nicht zum wenigsten der Farbe des Pikörschimmels zuschreiben; ich möchte glauben, daß neben dem tatsächlichen, nicht hoch genug einzuschätzenden Verdienst des Oberpikörs mehr die Tatsache dazu beiträgt, daß den Hunden das Kürassierpferd des nur für die Dauer der Jagdzeit als Whip kommandierten Unteroffiziers weniger vertraut ist. Ich möchte hier einschalten, daß das Geschäft des Pikörs hinter der Neubrandenburger Meute ein besonders schwieriges ist, denn sein Gehilfe trägt sonst die Tressen der Königinkürassiere, und bei allem guten Willen ist es nur zu begreiflich, daß es diesem an Routine fehlt. Gute Huntsmen müssen, wie Keudell sagt, geboren sein; wem die Gaben hierfür nicht in die Wiege gelegt sind, der bringt es nie über Mittelmäßigkeit hinaus. Jedenfalls gehört Broda zu den Begnadeten in seinem Fache.

Kaum hatte er umgeschlagen, da werden die Kopfhunde wieder laut, und so dicht beisammen, daß man sie mit einem Tischtuch bedecken könnte, nimmt die ganze Meute die Fährte auf. Zum drittenmal führte diese uns über die Chaussee, dann über den Weg von Genzkow nach Lübbersdorf, das Hohensteiner Holz links liegen lassend, in der Richtung auf Brohm. Die Tatsache, daß unser Wild sich nicht in dem genannten Holz zu drücken suchte, sondern hart an der Lisiere entlang gelaufen war, spricht dafür, daß wir den

Jagdhasen vor uns hatten. Ein frisch aufgejagter Hase hätte zweifellos unverzüglich den rettenden Wald zu erreichen gesucht. Nachdem wir das Holz umritten hatten, sahen wir die beiden Veteranen — Broda und seinen Schimmel — Dampf aufsetzen, also „aufgedreht", und wir fliegen über eine Spalte, dreizehn Fuß im Lichten. Bis zum Wege, der von Hohenstein nach Brohm führt, lagen die Hunde noch fest auf der Fährte, dann war diese überschossen, und zum erstenmal nach einem Achttausendmetergalopp hatten wir einen nennenswerten Stopp. Während des Umschlagens machte sich ein Hase in Richtung auf Friedrichshof davon, dessen Fährte die Hunde à vue aufnahmen. Ich lasse es dahingestellt, ob dies der Jagdhase war; jedenfalls ließ der Pikör seine Hunde gewähren, und ein Huntsman wie Broda weiß, was er verantworten kann. Zudem war es die letzte Jagd im Jahre, und der Ehrgeiz, die Saison mit einem Halali zu beschließen, war gewiß verständlich. Leider behielt diesmal Lampe das bessere Ende für sich, und nach einem Galopp von noch weiteren zweitausend Metern über verschiedene recht anständige Gräben, von denen namentlich einer dieses ehrende Beiwort verdiente, mußte der Master sich in das harte „Fehljagd" fügen und vierzig Minuten nach dem ersten Anlegen die Hunde zusammenblasen lassen.

„Der Laie," schreibt Keudell, „denkt, ich habe hier so und so viele Hunde, warum sollten die den einen armseligen Hasen nicht greifen können? Jede Fehljagd betrachtet er als zwecklose Zeitverschwendung. Milder urteilt schon — falls es ein paar gute Galopps gegeben hat — derjenige, der nur um des Reitens willen den Hunden folgt; aber keiner von beiden kümmert sich auch nur im geringsten um die Arbeit der Hunde." Ist diese Tatsache bei der Passion und der Geschicklichkeit unserer Offiziere im Querfeldeinreiten eigentlich schwer verständlich, so ist sie leider kennzeichnend für die Stellung, die die Parforcejagd im Herzen und im Geschmack des deutschen Sportsman einnimmt. Es hat mich oft befremdet, wie selten man unter den vielen (im kavalleristischen Sinne!) vortrefflichen Jagdreitern, die wir namentlich in der Armee haben, wahres Verständnis für das Wesen der Wildjagd findet. —

Außer dem Master waren Herr von Oertzen-Rattey und das Offizierkorps der Königinkürassiere fast vollzählig hinter den Hunden gewesen, ferner von den Demminer Ulanen Oberst von Oertzen,

Rittmeister von Giese und der Verfasser, die trotz des ungastlichen Wetters herbeigeeilt waren, um auch einmal dem Horne Brodas zu folgen. Mußten die auswärtigen Gäste ohne Bruch den Heimritt nach Friedland antreten, so waren sie darin gewiß einer Meinung: hinter einer gleich vollendet eingejagten und geführten Meute selten oder nie geritten zu sein.

Ich bin hinter sämtlichen Hasenmeuten geritten, die in Deutschland noch jagen, auch hinter einigen noch, die längst der Vergangenheit angehören; allein nie zuvor bin ich einer Meute von so fast verblüffendem Appell gefolgt. Das geschlossene Jagen und die Aufmerksamkeit der Hunde auf den leisesten Wink des Huntsman sind schon erwähnt worden; fast könnte man Bedenken tragen, ob die Hunde nicht zuweilen den Huntsman allzusehr im Auge haben; allein ich habe nicht bemerkt, daß die Arbeit der Nase hierunter leidet. Die Hunde erschienen mir kleiner und stämmiger als die in den Leistenower Kennels (Broocker Meute), ohne jenen an Schnelligkeit nachzustehen; auffallend war mir die vorherrschend dunkle Zeichnung. Ich erinnere mich, daß ein englischer Master mir die „black and tan"-Zeichnung als besonders empfehlenswert bei Harriers nannte. Das Geläut der Neubrandenburger Meute hätte selbst jenes Original unter den englischen Mastern befriedigt, der seine Hunde nur nach der Stimme auswählte. —

Ein fröhliches Mahl im roten Rock vereinte die Jagdgesellschaft in Brüggemanns Hotel in Friedland. Hierbei hatte der Master die Freundlichkeit, mir aus seiner Tätigkeit eine kleine Episode zu erzählen, die mit seiner Erlaubnis hier wiedergegeben sein mag, weil sie für die klassische Heimat der deutschen Parforcejagd und ihre Bewohner in hohem Grade charakteristisch ist:

„Na, Müller," fragt der Master ein Bäuerlein, „hebben Se ock Schoden anmeldt?" — „Nee, Schoden vermeld' ick nich; denn ha' ick schon fünfundfünftig Joahr weng anmeld' möten; dat dau ick nich! Wat de Weiten (Weizen) is, dem is dat blot nützlich; awerst wat de Roggen is, dor mag dat ja 'n bedden anners sin. Jo, Se lachen jo, Herr Baron, ick wa' Se dat utdüden (erklären). Na jo, wat de Weiten is, un dat is 'n droig' (trockenes) Jahr, denn hätt de blot 'n grooten Vortel (Vorteil) von; denn sammelt sich in jede Haufspur (Hufspur) de Füchtigkeit; un is dat 'n rechten sweren Weiten, denn hätt de Weitenplant (Weizenpflanze) in de Verteifung ünen scheunen Schutz."

„Mecklenburg," schreibt Keudell, „ist noch das einzige glückliche Land, wo es keine bäuerlichen Grundbesitzer gibt, und diesem Umstande verdankt es die herrliche und löbliche Einrichtung, daß Flurschädenersatz hier eine unbekannte Sache ist. Jeder Gutsbesitzer gestattet die Folge des ganzen Feldes über jedes Stück bestellten Landes und fragt wenig danach, ob es über Saat, Rüben oder Raps geht. Hätten wir in Preußen diese gesegneten Verhältnisse und ließen sich in solchen Gegenden, wo der Großgrundbesitz, oder nennen wir es auch nur adlige Grundbesitz, vorwiegt, die Besitzer davon überzeugen, daß der Schaden ein imaginärer ist, so ständen unsere Parforcejagdverhältnisse wahrscheinlich bedeutend besser."

Anstoßend an die heutigen Jagdgefilde des Neubrandenburger Vereins, jagten vor noch nicht fünfzig Jahren nicht weniger als sechs Meuten: die der Niedermärkischen Parforcegesellschaft bei Strasburg i. U., die Crenzower Hunde in der Nähe von Anklam, in Mecklenburg die Lübbersdorfer Hunde bei Lübbersdorf, die Pinnower Hunde bei Gahlenbeck, ferner existierten dort Parforcejagdvereine in Güstrow, Tessin, Roebel usw. Von all der Herrlichkeit ist heute der Neubrandenburger Verein allein übriggeblieben. Um so mehr ist es Ehrenpflicht, dort Dank zu zollen und diesem öffentlich Ausdruck zu geben, wo der Jagdreiter in unserem Vaterland noch Entgegenkommen findet. In diesem Sinne ist die klassische Heimat der deutschen Parforcejagd noch heute ein Dorado für den „Mann in Rot". So konservativ wie seine Einrichtungen ist auch der Sinn seiner Bewohner, und mit den Ueberlieferungen und Gebräuchen der Väter pflanzt sich in Mecklenburg auch die Begeisterung für den Sport hinter den Hunden vom Vater auf den Sohn.

Ja, Mecklenburg ist und bleibt ein gelobtes Land, und glücklich, wer über seine Felder dem Geläut der Hasenmeute folgen darf!

XII.

Mit der hinterpommerschen Meute.

Während ich die wenigen Hasenmeuten, die Rübenbau und Dampfpflug noch in Deutschland übrig gelassen, seit langem aus eigener Anschauung kannte, war es mir bisher versagt geblieben, hinter der hinterpommerschen Meute zu reiten. Um so dankbarer war ich dem liebenswürdigen Gestütsleiter von Labes, Rittmeister von Seydlitz, der es mir durch seine Einladung ermöglichte, mit der altberühmten Meute des Grafen Borcke=Stargordt zu jagen. Auf dem Rendezvouszettel stand für den 2. Oktober 1903 „Labes, Nordausgang, am Wege nach Prütznow" verzeichnet; allein schon auf dem Marktplatz trafen wir mit dem größten Teil der Jagdgesellschaft zusammen. Da einige Herren noch nicht das nötige Quantum Springwasser in sich hatten, so bewilligte der Master mit Rücksicht auf das Regenwetter ein etwas ausgedehntes akademisches Viertel. Diese Nachgiebigkeit wurde in der Tat vom Himmel belohnt, denn als wir uns gegen einhalb zwei in Bewegung setzten, hatte es sich aufgeklärt. Ich war der Meinung, daß es sich nunmehr vorzüglich jagen müsse, wurde aber sehr bald eines Besseren belehrt; der Master, der uns von vornherein schlechten Scent prophezeit hatte, glaubte dies dem Fallen des Barometers zuschreiben zu müssen, und es entspricht diese Annahme auch der Auffassung, der ich in verschiedenen englischen Fachwerken begegnet bin.

Se. Exzellenz Graf Borcke=Stargordt waltete auf einem fünfjährigen Vollblüter seines Amtes; wahrlich ein Anblick, bei dem man sich unwillkürlich der Worte Whyte-Melvilles erinnert: „Solche Männer und solche Pferde dürften nie alt werden!" Solange die Jugend im roten Rock solche Vorbilder hat, darf man die Sache unseres schönen Sports in Deutschland nicht verloren geben! In Anwesenheit seines Vaters führte der derzeitige aktive Master Herr von Borcke-Molstow selbst die Hunde, und Stephan Fabinsky, der langjährige Huntsman, fungierte als Whip. Der Veteran, den Keudell schon erwähnt, bekleidet ebenfalls seinen Posten seit Begründung der Meute. Wie der Master, so sind auch die Piköre beide auf Vollblut beritten, und die Jagd gab mir wiederholt Gelegenheit, mich von der Notwendigkeit dieser Maßregel zu überzeugen. Denn bei einer Meute, die wie die Stargordter auf Schnelligkeit gezüchtet wird, ist es kaum möglich, die Hunde auf einem Reitpferd zu erreichen, wenn sie einmal „jagen". Uebrigens wird die Meute, im Gegensatz zu unseren deutschen Hasenmeuten, ganz nach englischer Methode geführt, so führt der Huntsman nur das kleine englische Rufhorn. Ging einmal eine pflichtvergessene Koppel mit einem Relaishasen ab, so genügte ein Hornruf, um sie zur Ordnung zu bringen. Ueberhaupt war die Kenneldisziplin, wie ich im Verlauf der Jagd mehrfach beobachten konnte, bewunderungswürdig.

Am Prütznower Wege erwartete uns Stephan mit sechzehn Koppeln. Nach allem, was ich über die Meute gehört und gelesen hatte, war ich besonders begierig, sie zu sehen. Von der schwarzgelben Zeichnung, über die Keudell schreibt*), ist heute nichts mehr zu spüren, vielmehr zeigt die Meute meines Erachtens den reinsten Harriertyp, den ich in unseren deutschen Hasenmeuten beobachtet habe: der schwere, etwas kropfige Hals, der dreieckige Kopf und die „gefederte" Rute sind charakteristische Kennzeichen dieses Hundes. Wie es bei einer Zuchtwahl nach Schnelligkeit unausbleiblich ist, sind die Hunde auffallend groß; der größte Hund hatte bei sechzig Zentimeter Bauchumfang fünfzig Zentimeter Höhe, der kleinste Hund maß vierzig Zentimeter bei fünfundvierzig Zentimeter Umfang.

Parallel zum Prütznower Weg zog sich das Feld in nördlicher Richtung auseinander, an die fünfzehn Rotröcke und einige Herren der reitenden Artillerie aus Belgard. Auch die Jugend war durch mehrere Kadetten und Ponyreiter vertreten, so daß die Hoffnung besteht, der Sport in Rot werde auch für die nächste Generation

---

*) VII. Auflage, Teil III, Kapitel IV.

in Hinterpommern eine Heimat haben. Schon die Karte belehrte mich darüber, daß das heutige Gelände nicht gerade ideal zu sein versprach, denn die zahlreichen, tief eingeschnittenen Mulden waren nach dem strömenden Regen für Reiter unpassierbar. Es dauerte daher geraume Zeit, bis ein Hase die vom Master gewünschte Richtung nahm. „Bello“ war manierlich genug, vor den Regawiesen einen Haken nach Westen zu schlagen, drückte sich aber nach einem guten Galopp von etwa zwölf Minuten im Holz. Da die Hunde aus diesem mit drei Hasen herauskamen, so blies der Master die Meute zusammen.*)

Wir trabten nun wieder nach dem Ausgangspunkt der Jagd zurück, und bald war ein frischer Hase hochgemacht; aber auch diesmal sollte nicht alles glatt gehen; es war mittlerweile ziemlich spät und empfindlich kalt geworden, so daß nur noch eine schwache Fährte zu erwarten war. Hierzu kam noch, daß mehrere im Februar und März gewölfte Hunde bereits in der Meute mitjagten. Es war infolgedessen unvermeidlich, daß die Meute sehr lang wurde und alle Augenblicke Relaishasen zwischen den Hunden aufsprangen; und wie viele Köche den Brei verderben, so verderben viele Hasen die Jagd. Um so mehr muß es anerkannt werden, daß die Kopfhunde immer wieder die Fährte des Jagdhasen herausarbeiteten. Die wiederholten Stopps fallen auch nicht so sehr den Hunden zur Last; ich habe schon eingangs gesagt, daß die Meute ganz nach dem englischen Prinzip geführt wird; dieses wurde leider auch auf das Feld angewendet, und ich habe die Ueberzeugung, daß mehrfach einzelne Herren — selbstredend unbewußt — über die Fährte ritten. Mit dieser Bemerkung soll keineswegs eine Kritik an der Führung der Meute geübt sein, sondern lediglich eine Beobachtung geltend gemacht werden, die jüngeren Jagdreitern zur Lehre dienen kann. Zugleich ist dieselbe ein wirksames Argument gegen das häufig anzutreffende Vorurteil, daß man hinter einer Hasenmeute nicht hinter den Hunden zu bleiben brauche. Dies wird von Leuten, die die Sache nicht verstehen, mit Vorliebe zugunsten der Schleppjagd geltend gemacht,

*) Ein englischer M. F., der häufig die Bexhill-Harriers geführt hat, schreibt mir hierzu: „Hunde von einem Hasen abschlagen, weil er nicht die erwartete Richtung nimmt, erscheint mir märchenhaft und muß die Hunde auf die Dauer verderben. Man wird in England natürlich immer suchen, den ‚Jagdhasen‘ zu jagen; aber die Meute zusammenblasen, weil sie drei Hasen jagt, wird hier weder einer tun noch können.“

und beruht meist auf einer Verwechslung der Parforcejagd mit dem Hetzen hinter Windhunden. Gerade bei der Hasenjagd ist es unerläßlich, daß das Feld hinter dem Master „auf“ der Meute reitet; jeder, der nach der Seite herausreitet oder Gelände abschneidet, stellt den Erfolg der Jagd in Frage, weil er bei den Widergängen Lampes leicht über die Fährte reitet oder Relaishasen hochmacht und in die Hunde hineindrückt.

Nach über dreißig Minuten, einschließlich der Stopps, brachte uns die Jagd, die über die Chaussee Labes—Mühlendorf und dann nach Norden geführt hatte, an ein Kartoffelfeld südlich Heinrichsfelde. Etwa zwei Koppeln brachten einen Hasen aus den Kartoffeln zurück, der über die Chaussee weg in Richtung Labes A und D lief. Das Tier sah allerdings ziemlich dunkel aus, und Graf Borcke rief mir zu, daß dies der Jagdhase sei. Wir folgten bis an den Garten von Labes A und D, wo der Hase uns entkam, vermutlich hatte er sich in einen von Steingeröll und Buschwerk umstandenen Wassertümpel gedrückt, und wir konnten ihn mit den zwei Koppeln nicht herausbringen. Inzwischen hatte Herr von Borcke junior mit dem Rest der Meute bei Heinrichsfelde Halali machen und die Blume Fräulein von Borcke-Labes überreichen können.

— — — — — — — — — — — — — — — — — —

Graf Borcke führt die Meute seit 1863 selbständig, nachdem die im Jahre 1851 von ihm und Graf Lehndorff-Steinort gegründete und bis dahin gemeinschaftlich geführte Meute geteilt worden war, derart, daß eine Hälfte in Ostpreußen unter Führung des Grafen Lehndorff verblieb, während die andere nach Stargordt gebracht wurde.

Diese Meute wurde 1870 an den Grafen Nikolaus Esterhazy nach Totis verkauft; ihr Blut ist jedoch durch zwei in Stargordt verbliebene Hündinnen noch heute dort erhalten. Nach dem Feldzuge brachte Graf Borcke die sechs besten Hunde aus der Meute mit, hinter der die Offiziere der Gardekavalleriedivision vor Paris gejagt hatten. Dieser Stamm wurde mit Hunden aus den Broocker Kennels gekreuzt und später auch aus der Neubrandenburger und Ludwigsluster Meute frisches Blut zugeführt. 1884 wurde die von Keudell erwähnte „schwarze Koppel“ durch den damaligen Rittmeister von Longchamps in England von dem Master der Aston-Harriers angekauft. Die Nachzucht dieser Koppel, die einer Kreuzung von Harrier und Schweißhund entstammt, erwies sich übrigens, wie es Keudell schon voraussah, in unserem offenen Gelände als zu langsam.

„Wer auf so eine Masterschaft von dieser Dauer zurückblicken kann", schreibt Keudell, „verdient mit Recht die größte Dankbarkeit und volle Anerkennung aller Freunde dieses edlen Sports, denen er unzählige glückliche Stunden bereitet hat. Wohl sämtliche Besitzer der Umgegend von Stargordt erkennen die Verdienste ihres Masters an und gestatten die Jagd auf ihrem Grund und Boden, ohne jede Rücksicht und Schonung der Saaten, zum Teil selbst mit Passion den Hunden folgend. Aber nicht nur der Gutsbesitzer jener Gegend, sondern sogar der Bauer, der sich im Laufe der Jahre davon überzeugt hat, daß seiner Saat durch Darüberhinwegreiten kein Schaden geschieht, hat mit dem in manchen Gegenden so schwer zu überwindenden alten Vorurteil gebrochen. Hierdurch wird selbstverständlich der Reiz der Jagd um ein bedeutendes erhöht, weil für den Jagdreiter, der gern bei den Hunden bleibt, nichts störender und unangenehmer ist als das fortwährende Umreiten besäter Felder. Man wird des Vergnügens beraubt, die Hunde in ihrer Arbeit zu beobachten, und strengt bei raschen Hunden sein Pferd unnötig an."

XIII.

Hinter der Broocker Meute.

1910. Man plaudert nicht gern aus der eigenen Schule — zumal wenn man selbst an derselben Lehrer ist! Allein meinen Hunden bin ich es schuldig, ihnen in diesen Blättern einen Platz zu sichern: ist doch die Broocker Meute die älteste der heute noch auf freier Wildbahn jagenden Meuten Deutschlands!

An den Ufern der Tollense, zwischen Wald und Hügeln, im gastfreien Vorpommern liegt Schloß Broock, das der Broocker Parforcegesellschaft den Namen gab. 1837 gründete Baron von Seckendorff dort eine Hasenmeute. Durch die Vereinigung derselben mit der Vietschower Fuchsmeute wurden diese ersten Hunde nach dem Geschmack jener Zeit zu schnell und deshalb 1847 an Major von Arnim-Neuensund verkauft. Dieser führte dieselben bis 1855 auf eigene Rechnung, später als Präsident der Uckermärkischen Parforcegesellschaft. Die verkauften Harriers wurden in den Broocker Kennels durch Beagles ersetzt; seither ist indessen wieder mit Harriers gekreuzt worden, so daß die Hunde heute achtunddreißig bis einundvierzig Zentimeter messen und auch den verwöhntesten Ansprüchen an Schnelligkeit genügen, ohne deshalb ihre Nase eingebüßt zu haben. Die Unterhaltung der Meute wird seit 1874 durch eine Aktiengesellschaft getragen, der Seine Majestät der Kaiser einen jährlichen Zuschuß von fünfhundert Mark gewährt. Außer dem Offizierkorps der 9. Ulanen gehören sämtliche Großgrundbesitzer der Gegend im weitesten Umkreise der Parforcejagdgesellschaft an. Die Piköre tragen einen grünen Samtrock und führen das große französische Horn. Der Jagdknopf zeigt einen Hasenkopf und die Jahreszahl 1837.

Da im Herbst 1911 die Jagden, kaum begonnen, durch eine in den Kennels ausbrechende Staupeepidemie vorzeitig beendet wurden, so muß ich schon auf die vorletzte Saison zurückgreifen, um dem Leser ein Bild von unserem Sport zu geben.

Während der ersten Wochen der Saison 1910 teilte ich das Schicksal wohl aller meiner Kollegen: „Ost", „Nordost" und „Nord" tagaus, tagein bliesen jede Aussicht auf Scent buchstäblich „in alle Winde". Hielt das pommersche „Lüftchen" einmal ausnahmsweise den Atem an, dann herrschte eine Temperatur wie im Hochsommer, bei der Lampe nicht zum Laufen zu bringen war: also verdrießliche Gesichter der Jagdreiter, die nicht zum Galoppieren kamen, und verzweifelte Blicke von meinen Hunden, die bei dem geringen Scent und der Uebervölkerung der Gegend mit Hasen gewiß Tantalusqualen ausgestanden haben. Um diese Situation noch unbehaglicher zu machen, verbietet mir das preußische Wildschutzgesetz, vor dem 1. Oktober die Hunde einzujagen, während unsere Nachbarn, die „Neubrandenburger", schon seit Mitte September fleißig Probejagden halten. Ich mußte also bei Eröffnung der Saison, am 5. Oktober, mit nahezu uneingejagten Hunden vor die Oeffentlichkeit treten. Zwei Probejagden waren natürlich nicht hinreichend gewesen, um die Hunde fährtenrein und sicher in der Hand zu haben. Im Vorjahre waren überdies die Jagden durch die Brustseuche bei den Demminer Ulanen (sie stellen das Hauptkontingent in unserem Felde) derart beeinträchtigt worden, daß die jüngste Einstellung der Meute noch kaum sicher eingejagt war, wir also in diesem Jahre fast zwei neue Jahrgänge im jagenden Pack hatten. Es ist dies auch der Grund, weshalb die Meute bei guter Fährte (wenn die Kopfhunde schnell jagen) leicht zu lang wird, ein Fehler, der bei dem Hasenreichtum unserer Gegend doppelt fatal ist.

Alles dies sind Sorgen, von denen Master und Huntsman einer Schleppmeute sich nichts träumen lassen und von denen unter allen Jagdreitern auch noch nicht der hundertste etwas ahnt.

Erst mit dem Eintreten kühleren Wetters änderte sich das Bild. Der 19. Oktober, an dem wir am Zarrentiner Wegweiser Stelldichein hatten, brachte uns den ersten wirklichen „run" der Saison und den Beweis, daß der Boden, dem Rufe der Jarmener

Jagden getreu, dort noch immer Scent hält und die Broocker Hunde auch bei Ostwind mit diesem etwas anfangen können: fünfunddreißig Minuten ohne Stopp, nach deren Verlauf Lampe, steif wie ein Brett, vor den Hunden umsank. — Whoo-whoop!

Jagden, bei denen mir das Herz im Leibe lacht, wenn ich die Arbeit meiner Lieblinge sehe, mögen für den, der hinter mir im Felde reitet, oft genug eine Geduldsprobe bedeuten, wenn die Hunde bei brennendem Scent die Fährte überschießen und ich vor dem herrlichsten Graben oder Steinwall ein unerbitterliches „Stopp!" rufen muß, oder wenn bei schneidendem Nordost es nur Schritt vor Schritt vorwärts geht, die Hunde immer wieder die Fährte verlieren und oft erst nach minutenlangem Umschlagen wieder ansprechen. Solche Tage, an denen die Hunde „Arbeit" zeigen, anstatt zu laufen ihre Nase gebrauchen müssen, sind für den Huntsman unvergeßlich, für den Jagdreiter, der kaum zum Galoppieren, wohl gar nicht zum Springen kam, qualvoll. Ist dies schon für denjenigen der Fall, der zu Pferde dabei war, wie muß dann erst der Bericht einer solchen Jagd den Leser anmuten, der nicht einmal die Gegend kennt. Und doch ist gerade die Schilderung einer Fehljagd am allerlehrreichsten. Wenn es in jedem Felde statt des heute wohl kaum vorhandenen Viertel-dutzend nur ein volles Dutzend Reiter gäbe, die mit dem Huntsman zu fühlen, Arbeit der Hunde zu sehen und zu beurteilen vermögen, dann stände es um vieles anders um unsern „Sport in Rot" in Deutschland.

Die Aufgabe des Jagdchronisten ist ungemein schwierig, soll er doch nicht nur den, der der Sache schon mit halbem Verständnis angehört, belehren, sondern auch den Fernstehenden enthusiasmieren. Was den unvergleichlichen Reiz der Parforcejagd ausmacht, sie auch in reiterlicher Hinsicht hoch über den Wert der Schleppe hinaushebt, ist die „glorious uncertainty", wie es der Engländer nennt: die köstliche Ungewißheit. Die Jagd auf freier Wildbahn führt Hunde, Reiter und Pferde stets in neue, nicht vorausgesehene Situationen; zwölf Jahre reite ich hinter unsern Hunden, und doch bringt jeder Herbst, ja fast jeder Jagdtag mir noch Ueberraschungen. Der Zauber derselben läßt sich indessen nur empfinden, wenn man im Sattel sitzt, das Geläut der Meute Herz und Hunter elektrisiert; auf dem Papier wiedergeben läßt sich dies nicht. Gerade die Aufzeichnungen — seit zehn Jahren habe ich jede Jagd registriert —, die mir am meisten sagen, werden demjenigen, der nicht dabei war, oft farblos erscheinen.

Ein Tag, der in den Annalen der Broocker Parforcejagd mit glänzenden Lettern verzeichnet zu werden verdient, war der 29. Oktober 1910. Es ist Tradition, daß an diesem Tage das Stelldichein Schloß Broock ist, wo vor 75 Jahren die Meute gegründet wurde, und wo alljährlich der Geburtstag der Schloßfrau, Baronin Seckendorff, im Zeichen des roten Rockes begangen wird. Nach starkem Frühnebel waren alle Aussichten für guten Sport vorhanden gewesen, allein, wie in solchem Falle so häufig, brachte die Mittagssonne uns einen Sommertag, so daß der Scent sofort verdunstet war. An Tagen, an denen die Fährte absolut nicht steht, pflege ich die Hunde, selbst auf die Gefahr hin, daß sie à vue anjagen, so rasch als möglich zur Fährte zu bringen. Trotzdem ich dieses Verfahren auch heute beobachtete, und obwohl ich die Meute direkt zum Lager brachte, aus dem Lampe soeben aufgestanden war, stoben die Hunde sofort suchend auseinander, ohne die Fährte ansprechen zu können, der beste Beweis, daß dieselbe nicht stand. Zwei- oder dreimal wiederholte sich dasselbe Bild, was auch die sicherste Meute wild machen muß, zumal wenn an allen Ecken und Enden Hasen aufspringen. Zum Ueberfluß mußten wir dauernd Rehfährten kreuzen; kurz, der Tag ließ sich wenig erquicklich an. Wie durch ein Rätsel, ohne daß die geringste Aenderung in Luft oder Temperatur als Ursache wahrzunehmen war, mußte sich der Scent mit einem Schlage gebessert haben, denn die Hunde jagten plötzlich mit vollem Halse und dicht beisammen, in windender Fahrt. Nach einem Zwölfminutengalopp über eine Reihe fairer Gräben war die Fährte im Sandboden überschossen, wurde dann nach kurzem Umschlagen auf Kleedreesch wieder aufgenommen, aus dem die Hunde Lampe sehr sauber herausarbeiteten; noch ein kurzer „burst", ein sehr guter Graben, dann wurde dem Hasen von einem Wagen kodakbewaffneter Zuschauer (ein Schrecken für jeden Huntsman!) die Nase abgeschnitten, er ging in den erwähnten Graben zurück, wo ihn die Hunde überliefen. Der Sohn des Hauses, Leutnant Freiherr von Seckendorff (Königinkürassiere), erhielt die Blume.

Nach halbstündiger Pause folgte die zweite Jagd, die uns den „run" der Saison bringen sollte. Auch die Gegner der freien Wildjagd müssen zugeben, daß hinter jeder Wildmeute Tage vorkommen, die vielleicht in Jahren nicht ihresgleichen finden, dann aber auch an reiterlichen Freuden die schwerste Schleppe hinter sich lassen. Eine solche Jagd war uns heute beschieden.

Das erste Halali hatte uns von Siedenbüssow, dem Ort der Ansuche, zwei Kilometer nach Norden geführt. Von dort wurde in Richtung auf Daberkow angesucht und schon nach kurzer Zeit ein Hase aus seinem Lager gedrückt. Da sich augenscheinlich der Scent inzwischen gebessert hatte, so konnten dieses Mal die Hunde in aller Ruhe zur Fährte gelegt werden, die sie geschlossen mit vollem Halse aufnahmen. Wie oft habe ich früher in Erinnerung an meine englischen Erfahrungen gelächelt, wenn Meister Palm bei dem Einjagen der königlichen Meute die zur Fährte gebrachten Hunde abschlug, ehe sie dieselbe ansprechen durften. Wollte in England ein Huntsman von Horn, Stimme und Peitsche nur annähernd ähnlichen Gebrauch machen, so würde ihm dies ohne Frage die Stelle kosten. Aber wie mir ein englischer Master einst sagte: „Die Deutschen wollen bei allem Geschrei und Musik haben." In Palms Methode liegt jedoch ein unvergleichliches Mittel der Disziplin, und seit ich Hasenhunde führe, habe ich ihn oft um diese beneidet. Das Anlegen der Hunde spielt bei der Jagd auf freier Wildbahn eine so entscheidende Rolle, daß ich nicht umhin kann, einen Augenblick dabei zu verweilen: Ein routinierter Huntsman wird schon aus der Art, wie seine Hunde die Fährte ansprechen, auf den Verlauf der Jagd einen Schluß ziehen können; viel, ja alles hängt aber davon ab, wie die Hunde angelegt werden.

Bei Kastenwild wird die Fährte verbrochen, das heißt, die Stelle, wo man dem Wild die Freiheit gab, durch einen in den Erdboden gesteckten Zweig kenntlich gemacht. Dabei handelt es sich dort in der Regel um ein Wild mit so starkem Scent wie ein Schwein, das überdies meist in der betreffenden Gegend das einzige seiner Art ist. Daß die Sache bei den vielen sich auf engem Raum kreuzenden Hasenfährten ungleich schwieriger liegt, bedarf wohl keiner Begründung, zumal Lampe häufig aufsteht, ohne daß ein Lager aufzufinden wäre. Selbst wenn ein solches vorhanden ist, so muß beim Anlegen die Windrichtung berücksichtigt werden. Dem Laien wird es oft unverständlich erscheinen, daß die Hunde nicht an der Stelle, wo Lampe aufstand, sondern mehrere Meter seitwärts davon laut werden und der Huntsman sie gewähren läßt. Hätte dieser sie direkt auf das Lager gebracht, so hätte auch nicht ein einziger Hund die Zunge gerührt — darob allgemeines Kopfschütteln im Felde; man hatte doch Lampe genau an der Stelle aus dem Lager gehen sehen! Erfahrungsgemäß neigen die Hunde gerade bei schwachem

Scent dazu, aufgeregt und wild zu werden. Während man an solchem Tage also einerseits genötigt ist, die Meute möglichst rasch zur Fährte zu legen, ehe dieselbe verdunstet ist, so muß dies doch gerade unter den obwaltenden Umständen mit besonderer Ruhe geschehen, weil die zu früh wegbrechenden Hunde von vornherein die Fährte überschießen werden. Ein schlechter Anfang kann die besten Hunde für den Rest des Tages verderben. Können die Hunde gar nicht aufnehmen, so bleibt häufig nichts übrig, als à vue anzulegen. Ich würde in diesem Falle weit lieber mit dem Pack nach Hause reiten. In England, wo die Hunde selbst das Wild aufstöbern, ist das erstere bekanntlich die Regel. Man sagt dort, daß es dazu beiträgt, den Hasen auf die Läufe zu bringen, ihn aus seinem Revier herauszudrücken, also die Aussicht auf einen guten Galopp erhöht. Allein in England kennt man die Plage der „Relaishasen" nicht und würde jeden Huntsman ins Tollhaus sperren, der seine Hunde von einem à vue gejagten Wilde abnimmt. Eine zweischneidige Sache bleibt das Abnehmen immer, und wo auch nur der Schimmer einer Möglichkeit besteht, daß die Hunde den Jagdhasen vor sich haben, sollte man sie gewähren lassen. Nur, wo es außer jedem Zweifel ist, daß die Meute „Relais" jagt, muß sie abgeklappt werden. Ich habe indessen selbst die Erfahrung gemacht, daß meine Hunde, nachdem ich sie acht- oder zehnmal hintereinander abgenommen hatte, überhaupt nicht mehr aufnehmen wollten, so daß ich schließlich à vue anlegen mußte, um ihnen wieder Herz zu machen. Die gewöhnliche Folge ist dann, daß die Hunde die Fährte überschießen und nicht mehr ansprechen können, sobald ihnen Lampe aus dem Gesicht läuft. — Ich habe geglaubt, hier einiges aus der „Wissenschaft" des Hunting einschalten zu dürfen, weil es für den „Sport in Rot" Existenzfrage ist, daß in der Gemeinde der Rotröcke mehr Verständnis für die Arbeit der Hunde Platz greift. Mit dem Verständnis wächst die Passion, die dem Sport hinter der Meute zugute kommt.

Nun wieder zum 29. Oktober! Unser Jagdhase Nummer zwei führte Meute und Feld über mehrere appetitliche Gräben, den Damm der Kleinbahnstrecke Tellin—Daberkow und einen ganz respektablen Wasserlauf, fast vier Kilometer weit „wie der Vogel fliegt" in südlicher Richtung. Bis dahin hatten die Hunde fest auf der Fährte liegend mit vollem Halse gejagt, dann aber am Wege Tellin—Wietzow anscheinend überschossen. Meine Vermutung, daß Lampe sich hier gedrückt habe, fand bald ihre Bestätigung, denn nach einigem

Umschlagen wurde der Gesuchte mitten zwischen den Hunden hoch, konnte sich jedoch mit Hinterlassung einiger Wolle zwischen den Fängen der sehr verblüfften „Kiss“ (meines Lieblingshundes) noch einmal retten. Nun zwölfhundert Meter in Rennpace hinter der jauchzenden Meute, dann ist Lampe unseren Blicken entschwunden, und gleich darauf an einem mit Dornen und Ginster bewachsenen Remel verstummt das Geläut. Meiner Ueberzeugung nach mußte sich „Bello“ hier gedrückt haben. Allein die Hunde schlugen ganz von selbst nach rechts: dort winken die von Steinwällen eingefriedigten Daberkower Koppeln, am 29. Oktober 1903 hatte die Jagd hier zum letztenmal hinübergeführt. Die Versuchung war zu groß: obwohl ich fest überzeugt war, daß Freund Martin sich an dem Remel gedrückt hatte, mußte ein Versuch gemacht werden. Ich gestehe ein: in diesem Augenblick triumphierte der Horseman über den Huntsman, der Reiter über den Weidmann. „Bis an die Koppel heranschlagen; wenn die Hunde dort nicht aufnehmen, dann zurückschlagen und noch einmal die Dornen absuchen!“ war meine Weisung an die Whips, und klopfenden Herzens mit angehaltenem Atem folgte das Auge jeder Bewegung der federnden Ruten. Jetzt erscheinen sie oben auf der Krone der Mauer, um gleich darauf in die Koppel hinabzutauchen. Man reckt sich im Bügel, unwillkürlich schließen sich die Knie fester am Sattel. Da — ein hoher, jauchzender Ton aus der Tiefe der Koppel, und gleich darauf die tiefe Stimme der alten Fun, die sich nie irrt, wenn sie zu einer Fährte spricht. Noch eine Sekunde atemlosen Lauschens, dann bricht aus vierundzwanzig Hundekehlen der jubelnde Akkord. — Jagd! Ich hebe die Kappe und hinein geht's in das Dorado der vorpommerschen Jagdreiter! Schon haben die Hunde die zweite Mauer erklommen und jagen bereits in der nächsten Koppel mit vollem Hals. Um die Wonne der Reiterherzen zu erhöhen, ist jede Koppel noch von einem zuweilen recht feierlichen Wasserlauf durchzogen. So ging es durch drei Koppeln bis dicht an das Dorf Daberkow. Meine beiden Whips hatten gleich an der ersten Mauer eine Panne, so daß ich froh war, als Rittmeister Freiherr von Bellersheim, der beste Mann in meinem Felde, auftauchte; ich bat ihn, bei mir und den Hunden zu bleiben, die am Rande von Daberkow durch zwei Relaishasen fast außer Fassung gebracht worden wären. Der dadurch bewirkte Stopp brachte das Feld und auch meine Whips wieder heran. Freilich sah man auch leere Sättel und an den das Bild einrahmenden Mauern manchen Rotrock noch Eskaladierübungen treiben.

Fun, Might und Gulla, das nie fehlende Trio, war sehr bald wieder auf der Fährte, die aus der Koppel heraus über den Wietzower Weg und jenseits desselben wieder in eine mauerumschlossene Koppel hineinführte. Seit der zweiten Ansuche waren fünfzig Minuten vergangen, und mancher Reiter dürfte der Ansicht gewesen sein, daß sein Pferd genug habe. Allein für mich hieß es bei den Hunden bleiben, die noch immer mit tiefer Nase und hoher Rute bei der Arbeit waren. Die Koppel stieß unmittelbar an ein mit Draht eingegattertes Holz; es galt also möglicherweise die Hunde abzunehmen, falls Lampe sich in das Holz gedrückt hatte. Noch aber sollte uns — wenigstens allen, die daran Geschmack fanden — ein Galopp beschieden sein. Lampe hatte sich merkwürdigerweise noch vor dem Holz in der erwähnten Koppel zu drücken gesucht, wurde noch einmal auf die Läufe gebracht und à vue über schwarzen Wiesenboden und einige recht verdächtig aussehende Torfgräben aus der Koppel heraus bis hinter Daberkow gejagt. Hier mußten die Hunde wieder ihre Nase gebrauchen, vermochten jedoch die einmal überschossene Fährte nicht wieder aufzunehmen. Da noch immer das von Fasanen bevölkerte Holz in bedenklicher Nähe war und ich befürchtete, daß ein Relaishase die Hunde dort hineinführen könnte, während Drahtzäune uns die Folge verwehrten, so ließ ich, nachdem alles Umschlagen vergeblich blieb, die Meute zusammenblasen. Hätten die Hunde auch ihren Lohn verdient, so mußte man dem wackeren Bello doch gönnen, daß er dieses Mal das bessere Ende für sich behielt. Nur Rittmeister von Bellersheim, Graf Blücher-Wietzow und Herr von Esbeck-Platen waren bei dem Ende des Tages zugegen, und es dauerte geraume Zeit, bis das Gros des Feldes herankam, um die Brüche entgegenzunehmen. Noch tags zuvor hatte jemand davon gesprochen, daß „Wildjagden doch reiterlich nicht immer auf der Höhe ständen“. — Ja, ja: Die „glorious uncertainty of hunting“!

Nach solchem Tage wird auch der Reiter den Hunden die Fehljagd nicht zum Vorwurf machen, und auch der Leser wird, denke ich, die Ueberzeugung gewonnen haben, daß an dem vorbeschriebenen Tage die Hunde gute Arbeit zeigten. Will man der Meute einen Vorwurf machen, und dieser ist durchaus berechtigt, so ist es der, daß dieselbe auf der Fährte zu lang wird und infolgedessen das Geläut zu wünschen übrigläßt. In England geht man in der Förderung geschlossenen Jagens so weit, daß selbst der beste Hund nachsichtslos ausrangiert wird, wenn er für das Gros des Pack zu schnell ist. Ist die Geschlossenheit der Meute schon in England unerläßlich, weil ein einzelner, vornweg jagender Hund das übrige Pack wild macht, so müßte dieselbe in Deutschland noch viel nachdrücklicher gefordert werden, weil die hinten heraushängenden Hunde fortgesetzt Relaishasen hochmachen und von der Fährte abspringen. Auch das volle Geläut gibt die Meute nur, wenn sie gut beisammen ist. Abgesehen davon, daß das Geläut direkt dazu beiträgt, Lampe auf die Läufe zu bringen, ihn aus seinen Widergängen herauszudrücken, ist es bei den vielen sich kreuzenden Hasenfährten hierzulande für den Huntsman nahezu unmöglich, eine stumm jagende Meute zu führen, gar nicht zu reden von der Poesie, die damit dem Sport verloren geht.

Ich hatte schon seit Jahren vorausgesehen, daß unter dem Druck des Jagdfeldes die Hunde über ihre eigene Pace hinausgetrieben und dadurch das einst so herrliche Geläut einbüßen würden. Mit Dank muß ich zugestehen, daß jetzt das Jagdfeld den Hunden so diskret folgt, wie man es in den letzten Jahren hinter der Broocker Meute nicht kannte. Allein, da ich nicht in der glücklichen Lage meiner englischen Kollegen bin, den Ausschuß an deutsche Schleppmeuten abstoßen zu können, so wird es jahrelangen, zielbewußten Züchtens bedürfen, um die altberühmte Meute wieder dahin zu bringen, daß sie von dem sprichwörtlichen Tischtuch zu bedecken ist. Um das Geläut zu verstärken, ist übrigens ein Croß von den dafür in ganz England berühmten Kerry-Beagles in Aussicht genommen. Eine vielversprechende Akquisition hat die Meute an ihrem derzeitigen zweiten Whip gemacht, der es wert wäre, in die Schule eines Habberfield oder Broda zu kommen.

Einen Verlust für die Broocker Jagdgesellschaft bedeutet der im Herbst 1911 erfolgte Verkauf von Wietzow, wodurch die Broocker Meute am Grafen Blücher nicht allein einen ihrer Getreuesten verlor, sondern auch ein historisches Gelände einbüßte. Um so erfreulicher ist es, daß Baron Maltzahn-Ganschendorf junior und die Herren von Heyden Linden-Lindenhof und -Gehmkow durch ihre häufige Anwesenheit im Felde den Beweis erbrachten, daß die Zukunft der Broocker Meute auch bei der nächsten Generation gesichert ist. Auch Herr Bauer-Zeitlow, der mit seiner passionierten Gattin nicht Wind noch Wetter scheute, um den Hunden zu folgen, zeigt, daß die Liebe zum Sport in Rot auch außerhalb der Armee heimisch zu werden beginnt, und dies ist die wesentlichste Voraussetzung für sein Fortblühen. Wer die Reise nach Demmin nicht scheut, ist hinter den Broocker Hunden stets willkommen, und selbst mit den oben gemachten Ausstellungen wird derjenige, der sich an der Arbeit der Hunde erfreut, hier stets seine Rechnung finden. Jedem aber, der unseren allverehrten Master, den Leistenower Kammerherrn, im Sattel sieht, wird ad oculos demonstriert, wie der Sport hinter den Hunden Leib und Seele gesund und jugendfrisch erhält. 1908 feierte Herr von Heyden, der auf seinem Gute Leistenow auch Meute und Jagdequipage beherbergt, sein fünfundzwanzigjähriges Masterjubiläum. Zu dem ihm aus diesem Anlaß von über hundert Jagdreitern gespendeten Ehrengeschenk hatten Seine Majestät der Kaiser und Seine Königliche Hoheit der Großherzog von Mecklenburg-Strelitz die Gnade, beizusteuern. Möchte das fünfundsiebzigjährige Bestehen der Broocker Meute, das im Herbst dieses Jahres (1912) begangen wird, den hochverdienten und verehrten Master noch in gleicher Rüstigkeit und Frische sehen!

XIV.

Schleppjagden in Schweden.

Bereits früher erwähnte ich eine Prüfung von Kampagnepferden im Jagdfelde, der ich im Frühjahr 1904 in Malmö beiwohnte.

Schonen, die südlichste Provinz des Schwedenlandes, ist bekanntlich die eigentliche Heimat der edlen Remontezucht — das schwedische Ostpreußen. Hier veranstaltet alljährlich im Mai der schonische „Fältridtklub“ in Malmö eine Ausstellung von inländischem Material, bei der sowohl die zur Vorführung kommenden Remonten wie die Leistungen der Offiziere im Preisreiten und -springen von dem Stande der edlen Halbblutzucht ein glänzendes Zeugnis geben. Im Mittelpunkt der Prüfungen steht die Schleppjagd hinter der Meute des schonischen Fältridtklubs.

Eine Schleppjagd im Mai, inmitten der Saatbestellung!? Der rote Rock des Huntsman und vor uns im Felde die Hunde mit vollem Hals auf dem Gefährt — es ist wie eine Vision! Doch der Klang des Horns: „Gute Jagd!“ und der Eifer des Hunters, der nach den Hunden drängt, versetzen mich in die Wirklichkeit — herrliche, die Pulse beschleunigende Reiterlust! Es liegt ein ganz besonderer Zauber über solch nordischem Frühlingstag! Da muß dem größten Griesgram das Herz im Leibe lachen, auch wenn er nicht, wie der Verfasser, ein Vollblutpferd zwischen den Schenkeln hätte. In der klaren, würzigen Luft, da mußten Seele und Kopf frei werden von jenem Erdenjammer, den wir Deutschen so poetisch mit „Kater“ bezeichnen! Bis um vier Uhr früh hatten wir im

Hippodrom die Eröffnung der Ausstellung gefeiert und um sieben Uhr vormittags ging es bereits zum „Hundgarden"*) hinaus nach der Husarenkaserne, ein Marsch von dreiviertel Stunden.

Wenn es sich in dieser Jahreszeit ermöglichen ließ, uns in unmittelbarer Nähe der Großstadt eine prachtvolle Jagd über die abwechslungsreichsten, aber durchweg natürlichen Hindernisse zu verschaffen, so ist dies ein Zeugnis, gleich glänzend für das Talent des Masters, wie für den sportlichen Sinn der Bevölkerung. Für Graf Essen gibt es allerdings kein Hindernis. Hatte er doch, selbst als der Kennel-Fuchs wenige Tage vor der Jagd das Zeitliche segnete, sich aus dem Zoologischen Garten in Kopenhagen eine wohlversiegelte Flasche mit Fuchslosung zu verschaffen gewußt. Um das Verhältnis zu charakterisieren, in welchem die Landbevölkerung zum Fältridtklub und zu den Offizieren steht, machte mich Graf Essen während der Jagd auf eine kleine Episode aufmerksam: Als wir einen Schlag Bauernland passierten, das bereits zur Aufnahme des Saatkorns hergerichtet war, stand der Besitzer mit seinem Knecht daneben, und sobald der letzte Reiter herübergaloppiert war, schickten sie sich an, den Acker zuzusäen. — Hätte der Bauer nicht auf meine dringende Bitte hiermit gewartet, sagte der Master, so wäre meine ganze Schleppe in das Wasser gefallen. Für sein Verständnis und Entgegenkommen wurde der brave „Landtbrukare" mit einer Medaille belohnt, die in wunderschöner Reliefausführung den Kopf eines Foxhound und eines Windhundes mit der Umschrift „Skanska Fältridt-Klubben" zeigt. Diese Art der Flurschäden-Entschädigung ist in Schonen allgemein gebräuchlich; wie mir der Master lächelnd versicherte, sehr zum Vorteil der Klub-Finanzen.

Was dem Jagdreiter in Schweden zustatten kommt, ist, daß die Felder und Schläge in der Regel eingefriedigt sind; jede Gegend hat ihre typischen Spezies von Umfriedigung. Um Malmö herum sind es „irische Wälle", die das Herz des Jagdreiters höher schlagen lassen. Daneben führte uns die künstliche Fährte über zwei Koppelricks und acht Gräben, von denen zwei recht anständige Dimensionen hatten. Da es sich nicht um einen Morgenspazierritt im roten Rock handelte, sondern um eine ernste Prüfung für Kampagnepferde, so hatte der Master gleich als ersten Sprung einen recht unangenehmen, moorigen Wiesengraben gewählt, der absolut nicht auf

*) Die Kennels.

das Prädikat „fair“ Anspruch machen konnte, und der die vornehmsten Tugenden des Kampagnepferdes — Herz und Gehorsam — auf eine ernste Probe stellte. Diesen Zweck erfüllte das Hindernis glänzend, denn drei Reiter blieben davor stehen. Lästig waren die mehrfachen Stopps, die durch die zahlreichen Eisenbahndämme verursacht wurden; diese waren nur an den Uebergangsstellen zu überschreiten. Dafür wurden wir durch ein ganz eigenartiges Vergnügen entschädigt: der Master führte uns in bester Fahrt fast 600 Meter weit durch den in der Ebbe befindlichen Sund, wobei das Wasser oft über den Sattel spritzte. Abgesehen von dem unvergeßlichen Reiz des landschaftlichen Bildes, war dies auch reiterlich ein echter Genuß, denn es gehörte ein ortskundiges Pferd dazu, um in dem Chaos von Wasserrinnen, Löchern und Tanghaufen keinen Rumpler zu machen. Nach acht Kilometern winkte unseren viereinhalb Koppeln das Küree. Wenn sie auch nicht mit vollem Hals gejagt hatten — was Graf Essen dem „Zoologischen Gartenfuchs“ zuschreiben wollte — so hatten die alten Burschen in Anbetracht dessen, daß die Meute zurzeit nicht eingejagt ist, doch die Fährte sehr sicher gehalten. In unmittelbarer Nähe des Halali hatten die Preisrichter Aufstellung genommen, um die Kondition zu beurteilen. Handelte es sich doch um die Zuerkennung des „Skanska hästupp födarnes hederspris“, d. h. um den Ehrenpreis der schwedischen Kleinzüchter. Die Konkurrenz, die zur Ermittelung des besten im Inlande geborenen Offizierpferdes dient, war offen für alle vor 1900 in Schweden geborenen oder als Jährling eingeführten Pferde, seit mindestens sechs Monaten im Besitz eines schwedischen Offiziers. Das Pferd mußte bona fide von seinem Besitzer selbst gearbeitet sein und unter diesem am Preisreiten, Preisspringen und der besagten Schleppjagd teilnehmen. Ausgeschlossen waren Dienstpferde und solche Pferde, die seinerzeit als „Nummerpferde“ (d. h. Remonten) von der Remontierungs-Kommission angekauft waren, sowie Pferde, die in einer staatlichen Anstalt geboren oder aufgezogen waren. Diese eigenartige und für die ganze Richtung von Zucht und Sport in Schweden charakteristische Ausschreibung mußte naturgemäß mein Interesse um so lebhafter auf sich ziehen, als hier die besten Leistungen der inländischen Zucht in der Produktion eines Kampagnepferdes vor Augen traten. Da die Kandidaten nicht nur auf ihre Rittigkeit in der Manege und im Gelände geprüft wurden, sondern auch nach Exterieur und Abstammung beurteilt werden mußten, so hatte man Gelegenheit, dieselben vorher in der Klasse für Reitpferde eingehend zu mustern, sowie sich später dann noch beim Preisreiten und -springen ein Urteil zu bilden. Die neun Pferde, die sich um den herrlichen Ehrenpreis bewarben, waren ausnahmslos geeignet, auch auf dem Kontinent für die skandinavische Zucht Propaganda zu machen. Der Preis — eine prachtvolle silberne Bowle im Werte von 800 Kronen — wurde Leutnant Maule, Kronprinz-Husar, für die von ihm selbst dressierte Bianca zugesprochen. Die 1893 von Coll. Athol (deutscher Inländer) geborene Schwarzbraune ist eine Mutterstute, wie man sie nicht besser malen kann, 161 Zentimeter über dem Widerrist, 156 Zentimeter hinter dem Sattel messend. Bianca stand im letzten Jahre der Konkurrenzberechtigung, man sah es ihr daher an, daß sie in ihrem Leben schon „zu Fuß gegangen ist", aber die prachtvolle Schulter, die kurzen, breiten Unterarme und die ideale Verbindung und Kruppe bezeugen, daß man trotz ihrer elf Lenze nicht besser beritten sein könnte, als auf der kompakten, kleinen Stute. Daß dieselbe bei aller „Masse" auch Blut und Temperament genug zu einem raschen Ordonnanzritt besitzt, dürfte sie auf der acht Kilometer langen Schleppe hinlänglich bewiesen haben.

Der Züchter von Bianca erhielt eine Prämie von hundert Kronen. Eine besondere Freude wurde der Jagdgesellschaft dadurch zuteil, daß Frau Maule zu Pferde bei dem Erfolge ihres Gemahls zugegen war. Die Gattin des Siegers zeigte, daß die Kunst der Schweden im Sattel sich nicht nur auf das sogenannte „stärkere" Geschlecht beschränkt.

Außer den Preisbewerbern für den Züchter-Ehrenpreis hatten sich etwa ein Dutzend Reiter — meist in Uniform — hinter den Hunden eingefunden. Unter dem Master begrüßte ich eine alte Bekannte, Jane, die ich im Herbst zuvor unter Frau Jänecke im Jagdfelde hinter der Lanker Meute bewundert hatte. Die Stute, eine Tochter des grünen Eilands, hatte am Tage zuvor den zweiten Preis beim Preisspringen erworben.

Der Vorstand des Fältridtklubs wurde noch durch den Sekretär, Rittmeister Freiherrn Cederström, vertreten, dessen Wachtmeister, ein Hüne im roten Rock, auf einem Husarenschimmel die Funktion des Piförs versah. Ein Unteroffizier und ein Husar vom Kronprinz-regiment reiten als seine Gehilfen.

Nach dem Frühstück im Kasino der Kronprinzhusaren durfte ich noch eingehend den Zwinger besichtigen, wobei der liebenswürdige

„secreterare“, Rittmeister Freiherr Cederström, mir die Honneurs machte. Das die Jagdequipage beherbergende Etablissement zählte zurzeit zweiunddreißig Insassen — zehn Koppeln Foxhounds und sechs Koppeln Windhunde. Alljährlich pachtet der Verein einen weiten Distrikt, wo Hasen gehetzt werden. Während die Greyhounds und Barsois sich durch eigene Nachzucht ergänzen, läßt der Klub alljährlich drei Koppeln Foxhounds durch Habberfield*) aus England importieren. Auch der „Danska, sportridtklubben“ mietet jeden Herbst aus dem „Hundgarden“ in Malmö einige Koppeln Schlepphunde. Vergegenwärtigt man sich, daß der Skanska „Fältridtklubben“ an sämtliche Kavallerieregimenter in Schonen zur Jagdzeit Hunde ausleiht, daß er acht Renntage ausschreibt und für diese zweiundfünfzig Ehrenpreise und sechzehntausend Kronen aus eigenen Mitteln gewährt, daß er ferner zweiundsiebzig Ehrenpreise, hundert Medaillen und dreitausenddreihundert Kronen an Züchterprämien auswirft, so mag man ermessen, welcher Impuls von dem Skanska Fältridtklub für die Pferdezucht des „schwedischen Ostpreußen“ ausgeht. —

Nächst dem Schonischen Klub ist der Stockholmer Fältridtklub der bedeutendste Sportverein des Landes. Seiner Meute war es mir vergönnt, während der nordischen Spiele im Februar 1905 zu folgen.

Am Tage nach dem Distanzritt Upsala-Stockholm fand zu Ehren der fremden Kavalleristen in dem Offizierkasino der Leibgarde zu Pferde ein Frühstück statt. Man glaubt, sich in den vier Wänden eines alten Edelsitzes auf dem Lande zu befinden, wenn man diese vornehmen und doch unendlich behaglichen Räume betritt — da ist nichts von der oft ein wenig hotelmäßigen Eleganz unserer deutschen Klubs und Kasinos, nichts von dem Kasernenmäßigen, was unseren fiskalischen Bauten allzu leicht anhaftet — und dieses anheimelnde Gefühl wird sogleich verstärkt durch die herzbezwingende Liebenswürdigkeit der schwedischen Kameraden. Rittmeister Baron Cederström, ein Bruder des Kronprinzhusaren und die Seele alles dessen, was die nordischen Spiele an Pferdesport boten, feierte in längerer Rede das sportliche Kartell des dänischen und schwedischen Heeres; auch des deutschen Rennsports, der für den jungen skandinavischen Sport in vielem Vorbild sei, und der deutschen Armee, der mancher

*) 1905 ging Habberfield nach Schluß der Bremer Saison nach Malmö, um dort persönlich die Hunde zu führen.

unter den schwedischen Kavalleristen und Rennreitern seine Schule verdanke, wurde mit einem liebenswürdigen Seitensprung gedacht.

Da das für den Nachmittag auf dem Programm stehende Konkurrenzspringen wegen der Laune des Wetters, die uns hartnäckig allen Schnee versagte, hatte verschoben werden müssen, so wurde, um uns zu entschädigen, eine Schleppjagd improvisiert.

Die Kennels des Stockholm Fältridtklubben befinden sich gleichfalls innerhalb der Kaserne, so daß der bei Tische anwesende Master, Löjt. Adlercreutz*), den Schlepper sogleich instruieren und in Marsch setzen konnte. Rittmeister Cederström, der die mit Jubel aufgenommene Idee entriert hatte, stellte den fremden Gästen seine halbe Schwadron zur Verfügung, und eine Stunde, nachdem der Vorschlag gemacht war, saßen wir bereits zu Pferde, um uns auf dem Kasernenhof hinter sechs Koppeln des Fältridtklubs zu sammeln; selbstredend wurde dieser historische Augenblick von dem Kodak verewigt. Die Hunde, teils eigene Nachzucht, teils von Wilton aus Hanwill bei London stammend, machten einen ganz vortrefflichen Eindruck, und waren selbst für Foxhounds eminent groß und kräftig.

Unmittelbar vor dem Kasernenportal gelangten wir ins Freie. Ein kurzer Trab, dann künden das Horn des Masters und das Geläut der Hunde, daß wir auf der Fährte sind. Zuerst führte uns diese etwa zwei Kilometer durch lichtes Holz, wo es sich trotz der Stollen auf dem dichten Moosteppich herrlich galoppierte; dann jagten die Hunde einen leichten Hang hinab über das spiegelblanke Eis des „Laduviken“! Am jenseitigen Ufer des gut 800 Meter breiten Sees verschwanden die Hunde wiederum im Holz, und die Pferde mußten sich darum auf der glatten Eisfläche gehörig strecken, wollten wir die Meute nicht aus dem Auge verlieren. Nach dem Durchjagen eines sehr romantischen kleinen Holzes, dem die zahlreichen Felsblöcke einen echt nordischen Charakter gaben, gelangten wir auf freien Acker, wo neun stramme Gräben uns ins Gedächtnis riefen, daß wir nicht zum Spaß im Sattel saßen. An einem derselben machte mein braver Schwadröner einen gehörigen Rumpler, aber das altbewährte Rezept plenty of rope brachte ihn wieder auf die Beine. Zum drittenmal führte uns das Gefährt durch ein Gehölz, dann klommen wir einen mit Eichen bestandenen Hang hinab, und vor uns dehnte sich die glitzernde Fläche des Lilla

---

*) Jetzt Militärattaché in Berlin.

Wärtan, eines zu Eis erstarrten Meerbusens. Auf dieser ging es nun zwei Kilometer, „wie der Vogel fliegt", in vollster Fahrt bis zu der Stocksundsbrücke, wo die Hunde ihren verdienten Leckerbissen erhielten. Da wir mit Rücksicht auf die Kondition der Hunde einen Stopp von etwa fünf Minuten eingelegt hatten, so gibt die Zeit von zwanzig Minuten, die wir für die acht Kilometer lange Schleppe gebraucht hatten, ein vortreffliches Bild von der Schnelligkeit der Hunde, um so mehr, als das Laufen auf dem blanken Eise für dieselben doch eine erhebliche Anstrengung bedeuten mußte. Als ich bei dem soi-disant Halali absteigen wollte, gingen mir im Augenblick, wo ich die Füße niederstellte, die Beine weg, und ich saß unter dem Bauch meines Pferdes. Dies zur Illustrierung der Glätte! —

Nach Schluß der nordischen Spiele reiste ich, einer liebenswürdigen Einladung folgend, nach Strömsholm, in der Hoffnung, dort auf der Königlichen Reitschule ein paar der vielgerühmten Schneejagden zu erleben. Allein auch diese Hoffnung wurde zu — Eis! Nachdem mir am ersten Tage meiner Anwesenheit das Remonte-Depot, das Landgestüt und sämtliche Abteilungen in der Reitbahn gezeigt worden waren, sollte ich tags darauf einem „Geländeritt" auf dem Mälarsee beiwohnen. Der Master, Leutnant Ulfesparre, der mit den übrigen Reitlehrern darin wetteiferte, mir die Tage in Strömsholm so interessant und lehrreich als möglich zu machen, sprach mir sein Bedauern aus, daß es nicht möglich sein würde, eine Schleppe zu legen, da dieselbe auf dem Eis nicht stehe. Auf meine Erzählung von der Schleppjagd hinter den Hunden des Stockholmer Fältridtklubs wurde indessen beschlossen, den Versuch zu machen und fünfeinhalb Koppeln mit hinauszunehmen. Ein fast windstiller Tag und eine Sonne, in der das Thermometer mehrere Grad über Null zeigte, erfüllten alle Bedingungen, unter denen — wenn überhaupt — eine Fährte nach menschlicher Berechnung stehen mußte. Um die Gefühle, mit denen ich dem in Aussicht stehenden Genuß entgegensah, noch zu steigern, hatte mir Rittmeister Fischerstroem seinen Sans-Peur-Wallach Kimberley zur Verfügung gestellt, auf dem er acht Tage zuvor den Distanzritt Upsala-Stockholm absolviert hatte. Schon beim Hinausreiten gab mir der Fuchs in einer für meine Armmuskeln sehr fühlbaren Weise zu verstehen, daß er von jener Parforceleistung nichts mehr in den Gliedern spüre.

Von der Reitschule, wo wir um ½3 Uhr nachmittags aufbrachen, trabten wir zunächst nach der unweit gelegenen Bahnstation, hier verließen wir die Chaussee; ein kurzes Stück querfeldein, wobei wir zwei jener typischen Einfriedigungen — gärdesgard genannt — sprangen, dann lag, in tausend Farben das Licht der nordischen Nachmittagssonne widerspiegelnd, die kristallene Fläche des Mälar-Sees vor uns. Es liegt etwas Erhabenes und zugleich Berauschendes in dem Galopp über das wiegende, klingende Eis. Wir haben die Sonne im Gesicht und galoppieren wie gegen einen Strom von Gold, so daß man geblendet die Augen schließt. Aber das Geläut der Hunde klingt noch heller, noch jubelnder wie auf dem Lande, und die Pferde galoppieren am langen Zügel so sicher und elastisch wie auf dem idealsten Turf. Mitten auf dem gewaltigen See, den sommertags die Salondampfer mit Tausenden von Touristen durchfurchen, leuchten jetzt die hellblauen Koletts der schwedischen Dragoner und der goldbeschnürte Attila der Husaren. Das Gefühl, daß die Pferde in der klaren, kräftigen Luft auf der glatten, federnden Fläche völlig ohne Anstrengung galoppieren, teilt sich dem Reiter mit und schickt das Blut schneller durch die Adern, es steigt etwas in uns auf, das sich in einem Jubelschrei Luft machen möchte. Die Pace ist längst über den Exerziergalopp hinausgewachsen, denn in dem mannshohen Schilf, durch das wir wohl einen Kilometer weit galoppierten, haben die Hunde ihren Vorsprung verdoppelt. — „Achtung! Fischloch!" und haarscharf fliegen wir an einer von den Fischern geschlagenen Wuhne vorüber. Der müßte nicht ein Reiterherz in der Brust haben, der jenen undefinierbaren Reiz nicht empfindet, den die Nähe einer Gefahr jedem Sport verleiht. Ja, Dichter, du hast recht: die Quelle der Jugend, sie rinnet wahrhaftig und immer; doch nicht — wie du wähnst — allein in der dichtenden Kunst, nein auch im Leben in Gottes freier, herrlicher Natur, im blick- und nervenstählenden Spiel mit der Gefahr, im Sport!

Trotzdem der Beweis erbracht war, daß das Eis den Scent hielt, so machte sich doch das Ungewohnte der Arbeit auf dem glatten Element bei den Hunden bald bemerkbar; oft vermochten sie sich nur mit Anstrengung auf den Beinen zu halten. In Stellvertretung des erkrankten Kommandeurs ließ Rittmeister Fischerstroem etwa nach drei Kilometer die Hunde zusammenblasen und die Schleppe als chasse à vue zu Ende reiten. Bald ging es durch hohes Schilf, bald über eine Insel, dann dehnte sich wieder die bis auf den Boden durchsichtige Eisfläche vor uns aus. — „Haben Sie so etwas nicht in Deutschland?“ wurde ich auf meine begeisterten Ausrufe immer wieder voller Erstaunen gefragt, und mancher, der im lieben deutschen Vaterland am warmen Ofen sitzt, schüttelt gewiß ungläubig den Kopf, wenn er meine Schilderung liest; er gehe hin und erlebe es, er koste, et l'appetit vient en mangeant! Wer nervenschwach, misanthropisch, Pessimist ist, der wird durch solchen Ritt geheilt; ich garantiere den Erfolg! — Nach sieben Kilometer pullten wir auf, und zu Fuß fast eine Meile neben unseren Pferden herlaufend, ging es heim. „Spartaner-Jünglinge“ muß man unwillkürlich denken, wenn man diese schlanken, sehnigen Reitergestalten sieht, die hier in ländlicher Abgeschiedenheit nur dem Sport und dem Dienst ihrer Waffe, „des Pferdes“, leben. An Anspruchslosigkeit, was Lebensführung und gesellige Freuden betrifft, an Begeisterung und Anlage für jede Art der Leibesübung mögen jene ihnen gleichkommen; aber ich glaube nicht, daß die alten Lazedämonier so gute Kavalleristen waren.

Das Liebesmahl im „Offiziers-Klub“ der Reitschule war an jenem Abend besonders festlich, weil die von den Reitschülern während der nordischen Spiele erstrittenen Ehrenpreise dabei zur Verteilung kamen. Rittmeister Fischerstroem, der in längerer Rede die Sieger feierte, knüpfte hieran für die Reitschule die Mahnung, aus diesen Erfolgen neue Begeisterung und Tatkraft für den Sport zu schöpfen. — „Ohne Sport,“ sagt unser unvergeßlicher General von Rosenberg, „kann unsere Reiterwaffe einen langen Frieden nicht ertragen.“

XV.

Hinter englischen Meuten.

1. East-Sussex-Foxhounds.

Bald nach dem Erscheinen der letzten, mit dem vorstehenden Kapitel abschließenden Auflage dieses Buches erhielt ich von unbekannter Hand einen Brief mit englischer Marke und dem Poststempel „Bexhill on Sea". Das mehrere eng beschriebene Bogen umfassende Schreiben enthielt eine Fülle wertvoller Fingerzeige für eine künftige Auflage der „Reit-Erinnerungen"; am Schlusse folgte die warm gehaltene Einladung, nach England zu kommen, um hinter den Hunden des Briefschreibers zu reiten. Absender dieses liebenswürdigen, von wohl beispielloser Passion diktierten Briefes war August Neven Dumont, Master der East-Sussex-Foxhounds.

Am zweiten Weihnachtstage 1907 verließ ich bei prachtvoller Schlittenbahn Demmin, und — man male sich mein Entsetzen, als auch bei meiner Ankunft in England rings ein Schnee lag, wie niemand ihn im letzten Jahrzehnt dort erlebt hatte. Man denke sich, mit vierzehntägigem Urlaub nach England fahren, um Jagd zu reiten und eine volle Woche davon durch Frost und Schnee im wahrsten Sinne „kaltgestellt" zu sein, und man wird die Freude ermessen, mit der ich die vom Master den Mitgliedern seiner hunt zugesandte Karte begrüßte: „The East-Sussex-Foxhounds will meet on Thursday, January 3rd, at Telham Court." — Da ich jedoch, nach meiner Erfahrung bei den nordischen Spielen, ein ausgesuchter Pechvogel zu sein scheine, so war ich ganz darauf gefaßt, daß mein erster Jagdtag im klassischen Lande des Hunting sich als „blank day“ ausweisen würde. Die Aussichten hierfür schienen um so mehr vorhanden, als die vorangegangene Nacht ungewöhnlich rauh und stürmisch war und in einer solchen Nacht Füchse, die nicht ausgefahren sind, leicht in ihrem Bau „eingestopft“ werden, wenn der „earth stopper“ seine Runde macht.

In der Tat mußten wir drei Waldparzellen vergeblich absuchen, ehe aus dem vierten covert ein Fuchs heraustrat; von einem Zuschauer gekreuzt, wechselte derselbe alsbald wieder in das Holz, wurde jedoch von den Hunden wieder herausgedrückt, und zehn Minuten nach zwei Uhr kündete das „Tally-ho! Gone away!“ dem ungeduldigen Felde, daß die Arbeit beginnen sollte. Immer wieder suchte Reineke sein Heil im Holz; da jedoch die Baue allenthalben verstopft waren, so brachten die Hunde ihn immer wieder heraus; und erst in der dritten Remise, nach einem Galopp von fünfundfünfzig Minuten etwa, gab es einen Stopp. Waren nach dem dreitägigen Regen die Felder schon tief, so waren die Gestelle im Holz ganz unergründlich, so daß eine Atempause den Pferden nicht ungelegen kam. Viel Zeit freilich war ihnen nicht vergönnt, denn der Fuchs sollte angeblich wieder in das Freie getreten und über den Catsfieldbach, einen schon mehr als feierlichen Sprung, nach dem Dorfe Crowhurst gelaufen sein. Ich glaube, fast die größte Schwierigkeit, mit der ein englischer Huntsman zu kämpfen hat, sind die ständigen „view halloas“, das heißt die in bester Absicht gegebenen Zurufe der Zuschauer. Die Gegend, in der gejagt wird, gleicht dem Gelände in einem deutschen Kaisermanöver, das heißt sämtliche Hügel — und die Gegend um Bexhill ist sehr bergig — sind von Zuschauern besetzt. Hatte mich schon während der Jagd das Heer von Fußläufern befremdet, die in einer Art Sportaufzug, das heißt mit Ledergamaschen, Kniehosen und Sweaters, immer wieder, selbst nach den schwierigsten Sprüngen bei den Hunden auftauchen, so kam mir erst vollends, als wir das erwähnte Dorf passierten, die Volkstümlichkeit des Hunting zum Bewußtsein: alt und jung war auf den Beinen, und die Kinder empfingen jeden Rotrock mit „Hurras“! Es würde wahrhaftig der von Hecken eingeschlossenen Felder und der typisch frisierten Pferde nicht bedürfen, um einem zu zeigen, daß wir uns im Mutterlande des Sports befinden; in Deutschland tut jeder kleine Mann sein möglichstes, um den „vornehmen Herren“ das Jagdreiten zu unterbinden. Die Furcht vor Flurschaden ist schon oft genug als Vorurteil gekennzeichnet worden; aber daß ein Mensch es wagt, an seinem zu Fuße einherstapfenden Mitchristen vorbeizureiten, und noch obendrein im roten Rock, ist eine Selbstüberhebung, die gestraft werden muß! In England dagegen tut jeder Tagelöhner, was er kann, um den Sport zu unterstützen. Mit der größten Bereitwilligkeit werden alle Tore aufgemacht und alles entfernt, was die Jagd stören könnte. Als einmal ein M. F. H., um einem „blank day“ zu entgehen, die Hunde, die verschiedene Gehölze vergeblich durchstöbert hatten, nach einer ganz anderen Gegend nahm, als die auf der Stelldicheinkarte verzeichnete, beklagten sich die Anwohner des Meets bitter, daß ihnen ein langersehnter Genuß vorenthalten worden sei.

Bis der Huntsman, Reaves, seine zweiundzwanzigeinhalb Koppeln aus der Dickung gerufen hatte, waren wohl zehn Minuten vergangen. Wenn die Gegend mit ihren Bergen und dem tiefen Boden schon Pferde mit zwei Lungen verlangt, so stellt die Unübersichtlichkeit des Geländes und die Ausdehnung der Waldungen an die Lunge des Huntsman noch ganz andere Anforderungen. Die englischen Piköre scheinen auch in der Tat eine zweite Lunge in der Brust zu haben; die Art, wie dieselben ihre Hunde rufen und anfeuern, läßt sich ebensowenig wiedergeben, als sie sich von dem vergessen läßt, der das „Yeup! Yeup! Try forward! — 'unt 'im alard!“ je gehört hat. Meist vererbt sich dieser Beruf durch Generationen in derselben Familie. Ein guter Huntsman muß eben für sein Amt geboren sein, in Deutschland aber herrscht die Ansicht, daß jeder gut reitende Unteroffizier auch einen guten Oberpikör abgeben müsse.

Abgesehen davon, daß der nasse Boden nach meiner Ansicht ohnehin nicht viel Scent halten konnte, war bis zum Wiederanlegen der Meute so viel Zeit vergangen, daß die Fährte nahezu kalt geworden sein mußte. Trotzdem arbeiteten die Hunde dieselbe sehr sorgfältig aus, immer wieder den Fuchs aus dem Holz herausdrückend; erst nach einer halben Stunde, und nachdem wir drei große Dickungen glatt durchjagt hatten, verlor sich die Fährte im Holz. Ein einzelner Hund, einer der Veteranen der Kennels, nahm dieselbe zwar auf kurze Zeit wieder auf; mit der vorgeschrittenen Tageszeit wurde der Boden jedoch immer kälter, so daß der Master sich schließlich schweren Herzens geschlagen bekennen mußte: wieder einmal einer jener Fälle, in denen ein „brennender“ Scent um eine bestimmte Stunde innerhalb von Sekunden verschwindet. Wieviel enttäuschte Gesichter und mißmutige Bemerkungen würde man in solchem Falle in einem deutschen Jagdfelde wahrnehmen können. Von alledem hier keine Rede; gerade die „glorious uncertainty“, das heißt die blinde Ungewißheit ist es, die dem „fox-hunting“ in den Augen des Engländers den Hauptreiz verleiht. Wir hatten zwei volle Stunden Jagd gehabt, davon die erste in recht gutem Tempo; bei dem tiefen Boden war es wohl keinem unangenehm, daß der Vorsprung des Fuchses sich auf die Schnelligkeit der Hunde geltend machte.

„Ein sehr befriedigender Tag,“ sagte der alte Lord Brassy, als er sich vom Master verabschiedete, „wer springen wollte, konnte springen, soviel sein Herz verlangte, und wer philosophieren wollte, konnte nach Herzenslust philosophieren.“ Wenn man bedenkt, daß jeder Brite von acht bis achtzig Jahren, der in der Lage ist, sich ein Pferd zu verschaffen, huntet, so ist es begreiflich, daß das Kontingent derer, die um des Philosophierens willen den Hunden folgen, im Jagdfelde sehr groß ist, und es sind nicht die schlechtesten Sportsmen, diese Philosophen. „Es gibt ,'unting-days‘ und ,riding-days‘,“ sagte mir Reaves, der Huntsman, „und wer einen ,Reittag‘ faßt, der wird von den Hunden wenig sehen, denn mit gutem Scent distanzieren sie jeden Vollblüter.“ — Sehr charakteristisch und für den deutschen Jagdreiter lehrreich, trat ein Artikel der „Morning-Post“ den vielfachen Klagen über mangelnden Scent und schlechte Arbeit der Hunde entgegen. „In neun Fällen von zehn,“ heißt es dort, „wird der Scent, das heißt die Arbeit der Hunde, durch die Ungeduld und das rücksichtslose Reiten des Feldes verdorben.“

In einem so schweren und durchschnittenen Gelände wie East-Sussex hat es hiermit freilich weniger Gefahr als in den offenen Midlands, wo Felder von drei- bis siebenhundert Pferden hinter den Modepacks reiten. Ueber den Distrikt der East-Sussex-Foxhounds schreibt „Bailys Hunting Directory“: „Das Land ist in der Hauptsache bewaldet, in den offenen Gegenden findet man große Grasflächen mit vorzüglichem Scent. Die Sprünge sind Hecken, von Gräben eingefaßt, und zahlreiche Koppelricks. Der tiefe Boden verlangt ein kurzbeiniges, tiefes Pferd mit so viel Blut wie möglich.“ —

In den Bergen begegnet man häufig recht unangenehmen „drops“, das heißt Hecken, über die man in ein drei bis fünf Fuß tiefer gelegenes Feld springt; hier habe ich die Berechtigung des typischen englischen Präservativsitzes anerkennen gelernt. Man sagt, wer hinter den „East-Sussex“ bleiben kann, der wird in jeder Gegend Englands hinter den Hunden seinen Mann stehen. „Man kann heute,“ wie Reaves sagte, „auf einem Esel beim Ende sein, und morgen bleibt ein Vollblüter auf halbem Wege stehen.“

2. Hinter den Bexhill-Harriers.

In England sagt man: „Zwei Seasons mit der Hasenmeute machen den Jagdreiter, die dritte verdirbt ihn.“ — Wo man jedoch über so steife Sachen reiten muß, wie hinter den Bexhill-Harriers, trifft dies nicht zu, zumal die alten „Jack-hares“ (das heißt männliche Hasen), die von den Reizen der fetten „Marschhäsinnen“ von den Bergen in das Tiefland gelockt werden, wie ein Fuchs ihren Strich gehen, um vor den Hunden das heimatliche Revier zu erreichen. Galopps von einer Stunde, wie der Vogel fliegt, gehören darum dort nicht zu den Seltenheiten, und man kann über die beste Gegend kommen, über die die East-Sussex-Foxhounds jagen.

Unter den hundertvierzig Hasenmeuten, die in den vereinigten Königreichen jagen, zählen die Bexhill-Harriers zu einer der ältesten, gehen ihre Ursprünge doch auf 1800 zurück. Abgesehen von diesem historischen Alter, ist die Meute im ganzen Lande wegen ihrer schwarzgelben Zeichnung und ihres wundervollen Geläutes berühmt. Erstere ist wohl auf eine Kreuzung mit Schweißhunden zurückzuführen. Diesem Vorfahren im Verein mit dem alten sogenannten Southern-Hund, dem historischen Hasenhund, verdanken die Bexhill-Harriers ihre vorzügliche Nase, die an schlechten Scenttagen auf chaussierten Wegen besonders glänzend zur Geltung kommt. Auf den alten Southern ist noch die Art des Jagens und die unvergleichlich schöne Stimme der heutigen Meute zurückzuführen. (Um der letzteren willen dürfte sich eine Kreuzung unserer Meuten mit den Bexhill-Harriers sehr empfehlen, sofern erstere im Geläut etwas zu wünschen übrig lassen.) Die Kennels zählten zwanzig Koppeln; die Hunde sind vierundfünfzig bis sechsundfünfzig Zentimeter groß und stehen prachtvoll auf ihren Läufen, in der katzenartigen Pfote und dem Unterarm einem Fuchshund so ähnlich, als es nur möglich ist. Die Meute jagt zweimal wöchentlich. Der niedrigste Jahresbeitrag beträgt fünf Pfund fünf Schilling (hundertsechs Mark). Die Mitglieder tragen einen grünen Rock mit weißem Tuchkragen und gelber Weste. Es liegt in der Natur der Sache, das heißt in dem gesellschaftlichen Niveau der Jagdreiter, daß man im Felde der Hasenmeute hinsichtlich des Anzuges nicht so orthodox ist als beim Stelldichein der Fuchshunde. Vorausgesetzt, daß man nicht die Berechtigung hat, den grünen „Schoßrock" mit dem Knopfe einer Meute zu tragen, ist für den Fremden schwarzer Rock mit weißen oder dunklen Reithosen, Stiefeln ohne Stulpen und rundem, schwarzem Hut aus steifem Filz korrekt.

Das Meet am 4. Januar war in Cooden-Mount, dem Heim des Masters. Mr. C. Ward-Jackson führte damals die Meute in der ersten Saison, und da dies das erste Stelldichein im Hause des Masters war, so gestaltete sich dasselbe besonders festlich. Mr. Jackson benutzte die Gelegenheit, um sich seinen Grundbesitzern und Pächtern, die durch Freigabe ihres Geländes den Sport unterstützten, mit einem Bügeltrunk in schäumendem Champagner erkenntlich zu zeigen.

Nachdem der Vorsitzende des Hunt-Komitees das Wohl des Masters ausgebracht und dieser gedankt hatte, ergriff ein alter Farmer, ein prachtvoller Typ seiner Art, ohne einen Zahn im Munde, aber mit dem Herzen auf dem rechten Fleck, das Wort und wies darauf hin, daß die Masters zweier Nachbarmeuten, der East-Sussex-Foxhounds und der Hailsham-Harriers (Fußmeute), heute zugegen seien und das Feld somit die Ehre habe, drei Masters of Hounds hinter den Hunden zu sehen, die alle drei nicht nur brillante Sportsmen, sondern vor allem Gentlemen seien und famose Kerle. Sein Hoch galt dem Master der Foxhounds, Herrn Neven du Mont, der in seiner Erwiderung die guten Beziehungen feierte, die zwischen seiner Meute und den Harriers bestehen.

Niemand in Deutschland macht sich ein Bild, welche gesellschaftliche Bedeutung das Amt eines M. F. H. mit sich bringt. Daß Herr Neven als Deutscher sich diese einflußreiche und verantwortungsvolle Stellung errungen hat, kennzeichnet am besten die englische Auffassung, nach der der Wert eines Mannes im Jagdfelde wie auf jedem anderen Gebiete des Sports selbst nationale Gegensätze überbrückt.

Um elf Uhr dreißig Minuten vormittags brach der Master mit zwölfeinhalb Koppeln nach den „Marschen" auf; ein Feld von etwa dreißig Reitern und wohl die doppelte Anzahl Fußgänger hinter den Hunden. Da man in England nur „den“ Hasen jagt und ein Relaishase selten die Jagd stört, so wird diese ganz anders gehandhabt als in Deutschland. Die Hunde suchen in der gleichen Art wie die Fuchshunde das Gelände ab, während das Feld geschlossen in einiger Entfernung wartet, bis ein Hase aufgestöbert ist. Bei dieser Methode kommt es natürlich nicht selten vor, daß die Meute einen Hasen im Lager fängt. Auch heute kam unser erster Jagdhase nur wenige hundert Meter weit, dann wurde er in einem halb zugefrorenen Wasserloch von den Hunden gedeckt. Auch unser zweiter Hase gab uns nur einen kurzen Galopp über einige leichte Knicks. Dann war er die chaussierte Landstraße entlang gelaufen, wo die Hunde ein gutes Zeugnis von ihrer Nase ablegten, den Hasen jedoch zerrissen, ehe Master und Huntsman es hindern konnten; nur ein Hinterlauf wurde gerettet. Es wird dies häufig nicht zu vermeiden sein, wenn Hunde für ihren Spezialberuf eigentlich zu schnell sind und das Gelände ein glattes Folgen nicht gestattet. Die Felder in den Marschen sind durch vierzehn bis fünfzehn Fuß breite Kanäle getrennt, die bei tiefem Boden nicht zu springen sind; das Feld muß daher über die durch gates und Schafhürden gesperrten Deiche einen Umweg machen, wobei es eine Menge recht massiver Balken zu springen gibt. Trotz ihrer Schnelligkeit und dem großen Elan, mit dem die Bexhill-Harriers jagen, haben sie, wie schon auf der Chaussee gezeigt, eine vorzügliche Nase und arbeiten, wie ich im späteren Verlauf des Tages beobachten konnte, unter schwierigen Umständen geradezu mustergültig.

Nachdem wir in weniger als einer halben Stunde zwei „Kills“ gehabt hatten, verlegte der Master seine Tätigkeit nach einem Waldgelände, das jedoch keinen Hasen zu beherbergen schien; wir kehrten daher wieder nach dem historischen Marschland zurück. Es ist dies der zirka zwanzig Kilometer lange, drei Kilometer breite Küstenstrich zwischen Eastbourne und Bexhill, auf dem Anno 1066 die Normannen unter Wilhelm dem Eroberer gelandet sind und wo auch Napoleon I. seinen Einfall beabsichtigte. Auf der Landseite wird dieser Strich von einer Hügelkette eingerahmt, von der die alten Rammler auf Liebesabenteuer ausziehen; nach der See hin schließt die London—Brighton-Bahn die Marschen ab. Hier zeigte ein „Halloa!“ uns bald an, daß ein Hase sich aus einem Ginsterdickicht nach der Höhe aufgemacht habe. Dort verlor sich die mit vollem

Hals aufgenommene Fährte im Holz. Da der M. F. H. Vorsorge trug, daß unser Lampe nicht vom Regen in die Traufe kam, das heißt sich vor den Hunden in einen befahrenen Fuchsbau rettete, so gelang es der Meute, den Hasen mit prachtvollem Geläut wieder in das Freie zu drücken. Lampe nahm seinen Strich quer über das Marschland auf die See zu. Wie ich schon sagte, mußten wir unseren Weg über die Uebergänge nehmen, die durch Balken von 1,10—1,20 m gesperrt sind. Da diese nur in schmaler Front zu springen sind und der Lehmboden an dieser Stelle besonders aufgewühlt war, so war ein solches Hindernis mit dem schlechten Absprung und dem Landen auf schlüpfrigem Boden recht unangenehm. Mr. Jackson führte seine Meute selbst, von einem Pikör und einem Wärter unterstützt, alle drei sind hervorragend beritten, und der Sprung, über den der Master seinem Felde nicht den Weg zeigt, muß erst erfunden werden. Am Eisenbahndamm nahm der Hase den Rückwechsel und wurde jenseits der nächsten Hecke von den Hunden gedeckt nach einem Galopp von fünfundzwanzig Minuten. In England erhalten die Hunde nur den Aufbruch, während der Grundbesitzer oder Pächter, bei dem „gefunden" wurde, den Hasen als willkommenen Braten erhält.

Nachdem das Küree ohne alle Zeremonie gegeben war, brachte uns ein vierter Hase „die Jagd des Tages". Die Fährte führte zunächst wieder auf die See zu; dort gab es am Bahndamm in einem dichten Ginsterbusch einen Stopp. Schon glaubte ich, daß der Hase über die Bahn gewechselt sei, wo sich im Seetang zwischen Steinen und Muscheln der Scent verlieren mußte, als die Hunde landeinwärts die Fährte wieder aufnahmen. Es war dies eine vorzügliche Leistung, denn die Hunde mußten, von Zuschauern umgeben, den Scent herausarbeiten. Ein Photograph sprang sogar, während die Hunde arbeiteten, mit seiner Kamera immer um die Meute herum. Zu meinem Erstaunen nahm der Master das Kreuzen der Fährte nicht weiter tragisch. Inzwischen war der Jagdhase in Richtung auf Eastbourne in die Marschen hineingelaufen, wo wir nur mit einem Umweg über eine Reihe fester Holzzäune folgen konnten. Ich war daher darauf gefaßt, daß die Hunde entweder Halali gemacht oder ihren Hasen verloren haben müßten.

Die Vorzüge des „let-alone-system" sollten sich jedoch bei dieser Gelegenheit glänzend bewähren; eben hatten wir nach einem scharfen Galopp von fünfundfünfzig Minuten die Hunde wieder erreicht, als diese überschossen; der Master schlug um und traf sogleich auf die Fährte, die mit vollem Geläut von den Hunden aufgenommen wurde. Nur wenige hundert Meter, dann sprang der Jagdhase vor den Hunden auf und wurde gedeckt.

Diese lange Jagd hatte uns von den Statisten befreit; nur einige „thrusters“, ein sattelfester Pastor und eine Mutter mit drei Kindern auf ihren Ponies waren beim „Kill“. Der Master hatte die Liebenswürdigkeit, mir einen Lauf des Jagdhasen zum Andenken zu überreichen.

Auch der heutige Tag hatte mir eine Lektion gebracht, diesmal von seiten meines braven Hunters; ich ritt einen vierjährigen Iren, einen Fuchs mit dem Herzen eines Löwen, aber noch etwas grün; sobald man denselben vor den Sprüngen etwas aufnahm, federte er aus dem Trabe über die höchsten Balken, ging man dagegen vor dem Hindernis etwas schneller, so machte er an der leichtesten Hecke einen Fehler. Mir wurde damit klar, was ich früher nur mit Kopfschütteln gelesen habe, daß ein irischer Jagdreiter schreibt, man müsse seinem Pferde den Augenblick des Absprunges mit der Hand kenntlich machen.

Als der Master der East-Sussex den Fuchs dreijährig auf einem irischen Pachthofe kaufte, sprang sein Züchter mit ihm aus dem Stande auf einen fünf Fuß hohen Wall und fragte: „Nach welcher Seite 'runter?“ — „Zurück!“ war die Antwort. Auf ein Wort pirouettierte der Dreijährige auf den Hinterbeinen und sprang nach derselben Seite herunter, als sei nichts vorgefallen. Unsere Soldatenreiterei erzieht das Pferd unwillkürlich dazu, sich den fünften Fuß in der Hand des Reiters zu suchen; dies bedeutet bei einer „maskierten“ Hecke in neun Fällen von zehn einen Sturz. Das irische Jagdpferd wird von frühester Jugend dazu erzogen, sich selbst zu helfen, und der Engländer weiß, daß sein Pferd viel geschickter ist, als er selbst, und immer wieder auf die Beine kommt, vorausgesetzt, daß man ihm „plenty of rope“, das heißt genügend Zügelfreiheit gibt. Ich glaube, daß hierin nicht nur für den Jagdreiter eine Lehre liegt, sondern auch für den Soldaten.

Leider bedeutete die obige schöne Jagd für mich das Ende des Tages, denn ich wollte noch den Fünfuhrzug nach London erreichen, um am nächsten Morgen den Traum meines Lebens erfüllt zu sehen.

3. Zwei Tage mit den „Pytchley".

Ein gutes Pferd, ein gutes Gewissen und eine gute Jagd in den Shires ist, nach Whyte-Melville, das Höchste, was diese Erde bietet. — Auch in Deutschland, glaube ich, weiß jeder Pferdemann, was die Shires für den Mann in Rot bedeuten; aus Whyte-Melvilles und Surtees köstlichen Romanen kennt auch der deutsche Leser jene unabsehbaren, von Schwarzdornhecken und Ochsenzäunen durchschnittenen Grasflächen in den sogenannten „Midlands", den mittleren Grafschaften; Melton, Market Harborough usw. sind Namen, deren Klang gewiß in dem Herzen so manchen Jagdreiters die Sehnsucht weckt, selbst zu empfinden, was Whyte-Melville in dem Kapitel: „Die Shires" mit so glühenden Farben malt.

Hinter den Pytchley-, den Quorn-, den Beever- oder den Cottesmore-Hounds gejagt zu haben, gehört in England ebenso zum guten Ton, wie etwa bei uns zum Derby in Horn zu sein oder zur Rennwoche im Oostal. Die Pytchley ist momentan wohl die fashionabelste Meute in England; des Mittwochs, wo sich das Stelldichein im Zentrum der Gegend befindet und auch die Mitglieder anderer Meuten hinter den Hunden der „Weißkragen" reiten, kann man oft siebenhundert Reiter zählen. Am Sonnabend, den 5. Januar, waren zwar nur dreihundertfünfzig Pferde im Felde, allein dies genügte doch, um mir ein typisches Bild von der „cream of the cream in the shire of shires" zu geben.

Ich glaube, wer das Fox-Hunting nur aus englischen Stichen und Romanen kennt, macht sich von solchem „Meet" ein ganz verkehrtes Bild. Was auf den ersten Blick unser Auge befremdet, ist die verschwindende Zahl der roten Röcke. Nur die Mitglieder der Meute dürfen diesen mit dem Abzeichen (weißer Kragen) tragen, und selbst diese erscheinen häufig im schwarzen Rock mit dem Hunt Button. Gäste dürfen vorübergehend im roten Rock reiten, sofern sie den Knopf einer Meute tragen (zum Beispiel königliche Parforcejagd oder Militärreitinstitut); gebräuchlicher ist aber der schwarze Rock von gleichem Schnitt, mit weißen Hosen, Stulpstiefeln und hohem Hut. Einige Dandys, vom Schlage jenes jungen „Rapid", den Whyte-Melville so prächtig zeichnet*), trugen den roten oder schwarzen Reitfrack; übrigens ritten diese Youngsters trotz des Monokels und der krampfhaft zur Schau getragenen Blasiertheit, schnurgradeaus

*) Seite 130.

über die gröbsten Sprünge. Das Gros des Feldes, nämlich die ganzen kleinen Grundbesitzer, Pächter und Bauern, reiten im gewöhnlichen Reitanzug; hierzu sind sowohl Stiefel (ohne Stulpen mit Anschnallsporen), wie Gamaschen zulässig; conditio sine qua non ist nur der runde steife Filzhut. Das einzige Kleidungsstück, was im englischen Jagdfelde unmöglich ist, ist die bei uns übliche schwarze Samtkappe; diese ist das Vorrecht des Masters und seiner Unterorgane. Damen sieht man sowohl im Zylinder als im runden schwarzen Hut; vielfach tragen dieselben die Abzeichen der Meute (Kragen und Knöpfe) zum schwarzen Reitkleid. Charakteristisch für das Bild eines Foxhounds-Meet in England und zugleich für die Popularität des Hunting im ganzen Lande ist die schier endlose Kolonne von Dogcarts und Gespannen aller Art, von der Mailcoach bis zum Eseltandem, die, mit Zuschauern besetzt, uns schon auf Meilen den Weg zum Stelldichein weisen.

„Die Pytchley-Hounds," schreibt Whyte-Melville*), „verfügen wohl über das beste Jagdgelände in ganz England, das den ganzen Winter hindurch für sechs Tage in der Woche Raum gewährt. Wer in den Shires einen Galopp im besten Sinne sehen will, der reite an einem Sonnabend im Februar von Waterloo-Gorse hinter den Pytchley; aber ich rate ihm, ein erstklassiges Jagdpferd zu besteigen und sein Herz zu wappnen, denn er wird es gebrauchen." — Ich möchte meinen, die Shires verdanken ihren Nimbus dem Tempo der Hunde; denn was die gefürchteten Sprünge betrifft, so muß ich gestehen, daß hier mehr mit Wasser gekocht wurde, als woanders. Da alles auf einer natürlichen Ursache beruhen muß, so erkläre ich mir die Tatsache, daß die Jagden hier so viel schneller sind, als in anderen Gegenden, durch zweierlei: Die Grasnarbe hält naturgemäß den Scent besser als der kalte Lehmboden in den sogenannten „Provinzen", wo zudem Berg und Wald die Hunde vor ganz andere Anstrengungen stellen; dann aber kann ich mich nicht des Eindrucks erwehren, daß die Füchse hier schwächer sind, als dort, wo sie seltener vorkommen. Die „Pytchley" jagen viermal wöchentlich, haben nie einen „leeren" Tag und machen oft zwei bis drei Halalis, und ich halte es für wohl möglich, daß eine solche Uebervölkerung auf die Entwicklung Reinekes von Einfluß ist. „Unsere Füchse sind nicht so leicht tot zu kriegen," sagte mir voll Stolz ein Master in der Provinz; jedenfalls war es auffallend, daß wir dort den „roten Räuber" nie zu Gesicht

*) Seite 135.

bekamen, während die Pytchley jedesmal sehr bald à vue jagte. Sitzt man auf einem Pferde mit gutem Atem und erwischt einen guten Start, so wird man fast stets den Genuß haben, die Hunde arbeiten zu sehen. Abgesehen davon, daß die Gegend hier flacher ist, als in dem hügeligen Süden, wo ich zuvor gejagt hatte, sind die Hecken auch offener, das heißt niedriger und in breiter Front zu springen. Uebrigens hat es mich immer erstaunt, mit welcher Geschicklichkeit der große Haufe auf den Wegen und durch die gates den Hunden zu folgen vermochte, ohne je an den „unavoidable jump" zu kommen. Wer aber den Frack- und Monokelleuten über die „steifen" Sachen folgen will (Flechtzaun von 1,10 Meter mit vier bis sechs Fuß breitem Graben und einem einen Meter hohen Balken davor), der sehe sich vor, daß er rechtzeitig sein zweites Pferd findet, sonst ist er bald hors de combat. Was ich oben über den Charakter des Sportes gesagt habe, kennzeichnet sich auch in dem Pferdematerial: während man anderwärts den irischen Hunter im schwersten Kaliber fast ausschließlich sieht, herrscht hier der Vollblutschnitt im Jagdfelde vor. Dies soll noch ausgesprochener bei der Quorn der Fall sein, wo die großen Wassersprünge vorkommen und man nur dem Langschwanz hinter den Hunden begegnet. Auch mein Gastgeber Mr. König hatte neun Hunter im Stall, von denen einer immer „rennmäßiger" aussah als der andere; eine Ausnahme bildete ein riesiger Yorkshire-Rappe, der mit seiner Geschlossenheit und der kräftigen hohen Niere manches Produkt des „grünen Eilandes" ausgestochen hätte.

Das Stelldichein am 5. Januar war bei Newham Hall unweit Northampton. Entsprechend dem vorwiegenden Charakter unserer Jagdreiter, beherrscht auch die militärische Etikette in Deutschland das Jagdfeld; von alledem in England keine Spur. Der Master würde höchst befremdet sein, wenn man sich als Fremder ihm vorstellen ließe. Der Sekretär und der Schatzmeister der Hunt notieren die Nichtmitglieder im Felde, die mit zwei Pfund (vierzig Mark) zugunsten der Piköre „gecapped" werden. Während dieses vor sich geht, hat der Master mit seinen Angestellten und der Meute sich bereits in das Holz begeben.

Gleich die erste Suche war von Erfolg begleitet, und ein schöner Galopp auf herrlicher Grasnarbe durch lichte Eichenbestände brachte die Pferde bald zum Abprusten. Doch das Vergnügen sollte nicht lange dauern; im Gedränge hatte ich meinen Gastfreund verloren und sah mich mit einem Landsmann und Waffenbruder, Graf Schulenburg, zusammen in qualvoll fürchterlicher Enge zwischen Damen, Jünglingen und Greisen auf der von hohen Knicks eingerahmten Landstraße eingekeilt. Wohl infolge des plötzlich aufgegangenen Frostes war der Scent miserabel, so daß die Hunde denselben fast nur Schritt vor Schritt ausmachen konnten. Vergebens schauten wir nach einem „thruster“ aus, der uns den „kürzesten“ Weg zeigen würde; denn um sich von dem großen Haufen auf eigene Faust zu emanzipieren, muß man entweder einen ortskundigen Piloten haben oder selbst die Gegend genau kennen, und auch dann noch kann es einem passieren, daß man in den eingeschlossenen Feldern die Hunde verliert. Als wir nach einer Stunde den Fuchs in dem nämlichen Holz verloren, wo wir ihn aufgejagt hatten, trafen wir unseren Gastfreund wieder; derselbe war seinen eigenen Strich geritten, der ihn über eine Reihe schöner Sprünge führte, von der Meute hatte er aber nicht die Spitze einer Rute gesehen. Was an dieser uninteressanten Fehljagd vielleicht noch erwähnenswert ist, war die Anwesenheit mehrerer Unteroffiziere der 7. Husaren auf ihren, wie mir der eine mit Stolz berichtete, selbst zugerittenen Remonten; die Leute schienen ganz schneidig zu reiten; aber ich kann nicht gerade behaupten, daß die hirschhalsigen, langrückigen Tiere der irischen Zucht zur Ehre gereicht hätten. Die englische Reitmanier trägt zudem nicht dazu bei, das Bild eines solchen Gebäudes zu verschönern. Auch ein halbes Dutzend „berittener Infanteristen“ auf ihren Ponies folgte den Hunden.

Nachdem unser erster Fuchs das bessere Ende für sich behalten hatte, ging es ohne Aufenthalt nach einem anderen Holz (Staverton Wood) und im Umsehen lagen die Hunde auf der Fährte. Diesmal meinte es der Zufall besonders gut mit mir. Nach einem Galopp von zwanzig Minuten wurde das Feld durch einen tief eingeschnittenen Bach geteilt. Eben war ich den lehmigen Hang hinabgeklettert, um das andere Ufer zu gewinnen, als auf fünfzehn Schritte vor mir Reineke aus einem Ginsterbusch herauswechselte und in der Sohle der Schlucht an dem Bach entlang lief. Da die Hunde kaum hundertfünfzig Schritte davon umschlugen, so gab ich keinen „Halloa“, und schon nach wenigen Minuten war die Fährte mit vollem Halse aufgenommen. Diesmal wußte ich, wohin ich mich zu halten hatte, und da ich inzwischen gemerkt hatte, daß es für mein Pferd ein „Hindernis“ nicht gab, so hatte ich bald ein paar steife „bull-fences“ zwischen die „Gate Brigade“ und mich gelegt und teilte mit dem Huntsman und einem kaum neunzehnjährigen Draufgänger im schwarzen Reitfrack das erste Feld hinter den Hunden. Das Wonnegefühl, mit den Händen voll über die Einlaufshürde zu kommen, während sich links und rechts die Peitschen regen, ein Meilengalopp hinter dem ritterlichen Schwarzrock über die märkische Heide oder durch die Schluchten der Senne, eine Zehnkilometerschleppe in Rennpace über die Bückeburger Sprünge — das sind wohl die höchsten Genüsse, die in Deutschland dem Reitersmann winken; aber das alles ist matt und zahm im Vergleich zu dem Rausch, der von dem jauchzenden Geläut der „auf Blut" jagenden Meute ausgeht und sich Pferden und Reitern im ersten Felde mitteilt, sobald sie den Fuchs in Nöten gehend vor den Hunden gesehen haben. Es würde wahrhaftig des wunderbaren treuen Herzens dieser irischen Pferde in solchem Augenblick nicht bedürfen, um uns über alles hinüberzutragen; man geht, fast möchte ich sagen „unbewußt", gegen Sprünge, die man am hellen, lichten Tage bei ruhigem Blut als absurde Unmöglichkeit bezeichnen würde.

„Jede Wolke hat ihre Lichtseite," sagt ein englisches Sprichwort; so brachte uns heute der geringe Scent den Vorteil, daß man sich trotz des tiefen Bodens an der Arbeit der Hunde freuen konnte. Nach zehn Minuten, in denen wir aus einem Feld in das andere flogen über „Gegenstände", von denen ich mir gar keine Rechenschaft geben kann, bekamen wir den „roten Räuber" nochmals zu Gesicht: aus einem auf freiem Felde befindlichen Hühnerhof wurde er zwischen dem geängstigten Federvieh aufgescheucht. Die Fährte mußte tatsächlich so gut wie gar nicht stehen, denn erst nach einer geraumen Viertelstunde wurde er in einer von Ginster bestandenen Schlucht von den Hunden gedeckt.

Wenn auch die erste erfolglos verlaufene Jagd des Tages ziemlich zahm gewesen war, und dieser zweite, von einem „Kill" gekrönte „run" nur dreiviertel Stunden gewährt hatte, so hatten die Pferde, die zuvor bereits zwanzig Kilometer zum Stelldichein zurücklegen mußten, in Anbetracht des tiefen Bodens schon eine gute Tagesarbeit hinter sich. Mein Wirt und Graf Schulenburg*) beschlossen daher, heimzureiten; ersterer hatte jedoch die Liebenswürdigkeit, mir seinen stud-groom mit einem zweiten Pferde draußen zu lassen. Nachdem die Hunde das Küree erhalten hatten, was, wie schon

*) Graf Schulenburg mußte leider wenige Jahre später seine Passion mit dem Leben bezahlen; er war ein Jagdreiter vorbildlicher Art.

gesagt, ohne alle Feierlichkeit mit Blitzesschnelle vor sich geht, ging es in einem Stechtrab, der alles in den Schatten stellte, was wir in Deutschland unter „Stabsoffizier"-, „Inspektor"- oder „Fleischer"-Trab verstehen (trot du fantassin nennt es der Franzose), nach Swynells Gorse, einem kaum anderthalb Morgen großen Ginsterbusch, aus dem sich alsbald ein Fuchs auf die Reise begab. Da ich inzwischen erkannt hatte, daß der Jagdreiter ebenso wie der Soldat des Glückes benötigt, dieses aber nicht auf der Straße des großen Haufens zu finden ist, so hielt ich mich diesmal an die kleine Schar, die sich sogleich vom Gros des Feldes abzweigte und in fast entgegengesetzter Richtung davongaloppierte, während die sogenannte „Gate Brigade" in langer Kolonne den Hunden durch den Busch folgte. Nach dem Verlassen desselben hatte der Fuchs anscheinend im rechten Winkel einen Haken geschlagen, denn nachdem wir über einige hübsche Sprünge die Höhe gewonnen hatten, sahen wir zu unserer Linken die Hunde auf der Fährte.

Ich saß jetzt auf einem Vierjährigen, der noch gänzlich „grün", aber geradezu unglaublich „clever" war; einmal landete er nach einem „bull-fence" mitten in einem moorigen Bach, halb auf der Nase, halb auf den Knien, aber mit Hilfe genügender Zügelfreiheit kam er wieder auf die Beine, ohne daß wir uns trennten. Die geradezu verblüffende Geschicklichkeit der irischen Jagdpferde ist ebenso wie deren vorzügliches Temperament in erster Linie wohl das Resultat ihrer von „Kindesbeinen" an genossenen Erziehung. — Der Master der East-Sussex-Foxhounds schulte auch während der Saison an den Tagen, an denen nicht Jagd geritten wurde, seine Vierjährigen, die an den Sprüngen noch Fehler machten, an der Longe über feste Gegenstände. — Daß man an den vielen sogenannten „blind fences", das heißt zugewachsenen und unfairen Sprüngen, so selten einen Sturz sieht, ist aber bei alledem, glaube ich, zum großen Teil noch auf Rechnung der wirklich märchenhaft langen Zügel zu setzen, mit denen der Engländer über ein Hindernis reitet. Ich dächte, beide Momente gestatten für uns eine beherzigenswerte Nutzanwendung. Unsere deutschen Jagdpferde haben gewöhnlich ihre Erziehung auf der Rennbahn oder bei der Truppe genossen, daher werden sie in solcher Lage den „fünften Fuß" in der Hand des Reiters suchen, was unter zehn Fällen neunmal einen Sturz bedeutet.

Bei dem mäßigen Scent arbeiteten die Hunde nur langsam, immer dicht am Wege, so daß man zu beiden Seiten desselben über die Felder kantern und seinem Pferde immer wieder auf der Straße eine Atempause gönnen konnte, sobald der tiefe Boden und die zahllosen Hecken sich bemerkbar machten. So ging es über eine Stunde fort, bis wir an dem Schleusenwerk des Northamptonkanals bei Branston die Fährte verloren. Der Fuchs war hier offenbar die chaussierte Straße entlang gelaufen; auf ein „Halloa!" von jenseits des Dorfes wurden die Hunde zusammengenommen und, so rasch es ging, an die Stelle gebracht, wo Reineke zuletzt gesehen worden war. Inzwischen war seine Fährte jedoch kalt geworden, so daß die Jagd aufgegeben werden mußte.

Obwohl es kurz vor vier Uhr war, ließ der Master in einem nahe gelegenen Holz noch einmal suchen. Ich dachte jedoch an die achtzehn (englische) Meilen, die meinem wackeren Vierjährigen noch bevorstanden, und machte mich auf den Heimweg. Nach einer Viertelstunde schon wurde ich von einem der Whips überholt, der das Pferd des Masters an der Hand heimbrachte; das letzte „cover" hatte keinen Fuchs beherbergt. Es war schon stichdunkel, als ein Rotrock mit dem weißen Pytchleykragen von hinten an mir vorübertrabte. „Wollen Sie nicht einen Schluck bei mir nehmen? Ich wohne hier dicht am Wege!" rief er mir zu, als er auf seinen Hof abbog. — Ich glaube, nicht zu übertreiben, wenn ich sage, daß in einem deutschen Jagdfelde jeder Fremde, der sich nicht durch sechs Vettern oder ein halbes Dutzend guter Freunde ausweisen kann, von den Mitreitenden mit Mißtrauen angesehen würde. Wer in England zeigt, daß er hinter den Hunden seinen Strich reiten kann, ohne diese und die übrigen Reiter zu stören, der wird weder nach seinem politischen, noch nach irgend einem anderen Glaubensbekenntnis gefragt. Er mag wie ein Botokude aussehen und in dem Aufzug eines Baschkiren erscheinen, wenn er den Sport versteht und gerade reitet, so werden ihn der Earl auf dem ein kleines Vermögen kostenden Vollblüter, wie der von der ersten Londoner Firma ajustierte Millionärsohn nicht nur mit Achtung, sondern mit liebenswürdigster Zuvorkommenheit behandeln.

— — — — — — — — — — — — — — — — — — — —

Auf die gute Jagd am Sonnabend, den 5. Januar, folgte eine noch bessere am Montag, den 7. Januar. Das Stelldichein, an dem sich kaum zweihundert Reiter einfanden, war unweit Brixworth, wo sich die Kennels der Pytchley befinden. Es war ein Morgen, wie man ihn in Deutschland kaum Ende April erlebt, und die Voraussetzungen für guten Scent konnten nicht bessere sein.

Ich hatte mir vorgenommen, mich so dicht, als es der Anstand zuläßt, an den Master zu halten, der in ganz England für sein gerades Reiten bekannt ist. In dem ausgedehnten Holz, das die Hunde gleich zuerst durchstöberten, verlor ich jedoch Lord Annaly aus den Augen und mußte eine gute halbe Stunde langen Sprung reiten, ehe ich auch nur die Rute eines Hundes schimmern sah. Das „Halloa!" war von meinem Standpunkte nicht zu hören gewesen; nur an der Unruhe, die sich plötzlich der Nachzügler, Reitknechte usw. bemächtigte, konnte man erraten, daß die Hunde angelegt waren. Ich glaube, auch einem Ortskundigen kann es zuweilen nicht besser ergehen; und es ist oft eine Frage des Glückes, einen guten Start zu erwischen. Zu meinem Erstaunen ritt übrigens das ganze Feld auf den Gestellen in die „covers" hinein, was zu meiner bis dahin gesammelten theoretischen Weisheit im schärfsten Widerspruch steht und sicherlich jedem Master ein Greuel ist.

Bei dem tiefen Boden und dem brennenden Scent mußten die Pferde sich schon ohnehin derart strecken, daß es nicht möglich war, mehr Dampf aufzusetzen. Ich ritt heute einen wundervollen fünfjährigen irischen Fuchs mit den Knochen eines Hannoveraners und gewiß mehr als fünfundneunzig Prozent des klassischen Blutes in den Adern, und da ich bald merkte, daß man ihn über ein Haus hätte reiten können, so konnte ich getrost die „innere Linie" wählen. Das Gelände, in dem wir heute jagten, war viel offener als unsere Gegend am Sonnabend, so daß man die meisten Knicks und Hecken an jeder Stelle springen konnte. Als ich die Hunde vor mir sah, hatte ich auch bald meinen Freund mit dem Kindergesicht und dem Herzen des Veteranen entdeckt und teilte mit ihm die schönste Viertelstunde meines Lebens. Zum erstenmal wurde ich heute mit einem jener Hindernisse konfrontiert, die Whyte-Melville in seiner Charakteristik der Shires*) in Farben malt, daß wohl manchem Leser ein ehrfurchtvolles Gruseln über den Rücken läuft: dreiundeinhalb Fuß Schwarzdorn, drei Schritte davor ein ebenso hoher, armdicker Balken und zwischen beiden ein Graben. Doch auf einem ortskundigen Pferde bedeutet dieses nichts anderes, als auf dem

*) Seite 129 ff.

heimatlichen Exerzierplatz über eine harmlose „Kommißhürde“ zu huschen. Als wir drei — der Huntsman, mein befrackter Monokelfreund und ich — hinter einem solchen Sprunge landeten, sahen wir den Fuchs unmittelbar vor den Hunden. Reineke schlug im rechten Winkel einen Haken nach rechts, den die Hunde, ohne zu überschießen, aufnahmen. Wir mußten daher fast auf der Stelle parieren und in scharfer Rechtswendung gegen die nächste Hecke anreiten. Mein Fuchs parierte zwar schon auf den bloßen Gedanken, aber von Rechtswenden war keine Rede! Mit einer großen Linksvolte mußte ich ihn in die neue Direktion bringen, worauf er die Hecke ebenso willig sprang wie alles andere; ich hatte eben nur vergessen, daß ich nicht daheim auf meinem Charger saß.

Noch zehn Minuten in windender Fahrt, dann gab es an einem eingefriedigten Holz einen Stopp; eine Viertelstunde später erklang das hohe „Whoo—whoop!“, das den „Kill“ (Tod) des gejagten Wildes verkündet. Ich behalte diese Bezeichnung bei, weil von einem Halali in England nicht die Rede ist. Das Glück war mir auch heute wiederum besonders hold; ich sah den Fuchs total geschlagen über die Straße wechseln und konnte so allein mit dem Master dabei sein, als die Hunde Reineken im dichten Weidengestrüpp deckten. „Die Deutschen wollen bei allem Musik haben,“ sagte mir ein englischer Huntsman, als wir von der Verschiedenheit des Küreebrauches sprachen. Ich muß gestehen, daß mit dem Fehlen von Halaliruf, von Hörnerklang und Tannenbruch für mich dem Sport in Rot ein Stück Poesie abgeht. Man mag meinen Geschmack als sentimental belächeln, der Mensch steht nun einmal im Banne der Gewohnheit. Rute und Kopf werden dem Fuchs ohne weiteres abgetrennt, um den Sattel einer Amazone bezw. daheim die Tür der Kennels zu schmücken, und die Hunde erhalten alles übrige, wobei die Huntbedientesten ein ohrenbetäubendes Geschrei vollführen, um die Beutegier der Meute anzufeuern. Außer einem „homo novus“, wie ich es war, nimmt kaum irgend jemand im ganzen Felde von diesem Vorgang Notiz; die Mehrzahl der Reiter benutzt diese Pause, um umzusitzen und den Inhalt der Sandwichbüchse zu revidieren. Denn sobald die Hunde mit ihrer Beute „reinen Tisch“ gemacht haben, geht es zum nächsten „cover“.

Ich mußte mich heute mit dieser einen schönen Jagd begnügen; denn einmal hatte mein Vierjähriger von den fünfviertel Stunden in dem Tempo und Boden genug, dann aber mußte ich in

Northampton den Nachmittagszug nach London erreichen, um noch am Abend nach Bexhill zu kommen, von wo ich am nächsten Morgen in aller Frühe zum Stelldichein der Eastbourne-Foxhounds aufbrechen mußte. Auf dem Heimwege wurde ich von zwei sehr ladylike aussehenden Radlerinnen angesprochen, die sich bei mir eingehend und mit großer Sachkenntnis nach dem Verlauf der Jagd erkundigten. — Ein an sich belangloses Vorkommnis, aber typisch für englische Verhältnisse. — Jeder einzige der zahlreichen Arbeiter, die mir begegneten, fügte zu seinem Gruß ein interessiertes „Guten Sport gehabt?" —

Auf der Eustonstation in London kaufte ich mir das bekannte „Badminton Magazine". Mein erster Blick fiel auf einen höchst charakteristischen Aufsatz über den Kaiserlichen Marstall in Berlin. Die Tendenz des Artikels richtete sich gegen das System Plinzner; unter anderem hieß es dort, daß man in Deutschland bisher nur die „Bahnkniebelei" gepflegt hat, daß aber heute die junge Generation „zum großen Leidwesen der alten Schule" auch am Querfeldeinreiten Geschmack zu finden beginne! — Wenn wir (nicht so ganz mit Unrecht!) in dem Ruf stehen, an kavalleristischem Größenwahn zu leiden, so kann man die reiterliche Selbsteinschätzung des Engländers getrost als „Cäsarenwahn" bezeichnen. In seinen Augen kann der deutsche Kavallerieoffizier nichts anderes als Renvers und Travers reiten und muß füglich außerstande sein, ein Pferd über einen anständigen Sprung zu bringen. Ich habe mich oft im stillen über die erstaunten Gesichter belustigt, wenn ich nach einem solchen noch „dabei" war — nebenbei gar kein Verdienst auf diesen so unvergleichlich treuen und geschickten Pferden!

Den zwischen den oben beschriebenen beiden Tagen hinter den Pytchley liegenden Sonntag hatte ich dazu benutzt, um von Spratton Hall, der Jagdresidenz Mr. Königs, nach Brixworth zu fahren und die Kennels der Meute sowie den Jagdstall des Masters zu besichtigen. Erstere beherbergten neunundfünfzig Koppeln, die, nach Geschlechtern getrennt, in zwei „packs" jagen, je zweimal in der Woche. Ihr Distrikt umfaßt dreißig Quadratkilometer, wovon ein Drittel Weideland. Der Mitgliedsbeitrag beträgt fünfundzwanzig Pfund im Jahr. Bei einem auf solcher Basis angelegten Etablissement brauche ich wohl nicht zu sagen, daß die Kennels, Küche, Lager, Bewegungshof usw. sich in einer Verfassung befanden, als hätten sechs Dutzend Scheuerfrauen dort soeben eine „Reinigungs-Orgie" gefeiert.

Das gleiche gilt auch von dem siebenundvierzig Köpfe zählenden Jagdstall des Masters. Ueberhaupt die englischen Stallungen — wenn ich dabei an das Dasein denke, zu dem die meisten unserer Hunter in ihrem at home verurteilt sind!!! Sir Anchitel Ashburnam, der Vizemaster der East-Sussex, der mir seinen Stall zeigte, sagte sehr bezeichnend: „Sie in Deutschland wenden wohl mehr für Ihre Wohnungen auf, wir Engländer stecken unser Geld in den Stall." — Man kokettiert bei uns gar zu gern mit der sogenannten „englischen Stallpflege": in den meisten Fällen ist dieselbe nichts Besseres als eine Redensart; wovon wir aber in Wahrheit profitieren könnten, das sind die baulichen und hygienischen Einrichtungen der englischen Ställe. Ich habe dabei nicht etwa einen stud wie den des Lords Annaly vor Augen, sondern kleine und bescheidenste Verhältnisse. Mein Wirt drückte meinen eigenen Gedanken etwas kraß mit den Worten aus: „In Deutschland findet man nur Buchten, in die hierzulande niemand einen Hund sperren würde, oder mit sinnlosem Aufwand aufgeführte Luxusställe." — Das Ideale ist auch in diesen Dingen nicht eine bloße Frage des Geldbeutels, sondern des liebevollen Verständnisses. Ich kann mich des Eindrucks nun einmal nicht erwehren, daß, wie der Engländer seinen Dienstboten gegenüber auf einem anderen Standpunkt steht, als wir es in der Regel tun, er auch seine Haustiere mit anderen Augen betrachtet als die meisten von uns. Daß unter diesen das Pferd den ersten Platz am Herzen seines Herrn hat, versteht sich wohl von selbst in einem Lande, wo Passion und Verständnis für den Sport in Rot so nationales Gemeingut sind.

Uebrigens huldigt man in England durchaus nicht dem Abhärtungsprinzip in der Stallpflege; die Pferde werden auf das ängstlichste vor Zug gehütet und sorgsam eingedeckt. Letzteres hat wohl seinen natürlichen Grund darin, daß alle Hunter ausnahmslos (bis auf die Sattellage und Beine) geschoren sind. Die Manie, den Pferden ohne Unterschied Mähne und Schopf zu scheren, kann ich beim besten Willen nicht geschmackvoll finden, zum Vollbluttyp paßt es nun einmal ganz und gar nicht; und ein unedler Kopf tritt dadurch noch mehr hervor. Nebenbei gesagt, ist es zuweilen recht mühsam, auf ein sechszölliges Tier ohne Mähne und Vorderzeug hinaufzuklettern. Letzteres ist im Jagdfelde ebenso verpönt wie der bunte Stirnriemen; dagegen begegnet man sehr häufig dem losen Martingal, der seine Existenzberechtigung oft aus der Unrittigkeit und dem „Nicht-am-Zügel-stehen“ der Pferde herleitet.

Der Jagdstall Lord Annalys war die beste Illustration zu dem, was Bailys „Wegweiser für den Jagdreiter“ über das „Pytchley-pferd“ schreibt: „Es muß der beste Hunter sein, der gezogen wird; ein schlechter kommt nicht über die Gegend, und ein mittelmäßiger verdirbt dir das Vergnügen und die Nerven.“ Der Master, der dieses Amt seit 1902 führte, reitet fast ausschließlich Vollblut, aber was für Vollblüter — man könnte sich jeden einzelnen als Kommandeur-pferd vor der Front eines preußischen Kürassier-Regiments denken! Seine Vollblutpferde haben Knochen und Kaliber, daß man in der Tat sagen muß: Hengste dieses Blutes müssen ein ideales Halbblutpferd machen! Vergegenwärtigt man sich, daß die Meute viermal in der Woche jagt und an jedem Tage fünfzehn Pferde draußen sind, so ist ein Lot von siebenundvierzig Köpfen für den Master und die Jagd-bediensteten noch nicht einmal übertrieben groß. Unter den schwereren Iren, die weniger hoch im Blute stehen, findet man häufig Figuren, die ausgesprochen an den Hannoveraner erinnern; im Vorderbein, in der Form des Kopfes und selbst im Rücken ist diese Aehnlichkeit oft geradezu verblüffend. Ich erinnere mich, von Graf Lehndorff, als man von dem „flachen“ Knie des Hannoveraners sprach, gehört zu haben: „Die besten Hunter in Irland haben diese Eigenschaft.“ Und ich muß gestehen, daß ich dies bestätigt gefunden habe. Ganz auffallend war es, daß von den siebenundvierzig Jagdpferden, die ich in Brixworth musterte, sicherlich dreißig auf der Linie gebrannt waren. „Das kommt von den schweren Sprüngen, an denen die Pferde sich beim Landen häufig eine Hasenhacke holen,“ sagte mir der Stallmeister zur Erläuterung, „vielfach feuern wir auch als Präservativ.“ Ich aber machte mir meine eigenen Gedanken: liegt nicht zwischen dem Präservativsitz, den ich im Jagdfelde beobachtet hatte, und den gefeuerten Hasenhacken ein Zusammenhang nahe? — Selbst gebrannt, bringen die Pferde des Lord Annaly, falls sie nach der Saison zur Auktion kommen, bei Tattersalls die höchsten Preise. Der Engländer bezahlt eben die Leistung, nicht das Exterieur. Dies ist ebenso bezeichnend für die Auffassung des echten Sportsman, wie auch die Tatsache, daß derselbe im Jagdfelde jeden Sprung vermeidet, der sein Pferd lahm machen könnte, z. B. auf eine chaussierte Straße herauf oder dergleichen.

4. Eastbourne-Foxhounds.

„'Unting in the Shires is society, 'unting with us is sport," sagte mir Reaves, als ich ihm meine Erlebnisse mit den Pytchley berichtete. Ich saß mit dem Huntsman der East-Sussex auf der behaglichen Polsterbank am Kopfende unseres Waggons, unsere beiden Hunter in ihren gepolsterten Kastenständen wohl eingedeckt vor uns. In England werden Pferde auf der Reise nicht als „Vieh" behandelt; man weiß, was man einem Tier, das einen Zuchtwert von Hunderttausenden repräsentiert, das seinem Besitzer auf der Rennbahn ein Vermögen gewinnen oder seinem Reiter hinter den Hunden den Hals kosten kann, schuldig ist. Eine Seitenwand des Waggons wird heruntergeklappt, um als Rampe zu dienen; sobald das erste Pferd mit dem Kopf in der Fahrtrichtung verladen ist, wird die gepolsterte Trennwand eingesetzt und so fort, bis alle drei Pferde verladen sind. Am Kopfende des Waggons befindet sich ein halbes Coupé dritter Klasse; die obere Hälfte der Querwand wird entfernt, so daß man die Köpfe der Pferde vor sich hat und diese beim Fressen beobachten kann; der untere Raum der Krippenbank dient zur Aufnahme von Sattelzeug. Eigentlich sollte der Zug keine Pferde mitnehmen, aber das Zauberwort „Hunting" beseitigte alle Bedenken des Vorstehers in Bexhill, und auch auf den Zwischenstationen wetteiferten die Beamten in Zuvorkommenheit, sobald ich Ziel und Zweck unserer Reise nannte. In Polegate mußten wir auf den Extrazug warten, der Meute und Jagdgesellschaft von Eastbourne nach dem Stelldichein bringen sollte; die anderthalb Stunden auf dem kleinen Bahnhof vergingen mir indes wie im Fluge in der Unterhaltung mit dem braven Reaves. — „Wenn ich nach einem Jagdtage meine Hunde versorgt habe," sagte der Wackere, „dann setze ich mich mit meiner Pfeife in eine Ecke, und ich folge in Gedanken noch einmal jedem Hund, der heute im Felde war; über jeden Fehler, den er oder ich gemacht habe, gebe ich mir Rechenschaft. Meine Frau pflegt dann zu sagen, besser Witwe sein, als die Frau eines 'untsman!" — Ich habe schon früher angedeutet, daß die englischen Huntsmen aus ganz eigenem Holz geschnitzt sind; eines teilen sie aber mit allen englischen Dienstboten: den bewundernswerten Herzenstakt, der stets die Grenzen zu wahren weiß. — Als der „Special" von Eastbourne einlief, bedauerte ich ehrlich, auf die Einladung des mir bekannten Huntsekretärs hin, Reaves und unsere

Pferde verlassen und die dritte Klasse mit der ersten vertauschen zu müssen.

Nach einer halbstündigen Fahrt wurden wir in Maggarland ausgeladen, von wo uns ein kurzer Trab nach dem Stelldichein, einer romantischen Schenke, brachte. Nach den Pytchleyfeldern war es ein wahrer Genuß, hier nur dreißig Reiter hinter den Hunden zu zählen. Whyte-Melville hat in seinen „Reit-Erinnerungen" den Unterschied zwischen den „Shires" und den „Provinzen" ja besonders charakteristisch gezeichnet; aber meines Erachtens kommt der Sport in den Provinzen dabei zu schlecht weg! Eine Dame sagte mir beim Rendezvous: „Wenn Sie gestern mit den Pytchley draußen waren, dann werden Sie unseren Sport heute sehr zahm finden." — Ganz im Gegenteil! Ich muß gestehen, daß der 8. Januar hinter den Eastbourne-Hounds weitaus das Beste war, was ich in den sechs Jagdtagen erlebt habe, und ich glaube, ich werde bei einer Wiederholung meines Besuches kaum einen besseren Tag erleben. Reaves hatte recht mit seinem eingangs von mir zitierten Urteil: was ich heute zu sehen bekam, war in der Tat „Sport"! — Keine Spur von „society", das prägte sich schon in dem äußeren Aufzug des Feldes aus, in dem sich außer dem Master ein einziger Rotrock befand. Aber wie diese „Provinzialsportsmen", die der junge „Rapid" so verachtet, sich auch herausgebracht haben mochten, das Herz hatten sie alle auf dem rechten Fleck: nicht einer, der nicht auch mit der ganzen Seele dabei gewesen wäre! Dieses Kompliment gilt auch uneingeschränkt den neun Damen, die im Felde waren. Hier ritt niemand flirtend oder philosophierend in die Remisen hinein, sondern alles stand regungslos draußen, mit angehaltenem Atem auf das Tally-ho! Gone away!" horchend.

In dieser Totenstille, in dem gespannten Lauschen empfindet man es erst wirklich, daß es „Jagd" ist, was wir betreiben — das Hochgefühl des Weidmannes erwacht in uns! Nur hin und wieder das Rascheln eines Kaninchens im Unterholz oder der Flügelschlag eines aufbäumenden Fasans, und ganz aus der Ferne trägt der Wind die Stimme des Huntsman herüber: „Yup! Yup!" — „Yee three!" — Die Waldungen sind hier ebenso langgestreckt wie in East-Sussex; so dauerte es eine beträchtliche Zeit, bis die Hunde einen Fuchs hochgemacht hatten und das „Forrard away!" die atemlose Spannung löste.

Der Distrikt, in dem die Eastbourne-Hounds jagen, erstreckt sich von der Küste her in Form eines Darmes nach Norden. Der Boden besteht zur weitaus größeren Hälfte aus Weideland, hält also eine Fährte par excellence; zwanzig Prozent der Gegend sind bewaldet, das übrige Ackerland. Die Hindernisse sind denen in East-Sussex ganz analog; es gibt viel Holz zu springen, hin und wieder auch einen Bach, der mit dem dahinter befindlichen Koppelrick oder Flechtzaun einen recht anständigen Sprung bedeutet, zumal ein solches Hindernis ehrlich gesprungen sein will, während man bei den Knicks und Hecken meist durchwischen kann und schlimmstenfalls mit einer Schmarre im Gesicht davonkommt. Bei dem bergigen Charakter der Gegend sind auch recht feierliche Tiefsprünge häufig. Ich hatte mir den liebenswürdigen Sekretär der Meute, Mr. Stapeley, zum Piloten erwählt, und auf einem kapitalen alten Vollblüter führte er mich einen wundervollen Strich. Ich weiß noch heute nicht, was am meisten zu bewundern war: das prachtvolle Herz, mit dem dieser durchaus nicht leichte Herr rücksichtslos den kürzesten Weg ritt, seine nie irrende Geländekenntnis oder der geradezu verblüffende Instinkt, mit dem er die „Linie" Reinekes zu erraten schien. Wiederholt hatte das Feld, einschließlich Master und Piköre, durch Saat oder sonstige Umstände zu einem Umweg auf der Straße gezwungen, die Hunde gänzlich verloren; dann warf mein Freund sein Pferd gewöhnlich nach der entgegengesetzten Richtung herum, verschwand, mir zuwinkend, über das nächste Knick, und schon nach wenigen Feldern waren wir wieder bei den Hunden. In dem Kielwasser eines solchen Reiters den Hunden zu folgen, das ist in der Tat ein Genuß, und ich glaube, daß derselbe dem Fremdling in gleicher Vollkommenheit weit eher in dem kleinen Felde hinter einer Provinzmeute zuteil wird. Man mag hinter den „Modepacks" in den Shires reiten, um das gesellschaftliche Bild eines fox-hunting-meets in seiner typischen Form einmal kennen zu lernen; aber den rechten Begriff von der Aufregung, der Wonne, dem Zauber des fox-hunting wird der Ausländer mit mehr Wahrscheinlichkeit hinter einer der minder berühmten Provinzmeuten finden, wo Hunting „Sport" ist und nicht „Geselligkeit".

Wir hatten wieder einmal über eine Reihe von Sprüngen, wie sie mein Reiterherz sich nie zuvor träumen ließ, die innere Linie gewählt, und glaubten unseren Pferden ein paar (englische) Meilen gespart zu haben, als wir die Entdeckung machen mußten, daß der Fuchs von einem Jäger gekreuzt worden und zurückgewechselt war. Nun hieß es die ganze Reise wieder zurück machen! Als wir wieder auf der Landstraße waren, traf Mr. Stapeley zufällig seinen Stallmann mit dem zweiten Pferde. — „Nun lassen Sie es aber genug sein," rief er mir zu, sich, ohne mit den Füßen den Boden zu berühren, in den anderen Sattel schwingend, „Sie haben nur ein Pferd draußen und müssen das jetzt schonen." In der Tat hatten wir ohne Stopp bereits zwei volle Stunden gejagt; es war mir daher nicht unlieb, daß die Hunde den Fuchs nur noch langsam im Busch hin und her jagten. Das Holz wurde von einem Bach durchschnitten, den wir fünf- oder sechsmal auf den sogenannten „Hunt-bridges" passieren mußten; diese kaum mannsbreiten, schlüpfrigen und zuweilen recht baufälligen Brückenstege bildeten eine recht unangenehme Passage, an der ein Pferd ohne das wundervolle Temperament des Iren leicht die Nerven verlieren und einen Fehler machen konnte. Nachdem die Hunde Reineken immer wieder aus dem Walde herausgedrückt hatten, machte sich dieser schließlich auf der Landstraße davon. Auf dem chaussierten Damm konnten die Hunde begreiflicherweise die Fährte nicht halten, und obwohl sie dieselbe nach einem weiten Umschlag noch einmal für kurze Zeit aufnahmen, so war dieselbe doch inzwischen zu schwach geworden, und der Master ließ nach einer Jagd von zwei Stunden vierzig Minuten die Meute zusammenblasen.

Auf dem Bahnhof gab es noch vor dem Verladen einen warmen Haferschleimtrank für die Pferde und für die Reiter eine Tasse Tee, die uns die Töchter des Masters in der Stube des Stationsvorstehers kredenzten. Obwohl ich der Gesellschaft ganz fremd war, lud Oberst Cardwell, der Master, mich hierzu auf das freundlichste ein, und ich lernte wieder einmal die schon früher von mir gepriesene, gar nicht genug zu rühmende Gastfreiheit der Engländer kennen, die gerade dadurch, daß sie etwas ganz Unpersönliches hat, einen eigenen Wert erhält. Im englischen Jagdfelde wird eben niemand danach eingeschätzt, ob er den Papst zum Vetter hat oder beim teuersten Schneider arbeiten läßt, sondern lediglich nach seinen Leistungen im Sattel: wer mit Herz und Verständnis den Hunden folgt, der wird von jedermann mit der liebenswürdigsten Rücksicht behandelt, und mit der gleichen Aufrichtigkeit sagt man jedem, der durch rücksichtsloses Reiten die Hunde und seine Mitmenschen stört, die ungeniertesten Grobheiten.

Die Eastbourne-Hounds jagen seit 1891 zweimal wöchentlich — Dienstags und Sonnabends. Die Meute bestand aus vierundzwanzig Koppeln nur weiblichen Geschlechts. Hündinnen wird von manchem Huntsman eine feinere Nase nachgesagt, im schweren Boden wird dieser Vorzug jedoch durch die geringere Schnelligkeit aufgehoben. Nach meinem Geschmack hätten die Eastbourne-Hounds etwas geschlossener jagen können, aber ihre „Arbeit" war über jedes Lob erhaben. Das Budget der Meute beträgt sechshundert Pfund, der Beitrag zweihundertzehn Mark pro Pferd. Uebrigens besteht in Eastbourne, wie auch in Bexhill und wohl in den meisten Städten, wo eine Meute am Orte ist, ein Mietsstall, der Jagdpferde ausleiht; der übliche Satz ist zwei Pfund für einen Tag hinter Foxhounds, ein Pfund (zwanzig Mark) für den Harriertag. Wer zum erstenmal über den Kanal geht, um etwas vom englischen Hunting zu sehen, dem würde ich stets raten, sein Debüt hinter einer solchen „Provinzmeute" zu machen, wie ich sie im vorstehenden geschildert habe. Wer schöne Pferde, schöne Frauen und nach dem neuesten „Clou" angezogene Menschen sehen will, der mag in die Shires gehen; wenn er nicht vorzüglich beritten ist und einen ebensolchen, sehr ortskundigen Bekannten zum Piloten hat, so wird er entweder den ganzen Tag in der großen Masse eingekeilt bleiben und nicht von der Straße herunterkommen, oder, wenn er sich auf sein eigenes Glück verläßt, kann es geschehen, daß er von den Hunden und der ganzen Jagd überhaupt nichts zu sehen bekommt. In der „Provinz" aber wird er Hunde arbeiten sehen und kann so viel oder so wenig springen, wie ihm beliebt. Hat man obendrein irgendwelche Beziehungen zu dem Master, so wird man hinter der entlegensten kleinen Meute mehr wirklichen Sport genießen, als in dem Riesenfelde eines crackpacks.

Man hat in England oft die Frage an mich gerichtet: „Kommt es häufig vor, daß deutsche Offiziere zu uns herüberkommen, um Jagd zu reiten?" Da ich dieselbe verneinen zu müssen glaubte, so dürften einige allgemeine Bemerkungen hier nicht unangebracht sein, bei dem nicht ortskundigen Leser vielmehr eher Interesse finden, als die naturgetreueste Schilderung lokaler Einzelheiten.

Man hört öfter von Leuten, die „drüben" waren, mit einer gesuchten Geringschätzung von den englischen Jagden sprechen, als ob es dort überhaupt nicht vorkäme, daß jemand sich vom Wege herunter wage oder anders als durch ein „gate" aus einem Feld in das andere gelange. Die anderen dagegen haben die tollkühnsten Wundertaten à la Münchhausen im Jagdfelde verrichten sehen. In dem einen wie in dem anderen Falle wäre es gleich unrichtig, dieses Urteil zu verallgemeinern. Wer in einem Felde von siebenhundert Reitern während des ganzen Jagdtages in der Straßenkolonne eingekeilt war, wird sich naturgemäß der ersteren Auffassung anschließen und dazu beitragen, in der Phantasie seiner Zuhörer ein vollkommenes Zerrbild von dem fox-hunting zu schaffen. Ich möchte glauben, daß der Deutsche, zumal der Reiteroffizier, sich nicht so ohne weiteres von dem sozialen Boden Rechenschaft geben kann, auf dem der „Sport in Rot" dort blüht. Wer reitet überhaupt in Deutschland „Jagd"? Die Offiziere und allenfalls vielleicht die Reserveoffiziere, das heißt auch das Reiten hinter den Hunden steht wie alles andere in Deutschland im Zeichen des Militarismus: der Privatmann reitet im allgemeinen bei uns nach den in der Armee geltenden Grundsätzen, wenn er nicht seine kavalleristische Ausbildung gar direkt der Armee verdankt. In England dagegen „huntet" jedermann, und auch wohl mancher, der sonst im Leben nie mit dem Pferde in Berührung gekommen ist oder kommt. Ich habe z. B. gesehen, daß ein halbwüchsiger Bengel an einer Wegbiegung ins Rutschen kam, so daß er nur noch mit einem Bein im Sattel hing, worauf er von den Zuschauern wieder in den Sattel geschoben wurde und ohne Bügel, kaum die Zügel in der Hand, weiterjagte. Angesichts solcher Bilder, denen man immer wieder begegnet, habe ich mich oft gefragt, was mehr zu bewundern sei, das Herz der Pferde, die unter solchen Reitern alles springen, oder das Herz dieser Reiter, die auf den fast stockrohen Pferden gegen alles reiten. Das Geheimnis, weshalb diese Kombination in der Regel glücklich abläuft, findet seine Lösung in dem langen Zügel und in dem vorzüglichen Temperament der Pferde. Es ist in hohem Maße bezeichnend, daß die erste Frage des Engländers, der sich nach einem Jagdpferde erkundigt, unweigerlich lautet: „Hat es ein gutes Maul?", und wenn jemand einen Hunter lobt, so spielt das „leichte Maul" die erste Rolle. Dem typischen Bild des „Pullers", wie wir es in jedem deutschen Jagdfelde zu sehen gewohnt sind, begegnet man jenseits des Kanals fast nie; in den eng umgrenzten Feldern, mit der dichten Kolonne, die sich durch die gates drängt, wäre ein solcher Schrammer nicht nur für den Reiter, sondern auch für dessen Mitmenschen lebensgefährlich, und der

Engländer ist im Jagdfelde sehr viel rücksichtsvoller als der Deutsche. Die Pferde gehen ganz weich gezäumt, mit einer fast wagerecht liegenden Kandare und Reithalfter mit zwei- bis dreifingerbreitem Nasenriemen; dabei springen sie meist „über" dem Zügel, mit weggedrücktem Rücken. Der Engländer wirft sich bei jedem Sprunge so weit als möglich hintenüber; wenn trotz — manche werden sagen „dank" — dieses Lebensversicherungssitzes sich selten ein Sturz ereignet, so ist dies in erster Linie ein Verdienst des langen Zügels. Bei den Knicks springt der Reiter meist durch, den rechten Arm vor dem Gesicht zum Schutze gegen die Aeste. An ein festes Hindernis, das reell gesprungen sein will, wie ein Flechtzaun mit Graben davor, oder einen unfairen, verwachsenen Sprung reitet er langsam heran, schaut, wenn möglich, hinüber und springt ihn, kehrtmachend und kurz anreitend, aus dem Trabe oder mit wenigen Galoppsprüngen.

Angesichts dessen, was ich in den englischen Jagdfeldern gesehen habe, berührt es einigermaßen humoristisch, wenn die „Times" (5. Oktober 1906) in einer Kritik unserer Kaisermanöver schrieb: „Der deutsche Offizier ist seiner Reitausbildung nach nicht das, was der Engländer unter einem eleganten Reiter versteht. Sein Sitz im Sattel läßt nicht die harmonische Uebereinstimmung erkennen, die den britischen Reiter auszeichnet. Der Deutsche ist auf einem gut durchgerittenen Pferde ein guter Reiter, wie es jedoch mit seiner Reiterei steht, wenn er auf einem halb zugerittenen Pferde sitzt, darüber können die Verbündeten des Chinafeldzuges am besten berichten." — Die englische Kritik scheint völlig zu übersehen, daß es bei unseren Reitern in China sich zum größten Teil, wie bei der berittenen Infanterie, um Leute handelte, die des Reitens völlig unkundig waren. Gewiß ist der Deutsche kein Naturreiter in dem Sinne, wie es jeder Engländer von zu Hause aus zu sein scheint, und bekanntlich kommen solche auf einem rohen Pferde, wie es die Armeeremonte oder der Zweijährige im Rennstall ist, in der Regel weiter, als der geschulte Reiter, dessen Hilfen für das Verständnis des jungen Pferdes oft wohl zu kompliziert sind. In der Tat sind die englischen Hunter, denen man drüben begegnet, nach unseren Begriffen kaum halb zugeritten.

Ich bin mir oft beim Hinausreiten zum Stelldichein auf solchem ohne Rücken gehenden Tiere, auf dem man nie einen Hinterfuß in der Hand fühlt, herzlich unbehaglich vorgekommen; aber sobald die Hunde auf der Fährte lagen, dann glaubte man mit Mirza Schaffy, das Paradies auf Erden gefunden zu haben! Wie würde sich dieses Wonnegefühl aber erhöhen, wenn die Pferde mit durchlässigem Rücken durch das weiche Genick in die Hand hineinspringen würden! Ein Bekannter, dem ich mich in diesem Sinne äußerte, fragte mich: „Warum kommt denn niemand von uns auf den Gedanken, ein reell durchgearbeitetes Pferd mit hinüberzunehmen; solch ein Pferd müßte im englischen Jagdfelde doch eine glänzende Rolle spielen?" — Abgesehen davon, daß dies etwa dasselbe bedeuten würde, als wenn man nach München Bier oder nach Paris eine Frau mitnehmen wollte, so würde auch unser bester deutscher Hunter, meinetwegen selbst aus dem Jagdstall des Militär-Reitinstituts, am ersten Tage hinter einer englischen Meute kläglich Schiffbruch leiden. Ich zweifle keinen Augenblick, daß der Hannoveraner edelster Abstammung wie der Ostpreuße mit starkem Fundament den Strapazen auch des längsten Jagdtages gewachsen wäre, aber unserem Halbblüter fehlt die Erziehung, die dem ganzen Wesen des irischen Hunters den Stempel gibt und ihn zu dem macht, was der Engländer „a clever horse" nennt. Hier ist ein Feld, auf dem unsere Züchter und meines Erachtens auch unsere Kavalleristen noch viel zu lernen hätten!

— — — — — — — — — — — — — — — — — —

Am 9. Januar hieß es für mich, von dem Felde der East-Sussex-Foxhounds und dem gastlichen Manor-House in Bexhill Abschied nehmen; aber selbstredend wollte ich meinen Aufenthalt bis zum letzten Augenblick auskosten. Leider hatte vor einigen Jahren die Räude unter den Füchsen der Gegend aufgeräumt. So irrten wir vier Stunden vergeblich umher, bis endlich im sechsten oder siebenten „cover" des Tages die Hunde lebhaft wurden; statt des ersehnten „Tally-ho! Gone away!", das wir jeden Augenblick zu vernehmen hofften, fanden wir einen sehr starken Fuchs, der uns sicher einen herrlichen Galopp verschafft hätte, jedoch einem Kanincheneisen bereits zum Opfer gefallen war. Es war bereits gegen vier Uhr, und mit Rücksicht auf das schwindende Tageslicht trug der Master Bedenken, noch einen weiteren Versuch zu wagen; ein solcher erschien auch wenig aussichtsvoll, da sämtliche Waldungen, in denen die Baue gesperrt waren, bereits abgesucht waren. Ein beredter Blick meinerseits, ein verständnisinniges Augenzwinkern von seiten des Huntsman, und dieser wußte seinen Herrn zu überzeugen, daß wir im Park Wood von

Buckhol sicher „finden“ müßten. Dieses Gehölz war für den heutigen Tag gar nicht in Betracht gezogen und folglich die Baue dort nicht verstopft worden. Trotzdem, fünf Minuten nach vier Uhr, als Master, Huntsman und ich uns durch die Dickung einen Weg bahnten, hörten wir ganz aus der Ferne ein hohes, langgezogenes „Tally-ho! Gone away!“, das anzeigt, daß ein Fuchs in das Freie gewechselt sei, ein prächtiger, alter Bursche mit melierter Rute, wie der Bauer, der das „Halloa!“ gab, uns nachher mitteilte. „Forrard away! Forrard away!“ — Der Master schont seine Stimme nicht, und im Nu ist die ganze Meute aus dem dichten Unterholz beisammen, und was das Riemenzeug hält, geht es auf dem schmalen Waldsteig ins Freie, um die Hunde anzulegen. Zwanzig Minuten geht es mit vollem Hals über Flechtzäune, Dornhecken und Wassergräben, dann machte ein Sturzacker dem Vergnügen ein Ende; die Fährte ist wohl schon zu alt, um auf dem kalten Boden noch stehen zu können. Auffallend war es, daß, während alles Umschlagen vergeblich blieb, die Hunde zweimal die Rückfährte ansprachen; es beweist dies, daß eine einige Minuten alte Fährte besser steht als eine ganz frische; es bedarf also wohl einer gewissen Zeit, bis der Boden den Scent abgibt. Je höher derselbe steigt, desto besser arbeiten die Hunde, daher der sprichwörtliche „brusthohe“ Scent, von dem man in Jagdberichten liest. Meine Anschauung wird auch durch ein Erlebnis bestätigt, das mir ein alter Sportsman, der stets zu Fuße mit den Foxhounds draußen ist, berichtete: Derselbe war Augenzeuge, wie die Hunde die Fährte eines Mannes aufnahmen, der einen Fuchs im Sack auf dem Rücken trug.

Ohne Zweifel hatte unser Reineke von heute sich in das nahe Holz gedrückt; da jedoch der Besitzer dasselbe am nächsten Tage beschießen wollte, so durften die Hunde den Frieden der Fasanen und Kaninchen dort nicht vorzeitig stören. Unser Master tröstete sich daher mit dem Gedanken, daß Maître Renard noch zu anderer Zeit den „East-Sussex“ einen guten Tag geben würde. Wie „sportsmanlike“ und mit welcher Liebe Neven du Mont seines Amtes waltete, möchte ich, selbst auf die Gefahr hin, ein Geheimnis der Kennels auszuplaudern, durch ein Beispiel kennzeichnen: In einem Gehölz, das die Hunde heute durchstöberten, war ein Bau von einer Füchsin befahren; auf Anordnung des Masters war derselbe offen gelassen worden, um nicht durch eine einmalige gute Jagd vielleicht deren mehrere in der Zukunft zu schädigen. Ueberhaupt wird es jeden Deutschen frappieren, mit welch echter und verständnisvoller Liebe zur Sache der Sport in Rot in seinem Mutterlande betrieben wird, wie wenig Eitelkeit und Reklamesucht oder Effekthascherei dabei zutage tritt. Wie wenig Wert der Engländer im Sport auf Aeußerlichkeiten legt, zeigt sich schon darin, daß man die ganze Halalizeremonie dort nicht kennt; viele von denen, die am Morgen in der Provinz hinter den Hunden reiten, sitzen am Nachmittag im Parlament oder in ihrem Office in London; ob jemand beim Ende der Jagd war oder nicht, ist in den Augen seiner jagdreitenden Mitmenschen ganz gleichgültig. Da der Engländer den Ehrgeiz, als erster beim Halali zu sein, nicht kennt, und andererseits weiß, daß das Ende eines Jagdtages oft schon vom Mond beschienen wird, so sieht man dort nie das „Wettrennen" vor einem Hindernis, wie man es im deutschen Jagdfelde so häufig beobachtet. Die Knicks sind häufig nur an einer einzelnen ganz schmalen Stelle zu springen; hier ebenso wie an den gates habe ich mich oft gefragt, was mehr zu bewundern sei, die Ruhe und Gleichgültigkeit der Pferde oder die außerordentliche Rücksicht und Höflichkeit der Reiter. So formlos (nach deutschen Begriffen!) sich der Engländer häufig im Salon zeigt, so rücksichtsvoll und chevaleresk ist er im Jagdfelde. So nur kann das klassische „ladies in the huntingfield are a nuisance" gemeint sein, denn wenn man vierzig bis fünfzig Damen durch ein gate den Vortritt lassen soll, so ist dies freilich ein bißchen viel verlangt. Ich behalte den Ausdruck „gate" absichtlich bei, weil derselbe sich nicht durch ein einzelnes deutsches Wort, wie etwa „Tor" oder „Gatter" gleich typisch wiedergeben läßt; die Durchgänge durch Hecken, Koppelricks oder Wälle, die die Felder trennen, sind durch vier mit Diagonallatten versehene Balken gesperrt, diese „gates", hundertzehn bis hundertvierzig Zentimeter hoch, sind entweder mit einem Fallschloß versehen oder zugekettet, in letzterem Falle kann man den obersten Baum entfernen und das gate mit Leichtigkeit springen. Dies wird man stets tun, beziehungsweise sich das Tor durch Anheben des Riegels mit der Krücke der Jagdpeitsche öffnen, sobald man Zeit hat, das heißt, wenn man nicht Gefahr läuft, die Hunde dadurch zu verlieren. Die viel belachte Geschichte von James Pigg, der seinem Herrn, dem berühmten Helden des Surteesschen Romans, Mr. Jorrocks, M. F. H., zuruft: Mr. Jorrocks! Mr. Jorrocks! Nun hilft alles nichts, diesmal müssen wir springen (Here at last is an unavoidable jump), enthält eine durchaus ernst zu nehmende

Moral, wenn man früh um neun Uhr zum Stelldichein fortreitet und auf demselben Pferde abends sieben Uhr heimkehrt.

Da der Master der East-Sussex-Foxhounds mir sagte, daß seine deutschen Gäste bisher stets die Neigung gezeigt hätten, an den gates zu drängen oder gegen die Sprünge anzustürmen, so möchte ich zu Nutz und Frommen meiner Landsleute, die Gelegenheit haben, meinem Beispiel zu folgen, noch eine Episode aus meinem Debüt im englischen Jagdfelde nachtragen: Ich war im Begriff, gegen ein gate anzureiten, als ich sah, daß mein Vordermann zwei Längen jenseits desselben zu Fall kam; ich konnte nicht mehr stoppen und landete haarscharf neben dem am Boden liegenden Pferde. Als Roß und Reiter sich unbeschädigt erhoben hatten, hörte ich einige Aeußerungen von „mit blauem Auge davonkommen" und dergleichen, die von nicht mißzuverstehenden Blicken auf mich begleitet waren.

So selbstverständlich es für den Engländer ist, daß man Jagd reitet, so wenig Aufhebens macht er auch von den finanziellen Opfern, die dem Sport in Rot gebracht werden. Durch Beiträge erhielt der Master der East-Sussex-Foxhounds jährlich achthundert Pfund; dies bedeutet, daß er mehr als das Doppelte aus eigenen Mitteln zuschießen mußte (etwa vierzigtausend Mark), um die Jahresunkosten zu decken.

In den Kennels, die in Catsfield Battle belegen sind, befanden sich zurzeit neunundzwanzigeinhalb Koppeln Hunde und neun Pferde. Die Hunde erhalten das ganze Jahr hindurch frisch gekochtes Pferdefleisch und Spratts Biskuits, die in der Fleischbrühe aufgeweicht werden, einmal wöchentlich Grünes, Mohrrüben oder dergleichen. Etwa siebzehn Koppeln des jungen Nachwuchses werden im Jahr von den anwohnenden Landleuten großgezogen; nach der sogenannten „puppy show" im Juli werden die besten derselben in die Meute eingestellt. Das Personal der Meute besteht aus dem Huntsman (Oberpikör), seinem Gehilfen (Whip), drei sogenannten second horsemen, die an den „covers" während der Ansuche als Whip fungieren, während der eigentlichen Jagd aber nur unter größter Schonung der Pferde folgen, damit die Piköre später umsitzen können, ferner aus dem Kennelman (Hundewärter) und drei Stalleuten. Die Jagdpferde werden ebenso wie die des Masters am Schluß der Saison (Ende Mai) auf die Weide getrieben und erhalten bis etwa sechs Wochen vor Beginn des Einjagens (1. Oktober) keinen Hafer.

Im „Bexhill Chronicle" schloß ein Bericht über die Eröffnungsjagd der East-Sussex-Foxhounds mit folgenden Worten: „Bexhill darf sich jetzt rühmen, zwei Masters of the hounds am Orte zu haben, beides Sportsmen vom rechten Schlage. An uns ist es nun, mehr dafür zu sorgen, daß sie bei uns bleiben, damit der Huntingsport in unseren Mauern eine dauernde Heimstätte findet. Nichts vermag den während des Winters ruhenden Handel und Wandel unserer Stadt wirksamer zu beleben als Hunting. Wie können wir hierzu beitragen? Nichts einfacher als dies! Ihr braucht nur Füchse und Hasen in euren Revieren nach Kräften zu schonen, müßt eure Beiträge pünktlich bezahlen, dürft nie über Saaten reiten, Tore offen lassen und unter keinen Umständen eure Felder und Koppeln mit Stacheldraht einfriedigen. Werden diese drei Bedingungen von der Einwohnerschaft erfüllt, so werden unsere Sportingmasters bei uns bleiben, und das geliebte Hunting wird bei uns blühen, jener herrliche Sport, bei dessen bloßer Nennung es jeden Mann schon mit ungeduldiger Aufregung durchbebt wie ein spätes Mädchen, das die Torschlußpanik ergreift." —

Die „Mitglieder" der Jagd steuern je nach Vermögen zu deren Unterhalt bei; wer fünfzehn Pfund (dreihundert Mark) pro Jahr zahlt, erhält den „hunt-button", das heißt das Abzeichen der Meute, einen Knopf mit dem Namenszug E. S. F. Die Pächter, die Füchse schonen, haben die Jagdfolge frei und die Berechtigung, hinter den Hunden einen dunklen Anzug mit roter Weste zu tragen. Zu den „Subskribers" gehören auch sämtliche Kaufleute und Lieferanten der umliegenden Städte, wie Bexhill, Hastings, St. Leonards und so weiter. Abgesehen davon, daß das Hunting eine Menge Leute unmittelbar ernährt, die durch Pferdehalten, Oeffnen der Gatter und dergleichen an den Jagdtagen einen Wochenlohn verdienen, liegt die soziale Bedeutung des Sports vor allem auf gesellschaftlichem Gebiet. Die vermögenden Leute, die ohne die Fuchsjagden den Winter an der Riviera verbringen würden, werden dadurch im Lande gehalten und in einem toten kleinen Provinznest, das im Zentrum mehrerer Meuten liegt, entwickelt sich ein Leben wie im fashionabelsten Badeorte. Hotelwirte, Handwerker und nicht minder alle ländlichen Produzenten ziehen hieraus Gewinn. Unter solchen Umständen kommen Beschwerden und Schadenersatzansprüche verhältnismäßig wenig vor. Aber man weiß dies auch auf der anderen Seite zu würdigen! Einem kleinen Pächter waren vom Fuchs zwanzig Hühner zerrissen; da derselbe seit sechs Jahren keinen Schaden angemeldet hatte, so erhielt er hundert Mark (fünf Pfund) Entschädigung. Ich glaube, ein Hauptfaktor, der den Huntingsport in England so populär macht, ist der soziale Zusammenhang, der durch denselben zwischen allen Klassen geschaffen wird. Der Lord auf dem Dreihundert-Pfund-Hunter schüttelt dem Bauern, über dessen Felder er reitet, wie seinesgleichen die Hand, und der junge Elegant, der im Ballsaal vor lauter Feinheit nicht den Mund auftut, wird im Jagdfelde mit Freuden sich die Erfahrungen eines alten „foot-runners" nutzbar machen. Ich dächte, hierin läge für uns alle, die wir dem Geläut der Hunde folgen, eine bedeutsame Lehre.

Noch am selben Abend geleitete mich Mr. du Mont, wie August Neven in England genannt wurde, zum Bahnhof. — Ich sollte ihn nicht wiedersehen: Zwei Jahre später — ich hatte eben eine sehr herzliche Einladung von ihm erhalten, meinen Besuch zu wiederholen, und einen begeisterten Bericht über die Arbeit seiner Hunde — erkrankte er an einem inneren Leiden, dem er nach wenigen Monaten erlag. Mit ihm ging nicht nur ein Sportsman sans peur et sans reproche, ein M. F. H. par excellence dahin, sondern auch ein bedeutender Künstler, der sich in seinem eigenen Vaterland in letzterer Eigenschaft wohl einen größeren Namen gemacht hat, als durch seine Verdienste um Hunting und Polo. Den höchsten Ehrentitel aber gaben ihm seine englischen Freunde und hunt-followers: „He was a thourough gentleman!"

XVI.

Die Pardubitzer Hirschmeute.

Ich hatte gehofft, dem Leser noch eine Jagd hinter der Pardubitzer Hirschmeute schildern zu können; allein meine Hoffnung wurde zu — Schnee! Ueberlieferungsgemäß schließt Graf Larisch die Saison anfangs Dezember. In Anbetracht der ungewöhnlich günstigen Witterungsverhältnisse im Herbst 1911 hatte der Master nach der offiziellen letzten Jagd am 8. Dezember vorigen Jahres noch drei „by-days" angesetzt, und da ich früher verhindert gewesen war, einer Einladung der liebenswürdigen Kameraden von den k. k. Alexander-Ulanen zu den Pardubitzer Parforcejagden zu folgen, so saß ich auf das mir die drei zugegebenen Jagdtage ankündigende Telegramm schon zwei Stunden später im Zuge; denn bereits am anderen Morgen sollte ich hinter der berühmten Meute im Sattel sein. —

Mein Pech, das mich hinsichtlich des Wetters in Schweden und England verfolgt hatte, sollte mir auch diesmal treu bleiben.

Ich reiste, obschon Mitte Dezember, fast bei Herbstwetter ab; in Berlin begann es zu regnen, an der böhmischen Grenze zu stiemen, und als ich in Pardubitz dem Zug entstieg, lag rings hoher Schnee. Bei dem Charakter der Gegend, die wohl, gelinde gesagt, „feierlich" ist, und da der Schnee ballte, so war an Jagd nicht zu denken. Da es achtundvierzig Stunden ohne Punkt und Komma schneite, so beorderten schließlich auch die passioniertesten Mitglieder der Jagd ihre Pferde definitiv heim, und ich mußte unverrichteter Sache abfahren. Immerhin sah ich von Pferden, Hunden und Gegend genug, um mir ein Bild von dem Sport zu machen, der dort geboten wird. Da der Ruf der Pardubitzer Jagden selbst aus England alljährlich Gäste hinter die Hunde des Grafen Larisch führt, so darf eine so berühmte Meute in dieser Sammlung nicht fehlen.

Die Gründung einer Meute in Pardubitz fällt in oder kurz vor das Jahr 1837. Zu der genannten Zeit besaß Graf Oktavian Kinsky in Chlumetz eine Meute, hinter der die Herren der Umgegend sowie die Offiziere des damals in Pardubitz stationierten 9. Husarenregiments ritten. Als Graf Kinsky diese Meute auflöste, schaffte Oberst Fürst Liechtenstein, Kommandant der 9. Husaren, eine Meute an; sein Stallmeister Andrews war deren Huntsman. Die Kennels dieser ersten Meute stehen heute noch. Das Wohnhaus des damaligen Fürsten Liechtenstein wurde bei seinem Fortgange aus Pardubitz als Kasino für die Jagdgesellschaft eingerichtet und dient noch heute diesem Zweck. Zunächst bestritt Fürst Liechtenstein die Unkosten aus seiner Tasche; später beteiligten sich hieran Fürst Vincenz Auersperg und Oberst Graf Clam-Gallas, Kommandant der Hardegg-Kürassiere in Podebrad. Diese drei Herren bildeten also die erste, als solche konstituierte Pardubitzer Jagdgesellschaft. Master blieb Fürst Liechtenstein. Als Sekretär fungierte der damalige Rittmeister, spätere Feldmarschall von Ritter, der sich nachmals als General-Gestüts-Inspektor große Verdienste um die Vollblutzucht in Oesterreich erworben hat. Gejagt wurde — bloß auf dem linken Elbufer — an vier Tagen der Woche hinter der Hirschmeute, außerdem einmal wöchentlich hinter einer dem Grafen Clam-Gallas gehörigen Harriermeute. Die Hirsche, die außerhalb der Jagdzeit in einem dem Fürsten Auersperg gehörigen Wildpark bei Slatinan gehalten wurden, wurden schon damals zum Stelldichein gefahren, dort lanciert und, wie es noch heute geschieht, nach der Jagd wieder eingefangen.

Die politischen Umwälzungen des Jahres 1848 machten auch den Pardubitzer Jagden ein Ende. Erst 1850 organisierte Baron Zedtwitz, ein Teilnehmer der früheren Jagden, die Pardubitzer Jagdgesellschaft aufs neue, auf Grund jährlicher Subskriptionsbeiträge von seiten der Mitglieder. Als Huntsman fungierte unter Baron Zedtwitz ein ehemaliger Bediensteter des Fürsten Liechtenstein, mit Namen Deutschmann; 1865 trat ein Preuße namens Hillmann an seine Stelle. Unter Zedtwitz' Führung fanden die Jagden auch auf dem rechten Elbufer statt. 1866 starb der Master. Nach dem Feldzuge übernahm Fürst Egon von Thurn und Taxis die Meute samt deren Huntsman. Im Herbst 1866 und Frühjahr 1867 fanden der Cholera halber wie auch wegen der Okkupation die Jagden bei Preßburg statt; erst im Herbst 1867 siedelte die Jagdgesellschaft wieder nach Pardubitz über.

Die Masterschaft des Fürsten Taxis bedeutete eine Glanzzeit der Pardubitzer Jagdgesellschaft, die durch den Pinsel Adams verewigt worden ist. Das Jagdgelände erfuhr in jener Zeit eine bedeutende Erweiterung, die Meute wurde aus England komplettiert; das Personal war, wie der Master selbst, erstklassig beritten. Unter Hillmann fungierte übrigens als Whipper-in der nachmalige Hindernisjockei Hansi Fries, heute Publictrainer in Alag. In jene Zeit fällt eine Jagd, die bis auf das Schlachtfeld von Königgrätz führte. Der bisherige Whip, Rendsom, wurde nach Hillmanns Abgang Huntsman. Auf Fürst Egon Taxis folgte 1871 Graf Georg Stockau, der nach Rendsoms Tode den Engländer Stevens als Huntsman engagierte. 1872 bis 1877 war Prinz Emil Fürstenberg Master, der dieses Amt in den Traditionen des Fürsten Taxis fortführte. Unter anderen war ein Bruder des „Kincsem-Jockeis“ Madden unter ihm Whip. Sowohl die Jagdpferde des Masters wie auch die Pikörpferde waren durchweg in Lana, der Besitzung des Prinzen, gezogen; diese lieferte auch die Hirsche, die dafür bekannt waren, besonders lange und scharfe runs zu geben. 1874 nahmen Seine Majestät Kaiser Franz Joseph sowie Ihre Majestät Kaiserin Elisabeth an mehreren Jagden teil, woran sowohl das bekannte Gemälde Adams wie ein von der Landbevölkerung an der Stelle des Halali nach einer ganz besonders langen Jagd errichteter Denkstein erinnern. Eng verknüpft mit der Parforcejagd ist auch die Wiederbelebung der Pardubitzer Rennen, speziell der Großen Pardubitzer Steeplechase, als deren Urheber der damalige Master anzusehen ist. Zur Dotierung jenes seither zu klassischer Bedeutung gelangten Rennens hatte Prinz Fürstenberg im Verein mit dem Grafen Max Ugarte 1874 durch Subskription zehntausend Gulden aufgebracht, für jene Zeit eine bedeutende Summe! Der Master belegte mit einem selbstgezogenen Halbblüter in der ersten „Großen Pardubitzer“ den vierten Platz. Ein anderes Jagdpferd, ein englischer Halbblüter des Grafen Clam-Gallas, wurde Dritter.

1877 trat Prinz Fürstenberg sein Amt an den heutigen Master Grafen Heinrich Larisch-Mönnich ab. Im gleichen Jahre kam Charles Peck als Whipper-in aus England zur Meute; ein Jahr darauf avancierte Peck zu dem noch heute bekleideten Amt des Huntsman. Seit 1898 geruhte Seine Majestät Kaiser Franz Joseph, an Stelle der einen für die Garnison Pardubitz bestimmten Aktie deren zwei und später sogar acht zugunsten der Armee zu zeichnen. Hierzu hat im Laufe der Zeit das k. k. Reichskriegsministerium sechs weitere Aktien gefügt, so daß der Beteiligung der Offiziere an den Jagden eine breite Basis gegeben ist.

Der Master hat die Zahl der teilnehmenden Offiziere auf je fünfzehn Herren festgesetzt, von denen die Mehrzahl naturgemäß dem Pardubitzer Ulanenregiment (Alexander-Ulanen Nr. 11) angehört. Das genannte Regiment unterhält zur Unterstützung der Jagdpassion und um die Ausbildung der jungen Offiziere in diesem so wichtigen kavalleristischen Dienstzweige zu fördern, einen „Jagdstall", indem von jeder Eskadron drei erprobte und besonders durch Spring- und Galoppiervermögen ausgezeichnete Pferde unter der Aufsicht und nach Anweisung eines routinierten und besonders geeigneten Offiziers eingesprungen und in Kondition gesetzt werden. Wenn ich auch in verschiedenen Privatställen allererstklassiges Material — durchweg Bluthunter mit eminentem Kaliber — zu sehen bekam, so hat dieser „ärarische" Jagdstall mich doch ganz besonders interessiert und begeistert. Abgesehen davon, daß diese Dienstpferde sich durch eine mustergültige Stallpflege in der denkbar glänzendsten Verfassung präsentierten, so war jedes einzelne Pferd ein „Modell", auch was Ausdruck und Linien betrifft, und voller Wehmut betrachtete ich einen herrlichen Schimmel, den der liebenswürdige Kommandant, Oberst von Micewski, mir zugedacht hatte. Dabei musterten sich die Tiere am Schluß der vierzig Jagden zählenden Saison, als kämen sie nach einer Erholungszeit von der Weide. Mochte dies auch zum nicht geringen Teil dem Verdienst des Jagdstallleiters Oberleutnant Auer zuzuschreiben sein, so gab es immerhin dem Niveau des k. k. „Assentpferdes" ein treffliches Zeugnis.

Uebrigens beherrscht der „Hunter" (im engen Sinne dieser Bezeichnung) doch nicht so ausschließlich das Bild des Jagdfeldes, wie man annehmen könnte. Eine ganze Reihe der der Hirschmeute folgenden Sportsmen sind selbst Züchter und reiten mit Vorliebe Produkte der heimischen Scholle, so unter anderen Baron Aehrenthal (Gestüt Großskal, Böhmen), Ritter von Wiener-Welten (Gestüt Gomba, Ungarn), Graf Czernin, Graf Sternberg (Gestüt Castalowitz, Böhmen), Fürst Alexander Taxis (Gestüt Lancin, Böhmen) und, nicht zu vergessen, Fürst Hans Heinrich Pleß, der in Preußisch-Schlesien einen fast an den starken Iren heranreichenden Halbblüter zieht. Wenn auch der gegenwärtige Master für seine Person den Iren bevorzugt, so remontiert die Jagdequipage doch durchgehends aus dem gräflichen Gestüt (Zolca, Oesterreichisch-Schlesien).

1902 feierten Exzellenz Graf Larisch wie auch sein Huntsman ihr fünfundzwanzigjähriges Jubiläum bei der Meute. Diese selbst ist auf einem Grundstück in der Vorstadt untergebracht. Daß die von weiten, grasbestandenen Laufplätzen umgebenen Kennels ein Musteretablissement in ihrer Art sind, braucht wohl nicht gesagt zu werden. Die Meute wird alljährlich durch den Huntsman selbst in England komplettiert. Mit welchem Geschick dies geschieht, davon zeugt die außerordentliche Ausgeglichenheit der Meute. Unmittelbar an die Kennels stößt der Hirschgarten, der zur Zeit meines Besuches noch acht Insassen beherbergte, darunter zwei geweihte Hirsche. Im allgemeinen geben Tiere und geringe Hirsche die besseren Jagden; zu festlichen Gelegenheiten, z. B. am 3. November, werden jedoch auch stärkere Hirsche in Freiheit gesetzt. Das Wild wird von den Fürsten Franz Auersperg, Karl Kinsky, Max Fürstenberg und vom Grafen Clam-Gallas zur Verfügung gestellt. Die bei meiner Anwesenheit noch in dem Gehege bei Pardubitz vorhandenen Hirsche erfreuen sich zurzeit in dem Tiergarten des Fürsten Auersperg bei Drakacowitz ihres Daseins, um zu Beginn der nächsten Saison wieder nach Pardubitz überzusiedeln. Natürlich ist es nicht zu vermeiden, daß hin und wieder auch Hirsche infolge der Jagden eingehen oder auch von den Hunden zerrissen werden, wenn Huntsman und Whips beim Halali nicht rechtzeitig zur Stelle sind. Um die Hunde scharf zu erhalten, ist ein solches Opfer von Zeit zu Zeit sogar geboten. Der Kennelman erzählte mir von einem alten Tier, das fünfzehn Saisons hindurch alljährlich mehrmals gejagt wurde und stets die längsten und schärfsten Jagden der Saison gab. Dreimal in ihrer langen „Dienstzeit" hatte die „Großmutter" (der böhmische Spitzname der alten Dame war „Baba") nach einer langen Jagd im Walde das bessere Ende für sich behalten und war ihren Verfolgern entkommen; aber immer hatte das brave Tier ein Einsehen gehabt und stellte sich, zuweilen erst nach Verlauf einer Woche, freiwillig wieder in den Kennels ein. In ihren alten Tagen pflegte bei gewissem Winde „Baba" auch von dem entferntesten Stelldichein „wie der Vogel fliegt", das heißt auf dem mathematisch kürzesten

Wege, nach den Kennels in Pardubitz zu gehen, was freilich der Jagd ein poesieloses Ende gab.

Einen großen Tag hatte die Meute am 5. November 1907. Angelegt wurde um zwölf Uhr dreißig Minuten mittags, Halali drei Uhr dreißig Minuten nachmittags. Trotzdem diese dreistündige Jagd fast durchgehends durch Wald führte, fehlte am Schluß nur eine Koppel. Die Strecke, die das Jagdfeld nur mit zwei viertelstündigen Stopps im Galopp zurückgelegt hatte, betrug siebenunddreißig Kilometer. Von den sechzehn Reitern, die beim Halali waren (darunter eine Dame!) kehrten Oberst von Micewski, Kommandant der 11. Ulanen, Oberleutnant Graf Ledebur, Baron Aehrenthal und Graf M. Larisch junior noch auf ihren Jagdpferden nach Pardubitz zurück — eine Tagesleistung von siebenundachtzig Kilometern!

Die Jagden beginnen alljährlich Anfang Oktober und dauern in der Regel bis in das erste Drittel des Dezember. In dieser Zeit gibt sich der Hochadel Oesterreichs in dem böhmischen Städtchen ein Rendezvous. Montag, Dienstag, Freitag, Sonnabend sind die Jagdtage, an denen der Master Equipage und Meute zur Verfügung stellen muß, auch wenn nur ein einziger Aktionär am Platze ist. Unter Zedtwitz' Masterschaft trat dies an einem Weihnachtstage ein, an dem Graf Rudolf Kinsky senior hinter den Hunden war. Diese Weihnachtsjagd gehört übrigens auch zu den längsten, die die Annalen der Meute verzeichnen. Der Name Kinsky ist mit der Geschichte der Pardubitzer Meute auf das engste verbunden, und das Kinskysche Palais in Pardubitz bildet noch heute in dem gesellschaftlichen Milieu der Jagdsaison den traditionellen Mittelpunkt. Der Vater der jetzt hinter den Hunden reitenden Brüder, des Fürsten Karl (Gewinner der Grand National) und des Grafen Rudolf Ferdinand, Fürst Ferdinand Kinsky, war durch volle fünfzig Jahre der Treueste hinter der Pardubitzer Meute. Im Januar 1904 starb der einundsiebzigjährige Fürst an den Folgen eines auf der Jagd im Herbst zuvor erlittenen Sturzes.

Der Teilnahme des erlauchten Herrschers an den Pardubitzer Jagden ist schon gedacht worden. Auch Kronprinz Rudolf, die Kronprinzessin-Witwe, Erzherzogin Marie Therese, die Erzherzöge Franz Ferdinand und Otto, der Großherzog und die Großherzogin von Luxemburg, der Herzog von Teck und andere Fürstlichkeiten haben wiederholt hinter der Hirschmeute gejagt. Wie überall, wo guter Sport zu finden ist, spielt das „schöne Geschlecht“ — in des Wortes edelstem Sinn — auch hinter der Pardubitzer Meute eine glänzende Rolle. Von den Damen, die unzertrennlich zu dem Bilde der Pardubitzer Jagd gehören, seien nur die Fürstin Elisabeth Windisch-Grätz, Gräfin Seefried, Fürstin Irma Fürstenberg, Prinzessin Christiane Croy, Prinzessin Gabriele Taxis, die Gräfinnen Lou Ledebur, Julie Herbertstein, Sophie Waldstein, Czernin, Trauttmannsdorff, Sternberg und die drei Komtessen Kinsky genannt. Die reichsdeutsche Aristokratie wird fast regelmäßig durch Fürst und Fürstin Pleß, Prinz Max Fürstenberg, Prinz Arenberg, die Grafen Herbert und Clemens Westphalen im Jagdfelde vertreten.

Welchen Gewinn auf diese Weise auch das wirtschaftliche Leben der sonst so stillen Stadt aus der Parforcejagdzeit zieht, zeigt charakteristisch schon das Bahnhofshotel (der böhmische Name ist mir entfallen), in dem man über alles Erwarten gut aufgehoben ist. Ohne die Jagdgesellschaft würde sich dasselbe wohl schwerlich über das Niveau der landesüblichen Gasthöfe emporgeschwungen haben. Die Stadtväter haben anscheinend für diese Seite der Medaille volles Verständnis, denn als infolge der steigenden Flurschädenansprüche die Jagdgesellschaft eine Verlegung ihres Sitzes erwog, übernahm die Stadt die Flurentschädigung gegen eine Pauschalsumme. Allerdings beläuft sich letztere auf die Kleinigkeit von rund neunzigtausend Kronen. In welcher Weise freilich die Landbevölkerung Schadenersatz geltend macht, beleuchtete ein mir vom Obersten von Micewski erzählter Hergang. Der Kommandant der Alexander-Ulanen war bei einer Jagd abgekommen, als er auf einem Felde, das die Jagd gar nicht berührt hatte, einen Bauer auf allen vieren umherkriechen sah. Wie der nähere Augenschein ergab, war dieser Ehrenwerte bemüht, auf seiner Saat künstliche Hufspuren herzustellen. Die politische Verhetzung und die nationalen Gegensätze spielen, wie mir die Herren versicherten, hierbei eine große Rolle.

Ein weiterer Feind der Parforcejagd ist der Dampfpflug, der namentlich in nassen Jahren die Jagdfolge auf den schweren Aeckern nahezu unmöglich macht. Da es auf dieser Erde nichts Vollkommenes gibt, so fehlt es auch den Pardubitzer Jagden an natürlichen Hochsprüngen. An Gräben, trockenen wie nassen, festen und sumpfigen, bietet die Gegend keinen Mangel. Ortseigentümlich sind die zahlreichen, oft eingedämmten Vorflutgräben, die einzelne Ackerstücke voneinander trennen, und da die Schläge klein sind, so hat man zuweilen auf wenigen hundert Metern fünfzehn bis zwanzig solcher recht achtbaren Hindernisse zu überwinden. Das setzt von dem Pferde schon Lunge, eine kräftige Hinterhand und gute Schultern voraus. Die Umgebung von Pardubitz ist, abgesehen von der Elbe, reich an teils versumpften, teils tief eingeschnittenen Wasserläufen, und Pferde, die das Ende einer Jagd sehen wollen, müssen nicht nur springen, sondern auch klettern, ja zuweilen gar schwimmen können.

Man kann nicht von den Pardubitzer Jagden sprechen, geschweige denn schreiben, ohne der Kaiser-Alexander-Ulanen zu gedenken. Der reiterliche Sinn dieses ritterlichen Regiments offenbart sich schon in dem oben geschilderten Jagdstall. Wie innig der Zusammenhang zwischen diesem das gesamte Offizierkorps beherrschenden Geist und der Parforcejagd ist, trat im Herbst 1911 gelegentlich des Pardubitzer „Ordonnanzrittes“ besonders deutlich zutage. Den Bedingungen des Rittes — fünfzig Kilometer, wovon zehn Kilometer querfeldein, in drei Stunden — entsprachen von zwölf Startern neun, darunter vier Alexander-Ulanen. In der am 22. Oktober, drei Tage nach dem Ordonnanzritt, gelaufenen Pardubitzer Armee-Steeplechase endete Fähnrich Erms Elmiera (Halbblüter), die den Ordonnanzritt in zwei Stunden siebenundfünfzig Minuten absolviert hatte, auf dem zweiten Platz. Am folgenden Tage (23. Oktober) hatten Exzellenz Graf Larisch und Fürst Franz Joseph Auersperg für die Pardubitzer Garnison und die Teilnehmer am Ordonnanzritt eine Schleppe hinter den Hirschhunden arrangiert, die über fünfzehn Kilometer der „besten“ Gegend führte. Die vier Alexander-Ulanen, die im Ordonnanzritt prämiiert waren, waren geschlossen beim Auslauf, in dem Oberleutnant Barta auf der Furiosotochter Lilly den zweiten Platz belegte. Die Stute hatte die fünfzig Kilometer des Ordonnanzrittes in zwei Stunden dreißig Minuten zurückgelegt. Im Herbst 1912 soll die Armee-Steeplechase über den Kurs der „Großen Pardubitzer“ führen. Die Jagdgesellschaft und die Alexander-Ulanen sind wohl auch die Erzeuger dieses Gedankens. Im Kreise dieser berufsfreudigen, sportbegeisterten Kameraden verlebte ich Stunden, die mich für die zu „Schnee“ gewordene Jagd reich entschädigten.

Sollte aber das liebe „grüne Buch“ noch eine weitere Auflage erleben, dann werde ich dem Leser die Schilderung einer Jagd hinter der Pardubitzer Meute nicht schuldig bleiben.

IV.

D. de Liagre.

Ein grüner Bruch auf Major Freiherrn H. A. von Esebecks fernes Grab.

Das Versprechen unseres Freundes Esebeck, das er den Lesern des „grünen Buches" 1912 gab (vgl. Seite 448), es sollte unerfüllt bleiben! Der Weltkrieg, der so viele Hoffnungen zerstörte, nahm uns auch unseren Esebeck und mit ihm den wärmsten Förderer des Sports in Rot. So muß ich, sein Freund und Verleger, es übernehmen, das Schlußwort zu dieser elften, im Textteil unveränderten Auflage zu schreiben; ich möchte dies tun, indem ich die persönlichen Beziehungen, die uns verbanden, kurz schildere, indem ich denen, die zum Freundeskreis des „grünen Buches" gehören, Esebecks Wesensart darstelle und ihm dadurch den grünen Bruch der Erinnerung auf sein fernes Grab lege, in herzlichem Gedenken des vielen Gemeinsamen, das uns verband.

Für den Jagdreitsport ist der Tod unseres lieben „Flying" der unersetzlichste Verlust. Keiner verstand es wie Esebeck, mit so glühenden Worten die Schönheit des Sports in Rot zu rühmen, keiner konnte in so beredten Schilderungen das Jagdreiten preisen, wie er es zu Lebzeiten getan hat. Man muß sagen, in Freiherrn von Esebeck verkörperte sich eine schriftstellerische Kraft ersten Ranges auf dem Gebiete der Hippologie. Esebecks Passion kannte keine Grenzen; was für weite Gebiete des Wirkens hätten ihm offen gestanden, wenn er heil aus dem Weltkriege zurückgekehrt wäre! Durch das Auflösen unserer schönen Reiterregimenter wird in Deutschland der Sport in Rot von jetzt ab nur in viel kleinerem Maße getrieben werden können, denn unsere Kavalleristen stellten nun einmal in jedem Jagdfeld das Hauptkontingent. Esebeck sagte schon zu Lebzeiten, daß der Huntingsport in Deutschland im Verfall sei. Desto schwerer wird es jetzt sein, dem poesiereichen Sport hinter der Meute breitere Bahnen wieder zu erschließen. Aber darum dürfen die wenigen, die St. Hubertus noch zu den Seinen zählt — und in allererster Linie war Esebeck einer der Seinen — nie müde werden, für den Sport in Rot die Trommel zu rühren. Immer wieder muß darauf hingewiesen werden, wie nahe verwandt der Halbblutsport auf der Hindernisbahn und der Sport hinter den Hunden einander sind und welche Bedeutung der letztere für die Landespferdezucht zu gewinnen vermag. Gelingt es, in den Kreisen der Züchter wie des Rennsports hierfür das Verständnis zu erhalten, so wird, wenn auch langsam und Schritt für Schritt, doch allmählich die Parforcejagd auch in Deutschland wieder Boden gewinnen. Leider fehlt uns hierfür ein Esebeck. Sein stets beredter Appell würde nicht wirkungslos verhallt sein, er würde es sicher verstanden haben, die Rotröcke in der Jetztzeit um sich zu scharen und den schönen Jagdsport trotz Deutschlands Niedergang hoch zu halten.

Ich lernte Freiherrn von Esebeck vor siebzehn Jahren kennen, die gleiche Liebe zum Sport in Rot führte uns zusammen. In seinen in der „Sportwelt" erschienenen Artikeln über Jagdreiten hatte er öfters Whyte-Melville, den liebenswürdigen englischen Sportschriftsteller, zitiert, der in der zweiten Hälfte des vorigen Jahrhunderts in England der begeistertste und unermüdlichste Anhänger des Sports in Rot war. Das Buch Whyte-Melvilles, die bei L. Goldschiener in Lüben in Schlesien im Jahre 1882 erschienenen „Reit-Erinnerungen", war gänzlich vergriffen (vgl. das Vorwort Seite VI). Ich beschaffte mir auf antiquarischem Wege noch ein Exemplar, war so begeistert vom Inhalt, daß ich von Oberst von Braun (seinerzeit 12. Drag.) die Verlagsrechte erwarb, nachdem es mir nach langem Suchen endlich geglückt war, den alten — jetzt leider längst verstorbenen — Herrn bei Berlin aufzuspüren. Wer das Buch neu bearbeiten sollte, darüber herrschte bei mir kein Zweifel: Esebeck war der Mann dazu! Mein Vorschlag fand begeisterte Annahme. Einige Briefe wurden gewechselt und in einer mündlichen Konferenz in Berlin die Richtlinien der Neubearbeitung festgesetzt.

Dieses erste Zusammentreffen mit Esebeck ist mir heute noch unvergessen. Der Verleger wollte seinem Autor einen offiziellen Anstandsbesuch machen und fand ihn in einem Hotelzimmer der Schadowstraße mit nacktem Oberkörper im Wasserbecken plantschend! So formlos dieser erste Empfang war, so wenig offiziell ist unser

Verkehr stets geblieben; gerade sein allen höfischen Formen wenig verwandtes Naturell, seine herzerfrischende Natürlichkeit waren der Zauber seines sonnigen Wesens. Unter seinen Händen wurden die „Reit-Erinnerungen" zu einem Kompendium der gesamten Wissenschaft des Sports in Rot und der gesamten Jagdreitkunde.

Die neue Auflage der „Reit-Erinnerungen" wurde ein großer Erfolg, nach drei binnen weniger Jahre abgesetzten Auflagen folgte eine nochmalige Erweiterung des Werkes, das immer mehr Freunde fand und jetzt wohl jedem Rotrock in Deutschland bekannt sein dürfte.

Es blieb nicht bei diesem einen Buch. Bei einem Besuch meinerseits bei ihm in seiner Garnisonstadt Demmin, bei welchem sich mir zum ersten Male Gelegenheit bot, hinter den Hunden der Brooker Meute Hasen zu jagen, erwärmte er mich für die Idee der Herausgabe von Charles James Apperleys „Nimrods Tagebuch", das später unter dem Titel „Aus alten Zeiten" bei meiner Firma erschien. Selten hat mir die Herstellung dieses jetzt leider vergriffenen Verlagswerkes solche Freude gemacht, wie von diesem Buche. Das Beschaffen der Bilder war besonders schwierig, da dieselben nach alten Stichen und Gemälden reproduziert werden mußten, die sich auf Schlössern des mecklenburgischen Landadels befanden. Es erforderte viel Spürsinn und Korrespondenz, bis das gesamte Bildermaterial zur Stelle war. Manche persönlichen Vorbesprechungen machten sich nötig, manch andere Pläne wurden bei einem Glase Wein in meinem Leipziger Heim geschmiedet.

Esebecks Lieblingsidee galt dem Projekt, einstmals eine Geschichte des deutschen Rennsports zu schreiben; vielleicht wäre es dazu gekommen, wenn der Weltkrieg nicht allem Pläneschmieden ein Ende gemacht hätte.

Noch zum großen Leipziger Turnier im Jahre 1913 hatte ich meinen Freund „Flying" zu Gaste bei mir; die „Sächsische Schweiz", der Rekordsprung des Leipziger Turniers, erregte damals sein besonderes Interesse.

Dann kam der Weltkrieg! Zweimal kreuzten sich unsere Wege dort. Einmal sahen wir uns in Tourcoing bei Lille, November 1914, als Esebeck Adjutant bei einem preußischen Generalkommando war; das letztemal rannten wir 1916 in einer Unterführung des Bahnhofes in Frankfurt a. M., mit Handtaschen und Gepäck beladen, nachts gegeneinander. Ich wollte an die Somme, er nach dem Osten! — „Stips!" — „Deli!" — Herrgott! Ein kräftiger Händedruck, überstürztes Frage- und Antwortspiel! „Menschenskind, wie geht's?" Unsere

Züge nach zwei verschiedenen Himmelsrichtungen warteten. Ein nochmaliger kräftiger Händedruck. „Ich schreibe, auf Wiedersehen!“ und schon riß uns das Schicksal wieder auseinander — für immer! Die Worte „Auf Wiedersehen!“ sie wurden Schall und Rauch. Ich werde ihn nicht wiedersehen; er ruht jetzt in fremder Erde! Wie fröhlich konnte er lachen, wenn er seinem Steckenpferd wieder mal Zucker geben konnte, er also vom Jagdreiten sprach, und wenn wir z. B. feststellten, daß wir immer vom Eisenbahnabteil aus auf dem neben der Strecke herlaufenden Gelände in Gedanken im Fahren eine Jagd mitritten. Wie amüsant wußte er zu plaudern, wenn er erzählte, wie er sich den Himmel vorstellte. Eine große, weite, grüne Matte mit den herrlichsten Jagdsprüngen und über dieselben, hinter kläffender Meute herjagend, das rote Feld! Die Freuden der Erde übertrug sein schlichtes Gemüt auf abstrakte Zonen:

„Wer nie im vollen Sonnenlichte
Auf flüchtgem, leichtbehuftem Pferde
Das Feld durchflog, der kennt sie nicht,
Die höchste Wonne dieser Erde!“

Major von Esebeck selbst war das, was sein Vorbild, der alte Mr. Charles James Apperley, dessen Schriften er herausgab, gewesen ist: „a good sportman and a great ladiesman!“ Sein begeisterungsfähiger Sinn huldigte gern der Frauenschönheit, am liebsten, wenn er die „ladies“ im Sattel sah und sie in demselben ein gutes, sportliches Bild abgaben. Seine Parole, die er mir noch als Widmung auf sein Reiterbild setzte, hieß: „Reiten, nicht schreiben!“ Nun, er hat viel geschrieben, wieviel mehr erst muß er da geritten haben! Von den deutschen Meuten dürfte es kaum eine sein, hinter der er nicht geritten hat. In England jagte er unter anderen hinter den berühmtesten, der „Quorn“, und der „Pytchley“, in Böhmen hinter der Pardubitzer Hirschmeute, in Schweden ritt er auf dem Eise des sonnenbeschienenen Mälarsees mit dortigen Offizieren Jagd. Es hielt ihn nicht, wenn es galt, neue Eindrücke, neue Erfahrungen zu sammeln.

Nun bist auch du, mein lieber „Stips“, als Opfer des Weltkrieges in die ewigen Jagdgründe versammelt. Du hast Deutschlands Niedergang nicht mehr mit zu erleben brauchen und hast vielleicht das bessere Teil erwählt, als du als Bataillonsführer des Potsdamer Lehrregiments dein Leben zum Opfer brachtest. Aber mir, deinem Freunde und Verleger, dem du viel Freude bereitet, viel Freundschaft gegeben und viel Anregung gebracht hast, den du als Autor, freilich auch besonders zur Jagdsaison, mit den dringendsten Korrekturen unendlich lange warten ließest und bis aufs Blut peinigen konntest, dem steht es nun an, da er lebend aus dem Felde zurückgekehrt ist, dir den grünen Bruch aufs ferne Grab zu legen. Manches Schöne hättest du der reitenden Mitwelt noch bescheren können, dein schriftstellerisches Talent war groß, und besonders, was du schriebst, das kam aus warmem, begeistertem Herzen. Unermüdlich bist du werbend, mit Schwung und Wärme, für den schönen Sport in Rot eingetreten; um deine jugendliche Begeisterungsfähigkeit, die jeden mit sich fortriß, habe ich dich oft beneidet, sie wird in deinen Werken weiterleben! Du hast dir selbst ein ehrend Denkmal in deinen Schriften gesetzt und wirst durch sie in den jungen Reiterherzen die Lust am Wagen und Jagen weiter wecken! Dein Erdenwallen ist nicht vergebens gewesen; nennt man die besten der Namen, so wird auch der deine genannt. Ich grüße dich in Gedanken noch ein letztes Mal herzlich und lege dir diesen grünen Bruch der Erinnerung auf dein fernes Grab!

Leipzig, Sommer 1922.

O. de Liagre.

Fehljagd.

Meute des Lord Fitzwilliam.

Auf dem Heimweg. (East-Kent-Foxhounds.)

Vor dem Cover.
(Seite 155.)

Sir Robert Wilmot, Master der Berks and Bucks Staghounds 1901—1907.

Lady Wilmot und ihre Töchter.

The Kill.

Küree.

Stelldichein der Westmeath-Hounds (Middleton-Park).

Master und Huntsman der East-Kent-Foxhounds.

Gestellt.

Im Wasser gedeckt.

Das Feld der „Quorn" auf Gartree Hill.

Mr. Robert Watson († 1908), Master der Carlow-Meute (Irland) von 1845–1904.
(Seite 140.)

Halali. (Meute der Königl. Bayr. Militär-Reitschule.)
(Seite 294 ff.)

The Kill.

1 2 3 4

Lissaer Fuchsmeute.

1. Graf Bninski. 2. Graf Max Mielczynski. 3. Gräfin Bninska.
4. Master Rittm. von Hoffmann.

Schloß Pawlowitz.

Fehljagd.

Warwickshire Wizard. Champion der Peterborough Show 1906.
(Seite 186 ff.)

Koppel der Broocker Meute (Sohn und Mutter).
(Seite 388 ff.)

Reiner Beagle (England) der Ludwigslust-Parchimer Meute.
(Seite 365 ff.)

Die Quorn-Kennels.

Stallpflege.

Im Paddock.

Amazonen der Bremer Meute.
(Seite 354 ff.)

Miß Swinburne auf der Schleppjagd in Hannover.
(Seite 283 ff.)

Auffsprung auf eine „Bank“.

Das Landen von der „Bank“.

„Give them plenty of rope!“

Capt. H. Wake auf „Lucifer“ im Kings Royal Rifles Point to Point zu Highworth [England]. Sieger in der Klasse für Leichtgewichte 1912.)

(Seite 243.)

Meute des Parforcejagdklubs Berlin in Frohnau.

Schleppmeute des Berlin-Potsdamer Reitervereins.
(Seite 335 ff.)

Stelldichein auf der Campagna.

Die Hannoversche Meute.
(Seite 283 ff.)

Die Königliche Meute des Militär-Reitinstituts.

Der Hubertus-Keiler 1905.
(Seite 286 ff.)

Exzellenz von Mitzlaff (†), Chef des Militär-Reitinstituts bis 1906, auf der Schleppe.
(Seite 293.)

Die Meute der Königl. Bayr. Militär-Reitschule.

Das Feld der Königl. Bayr. Militär-Reitschule.

Die Meute des Großenhainer Parforcejagdvereins in der Röder bei Skassa.

Die Schüler der Reitschule, den Hopfenbach an der Ganschenmühle springend.

Vor dem Aufbruch.
(Seite 315 ff.)

Glückliche Reise!
(Seite 315 ff.)

Seine Hochfürstliche Durchlaucht Fürst Adolf zu Schaumburg-Lippe vor dem Jagdfelde.

Der Hofstallmeister des Fürsten auf „Halali“.

Halali hinter der Bückeburger Meute.

König Alphons XIII. von Spanien als Gast des Deutschen Kaisers (1906).
Der Kaiser (1) und König Alphons (2) auf der Parforcejagd in Döberitz bei Berlin.

Die Kaiserliche Jagdequipage.

Huntsman Habberfield.

Die Lanker Meute vor den Kennels.
(Seite 349 ff.)

Hamburg-Wandsbecker Schleppjagd-Verein 1911.
Jagdteilnehmer beim Nehmen des Ogendorfer Fließes.

Der Vorstand des Hamburg-Wandsbecker Schleppjagd-Vereins 1911.
Von links nach rechts: Rittm. v. Behr (Master), Herr Andersen, Herr Alb. Münchmeyer, Oberstlt. v. Zelchow (Komm. 15. Hus.-Rgts.), Oblt. v. Hofmann (15. Hus.), Herr Amtsrichter Dr. O. v. Loeßl.

Frhr. von Brandenstein, Master der Ludwigslust-Parchimer Meute.
(Seite 367.)

Halali in Dallmin.

3 2 1

Fürstliche Jagdreiter hinter der Ludwigslust-Parchimer Meute.
1. Großherzog von Mecklenburg-Schwerin, 2. Erzgroßherzog von Mecklenburg-Strelitz, 3. Prinz Reuß XVIII (†).

Neubrandenburger Meute.

Stephan Fabinski.

Stelldichein der Broocker Meute vor Schloß Broock.
(Seite 388 ff.)

Fünfundzwanzigjähriges Masterjubiläum des Masters der Broocker Parforcejagd-Gesellschaft, Kammerherr von Heyden-Leistenow (Broocker Meute). Der Jubilar in der Mitte.

(Seite 397.)

Graf Essen, Master des Schonischen Fältridt-Klubs.
(Seite 399.)

Auf dem Kasernenhofe der Leibgarde zu Pferde (Stockholm).
(Seite 404.)

A. Neven du Mont (†), Master der East-Sussex-Foxhounds.
(Seite 407 ff.)

Ein Meeting der East-Sussex-Foxhounds.

× H. Neven du Mont (†), M. F. H. und seine Söhne.
(Seite 407 ff.)

In Erwartung der Hunde. (East-Sussex-Foxhounds.)
(Seite 407 ff.)

Bexhill-Harriers. (× Mr. Ward-Jackson, Master.)
(Seite 411 ff.)

Bexhill-Harriers. (Der Huntsman.)
(Seite 411 ff.)

Lord Annaly und Lord Spencer (Pytchley-Meute).
(Seite 423 und 427.)

Eine Kletterpartie.
(Seite 437.)

Anreiten des Feldes in Pardubitz.

Die Pardubitzer Hirschmeute.

Master Graf Heinrich Larisch.
(Seite 445.)

Meeting in Pardubitz.
Von links: 1. Obstlt. von Micewski, 2. Oblt. von Rummer, 3. Oblt. Gottl, 4. Oblt. Graf Ledebur, 5. Prinzessin Otto Windischgrätz (Erzherzogin Elisabeth, Tochter des Kronprinz Rudolf †).